第六版

レポート・試験はこう書く

保育児童福祉要説

保育士・幼稚園教諭・児童指導員・
児童福祉司・児童厚生員などをめざす人のための
専門科目・関連科目学習参考例

東京福祉大学 編

まえがき

　この『保育児童福祉要説』は，幼稚園教諭・保育士・児童指導員などの子どもに関わる専門職を目指す学生の皆さんのために，レポート作成や試験問題についての解答例を取りまとめたものです。学生の皆さんは，本書を参考として，レポートの書き方，試験の解答の仕方，ポイントの押さえ方などを習得していただければ幸いです。

　児童を取り巻く環境は大きく変化しています。2017（平成29）年3月31日には，文部科学省から「幼稚園教育要領」，厚生労働省から「保育所保育指針」，内閣府・文部科学省・厚生労働省からは「幼保連携型認定こども園教育・保育要領」が，それぞれ改訂・告示されました。

　この改訂の大きな特徴は，3つの「要領」「指針」「教育・保育要領」各々に，「育みたい資質・能力」及び「幼児期の終わりまでに育ってほしい姿」が記載されたことでした。「育みたい資質・能力」は，生きる力の基礎を育むため次に掲げる資質・能力を一体的に育むよう努めるものとする，として，「知識及び技能の基礎」「思考力，判断力，表現力等の基礎」「学びに向かう力，人間性等」の3項目を挙げています。「幼児期の終わりまでに育ってほしい姿」は，幼稚園・保育所・認定こども園の修了時の具体的な姿であり，保育者が指導を行う際に考慮するものである，として，「健康な心と体」「自立心」「協同性」「道徳性・規範意識の芽生え」「社会生活との関わり」「思考力の芽生え」「自然との関わり・生命尊重」「数量や図形，標識や文字などへの関心・感覚」「言葉による伝え合い」「豊かな感性と表現」の10項目を挙げています。

　この「育みたい資質・能力」及び「幼児期の終わりまでに育ってほしい姿」を一見すると，能力を開発し知識を身につけさせることを謳っているように思い，幼児教育・保育の場において小学校教育の前倒しをすることを奨励している，と受け止めてしまう場合があるかもしれません。しかし，決してそうではなく，これは1989（平成元）年に告示された「幼稚園教育要領」及び1990（平成2）年に通知された「保育所保育指針」の大きな特徴であった「心情・意欲・態度」を育むことを否定するものではありません。「育みたい資質・能力」の3項目には「心情，意欲，態度が育つ中で，よりよい生活を営もうとする「学びに向かう力，人間性等」」と記されています。つまり，「心情・意欲・態度」は，平成の約30年間の幼児教育・保育の基本的なキーワードでしたが，今，それをふまえて，さらにその先を見据えよう，ということです。

21世紀はそれぞれの国を越えて，地球全体として取り組むべき「持続可能な開発目標（SDGs）」の課題があります。すなわち，世界中にある環境問題をはじめとして，差別・貧困・人権問題などの課題を世界の人々が力を合わせて解決していこう，という計画・目標です。さらに，今世紀にはAI（人工知能）が私たちの生活の様々な側面に活かされて，飛躍的に展開することになるでしょう。

　このように，現代社会は大きな変革の途上にあると言えます。そして，「子ども」はいつも「未来に生きる人」です。それゆえに，幼児教育・保育に関わる専門家は，目の前のことだけに目を向けるのではなく，今ここにいるこの子が大人になって，その時代（次なる時代）を支える大切な人材となることに想いを馳せて，広く大きな視野のもとで考えることが重要です。

　本書を編集するにあたり，東京福祉大学保育児童学部を中心とする諸先生方には大変お世話になりました。改めて御礼を申し上げます。

　2022（令和4）年3月

東京福祉大学

目　次

まえがき

第1部　総合教育科目

第2部　専門教育科目

◎保育の本質・目的に関する科目

◎保育実習

第42章　保育実習指導Ⅰ

第43章　保育実習指導Ⅱ

第44章　保育実習指導Ⅲ

第3部　資格科目等

第1章

保育児童学概論

乳幼児期（誕生から小学校就学まで）の発達における人間関係の側面または言葉の側面を取り上げ，発達の様相と保育者としての配慮について述べよ。

　乳幼児期の発達における言葉の側面を取り上げ，以下に述べる。

1．生後6か月頃まで

　生後しばらくは眠っている時が多いが，次第に眠っている時と目覚めている時とがはっきりと分かれるようになり，目覚めている時には，音のする方向に向いたり，見つめたり，目で追うなどの行動を表す。生後3か月頃には，「ア，エ，ウ」「ブーブー」「クク」などの様々な声を出す。そして次第に感情を訴えるような泣き方をしたり，大人の顔を見つけ，笑いかけ，「アー」「ウー」などの喃語を発して発声が社会的な表出としての意味をもつようになる。

　保育者は，子どもが笑ったり，泣いたりした時に優しく応え，発声に応答しながら喃語を育むようにする。

2．6か月頃から1歳3か月頃まで

　身近な人の顔がわかり，あやしてもらうと非常に喜ぶようになる。一方で人見知りが激しくなるが，見慣れた人には積極的に関わりをもとうとする。そのような大人との関係の中で喃語は変化に富むようになり，ますます盛んになる。さらに，簡単な言葉が理解で

きるようになり，自分の意思や欲求を身振りで伝えようとする。喃語も会話のような抑揚がつくようになり，2〜3の簡単な単語を話す。

　保育者は，子どもに優しく語りかけたり，発声や喃語に応答したりして，発語の意欲を育てるようにする。

3．1歳3か月頃から2歳頃まで

　単語を話すようになり，1つの単語で様々な文脈を表す（一語文）。大人の言うことがわかるようになり，呼びかけたり，「イヤイヤ」と言って拒否を表したりする。言葉で言い表せないことは，指さし，身振りなどで示そうとするなど，自分の思いを親しい大人に伝えたいという欲求が高まってくる。1歳半を過ぎる頃には「オンモ，イコ（外に行こう）」などの二語文を話し始める。

　保育者は，子どもの自分でしようとする気持ちを尊重し，自分の気持ちをうまく言葉で表現できない時には子どもの伝えたい気持ちに寄り添いしっかりと聞く姿勢をもつ。また，思い通りにいかない時や好奇心が旺盛なためにイタズラなどの大人が困ることをすることもあるが，それは発達の過程であ

ると理解して対応する。子どもの手が届くところに大切なものを置いておかないなどにより，子どもを無用に叱らないような配慮をする。

4．2歳児

発声はより明瞭になり言葉の発音もはっきりとしてくる。語彙の増加はめざましく，日常生活に必要な言葉を聞いてわかるようになり，自分のしたいこと，して欲しいことを言葉で表現できるようになる。生活の中で新たに体験したことやその発見や喜び・感動などを他者に伝えようとする。周囲の人の行動に興味をもちよく観察して盛んに模倣を行い，ごっこ遊びとして楽しむようになる。

保育者は，模倣やごっこ遊びの時に友達と一緒に遊ぶ際の仲立ちをして，子どもが生活や遊びの中で言葉のやり取りを楽しむことができるようにする。

5．3歳児

話し言葉の基礎ができるようになる。「なぜ」「どうして」などの質問が盛んになり，ものの名称やその機能などを理解しようとする知識欲が強くなり，言葉はいっそう豊かになる。簡単な話の筋もわかるようになり，話の先を予想したり，自分と同化して考えたりする。また，挨拶や返事など生活や遊びに必要な言葉を使い，自分の思ったことや感じたことを言葉に表し，保育者や友達と言葉のやり取りを楽しむ。興味をもった言葉を面白がって

言ったりする。絵本や童話などの内容がわかり，イメージをもって楽しんで聞くようになる。

保育者は，子どもが話したいことの意味をくみ取り，話したいという気持ちを十分に満たすようにする。絵本や童話，紙芝居などの面白さがわかるように努め，生活の中でできるだけ言葉と行動や出来事が結びつくようにする。また，言葉は周囲の人々の言葉を聞いて覚えるものであるので，保育者自身の言葉遣いに注意する。

6．4歳児

日常生活に必要な挨拶をする。話しかけられたり質問を受けたりすると，自分なりの言葉で返事をするようになる。友達との会話を楽しむようになる。見たり聞いたりしたことを話したり，疑問に思ったことを尋ねる。また，様々な言葉に興味をもつ。絵本や童話などを読み聞かせてもらい，イメージを広げることができるようになる。

保育者は，子どもと話したり子ども同士で話す機会を多くするよう努め，その中で次第に聞くことや話すことを子どもが楽しむようにする。日常会話や絵本，童話，詩などを通して様々な言葉の決まりや面白さなどに子どもが気づき，言葉の感覚が豊かになるようにする。

7．5歳児

お互いに自分のやらなければならないことや決まりを守ることの必要性が

わかってきて，集団の中で言葉による伝達や対話の必要性が増える。その中で，自分の思いや考えをうまく表現しようとする工夫や他者の言うことを聞く力を身に付けていく。言葉によって友達と共通のイメージをもって遊ぶこともできるようになる。また，他者から話しかけられた時に適切に応答する。身近な事物や事象について話したり，名前や日常生活に必要な言葉を使うようになる。自分が考えたことや経験したことを他者に話して会話を楽しむようになる。絵本や童話に親しみ，言葉の面白さや美しさに興味をもち，想像して楽しむ。生活に必要な簡単な文字や記号などに関心をもつようになる。

保育者は，子どもの個人差を考慮したうえで，見たこと，聞いたこと，感じたこと，考えたことなどを言葉で表現できる雰囲気を作るようにする。文字や記号について生活や遊びの中で興味をもつように，遊具や視聴覚教材などを用意するようにする。また，絵本や童話などの内容を子ども自身の経験と結びつけたり，想像をめぐらせたりしてイメージを豊かにできるように，選び方や読み方に気をつける。

8．6歳児

本を読んだり，文字を書いたりすることに対する関心が高まる。何でも知ろうとして知識欲がいっそう増してくる。言葉が達者になり，友達同士で口げんかが多くなる。挨拶や伝言，質問や応答，報告などの際の言葉がスムーズになる。友達と共通の話題について話し合うことを楽しむ。話し相手や場面により，使う言葉や話し方が違うことに気づくようになる。童話や詩などの中の言葉の面白さや美しさに気づき，自分でも使って楽しむ。また，絵本や物語に親しみ，内容に興味をもって様々に想像して楽しむ。身近にある文字や記号などに興味をもち，それを使おうとする。

保育者は，生活や遊びの中で言葉の充実をはかり，子どもが言葉を使って思考することや自分の考えを伝え合う喜びを味わえるようにして，言葉に対する関心が高まるようにする。本を見ることや身近な様々な文字を読む喜びを大切にして，言葉の感覚が豊かになるようにする。

さらに，小学校就学を控えて小学校教育へのスムーズな接続の観点から，自分の経験したことや考えたことを適切に言葉で表現したり，相手と伝え合うことの楽しさを味わうことができるような機会を増やすとともに，身近な文字に関心を深め，読むことの楽しさを味わえるようにする。さらに，絵本や童話，視聴覚教材などにより様々なイメージを広げるとともに，自分なりに想像することの楽しさを十分に味わうことができるように環境を設定する。

保育とは何か

「保育」とは，乳幼児がより良い方向に向かって発達していくことを援助することである。保育に関係の深い言葉には「育児」「幼児教育」があるが，「育児」は親が育てることを言い，「保育」は親でない者が育てることを言う，という解釈もある。学問体系としての育児学と保育学との違いは，一般的に，育児学は小児科学の立場からの乳児・幼児，学童，そして健全な成人へと育成することを目的とした学問であり，保育学は，同じ目的をもってはいるが心理学や教育学を基として発展した学問であるとされている。従来の育児学では乳幼児の栄養や身体の成長と機能の発達が強調され，一方，保育学では乳幼児の心の発達や社会性，教育の問題などが主に取り上げられてきた。「幼児教育」は教育の1つの分野であり，その対象は幼児期の子どもである。

このように，保育，育児，幼児教育は，そのアプローチの仕方には医学・生物学的，心理学的，教育学的，社会学的，発達論的，文化論的にみて若干の違いがあるものの，相互に関係し合っている。

20世紀後半以降は生活水準の向上や医学知識の普及などにより，長い間われわれを悩ませてきた感染症による死亡から免れるようになり，乳児死亡率も急速に低下した。また，子どもの身体発育はかつてに比べて向上している。その一方で，従来は日常生活の中で学び，身に付けることが当たり前であった子どもや子育てについての知識や行動が，今では難しいことになってきている。

もはや「子どもを育てること」や「子どもが育つこと」に関わる問題は，1つの視点からだけで捉えることで解決できる事柄ではなく，「子ども」という存在を全体的に捉えた包括的な視点による接近が有効かつ重要である段階を迎えている。今日，前述の子どもに関わる近接領域を包括的に表す言葉として「保育」を用いることが多い。

「子どもを育てること」あるいは「子どもが育つこと」は人類の起源とともに始まり，人類の歴史とともにその歴史がある。しかし，いったい子どもとは何か，子どもを育てるとはどういうことか，親は子どもにとってどのような意味をもつのかといった保育の理念や保育に関わる問題は，古代でも現在でも変わらない部分と，時代の変化とともに常に新たなあり方を求めて変わっていく部分とをもっている。

人間の誕生時の姿の特殊性について

人間は生物学的にみると「ヒト」という種である。ヒトの発達過程は，ほかの高等哺乳類とは大きく異なるいくつかの特殊な面をもっている。

哺乳類の中には，発育態勢が未熟なまま生まれてきて誕生時には自分の力で動けず，母親が子どもたちの上にうずくまることで乳に吸いつくことができる種と，誕生時の発育態勢はすでにかなり進んだ状態で生まれてきて自分の力で母親のもとへ行き，自分で乳首を探して乳を吸うことができる種がいる。前者は比較的下等哺乳類でネズミはその例である。後者は比較的高等哺乳類でチンパンジーなどの霊長類がその例である。生物学者のポルトマン（Portmann, A.）は，前者は自分の力では自由に移動することができないことから「就巣性」と呼び，後者を「離巣性」と呼んだ。

ヒトはチンパンジーやゴリラなどと比べてもさらに進化した高等哺乳類であるが，誕生時はチンパンジーたちとは大きく異なっている。生まれたてのヒトの赤ん坊は自分の力では移動することができず，自分から乳のあるところへ行って乳を吸うことはできない。この意味でヒトの赤ん坊はまったく無力である。しかし，嗅ぐ・聞く・見る・味わうなどの感覚器官はかなり発達している。ヒトの運動能力がチンパンジーの誕生時の程度に発達するには生後1年間を待たなければならない。この姿は就巣性といえるが，しかしネズミなどの下等哺乳類とは明らかに異なることから，ポルトマンは「二次的就巣性」と呼んだ。

なぜヒトは1年も早く生まれてしまうのか。もしあと1年後に誕生するとしたら9〜10kgの赤ん坊を母親は出産しなければならず二足歩行のヒトの母親には赤ん坊を支えることは困難である。したがって，ヒトは1年間の早産が常態化してしまい「生理的早産」となったと考えることができる。そこで一番重要な中枢系である大脳を発達させなければならない。そのためヒトの赤ん坊は頭でっかちである。

ヒトの生後1年間の成長はめざましく体重は約3倍，身長は約1.5倍になるが，1年を過ぎると成長曲線は次第に緩やかになり，その後ゆっくりと成長する。この長い成長期間に様々な外界からの刺激をよく発達した感覚器官で受容しそれに応答する。したがって，ヒトは大変「外界に開かれた存在」である。そのため，学習の可能性が高く，可塑性に富んでいる。

人間の発達過程における乳幼児期の重要性について

カモやアヒルのヒナは孵化したすぐ後に自分の目の前の動く物を見ると，その後を追うという行動を身に付ける。自然の状態ではそれは母鳥である。その時期に身に付けた行動はその後変えることは難しく，取り戻しがきかない。ヒナは母鳥の後を追う行動を刷り込まれてしまうのである。このような現象を行動学者ローレンツ(Lorenz, K.)は「刷り込み(imprinting)」と呼んだ。

ヒトの場合に出生後のごく初期に受けた刺激がその後の変更ができないほどの大きな影響を及ぼすことになるのかについては，実際のところ正確にはわかっていない。ヒトの場合には非人道的な実験状況の設定は許されないので実験的に検証することはできない。

しかし，1920年にインドのカルカッタ郊外のオオカミの洞穴で発見された2人の少女の事例を参考にして考えると，ヒトの場合にも発達初期の環境から受けた刺激はその後の発達の有り様を大きく左右することが示唆される。つまり，オオカミの洞穴から人間社会に引き戻された2人は人間の精神発達の大きな特徴である言葉を身に付けてはいなかった。推定年齢1歳半のアマラは，教会に隣接された孤児院で

シング牧師の夫人による献身的な養護を受けて2か月後に「マー（お母さん）」と言葉を発している。一方，推定年齢8歳のカマラは最初の言葉を発するまでに2年半の時間が必要であった。しかしこの事例については，オオカミの子育ての習性を考えると，2人は本当に「狼に育てられた」のかについて，近年では疑問視されている。

ヒトは「外界に開かれた存在」であることから，発達の初期に受けた刺激ほど精神発達を方向づける作用が大きく，その後に及ぼす影響も大きい。そのため，ある片寄った環境におかれて逸脱した刺激を受け続けると人間としての初期の方向づけが正常範囲からそれてしまうことになる。人間は可塑性に富んでいることから，逸脱した刺激に対しても一生懸命に適応しようとして，それに対応した逸脱した行動様式を身に付ける。正常範囲から外れていることに周囲が気づいた場合には，改めて懸命に環境を整え適切な刺激を与えて，望ましい行動様式を身に付けさせようと努力することになる。しかし，望ましい行動の獲得に向けての努力は容易なものではない。それだけ乳幼児期は，その後の発達の方向づけとなる重要な時期である。

乳幼児期の愛着について

愛着とは，ある特定の人や物に対して情緒的に強い結びつきを形成することであり，アタッチメント（attachment）の訳語である。語源は「くっつく」「付着する」である。

ある特定の人や物にくっつきたいという愛着欲求は病的状態や幼児性を意味するものではなく，その表現方法や対象は変化するが生涯を通じてもち続ける欲求である。

赤ん坊は生後3か月頃から慣れ親しんだ人が自分のそばを通るとその姿をじっと目で追ったり，生後5か月頃には「その人」に抱かれてあやされた時には「クー，ウー」などの声を発するが，見知らぬ人に抱かれると声を出さず硬い表情のままで，さらに泣き出してしまうこともある。その時に「その人」が代わって抱き戻すと泣き声はぴたりと止まる。生後6か月を過ぎる頃から「その人」の姿が見えなくなると泣きわめき大騒ぎとなり，這って自分で移動することができる9か月頃になると「その人」の後を追ってどこにでもついてまわるようになる。「その人」の姿が見える範囲にいる時は1人で探索行動などをしているが，突然風が吹いてドアがバタンと閉まって驚いた時には大急ぎで「その人」のもとへと逃げ返り「その人」にしがみつく。また，時々「その人」のもとへ戻ってきて身体によじ登ったり，胸に自分の顔を埋めたり，「その人」の髪の毛を引っ張ったりして遊ぶこともある。このような一連の「その人」つまり「特定の人」に対する接近や接触を求める行動を総称して愛着行動という。出現の時期には個人差があるが，おおよそ生後4か月頃から顕在化し1歳半頃までの1年間が最も顕著である。

1歳を過ぎる頃になると，子どもの関心は次第に外にも向いていき少しの間は「その人」と離れることもある。さらに1歳半を過ぎる頃には「その人」の姿が見えなくても「あそこにいる」とわかっていれば泣きわめくことはなくなり，好奇心に満ちて外界へ探索行動に向かう。しかし，何かの恐怖や驚く場面に出会うと急いで「その人」のもとへと逃げ返ってきて，しばしの間憩いの時間をもち不安を和らげて安心感を取り戻す。そして再び勇気と気力に満ちて外界の探索へと出て行く。

最初の愛着の対象となる「その人」は多くの場合に母親であるが，必ずしも生物学的な母親である必要はない。しかし，乳幼児にとって「特定の人」の存在は必要であり，重要である。

愛着の重要性について

　子どもから見た時，最初に情緒的な深い関わりを形成する人が，いわば「人間」の代表である。子どもにとっては母親（あるいは特定の人）がどのように自分に関わってくれるかによって「人間一般」に対する信頼感の形成が左右されることになる。つまり，お腹がすいた，のどが渇いた，眠い，暑い，寒い，おむつが汚れて気持ちが悪い，一緒に遊ぼうよ，などのメッセージをもつ時に赤ん坊は「泣く」「呼ぶ」「ほほえむ」「しがみつく」「追う」などの表現手段で表す。その時に母親はその子独特の行動スタイルを手がかりにして，今何を欲しているかを正確に感じ取り，読み取り，それに対して適切にかつ速やかに応じる。そうすると，赤ん坊は自分が発したサインが直面している問題の解決を導いたことに満足し「人間は基本的に信頼していいのだ」と思うようになる。またこれからも何か困ったことが起きた時には，自分から発信すれば母親はやってきてくれて，状況を改善してくれるのだと思い自信をもつ。それは母親への信頼感を基礎にして，困難な状況を自らの意志で切り拓いていくことができるという，自己効力感の形成につながっていく。

　このように，母親との最初の人間関係が信頼感に満ち愛情あふれるあたたかいものであれば，子どもは「人は基本的に信頼して近づいていってよいのだ」とわかり，母親以外の人との間にも母親との関係と似た良好な人間関係を作っていこうとする。反対に，最初の人間関係が不安定で敵意や憎しみに満ち，こちらからいくら信号を送っても応答してくれることはなく，冷たくギスギスとしたものである場合には，子どもは「人は基本的に信頼できないものだ」との思いを強くして，母親以外の人との関係においても良い人間関係を作ることは難しくなってしまう。

　このように子どもにとって愛着の対象となった人との最初の人間関係はその後のいろいろな人々との関係の原型としての意味をもつものとなる。

　乳児期の子どもと母親（あるいは特定の人）との関係の形成においては，大人の側がまず働きかける必要がある。子どもは大人からの働きかけを受けてそれに応じた行動を表し，それに対して大人がまた応じた行動を子どもに返し，それに応える行動を子どもがまた示す。この繰り返しの中で「お互いのやり取り」ができていき，両者の「相互作用」が作り出されていく。

愛着とその後の自律との関係について

人生初期の子どもから母親（あるいは特定の人）への強い愛着行動は，大人の目から見ると，姿が見えなくなっただけで大声で泣いたり，一時も離れることができないという状態は異常ではないかと思って心配する場合さえもある。しかし，そのような心配は子どもの生涯発達の視点から見た時，無用である。子どもはどのようにして周囲の人々との関係を展開していくかを見ると，以下のような過程をたどる。

①出生〜6か月：母親の顔を見つめ，母親も子どもの目をしっかりと見つめ返し，目と目による強い結びつき（アイ・コンタクト）がある。母親は反復的でリズミカルな気持ちのよい発声や百面相によるあやし行動を行う。②6か月〜1年：子どもの視線は外界の様々な出来事を見ているが，子どもの背中にはどっしりとした母親が控えていて，子どもはその安心感に支えられている。③1〜2年：1人で立ち，歩くことができるようになり，外界への興味は強くなる。外界の対象に近づいてみたいが不安もある。そこで，視線や姿勢は外界に向けているが手はしっかりと母親の手やスカートを握っていて離さない。④2〜3，4年：子どもは自分と同じ姿形の「子ども」に強い関心をもち，母親の手を自分から離してほかの子どもの方へ近づいて行き，近くでそれぞれが遊ぶ。時々立ち上がったり振り向いたりして母親の居場所を確かめ，安心するとまた遊びに打ち込む。⑤3，4年〜小学生期：友達と一緒に遊ぶ楽しさを体験し，協同で役割遊びやルールのある遊びを楽しむ。外の世界で体験したことを後方の安全基地にいる母親や父親に知らせて，その楽しい，嬉しい，悔しいなどを分かち合う。

人間は生まれた時には「ヒト」という動物であるが，乳幼児期に父親や母親をはじめとする周囲の人々とのこのような深い情緒的な関わりをもつことにより，次第に人間になっていく。つまり，愛情あふれる人間との深いつながりができあがることにより，そこが「こころの安全基地」となり，辛いこと悲しいことを受け止めてくれることにより，自らそれに立ち向かう勇気をもつことができるようになる。したがって，人間の発達のプロセスとは，愛着の対象であり安心・安全の基地である「こころの安全基地」と，好奇心をそそりワクワクとした興味深い外界との間を行ったり来たりを繰り返しながら，次第に自律へと至るのである。

◎参考文献

アドルフ・ポルトマン著・高木正孝訳『人間はどこまで動物か―新しい人間像のために』岩波書店, 1961.
岡野雅子・松橋有子・熊澤幸子他『新保育学 改訂5版』南山堂, 2011.
厚生労働省『保育所保育指針（平成29年告示）』フレーベル館, 2017.

内閣府・文部科学省・厚生労働省『幼保連携型認定こども園教育・保育要領（平成29年告示）』フレーベル館, 2017.
文部科学省『幼稚園教育要領（平成29年告示）』フレーベル館, 2017.

第2章
人権教育

人権教育の現状と課題について考察し，学校での人権教育のあり方について考えを述べよ。

1．人権教育の現状と課題

国連は1995年から2004年までを「人権教育のための国連10年」とすることを決議した。この決議は，各国において「人権という普遍的な文化」が構築されることを目指し，行動計画では，あらゆる学習の場における人権教育の促進，そのためのマスメディアの活用，世界人権宣言の普及などの目的を掲げた。この目的を推進するために各国が国内行動計画を定めることを求めた。

国連の提起を受けて日本政府は，1997（平成9）年に国内行動計画を発表し，2000（平成12）年には「人権教育及び人権啓発の推進に関する法律」を制定した。さらに2002（平成14）年には「人権教育・啓発に関する基本計画」が策定された。基本計画では，人権擁護を推進していくうえで，特に，女性，子ども，高齢者，障害者，同和問題，アイヌの人々，外国人，HIV感染者，ハンセン病患者，刑を終えて出所した人，犯罪被害者，インターネットによる人権侵害等をめぐる様々な人権問題が重要課題となっている。また，法の下の平等，個人の尊重という普遍的な視点からの取り組みのほか，各人権課題に対する知識や理解を深め

る取り組み，人権に関わりの深い特定の職業に従事する者に対する研修等の問題について推進が図られている。

人権教育については，学校，地域，家庭，職域そのほかの様々な場を通じて，国民が発達段階に応じて人権尊重の理念に対する理解を深め，これを体得することができるように行われなければならないが，前述した人権課題を学校教育の課題としてどう位置づけるかということで，人権教育の真理が決まることになる。そこで，ここでは学校における人権教育のあり方について考察する。

2．学校の人権教育の現状

学校教育においては，それぞれの学校種別ごとの教育目的や目標の実現を目指して，自ら学び自ら考える力や豊かな人間性などを培う教育活動を組織的・計画的に実施し，こうした学校の教育活動全体を通じ，児童生徒の発達段階に応じながら，人権尊重の意識を高め，一人ひとりを大切にした教育の充実を図っていく必要がある。

初等中等教育については，学習指導要領等に基づき，自ら学び，自ら考える力や豊かな人間性等の「生きる力」を育んでいくことが大切である。

さらに，高等教育については，こうした「生きる力」を基盤として，知的，道徳的，応用的能力を展開していくことが求められる。

　しかし，人権擁護推進審議会は，1999（平成11）年の「人権尊重の理念に関する国民相互の理解を深めるための教育及び啓発に関する施策の総合的な推進に関する基本的事項について」の答申の中で，学校教育については，「教育活動全体を通じて，人権教育が推進されているが，知的理解にとどまり，人権感覚が十分身に付いていないなど指導方法の問題，教職員に人権尊重の理念について十分な認識が必ずしもいきわたっていないなど」の問題を指摘している。学校教育の担い手である教職員は人権教育の担い手として，日頃から人権感覚を豊かにするため，自己研鑽に努めることが大切であり，人権尊重の理念について十分な認識をもつことが必要である。

　人権尊重の理念は，「自分の人権のみならず他人の人権についても正しく理解し，その権利の行使に伴う責任を自覚して，人権を相互に尊重し合うこと，すなわち，人権の共存の考え方」を念頭に置きながら，子どもを対象とする人権教育の実施にあたっては，幼児期からの発達段階をふまえ，地域や学校の実情等に応じて取り組んでいく必要がある。

3．学校における人権教育のあり方

　ここでは，学校における人権教育のあり方を，3点取り上げて考察したい。

(1) 人権尊重の意識を高める

　人権意識の基礎は，幼少期から他人の痛みや気持ちを理解して行動できる思いやりの心などの育成である。

　また，学校における人権教育として，他人を思いやる心，正義感や公正さを重んじる心など，豊かな人間性の育成を目指す。

　人権教育を進めるうえで留意することは，子どもが「ひとごと」ではなく自分の問題として捉え考えるようにするための教材編成や，授業構成を工夫することである。自ら学び，自ら考える力を育み，人権教育の成果がそれぞれの子どもたちにとって自己の生き方に関わるものとなっていくようにすることが重要である。

　それとともに，自己がかけがえのない存在であると同時に他人もかけがえのない存在であること，他人との共生・共感の大切さを真に理解できるようにしていくことが必要である。そのためにも，ボランティア活動などの社会奉仕体験・自然体験活動などを通じた高齢者や障害者の方々などとの豊かな交流体験の機会の充実が大切である。例えば，高齢者の方々との学習機会をもつことも1つの方策である。高齢者の方々の積み重ねた「経験」「知識」「知恵」などに直接触れることとなり，高齢者の方々に対する尊敬や感謝の心が育まれる。さらに高齢社会に関する基礎的理解や介護・福祉の問題

などの課題に関する関心と理解を深めることにもなるであろう。このように他の世代との交流の経験を通して人権尊重の精神を培っていくことになる。

(2) 「生命を尊重する」意識を高める

近年，子どもの人権をめぐりその人権が否定され，あるいは侵害される状況が広がっている。特にいじめを背景とした自殺事案に関する報道，保護者からの児童虐待による殺傷事件の報道など大きな社会問題となっている。その背景として，人の生命を尊重する意識が薄れてきていることが指摘される。2013（平成25）年9月「いじめ防止対策推進法」が施行された。学校側に求められていることは，「学校いじめ防止基本方針」を策定し，この基本方針に基づき，体系的・計画的に，いじめの未然防止や早期発見に取り組み，いじめにあった場合の対応を組織的に行っていくことである。

さらに，教職員一人ひとりに求められていることは，日頃から，児童生徒の様子や言動，その変化などに細かく気を配り，未然防止や早期発見の観点から，予兆やサインを見逃さないように高くアンテナを保ち，情報交換による情報の共有を図りながら，学校におかれた組織を中心に対応していくことである。いじめが認知された場合には，いじめをやめさせ，いじめを受けた児童生徒及び保護者への支援や，いじめを行った児童生徒への適切な指導及びその保護者への助言を継続的に行うことが求められる。

いじめにより，児童生徒の生命や心身に重大な被害が生じないよう，改めて生命の尊さ・大切さや，自己がかけがえのない存在であると同時に他人もかけがえのない存在であること，他人との共生・共感の大切さを真に実感できるように，学校で生命尊重の意識を高める人権教育に取り組むことが大切である。

(3) 教職員の資質向上を図る

学校教育の担い手である教職員の資質向上を図り，人権尊重の理念について十分な認識をもち，子どもへの愛情や教育への使命感，教科等の実践的な指導力をもった人材の育成は重要な課題である。また，教職員自身が様々な体験を通じて視野を広げるような機会をもち，日頃から人権感覚を豊かにするため自己研鑽に努めることも大切である。人間性が豊かで，人権感覚に富む教職員こそ，子どもの権利保障のために働くことができるのである。

最後に，学校の人権教育は全教育活動を通して総合的・横断的に行われることが大切だが，「総合的な学習の時間」を利用し，人権総合学習の時間として有効に活用することで人権学習の進展と充実が図られる。押し付けでない人権教育を設定し，子どもたちの問題意識に根差し，学んだことが暮らしに返るように設計されることで，人権教育そのものの充実と発展の可能性が期待される。

「世界人権宣言」と憲法の「基本的人権」について

「世界人権宣言」とは，第2次世界大戦で多くの尊い命が犠牲となり，人間の尊厳が無視された経験から，人権の保障が世界平和の基礎となるという視点に立ち1948年12月10日に国連総会で採択されたものである。

「世界人権宣言」の前文には「人権の無視及び軽侮が，人類の良心を踏みにじった野蛮行為をもたらし」たと述べられ，残酷な人権侵害を人類の歴史において繰り返してはならないという決意が示されている。また，第1条では「すべての人間は，生れながらにして自由であり，かつ，尊厳と権利とについて平等である。人間は，理性と良心とを授けられており，互いに同胞の精神をもって行動しなければならない」と述べられ，人間の人格の尊厳に基づくその自由と人権が，全ての人間に平等に保障されるべきことだと主張されている。

「世界人権宣言」は，世界における自由・正義及び平和の基礎である基本的人権を確保するために，全ての人民と全ての国とが達成すべき共通の基準となるものである。

1946（昭和21）年に制定された日本国憲法では，国民主権とともに平和主義に基づく基本的人権の尊重が強調されている。

日本国憲法第11条では，「国民は，すべての基本的人権の享有を妨げられない。この憲法が国民に保障する基本的人権が，侵すことのできない永久の権利として，現在及び将来の国民に与へられる」と人権の観念を示している。具体的には人権の普遍的・不可侵的そして固有的で同時に永久的である4つの性格を宣言したものである。

この基本的人権の4つの性格である基本的精神は「個人の尊重」を意味している。「普遍的」とは，人種，性別，身分などいかなる区別もなく，全ての人間に与えられた権利である。「不可侵的」とは，司法権，行政権，立法権などの公権力をもってしても人権が侵されることが許されないということを指している。「固有的」とは，基本的人権は憲法や国家が人に授けたものではなく，人が生まれながらにもっている当然の権利であることをいう。そして基本的人権は現在の国民だけではなく，将来の国民にも「永久の権利」として認められ，将来永久に奪われるべきものでない性格をもつ。

憲法が保障する基本的人権の尊重は，人権教育の基盤とされなければならない重要な視点である。

「児童の権利に関する条約」について

「児童の権利に関する条約」は，1989年11月20日に国連総会で採択され，日本は1994（平成6）年4月22日に批准している。本条約の特徴は，子どもを権利主体の対象として，子どもの「最善の利益」を重んじ，意見表明権などを認めていることである。

いっさいの「差別禁止」をはじめ，子どもの生命・生存・発達を中心とした権利の包括的保障のための国家の責任を明確にしている。そして，子どもを一人の人間として権利の主体であるとする考え方から「生きる権利」とともに，思想・良心・宗教の自由や集会・結社の自由，表現の自由，意見表明などの「参加の権利」，子どもが虐待や搾取から「守られる権利」，教育を受け，休息し，遊び，文化・芸術活動に参加する「育つ権利」の4つの権利を守るよう定めている。

子どもを一人の人間として権利を尊重しようとする姿勢として，子どもの発達過程に沿ったライフステージから捉える視点は重要である。子どもは大人とは相対的に独自な存在として，子どもの権利が社会的に認められてきたと言える。子どもの権利は，子どもが自らがもつ権利を知り自ら行使できるようになることが必要である。

本条約を批准してから，日本において，子どもの権利を実質的に守る社会的な取り組みが具現化されてきている。地方自治体レベルにおいては児童の権利条例を制定し，「子どもの権利擁護委員（オンブズパーソン）制度」が創設されてきた。いじめ・体罰・虐待など子どもの心身に被害を及ぼす人権侵害の相談を受け，必要に応じて，助言・調整・調査・勧告などを行い，実質的な権利回復を図ろうとする活動を行っている。委員・オンブズパーソンは，臨床心理士・社会福祉士・弁護士等専門職に委託し公正中立な第三者的立場を図っている。

子どもの権利擁護に向けた活動は，子どもの立場に立って取り組むことが大切である。このため，単なる相談活動に終わるのではなく，子ども自身の自己決定や意見表明を援助するエンパワメントの活動につなげていくことを目指さなければならない。

それには，地域の人たちを含め，様々な立場で子どもに関わる人たちが，密接に連携をとるシステムが必要不可欠と考える。大人は子どもたちの幸せと権利を保障する責任と義務がある。

学校教育における人権教育について

　学校教育における人権教育は，学校種別ごとの教育目的や目標の実現を目指した教育活動を展開する中で，児童生徒が社会生活を営むうえで必要な知識や技能を身に付けることを通じて，人権尊重の精神の涵養が図られるようにしていく必要がある。児童生徒の発達段階に応じながら，学校教育活動全体を通して人権尊重の意識を高め，一人ひとりを大切にした教育を行っていくことが必要である。

　一方，幼児期における教育については，生涯にわたる人間形成の基礎が培われる大切な時期であり，この時期に基本的人権の精神の芽生えを育むことは，幼児のその後の成長にとって重要となる。他の幼児との関わりの中で他人の存在に気づき，相手を尊重する気持ちをもって行動できるようにすることや，友達との関わりを深め，思いやりをもつように，子どもたちに人権尊重の精神の芽生えを育むよう，遊びを中心とした生活を通して指導していくことが必要である。

　このため，教職員は人権尊重の理念について深く認識し人権問題を正しく捉える感性を身に付け，それを教育活動にいかすことが必要である。教職員自身が子どもの人権を侵害するような

ことがあってはならない。児童生徒に対する体罰やセクハラ行為は教職員として絶対に許されないことである。また，いじめを放置したり，障害のある児童生徒に対する差別や偏見の態度も教職員として適格性を欠くとして，人権感覚を問われなければならない。

　このように，学校内等で人権問題が発生したり，指摘されたりした場合，これが自分の学校の教育全体に関わる重要なことと捉え，それに正面から対応することが大切である。それによって学校や教職員に潜在する差別や偏見を正し，子どもたちの人権を尊重した教育活動が前向きに推進されることになる。人間性が豊かで，人権感覚に富む教師こそ，子どもの権利保障のために働くことができるのである。

　児童生徒への人権尊重の精神を涵養していくためにも人権問題を自分の問題として受け止めることができるような指導が必要である。学級内のいじめの問題にしても，他人の痛みや気持ちが共感的に受容できる想像力や感受性を培っていくことも必要である。そのためにも，子どもたち自身が様々な体験を通して視野を広げるような機会の充実を図ることが重要である。

教科等の学習における人権教育について

人権教育は，児童生徒の発達段階に応じて，一人ひとりが大切にされる授業等を通じて人権尊重の意識を高め，実践力を身に付けられるよう学習活動づくりに努めていくことが大切である。

幼児期においては，遊びを中心とした生活を通して，他の幼児との関わりの中で他人の存在に気づき，相手を尊重する気持ちをもつことや，思いやりの心を育てることで人権尊重の精神の芽生えを育んでいくよう関わりをもつことが重要である。

小学校・中学校及び高等学校では，各教科，道徳，特別活動，総合的な学習の時間等それぞれの特質に応じて学校の教育活動全体を通じて，人権尊重の意識を高める教育が重要である。しかし，それぞれの学校の歴史的・地域的な状況や社会的な要請によって，工夫が必要となる。小学校低学年の段階では，子どもの日常生活で起きている身近な問題を取り上げることで，人権問題について基礎的な認識を培うことから始める。中学年では，身近な問題に重ねて地域社会での問題を取り上げる。高学年では，さらに歴史学習を加えるなど子どもの発達段階を十分に考慮しながら進めていく必要がある。

中学校では，小学校の6年間の学習状況をふまえたうえで，社会生活の中での差別問題などを題材にしながら，問題解決の方向を明らかにする学習を深めていく必要がある。さらに，高等教育では，これまでの学びを基盤として，知的，道徳的及び応用的能力を展開させていく必要がある。

各教科等において人権教育を進めるうえで留意することは，子どもが「ひとごと」ではなく自分の問題として捉え考えるようにするための教材編成や，授業構成を工夫することである。自ら学び，自ら考える力を育み，人権教育の成果がそれぞれの子どもたちにとって自己の生き方に関わるものとなっていくようにすることが重要である。それとともに，自己がかけがえのない存在であると同時に他人もかけがえのない存在であること，他人との共生・共感の大切さを真に理解できるようにしていくことが必要である。そのためにも，ボランティア活動などの社会奉仕体験・自然体験活動などを通じた，高齢者や障害者の方々などとの豊かな交流体験の機会の充実が大切である。社会性豊かな人間性を育むための多様な体験活動の機会の充実は，学校の教育活動全体を通して行われる必要がある。

わが国の人権問題の現状と課題について

わが国においては，全ての国民に基本的人権の尊重を保障する日本国憲法のもとで，国政の全般にわたって人権に関する諸制度の整備や諸施策の推進が図られている。

しかし，わが国の人権問題の現状は「人権教育・啓発に関する基本計画」（2002（平成14）年策定）において，特に，女性，子ども，高齢者，障害者，同和問題，アイヌの人々，外国人，HIV感染者，ハンセン病患者，刑を終えて出所した人等をめぐる様々な人権問題が重要課題となっている。近年では，インターネット上の電子掲示板やホームページへの差別的情報等による人権問題も生じ，これらの様々な人権課題に向けた取り組みが図られている。これらの諸問題を学校教育の課題としてどう位置づけるかということで，人権教育の真理が決まることになる。

では，これらの問題から特に「子ども」と，子どもと関連する「インターネット」による人権侵害について，その現状と課題を考察する。

「子ども」に関する課題として，学校では，校内暴力やいじめ，不登校などの問題が依然として憂慮すべき状態にあり，また保護者による児童虐待も深刻化している。教職員による児童生徒への体罰も後を絶たない。

これらは，子どもたちの人権が守られていないことを示している。「児童の権利に関する条約」では，子どもを権利主体の対象として一人の人間として大人と同様に市民的権利を認めている。子どもを平等の権利をもつ住民と位置づけ，子どもの「最善の利益」を重んじ，意見表明権のほかに思想・良心の自由，障害のある児童の自立など幅広い権利を重視していく必要がある。

一方，「インターネット」に伴う人権侵害に関する課題であるが，インターネットには，発信者に匿名性があり，情報発信が技術的・心理的に容易にできるといった面から他人に対する誹謗中傷や個人情報の書き込みによる被害，子どもが犯罪に巻き込まれるなどの人権侵害が発生している。学校においては，情報教育の中に，インターネット上の誤った情報や偏った情報をめぐる問題を含め，情報化の進展が社会にもたらす影響について知り，情報の収集・発信における個人の責任や情報モラルについて理解させるための教育の充実が必要である。

わが国には様々な人権問題が存在するが，学校での人権教育の努力を丁寧に積み重ねていくことが重要である。

わが国の人権問題（課題）の解決について

わが国の人権問題として「人権教育・啓発に関する基本計画」（2002（平成14）年策定）で挙げられた重要課題は，女性，子ども，高齢者，障害者，同和問題，アイヌの人々，外国人，HIV感染者，ハンセン病患者，刑を終えて出所した人等をめぐる様々な人権侵害に加えて，近年では，犯罪被害者及びその家族に対するマスメディアの報道によるプライバシーの侵害，過剰な取材による私生活の平穏の侵害等の人権侵害，また，少年事件等の被疑者及びその家族についての同様の人権侵害，他に，インターネット上の電子掲示板やホームページへの差別的情報等による人権侵害等が生じている。

このような様々な人権問題が生じている背景として，人々の中に見られる同質性・均一性を重視しがちな性向や非合理的な因習的意識の存在等が指摘されている。さらに，国際化，情報化，高齢化，少子化等の社会の急激な変化等も，その要因になっていると考えられる。しかし，根本的には，人権尊重の理念についての正しい理解やこれを実践する態度が未だ国民の中に十分に定着していないことが指摘される。このために，自分の権利を主張して他人の権利に配慮しないばかりでな

く，自らの有する権利を十分に理解しておらず，正当な権利を主張できなかったり，物事を合理的に判断して行動する心構えや習慣が身に付いていなかったりして，差別意識や偏見にとらわれた言動をするといった問題点も指摘されている。

このような人権を取り巻く諸情勢をふまえ，より積極的かつ着実に国民に推進していくことが求められる。

基本計画では，人権教育の取り組みとして，第1に，法の下の平等，個人の尊重といった人権一般の普遍的な視点からのアプローチ。第2に，各人権課題に対する個別的な視点からのアプローチ。各人権課題に関する知識や理解を深め，課題の解決に向けた実践的な態度を培っていく。第3に，人権に関わりの深い特定の職業に従事する者に対する研修等の取り組みである。特定の職業に従事する者として，検察職員，矯正施設・更生保護関係職員，教員・社会教育関係職員，公務員，自衛官，福祉関係職員，医療関係者等13の業種を掲げている。

人権教育・啓発を効果的に推進するためには，人権教育・啓発の実施主体の体制を質・量の両面にわたって充実・強化していく必要がある。

◎参考文献

東京福祉大学編『レポート・試験はこう書く 教職科目要説 初等教育編』ミネルヴァ書房，2015.
中野陸夫編『早わかり人権教育小事典』明治図書出版，2003.
法務省・文部科学省編『人権教育・啓発白書 令和3年版』勝美印刷，2021.

星野安三郎・小林孝輔監『口語憲法』自由国民社，2004.
堀尾輝久『子どもの発達・子どもの権利─子どもを見る目・育てる目』童心社，1989.
森実『知っていますか？ 人権教育一問一答 第2版』解放出版社，2013.

第3章
保育児童基礎演習

施設実習の対象施設から１つを選び，その施設の目的や設備基準，職員，利用者等の特徴を述べよ。さらに，その施設で実習すると仮定して，実習の目標や抱負について述べよ。

ここではレポート作成の際の参考として，施設実習の対象となる主な施設の概要と，学生に達成することが期待される実習目標と学習すべき内容について述べることとする。

1．実習施設種別の特徴

(1)　乳児院

乳児院は，親や家庭の事情により，保護者の養育を受けられない乳幼児が生活する施設であり，入所に関する調査・判断は児童相談所が行う。原則として乳児（１歳未満）を入所させて養育する施設であるが，実際には２歳あるいは３歳まで入所していることも多く，低年齢児を養育するという特色がある。平成16年の児童福祉法改正により「保健上，安定した生活環境の確保その他の理由により特に必要のある場合」には就学前までの入所が可能となった。長期在籍となる３歳以上の子どものほとんどは，重い障害のある子どもやきょうだいが同じ施設にいる子どもなど保育看護の環境が必要な子どもである。児童福祉法第37条には，「乳児院は，乳児（保健上，安定した生活環境の確保その他の理由により特に必要のある場合には，幼児を含む。）

を入院させて，これを養育し，あわせて退院した者について相談その他の援助を行うことを目的とする施設とする」と定義されている。厚生労働省の福祉行政報告例（令和２年３月末）によれば，全国に144の乳児院があり，定員総数3906人に対し，2760人の乳幼児が入所している。入所の背景には，保護者の疾病や不適切な養育などの事情があるため，保護者支援や退所後のアフターケアを含む親子関係構築支援の役割も担っている。また乳児は，児童相談所の一時保護所での対応が難しいため，乳児院が一時保護機能も担っている。乳児院での養育の基本は，言語で意思表示ができない乳幼児の生命を守り，成長・発達に適した健康的な生活を保障することにある。保育者の応答的・継続的な関わりにより，乳幼児が保育者と愛着関係・信頼関係を築けるように援助している。子どもと関わる職員は，保育士，看護師，児童指導員などであるが，その他，医師や栄養士，調理師，心理療法担当職員もともに育ちを支えている。

(2)　児童養護施設

児童養護施設では，保護者のいない

子どもや様々な理由から家族と生活することができない概ね18歳未満の児童が生活している。児童福祉法第41条には，「児童養護施設は，保護者のない児童，虐待されている児童その他環境上養護を要する児童を入所させて，これを養護し，あわせて退所した者に対する相談その他の自立のための援助を行うことを目的とする施設とする」と定義されている。

厚生労働省の福祉行政報告例（令和2年3月末）によれば，全国に612の児童養護施設があり，3万1494人の定員総数に対して2万4539人の児童が入所している。児童養護施設では，虐待を受けた子どもの入所は65.6%，何らかの障害をもつ子どもは36.7%と増加傾向にあり，専門的なケアの必要性が増している。児童養護施設退所後は，自立援助ホームで日常生活の援助や生活指導，就業のための支援を受けながら，22歳まで共同生活をする人もいる。児童養護施設における養護の基本は，子どもの自主性を尊重しつつ安定した生活環境を整え，その心身の健やかな成長と自立を支援することである。保育士以外にも児童指導員，家庭支援専門相談員，栄養士，調理師，看護師などの職員が子どもたちとともに生活し，生活環境を整えるとともに，生活指導，学習指導など将来自立した生活を営むために必要な支援を行っている。

(3) 知的障害児を対象とする施設

知的障害は，知的機能の障害がダウン症などの染色体異常やてんかんなど発達期に起こる疾患に伴って現れ，日常生活に支障をきたす何らかの特別な支援を必要とする状態をいう。子どもの障害の状態は様々で，知的発達の遅れも軽度から重度までみられ，基本的生活習慣の確立や言語発達，社会性の発達に遅れを示す知的障害を伴った自閉症の子どもも多く見られる。前述のような知的障害がある18歳未満の子どもの発達を支援する施設として，次の入所施設，通園施設の2種類がある。いずれも個々の子どもの特性に合わせて生活や遊びの経験，生活環境への気づきの機会を提供しつつ，生活体験の拡大と生活習慣の確立，社会性を育むことを目的とした「療育」が行われている。

① 福祉型障害児入所施設

入所して必要な指導や訓練，あるいは保護を受けることができる。児童福祉法第42条に，「障害児を入所させて」「保護，日常生活の指導及び独立自活に必要な知識技能の付与」をするための支援を行うことを目的とする施設であると定義されている。

② 福祉型児童発達支援センター

就学前の子どもを対象に家から通園して生活，学習及び運動などの指導を受けることができる。児童福祉法第43条に「障害児を日々保護者の下から通わせて」「日常生活における基本

的動作の指導，独立自活に必要な知識技能の付与又は集団生活への適応のための訓練」を行うための支援を提供することを目的とする施設であると定義されている。

2．施設実習の目標と内容

「保育実習Ⅰ（施設）」と「保育実習Ⅲ」について，それぞれ標準的な実習目標と内容を以下に記す。実習目標や課題は保育者になるための大切な自己実現へのステップである。課題を明確に設定し到達目標を掲げることで有意義な実習を行うことができる。実習において何を学び，何を達成するのか具体的に考え，実習への目的意識をしっかりと確立して，日々の実習に取り組むことが大切である。ただし，自らの実習課題が実際の実習現場とかけ離れていては目標としての意味をなさないため，実習施設の理解に努めるよう心がけることが重要である。

(1)　**保育実習Ⅰ（施設）**

（目　標）

児童福祉施設や障害者支援施設等の生活に参加し，子どもや利用者への理解を深め，実習施設の機能とそこでの保育士の職務について学ぶ。

（内　容）

①実習施設の概要を理解する。②生活の1日の流れを理解し，参加する。子どもや利用者と行動を共にし，生活状況を把握する。③保育士として，子ども（利用者）の「最善の利益」を理解する。④子どもや利用者との関わりを通して，利用者のニーズを理解する。⑤日常生活での援助（支援）の一部分を担当し，援助技術を習得する。⑥施設における合理的配慮に基づいた援助（支援）計画を理解する。⑦保育士としての職業倫理を学ぶ。

(2)　**保育実習Ⅲ**

（目　標）

①施設における援助（支援）の実践を通して，保育士として必要な態度・能力・技術を習得する。②家庭や地域の生活実態に触れ，生活ニーズに対する理解力・判断力を養い，合理的配慮に基づいた援助方法を習得する。③将来あるべき保育士の姿を自らに問い，福祉観を養う。

（内　容）

①子どもや利用者の個人差，障害や生活環境に伴う利用者のニーズを理解し，その対応について学ぶ。②子どもや利用者個々の「自立」について理解する。③援助（支援）計画を立案・実施・再評価する。④地域社会に対する理解を深め，連携の方法を学ぶ。⑤保育士としての職業倫理を学び，身に付ける。⑥保育士に求められる態度・能力・技術に照らし合わせ，自身の課題を明確化する。⑦子ども（利用者）の「最善の利益」への配慮を学ぶ。

実習を迎えるまでのステップについて

　保育実習は，保育士資格取得のための必修科目である。これまでの保育士養成課程における教科目での学びは主として理論的なものが中心であったが，保育実習では実際の保育現場の中で，保育士の役割や保育実践等を学ぶことを目的としている。また，保育実習は，保育現場における実践を通じて保育理論をより正しく理解し，さらに学生自身が保育者や子どもとの相互作用から得た学びにより，保育士の職務と役割，子どもについて理解を深めることを目的とする。以下，実習を迎えるまでのステップをおおまかにまとめる。

1．保育実習指導

　事前指導では実習に際して必要な心構え，実習目標の設定，実習記録の取り方などを学ぶ。また，実習後の事後指導では各実習生の実習内容の振り返りと，お互いにその内容を発表し，伝え合うことで施設における1日の生活の流れ，保育者の意図，環境構成，施設養護のあり方などを考察していく。

2．実習施設の理解

　実習では，まずその実習施設の理念や支援・指導の方針を受け入れて実習に臨むことが求められる。実習施設にはそれぞれ理念や方針があり，施設独自の支援目標がある。学生自身もそれらを尊重して参加することが求められるため，各施設の独自性をふまえた具体的な準備をしていく必要がある。周辺環境の理解や教職員の構成，実習施設のおおまかな1日の生活の流れなども併せて理解しておきたい。

3．実習施設事前訪問

　実習前には実習施設を訪問し，オリエンテーションを受ける。事前に先方と電話連絡などで日程調整し，約束した日時を厳守する。実習施設では施設長や実習指導者の先生から実習内容の説明を受ける。施設概要や支援方針，支援内容や1日の生活の流れ，勤務形態と勤務時間，さらに実習段階の進め方や食費などについて話を伺い，不明な点を質問する。

4．実習直前の準備

　実習施設の事前訪問が始まる頃には，実習承諾書の確認，実習記録簿や名札の準備，細菌検査の手続きなど事務的な確認とともに，それまでの授業で学んだ施設養護に関する基礎的な知識や実習に臨む心構えなどについて復習しておく。また，生活リズムを安定させて健康の維持・管理に努め，心身ともに健康な状態で実習に臨めるようコンディションを整えることもしておきたい。

実習に必要な心構えと準備について

1．実習に臨む姿勢

　保育士資格取得のために学生が保育実習を行うことは義務ともいえるが，第三者が入ることで保育の現場は荒れ，実習生への指導により子どもや利用者に対する支援や援助の質を低下することもある。実習生には「実習させていただいている」という謙虚な姿勢が求められる。

　また，意欲的な態度で臨み，自分から積極的に動こうとする姿勢を心がけることは受け入れ先の先生方や利用者への最低限の礼儀である。指示を待つのではなくこちらから積極的に聞きに行き，わからないことはそのままにせず質問したり，自分の考えや希望を先生方に伝えたり，常に相手とのコミュニケーションを図りつつ行動していくことが大切である。コミュニケーションの第一歩は「挨拶」から始まるので，こちらから相手にとって気持ちの良い挨拶をするように心がけたい。

　実習生とはいえ実習に臨むにあたっては，施設職員の一員として，また社会の一員として扱われる。社会人としての自覚をもって責任ある行動を心がけることが必要である。服装，態度，言葉遣い，健康管理など社会人として基本的なマナーやルールは身に付けていなければならない。特に「時間を守る」ことは社会人として基本であり，遅刻や無断欠勤には十分気をつけ余裕をもって出勤することや実習記録の提出期日を守ることは当然である。

2．服装や持ち物の確認

　通勤時の服装は，実習生として原則スーツ着用が望ましいが，実習先施設からそれ以外の服装を指定された場合はその限りではない。その際，基本的にはできる限り清潔，清楚なものを心がけ，だらしない恰好や華美な服装は避けるようにする。

　実習中の服装については，子どもや利用者と関わるため，基本的に動きやすく，清潔なものが望ましい。ジャージやポロシャツ，トレーナーといった服装を推奨する施設から普段着に近い服装の着用を求める施設もあるため，事前のオリエンテーション時にきちんと確認することが必要である。

　持ち物については各施設で異なるので，事前訪問時などに必ず確認すること。携帯電話は電源を切ってかばんや貸与されたロッカーなどにしまい，実習中は持ち歩かないようにする。実習に関係のないものを持ち込むことで無用のトラブルを誘発する恐れもあるので，常時必要最低限を心がけたい。

実習日誌の書き方と目的について

実習中は，実習生自身の学びを記録として実習日誌にまとめることが求められる。学びを深め，保育者としての成長を図るツールともなる実習日誌の記録と提出は，保育士資格取得のため実習生にとって義務であるといえよう。

1．実習日誌を記録する意義

実習生にとって実習日誌を記録する最大の目的は，実習体験の中から得られた学びを確認し，自身の援助や言動を省察し翌日の実習につなげることである。実習で体験したことを記録化（文字化）することで，自身の援助や関わりを客観視することができる。文字化することの意義として，「その過程で曖昧さが低減する」「時間を超えて繰り返し振り返ることができる」「第三者との共有化が図りやすい」ことなどが挙げられる。また，そこから生じた反省点を翌日以降の実習に臨む際の課題として取り上げ，これらを改善していくことで保育の質を向上させていくという意義をもつ。このように実習期間中，日々着実に学びをいかし，深化させていくために，実習生にとって実習記録を残す作業は極めて重要であることを認識して実習に臨みたい。

2．実習日誌の記入方法

実習日誌の項目には，実習生の客観的視点をもって記入する「実習記録項目」と主観的視点をもって記入する「感想・反省項目」がある。「実習記録項目」には「である調」の文体を用いて，その日一日の見聞きした事実を時系列に沿って客観的かつ簡潔に記入する。他方「感想・反省項目」には，「ですます調」を用いて，その日の実習体験の中で特記すべき内容を記入し，それに関する考察や反省，そこから発見した今後の課題を記入する。特記事項をエピソード形式で記入する場合には，「5W1H」（いつ・どこで・誰が・何を・なぜ，どのように）を意識して他人が読んでもその場面や状況が理解できるような記述を心がける必要がある。個人情報保護の観点から子ども・利用者の名前はイニシャルで記入するといった配慮も求められる。

実習日誌は「他人に読んでいただくもの」でもあることを意識して，文章はわかりやすく簡潔に整理して書くことが大切である。また，実習日誌は公文書として扱われるものであるため，書き間違いや誤字・脱字に留意して黒ペンで丁寧に記入し，訂正する場合には原則として訂正箇所に二重線を引いて訂正印を押印して書き直すことが必要である。

実習中及び実習後の留意事項について

1．実習中の留意事項

実習では，実習施設の実習担当者や職員の先生方とのコミュニケーションをいかにうまくとることができるかが，実習でより多くの学びを得るための重要な鍵となる。そのため，積極的に指導・助言を仰いだり，わからないことをそのままにせず質問・相談したりすることが大切である。また，反省会の時間を取ってもらえる場合には，質問や相談に加え，実習中に戸惑ったことや自身が感じたことなどについても積極的に伝え，いただいた助言はしっかりとメモをとるように心がけたい。

児童福祉法第18条の22に「保育士は，正当な理由がなく，その業務に関して知り得た人の秘密を漏らしてはならない」とあるように，実習生は，実習施設のプライバシーを厳守しなければならない。実習施設の方針や養護内容についても安易に口外することは避けるべきである。特に，通勤や帰宅途上での口外は，どこで誰が聞いているかわからず，保護者や関係者が聞いていることもあるため，思わぬトラブルに巻き込まれる危険も孕んでいる。個々の子ども・利用者やその家庭に関する情報も口外無用である。保育者を目指す者として，子ども・利用者一人ひとりの人権を守るという倫理的な配慮を欠かしてはならない。

また，万が一，事故やけがが生じた際には，安全を確保したうえでただちに指導者・責任者に報告して指示を仰ぐこと。実習中に発生した事故について監督責任は全て施設に帰するため，子ども・利用者の保護者に対する説明責任も生じてくることとなる。実習生は事故の発生状況と経過について詳細に報告しなければならない。場合によっては養成校にも連絡を入れ，迅速な対応を行うことが求められる。

2．実習後の留意事項

実習後には速やかに実習のまとめを作成し，実習日誌を取りまとめて実習先へ提出する。また，反省会を実習後に実施する施設もあるので，その場合には積極的に参加する。反省会では，その後につながる助言やヒントが得られることが多い。指導してくださった実習施設の先生方へのお礼状の作成と送付も忘れずに行うよう心がけたい。

実習後には，養成校で実習事後指導を受けることとなるが，実習の報告や振り返りを通して実習生自身の課題が明確化し，他学生と情報を共有する機会となるため，授業には最後までしっかりと取り組むことが大切である。

部分実習・責任実習と指導案作成の方法について

1．部分実習と責任実習

部分実習とは，ある一定の時間帯を実習生が任されて保育を行うことである。一般的に次のパターンが考えられる。①生活や活動の節目に絵本や紙芝居を読んだり，手遊び・歌遊びをしたりといった簡単な活動を行うパターン。この場合，指導案作成の必要がないこともある。②日常生活のある時間帯を担当するパターン。具体的には余暇活動時のゲームやレクリエーションといった活動などを担当する。

責任実習は，部分実習をある程度経験してきた学生が，1日もしくは半日程度の時間帯を担当保育士としての役割を担って保育を行う実習である。一般には，子どもや利用者の状況を把握してきた実習後半に最後の仕上げとして行われることが多い。

2．指導案の作成

指導案の作成にあたっては，自分がどのような活動を提供できるか吟味する必要があるが，そのために欠かしてはならないことが，子ども・利用者の姿(実態)を理解することと施設における生活の流れを把握することである。

活動内容によっては子ども・利用者の参加が困難であったり，興味・関心をもって積極的に参加できなかったりすることもある。ふさわしい活動を提供するためにも，子ども・利用者の年齢や発達，障害の程度，個々の特性，興味・関心などを実習中の子どもや利用者との関わりを通して理解していくことが大切である。

また，それまでの生活の流れを受け，その流れに則って活動を展開することが部分実習・責任実習をスムーズに進めるうえでは欠かせない。そこから大きく外れる活動内容であれば，予期せぬシチュエーションに直面して混乱が生じる可能性や活動への参加がためらわれる恐れもある。それまでに積み重ねてきた生活経験の延長であれば無理なく参加することも可能であるし，「参加してみよう」「やってみたい」という意欲もわくだろう。

活動を選択するにあたっては，1日の流れの中での静と動のバランス，雨天時などの天候との兼ね合い，活動を行う場，人数，必要となる道具や材料等も勘案し，指導者の助言を仰ぐようにするとよい。具体的な活動が決定したら，その流れや時間配分，環境構成を検討し，指導案を作成する。事前にその場面を想定して予行演習を行うなど事前準備をしっかりとして部分実習・責任実習に臨むよう心がけたい。

施設実習の実際と留意点について

1．施設実習の実際

施設実習は，次のような段階を経て，学びが深まるように実習計画の組み立てがなされる。①観察実習：観察を通して施設における生活の流れ，子ども・利用者，実習施設について理解する。②参加実習：担当職員の指示や指導にしたがって保育の補助をしながら施設保育士の職務を経験し，子ども・利用者と積極的に関わっていく中から子ども・利用者に対する理解を深める。③部分実習・責任実習：担当職員の指導を受けながら指導計画案を立案し，実践して施設保育士としてどのような支援，指導・助言，配慮を行うかを体得する。一般に，①と②が並行して行われることがほとんどであろう。

実習には，実習全体を通して何を目標とするのか，その日その日で何を中心に学びたいのかをはっきりさせて臨むことが大切である。明確な目標を設定することでその日一日の保育を振り返った際に反省すべき点も明らかになってくる。それらの反省点を課題として，翌日の保育につなげていくことが可能となる。限られた実習期間の中で学びを深めるためにも一日一日の積み重ねをしっかりと心がけて実習に臨むことが肝心である。

2．施設実習の留意点

実習生は，実習施設における子ども・利用者との関わりなどの実践を通して，学びを「得る」という意識で実習に参加するであろうが，実習生が施設の生活の場に入り込み，子どもや利用者と関わること自体が相手に対して影響を「与える」こととなる。実習生と子ども・利用者の関係は，互いに影響を与え合う相互的な関わりである。自分自身が相手の生活に影響を及ぼしていることを常に念頭に置き，自らを相手の立場に置き換えてその心情を斟酌し，倫理的な配慮をもって関わるように努めねばならない。

実習中に実習生が困惑する場面として，子ども同士・利用者同士のトラブルが起こった際の対応が挙げられる。一方が他方に身体的な危害を加える恐れがある時には，即座に止めなければならないが，そうした場合でない限りは一人ひとりの子ども・利用者の気持ちに寄り添って丁寧に対応することが望まれる。トラブルの経緯や実習生が対応した内容は，必ず職員に報告して状況に応じて必要な対応方法について指導や助言を受けることが大切であり，決して実習生一人で解決しようなどと思ってはならない。

◎参考文献

柏女霊峰監，槇英子・齊藤崇・江津和也・桃枝智子編著『保育者の資質・能力を育む 保育所・施設・幼稚園実習指導』福村出版，2019.

小林育子・長島和代・権藤眞織・小櫃智子著『幼稚園・保育所・施設 実習ワーク〈認定こども園対応 改訂版〉』萌文書林，2020.

関口はつ江『学びをいかす 保育実習ハンドブック』大学図書出版，2018.

全国保育士養成協議会編『保育実習指導のミニマムスタンダード Ver.2―「協働」する保育士養成』中央法規出版，2018.

東京福祉大学『保育実習の手引き』2020.

名須川知子監，田中卓也・松村齋・小島千恵子ほか編著『保育者になる人のための実習ガイドブック A to Z―実践できる！ 保育所・施設・幼稚園・認定こども園実習テキスト―』萌文書林，2020.

「乳児院運営指針」平成24年（2012）3月29日厚生労働省雇用均等・児童家庭局長通知

社会的養護第三者評価等推進研究会監督，乳児院運営ハンドブック編集委員会編『乳児院運営ハンドブック』厚生労働省雇用均等・児童家庭局家庭福祉課，2014.

増田まゆみ・小櫃智子編著『保育園・認定こども園のための保育実習指導ガイドブック』中央法規出版，2018.

森上史朗・柏女霊峰編『保育用語辞典（第8版）』ミネルヴァ書房，2015.

第4章
法学(憲法)

日本国憲法に定める自由権，
とりわけ精神的自由権について詳述せよ。

1．日本国憲法が定める自由権

　日本国憲法が定める自由権は，経済的自由権，身体的自由権及び精神的自由権の3つに大別される。

　経済的自由権には，第22条で居住，移転の自由，職業選択の自由及び第29条の財産権保障などの定めがある。身体的自由権には，第18条の奴隷的拘束，苦役からの自由及び第31条の適正法定手続の保障や刑事手続における様々な人身の自由に関する定めがある。

2．日本国憲法の精神的自由権

　日本国憲法が定める精神的自由権は，第19条の「思想及び良心の自由」，第20条の「信教の自由」，第21条の「集会・結社・表現の自由，通信の秘密」，第23条の「学問の自由」である。以下にそれぞれの内容について述べる。

3．思想及び良心の自由

　第19条は，「思想及び良心の自由は，これを侵してはならない。」と定めている。倫理的な性格を有する問題についての考え方が「良心」であり，その他の問題についての考え方が「思想」であると一応区別できるが，第19条で両者が全く同じに扱われてい

る以上，しいて両者を区別する必要はないとするのが通説である。「思想及び良心の自由」とは，世界観，国家観，人生観，主義，主張などの個人の人格的内心的精神作用を広く含むものと考えられる。

　思想及び良心の自由を「侵してはならない」とは，国民がどのような人生観，主義，主張をもとうとも，それが内心の領域にとどまる限りは絶対的に自由である。国家権力は，内心の思想を理由に処罰したり，あるいは特定の思想を抱いたりすることを禁止することはできないということである。

　思想及び良心の自由は，沈黙の自由を含む。すなわち，国家権力が江戸時代にキリスト教徒の弾圧の際に行われた「踏絵」のようなことを行ったり，現政権の支持・不支持について強制的にアンケート調査を行ったりするなど，個人の内心を表白させたり推知したりすることは，第19条に違反する。

4．信教の自由

　日本国憲法は，「信教の自由」を保障するとともに，「政教分離」の原則を定めている。

　「宗教」について津地鎮祭訴訟で名古屋高裁は，宗教とは，「超自然的，

超人間的本質，すなわち絶対者，造物主，至高の存在等，なかんずく神，仏，霊等の存在を確信し，畏敬崇拝する心情と行為をいい，個人的宗教たると，集団的宗教たると，はたまた発生的に自然的宗教たると，創唱的宗教たるとを問わず，すべてこれを包含する。」と，定義している（昭和46年5月14日）。

信教の自由には，①信仰の自由，②宗教的行為の自由，③宗教的結社の自由が含まれる。①信仰の自由とは，特定の宗教を信じる自由，その信仰を変える自由，及びすべての宗教を信じない自由である。信仰を有する者に対してその信仰の告白を強制したり，信仰を有しない者に信仰を強制したりすることが禁じられる。②宗教的行為の自由とは，礼拝や祈祷を行ったり，宗教上の祝典，儀式，行事その他の布教活動などを自由に行ったりすることである。また，このような宗教的行為をしない自由，宗教的行為への参加を強制されない自由も含む。③宗教的結社の自由とは，信仰を同じくする者が宗教団体を設立し，活動する自由，宗教団体に加入する自由，及び宗教団体に加入しない自由などである。

内心における信仰の自由は，絶対的に保障される。しかし，宗教は内心の信仰にとどまらず，礼拝や儀式のような外部的行為を通常は伴う。外部的行為が他者の権利・利益や社会に具体的な害悪を及ぼす場合には，国家権力に

よる規制の対象となる。

5．政教分離の原則の内容

政教分離の主な形としては，①国教制度を建前とし，国教以外の宗教に対して広範な宗教的寛容を認める形，②国家と宗教とは各々その固有の領域において独立であることを認め，競合する事項については政教条約を締結し，それに基づいて処理すべきとする形，③国家と宗教とを厳格に分離し，相互に干渉しない形がある。

日本国憲法は，国家と宗教の厳格な分離を定め，信教の自由の保障を確保し補強している。その内容は，①国教を定めることは許されないこと，②いかなる宗教団体も国から特権を受け，又は政治上の権力を行使してはならないこと，③国やその機関が宗教教育その他の宗教的活動をしてはならないこと，④公金その他の公の財産は，宗教上の組織若しくは団体の使用，便益若しくは維持のためこれを支出し，またはその利用に供してはならないことである。国家と宗教の厳格な分離と言っても，国家と宗教との関わり合いを完全に排除する趣旨ではない。国家と宗教との間に一定の関わり合いがあることを前提にして，それが政教分離原則に違反しないとするには，次のような基準がある。①問題となった国家行為が世俗的であること。②その行為の主要な効果が，ある宗教を援助，助長し，または抑圧するものでないことである。

6．表現の自由

第21条第1項は，「言論，出版その他一切の表現の自由は，これを保障する。」と定める。表現の自由とは，思想・信仰や情報などを発表し伝達する自由である。内心の思想等は，外部に表明したり伝達されたりすることで初めてその真価を発揮する。その意味で，表現の自由は，重要な精神的自由権である。

表現の自由を保障する根拠は2つある。言論活動を通じて自己の人格を発展させるという個人的な意義の保障と，言論活動によって国民が政治的意思決定に関与するという社会的な意義の保障の2つである。

表現の自由において保障される表現内容は，表現者が思ったり感じたりしていることのすべてを含み，思想・信条などに限られない。また，表現の媒体としては，テレビ，ラジオ，新聞・雑誌その他の印刷物，絵画，写真，映画，音楽，演劇など，諸々の表現が保障される。また，集会や集団行動の自由も表現の自由と考えられている。

表現の自由は外部への表出行為を伴うために思想・信条の自由と異なり，一定の制限がある。この制限については，二重の基準論という考えがある。精神的自由はその他の自由，とりわけ経済的自由よりも優越的な地位にあるとし，精神的自由を制限する立法の合憲性は，経済的自由を制限する立法の合憲性より厳格に審査されなければな

らないとする考えである。

第21条第2項後段は，「通信の秘密は，これを侵してはならない。」と定めている。通信には，はがき・手紙，電話，メールなどすべての方法による通信を含む。通信は他者に対する意思の伝達という一種の表現行為であることから憲法上保障されている。通信の秘密を保障する意義は，公権力が通信の内容等について調査することや通信業務に従事する者が職務上知り得た秘密を漏らすことを禁ずることである。

7．学問の自由

第23条は，「学問の自由は，これを保障する。」と定める。学問の自由を保障するのは，学問の研究というものは，従来の考えを批判して，新しいものを生み出そうとの努力であり，その過程で，旧来の陋習や権威などから抑圧を受けることもあり，高い自由が保障されなければならない。学問の自由によって保障されるものは，①学問研究の自由，②学問研究結果の発表の自由，③教授（教育）の自由である。

研究の自由とは，真理の発見・探求についての自由であり，学問研究の中心である。研究結果発表の自由とともに誰にでも保障されるものである。教授の自由については，大学その他の高等学術研究教育機関における教授の自由についてのみ認め，小・中・高等学校の教師には一定の範囲内しか認められない（旭川学力テスト事件判決　最大判　昭和51年5月21日）。

日本国憲法の基本原理について

　日本国憲法は，国民主権，基本的人権の尊重，平和主義の３つを基本原理としている。

　国民主権とは，全ての国民が政治のあり方を最終的に決める権威または力をもつという意味である。国民主権の根拠となる条文は，第１条後段にあり，そこには，天皇の地位は，「主権の存する日本国民の総意に基く。」と規定してある。

　基本的人権とは，人間が生まれながらにして人間として本来もっている権利であると考えられ，それら人間に固有の権利は基本的人権といわれる。

　基本的人権は，近代憲法の人権宣言では主として自由権を意味するものと捉えられていた。しかし，自由権の保障には参政権が必要とされ，選挙権や被選挙権などの参政権も基本的人権に含まれるようになった。さらに，今日の福祉国家においては，生存権や教育を受ける権利，勤労に関する権利などの社会権も基本的人権に含まれるようになっている。

　ただし，日本国憲法第３章に定める権利の中でも第17条の国家賠償請求権や第40条の刑事補償請求権は，人間性から論理必然的に派生する国家的な前憲法的な性格を有する権利ではな

いとして，基本的人権には含まれないと解されている。

　平和主義には，侵略戦争を制限したり，禁止したりするにとどまるものがあるが，日本国憲法の平和主義は第９条に規定してあり，侵略戦争を含む一切の戦争と武力の行使を放棄し，それを徹底するために戦力の不保持を明示したうえで，更に一定の範囲において国の交戦権を否認している。

　日本国憲法の基本原理は憲法の本文だけでなく，憲法の前文にも明確に規定されている。日本国憲法の前文は４段から成り立っており，その第１段には，「主権が国民に存すること」，そして，日本国民が，「この憲法を確定する」ものであることが規定されており，国民主権の原理と国民の憲法制定の意思が表されている。また，同段には，「自由のもたらす恵沢」の確保と「戦争の惨禍」からの解放という，人権と平和の２つの原理を規定し，日本国憲法制定の目的が示されている。

　第２段には，「日本国民は，恒久の平和を念願」するとして，平和主義への強い思いと「平和を愛する諸国民の公正と信義に信頼して，われらの安全と生存を維持しようと決意した」と平和主義の基本原理を宣言している。

日本国憲法の法の下の平等について

「法の下の平等」の原理は，自由とともに近代法の大原則である。日本国憲法は，平等の原理を徹底させ，その第14条第1項に「すべて国民は，法の下に平等であつて，人種，信条，性別，社会的身分又は門地により，政治的，経済的又は社会的関係において，差別されない。」と定めている。

1. 相対的平等と合理的な区別

相対的平等とは，各人についての事実上の差異を前提とし，それぞれの差異に応じて異なった取扱いを認めるものである。平等の意味を相対的平等とすると，不合理な差別は許されないが，合理的な理由による区別は認められる。

2. 「法の下の平等」の「法」の意味

「法」とは，すべての実質的意味の法を含む。政令，規則，条例などの成文法だけでなく慣習法も含まれる。「法の下の平等」は，国政全般を直接拘束する法原則であり，法の適用の平等だけでなく，法の定立すなわち内容についての平等も意味する。

3. 平等の具体的内容

平等の内容は，第14条後段に具体的に示されている。この規定は，前段の平等原則を例示的に示したものである。すなわち，第14条後段の列挙に該当しない場合でも，不合理な差別的取扱いは前段の原則によってすべて禁止される。

人種とは，人類学上の分類だけでなく，今日では「人種，皮膚の色，世系又は民族的若しくは種族的出身」まで含める（人種差別撤廃条約第1条）。信条とは，歴史的には主に宗教や信仰を意味したが，今日では思想・世界観をも含む。性別は主に女性に対する不合理な差別を禁止する意味である。今日では，法的な意味での性別による差別は少なくなっているが，社会において存在する事実上の差別が問題である。事実上の差別は，性別による差別のみの問題ではない。社会的身分とは，一般に人が社会において占めている地位のことで，出生によって決定され，自己の意思で変えられない社会的な地位のことである。門地とは，家系・血統などの家柄を言う。広い意味では社会的身分と解することができるが，特権的な地位を表している。

第14条後段の列挙事項以外では，財産，出身大学，職業，年齢等による差別が考えられる。ただこれらは，合理的な区別として許される場合が列挙事項に比べれば多い。

日本国憲法における生存権と教育を受ける権利について

　生存権について第25条第1項は，「すべて国民は，健康で文化的な最低限度の生活を営む権利を有する。」と定めている。生存権の法的性格については①プログラム規定説，②抽象的権利説，③具体的権利説がある。①のプログラム規定説は，第25条は，国がすべての国民に人間らしい生活を営むことができるように努力することを政治的・道義的義務として課したにとどまり，個々の国民が裁判を通じて請求できる具体的権利を保障したものではないとする。②の抽象的権利説は，第25条は，国民に対して法的権利を保障したものであり，それに応じて，国は国民の生存権を確保すべき義務を負うが，ここにいう法的権利は抽象的権利にとどまり，それを具体化するための法律が制定されて初めて訴えを提起できるとする。③の具体的権利説は，生存権を具体化する法律が制定されていない場合でも，救済を要する状態にある国民は立法の不作為の違憲確認訴訟を提起できるとする。1956（昭和31）年当時，月額600円の生活扶助費が健康で文化的な最低限度の生活水準を維持するに足りるかどうかが争われた朝日訴訟で最高裁は，最低限度の生活水準の内容は厚生大臣の裁量に委ね

られていると判示した（最大判　昭和42年5月24日）。

　教育を受ける権利について第26条第1項は，「すべて国民は，法律の定めるところにより，その能力に応じて，ひとしく教育を受ける権利を有する。」と定めている。教育は，個人が人格を形成し，有意義な生活を送るために不可欠なものである。教育を受ける権利はその性質上，主として子どもに対して保障される。子どもに教育を受けさせる義務を負うのは，第一次的には親ないし親権者である。施設に預けられている子どもは施設の長が教育を受けさせる義務を負う。

　教育を受ける権利を実質化するものとして第26条第2項後段の「義務教育は，これを無償とする。」がある。無償とは，「授業料不徴収」の意味であると解されている（最大判　昭和39年2月26日）。義務教育での授業料不徴収は，教育基本法第5条や学校教育法第6条に規定がある。教科用図書（教科書）が1963（昭和38）年から学年進行によって順次無償となったのは，義務教育諸学校の教科用図書の無償措置に関する法律による。

日本国憲法が規定する国会の権能について

国会の権能とは，衆・参両議院が合わさった機関としての国会が有する権能のことである。

1．憲法改正の発議権

憲法改正権は，国民主権の原理により国民自らが有するが，憲法改正の発議は国民を代表する地位にある国会が行うのが最も適切であるとして，憲法改正の発議の権能を国会に付与している（第96条第1項）。

2．法律の議決権

立法権は，国会の権能で最も重要なものである。法律案の議決については第59条に規定があり，国会が国の唯一の立法機関であることから，原則として，国会の議決のみで成立する。

3．条約の承認権

条約とは，文書による国家間の合意である。条約の締結は内閣の権能である。これは外交関係を処理し，相手国との交渉を行うのに最も適しているのは政府（内閣）であるということに基づく。ただし，第73条第3号は条約の締結に関して，「条約を締結すること。但し，事前に，時宜によつては事後に，国会の承認を経ることを必要とする。」と定めている。この国会の承認は，国内法的にも国際法的にも，条約が有効に成立するための要件である

と解されている。

4．内閣総理大臣の指名権

内閣総理大臣は，国会議員の中から国会の議決で指名し，天皇が任命する（第67条第1項・第6条第1項）。

5．弾劾裁判所の設置権

憲法が国会に弾劾裁判所を設置する権限を認めたのは（第64条第1項），特別の身分保障が与えられている裁判官の罷免について国民を直接代表する国会議員で組織しながらも，立法府である国会の権能とは異なる特別の裁判所の設置によって公正な判定を期しているからである。

6．内閣の報告を受ける権能

内閣総理大臣は，内閣を代表して，一般国務及び外交関係並びに財政状況について国会に報告する。国会はこれらの報告を受け，又はそれらの報告を要求する権能を有する。国会は財政状況の報告を受けるだけでなく，国家財政の監督権をも有している（第91条）。

7．皇室財産授与の議決権

第8条では皇室に不明朗な財産が流れ込んだり，皇室から財産が流出したりすることによって，皇室が特定の個人ないし団体と好ましくない関係を結ぶことを防止するために，国会の議決を要件としている。

日本国憲法が規定する議院内閣制について

1．議院内閣制

行政権の主体である内閣と立法権の担い手である国会との関係は，大きく大統領制と議院内閣制に分けられる。

議院内閣制は立法権と行政権は分離した機関に委ねるが，相互の協力関係を重視し緩やかな分離といわれる体制である。議院内閣制は，内閣は議会の信任をその在職の要件とし，内閣は下院の解散権を有するのが原則である。

2．議院内閣制の特徴

議院内閣制の特徴としては，以下のことが一般的に挙げられる。

① 内閣は議会に対して責任を負う。
② 内閣総理大臣は，議会（通常は下院）から選出する。
③ 大臣は，通常は国会議員から選ばれ，いつでも院に出席し発言する権利と義務を有する。
④ 総選挙で多数の議席を得た政党が内閣を組織する。

3．日本国憲法における議院内閣制

日本国憲法は，次の規定を置いていることから議院内閣制を採用している。

① 「内閣は，行政権の行使について，国会に対し連帯して責任を負ふ。」（第66条第3項）
② 「内閣は，衆議院で不信任の決議案を可決し，又は信任の決議案を否決したときは，10日以内に衆議院が解散されない限り，総辞職をしなければならない。」（第69条）
③ 「……衆議院議員総選挙の後に初めて国会の召集があつたときは，内閣は，総辞職をしなければならない。」（第70条）
④ 「内閣総理大臣は，国会議員の中から国会の議決で，これを指名する。」（第67条第1項前段）
⑤ 内閣総理大臣は国務大臣を任命する。「但し，その過半数は，国会議員の中から選ばれなければならない。」（第68条第1項但書）
⑥ 「内閣総理大臣その他の国務大臣は，両議院の一に議席を有すると有しないとにかかはらず，何時でも議案について発言するため議院に出席することができる。又，答弁又は説明のため出席を求められたときは，出席しなければならない。」（第63条）

以上の内容から日本の議院内閣制は，内閣の成立と存続を国会の信任にかからせながらも，議会の不信任に対し内閣に解散権があることにより，議会と内閣の対等を重視したものである。

日本国憲法における司法権独立について

1．司法権独立の意義

裁判において人権が保障されるには，公正な裁判でなければならない。そのためには，裁判官が外部からの圧力や干渉を受けることなく，法に基づいて厳正かつ公正に職責を果たせるようになっていなければならない。司法権の独立が求められる理由は，①司法権は，立法権や行政権からの政治的な圧力を受け易いこと，②司法権は，裁判を通じて国民の権利を保護することを目的としているので，外部からの圧力や干渉を排除する必要があることである。

2．司法権独立の内容

司法権独立は，①実際に担当する裁判官が独立して職権を行使できることと，②司法権が立法権や行政権などの他の国家機関から独立していることである。①は裁判官の職権の独立といわれ，司法権独立の核心となるものである。それを裏付けるものとしては第78条の裁判官の身分保障や第76条第3項の裁判官の独立に関する規定がある。そのほか司法機関の自主性を確保するものとして，規則制定権（第77条），行政機関による裁判官の懲戒処分の禁止（第78条），下級裁判所裁判官の指名（第80条）などの諸制度があ

り，司法権独立をより強固にしている。

3．裁判官の職権の独立

第76条第3項は，「すべて裁判官は，その良心に従ひ独立してその職権を行ひ，この憲法及び法律にのみ拘束される。」と定め，裁判官の職権の独立を示している。ここに言う「良心」とは，裁判官個人の主観的な思想や信念などの意味ではなく，憲法や法律に厳正に従う「裁判官としての良心」を意味する。また，「独立してその職権を行ひ」とは，他の何者の指示や命令を受けることなく，自己の判断によって裁判を行うことである。それは，立法権や行政機関などの他の機関はもとより，司法内部の指示や命令も受けたり拘束されたりしないことである。

裁判官の職権の独立を保障するためには，その身分が保障されることが重要である。第78条は，「裁判官は，裁判により，心身の故障のために職務を執ることができないと決定された場合を除いては，公の弾劾によらなければ罷免されない。裁判官の懲戒処分は，行政機関がこれを行ふことはできない。」と定め，裁判官の身分を保障している。「公の弾劾」による罷免は，第64条に規定する国会の弾劾裁判所の裁判による。

◎参考文献

芦部信喜著, 高橋和之補訂『憲法 第七版』岩波書店, 2019.
大石眞・大沢秀介編『判例憲法 第3版』有斐閣, 2016.
野中俊彦・中村睦男・高橋和之他『憲法I 第5版』有斐閣, 2012.

長谷部恭男・石川健治・宍戸常寿編『別冊ジュリスト 憲法判例百選I 第7版』有斐閣, 2019.
長谷部恭男・石川健治・宍戸常寿編『別冊ジュリスト 憲法判例百選II 第7版』有斐閣, 2019.
山本豊『判例・通説を基調とした法学・憲法』学校図書, 2016.

第5章
健康・スポーツ

現代日本の人々の生活習慣，運動，健康との関連性について述べよ。

1．現代日本の健康課題

現代日本の背景として，平均寿命の延伸，少子高齢化，国民医療費の高騰などが挙げられる。日本は世界でも有数の長寿国家であり，平均寿命は男性81.6歳，女性87.7歳（2020年）となっている。平均寿命が伸びることは高齢化につながるが，高齢者の増加とともに医療費が上昇することとなる。その要因として，高齢者の医療費負担や疾病に罹患する割合が増えることがある。また，日本は平均寿命が長いが，健康上の問題がない状態で日常生活を送れる期間を示す健康寿命は，平均寿命よりも約10歳短い。平均寿命と健康寿命の差が現れる要因は，生活習慣病の進行や，要支援や要介護につながる運動器疾患（ロコモティブシンドローム）などである。このことから，生活習慣病や運動器疾患にならないための生活習慣や運動習慣が重要となってくる。

2．生活習慣病

日本の健康問題として，生活習慣病が挙げられる。生活習慣病は「食習慣・運動習慣，飲酒・喫煙・休養等の生活習慣がその発症・進行に関与する疾患群」であり，日々の生活習慣が疾患につながる。その要因として特に肥満が挙げられる。肥満から高脂血症，高血圧，高血糖などの疾患につながり，そこからさらに動脈硬化や脳血管疾患，心疾患等につながる。肥満だけの場合よりも，高血圧や高脂血症，高血糖などの症状がある場合は，死亡リスクが掛け合わせで増加していく。

肥満について，日本肥満学会の基準によると，BMIが25以上で肥満関連疾患（耐糖能障害，脂質異常症，高血圧，高尿酸血症・痛風，冠動脈疾患，脳梗塞，脂肪肝，月経異常及び妊娠合併症，睡眠時無呼吸症候群・肥満低換気症候群，整形外科的疾患，肥満関連腎臓病）を1つ以上有すること，またはBMIが25以上で内臓脂肪断面積が100㎠以上の場合を肥満症と診断している。BMIはBody Mass Index（体格指数）と呼ばれ，BMI＝体重（kg）／身長^2(m)で算出できる。正常なBMIは18.5〜25の範囲である。また，肥満は体脂肪率の高い状態を示し，男性25％，女性30％以上が肥満判定の基準とされている。この肥満の主な原因となるのが食習慣と運動習慣である。

3．食事と運動

　健康獲得のための食習慣は，バランスの良い食事内容となる。タンパク質，脂質，炭水化物の適性比率（PFCバランス）は 13：25：62 となる。しかし，近年の食事内容は，炭水化物の摂取割合が減少し，タンパク質や脂質の摂取割合が増加している。これは食が欧米化してきて畜産物や油脂類の摂取割合が増加したことや，米の摂取割合が減少したことなどが挙げられる。また，特に若い年齢層において，脂質エネルギー比率が高く 25％を超えていることも問題となる。脂質の過剰摂取は肥満の原因にもなり，生活習慣病のリスクを高めることとなる。

　脂肪をエネルギーとして消費し，肥満の予防・改善となるのが運動である。運動はエネルギー供給の考え方から，無酸素運動と有酸素運動に分けられる。無酸素運動は，運動時のエネルギー供給が ATP-CP 系及び解糖系という，酸素を必要としない供給系でエネルギーがまかなわれる。この際のエネルギー源はグリコーゲン（糖質）やATP と呼ばれるエネルギー物質である。一方，有酸素運動では，グリコーゲンや脂肪酸と酸素によってエネルギーを作り出す供給系でまかなわれる。無酸素運動は高強度の瞬間的な運動などが該当し，ウエイトトレーニングなどのレジスタンストレーニング，短距離走などが挙げられる。有酸素運動は大きな骨格筋群を動員する全身的運動で，長時間継続でき疲労困憊に至らない運動である。例として，ウォーキング，ジョギング，エアロビクスなどが挙げられる。無酸素運動では，脂肪がエネルギー源として使われないが，有酸素運動では脂肪がエネルギー源となる。生活習慣病の予防・改善を考えた場合，有酸素運動を行うことにより脂肪の減少が考えられ，肥満の予防・解消につながる。一方，無酸素運動の場合，レジスタンストレーニングなどを行うことによる効果として，筋量の増加や，基礎代謝の上昇，耐糖能（血中の糖を筋に取り込む）の改善，加齢による動作困難・腰痛・膝痛などの予防・改善などが挙げられる。

　有酸素運動にプラスしてレジスタンストレーニングを行うことにより，基礎代謝の増加や，メタボリックリスクの軽減などが期待できる。また，生活習慣病の予防や改善について，運動を行うことにより，高血圧や高血糖，高脂血症などのメタボリックリスクを軽減させることができる。

4．加齢と健康

　近年の健康問題として言われているものが，メタボリックシンドロームとロコモティブシンドロームである。

　メタボリックシンドロームとは，内臓肥満に高血圧，高血糖，脂質代謝異常が組み合わさり，脳梗塞や動脈硬化などを引き起こす病態である。この基準は腹囲男性 85cm，女性 90cm 以上かつ高血圧，高血糖，脂質代謝異常のう

ち2つ以上当てはまるとメタボリックシンドロームと診断される。

ロコモティブシンドロームは、運動器疾患と呼ばれ、加齢に伴う筋力の低下や関節疾患、骨粗しょう症などにより運動器の機能が低下し、要介護や寝たきりとなるリスクが高い状態を示すものである。関節疾患と骨折・転倒を含めた運動器疾患は、要支援・要介護となる原因の大きな割合を占めており、運動器疾患による要支援・要介護状態を未然に防ぎ、健康寿命を長く保つことがロコモティブシンドロームの重要な概念である。

体力は加齢とともに低下していき、また生活習慣病などで運動機能は低下する。これは生活の質（QOL）の低下につながるものである。20歳を100とした体力評価において、加齢とともに最も低下する項目は、男女ともに片脚立ちと言われている。歩行を考えた場合、歩くという動作は片脚立ちの連続である。歩行動作は、バランス能力と下肢筋力が大きく関与する。加齢とともにバランス能力や下肢の筋力が低下することにより、歩行中の転倒などが起こる。そこから、骨折や寝たきりになるという状況になるため、ロコモティブシンドロームの概念は大変重要なものになると考えられる。

高齢の場合、トレーニングなどによる筋力の向上などは難しいと考えるのが一般的である。しかしながら、60歳以上の男女のトレーニング効果を検証した研究によると、腹囲や体脂肪率の減少、筋肉量や筋力の向上、体力テストの数値の改善が報告されている。このことから、運動やトレーニングによって、健康寿命やQOLの改善ができると考えられる。

5．生活習慣と健康

平均寿命の延伸や医療の向上などにより、健康的な高齢者ばかりではなく、生活習慣病を罹患している場合や、運動器の疾患を有している高齢者も多くいる。健康的な老後を送るためには、高齢者となってからの生活習慣を見直すのではなく、幼少期や青年期の頃からの運動習慣や体力の維持・向上が、その後の健康寿命やQOLの維持・改善に有効であると考える。

健康的な生活習慣について、ブレスローの7つの健康習慣（1972年）がある。

(1)適正な睡眠時間
(2)喫煙しない
(3)適正体重を維持する
(4)過度の飲酒をしない
(5)定期的に適度な運動をする
(6)朝食を食べる
(7)間食をしない

特に適正体重の維持及び定期的に適度な運動をすることは、体脂肪の減少や生活習慣病の予防・改善につながる。ヘルスプロモーションの観点では健康は獲得するものであり、今後は自らの健康を運動や生活習慣から作り上げる必要がある。

健康の定義とヘルスプロモーションについて

1．健康の定義

健康の定義において，最も単純なものは健康を病気や死の反対の極と捉えることである。しかしながら現代において，精神的・社会的に健全でない人も数多く存在する。

WHO（世界保健機関）憲章では，「単に病気でないというだけでなく，身体的・精神的・社会的にも良好な状態である」ことが健康であるとされている。これは単に病気ではないという消極的な捉え方ではなく，高いレベルの健康を積極的に獲得することを重要視している。WHOの定義は非常に高いレベルである。近年では，その人の生き方や価値観が健康に密接に関連していると考えられるようになってきた。つまり健康とは，個々人が活力をもって物事に積極的に取り組むことができるのであれば，障害や疾病を有する人でも健康を獲得することができると考えられる。この観点から，健康においては生活の質（QOL）や生きがいが重要な要因となる。

2．健康とQOL

WHOはQOLを「個人が生活する文化・価値システムの中で，自分の目標，期待，基準，及び関心に関連して，自分自身が生活の中で置かれている状況に対する認識」と定義している。日本では，生活の中の満足感や充実感を表す言葉として利用されることが多い。近年の健康観では，QOLが重視されていることで，医療現場においても「単に病気を治すことだけでなく，その後の生活も考慮する事が重要」と位置づけている。

3．健康とヘルスプロモーション

近年，生活習慣病の増加や個人の価値観を尊重する傾向により，健康に関する本人の意志や行動が重要視されるようになってきた。そこで，健康を維持・増進するために，個人に対して教育面と環境面での支援を組み合わせて行う「ヘルスプロモーション」という考え方が重要視されている。ヘルスプロモーションとは，「人々が自らの健康をコントロールし，改善できるようにする過程」である。近年の健康観は，単に病気にならないといった消極的なものから，運動やトレーニングによって，より高次の体力を獲得するように，個人の健康も生活習慣を改善することでより高いレベルの健康を積極的に獲得しようとすることである。日頃から健康を意識し，健康を維持・増進することにより，病気にならないという一次予防が重要視されている。

生活習慣と健康の関連性について

1．健康な生活習慣

「21世紀における国民健康づくり運動（健康日本21）」では，健康を維持・増進するために重要な5つの生活習慣（栄養・食生活，身体活動・運動，休養・こころの健康づくり，たばこ，アルコール）を取り上げている。

わが国の栄養摂取状況は，高度経済成長期以降に著しく変化した。これにより日本人の体位（体格・健康の程度）が向上し，感染症や脳出血などの病気が大幅に減少した。しかし，糖尿病や肥満，循環器疾患などの生活習慣病が増えるという問題も出てきた。

適度な運動が身体によいということは，周知の事実である。定期的な運動を行っている人や活動的な生活習慣を行っている人は，肥満，高血圧，糖尿病，高脂血症などの疾患になる確率が低い。運動によって，筋は糖質をエネルギーとして消費し，血中の糖を取り込むインスリンの働きも高まる。また脂肪もエネルギー源として使われるため，肥満の予防・改善になる。

毎日の生活の中で，睡眠のとり方が休養として重要になってくる。睡眠時間を確保することだけでなく，寝付きや起床の仕方，睡眠中の内容についても留意すべきである。これは，睡眠の質が身体と心の休養にとって重要であるからである。

日本におけるたばこによる超過死亡数（肺がん，心筋梗塞など，喫煙が原因で死亡したと疫学的に推定される数）は高い割合となっている。また，たばこによる疾病や死亡に係る超過医療費は国民医療費の3.7％（2014（平成26）年度）を超える。

アルコール摂取は，生活・文化の一部として親しまれているが，アルコールの特性（致酔性，慢性影響による臓器障害，依存性，未成年・妊婦を通じた胎児への影響）から，国民の健康を考えるにあたって考慮すべきである。

2．生活習慣病

生活習慣病とは，「食習慣，運動習慣，飲酒，喫煙，休養等の生活習慣がその発症・進行に関与する疾患群」とされている。生活習慣病には遺伝的要因や病原体，有害物質，ストレッサーなどの外部環境要因も関与する。積極的な一次予防（病気を予防する）のために生活習慣を重視することは，個人の健康の増進・病気の予防・発症後の進行の抑制につながる。日本人の死因の約6割は生活習慣病である。これらの多くは肥満から起こる疾患であり，肥満を予防することが健康へとつながっていく。

トレーニングの原理・原則と効果について

1．トレーニングとは

　健康の維持増進のため，または競技力向上のための筋力・心肺機能の強化やスポーツスキルの習得などの運動をトレーニングという。例えば筋力トレーニングを行うと筋は太くなり，発揮できる力も強くなる。これは運動によって筋の形態と機能が変化するためである。様々なトレーニングでは，運動に応じて身体の機能と形態が変化していく。このことを適応性といい，そのトレーニング内容に応じた適応を身体は示していく。トレーニングを行うことにより，筋力向上や持久力向上が見込まれ，健康で長生きのできる身体を獲得でき，生活の質（QOL）の高い生活を送ることができる。

　トレーニングの基本的条件として，安全性が高いこと，トレーニングの効果が高いこと，楽しみながら行えることが挙げられる。

2．トレーニングの原理

(1)　**過負荷の原理**：普段使用している負荷よりも強い負荷をかける。これは，トレーニングに伴う身体の形態や機能の変化は，運動の強度が日常の活動レベル以上の時に起こるためである。

(2)　**特異性の原理**：トレーニングの効果は内容により特異的に向上する。身体部位のどこを，筋機能の何をどのように向上させたいか，目的によってトレーニングの方法を変えていく。

(3)　**可逆性の原理**：トレーニングで得られた効果は，止めると徐々に失われていく。トレーニングによって獲得された効果は永続的なものではない。効果の消失は，効果を獲得するまでのトレーニング内容や期間に影響される。

3．トレーニングの5原則

(1)　**漸進性**：トレーニングを進めていくと，体力は向上していくので，トレーニングの負荷（量や質）を体力レベルの向上とともに高めていく。

(2)　**反復性**：技術練習や体力トレーニングであっても，同じことを繰り返し行えば，技術や体力が定着していく。反復して行うことで脳のプログラミングが確かなものとなる。

(3)　**個別性**：体格，体力，トレーニングの目的などには個人差がある。トレーニング効果を高めるためには，その人に合った内容であることが必要である。

(4)　**意識性**：目的，方法，実施上の留意点，効果などをよく理解して，高い集中力と意欲をもって取り組む。

(5)　**全面性**：体力，技術などについて総合的にトレーニングしていく。

有酸素運動と無酸素運動の方法や効果について

1．有酸素運動

運動時のエネルギー供給が，酸素を必要とする有酸素エネルギー供給系でまかなわれる。有酸素運動の条件は，大きな骨格筋群を動員し全身的な運動であること，5分以上継続できる運動であること，疲労困憊に至らない運動（中等度）であること，リズミカルに骨格筋群を活動させることである。

有酸素運動の例として，ウォーキング，ジョギング，エアロビクスなどが挙げられる。

有酸素運動の効果は，体脂肪の減少，毛細血管網の発達，血中ヘモグロビン量の増加，LDL（悪玉）コレステロールの減少とHDL（善玉）コレステロールの増加などが挙げられる。

運動負荷設定の目安は，運動時間の場合は持続的または間欠的に20〜60分の運動となる。また，生理学的な負荷設定として，心拍数を利用する方法がある。一般的には最大心拍数の60〜90％が目安となる。最大心拍数は220－年齢で算出できる。また，運動強度の設定は以下の式から求める。

目標心拍数＝
目標負荷×（最大心拍数－安静時心拍数）＋安静時心拍数

これにより，目標運動負荷時の心拍数が算出できる。

2．無酸素運動

運動時のエネルギー供給が，酸素を必要としない供給系（ATP-CP系，解糖系）でまかなわれる。高強度の瞬間的な運動などが該当する。

無酸素運動の例として，ウエイトトレーニングなどのレジスタンストレーニング，短距離走などが挙げられる。

無酸素運動の効果は，筋力・瞬発力・筋パワーの向上，筋量の増加などが挙げられる。また，筋量の増加や，運動時の筋活動により，基礎代謝の上昇，耐糖能（血中の糖を筋に取り込む）の改善，加齢による動作困難・腰痛・膝痛などの予防・改善などが期待できる。

レジスタンストレーニング（筋力トレーニング）は，主要筋群を使う8〜10の種目を行う。その際の負荷設定は，筋力トレーニングの目的により負荷重量や回数が異なる。高重量で低反復であれば筋力が向上する。10回程度上げられる負荷で行う場合は筋肥大（筋肉を大きくする）となる。軽い負荷で素早く反復する場合は，筋パワーの向上となる。筋力トレーニングの際，高負荷の場合は毎日行わず，週2〜3回，全身を万遍なく使用するほうがよい。

運動と心拍数及び血圧の関係性について

1. 心拍数と運動

運動を行うことにより心拍数は上昇する。これは運動によって全身（または運動部位）の酸素需要量が上昇し、その結果、体内の二酸化炭素濃度の上昇、呼吸数の増加、心拍数の増加が起こるためである。酸素運搬に影響を及ぼすのは心拍出量である。心拍出量は心拍数と1回拍出量（心拍の1回の拍動で送り出される血液量）の積によって求められる。一般成人の安静時の1回拍出量は70〜80mlであるが、持久型の運動選手では100〜110mlと大きな値を示す。同様に、一般成人の安静時の心拍数は60〜80拍であるが、マラソン選手では40拍程度となり、トレーニングによる1回拍出量の増加や心拍数の低下といった影響（効果）がある。

運動などの身体活動により、エネルギー消費が上昇し、酸素需要量の増加が起こることで心拍数も上昇する。運動時の心拍数は、運動負荷により変化する。例えば、ウォーキング中の心拍数は100拍前後となるが、運動強度の高いジョギングやランニングになると心拍数は120〜150拍ほどとなり、ダッシュなどの激しい全身運動の場合は180拍前後となる。

2. 血圧と運動

血圧とは、血管に対する血液の圧力のことをいい、心拍出量の増加などにより血圧が上昇する。血圧は心拍出量と末梢血管抵抗の積によって求められる。心臓が収縮し、大動脈に血液が押し出された時の血圧を収縮期血圧（最高血圧）といい、収縮が戻り心臓が拡張し、動脈への血流が最小となった時の血圧を拡張期血圧（最低血圧）という。生活習慣病に対する血圧の基準の場合、安静時血圧が135／85mmHg以上で高血圧となる。

姿勢の変化によっても血圧は変化する。収縮期血圧は、横臥位＞座位＞立位の順で変化し、拡張期血圧は、立位＞座位＞横臥位の順で変化する。運動時には、心拍出量の増加によって収縮期血圧が上昇する。拡張期血圧は末梢血管抵抗を反映するものであり、運動時には増加することが多い。平均血圧｛(最高血圧−最低血圧)／3＋最低血圧｝と運動強度の関係では、運動強度がある程度になるまで平均血圧に変化は見られないが、ある程度以上では直線的に増加する。

継続的な有酸素運動を行っていると安静時の血圧は低下し、生活習慣病の改善につながることが知られている。

健康のための食事内容やダイエットの方法について

食事は，生命活動の維持や身体活動の遂行のためのエネルギーを摂取するものである。栄養は，生活で消費したエネルギーを補給し，身体の様々な組織や器官を正常に機能させ，細胞組織の新陳代謝を促すために体外から食物として摂取される。食物は消化器官を介して消化・吸収され，血管などを通して身体各部に運ばれる。栄養素として五大栄養素があり，糖質・脂質・タンパク質は身体活動のエネルギー源となる（三大栄養素）。また，タンパク質は身体を作るための材料となる。ビタミン，ミネラルは身体の調子を整える。

三大栄養素は身体活動のエネルギーとなるが，糖質・タンパク質は1gあたり4kcal，脂質は9kcalのエネルギーとなる。言い換えると，脂肪を1g消費するには9kcalのエネルギーを消費しなければならないことになる。また，糖質は摂取すると消化吸収され，血糖として血液を介し体内に運搬される。血液内の血糖値が上昇するとインスリンというホルモンが分泌され，速やかに血糖を筋肉や肝臓に取り込む。この際，余剰な血糖はインスリンの働きにより脂肪として体内に貯蔵される。

健康的な食事内容として，それぞれの栄養素の1日の総エネルギーにおける摂取割合は，糖質50〜70%，脂質20%となる。また，タンパク質は体重1kgあたり1.0〜1.2gとなる。ビタミンは水溶性ビタミン（B群，C）と脂溶性ビタミン（A，D，E，K）があり，身体の機能を正常に維持するために必要なものである。ミネラルは多量元素と微量元素に分けられ，ビタミンと同様に身体の機能を維持するために必要なものである。

一般的な成人において，1日の摂取エネルギー量は男性2500kcal，女性2000kcal前後となる。これは年齢，体格，活動量などによって変化する。ダイエットにおいては，このカロリーを基準として活動量を増やす等の方法を行う。運動と食事制限を組み合わせたダイエットでは，高強度の運動のみのものと比較しても同程度の効果があることが明らかとなっている。また，食事制限のみのダイエットは，運動のみのダイエットと比較し，体重や体脂肪の減少は同程度だが，筋肉量も低下してしまうため，ダイエット終了後のリバウンドや基礎代謝量の低下を招く。そのため，しっかりとした食事内容と運動がダイエットの基本となる。

◎参考文献

健康体力づくり事業財団『健康運動実践指導者用テキスト―健康運動指導の手引き 改訂第3版増補』健康・体力づくり事業財団, 2007.
佐藤昭夫・佐伯由香・原田玲子編『人体の構造と機能』医歯薬出版, 2012.
出村慎一監, 佐藤進・山次俊介・春日晃章編『健康・スポーツ科学講義』杏林書院, 2005.
東京福祉大学編『レポート・試験はこう書く 保育児童福祉要説 第5版』中央法規出版, 2017.

中村隆一・齋藤宏・長崎浩『基礎運動学』医歯薬出版, 2012.
福永哲夫・湯浅景元『コーチングの科学』朝倉書店, 1986.
Thomas RB 編『ストレングストレーニング＆コンディショニング』ブックハウスHD, 1999.
Vladimir MZ, William JK 著, 高松薫監訳, 図子浩二訳『筋力トレーニングの理論と実践』大修館書店, 2009.

第6章

アメリカの
文化と言語Ⅰ

マーチン・ルーサー・キングについて述べよ。

1. 生涯

マーチン・ルーサー・キング・ジュニアは，公民権運動の指導者として，平和的手段を用いながら，アメリカ黒人の社会的・政治的・経済的平等を求め邁進することに，生涯を費やした。キング博士が中心となった公民権運動は，黒人だけでなく，あらゆる人種の人々に，人種間平等の意識を目覚めさせた。そして彼は，非暴力による社会変革に貢献したとして，1964年にノーベル平和賞を受賞した。しかし，公民権運動を推し進めていく最中，キング博士は，人種差別主義者から攻撃を受け，ついには1968年に暗殺された。

彼はジョージア州アトランタで，牧師の家に生まれた。モアハウス大学を卒業後ボストン大学大学院に進学し，博士号を取得した。学生時代には，インドをイギリス統治から解放した，非暴力抵抗運動の指導者マハトマ・ガンジーを崇拝するようになった。キング博士が語ったところによると，彼の公民権運動の「実践テクニック」はガンジーから，「理想」はキリスト教から得たということだった。

キング博士は大学院在学中にコレッタ・スコットと結婚し，卒業後アラバマ州モントゴメリーのデクスター・アベニュー・バプティスト教会の牧師になった。

当時南部では，都市バスの座席は人種隔離が行われており，白人専用席が満員の場合，黒人は白人に席を譲ることが法律で定められていた。ある日モントゴメリーで，黒人の裁縫師ローザ・パークスが，白人に席を譲らなかったため逮捕された。キング博士はこの法律に抗議するために，バスのボイコットを指揮した。382日間にわたるボイコットの間に，彼はいやがらせを受けたり，逮捕されたりした。しかしついに抗議者たちが勝った。連邦最高裁判所は，都市バスの座席の人種隔離は違憲であると判決を下した。

このボイコットにより，南部における人種差別は全国の注目を集め，キング博士の知名度も一気に高まった。彼は南部キリスト教指導者会議（SCLC）の議長となり，人種分離法に抗議するための行進を行った。

しかし，キング博士の運動に対する妨害は絶えず，なかでも，1963年にアラバマ州バーミングハムの公安委員長であるユージン・コナーから受けたものは特に激しかった。コナーは警察犬や高圧放水銃を使って行進を妨害

し，キング博士や彼と共に行動した多くの抗議者たちを投獄した。

同年8月にキング博士は，人種間不平等に抗議するためにワシントン大行進を行った。不朽の名演説「私には夢がある」は，この時行われたものである。ワシントン大行進の成果もあり，翌1964年に米国議会によって公民権法が可決された。

1968年，黒人清掃員のストライキを援助するためメンフィスを訪れた時に，キング博士は暗殺された。

キング博士の非暴力抵抗方式は，のちに反戦運動や女性解放運動に広がった。今日彼の誕生日は，祝日になるという栄誉に浴している。

2．「私には夢がある」と公民権運動

前述したように，1963年8月のワシントン大行進の際にキング博士が行った演説「私には夢がある」は，不朽の名演説であるが，ここには，公民権運動に人生を捧げるキング博士の思いの全てが込められている。

公民権運動は，それまで差別され続けてきた黒人が，白人と平等の権利を獲得するための市民運動であるが，演説ではまずアメリカ合衆国におけるこの運動の意味が説かれている。

彼は冒頭で「100年前，われわれが今日その人を象徴として，その影のなかに立っている，ある偉大なアメリカ人（リンカーンのこと）が，奴隷解放宣言に署名した」と述べ，この運動と奴隷解放運動を関連付けている。さら

に後半では「独立宣言」からの引用を用いて「私には夢がある。いつの日かこの国が立ち上がり，『すべての人間は平等であり，これを自明の理とする』という建国の理念の本当の意味を実現するという夢が」と述べ，さらには「アメリカが偉大な国になろうとするならば，これを実現しなければならない」と主張する。キング博士は，公民権運動を，単に黒人の自由を獲得する目的にとどまらず，アメリカ建国の理念を実現するための運動として捉えていたのである。

公民権運動を進めるにあたって，キング博士は徹底的に非暴力の姿勢を貫いている。非暴力による抵抗運動が社会を変革する力になりうることを世に示したのは，マハトマ・ガンジーのインド独立運動であった。ガンジーの思想に影響を受けたキング博士は，ボイコット，デモ行進，座り込みなど，力に訴えない方法で公民権運動を指導した。演説の中でも次のように非暴力を訴えている。

「闘いでは常に尊厳と秩序を保つのだ。われわれの創造的抵抗を肉体的暴力で堕落させてはならない。肉体の力に魂の力をもって立ち向かう高みに昇らなければならない」

しかし，このような非暴力抗議運動に対して，人種差別主義者は暴力に訴えて運動を阻止しようとした。例えばバスターミナルのトイレや待合室の人種隔離に抗議する「自由のための乗車

運動」が行われた時には，参加者が乗るバスに火炎ビンを投げ込んだり，参加者たちに殴る，蹴るなどの暴行を加えたりした。そうした妨害に対しても，キング博士は次のように訴えて非暴力を貫くよう呼びかけている。

「故郷で自由を求めれば迫害の嵐に打ちのめされ，警察の蛮行に遭う人々よ。創造的苦しみの経験者たちよ。信念をもち続けよ。『不相応な苦しみは贖罪である』と」

「贖罪」とは，人の罪の身代わりになり，救いをもたらすというキリスト教の教えである。キング博士はこの教えを信じることによって，非暴力に伴う苦しみに耐えるよう人々を励ましているのである。

演説の始めの部分で，キング博士は，奴隷解放から100年たっても黒人は自由になっていないというアメリカの現状を告発している。しかし，黒人を差別し，公民権運動の参加者を迫害する白人を敵として憎むべきではない，と主張する。

人種間平等を求める公民権運動に参加したのは，黒人だけではない。差別撤廃を支持する白人たちも参加しており，ワシントン大行進の参加者約25万人のうち，4分の1は白人であった。彼らも人種差別主義者から迫害を受けていた。しかし，キング博士が「憎むべきではない」としたのは，こうした白人だけではなく，人種差別主義者の白人をも含んでいた。キング博

士のこの思想の根底にあるのは，キリスト教の「人間愛（アガペ）」である。キング博士は著書の中で，次のように述べている。「アガペは友と敵とを区別せず，ひとしく双方に向けられる。……アガペは受動的な愛ではない。それは行動的な愛なのだ」

暴力からは憎しみしか生まれないため，敵さえも愛する「人間愛」こそが憎しみを愛に変え，平等を実現する唯一の手段であるというのが，キング博士の信念であった。

前述したように，キング博士が目指した社会は，建国の理念でもある「すべての人間の平等」が実現した社会であった。それは，演説でも述べられている「私の4人の子どもたちがいつか肌の色でなく人格で判断される国」であり，「黒人の少年少女が白人の少年少女と兄弟姉妹のように手を取り合い」「すべて神の子が，黒人，白人，ユダヤ人，異教徒，プロテスタント，カトリック，皆が手を取り合い古い黒人霊歌を歌う」社会である。

このわずか10分ほどの演説には，全ての人々が平等に生きられる社会実現への熱い思いが込められている。言葉の一つひとつだけでなく，理想を語るキング博士の姿も人々の心に訴えたに違いない。ワシントン大行進の後の，公民権法及び投票権法成立において，この演説が果たした役割は，計り知れないのである。

スティーブン・スピルバーグについて

　スティーブン・スピルバーグはアメリカを代表する映画監督の1人である。彼は誰もが楽しめる娯楽作品だけでなく，社会派の作品も世に送り出し，私たちを空想の世界へいざなうとともに，現実の世界へと目を向けさせる。しかし彼の娯楽作品も視点を変えてみると，現代の社会問題に対するメッセージが込められていることがわかる。

　例えば，『E. T.』はこの両面を併せもつ作品だといえるだろう。果たして地球以外の星に，宇宙人は存在するのだろうか。もし存在するとしたら，どんな姿なのだろうか。こんな子どもの空想がストーリーの中心となっている。宇宙からやってきたE. T.が地球で心を通わせるのは，子どもたちである。E. T.ははじめは言葉がわからず，見るもの全てが珍しいのだが，次第に地球の言語を覚えていったり，見知らぬものに興味を示していたずらをしてしまったりするところなどは，私たちに子どもの頃を思い出させる。

　このようなファンタジーが単なるおとぎ話で終わらないのがスピルバーグの持ち味だろう。子どもたちはE. T.の死（のちに生き返るのだが）に直面し，誰もがいずれは経験する愛するも

のを失う悲しみを知ることになる。また，この作品の中には大人や社会に対する批判がみられる。例えば，大人たちはE. T.を友人として迎えるのではなく，研究の対象として動物のように扱い捕まえようとするのだ。

　『E. T.』をしのぐ大ヒット映画『ジュラシック・パーク』も，もし恐竜が現代によみがえったら，という子どもらしい想像を映像化させている。その一方で，遺伝子操作でよみがえらせた恐竜が，コントロール不能となり暴れ回るという結果を描くことで，現代の科学技術の発達に対する警鐘を鳴らしている。このように一見娯楽映画にもみえる作品の中に，スピルバーグの鋭い社会批判が込められているのである。

　一方，社会派の作品の代表として『シンドラーのリスト』が挙げられる。この映画は，第2次世界大戦時のナチスによるユダヤ人迫害を題材にして，ホロコーストの悲惨さを描き，このような残酷な行為をする人間とは一体何者なのかと私たちに問いかける。

　このように無邪気な子どもの心と，社会問題に目を向ける大人の目をもったスピルバーグだからこそ，年齢を問わず人々を引きつける映画をつくることができるのだろう。

エルビス・プレスリーについて

　2002年はエルビス・プレスリーの没後25年目であった。これを記念して雑誌がこぞって特集記事を組み，テレビでも特別番組が放映された。彼の命日には未だに多くのファンが彼が住んでいた家を訪ねる。なぜプレスリーはこれほど人々の心を引きつけるのだろうか。

　プレスリーは白人の音楽と黒人の音楽を融合させたロックンロールの王者と呼ばれ，彼の音楽は全世代の人々の心をとらえ熱狂させたのである。彼が登場した1950年代半ばは，人種差別撤廃を求める公民権運動が盛り上がり始めた時期であった。法律で人種差別が認められており，バスの待合室や水飲み場だけでなく，墓地までもが肌の色によって分けられていた。音楽においてもカントリーは白人の音楽で，リズム・アンド・ブルースは黒人の音楽，というように区別されていた。このような人種差別の残る時代に，彼は音楽のうえで人種の垣根を取り払い融合を果たしたのである。

　また，彼が活躍した時代はアメリカが経済的繁栄を享受していた。郊外のマイホーム，電話やテレビなどの電化製品といった物質的な豊かさを追い求め，男性は外で働き，女性は家庭を守る家族のあり方が理想とされた。しかし，若者たちの多くはこのような型にはまった生き方に息苦しさを感じ，そのはけ口を求めていた。

　そんな時に登場したのがプレスリーだった。彼のビートのきいた音楽と，激しく腰をゆさぶる演奏スタイルは，刺激を求める若者の心をとらえた。彼の音楽やパフォーマンスは，大人たちからは反社会的であると白い目でみられたが，若者にとっては自分たちの反抗心を代弁するものだった。彼の音楽に触発されて，若者たちは自由に感情や欲求を表現しはじめたのである。

　プレスリーは音楽面だけでなく，その人生もアメリカ人の共感を呼ぶものだった。彼は南部の貧しい家に生まれたが，音楽によって成功を収め富と名声を手に入れた。アメリカの大衆にとって，彼はまさにアメリカン・ドリームを体現した人物であった。

　20世紀を代表する音楽家としてビートルズの名が必ず挙げられるが，彼らがプレスリーの影響を受けていることも興味深い。プレスリーはアメリカだけでなく世界の若者たちの心をつかみ，さらにその影響を受けた音楽家たちがまた私たちの耳を楽しませてくれたのである。

アーネスト・ヘミングウェイの描く heroes や courage について

（英雄）（勇気）

　アーネスト・ヘミングウェイは「勇気」を「『困難な状況下で威厳を保って』破滅的状況に対処すること」と定義づけている。彼の作品に登場する主人公にはこうした彼の哲学が反映されている。

　例えば彼の短編，『敗れざる者』の主人公，マヌエル・ガルシアはすでに最盛期を過ぎた闘牛士であるが，果敢に雄牛に立ち向かい，いく度となく跳ね飛ばされては闘いを繰り返していく。これは，ヘミングウェイがスペインを訪れ，闘牛を見た時に目のあたりにしたシーンを再現したものだといわれている。マエラという愛称をもつ闘牛士が5度にわたって失敗した後，6度目にようやく急所にとどめを刺した光景に，ヘミングウェイの理想とする「英雄」の姿を見たに違いない。

　彼にとって「英雄」とは，闘いに勝つことによって生み出されるのではない。年齢・体力的に不利な条件であるにも関わらず，雄牛に闘いを挑み，失敗にも関わらず，諦めずに挑戦していく者こそが，「英雄」となるのだ。

　ノーベル文学賞を受賞した作品，『老人と海』の主人公，年老いた漁師のサンチャゴもこれと同じ信条に従って行動している。

　彼は80日以上も不漁が続いていたが，あきらめることなく獲物を求めてさらに沖へと出て行き，巨大なカジキマグロをしとめる。しかし，帰港する途中で，その大魚を狙う鮫たちに襲われる。この時彼は必死に戦うが，次々とやってくる鮫に武器を奪われ，自らも傷を負い疲労困憊するという状況でも，決してあきらめることなく全身の力を振り絞って最後まで闘い続ける。だから結果として獲物を失っても，彼は英雄なのである。

　ヘミングウェイは2つの世界大戦とスペイン内乱を経験し，数多くの人間が犬死にする姿を目のあたりにした。第1次世界大戦中イタリアで，自らも重傷を負った彼は，人間の死について考えざるをえなくなったのであろう。死や暴力が日常茶飯事のように繰り返される中で，人が無残な姿で死んでいく実情を目撃していくうちに，死に対する恐怖を内面にはらんでいくと同時に，人として尊厳を保持した死に方に対する理想を築いていったのかもしれない。破滅的な事態の中でも心の平安さを保ち，死に対しても落ち着いた態度で臨むというヘミングウェイの描く英雄像は，こうした経験の中から生まれたものだと考えられる。

ビル・ゲイツについて

　ビル・ゲイツは，友人と立ち上げたマイクロソフト社が世界的な大企業になった今でも，「コンピュータが革命を起こす」という創業当時の信念をもち続けている。

　ビル・ゲイツは高校生の頃からコンピュータプログラムを開発し，それをビジネスと結びつけ，早くも技術者と起業家の2つの面で才能を発揮していた。19歳の時にハーバード大学を中退して，マイクロソフト社を設立した。

　IBMとの提携をきっかけに，マイクロソフト社は大きな飛躍を遂げ，ビル・ゲイツは脚光を浴びた。その一方で，彼の人格や強引なビジネス戦略には批判の声も多い。例えば，ゲイツは元社員からは気分屋で傲慢だと批判されている。また，他社の製品や技術やマーケティングのプランを巧妙に「盗んで」，成功に結びつけているという証言もある。

　確かに，マイクロソフト社が1985年に発表したウィンドウズは，それより先にアップル社がつくっていたOSを真似したとしか思えない製品である。しかし，これが合法的な製品である以上，他社の長所を研究し，法に触れない方法で自分のものとしたビル・ゲイツが一枚上手である。

　また，マイクロソフト社は，インターネットのブラウザ（ホームページを閲覧するためのソフトウェア）の分野でネットスケープ社に遅れをとっていたが，ウィンドウズとの抱き合わせで，自社のブラウザをパソコンに組み込ませるようパソコン業者に圧力をかけた。この強引なやり方によって，マイクロソフト社は，ブラウザの分野でも優位に立つことに成功した。この件は独占禁止法に違反するとして裁判で争われた。

　このようにコンピュータ業界を牛耳ろうとするビル・ゲイツのやり方は反感を買っているが，近年彼が妻のメリンダと共に行っている慈善事業は称賛に値する。

　彼は国内の全ての子どもたちがコンピュータを利用できるように図書館のネットワーク化のための寄付を行っていた。しかし治療や予防が可能な病気で多くの子どもたちが命を落としている発展途上国では，コンピュータの普及より健康問題に取り組む必要がある，と考えるようになったそうだ。ここにはコンピュータ業界をリードする仕事の鬼という印象が強かったビル・ゲイツの人間的な一面が感じられる。

グロリア・スタイネムについて

　グロリア・スタイネムは，アメリカで最も著名なフェミニスト（女性解放運動家）の１人である。

　彼女が活動を始めたのは，社会的動向としては，公民権運動やベトナム反戦運動の流れから女性解放運動が発展していった時代であった。

　このような時代背景の中，スタイネムは女性のための雑誌「ミズ誌」を創刊した。この雑誌は女性が自己決定できる社会の実現を目的としていた。「ミズ誌」の最大の功績は，記事の中で，セクシュアルハラスメント，ドメスティック・バイオレンス（家庭内暴力）など従来から存在していた問題を扱うことによって，これらの問題に名前がつき，法律ができ，犯罪として罰せられるようになったことである。

　1960年代から盛んになった女性解放運動は女性の社会進出を促進し，妊娠中絶の合法化などの成果を上げた。しかし，1980年代にはフェミニズムに対する強い反動が起きた。

　女性解放運動によってアメリカの家庭は崩壊し，女性自身も仕事と家庭の板挟みに苦しむことになったとして，再び女性は家庭に戻るべきだという考え方が勢力をもつようになった。フェミニズムに反対する人々は，女性解放運動によってもたらされた女性の権利や選択権こそが女性を不幸にしていると主張したのである。

　スタイネムは『ほんとうの自分を求めて』を1992年に出版した時に，本の内容を曲解した批評家たちから「スタイネムはフェミニズムを見放した」と非難された。こうした的はずれな非難は，フェミニズムを認めたくないメディアの意図から生まれたものであろう。

　スタイネムがこの本で主張したのは，あるがままの自分を受け入れるself-esteem（自尊心）という考え方である。彼女は，家父長制の社会によって押しつけられた「女らしく」「男らしく」という基準に従って生きるのではなく，「自分らしく」生きることが人間を自由にすると考えている。

　女性解放運動では，従来社会的に不利な立場に置かれてきた女性が，男性と同じ権利を得ることに主眼が置かれてきた。しかし，このself-esteemの考え方は，これまで「男らしく」あらねばならないと刷り込まれたために，暴力を用いて他人を支配しようとしたり，家族を養わなければならないという強迫観念にとらわれてきた男性をも解放するものだといえる。

アンドルー・カーネギーについて

アンドルー・カーネギーの父親は，貧しい織工であったが，あらゆる人たちの権利獲得のために，反国王の政治活動もしていた。そのため，一家はスコットランドから逃亡せざるをえなくなり，アンドルーが13歳の時，アメリカに移住し，彼はペンシルベニアの紡績工場で働き始めた。彼は仕事の合間に独学で読み書きを覚えた。

その後，アンドルーは，ペンシルベニア鉄道の通信技手となり，少額の貯金を新しい鉄道会社に投資した。彼はこの投資から得た利益を元手にして，いろいろな仕事につきながら，鉄道業，石油採掘業，製鉄業などに投資を続けて，莫大な利益をあげた。

1873年に彼は株を売って，その資金を当時新産業であった鉄鋼業に出資し，「カーネギー製鋼所」をつくり上げ，あらゆる最新の技術に出資して，競争相手よりも安価ですぐれた鋼鉄（主力製品は鉄道のレール）を製造することができた。その後，この企業は，鋼鉄の製造の他に，原材料，輸送，金融をも支配することになった。

当時は，イギリスが世界の鉄鋼製造業を支配していたが，1880年代までには，カーネギーに率いられたアメリカの鉄鋼業が優位になっていた。四半世紀余りで，カーネギーとその同業者たちは，世界で最も大きくて成功した企業帝国をつくり上げた。

彼は鉄鋼王と呼ばれる大富豪になっていたが，大金持ちになるだけの人生は，満足な人生の送り方ではないと感じた。この心情は，あらゆる人の政治的権利獲得のために闘った父親の生き方を受け継いだのかもしれない。彼が社会事業家や慈善事業家としての人生を歩むことになるのも，自然の成り行きであった。帳簿以外に本を読むことが決してなかった富豪たちの中にあって，カーネギーは芸術家，詩人，哲学者，学者などとの交流を求め，著名な作家のマーク・トウェインも親友の1人であった。

1889年に寄稿した雑誌の記事の中で，富豪はあらゆる人のために富を分配することが，自己の責任である，と彼は主張し，その主張を実行に移した。1901年に「カーネギー製鋼所」を発足したばかりの「U. S. スチール」に売却した。彼はカーネギー財団を通して，多くの公益事業に資金提供し，科学研究，公立図書館の建設，教員の養成，国際平和の促進，有名なカーネギーホールを含めて，多くの公共施設の建設を財政的に援助した。

◎参考文献

アーネスト・ヘミングウェイ著，高見浩訳『われらの時代・男だけの世界』新潮社，1995.

アーネスト・ヘミングウェイ著，福田恆存訳『老人と海』新潮社，2000.

上坂昇『キング牧師とマルコムX』講談社，1994.

グロリア・スタイネム著，道下匡子訳『ほんとうの自分を求めて—自尊心と愛の革命』中央公論社，1994.

コレッタ・スコット・キング編，梶原寿・石井恵美子訳『キング牧師の言葉』日本基督教団出版局，1993.

猿谷要編『アメリカ史重要人物101』新書館，2001.

ジャネット・ロウ著，中川美和子訳『ビル・ゲイツ 立ち止まったらおしまいだ！—世界最高の起業家の洞察力』ダイヤモンド社，1999.

辻内鏡人・中條献『キング牧師—人種の平等と人間愛を求めて』岩波書店，1993.

橋本勝『スピルバーグ』現代書館，2000.

Peter Serafin『Twenty American Heroes』三修社，1999.

柳生望・柳生靖子『エルヴィス・アメリカの青春』全国朝日放送，1992.

ロデリック・ナッシュ著，足立康訳『人物アメリカ史（下）』新潮社，1989.

第 7 章
情報処理演習 I

コンピュータ及びインターネットの発達の歴史と現状についてまとめ，今後のインターネットの展望について述べよ。

今やコンピュータなしの生活は考えられない。コンピュータは，電子計算機として発明されて以来，今日まで大きな進歩を遂げてきた。

コンピュータの発達過程における世代ごとの特徴は，コンピュータに使用されている素子の発展と密接に関係しており，処理速度，信頼性向上の歴史でもある。コンピュータの各世代は大きく4つに分けられ，真空管からトランジスタ，IC，LSI，VLSI と使用された素子をもとに区分される。

第1世代は，1946 ～ 1950 年代末頃までの真空管を素子に使っていた時代を指す。性能を上げるためには大量の真空管が必要であった。この世代の代表的なコンピュータとして，アメリカで開発された ENIAC がある。ENIAC は約 17,500 本もの真空管を利用したコンピュータで，計算には大量の電力が必要であり設置にも大きな面積を要したが，信頼性は真空管の性能に依存し，それほど高いものとは言えなかった。この頃のコンピュータの用途は，軍事用が主であり，主にミサイルの軌道計算や，政府の統計調査，科学技術計算などであった。また，この世代のコンピュータには，Zuse Z3，Colos-sus，EDSAC などがある。

第2世代は，1956 年頃～ 1963 年頃のトランジスタを素子として使用したコンピュータを指す。トランジスタは半導体によりスイッチのオンオフが行えるものであり，1947 年に発明された。当初は安定性に欠けていたが，その後安定性が高められコンピュータに採用された。トランジスタの採用により，コンピュータの安定性と性能は格段に向上し，小型化，省電力化，低価格化が進み，単なる計算処理から情報処理システムへとその利用範囲を広めていった。また，この世代には磁気ディスク装置が開発され，大容量データの保管や保存されたデータへのアクセス性の向上が可能となった。コンピュータ間を電話回線で結んで通信が可能になったのも，この世代である。

第3世代は，1960 年頃発明された集積回路（IC・LSI）を素子として用いたコンピュータを指す。IC の出現は小型化だけでなく，性能の信頼性向上と処理速度の高速化，省電力化をもたらした。この世代の代表的なコンピュータとして，IBM の System/360 がある。

第4世代は，1980 年代以降のコン

ピュータを指し，この世代に入ると LSI の集積度はさらに高まり，VLSI が開発され，さらに小型化，集積化，低価格化が進み，処理時間に対する費用は大幅に安くなった。この頃にはパーソナルコンピュータが登場し，コンピュータの利用が専門家から一般ユーザーへと広がり，情報化社会が定着した時代と言える。今日では，より小型化された情報機器として，スマートフォンやタブレットなどの端末が多く利用されている。これらはさらに小型化，高機能化が進み，様々な場所で幅広い年齢層で利用されるようになるだろう。

インターネットは，1969 年にアメリカ国防総省の高等研究計画局による実験から始まった。このネットワークは ARPANET と呼ばれ，当初は 4 台のノードを 56kbps の回線で結んだものであった。その後，西海岸と東海岸とが結ばれノードも拡大していく。1982 年には現在利用されている TCP/IP の基礎技術が確立され，翌 1983 年には ARPANET が TCP/IP を採用した。またこの時期に，ARPANET と MILNET が分離され，1990 年には ARPANET が廃止された。

日本では，1984（昭和 59）年に JUNET が発足し，1988（昭和 63）年には WIDE プロジェクトが始まった。当初は慶應義塾大学，東京大学，東京工業大学の 3 校を結んだものであったが，翌 1989（平成元）年には，イン

ターネットの国際間通信が始まった。またこの頃，インターネットと商用パソコン通信との間で電子メールの交換ができるようになった。

インターネットの利用は当初，研究機関，政府等に限られていたが，1991 年には，アメリカで商用のインターネットプロバイダが発足し，1993 年には，日本でも商用プロバイダが設立され，一般社会にもインターネットが広まっていった。そして，1995（平成 7）年 に 発 売 さ れ た Microsoft Windows95 により，一般の人々のインターネットの接続を爆発的に加速することとなった。これまでインターネットへの接続は複雑な設定が必要であったが，Windows95 の導入により接続のハードルが低くなり，また同時に様々なメディアがインターネットを取り上げたため，多くの人々の興味と関心を引き，急速に社会に浸透していくこととなった。インターネットに接続するための回線も，アナログからデジタル，また ADSL から光ファイバへと変化し，帯域も広くなり高速な通信が可能となった。また，有線だけでなく移動体通信を利用した無線での接続においても広帯域化が進んでいる。

携帯電話からのインターネットへの接続は，1999（平成 11）年に日本で世界に先駆けて始まったが，当初は接続料金も利用量に応じた従量制であったため，高額な請求が届くといった問題も起きていた。現在ではスマート

フォンの普及，モバイルネットワークの高速化，接続エリアの拡大により，いつでもどこででもインターネットにアクセスできるようになった。またインターネット上のサービスも日々進化しているが，新たな問題も生まれ，社会問題にもなっている。

今日ではインターネットは社会に欠かせないインフラの一つにもなっている。東日本大震災の際には，インターネットにおけるパケット通信のメリットをいかし，電話による通話が輻輳して繋がりにくくなった状況においてもWeb や SNS（Social Networking Service）にて安否確認や情報の収集を行うことが可能であった。しかし，一部通信設備の被害により接続できない状況が発生するなど，今後，耐災害性に優れたネットワークなど，災害に強い ICT（Information and Communication Technology）インフラの構築に向けた取り組みが必要であると考えられる。

また，インターネット上では多くのサービスが提供され，メール，Webだけではなく，今や多くの企業が，ITシステムを本格的に組み込んで新しいビジネスを展開するようになった。日本においても EC（Electronic Commerce）の市場規模は 2014（平成 26）年度時点においては，BtoB（Business to Business），BtoC（Business to Consumer）合わせ 300 兆円に迫り，年々増加を続けている。これらの利用者が

増加するにつれ蓄積されるデータは日々増加しており，さらにスマートフォンから得られる位置情報，SNS等による個人が提供するデータも増加の一途をたどっている。これらの膨大なデータはビッグデータと呼ばれ，分析することで新たなサービスの提供や，マーケティングに利用されるようになってきている。

昨今インターネットは，人と人を結ぶだけでなく，IoT（Internet of Things）と呼ばれる世の中の様々なものに通信機能をもたせ，インターネットに接続させて様々なサービスと連携させたり，機器同士が通信して自動的に処理を行う仕組みが構築されている。今後これらのサービスはさらに身近になり，生活の質の向上に大きく役立つものとなるであろう。しかしその反面，これまで以上にセキュリティのリスクが高まることが懸念される。例えば監視カメラのデータ流出，家電等の本人の意図しないリモートからの操作，ひいては医療機器にまで影響を及ぼすかもしれない。このようなリスクへの対策を行ったうえでの利用が不可欠となってくる。

今後インターネットはより広帯域化が進み，それらを利用した新しいサービスが生まれるとともに，より身近になり，普段の生活の中でインターネットを利用しているという意識がないままサービスの裏側で利用されることが多くなるであろう。

インターネットの光と影について，それぞれ具体的な例を挙げて述べよ。

インターネットは当初，軍事・研究用として開発された。そのため利用者は限られていたが，1990 年代初頭に民間に開放され，昨今のように誰もが自由に利用できるものとなった。

インターネットには，統括する管理者は存在せず，利用に際しては各自のモラルに委ねられている。そのため，マナーやモラルを守らない一部の利用者が個人や社会に対して迷惑行為を行ったり，多くの人を不快にさせる情報が掲載されることもある。

インターネットは，使い方によっては大変便利な情報インフラであり，様々な情報を得たり，多くの人とコミュニケーションを取ったりすることが可能である。現在利用されているインターネット上のサービスは，電子メール，Web，IP 電話，動画配信サービスなどがある。また，Web 上のサービスも多岐にわたり，単なる情報提供のみならず，オンラインショッピング，動画・音楽の視聴，SNS（Social Networking Service）等のサービスが提供され，他者とのコミュニケーションツールとしての役割をも担っている。

まず初めに，インターネットが私たちにもたらした良い面に関して，オンライン上のコミュニケーションを取り上げる。オンライン上のコミュニケーションは，電子メール，ニュースグループなどに始まり，現在ではインターネットを利用して様々なサービスが提供されている。近年，SNS と呼ばれるコミュニケーションサービスが広く利用され，代表的なサービスとして，Facebook，Twitter などが挙げられる。これらは 1990 年代後半から 2000 年代初頭に始まったサービスで，友人や知人とのつながりをインターネット上のサービスとして提供するものであり，Web 上やスマートフォンのアプリケーションなどから利用できる。SNS 上で提供されるサービスの種類は多岐にわたり，友人を紹介して仲間やつながりを広げたり，相手のメールアドレス等の連絡先がわからなくてもメッセージをオンラインで送ることができる機能を備えている。また，個人が発信した情報に対して，友人がコメントを残したり，情報を共有することが可能となっている。これらのサービスを利用することで，実際の友人とインターネット上でつながれるほか，古い友人たちや，普段会うことが難しい知人等と距離や時間を気にすることなく連絡を取ることが可能と

なった。さらには，友人の友人といった直接関わりのなかった人ともつながることができ，人のつながりを広げることも可能となった。

これらはインターネットというインフラがなければ成り立たなかったサービスであり，実社会の生活だけでは得られない人間関係やコミュニケーションの多様化に役立っている。

インターネットの普及は，様々なサービスの質の向上とともにサービスそのものや商品の低価格化をももたらした。一例を挙げると，これまで距離によって価格が決まっていた電話料金が，IP電話を利用することで距離に関わらず定額で利用することが可能となり，国際間通話においても，これまでの回線交換方式に比べ大幅に安い価格で利用できるようになった。他にも，オンラインショッピングサイトの普及と決済方法の多様化により，出向かなければ購入できなかった商品が手軽に購入でき，また価格の比較も容易となった。

インターネットは，利用者が受け手となるだけではなく，発信者となることも可能にした。近年見られる動画投稿サイトや，手軽にライブ配信が行えるサービスの普及により，これまで文字と画像だけであった個人の情報発信に新しい手段が加わった。これらは放送局等の設備も不要でスマートフォンからも可能であるため，世界に向けて多くの人が様々な動画を発信できるよ

うになった。

次にインターネットが私たちにもたらした悪い面に関して取り上げると，インターネットの普及により利用者が増えたことで様々な弊害も出ている。先述のようにインターネットには管理者が存在せず，利用は各自のモラルやリテラシーに依存する。そのため，誰もが情報を発信できるということで，情報の信憑性が問題になっている。海外では，オンライン上の誤った情報を信じたために起こった事件も存在する。SNSにおいては，誹謗中傷の掲載や個人情報の流出，掲載した情報の意図しない使われ方等が問題となることがあるが，これらに対しては各利用者が自衛することが重要である。近年ではスマートフォンの普及により，インターネットの利用者層は小学生，ひいては幼児にまで広がっている。彼らに対しての早急な情報モラル教育が必要である。

また，現在ではインターネットの利用に際して様々な危険性と隣り合っていることを意識しながら利用する必要がある。電子メールの利用に際しては，添付ファイルとしてマルウェア(注1)が送られてきたり，不当な広告やフィッシング詐欺(注2)を目的とした内容のメールが送られてくることもある。またWebを利用する際には悪意のあるプログラムが埋め込まれているページが存在することを意識する必要がある。これらの被害に遭うと，

コンピュータ上のデータがインターネット上に流出したり，外部からコンピュータを操作され，迷惑メールやマルウェアの送信元として第三者に迷惑をかけてしまうこともある。これまでのインターネット上における悪意をもった行為は，利用者への妨害行為が主流であったが，近年は利用者に気づかれないように悪意を働くことが増えている。そのため，一般的に利用している際にはウイルスに感染したことに気づかない場合が多い。これらへの対策として，ウイルス対策ソフトを導入するとともに定期的なソフトウェアの更新を行い，怪しいと思われる Web ページへのリンクをクリックしない，不明な送信元からの添付ファイルは開かない等の慎重な利用が望まれる。今後 IoT（Internet of Things）(注3) の実現と機器の普及により，インターネットは今まで以上に，より生活に密着するものとなるだろう。しかしその反面，これまで以上にセキュリティのリスクが高まることが懸念される。例えば監視カメラのデータ流出，家電等における本人の意図しないリモートからの操作，ひいては医療機器にまで影響を及ぼすかもしれない。このようなリスクやセキュリティへの対策を行ったうえでの利用が不可欠となってくるとともに，利用者の知識の向上も必要である。

　今後インターネットはより広帯域化が進み，それらを利用した新しいサービスが生まれるとともに，より身近になり利便性を増すだろう。しかし，普段の生活の中でインターネットを利用しているという意識がないままサービスの裏側で利用されることが多くなることから，より一層の知識の向上が必要であり，利用に際して注意を傾ける必要がある。

【用語】
（注1）マルウェア：ウイルス・ワーム・トロイの木馬等の悪意のあるソフトウェアの総称
（注2）フィッシング詐欺：送信者を詐称した電子メールを送りつけたり，偽の電子メールから偽のホームページに接続させたりするなどの方法で，クレジットカード番号，アカウント情報（ユーザ ID，パスワードなど）といった重要な個人情報を盗み出す行為
（注3）IoT（Internet of Things）：「モノのインターネット」などと訳されることがある。パソコンやスマートフォンだけではなく，車や家電，産業用設備などの「モノ」がインターネットに接続され，情報をやりとりすることで付加価値を生み出すもの

コンピュータの機能と装置について

1．コンピュータの5大機能

コンピュータは，ハードウェアの働きから「入力」「出力」「記憶」「制御」「演算」の5つの基本的な要素から成り立っている。これは大きなコンピュータでも小さなコンピュータでも基本的に同じであり，コンピュータの「5大機能」と呼ばれている。

入力機能は，データやプログラムをコンピュータに入力する機能であり，出力機能はコンピュータ内部のデータを外部へ送り出す機能である。記憶機能は，データやプログラムを記憶する役割である。これは主記憶と補助記憶の2つに分けられる。制御機能は，主記憶に記憶されているプログラムを読み込み実行させる。演算機能は，演算を行い，結果を主記憶に格納する役割をもつ。

2．CPU（Central Processing Unit）

パーソナルコンピュータなどでは，「記憶」「制御」「演算」機能を司る装置は，CPU として，1つの IC パッケージに実装されるのが一般的である。

3．入力装置

入力装置として最も一般的なものは，キーボードとマウスである。キーボードはデータや命令を入力する手段として用いられる。マウスはユーザが画面を見ながら視覚的に理解し，コンピュータに指示を与えることのできる入力装置である。

4．出力装置

出力装置として最も一般的なものとしては，ディスプレイとプリンタが挙げられる。ディスプレイは，モニタとも呼ばれ，コンピュータの出力信号によって，静止画や動画の表示を行う装置である。以前は，ブラウン管を用いた CRT ディスプレイが一般的であったが，現在では，薄型で消費電力の小さい液晶を用いたものが一般的である。

プリンタは，コンピュータで作成した文章や画像を紙に印刷するための装置である。一般ユーザ向け製品の印刷方式は，レーザー方式，インクジェット方式がある。

5．記憶装置

主記憶装置（メインメモリ）は，CPU が直接アクセスでき，読み書きが高速に行えるデバイスが用いられるが，電源が失われると記憶内容が消えてしまう。これを補い，かつ，主記憶装置に収まらない容量の記憶を行うために，補助記憶装置が用いられる。補助記憶装置には，ハードディスクなど，読み書きが遅い代わりに記憶容量の大きいものが用いられる。

ディジタルと 2 進数について

1．ディジタルとアナログの基本概念

　量や値を連続的に変化する物理量で表すものを「アナログ」といい，離散的（飛び飛び）な値で表すものを「ディジタル」という。

　アナログは古くさい劣ったイメージで，ディジタルは新しく優れたイメージをもつ人がいるが，これは誤りである。アナログとディジタルの違いは，前述の通り，連続的か離散的かの違いだけであり，基本的に優劣はない。

　例えば，音楽のレコードはアナログ信号が録音されており，CD はディジタルデータが記録されている。

　レコードではディジタル録音では出せない微妙なニュアンスまで録音されているが，これを磁気テープなどにダビングすると音質が劣化してしまう。これに対して，ディジタルデータとして記録されている音声は，一般の人には聞き取れない微妙なニュアンスが失われているものの，ダビングの際は，ディジタルデータ（値）を正確にコピーしていくだけであるので，コピーによる劣化は発生しない。

2．2 進数

　一般的なディジタル回路において，値は ON ／ OFF 信号の組み合わせで表現される。このような 2 種類の値の組み合わせの表現を 2 値表現と呼ぶ。2 値表現で数値を表す数体系としては 2 進数が用いられる。

　例えば，10 進数で 234 は「二百三十四」と読む。これは，百が 2 個，十が 3 個，一が 4 個あることを意味している。すなわち，

$$234 = 2 \times 100 + 3 \times 10 + 4 \times 1$$

ということである。さらに $100 = 10^2$，$10 = 10^1$，$1 = 10^0$ であるから，

$$234 = 2 \times 10^2 + 3 \times 10^1 + 4 \times 10^0$$

と表すこともできる。

　2 進数でも同様に考えることができる（以下では，10 進数と混同しないように，2 進数は括弧でくくり下付の 2 を付す）。例えば $(101)_2$ は，

$$(101)_2 = (1)_2 \times (100)_2 + (0)_2 \times (10)_2 + (1)_2 \times (1)_2$$

と表現できる。ここで，$(100)_2 = 2^2 = 4$，$(10)_2 = 2^1 = 2$，$(1)_2 = 2^0 = 1$ であるので，

$$(101)_2 = 1 \times 4 + 0 \times 2 + 1 \times 1 = 5$$

である。すなわち，2 進数においては，2，4，8 などの 2 のべき乗の数が，10 進数の 10 や 100，1000 などに相当する切りの良い数となる。

オペレーティングシステムとアプリケーションの役割について

コンピュータのソフトウェアには，コンピュータを正しく効率的に動作させ，ユーザにコンピュータの利用環境を提供する基本ソフトウェアと，特定の作業目的のための機能を提供する応用ソフトウェアとがある。

1．基本ソフトウェア

基本ソフトウェア（Operating System，以下，OS）は，メモリなどのコンピュータのハードウェア資源を管理し，効率的に動作させる。これと共に，ハードウェアの複雑な動作をユーザに意識させないユーザインターフェースを提供することによって，コンピュータに関する専門的な知識を有しないユーザでも容易にコンピュータを利用できる環境も提供する。

パーソナルコンピュータ（以下，パソコン）の多くは，OS があらかじめインストール（プリインストール）された状態で販売されているため，一般ユーザには，OS の存在自体を意識していない人も多い。

パソコン用の OS では，Microsoft 社の Microsoft Windows™ と Apple 社の Mac OS™ の 2 者が一般的であろう。どちらの OS も Graphical User Interface（GUI）を提供しており，マウス操作で，コンピュータに様々な動作を指令できる。

OS は，コンピュータハードウェア構成の差異を吸収するという役割も果たしている。コンピュータのハードウェアは，製品毎に多様な構成を採っているが，ユーザは，製品毎の差異を意識することなく，OS が提供するインターフェースを操作するだけで，コンピュータに意図した動作を指令することができる。

2．応用ソフトウェア

応用ソフトウェアは，アプリケーションソフトウェアとも呼ばれ，ワードプロセッサ（ワープロ），表計算ソフトウェア，データベース管理システム（DBMS）など，多種多様なものが販売，または無償公開されている。

家電製品や自動車などに搭載されている制御用コンピュータの場合は，システムの規模が小さいために，OS を搭載せずに，単体のソフトウェア自身が，コンピュータ全体の管理と応用ソフトウェアとしての動作を行っているものも存在する。この場合は，OS とアプリケーションソフトウェアという区分は意味を成さない。

マルチメディアの現状と今後の展望について

1．マルチメディアとは

マルチメディアとは，文字，図形，音声，動画などの複数の情報を統合的に扱うことである。もともとメディアとは，伝達媒体という意味であるが，そこから転じて表現方法という意味で用いられることもある。「マルチメディア」には，厳密な定義が存在しないために，表現するものによって，その意味に差異が生ずる。例えば，新聞には文字情報と写真などの画像の情報があるので広義ではマルチメディアと呼べるかもしれないが，実際には，マルチメディアの範疇に含めないのが一般的である。つまり，マルチメディアとは，ただ異なる種類の情報を扱うというだけでは不十分で，それらが相互に関係し，それぞれの情報の特性を損なうことなく，統合されている必要がある。

2．マルチメディアを支える技術

このマルチメディアを実現しているのが，ディジタルの情報処理の技術である。ディジタルとは，もともとの情報を数字などの符号に変換して処理することである。情報をそのまま記録するのではなく，符号化することによって，どんな情報も同一に扱うことができるのである。

3．マルチメディアの使用例

マルチメディアの例としてはDVD（ディジタル）の映画があげられる。テープ（アナログ）に記録された映画は，字幕つき，吹き替え音声などと限定されてしまい，吹き替えで見たい人と字幕で楽しみたい人は違うテープを用いなければならない。しかし，DVDの場合，字幕や音声は，英語，日本語などを自由な組み合わせで再生することができる。この他にも，電子百科事典などのコンピュータを使ったマルチメディアコンテンツや，文字情報や画像を受信者側が操作できるテレビのディジタル放送などがある。

4．今後の課題

多量の情報を扱えるインターネットの整備とコンピュータの処理能力の向上は，マルチメディアの進展に寄与すると考えられる。しかし，現状では技術的な課題もある。膨大な情報は，コンピュータの検索機能を使う必要があるが，今は文字情報の検索が中心である。そのため，大量の音声や画像の情報の中から必要な情報を検索する技術の発展が望まれている。

インターネットの仕組みと基本的な考え方について

1．インターネットとは

　"internet" は，"inter"（〜の間）と"net"（ネットワーク）からなる単語である。すなわち，インターネットは，世界中で独立して運用されている様々なコンピュータネットワークを相互に接続したものである。また，中央集権的にインターネット全体を管理するコンピュータ（ホストコンピュータなど）は存在しない。各ネットワーク内に設置されているサーバコンピュータによって分散運用されている。

2．インターネットの通信形態

　コンピュータ等のインターネットを介した通信は，直接的に回線が接続されるわけではない。インターネット上に存在する各ネットワーク同士は，近隣のネットワーク以外のネットワークに対しては，他のネットワークを介して，間接的に接続されている。よって，インターネット上の通信は，各ネットワークがお互いに他のネットワークの通信信号を中継し合いながら成り立っている。このような通信形態であるため，インターネット上の通信は，通信経路上のネットワークでは，容易に内容を読み取る事ができる。このため，インターネット上で，第三者に知られてはならない内容を伝送する場合には，暗号化通信を利用するなどの対策が必要となる。

3．インターネットのサービスと課題

　インターネット自体は，単なる通信基盤に過ぎないが，この基盤上で様々なサービスが展開されている。World Wide Web（WWW），電子メール，各種ソーシャルネットワークサービス（SNS）などは，インターネットの機能ではなく，インターネット上で展開されているサービスなのである。

　従来は，一般人が世界に向けて情報を発信することは事実上，不可能であった。これに対してインターネット上では，誰しもが自由に情報を発信することが可能である。

　しかし，その反面，不用意な人物による不正確な情報の発信や，悪意ある人物による虚偽の拡散などの問題も発生しやすく，かつ，拡散する範囲も，格段に広くなってしまったという側面もある。これからの時代は，インターネットの基本的な特性や，長所と短所も十分に理解したうえで，各種のネットワークサービスを利用する姿勢が必要とされる。

情報セキュリティと個人情報について

1．情報セキュリティとは

「セキュリティ」とは「安全」を意味し，生命や財産が危害や損傷を受けることなく，安全な状態である事を意味する。そして「情報セキュリティ」は，このセキュリティの概念を「情報資産」に適用したものである。情報資産とは，情報セキュリティの対象となる情報の事で，教育・保育機関の場合は，園児や生徒の個人情報などがこれにあたる。

2．情報セキュリティ対策

一般的に情報システムのセキュリティの高さと使いやすさは二律背反の関係にあるため，ついつい，情報セキュリティの観点では不適切な取扱をしてしまいがちである。セキュリティを確保しながら業務を行う不便さを受け入れるためには，万が一，ハザードを起こした場合の危険性を理解したうえで，確固たる当事者意識をもつ必要がある。

情報セキュリティというとコンピュータやコンピュータネットワークに関する技術的な側面ばかりに目が奪われがちであるが，情報漏洩はコンピュータが勝手に起こすのではなく，コンピュータを利用している人間が引き起こしているのである。それをふまえたうえで，対策を講じる必要がある。

情報セキュリティには「完全なもの」は存在しない。対象とする情報資産の質や重要度，漏洩した場合の危険性や予想される被害などを勘案して，様々な情報資産のそれぞれに応じた対応を決めていく必要がある。まずは，守るべきものは何であり，それらに盗難，紛失，流出，消失などの事故があった場合には，どの程度の損害が見込まれるか（脅威），事故の起きる可能性の高さはどれくらいか（脆弱性）を評価することから始めるべきである。

3．個人情報保護と責務

教育・保育機関は，園児・児童生徒の個人情報を多量に保有している。また，保有している情報は，健康状態や家庭環境にまで踏み込んだ内容のものもあり，万一，漏洩した際には，被害者に甚大な損害を与えかねない。

教育・保育機関は，法令でも個人情報の取扱に関して，一般企業以上に厳正な対応を求められている。また，教育委員会や法人，園，学校単位で個人情報の取扱に関する「プライバシーポリシー」が定められており，教育・保育機間の職員は，これらに従って業務を遂行しなければならない。

◎参考文献

田上博司『マルチメディア情報学概論』二瓶社,
2006.

堀田龍也編『管理職のための「教育情報化」対応
ガイド』教育開発研究所, 2010.

第8章
社会福祉入門

福祉サービスの利用者を支えるためのしくみが定められた背景とそのしくみの概要について述べよ。

1．福祉サービスの利用者を支えるためのしくみが必要となった背景

わが国では，社会福祉基礎構造改革以降，行政が法律に基づいて必要な福祉を提供する「措置制度」に代わり，利用者が自ら必要なサービスを選択し，サービスの提供主体と対等な立場で契約を結んで利用する「契約制度」の導入が進められてきた。このことにより，福祉サービスの利用者は，福祉サービスを自ら選択し，決定することが可能となった。

このような契約制度の下で利用者の意思を尊重した質の高いサービスの提供を可能とするため，福祉サービス利用者の権利を保障するためのしくみとして，①福祉サービスを利用する際に利用者の権利を保障するしくみ，②福祉サービスの利用を決定する際に利用者の権利を保障するしくみ，③福祉サービスを利用している過程で利用者の権利を保障するしくみ，が整えられることとなった。

2．福祉サービスを利用する際に利用者の権利を保障するしくみ

利用者が福祉サービスを選択するためには，情報が正しく，わかりやすく利用者に提供されることが必要になる。

社会福祉法第75条では，福祉サービス事業者に対して，自らが提供する福祉サービスに関して情報を提供する努力義務を課している。

さらに，福祉サービス事業者は，サービスの利用希望があった場合は，福祉サービスを利用するための契約の内容やサービスの利用に関する事項について十分に説明することが求められている。

3．福祉サービスの利用を決定する際に利用者の権利を保障するしくみ

サービスを選択するための判断能力が十分でない状態にある利用者に対して，サービスの選択を支援するためのしくみとして民法の「成年後見制度」と「日常生活自立支援事業」がある。

民法の成年後見制度は，認知症高齢者や知的障害・精神障害等により意思能力や判断能力が不十分となった人が財産管理や遺産分割等に関する契約を結ぶ際に，損害を受けることのないよう後見人等により権利が守られる制度であり，法定後見制度（「後見」「保佐」「補助」に分類される）と任意後見制度に分けられる。

2000（平成12）年から施行された

現在の成年後見制度は，より使いやすいものとなるよう旧制度から何点かの改正が行われた。

　主な改正点は，軽度の認知症を対象とする「補助」の類型が新設されたこと，これまでの法定後見に加え任意後見制度（意思能力や判断能力が低下する以前に前もって後見人を選任しておく）が創設されたことである。

　なお，未成年については，親がいなかったり，虐待等により親が親権者としての役割を果たせない場合には，家庭裁判所によって選任された未成年後見人が未成年者の保護や財産管理を行うことができることになっている。

　成年後見制度を補完するものとして2000（平成12）年に社会福祉法において創設されたのが日常生活自立支援事業である（創設時は「地域福祉権利擁護事業」という名称であったが，事業内容を分かりやすいものとするため，2007（平成19）年に現在の名称に変更された）。

　この事業は，認知症高齢者，知的障害者，精神障害者等のうち判断能力が十分でない人が，居住している地域で可能な限り自立した生活を送れるように，日常生活を支援することを目的としている。

　事業の実施主体は都道府県社会福祉協議会及び指定都市社会福祉協議会であるが，利用にあたっては市区町村社会福祉協議会（基幹的社会福祉協議会）が窓口となり事業が実施される。

　事業の利用にあたっては契約を結ぶことが必要であるが，既に著しく判断能力が低下していて契約締結能力がない場合にはこの事業を利用できないため，成年後見制度の活用を検討することになる。

　このように，成年後見制度と日常生活自立支援事業が補完し合うことにより，判断能力が不十分となった場合でもその人が有している権利を擁護し自立支援を行うことができるため地域生活を継続することが可能になる。

　具体的には日常生活自立支援事業において以下のような支援が行われる。

・福祉サービスに関する情報提供や助言
・福祉サービスの利用手続きの援助や福祉サービスの利用料の支払い
・苦情解決制度（後述）の利用援助
・日常的な金銭管理（公共料金や税金の支払い等）
・書類（預貯金通帳や印鑑等）の預かり

4．福祉サービスを利用している過程で利用者の権利を保障するしくみ

　自らが選択したサービスであっても，サービスを利用する過程でその内容に不満を感じたり，不利益を被る場合もある。そのような場合に，利用者がサービス事業者に苦情として申し出ることにより問題を解決し，状況の改善につなげていくためのしくみとして「苦情解決制度」が設けられている。

　社会福祉法第82条では，全ての社

会福祉事業者に対して自らの提供する福祉サービスについて利用者等からの苦情に対して適切に解決できるよう努めなければならないと規定している。

　本来，苦情は利用者と事業者との間で解決されるべきものであるが，福祉サービスの利用にあたっては，両者が対等な立場に立つことは実際には難しく，利用者が弱い立場に置かれやすい状況がある。そこで，このような利用者の置かれた状況に配慮し利用者からの苦情を解決へと導くために，事業者側と都道府県側のそれぞれにしくみが整備されている。

(1) 事業者におけるしくみ

　事業者には事業所内で利用者が苦情の申し出をしやすい環境をつくる役割がある。

　事業所内には「苦情受付担当者」が置かれ，以下のことを行うこととされている。「利用者からの苦情を受け付ける」「苦情申し出人に苦情内容等を確認し，それらの内容を記録する」「職員へのヒアリング等により実態把握を行う」「受け付けた苦情の内容とそれに対する改善状況について「苦情解決責任者」や「第三者委員」に報告する」

　さらに，事業所における苦情解決の総括責任者として「苦情解決責任者」（事業所の施設長や理事が担当する）が置かれ，以下のことを行うこととされている。「利用者に対して，苦情受付担当者，苦情解決責任者，第三者委員の氏名と連絡先，苦情解決のしくみについて施設内に掲示をしたり，パンフレットを配布する等により周知する」「苦情申し出人と話し合いを行い，解決に努める。なお，必要に応じて第三者委員の助言を求めることができる」

　この他に，公平で中立的な立場から利用者を援助するために「第三者委員」を置くこととされており，苦情解決を円滑・円満に行うことができる，世間からの信頼を有している，という要件を満たす者が複数名選任される。第三者委員は以下のことを行うこととされている。「苦情受付担当者からの苦情内容を聴取する，あるいは利用者から直接苦情を受け付ける」「苦情申し出人に助言を行う」「事業者に助言を行う」「苦情申し出人と苦情解決責任者の話し合いに立ち会い，助言や仲介を行う」「苦情解決責任者から，苦情に係る事案の改善状況等の報告聴取を行う」「日常的に利用者の状況やニーズ把握を行う」

(2) 都道府県におけるしくみ

　事業所段階での解決が難しい苦情への対応や利用者から直接苦情を受け付ける機関として都道府県社会福祉協議会に「運営適正化委員会」が設置されている。利用者からの苦情の相談に応じ，必要な助言や事情調査を行い解決の斡旋を行う役割を担っている。

わが国の社会福祉法制について

　わが国の社会福祉法制（社会福祉に関わる法令）は，日本国憲法第25条において定められている生存権の規定に基づいて体系化されており，以下のように分類することができる。

1．社会福祉法

　社会福祉を目的とする事業の全てに共通する基本事項を定めており，福祉サービスの運営や組織を規定する重要な法律である。

2．社会福祉六法

　社会福祉サービスの提供を規定する法律は，対象者や発生する問題に対応するため順次制定されてきた。「生活保護法」「児童福祉法」「身体障害者福祉法」（以上を「福祉三法」という）「知的障害者福祉法」「老人福祉法」「母子及び父子並びに寡婦福祉法」は「社会福祉六法」と呼ばれ，社会福祉法制の中心的な役割を担っている。

3．社会福祉六法以外の社会福祉に関する主な法律

　児童の生命や権利を守るための法律として「児童買春，児童ポルノに係る行為等の規制及び処罰並びに児童の保護等に関する法律」「児童虐待の防止等に関する法律」が制定されている。

　高齢化の進展に伴って生じる諸問題に対しては「介護保険法」「高齢者の医療の確保に関する法律」「高齢者虐待の防止，高齢者の養護者に対する支援等に関する法律」等により対応が進められている。

　障害者に対しては「障害者基本法」「精神保健及び精神障害者福祉に関する法律」「発達障害者支援法」「障害者虐待の防止，障害者の養護者に対する支援等に関する法律」「障害者の日常生活及び社会生活を総合的に支援するための法律」により人権や生活の保障が図られてきたが，2016（平成28）年に「障害を理由とする差別の解消の推進に関する法律」が施行されたことにより障害者の権利の保障が前進することが期待されている。

　2013（平成25）年には「生活困窮者自立支援法」と「子どもの貧困対策推進に関する法律」が制定され，これにより生活困窮者や子どもの貧困に対して法に裏付けられた取り組みが進められることとなった。

　社会福祉を支える国家資格である社会福祉士，介護福祉士，精神保健福祉士（いずれも名称独占資格）に関しては，「社会福祉士及び介護福祉士法」「精神保健福祉士法」により資格の定義や義務，資格取得要件等が規定されている。

わが国の社会保障制度の体系について

戦後のわが国においては，1950（昭和25）年に社会保障制度審議会が行った「社会保障制度に関する勧告」により「社会保険」「国家扶助（公的扶助）」「公衆衛生及び医療」「社会福祉」が社会保障制度とされた（これを「狭義の社会保障」という）。

一方，現代の社会保障制度は雇用政策，教育政策，住宅政策とも密接に関連しているためこれらの制度も社会保障制度に含むとする考え方もある（これを「広義の社会保障」という）。

社会保障制度は社会保険制度，公的扶助制度，社会手当の3つによって構成されている。

1．社会保険制度

社会保障制度の中心が年金保険，医療保険，介護保険，雇用保険，労災保険である。社会保険は，誰にでも起こりうる生活上のリスク（老齢，疾病，障害，失業等）に備えて被保険者となる国民が拠出する社会保険料，国や地方自治体による負担金，労働者を雇用する雇用主による負担金等によりあらかじめ財源を確保しておき，そのようなリスクが発生した場合に必要な現金やサービスを給付する。

2．公的扶助制度

わが国における公的扶助の中核は生活保護制度である。

社会保険とは異なり，公的扶助の場合には自己負担（拠出）を伴わないかわりに，どの程度困窮しているかについて資力調査（ミーンズ・テスト）を行ったうえで，公費（租税）によってその人に必要な現金やサービスの提供が行われる。

3．社会手当

社会保険と公的扶助の中間的な性格をもつものであり，あらかじめ給付対象となる一般的なリスクを決めておき，そのようなリスクが発生した場合に資力調査を行うことなく公費を財源として定められた給付を行うものである。児童手当，児童扶養手当等がこれにあたる。

社会保障をめぐっては，2012（平成24）年に「社会保障制度改革推進法」が制定された。この法律に基づいて設置された「社会保障制度改革国民会議」は，今後の社会保障については自助を基本として共助がこれを支え，自助と共助が対応できない場合に公助が補完するという考え方を報告書において明らかにした。今後，持続可能な社会保障制度の実現に向けた改革がどのように進められていくのかが注目されている。

わが国の社会福祉行財政について

1．社会福祉行政のしくみ

社会福祉行政は，国，都道府県，市町村において行われている。国レベルで福祉行政を担当する行政機関は厚生労働省であり，社会福祉の法律の策定や政策の立案といった基本的な制度設計を担っている。福祉行政を担当する部局は社会・援護局とその内部部局である障害保健福祉部，子ども家庭局，老健局である。

国が定めた制度に基づいて実際の福祉サービスを提供するのは住民にとって一番身近な市町村の役割であり，都道府県は福祉サービスの供給主体に関わる事務や市町村に対する支援を行っている。市町村のうち，政令指定都市は都道府県と同様の業務と権限をもち，中核市もこれに準じた業務と権限をもつ。

都道府県や市町村には福祉行政を担当する部局（民生部，生活福祉部等）が置かれるほか，専門的な対応を行うため法律に基づいて専門行政機関が設置されている。その代表的な機関が福祉事務所であり，都道府県及び市（特別区も含む）に設置が義務付けられている。市町村福祉事務所は福祉六法に定める業務を所管し，社会福祉行政の第一線機関としての役割を担っている。

2．社会福祉財政の現状

社会福祉の財源は，国が「社会保障関係費」として歳出する部分，地方公共団体が「民生費」として歳出する部分，国庫補助金，利用者からの費用徴収，民間財源等により賄われている。

2021（令和3）年度の国の一般会計予算における社会保障関係費の割合は約3割を占めており，そのうち最も多いのが「年金医療介護保険給付費」で8割近くを占めている。近年の地方財政における「民生費」の歳出割合では「児童福祉費」が最も多くなっている。

国と地方の費用負担は事業ごとに決められているが，1985（昭和60）年以降は国の負担割合が引き下げられる傾向にあるため，地方の財政負担が大きくなっている。社会保障給付費が増加する一方，税収入の落ち込みにより厳しい財政状況が続いており，利用者や扶養義務者の費用負担のあり方にも影響を及ぼしている。

利用者が所得に基づき費用を負担する「応能負担」だけでなく，サービスの利用量に応じて費用を負担する「応益負担」の方法が拡大されてきており，利用者の所得によって必要なサービスの利用が制約される事態が生じることが懸念されている。

社会福祉を支える原理について

社会福祉が目指す社会は「誰もが、どのような状態であっても、人としての尊厳が認められ、より良く生きる権利を持ち大切にされる社会」ということができるであろう。このような社会を実現するために必要なものとして以下のものが挙げられる。

1．人権の尊重

人権には受動的側面（生活が保障される権利、医療や教育を受ける権利等が含まれ、社会権といわれる）と、能動的側面（信仰する宗教の自由や、自らの意見を述べたり仲間で集まる自由が保障されること等が含まれ、自由権といわれる）がある。

わが国では、日本国憲法第25条において国民の基本的人権として「生存権」を保障するとともに、国がそれを保障する義務が示されている。これは、社会福祉の制度やサービスを利用することは全ての国民にとって普遍の権利であり、サービスを利用する過程においても一人ひとりの意見が尊重されることが大切であることを意味する。

2．ノーマライゼーション

北欧で生まれた「一人ひとりが社会の中で対等な一員として尊重される」というノーマライゼーションの考え方は、わが国では1970年代後半からさかんに取り上げられるようになった。今日では社会福祉を支える基本的な考え方となり、社会福祉全体の基本的枠組みにも大きな影響を与えた。

ノーマライゼーションは、障害等を軽減してノーマルな状態に近づけるという意味ではなく、むしろ人をあるがままの存在として受け止め、地域で共に社会生活を送ることを可能とするための条件整備を行うことを課題としている。この考え方を具現化していくためには、福祉施策だけでなく、教育、住宅、まちづくり等の地域生活を支える様々な面で体制整備を進めることが必要となる。

3．ソーシャル・インクルージョン（社会的包摂）

「全ての人々を社会の一員として包み込んでいこう」という考え方であり、社会的排除（お金や仕事がないというだけでなく社会サービスを受ける機会を奪われていたり、社会的に孤立している状態）の解消を目指すものである。排除されている側ではなく、排除している社会の側にある問題を解決していこうとするこの考え方は、今日の社会福祉のあり方を考える上で重要なものとなっている。

わが国における貧困をめぐる現状について

1．社会福祉における貧困問題

　貧困とは，衣食住が不足することにより必要最低限の生活を維持できないこと，そのことが心身にマイナスの影響を及ぼすことといえる。貧困に対しては，貧困を社会的にどのようにとらえるか（貧困観）によって異なる対応がなされてきた。

　かつては，貧困は個人の怠惰が原因であるとされ，貧困を避けるための個人の努力が推奨され，国による最低限の救貧策や宗教や慈善家による救済による対応が行われてきた。その後20世紀になると，貧困は個人の怠惰が原因なのではなく，社会・経済的な要因が影響して生じるものであるというとらえ方が確立したことにより，貧困の解決を自助努力や慈善事業に頼るだけでなく，国家の責任として取り組むことが必要であると考えられるようになったことから，社会保障や社会福祉が整備されていった。

　わが国では第2次世界大戦後の高度経済成長を経て豊かな社会が実現されたことにより，貧困問題は克服されたと考えられてきた。しかし，貧困問題は過去のものではなく，現代においても社会福祉の最重要課題の1つとなっていることを認識しておく必要がある。

2．現代社会と貧困問題

　今日，非正規雇用や派遣労働といった不安定な雇用の拡大，リストラによる失業やそれに伴う多重債務等により人々が貧困に陥るリスクが高まっている。従来のホームレスに加え，「ネットカフェ難民」と呼ばれる若年層の貧困も社会問題となっている。

　また，母子家庭の貧困や，働いているにも関わらず生活保護の受給水準にも満たない収入しか得られない「ワーキングプア」と呼ばれる人々の存在が顕在化しており，このような人々が抱える生活崩壊のリスクや深刻な生活不安への対応が喫緊の課題となっている。

3．社会的排除を伴う現代の貧困

　貧困は経済的な資源が不足している状態に着目した概念であるが，現代の貧困は経済的な問題だけではなく，人との付き合いや地域社会とのつながりまで奪ってしまうため，人々を社会的孤立や社会的排除という状態に追い込んでしまう。

　現代において貧困に向き合っていくためには，経済的な支援に加えて，人が社会的なつながりを再構築していくための幅広い支援が必要とされているのである。

地域福祉の意義とその担い手について

1．地域福祉の意義

　2000（平成12）年に成立した社会福祉法は戦後の社会福祉のしくみを大きく変更し，これからは地域社会を基盤として政策の実施や福祉サービスの提供を行う，つまり地域福祉を推進していくという方向性を示した。法律としては初めて地域福祉という用語が用いられ，住民がそれぞれの地域において安心して日常生活を送ることができるようにすることが目的とされた。

　地域福祉の対象とされている地域住民には，高齢者や障害者，介護や子育てに困難を抱えている者，経済的に困窮している世帯等も含まれている。これらの地域住民が地域での生活を可能とするためには，生活の様々な場面で必要となる支援やサービスを適切に提供できるようにするための体制づくりや，生活する人自身の自立への意欲が必要となる。

　地域福祉の推進を具体化するものとして市町村が策定する行政計画である「市町村地域福祉計画」がある。この他，社会福祉協議会が策定する「地域福祉活動計画」がある。これらの計画は策定主体が異なるが，相互に連携することにより地域福祉の推進が図られることが期待されている。

2．地域福祉の担い手

　地域福祉を推進し，地域住民の自立した生活を可能とするためには，それぞれの地域において住民の福祉ニーズに対応するための多様な支援やサービスが必要となる。主な地域福祉推進の担い手として以下のものを挙げる。

(1)　**社会福祉協議会**　社会福祉活動を推進することを目的とした非営利の民間組織である。市区町村社会福祉協議会は住民に身近な地域で福祉に関する相談やボランティアの支援等を行っている。

(2)　**民生委員・児童委員**　民生委員法に基づき厚生労働大臣から委嘱された非常勤の地方公務員であり，児童委員を兼ねている。特定の区域を担当し，高齢者や障害者等の世帯の見守りや声かけ，相談への対応を行っている。

(3)　**ボランティア・NPO**　ボランティアは自発的な意思に基づいて様々な福祉ニーズへの対応を行っている。NPOはボランティアとの共通点が多いが，ボランティア活動との大きな違いは事業で得た利益を自らが行う公益的な事業の活動資金として使うことができる点である。NPOのうち特定非営利活動促進法に基づいて法人格を取得したものがNPO法人である。

◎参考文献

石田慎二・山縣文治編著『社会福祉 第 5 版』ミ
ネルヴァ書房，2017.
大久保秀子『新・社会福祉とは何か 第 3 版』中
央法規出版，2018.

大塚良一・小野澤昇・田中利則編著『子どもの生
活を支える社会福祉』ミネルヴァ書房，2015.
山縣文治・岡田忠克編『よくわかる社会福祉 第
11 版』ミネルヴァ書房，2016.

第9章
文章表現

良い教師と悪い教師について述べよ。

　良い教師，悪い教師とは，どのような教師だろうか。近年では，いじめ，不登校，学級崩壊，学力低下などといった教育問題が背景にあることも影響して，こうした問いは特に関心を引くものになっている。ここでは，報道などで知るような少数の極端な「問題教師」，例えばアルコール依存症で授業ができなかったり，わいせつ行為をはたらいたりする教師は論外として，より微妙な意味での"良し悪し"について考えてみる。

　近年のわが国の教育行政における，この問題に関する特筆すべき動向として，2001（平成13）年6月に「地方教育行政組織・運営法」が改正され，「指導が不適切」な教員を都道府県教育委員会が判定し，本人の同意なしで教職以外へ配置転換できるようになった。

　ここで「指導が不適切」と言われるのは，文部科学省によれば，「教育内容，方法が不適切で，子どもが理解できない難しいことばかりやる」「板書ばかりしている」「子どもの気持ちを理解しない言動」などを指すという。ほかにも実際に教育委員会が判定した際の基準からすれば，「授業が成り立たない」「計画的な学習指導ができず，思いつきの授業や自習時間を増やす」「ビデオやプリントに頼る」「児童・生徒指導が適切に行えない」「コミュニケーションがもてない」「人間性，社会性，専門性に関わって指導力に課題がある」「高圧的・感情的に怒り出したりするため，子どもが萎縮して不登校にまで発展」「責任感や意欲に欠ける」「プレッシャーで学校を休んでしまう」といったことのようである。かなり軽微に見える項目もあるので，どの教師も該当者とされる可能性があると言えるだろう。これまで実際に「不適切」の判定を受けているのは，（大阪府教委などの例では）全教員の2％といったところである。

　また，2008（平成20）年6月の教育公務員特例法の改正によって，研修を受けても改善が認められない指導力不足の教師を免職とすることができるようになった。

　ただ，このような制度を運用する際には，基準づくりや判定が本当に適切に行われるのでなければ，当の教師のみならず，子どもや保護者などの利益を損なうことになるだろう。そのために留意すべきことは多々あるだろうが，1つ大切なことは，教育に関わる人それぞれの立場（児童・生徒，保護者，同僚教師，校長，教育行政，地

域，産業界など）の利害の相違や，それゆえの見解の相違を予想することであり，そしてその中でも特に，実際に教育を受ける者の実感を重視することではないだろうか。そのためにまずは私たち一人ひとりが，かつて（あるいは今現在）の教育の受け手の立場から，自分の経験を具体的に回想してみることが，よい出発点になるのではないかと思われる。

そこでそうした試みの一例として，これまで私が教育を受ける立場で実際にめぐり会ってきた良い教師・悪い教師とそれぞれの特性について，以下に紹介してみたい。

良い教師とは，まず，わかりやすくて興味を抱かせる授業ができる教師である。例えば，私の高校時代の化学の教師は，特に「文系クラス」に対しては，受験に直接関係のないような面白い実験を，ほとんど毎回やらせてくれた。また，身近な生活の中で何となく不思議に思っていた現象を，化学的な目でわかりやすく説明してくれた。

また，生徒の内面までよく洞察して理解することができる教師も，有能な教師だと思う。私の小学校低学年の時の担任の教師は，授業中に勝手にしゃべってしまう私を，授業の邪魔者としてみるのではなく，好奇心のかたまりだと解釈してくれた。親にもそう言ってくれたので，親から怒られることはなかったし，授業中も私の脱線した話を時々取り上げてくれて，いつの間に

か授業の内容にもつなげていた。子どもの長所を見いだして伸ばすことのできる教師だったのだと思う。また，中学の時の担任は，1人の生徒が急に自分と気さくに無駄話をするようになったことを，いじめられている信号だと見抜き，早急に対処してくれた。

次に，教師自身の人間性という面からも考えてみたい。まず，良い教師とは，児童生徒と同じ目線で接することができる教師である。例えば，私が通っていた小学校の校長は，給食を毎日必ずどこかのクラスで食べたり，休み時間には遊んでくれたりと，いつも子どもと一緒に行動してくれた。担任の教師がもう1人いるような感じがしていたのを思い出す。こうしたことは，自分が子どもたちと違う偉い人間だと思っていたら，なかなかできないだろう。

人間性の面でもう1つ指摘したいのは，教師自身の個性というものも大切だということである。中学校時代の音楽の教師は，自分が中学校の頃から友人とバンドを組んでいた経験を生かして，ドラムやシンセサイザーまで使った授業をしてくれた。教師が自分の好きな活動を行っている姿には，人間味が感じられ，親しみがもてた。

教師の個性についてさらに言えば，いわば「教師らしくない教師」の重要性にも注目すべきであろう。

教職を志望するものは自身が児童・生徒であった時分から，学校という場

がもつ独特の文化や，教師という存在に対して，基本的に親和的であった場合が多いと言われる。だからこそ教職を志望したということだろう。こうした事情に加えて，教員採用試験がペーパーテスト中心でかなりの難関であることもあって，結局，教師の中には"かつての優等生"が多くなりやすい。

しかし，「優等生」や「学業成績優秀者」であるということは，少なくとも人間としての1つの特異な在り方であり，そのため知らず知らずのうちに一種の一面性を背負い込んでいる恐れがある。そうした教師が，勉強や集団行動の苦手な子どもの気持ちの機微に想いを寄せることは，ことのほか難しいと考えるべきであろう。だからこそ，何らかの契機によってそうした限界を超えた教師の存在が望まれるわけである。

そのほかにも，自分自身を常に磨いて成長していこうという姿勢や，子どもに接する際の公平さなども，良い教師の特性に数えてよいと思う。

さて逆に，悪い教師として思い出すのは，まず子どもを上から見下ろすタイプの教師である。例えば，中学校時代の隣のクラスの教師は，私が一生懸命やっている部活動に対し，「どうせプロになるわけではないんだ」などと言って，何かというと冷水をかけるようなことをするのだった。またその教師は，自分にストレスがたまった時に生徒に八つ当たりすることもあった

が，それも結局は，生徒を自分の手下のように感じてしまっていて，尊重する気持ちが薄かったからではないだろうか。

また，学習面で親身になって指導してくれず，間違えた時に叱られた記憶ばかりがよみがえってくる教師ということでは，すぐに数人は思い出すことができる。当時は，子どもの良いところを認めようとしてくれない人間性の面や，教師という立場に対する先入観に縛られすぎた態度の面に不満をもっていたのだ。だが今思えばもう1つ，もしかすると学習内容に関する教師自身の理解が足りなかったために，自信がもてず，ついつい私たちを突き放す態度になってしまった場合もあったのではないかと考えられる。もしそうだとすれば，私自身も今後，子どもを指導する立場にある時には，常に気をつけていきたいものである。

さて，これまで述べてきたような良い教師・悪い教師というものの分かれ目が，何か単一の要因であるとは考えにくい。しかし，多くの良い教師に見られるような共通の（つまり根本的な）要因というものなら，いくつかあるかもしれない。それをあくまでも現実的に探っていくためにも，今回のような回想を互いに披露し合うことは有意義だと言えるだろう。

「バリアフリー」と町の景観について

最近，「バリアフリー」という言葉を見たり聞いたりすることが多くなった。バリアフリーとは，「社会生活における様々な障害をなくそう」という考えである。

障害のある人も社会の中で自由に行動できるように，障害者や高齢者の活動を制限している物理的な障壁を取り除こうという視点から，例えば，道路の段差を解消したり，階段をスロープにして車いすの人も行動できるようにすることや，公共施設の廊下に点字の表示や手すりが設けられたりするのをよく見かけるようになった。

日本で実際にこのような障壁除去が行われるようになったのは，1983（昭和58）年に公共の乗り物に対して，国がガイドラインを設けたのが始まりである。その後，劇場や個人宅に関する様々な法律が定められた。2000（平成12）年5月には「高齢者，身体障害者等の公共交通機関を利用した移動の円滑化の促進に関する法律」（交通バリアフリー法）が制定され，駅のエレベーター設置など，バリアフリー化が進んだ。

このようにバリアフリー推進により，町の景観に大きな影響が出るようになった。例えば，車いすが使用でき

るようなスロープを公共施設に造る場合は，今までのような効率的な空間利用による設計では難しい。スロープの傾斜や距離に必要な空間が決まっており，効率のみを考えた階段や急なスロープは造れないため，ゆったりとした雰囲気が感じられる設計となるケースが多い。

また，バリアフリーから受け継がれた考えで，ユニバーサルデザインというものがある。この考え方は，障害者や高齢者にとってだけではなく，誰にでも使いやすい空間や商品をデザインしようということである。誰にでも使いやすいということは，当然，障害者や高齢者にも使いやすいという配慮である。子どもや高齢者，障害のある人もない人もすべての人たちが，安全で変化のある環境を体験できるような空間のデザインを考えることや，優れた景観や美しい町並みをつくり出すことなどがユニバーサルデザインに求められる条件である。そのためスロープの傾斜が機能的に便利であるという視点だけでなく，人間に好ましく視覚的にも美しい景観づくりをめざすという考え方は今後ますます重要となるであろう。

少年犯罪について

「少年犯罪」（少年による刑法犯）の検挙人数は，1951（昭和26）年の16万6433人をピークとする第1の波，1964（昭和39）年の23万8830人をピークとする第2の波，1983（昭和58）年の31万7438人をピークとする第3の波という，3つの大きな波が見られる。1984（昭和59）年以降は1995（平成7）年まで減少傾向にあり，その後，若干の増減を経て2001（平成13）年以降増加していたが，2004（平成16）年から毎年減少し続け，2014（平成26）年は7万9499人であった。その内容を見ると「窃盗」が最も多く約60％を占めている。その次が「横領・遺失物等横領」が約29％で，この他「傷害」「器物損壊」「住居侵入」「暴行」の順である。

一方，未成年者が被害者となるケースも増えている。特に携帯電話の出会い系サイトなどを悪用した児童買春事件の被害者となる場合が増えている。

2021（令和3）年夏，東京都墨田区の女子高校生の遺体が山梨県内の物置小屋で見つかった事件では，被害者が容疑者夫婦と出会ったのはツイッター上であったと報じられた。

また，女子中高生らが好きなものを買うために援助交際をすることなどが報道されているが，このような傾向は子どもたちが変化したのか，社会の変化が悪い影響を与えたのかは判断が難しい。対応策として，児童買春等の行為を処罰する法律を制定したものの，どのような場合に適用するのかなど不明な点があるため，抑止力となるのか判断は難しい。

また一方で「おやじ狩り」や路上生活者に暴行を加える事件など，大人社会の拝金主義やマナーの欠如，社会的弱者に対する思いやりのなさなどを反映したような犯罪も行われる。これらの犯罪は，単にストレスの発散であり，自己確立がなされていない幼い行動のように思われる。

「普通」の子どもの心に突然現れる，暴力への欲求と他者への共感のなさが，なぜ出てきたのかが，多くの人に不安を与えた。周囲の価値観でつくり上げてきた子ども自身のイメージが，何らかの挫折体験で崩れてしまい，虚しさに取り込まれ自己に向き合うことができないため，その責任を親にぶつけた結果の家庭内暴力であろうか。いずれにしろ，自分を肯定できない者は当然他者への共感をもつことができない。自分を肯定できる子どもを育てていくことが，今後の家庭や教育における課題となるのではないだろうか。

情報化社会について

現在，我々の生活の広い範囲にわたって，様々な情報機器や情報サービスが浸透しており，現代人の生活にとって情報技術は不可欠のものといっても過言ではないだろう。

このような状況を「社会の情報化」あるいは「情報化社会」と表現することがある。岩波書店『広辞苑 第七版』では，「情報化社会」を「コンピューターや通信技術の発達により，情報が物質やエネルギーと同等以上の資源とみなされ，その価値を中心にして機能・発展する社会」と定義している。さらに，生活面のみならず，産業や経済などの分野でも情報技術の浸透は著しく，日本の教育においても，学習指導要領改訂の度に「情報」に関する教育の拡充が図られる状況になっている。

「情報化社会」という言葉が一般化したのは 1990 年代以降といわれているが，残念ながら，「情報」や情報技術に対する基本的な理解なしに，その便利さのみが注目されることが多い。しかし，情報技術の社会への浸透は，我々に多くの恩恵をもたらす一方で，様々な問題も発生させていることも忘れてはならない。特に，各種コンピュータネットサービスの利用が広ま

るにしたがい，一般の人々が，いわゆる「ネットワーク犯罪」に巻き込まれる事態も頻発するようになってきている。

情報技術に関する諸問題については，一般的に犯罪等の事件性のあるものが注目されることが多いが，実は，人類の「情報」との付き合い方を根本から変えてしまう可能性に関しても考慮する必要があるだろう。例えば，インターネット上には，多量の「情報」が氾濫しており，これらの「情報」には，コンピュータのみならず，スマートフォン等の携帯型情報端末からも気軽にアクセスすることができる。これは，「知識の習得」に主眼を置く，従来の「学習」の概念を根本から覆す可能性も秘めていると考えられる。また，短時間に，かつ容易に多量の情報を収集できるようになったことと引き替えに，多量の情報の中から，自分が必要とする，質の高い情報を選択する能力が必要とされる時代になったともいえるだろう。

社会の情報化は，いわば，「両刃の剣」であり，そのような社会で生きていく我々は，情報化社会の利点のみではなく，欠点についても十分に理解したうえで生活していかなければならない。

環境破壊について

　新聞記事などで目につく環境問題と言えば，温室効果ガスによる地球温暖化問題である。海面の上昇により南太平洋の1つの国家が消えてしまうという事態になっている。

　地球温暖化の原因となる温室効果ガスの排出を抑えるために，1997（平成9）年地球温暖化防止京都会議で削減目標を各国に義務づけた。

　なぜこのような温室効果ガスの削減を行うのか。現在，世界で供給される主なエネルギー源は石油や天然ガスといった化石燃料である。化石燃料に大きく頼った結果，化石燃料が燃焼する際に生ずる温室効果ガスの排出量は増え続け，地球の温暖化は進行し，地球環境に悪い影響が出ている。また，この化石燃料については，資源に限りがあるという問題も抱えているため，資源の枯渇と地球環境への影響という二重の問題があると言える。

　地球の平均気温は，産業革命以前より1度上昇し，それが生態系の破壊や海面上昇などを招く。そのため地球は，人類の健康を保つ環境ではなくなってしまうと言われている。

　このような深刻な状況をふまえて，温室効果ガスの排出量の削減を決めたのが，京都議定書であった。

　日本には6％の削減目標が義務づけられ，そのために新たな問題を呼ぶことになった。温室効果ガス削減のため政府は，2010（平成22）年までに21基の原発を増設することを決めた。原子力発電の方が比較的温室効果ガスを排出しないためである。これに対しては，各地で建設反対や稼働に反対する運動が行われた。さらに日本政府の主導するエネルギー政策が見直される出来事が起こった。2011（平成23）年3月11日に発生した東日本大震災である。福島第一原子力発電所で起こった炉心溶融（メルトダウン）により，一時的に，国内の原子力発電所による電力供給が停止されたのである。

　一方，アメリカは，2001年1月に就任したブッシュ大統領が，一方的にこの京都議定書からの離脱を表明し，経済優先の姿勢を明確にした。このように，地球温暖化に対する取り組みは，各国ともそれぞれの思惑があるため足並みはそろわない。これからの時代においては，環境問題を解決するためには，各国が協力して，太陽光発電や風力発電などの再生可能エネルギーの活用へとエネルギー政策を転換することが求められている。今後の動向に注目し，よりよい解決を期待したい。

リサイクルについて

　私たちの身の回りから出るゴミについて考えていくと，マナーやルールといった側面から考えるべき点と，資源を無駄にしないといった視点が出てくる。特に，現代社会では，リサイクルによる資源の無駄をできる限り減らそうという考えから，ゴミ問題を考え，さらには環境破壊を食い止めるにはどうしたらよいかが課題となっている。

　ゴミとして燃やしてしまえば，二度と使えないが，リサイクルすればまだまだ使えるものが多い。そのため資源の有効利用を目指し，様々な法律が制定された。それらの法律の基本的な考え方は，私たちの社会を，大量生産・大量消費・大量廃棄社会から資源循環型の社会に変えることである。

　法律には，国や事業者，国民の責任などを定めている循環型社会形成推進基本法，また容器包装類の分別収集について決めた容器包装リサイクル法，廃棄する家電製品のリサイクルを推進するためにメーカー，販売店，自治体，消費者の役割分担を定めた家電リサイクル法があり，その他，建設リサイクル法，廃棄物処理法，食品リサイクル法，グリーン購入法などがある。

　これらの法律は地球環境の破壊を食い止めるために，資源循環型の社会にし，ゴミとなるものを減らすという，基本目標を実現するためにつくられたのであるが，その実効性には不安がもたれている。例えば，不法投棄などの場合，事業者に原状回復責任があり，事業者がその費用を負担できない時のために基金をつくると，循環型社会形成推進基本法には定めたが，拘束力があるわけではない。また家電リサイクル法では，消費者がリサイクルに必要な費用を負担する義務と，メーカーがリサイクルの責任を負う義務があると明記しているが，購入時負担方式ではなく，排出時負担方式にしているため，必要がなくなった家電を処分する時に，不法投棄を招きやすく実効性が疑わしい。

　ゴミ関係で大きな問題となっているものに，ゴミ処理場や廃棄物処分場の建設がある。これらの施設は周辺住民にとっては「迷惑施設」となる。行政側は情報公開を進め，住民からの信頼を取り戻し，事業者が安全性を高める技術開発を責任をもって進めていかなければならない。消費者もゴミの排出者として，リサイクルの責任を果たさなくては自分自身で自らの環境を悪くしてしまうことになるのである。

高齢者介護について

　高齢者の介護を誰が担うかという問題に対して，すぐに思い浮かぶことは「子どもが面倒をみる」ということである。「子ども」といっても，男性ではなく，「妻」や長女が介護を行うことが浮かぶ。「男性が働き収入を得て」「女性が家事や介護をする」というイメージがある。

　日本で介護を行うのは，高齢者の「妻」あるいは「嫁」の仕事であるという意識が強いため，高齢者を施設に入所させて介護を任せることは親を見捨てることであり，恥ずかしいことであるという意識がある。

　介護問題の解決のために，2000（平成12）年4月から「介護保険制度」が導入された。このように制度が整備されたことにより，問題解決への糸口が見えてきたようであるが，課題はまだ山積しているのが現状である。

　介護を「施設福祉」から「在宅福祉」中心へと方向転換を図ることで，これまで家族が担ってきた負担が軽くなると考えられた。しかし実際には深刻な状況は変わっていないようである。言葉のやりとりが激しくなったりカーッとなって手が出てしまうケースがあるという。また家族が社会から孤立してしまう危険もある。

　このように，介護する側の肉体的・精神的負担と，介護される側の心理的な問題に直面した時は，行政のサービスや第三者の手を借りることが問題解決の糸口となる。

　施設における介護では，専門家がいるという安心感がある。高齢者の場合には，老化による身体的・精神的な変化があり，特に，生活習慣病は複数の疾病を抱えたり，臓器の機能低下が進んだりするため，医学的な視点による介護が必要である。

　最終的には，実際に介護に携わる人たちが「優しさ」と「支え合い」によって，高齢者の自立を支える介護が意欲をもって行える体制づくりが大切である。在宅であろうと施設であろうと，介護を受ける人と介護する人が，互いに「よりよい人生を過ごす関係」という価値観を共有することが重要である。

　現状改善のためには，まず高齢者や家族から真に必要とされる人材を育てていくことである。それが，家族のみで介護を行うより，介護福祉士や訪問介護員など，専門職からの的確な介護を受けつつ，気持ちの通い合う家族と一緒に住むという理想的な介護を実現する第一歩であると考える。

◎参考文献

切田節子・三浦信宏・小林としえ・乙名健
『Microsoft Office 2013 を使った情報リテラシーの基礎』近代科学社，2014.
斉藤弘子『Q&A 老いと死を迎えるための基礎知識』明石書店，2002.
法務省法務総合研究所編『犯罪白書 平成 21 年版』時事通信出版局，2009.
本田桂子『父・丹羽文雄 介護の日々』中央公論社，1997.

『現代用語の基礎知識 2019』自由国民社，2018.
『知恵蔵 2006』朝日新聞社，2005.
『知恵蔵 2007』朝日新聞社，2006.
『イミダス 2006』集英社，2005.
『イミダス 2007』集英社，2006.
「朝日新聞」2002 年 8 月 18 日付.
「朝日新聞」2002 年 9 月 11 日付.

第10章

教養基礎演習 II

環境問題と環境保護のための取り組みについて述べよ。

はじめに

　環境問題の多くは，人類が自分たちの利益のために行った人為的な環境破壊によって生じたものである。ここでは，地球規模での環境問題や日本での環境問題について，具体例を取り上げながら，その原因や影響などについてまとめていく。また，それらの環境問題の拡大を防ぐための環境保護に関する取り組みについても，具体例を挙げながら述べることとする。

1．地球規模での環境問題

　地球規模での環境問題としては，地球温暖化，砂漠化，酸性雨，オゾン層の破壊などが挙げられる。以下，それらの環境問題について述べていく。

(1)　地球温暖化

　地球温暖化とは，太陽光によって暖められた地表からの赤外線が，石油や石炭などの化石燃料の大量使用により増加した二酸化炭素などの温室効果ガスによって吸収されるために，地球の温度が上昇することを意味している。

　地球温暖化の影響としては，①南極や北極の氷が解けることによって生じる海面上昇や浸水，②海水温の上昇により大量の雨雲ができて生じる巨大台風やゲリラ豪雨による大洪水，③熱波や猛暑による死者の増加，④それに伴う農作物や家畜への被害，⑤巨大竜巻による家屋の破壊，⑥生態系の変化による熱帯地方の感染症（マラリア，デング熱など）の拡大，などが懸念されている。また，日本でも，集中豪雨による大洪水，エルニーニョ現象による関東地方での大雪，巨大台風，竜巻，デング熱患者などが認められるようになってきた。

　地球温暖化の緩和策や適応策を話し合う国際的な枠組みとして最も大きなものは，気候変動枠組条約（UNFCCC）の締約国会議（COP）であり，この会議を軸に1997年に京都議定書が制定された。緩和策としては，太陽光発電，風力発電などが挙げられ，できるだけ石油や石炭などの化石燃料を使用しないことで，二酸化炭素などの温室効果ガスの量を減らす取り組みが行われている。一方，適応策としては，①海面上昇や海水温の上昇に伴う巨大台風やゲリラ豪雨などの影響を防ぐために，住居の高床化や移住，高潮防止用の堤防の設置が行われ，②異常気象や気候の変化の影響を防ぐために，農業では作物の品種改良，農法の改善，水源の確保，災害情報伝達の強化，災害知識の普及，気象観測・予測の強化などが行われている。日本では，ハイブ

リッドカー，電気自動車，水素自動車などの開発が進んでおり，温暖化の防止に一役買っている。

(2) 砂漠化（熱帯林の減少）

砂漠化が注目されたのは，1960年代から続いたサヘル地方（サハラ砂漠の南方境界線付近）で起こった長期の干ばつであった。この干ばつによる死者は100万人以上で，約500万人が影響を受けたとされている。

これを機に，1977年にはケニアのナイロビで「国際砂漠化防止会議」が開催され，「砂漠化防止行動計画」が立てられることとなった。

しかしながら，近年の温暖化によって，砂漠化はさらに進んでおり，地球上に多くの酸素を供給しているアマゾンの熱帯林でさえも，砂漠化すると考えられている。

(3) 酸性雨

酸性雨とは，自動車の排気ガス，工場の排煙，石炭などの化石燃料の燃焼などによって発生する硫黄酸化物や窒素酸化物，塩化水素などが大気中の紫外線や水や酸素と反応することによって，硫酸，硝酸，塩酸などの強酸が生じ，雲の水蒸気に取り込まれてできるpH5.6以下の雨のことである。

このような酸性雨の影響については，ヨーロッパでの被害が多く，産業革命後に石炭を大量に使ったことが原因とされている。例えば，この酸性雨は，湖沼を酸性化することで魚類を死滅させ，土壌を酸性化することで有害なアルミニウムや重金属を溶出させて森林を枯らし，歴史的な遺跡や石像を腐食させてしまう。

しかしながら，酸性雨の影響は，国内にとどまらず，国境を越えて起こり得る環境問題であることから，1979年に「長距離越境大気汚染条約」が採択された。

(4) オゾン層の破壊

オゾン層の破壊とは，冷蔵庫の冷媒やスプレーの噴射剤に用いられてきたフロンガスが地上20〜30kmの成層圏にある厚さ約3mmのオゾン層を破壊し，それによって，生命体のDNAを損傷させる紫外線の地上への到達量が増加することを意味している。したがって，我々人類の祖先が陸上へ進出できたのは，オゾン層が形成されたためと言っても過言ではない。オゾン層が破壊されるということは，地上での生物の生存そのものが脅かされる事態なのである。

オゾン層の破壊の具体的な影響としては，皮膚がんや白内障の患者がさらに増加するものと考えられている。また，オゾン層の破壊の原因とされているフロンガスは，温室効果が二酸化炭素の数千倍もあるため，地球温暖化を早めてしまうのである。

オゾン層の破壊に対する国際的な取り組みとしては，1985年に「オゾン層保護のためのウィーン条約」が採択され，1987年にはオゾン層を破壊する恐れのある物質の規制を目的とした

「モントリオール議定書」が採択され
ている。もちろん，今日では特にオゾン
層の破壊力が強い特定フロンガスの生
産や使用は 1995 年末までに全廃され
たが，それ以前に生産された冷蔵庫や
エアコンなどの家電ではフロンガスが
使用されている。したがって，我々は，
1998（平成 10）年の「家電リサイクル
法」に基づき，冷蔵庫やエアコンのフ
ロンガスを回収しなければならない。

2．日本での環境問題

次に，日本での環境問題としては，
公害問題とゴミ問題を取り上げたい。
以下，これらの問題について記載す
る。

(1)　公害問題

日本で最初の公害問題は，明治時代
中期の足尾銅山鉱毒事件で，公害の原
点とも言われている。この事件では，
足尾銅山から排出された鉱毒水，高毒
ガス，排煙などの有害物質によって，
渡良瀬川周辺で，大量の魚が死に，稲
作や山林に被害が及んだ。

次に，日本の四大公害病について順
に述べる。まず，富山県のイタイイタ
イ病は，神通川下流の人々がかかった
病気で，上流の工場からしみ出たカド
ミウムが原因であった。その患者は，
カドミウム汚染米を食べたことで骨が
弱くなり激痛が起こったことから，そ
の病名が付けられた。一方，熊本県の
水俣病と新潟県の第二水俣病（新潟水
俣病）は，ともに工場から流れ出たメ
チル水銀が原因であった。その患者

は，メチル水銀で汚染された魚介類を
多く食べたことで，感覚障害，運動失
調，聴力障害などを引き起こした。最
後に，三重県の四日市ぜんそくは，石
油コンビナートの排煙に含まれる二酸
化イオウが原因とされている。以上の
四大公害病の発生を受けて，1967（昭
和 42）年に「公害対策基本法」が制
定されたが，この法律は 1993（平成
5）年の「環境基本法」の施行に伴っ
て統合された。

(2)　ゴミ問題

日本は，戦後の経済成長に伴って，
経済大国となったが，その代償として
大量のゴミを排出することとなった。
ゴミ排出量は，ヨーロッパの先進国の
10 倍以上で，ダイオキシンの排出量
やゴミ焼却炉の数は世界一と言われて
いる。そのため，わが国では前述の
「家電リサイクル法」や 2006（平成
18）年の「容器包装リサイクル法」に
よって，家庭から排出される容器包装
を分別，収集，保管し，事業者ができ
るだけ再商品化の義務を負うことと
なった。

おわりに

以上のことからも，環境を保護する
ためには，国際的な協力や個々人の努
力が必要不可欠であり，意識的に環境
問題を引き起こさないように努め，再
生可能エネルギーを活用しつつ，温室
効果ガスの発生を抑え，限られた資源
を有効に使うなどの解決法を実践して
いかなければならない。

次の出来事を，年代順に並べ替え，簡単に説明せよ（a.南北ベトナムの統一，b.ベルリンの壁の崩壊，c.湾岸戦争，d.昭和天皇の崩御，e.沖縄返還）

設題に記載されている出来事を年代順に並べ替えると，e．沖縄返還，a．南北ベトナムの統一，d．昭和天皇の崩御，b．ベルリンの壁の崩壊，c．湾岸戦争となる。

1972（昭和47）年の沖縄返還については，1969（昭和44）年の日米首脳会談でニクソン大統領が沖縄を日本へ返還すると約束したことを機に話が進んだが，実際には，アメリカ軍基地を沖縄県内に設置したまま，沖縄の施政権がアメリカから日本へ返還された。

1976（昭和51）年の南北ベトナムの統一についてだが，その背景にはベトナム戦争があった。アメリカは，共産主義が広まるのを阻止するために，南ベトナム軍への支援をしたが，テレビの普及もあって世界的に反戦運動が高まり撤退した。その結果，北ベトナムの勢力が強まって，南北ベトナムの統一がなされ，ベトナム民主共和国はベトナム社会主義共和国に改名された。

1989（昭和64）年の昭和天皇の崩御とは，天皇が亡くなられたことを意味する。昭和天皇は，戦時中に主権者，戦後に日本国と日本国民統合の象徴として活躍されたが，1月7日に十二指腸乳頭周囲腫瘍（腺がん）により87歳での崩御となった。なお，新しい元号は「平成」と発表された。

1989（平成元）年のベルリンの壁の崩壊とは，11月10日に東西のベルリン市民によって壁が破壊された事件のことを意味し，東欧革命を象徴する出来事であった。また，東ドイツ政府がベルリン市民に対し旅行許可書発行の大幅な規制緩和を発表した際，その表現が「事実上の旅行自由化」と受け取れる内容であったことから，出国の際に様々な許可を取らなければならなかった国民の不満が高まって引き起こされた事件とされている。

1991（平成3）年の湾岸戦争とは，その前年にイラクがクウェートへ侵攻したことをきっかけに，国際連合安全保障理事会がイラクへの即時撤退を求めて経済制裁措置を発表し，その半年後にアメリカを中心に，サウジアラビア，イギリス，エジプトが加わった多国籍軍（連合軍）を結成して始まった戦争のことである。

以上，5つの出来事について簡単にまとめたが，歴史的な流れをふまえて覚えることの重要性が実感できた。

東京が 4 月 3 日の午後 8 時の時，サンフランシスコ（西経 120 度）は何日の何時か。理由も説明すること

世界地図や日本地図では，経線（北極と南極を結ぶ縦の線）と緯線（経線と垂直に交わり赤道と平行に走る横の線）によって，位置が示されている。経線は，日本の十二支に例えて考えると，北極（子）と南極（午）を結ぶことから，子午線とも呼ばれている。

地球は北極と南極を軸にして東回りで自転をする球体であるため，東京とサンフランシスコの時間を比較する場合，本初子午線（経度線の初めという意味で，経度が 0 度のこと）から東側の東経と，西側の西経を求めることによって，両者の時間差を計算できる。なお，本初子午線は，ロンドンの旧グリニッジ天文台を通ることから，グリニッジ子午線とも呼ばれている。

日本時間は，東京も含めて基準となる子午線が兵庫県にある明石市立天文科学館のある東経 135 度とされている。一方，サンフランシスコは設題から西経 120 度となっていることから，両者の差は 135 + 120 = 255 度となる。また，地球が 360 度回転するのに 24 時間かかることから，1 時間当たりに回転する角度は 360 ÷ 24 = 15 度となり，両者の時間差は 255 ÷ 15 = 17 時間となる。

国際日付変更線は，陸上の近隣の都市や町などで日付が変わることによる混乱を防ぐために，地球の海上に設けられたもので，経度約 180 度の地点を結ぶ線としている。ここで，地球は東回りで自転しており，東京の方がサンフランシスコよりも時間が進んでいることから，東京で午後 8 時ということはサンフランシスコで 17 時間前の午前 3 時になり，国際日付変更線を越えていないことがわかる。

しかしながら，アメリカではサマータイム（デイライトセービングタイム）がある。サマータイムとは，3 月の第 2 日曜日から 11 月の第 1 日曜日までの期間，明るい時間が長いので，時間を 1 時間早めて日光を使い，電気代を節約しようというものである。また，ヨーロッパの大部分の国でもサマータイムは実施されている。しかしながら，アメリカでもハワイ州やアリゾナ州ではサマータイムは実施されていないので，注意が必要である（2021 年現在）。

以上のことからも，設題に対する答えは，「東京が 4 月 3 日の午後 8 時の時，サンフランシスコは 4 月 3 日の午前 4 時」ということになる。

AB型とAB型の両親から生まれる子どもの持つ血液型の確率を血液型ごとに求めなさい。理由も説明すること

ABO式血液型は，血液型の分類法の1つで，ヒトでは，A型，B型，AB型，O型の4種類がある。この血液型は，赤血球に抗原（生体内に侵入して抗体をつくらせ，その抗体とだけ結合して反応する物質）が含まれている。例えば，A抗原があるとA型，B抗原があるとB型，A抗原とB抗原があるとAB型，A抗原とB抗原がないとO型となる。これに対し，血漿（血液から血球と血小板を除いた液体）には抗体（抗原に特異的に反応する物質）が含まれている。A型の血漿には抗B抗体，B型の血漿には抗A抗体が存在し，AB型の血漿には抗A抗体も抗B抗体も存在せず，O型の血漿には抗A抗体も抗B抗体も存在する。したがって，血液に含まれる抗原か抗体を調べることで，血液型を判定することができる。

しかし，ABO式血液型は注意すべき点がある。例えば，A型の血液をB型のヒトに輸血すると，A型の赤血球に含まれるA抗原とB型の血漿に含まれる抗A抗体が抗原抗体反応を起こして血液が凝縮する。同様に，B型の血液をA型のヒトに輸血すると，B型のB抗原とA型の抗B抗体が抗原抗体反応を起こして血液が凝縮する。また，AB型の血液をA型，B型，O型のヒトに輸血すると，AB型にはA抗原とB抗原の両方があるため，A型とB型のヒトはもちろん，O型のヒトも抗A抗体と抗B抗体を持っているので，血液が凝縮するのである。

このようなABO式血液型は，ヒトの第9番染色体にある遺伝子が関与しており，遺伝子型がA，B，Oの3種類で，AとBはOに対して優性だが，AとBとの間には優劣の関係がない。ゆえに，卵子と精子の遺伝子がAとA，AとO，OとAの場合はA型，BとB，BとO，OとBの場合はB型，AとB，BとAの場合はAB型，OとOの場合はO型の子どもができる。

ここで，AB型の母親とAB型の父親がいた場合，卵子の遺伝子はAかB，精子の遺伝子もAかBとなる。したがって，卵子と精子の遺伝子は，AとAの場合，AとBの場合，BとAの場合，BとBの場合が考えられ，子どもの遺伝子型は，AA：AB：BBが1：2：1となる。よって，AB型とAB型の両親から生まれる子どもの血液型の確率は，A型が4分の1，AB型が2分の1，B型が4分の1となる。

日本の四季の天気の特徴を説明せよ

四季は，地球が太陽の周りを公転している面に対して，一定の角度で地球の軸（地軸）が傾いて自転しているために生じる気象現象である。

日本では，一定の角度で地軸が傾いて自転している地球の北半球側が太陽に近づいている時期は夏となり，最も近づいている日は夏至（6月22日頃）で，日照時間が最も長くなる。一方，北半球が太陽から遠ざかっている時期は冬となり，最も遠ざかっている日は冬至（12月22日頃）で，日照時間が最も短くなる。さらに，冬から夏への通過時期は春となり，冬至と夏至の中間は春分（3月21日頃）で，昼と夜の長さがほぼ等しくなる。一方，夏から冬への通過時期は秋となり，夏至と冬至の中間は秋分（9月23日頃）で，昼と夜の長さがほぼ等しくなるのである。以下，このような日本の四季の天気の特徴について述べていく。

春は，地域によって降雪や積雪も見られるが，寒さが弱まり，雪解け水が川に流れ，日差しの温もりとともに花々が芽吹き始め，昆虫や魚や鳥も活発になる。また，3〜5日の周期で，高気圧と低気圧が偏西風に乗って交互に日本を通過することから，晴れの日と雨の日も交互に訪れることが多い。

夏は，6月前後から日本付近に梅雨前線が停滞することから，雨の続く日が多くなる。しかし，梅雨が明けると，全国的には南高北低（日本の南側に高気圧，北側に低気圧）の気圧配置になるため，太平洋側の湿った暖かい空気が北上するため，蒸し暑くなる。

秋は，9月上旬までは残暑が続くが，9月中旬頃から気温も湿度も下がり始める。また，春と同様，3〜5日周期で，高気圧と低気圧が偏西風に乗って交互に日本を通過するため，晴れの日と雨の日も交互にやってくるようになる。さらに，9月〜10月にかけては台風が発生しやすくなる。11月中旬を過ぎると晩秋となり，北部や山間部では初雪が降る場合もある。

冬は，寒さが一段と厳しくなり，西高東低（日本の西側に高気圧，東側に低気圧）の気圧配置になるため，北海道や東北の日本海側では雪となる。また，関東以南の太平洋側では晴れの日が多くなるが，朝は放射冷却現象で寒く，昼はフェーン現象で暖かくなる。

しかしながら，最近では地球温暖化やエルニーニョ現象の影響もあり，巨大台風，豪雨，猛暑などの異常気象が増えてきたことから，日本の特徴的な四季の天気は減少する傾向にある。

高さ 19.6m からボールを水平に初速度 20m/s で投げた時，ボールが地面に着くのは何秒後か。また，ボールは水平方向に何 m 進むか。それぞれ説明せよ。ただし，重力加速度を 9.8m/s² とする

設題は，水平投射（水平方向に初速度を与えて，あとは重力に任せて落下させる運動）の問題である。したがって，水平方向に 20m/s の初速度で投げられたボールの運動は，鉛直方向（平らな地面に対して垂直で，重力のかかる方向）と，水平方向（平らな地面に平行で，重力のかかる方向に垂直な方向）に分解するとわかりやすい。

まず，鉛直方向への加速度は，重力加速度と同じであることから，自由落下運動をしていると考えられる。したがって，重力に任せて落ちる場合と同じ時間がかかるということである。そこで，求める時間を t 秒とすると，

落下距離 y = 19.6m

重力加速度 g = 9.8m/s² であるから，自由落下運動を示す式

$y = 1/2\, gt^2$ に数値を代入すると，

$19.6 = 1/2 \times 9.8 \times t^2$

両辺に 2 をかけて分母を取ると，

$39.2 = 9.8t^2$

左辺と右辺を入れ替えると，

$9.8t^2 = 39.2$

両辺を 9.8 で割ると

$t^2 = 4$

ゆえに，t = 2（秒）となる。

よって，19.6m の高さから水平に初速度 20m/s で投げたボールが地面に着くのは 2 秒後である（答え）。

次に，水平方向に進む運動については，速度が初速度のまま一定の等速直線運動をすることから，初速度が水平方向に毎秒 20m の速さで進むことになる。また，前述のように，ボールを水平方向に投げてから地面に着くまでに 2 秒かかることから，

求める距離を u とすると，

u = 20（m）× 2

= 40（m）となる。

よって，19.6m の高さから水平に初速度 20m/s で投げたボールが水平方向に進む距離は 40m である（答え）。

しかしながら，このような物理の計算問題を苦手とする私は，設題以外にどのような場合に水平投射やそれに近い運動が起こり得るのかについて考えてみた。例としては，滝を流れ落ちる水，瓶からグラスへ注がれるワイン，スキーのジャンプ競技に参加する選手などが思い浮かび，意外に身近に見られる現象であることに気がつくことができた。これによって，苦手の物理の問題にも興味が湧いてきた。

「世界遺産」とは何か説明せよ。また，世界遺産リストに登録されている日本の文化遺産と自然遺産の主なもの1点ずつ取り上げて紹介せよ。さらに，「無形文化遺産」についても説明し，日本の例を1点紹介せよ

世界遺産とは，1972年にユネスコ総会で採択された「世界の文化遺産及び自然遺産の保護に関する条約（世界遺産条約）」に基づいて世界遺産リストに登録された，遺跡，景観，自然など，人類が共有すべき「顕著な普遍的価値」があり，移動が不可能な不動産やそれに準ずるものが対象となる。

世界遺産に登録されている日本の文化遺産には，平泉，日光の社寺，白川郷，古都京都の文化財，古都奈良の文化財，法隆寺，熊野古道，姫路城，原爆ドーム，厳島神社，石見銀山，琉球王国，富士山，富岡製糸場，産業革命遺産，国立西洋美術館，宗像・沖ノ島，百舌鳥・古市古墳群，北海道・北東北の縄文遺跡群などがあるが，ここでは富士山について紹介する。富士山は，自然遺産と間違えやすいが，古くから信仰の対象とされており，平安時代初期には山麓に噴火を鎮めるための浅間神社が建てられた。また，日本一高く雄大な山体は，美しく魅力があることから，数多くの芸術を生んできている。さらに，文化財保護法に基づいて国から特別名勝や史跡に指定されている文化財でもある。

世界遺産に登録されている日本の自然遺産には，知床，白神山地，屋久島，小笠原諸島，奄美大島，徳之島，沖縄島北部及び西表島があるが，ここでは，白神山地について紹介する。白神山地は，青森県から秋田県にかけて広がる標高1000m級の山岳地帯であるが，屋久島と並んで，日本で初めて自然遺産に登録された。登録された理由は，人の影響をほとんど受けていない原生的なブナの天然林が世界最大級の規模で分布しているからである。

無形文化遺産とは，ユネスコの事業の1つではあるが，有形の文化財の保護と継承を目的としている世界遺産とは異なり，習慣，描写，表現，知識や技術，並びにそれらに関連する器具，物品，加工品などを対象としたものである。日本では，能楽，歌舞伎，アイヌ古式舞踏，和食，和紙などが知られているが，ここでは和食について紹介する。和食は，日本人の伝統的な食文化であり，海，山，里と様々な食材を活かし，日本人の長寿を支える健康的な栄養バランスと，季節に合った食材や盛り付け，正月などの行事との関わりなどが評価されている。

◎参考文献

大岩敏男・大木久光・高堂彰二・保坂義男『トコ
トンやさしい環境汚染の本』日刊工業新聞社,
2014.
白石拓『異常気象の疑問を解く！―「CO$_2$増に
よる地球温暖化」だけが原因か？』廣済堂出版,
2015.

東京アカデミー編『教員採用試験対策参考書 一
般教養Ⅲ〔自然科学〕』東京アカデミー七賢出版,
2020.
『Newton別冊 ゼロからわかる天気と気象』
ニュートンプレス，2021.

◎保育の本質・目的に関する科目

第11章

保育原理

保育における遊びの重要性について述べよ。

1．現代社会と子どもの生活

現代社会における子どもは子ども時代を十分に生きているであろうかとの疑問が投げかけられている。早く次の発達段階に育つことが求められたり，受験に有利な早期教育や特定の教育が行われるなどの傾向は強くなっている。そこで，「子どもにふさわしい生活」「子どもの最善の利益」を目的にする幼稚園，保育所などの専門的施設においては，子どもの生活の中心である遊びの意味をしっかりと理解し，その充実を図ることが重要である。

2．遊びの特性

子どもの遊びの中心は遊び自体が目的であり，何らかの成果を生み出すことを他から強制されたり求められて行うことではない。子どもが周りの人やものと関わって自分が思うように応答し合い，夢中になって，そのことを楽しむことである。生涯にわたって人間として主体的に生きる力の基礎は遊びの中で培われているといえる。その特徴はおよそ次のようにまとめられる。①遊びは自由で，自発的な活動である。他から強制されたり，生活の必要によって行うものではない。②遊びは面白さ，楽しさ，喜びを追求する活動である。楽しみを味わうことから喜び

の体験になる。③遊びにおいては，その活動自体が目的である。遊びは何かの手段ではない。しっかり遊んだ結果として身体機能や知識，社会性などが自然に身に付いていくものである。④遊びはその活動への遊び手の積極的な関わりである。遊びの中で子どもはその活動に集中，没頭し，全力を傾けている。その過程に意味があり，客観的な結果や成果を問わない。⑤遊びは他の日常性から分離され現実世界の価値基準に縛られない。⑥遊びは他の遊び以外の活動に対して一定の関係をもつ。諸能力の発達や生育環境の影響が遊びの中に現れる。したがって豊かな遊びによる発達には大人の配慮が欠かせないのである。

遊びの分け方の代表的なものは，他との関係性からの分類であり，一人遊び，傍観遊び，並行遊び，連合遊び，共同遊び，である。子どもは発達段階によって多様な状態で遊び，また流動的に変化しながらダイナミックに展開するので，固定的には分類しにくい。

3．幼児の生活と遊び

幼児期は発達が未分化で総合的に体験する時期であり，自己中心的と言われるように，自らの興味関心に基づいて行動する時期である。幼児期の生活

のほとんどは遊びによって占められている。

『幼稚園教育要領解説』では，幼児期の生活について次のように述べている。「幼児期には，幼児は家庭において親しい人間関係を軸にして営まれていた生活からより広い世界に目を向け始め，生活の場，他者との関係，興味や関心などが急激に広がり，依存から自立に向かう」

幼児期は興味や関心から発した直接的，具体的体験によって，自分の生きる世界について様々なことを学び，充足感や達成感を体験し，生活する力を習得している時期であるが，それはほとんどが遊びの形をとっており，十分に遊ぶことのできる環境を整えることが幼児教育の基本となる。大人との信頼関係は情緒の安定をもたらして遊びへの集中を支え，大人の行動がモデルとして遊びを刺激して遊びの内容を豊かすることにつながる。友達との関わりは，共通のものへの興味関心や，イメージの共有などによって生まれるものであり，遊びの発展と子ども同士の関わりは切り離せないものである。

4．保育における遊びの捉え方

「幼児の生活は遊びである」とされるために，保育の場における活動に「○○遊び」と名付けて，保育者主導の活動が行われることもある。それは真の遊びになっているであろうか。また，一斉に保育者の指示で行われる「ボール遊び」や「鬼遊び」も遊びというよりは，先の遊びの定義によれば，むしろ課題や仕事になっている場合もある。遊びの教育的効果の中心は子ども自身の興味，関心，意思や意図によって活動を進め，面白さを体験し，そこで自分の力でやり遂げる自信を得て，創造力や思考力さらには忍耐力などが養われていくことにある。一斉的な遊びは全て否定されるものではなく，子ども一人ひとりの主体的な活動になっているか，どのような体験をしているかが大切になる。

5．遊びを育てるための配慮

遊びの充実は保育者の陰の援助に負うところが大きい。①安全管理と場所や時間の確保。子どもが自由に活動できる安全の保障がないと，禁止や規制が強くなり，子どもの探究心などによる遊びの真価が発揮できにくくなるので，時間と空間の保証による子ども自身が自分で決められるゆとりをもたせる。②保育者の子ども中心の心構えや態度。子どもの自発性に目をとめてそれを育てる大人の目配りや子どもがやろうとしていることを理解し，認め，共感する気持ち，特に遊びの面白さを分かち合う相互性をもつ。③遊びのための材料。子どものイメージや意図が遊びの中で実現するための材料の準備や間接的な援助をする。④仲間関係の調整。子ども同士で関わり合いながら遊びを展開するために，時には意思疎通の媒介，状況の整理など，子どもの発達状態，個人差等に合わせた手助け

をするなど，がある。

6．保育における遊びの理解

　今日では，遊びの幼児期の教育的機能や価値が認められ，「遊びによる教育」という言葉はよく用いられる。例えば歌ったり，絵を描く遊びは情操，想像力，創造性の教育に，ボール遊びや大型遊具での遊びは体力や運動機能の発達，ルールの学習などに結び付けられ，遊びを教育の手段として捉える傾向がある。遊びの中には子ども自身の豊かな学習や経験が含まれているので，遊びによって育つものが期待されるのは当然であるが，目的が定められると遊びのもつ全体性や子どものありのままの姿が見失われ，大人の側の枠組みで遊びを方向づけたり評価したりしがちになるので，注意しなければならない。具体的教育目標の手段とする遊びが主になると，人間性の本質である好奇心や探究心，他者への共感や美的感性など人格形成の基礎につながる深い体験ができにくくなることが懸念される。保育者は遊びを捉える自分の視点や立場を自覚し，子どもの遊びへの関わり方について常に省察することが大切である。

7．遊びの指導における子どもの興味関心及び発達の理解

　前述のように，遊びは子ども自身の興味関心から出発する。保育においては，その時々の子どもの興味や関心がどこにあるか，何を体験しているかなどを心身の発達状態との関連で捉えながら遊びの展開を見通すことが，適切な遊びの援助につながる。それぞれの子どもは発達しつつある能力や生活経験，人間関係，季節の変化や社会的刺激などによって，様々な興味関心をもち，遊びの形で表す。保育者は遊びの内側にあるもの，その中の子どもの気持ちを捉えて，指導のねらいや環境構成，援助の仕方を決めることになる。

　例えば，「A，B，C 3人の3歳児が砂遊びをしている。Aは大きな水たまりの中にブロックを浮かべて船に見立てているが，Bはシャベルで水に土を入れる，Cはカップで水をすくい出そうとする。3人はぶつかり合ってしまい，遊びが続かなくなってしまった。保育者はこの時期はまだ，一緒にやりたいのではなく，水や土に触れて満足したい時期と考えて，手桶を出してそれぞれがじっくり遊べるように進めた」。この例で，もし，BやCがAの遊びに興味をもって交ざりたいと思ったり，BはAといつも一緒なので傍で遊びたい気持ちがある，などであれば，保育者の関わり方はまた異なるであろう。

フレーベルの思想について

フレーベルは「幼児教育の父」「世界で最初の幼稚園の創始者」であり，日本の幼児教育にも大きな影響を与えた思想家である。1782年にドイツのチューリンゲンで生まれ，父親は厳格な牧師で，生母とは早く死別し家庭的には恵まれなかった。また，この頃のドイツは政情も不安定で，産業革命の影響で家庭崩壊や貧困がある状況の中，家庭教育，母親教育の重要性を強く考えた思想家であり，幼児のための教育と家庭教育，母親教育を実際に行った。職業は，林務官見習い，農業，土地測量師などを遍歴したのち，ペスタロッチ主義の師範学校の教師になり，教育の道に進んだ。

1826年に主著「人間の教育」を出版し，「すべてのものは神から生じたものであり，自然，精神，生命といったすべてのものには神性が宿り，人間にも神性が宿っているためその本質は善である」とする，神と自然と人間を貫く心的統一の理念に基づいて「自己活動」と「労作」を中心とした教育の理論を展開した。1839年，ブランケンブルグに幼児教育指導者講習科を創設し，幼児のための教育遊具「恩物」を考案した。「恩物」とは子どもを万物の心的な統一に導く神からの賜物と

いう意味である。教育実践のために「遊戯および作業教育所」を作り，1840年，一般ドイツ幼稚園を設立し，キンダーガルテン（「幼児のための庭」）と名付けた。幼児教育に対する考え方は，幼児の神性は旺盛な活動の中に現れており，幼児の教育とは，幼児の本質である旺盛な活動を開放し，幼児の生命の中に潜む内面的な芽を育もうとするものである。子どもに対して命令したり，干渉するのではなく，受容し，保護し，追随的であるべきと考えている。その点でルソーの「自然主義教育」「消極教育」に通じるものがあるが，フレーベルは自分の考えを，恩物を通して実践したことで次の時代に長く影響を与えた。また，「遊び」をこの時期の子どもの生活の最高段階とし，遊びは子どもの内面的本質の必要と要求に応じて，内面を外部に表したものであるとしている。子どもの自発的・創造的活動は遊びの中に最も自然に現れるもので，子どもの遊びは真剣なものであり，人格形成のために極めて重要な役割をもつとした。

わが国の明治期初期の幼稚園は活動の形式の模倣から出発したが，その根本思想は近現代の幼児教育の根底に受け継がれている。

保育の歴史的変遷について

18世紀頃まで，子どもは親の付属物的な存在とされ，人権が認められていなかった。近代になって，ルソーやフレーベルらの子どもを人格をもつ個人として認める思想が生まれ，子ども時代の特殊性が意識され，保護や教育の重要性が叫ばれるようになった。世界最初の幼稚園は1840年にドイツでフレーベルが「キンダーガルテン」として創設し，子どもにとっての遊び，遊具（恩物等）の重要性を唱えた。保育所の始まりはオーベルラン（フランス1769年開設）による。

わが国最初の幼稚園は1876（明治9）年，東京女子師範学校（現お茶の水女子大学）附属幼稚園で，その後各地に作られたが，主に上流階級の子女を対象としていた。幼稚園に関する単独法令は1899（明治32）年の「幼稚園保育及設備規定」で，1926（大正15）年に幼稚園令が制定されるまで唯一の基準で，その後の幼稚園のあり方に大きな影響を与えた。保育所の先駆けは1890（明治23）年に「新潟静修学校」に付設された託児所である。1872（明治5）年に学制が作られたが，子守をしながらの就学を見かねて乳幼児を預かったのが始まりで，1900（明治33）年になって東京で二葉幼稚園（後に二葉保育園）が貧しい家庭を対象にした長時間保育の場として作られた。大正期に入り，倉橋惣三の，幼児のありのままの生活や自発的な遊びを基本とする「誘導保育論」の影響が強くなり，フレーベル本来の思想に基づく遊びを中心とした保育の重要性が理解されていった。

第2次世界大戦後，1948（昭和23）年には幼稚園，保育所，家庭の保育の手引きとして「保育要領」公刊，倉橋惣三の保育論が取り入れられた。1956（昭和31）年に「幼稚園教育要領」（保育内容6領域）が国家基準として制定され，小学校教育との一貫性が強められ，1963（昭和38）年には保育所の3歳以上の幼児の教育に関するものはそれに準ずるとされた。幼稚園教育要領は1964（昭和39）年に改訂告示，1989（平成元）年に保育内容を心情，意欲，態度を育てる発達の5領域とし，3回の改訂を経て現在に至る。保育指針は1952（昭和27）年に児童福祉施設一般に共通のものが作られ，保育所保育指針は1965（昭和40）年に通達，1990（平成2）年の改定まで続き，2008（平成20）年の改定において大綱化，厚生労働大臣告示となった。保育所の役割の変化によるものである。

わが国の現行保育制度の概要について

2012（平成24）年，「子ども子育てシステム関連3法案」が成立し，2015（平成27）年度から子ども・子育て支援新制度が施行された。それまでは，認可施設としては，児童福祉法に基づく保育所と学校教育法に基づく幼稚園があり，園舎や設備，子どもの人数に対する有資格者数などが，法の基準を満たして認可され，保育・教育にあたってきた。2006（平成18）年には保護者の就労に関わりなく保育・教育を行う場として認定こども園が加わった。他に認可外の保育の場として，事業所内保育所やベビーホテル，自治体独自の制度によって運営される認証保育所（東京都）や横浜保育室（横浜市）などがあった。

新制度により，保育施設の体系が組み替えられた。大きくは「施設型給付」と「地域型保育給付」に分かれ，その内容は次のようである。

1．施設型給付

認定こども園（0〜5歳）（幼保連携型，幼稚園型，保育所型，地方裁量型）。保育所と幼稚園の機能を併せもつ施設であり，保護者の就労に関係なく保育が受けられる。2014（平成26）年に幼保連携型認定こども園教育・保育要領が告示され，保育担当者は保育教諭である。

保育所（0〜5歳）。児童福祉法，保育所保育指針に基づいて，「養護と教育を一体的に」行う。1日8時間保育を原則とし，入所児童以外の地域の保護者支援，園庭解放，一時保育などを行う。保育担当者は保育士である。

幼稚園（3〜5歳）。学校教育法，幼稚園教育要領に基づいて，「義務教育およびその後の教育の基礎を培うもの」として保育を行い，1日4時間を標準とし，多くの園が預かり保育を実施している。幼稚園は施設給付施設外の，旧制度から継続の私学助成等によって経営する幼稚園もあり，保護者は園と直接契約をする。保育担当者は幼稚園教諭である。

上記の保育を受けるためには，保護者は市町村において以下の3区分による認定を受ける。1号認定，3歳以上で幼稚園希望の場合。2号認定，3歳以上で保育を必要とする場合。3号認定，満3歳未満で保育を必要とする場合。

2．地域型保育給付（0〜2歳）

小規模保育（6〜9人），家庭的保育（1〜5人），居宅訪問型保育，事業所内保育の4種類あり，地方自治体の裁量が大きい。

保育における養護と教育について

保育所は「保育を必要とする乳児・幼児を日々保護者の下から通わせて保育を行うことを目的とする施設」であり、「保育に関する専門性を有する職員が、家庭との緊密な連携の下に、子どもの（中略）養護及び教育を一体的に行う」とされ、保育の特性は養護と教育が統合されて展開されることである。ここでの養護は「生命の保持及び情緒の安定を図る」ことであり、教育は「子どもが健やかに成長し、その活動がより豊かに展開されるための発達の援助」であり、ねらいと内容が「健康、人間関係、環境、言葉、表現」の5領域に示される。具体的には次のようである。

1．養護

養護とは乳幼児の身体的・生理的欲求を満たし生命の保持を図り、人格的欲求を満たし、情緒の安定を図るために保育士等が行う援助や関わりを意味する。食事の必要を満たす、体を清潔にする、睡眠や運動の欲求を満たす、愛情の欲求や所属、社会的承認の欲求などの社会的欲求を満たすなど、乳幼児の生存と快適な生活を保障することである。養護の内容は対象児の年齢で異なり、家庭では家庭生活全体を通して随時無意図的に行われる。

2．教育

保育における教育とは乳幼児の心身の能力、心情、意欲、態度などが健全かつ調和的に発達するように助けることである。広い意味では人間形成に関わるすべての精神的、身体的影響を言い、大人が子どものよりよい成長を願いながら一緒にいることで、何らかの教育が行われているといえる。狭い意味では、明確な意図をもって子どもの発達に働きかける過程、機能を指す。

3．2017年3月の改訂版の特徴

2017（平成29）年3月に「幼稚園教育要領」「保育所保育指針」「幼保連携型認定こども園教育・保育要領」が改訂され、3つの要領・指針に共通して以下の項目が記述されている。

「育みたい資質・能力」として「知識及び技能の基礎」「思考力、判断力、表現力等の基礎」「学びに向かう力、人間性等」の3項目、また、「幼児期の終わりまでに育ってほしい姿」として「健康な心と体」「自立心」「協同性」「道徳性・規範意識の芽生え」「社会生活との関わり」「思考力の芽生え」「自然との関わり・生命尊重」「数量や図形、標識や文字などへの関心・感覚」「言葉による伝え合い」「豊かな感性と表現」の10項目である。

環境を通しての教育とは

幼稚園教育要領では，幼稚園教育の基本は「幼児期の特性を踏まえ，環境を通して行うものであることを基本とする。このため，教師は幼児との信頼関係を十分に築き，（中略）幼児と共によりよい教育環境を創造するように努めるものとする。」と述べられ，保育所保育指針では「家庭との緊密な連携の下に，子どもの状況や発達過程を踏まえ，保育所における環境を通して，養護及び教育を一体的に行うことを特性としている」とされている。幼稚園では幼児が保育者とともに環境を創造するなど，幼児の主体性が強調され，保育所では，保育所の環境，養護と教育の一体性が強調されており，それは対象児の発達段階，保育の目的の違いによる。いずれにせよ，子どもは自らの必要性によって主体的に環境に働きかけ，相互作用をし，その経験の積み重ねの学習によって発達すると考えられる。その際の環境は子どもを取り巻く全てのもの，すなわち，遊具や教材など扱ったり関わったりする物から，建物や地面の広がりなどの空間，活動時間，保育者や友達，地域の人たちなどの人的環境も含まれている。

保育環境の中でも，保育者は子どもにとって愛着や依存の対象であり，子どもを保護する役割を担っている。保育者は子どもの発達に対する願いをもって意図的に関わることが多く，子どもがそれに対して受け身になりやすく，保育者との相互作用において，子どもに内在する自発性や創造性が発揮されにくくなることが懸念される。保育者が際立って子どもに影響を及ぼさないように，子どもを取り巻く集団や物の中に位置づくことによって，子どもが保育者との関係において自己発揮をして，主体的に関われるようにすることが大切である。例えば，子どもが困っている時に，友達に注目するようにしたり，物を動かして活動をしやすくするなど，自ら解決できるように関わるなどである。子どもの活動は流動的に展開されるので，柔軟に場所を動かしたり，多様なイメージをもって様々な内容の活動が生み出されるような性質の素材（砂，水，自然物，生活用具等）の活用が有効である。また，環境は園内のみでなく，地域の公共施設や自然環境に触れたり，注意を向けるなどをして，子どもの興味関心を広げ，感性を高めるような配慮も大切である。園環境は，子どもの生活の場として，常に温かな親しみとくつろぎの場とすることも忘れてはならない。

保育における人的環境について

保育の場において，人的環境は保育者チームと，子ども集団の2つに分けることができる。保育者チームは保育所では施設長，保育士，嘱託医，調理員など，幼稚園では園長，教諭，事務職員など，チームとして連携しつつ保育にあたり，子どもの最善の利益，人権に配慮した保育実践が求められ，子どもの保育のみならず，保護者支援の役割も担っている。

1．保育者の役割

保育者の役割は，子どもの理解者，共同作業者・共鳴者，行動モデル，遊びの援助者の4つが挙げられる。具体的な行動内容には次のようなことがある。

①子どもの安全を守り，生理的充足を図る。②望ましい生活習慣の習得を助ける。③子どもの活動の意味を見出して伝える。④子どもの興味関心を支え，広げる。⑤子ども同士の関係を作る。⑥様々な文化的な活動に触れる機会を作る。⑦保護者との信頼関係を作り，連携，支援をする。行動の仕方としては，受容，共感，支持，助言，援助，指示，教授，制限などの方法をとるが，子どもの発達段階によって保育者の果たす役割は異なる。また，倉橋惣三は，保育の段階として，自己充実—充実指導—誘導—教導—生活陶冶の考え方を示しており，まず子ども自身が自らできることが充実するように環境を整え，必要に応じて支えたり，助けたり，誘導する。教えることは最後に位置づけている。保育の中心は子ども自身の主体的活動であるとしている。

2．子ども集団

集団生活を形成している子ども同士の人間関係や集団の雰囲気は子どもにとっての重要な環境となっている。子ども同士の関わり合いによって，自己主張，自己抑制，コミュニケーション力，思いやり，社会的ルールなど，多くのことを身に付けている。保育者は，子ども個々への関わりとともに，集団全体を誘導しながら保育にあたっている。保育者の直接的な指導によらない，子ども同士が学び合い，影響し合う力は強く，クラス編成，グループ構成への配慮が大切である。保育者による一人の子どもへの関わりは，集団に波及していき，一人の子どもへの注意は他の子どもたちにも注意を促すことになる。異年齢のクラス編成や統合保育などによる異なる特性の子どもたちの関わり合いは，多様な心情や行動を引き出し，子どもの経験を広げることに役立っている。

◎参考文献

厚生労働省『保育所保育指針（平成 29 年告示）』
フレーベル館，2017.
厚生労働省『保育所保育指針解説 平成 30 年 3
月』フレーベル館，2018.
高橋たまき『想像と現実―子供のふり遊びの世
界』ブレーン出版，1989.
戸田雅美「子どもの生活と遊びを育てる」関口は
つ江・太田光洋編著『実践としての保育学―現代
に生きる子どものための保育』同文書院，2009.

内閣府・文部科学省・厚生労働省『幼保連携型認
定こども園教育・保育要領（平成 29 年告示）』
フレーベル館，2017.
内閣府・文部科学省・厚生労働省『幼保連携型認
定こども園教育・保育要領解説 平成 30 年 3 月』
フレーベル館，2018.
文部科学省『幼稚園教育要領（平成 29 年告示）』
フレーベル館，2017.
文部科学省『幼稚園教育要領解説 平成 30 年 3
月』フレーベル館，2018.

◎保育の本質・目的に関する科目

第12章
教育学概論
（教育原理）

今日の「子ども」を取り巻く環境の変化をふまえ，「よりよい教育とは何か」という問いについて意見を述べよ。

教育が何を目的とし，どのような人間を育てようとしているかは，教育の最も重要な課題である。とりわけ公的な教育活動である学校教育においては，国家によって教育目標が定められ，それぞれの学校はその方針に沿って教育活動を展開していくのである。

1. 今日の「子ども」を取り巻く環境の変化

わが国の教育は，明治中期以来，「大日本帝国憲法」と「教育勅語」によって根本方針が方向づけられてきたが，1947（昭和 22）年以降は，教育に関する重要事項は法律で規定するという仕組みのもと，「日本国憲法」と「教育基本法」を基本とする教育体制が敷かれるようになった。さらに，1947（昭和 22）年に制定された教育基本法は，制定から半世紀が経過し，この間，科学技術の進歩，情報化，国際化，少子高齢化など，教育をめぐる状況は大きく変化するとともに様々な課題が生じてきた。これに対応して，2006（平成 18）年 12 月，教育基本法の全面的な改正が行われた。

教育基本法の改正と「子ども」を取り巻く環境の変化を以下に述べる。

(1) 「教育基本法」の改正

戦後，わが国は驚異的な経済復興を達成したものの，1990 年代になると，バブル経済の崩壊，冷戦の終結による国際関係の激変にさらされ，日本社会全体に自信喪失感や閉塞感が広まっていった。学校教育においても，いじめ，不登校，学級崩壊などの課題が深刻化し，さらに，凶悪な少年犯罪の増加など青少年の規範意識や道徳心の低下が指摘されるようになってきた。

このように，社会の急激な変化を受け，新しい教育の方針を再構築する必要性が生じ，2006（平成 18）年 12 月，教育基本法は制定以来初めて改正が行われたのである。

この教育基本法は，その前文において「我々は，（中略）個人の尊厳を重んじ，真理と正義を希求し，公共の精神を尊び，豊かな人間性と創造性を備えた人間の育成を期するとともに，伝統を継承し，新しい文化の創造を目指す教育を推進する」と謳い，わが国の教育の理念を掲げている。また，旧法の「個人の尊厳」「人格の完成」「平和で民主的な国家及び社会の形成者」などの理念は継承し，新たに次に述べるような改正点が盛り込まれた。

まず，第2条では，「教育の目標」として次の5項目が掲げられている。

①豊かな情操と道徳心を培う。

②自主・自律の精神を養うとともに，勤労を重んずる態度を養う。

③公共の精神に基づき，社会の発展に寄与する態度を養う。

④生命を尊び，自然を大切にし，環境の保全に寄与する態度を養う。

⑤伝統と文化を尊重し，わが国と郷土を愛する。

その他，旧法で触れられていなかった「生涯教育」「家庭教育」「幼児教育」などについて新たに国の方針が示されている。

教育基本法が約60年ぶりに改正され，21世紀を切り拓く心豊かでたくましい日本人の育成を目指すという観点から教育の新しい理念が定められた。

この教育理念をふまえて「学校教育法」に新たに義務教育の目標が規定されるとともに，各学校段階の目的・目標規定が改正されている。さらに，2009（平成21）年からは，「幼稚園教育要領」や各学校種の「学習指導要領」の改訂が行われている。

(2) 「子ども」を取り巻く環境の変化

近年の教育課題の1つとして，いじめの問題が挙げられる。近年のいじめは，昔からあったいじめとは異なり，子どもの社会性を成長させる"ほどよい試練"などとは言い難いものに変質してきていると言われる。例えば，多額の金品を脅し取るなど，大人の世界の犯罪と質的に変わらないような凶悪さや，標的となった特定の子どもを何年にもわたって徹底的に無視したり侮辱したりする陰湿さは特徴的である。さらに，SNS（ソーシャル・ネットワーキング・サービス）などにより人とのつながりが電子化されることが子どもたちの社会にも浸透したために，「ネットいじめ」と言われるものも今日的ないじめの特徴だとされている。

こうした今日的ないじめの原因や解消策として，教育制度を改革するという視点からの議論がある。

評論家の小浜逸男氏の論によれば，日本が豊かな先進国になり，また社会に個人主義の風潮が広まった今日，一斉授業によって国の発展や個々人の将来の幸福を約束する場としての学校は，時代遅れになった。つまり，学業成績の優秀な一部の子どもにとっては，"難関"の上級学校への進学が本当に積極的な動機づけとなりうるが，それ以外の大部分の子どもにとって，学校は単に，毎日同じメンバーが特に理由もなく顔を合わせて長時間の集団生活をなんとなく送るという，世の中でもあまり例のない場所となったのである。

そのような場で起きている今日のいじめの多くは，受験や管理教育によるストレスの表現というより，子どもが自分たちの人間関係を玩具にして学校生活の倦怠を紛らすための"遊戯"だと捉えられる。したがって，そうした

いじめの解消策としては，カリキュラムの縮小や，課外活動や行事の思いきった削減などといった，いわば一種の「学校のスリム化」によって，子どもの生活の中で学校が占める比重を減らし，さらに学級という単位をも流動的なものにしていくことが提唱されるのである。

2．よりよい教育とは何か

いじめの問題の解消策としても挙げられている，教育制度の改革は，いつの時代であっても，よりよい教育を考える上で欠かせない。

小1プロブレムの解消を目指した「幼・保・小連携事業」や，中1ギャップの解消を目指した「小・中一貫教育校」といった取り組みは，従来の教育制度に縛られず，よりよい教育を目指した取り組みである。実際，小・中一貫教育校では，教育特区として6・3制でなく4・2・2制を採用して子どもの発達段階に応じた教育課程を編成した学校や，中学校での不登校発生者を激減させたという実績を上げた学校がある。

よりよい教育のためには，子どもたちの実態を的確に把握し，制度や環境を整備していくことが重要であると考える。

しかし，制度や環境といったハード面を整備するだけでは十分とは言えない。ハード面よりもソフト面を強化することにより，よりよい教育を実現できるのではないだろうか。

学校教育法第9条には，「法律に定める学校の教員は，自己の崇高な使命を深く自覚し，絶えず研究と修養に励み，その職責の遂行に努めなければならない。」とある。教員の研修制度については，初任者研修・10年経験者研修といった法定研修に加えて，教職経験に応じた研修・職能に応じた研修・長期派遣研修・専門的研修等，都道府県や市区町村教育委員会が設定している。個々の教員が，よりよい教育を実現するという使命感をもち，自己の能力伸長に努めることは子どもたちによい影響をもたらすに違いない。

汐見稔幸氏は，教師の成長を3つ挙げている。
① teacher — 教える人としての成長
② carer — 支える人としての成長
③ human being — 人間としての成長
である。コーチあるいはファシリテーターとしての教師の成長が「支える人としての成長」にあたる。現代では，教師は子ども・親をサポートする専門性をもった人として，支援者・援助者として成長することが求められる。また，教師の人間としての豊かさが「人間としての成長」である。人間としての豊かさを求めながら，自分の本当に求めていることは何なのか，ということを問い続けることが教師の成長になるのだ。

教員は，多様な社会の変化や子どもの環境の変化に対応できる力を養って職責を果たすべきだと私は考える。

人間の特性と「教育」という言葉の意味について

教育とは，生物学上の〈ヒト・homo〉として生まれ，いまだ人間としての特性をもたない存在に，〈ひと・human〉としての特性を獲得させることを目指して行われる人間の社会的な営みである。

人間に限らず，高等な哺乳類の中には，生存に不可欠ではあるが遺伝子では伝えられていない行動様式を，仲間の行動を見習うという形で習得しているものがいる。しかし，ほかの動物と人間では決定的に異なる点がある。それは，個体が学びとったことを他の個体に伝える，すなわち「教える」という行為と能力が人間にはあるという点である。人間は誕生してから長い時間をかけて成長していく。周囲の者が援助していくことで子どもは環境に適応し，自分らしい行動を身に付けていく。つまり，人間は活動することによって自己を知り，1人の人間として成長していくのだ。

「学習」という行為も「活動」の1つである。「学習活動」は，学習という活動を通して，その人間の内部に活動する動機を呼び起こし，その結果様々な活動を通して人間が成長するという行為である。その成長は，何らかの目標に沿って進み，様々な活動の結果，以前よりも成長していくことが望まれる。つまり，前向きな成長・発達を促す学習活動が，人間の成長・発達にとって大切なのである。

そのためには，人間の成長において目標とする課題がしっかりと自覚されなければならない。成長・発達の方向性を明らかにし，その目標達成に向けて学習活動を組織していくと同時に，成長・発達にとって価値ある学習成果を得るために，学習をする人間がその価値に沿った努力をすることが求められる。

教育においては，学習活動と環境との関わりが重要である。人間は，様々な環境の中で学習活動を行う。また，人間は，学習活動を通して様々な事象に適応していく。特に，日常生活の中から学習活動が生まれ，その活動内容に深まりを見出すためには，人的・物的環境からのすぐれた刺激が必要である。このようにして生まれた学習活動が，活動者自身の中身を充実させ，すでにもっている力を一層深めたり，新しい力を身に付けたりする時，人間は成長・発達を遂げていることになるのである。

「学校」の成立過程と，わが国における学校制度について

学校の起源は，数千年前にある。農耕文化の発生により，社会のもつ文化遺産を増大させ，複雑化させていくことになった。自然に対して人為的に働きかけて，生きていくために必要な食物を計画的に生産していく農耕は，高度で複雑な知識・技術を必要とする。生活集団も大規模になり，貧富の差が生まれ，支配する人々と支配される人々を生み出した。階級が生まれ，古代国家が成立していくことになった。国家の成立は，支配のために社会的出来事や租税や契約を記録する必要性を生み出した。文字は，記録する道具として，また，表現するシンボルとして機能し，文字記号そのものとその意味する約束事を学ぶ必要が出てきた。こうして文字記号と文字の操作能力を訓練する場として学校が成立した。

日本では，701年に制定・施行された大宝律令の中に「学令」という法律があり，官僚養成機関としての学校制度が初めて定められた。しかし，律令制度の崩壊とともに国学も衰退し，11世紀に入る頃までにはほぼ消滅した。官僚養成の国家的な学校制度とは異なり，民衆向けの学校を創設したのは空海だった。身分に関わりなく，儒教・仏教・道教の講義がなされた。

日本で最初の初等教育から高等教育までの体系だった教育制度として注目すべきはキリシタン学校である。安土桃山時代に織田信長によってキリスト教の布教活動が容認され，全国にキリシタン学校がつくられたが，キリスト教の弾圧によりしだいに衰退し，江戸時代初期には途絶えた。

18世紀後半以降には，幕末から維新期に民衆自らの生活や生産を向上させていくために，読み，書き，算の基礎学力を子どもたちに身に付けさせる必要があると自覚され，寺子屋を開設していった。

そして，1872（明治5）年公布の「学制」によって日本の近代公教育制度が発足した。その後，教育勅語体制の整備・確立がなされていった。

日本の学校教育が大きく変わったのは第2次世界大戦後である。1947（昭和22）年に教育基本法，学校教育法が制定・公布され，戦後日本の教育の基本理念，学校教育の基本枠組みが確立した。「教育を受ける権利」と「普通教育を受けさせる義務」が規定された。また，教育機会の均等を実現するものとして，6・3・3・4制を根幹とした単線型学校体系が規定され，現代にも続いている。

学校教育と，こころとからだの発達について

　学校は，教育の場であり，子どもや青年の発達を保障する場である。教育を計画するうえで，①教育を〈文化の個性化〉と捉えて教育計画を立てる立場，②教育を〈自然の理性化〉と捉えて教育計画を立てる立場に大別できる。この2つの立場はそれぞれ別の発達観に支えられている。前者は「子どもは発達させられるものだ」という発達観に立ち，後者は「子どもは発達するものだ」という発達観に立っている。両者の間には，教育の目的，内容，課程論にわたって大きな違いが生じ，様々な教育運動につながった。

　学校教育の中心的な目標は，子どもたちに学力をつけることである。学力は，人間の能力のうちの，認知領域と情意領域の両方の領域にまたがっている。「学力」をどのように捉えるか，諸説あるが，継続的に行われている2つの国際的な学力調査から日本の青少年の学力の特徴をみる。

　まず，国際教育到達度評価学会（IEA）の実施している「国際数学・理科教育動向調査」（TIMSS）である。20世紀後半の日本の子どもたちの学力は，世界でも1，2を争うトップレベルを占めてきた。21世紀には変化が現れ，漸次低下傾向を示している。

　次に，経済協力開発機構（OECD）が実施している「生徒の学習到達度調査」（PISA）である。この調査は，15歳児を対象に知識や技能を実生活の中で活用する力を調べようとしている。2003年に実施され2004年12月に発表された結果では，日本の生徒の成績は数学で前回1位から6位へ，読解力で前回8位から14位へ陥落し，教育界をはじめ各界を大きく揺るがした。「ゆとり教育」政策と学習指導要領の見直し議論を加速させることにつながった。

　人間のこころとからだの関係をめぐっては，こころとからだを別々の発達の系に属するものと捉える心身二元論から，両者を統一的に捉える心身一元論の見方に移り変わってきている。現代では，心身のバランスよい発達のために，道徳教育や言語活動の充実が教育課程においても重視されている。この方針のもと学習指導要領が改訂されており，2008（平成20）年に文部科学省は，「生きる力」＝「知・徳・体のバランスのとれた力」であり，変化の激しいこれからの社会を生きるために，確かな学力，豊かな心，健やかな体の知・徳・体をバランスよく育てることが大切だとしている。

よりよく学ばせ，教えるために必要なことについて

学校では，様々な教科目や領域ごとに授業が行われる。科目は，教育内容を便宜的に分けて，学問や芸術の内容を指導しやすくするためにつくられた。教育の内容を子どもの発達段階ごとに整理し，各学校それぞれが何をどのようにして学習させるかを決めたものが教育課程である。この教育課程の全国的な水準を一定に保つことを目的として作成されているのが学習指導要領である。学習指導要領は，一定年限ごとに中央教育審議会教育課程部会で検討され，その時々で学習指導の内容や目標を公表している。そして，学習指導要領はその時代ごとの教育に対する要請を反映しており，教科書検定の指針ともなる。

子どもたちに学ばせ，教える場である「授業」は，教師が教材を仲立ちにして展開する時間である。教科書は正しくは教科用図書と呼び，文部科学大臣の検定を経た教科用図書と文部科学省著作のものが学校で使用できることになっている。教科書は教材集と考えられるが，標準的な子どもたちをイメージしてつくられているため，授業の対象となる子どもたちに合わない場合には別の教材を探したりつくったりすることもありうる。

また，よりよく学ばせ，教えるためには教育評価が重要である。教育評価は，教育の活動を評定し，その結果に基づいて，次の教育活動，学習活動を計画するために行うものである。教育評価には様々な方法，指標があるが，教師は評価の結果を教育活動にフィードバックさせて，よりよい教育活動を行うための手がかりを得る。

教育課題の1つとして，教員の資質能力の向上が挙げられる。2012（平成24）年8月の中央教育審議会答申では，学校が抱える多様な課題に対応したり新たな学びを展開できる実践的な指導力を身に付けたりするためには，教員自身が探求力をもち学び続ける存在であるべきであるという「学び続ける教員像」の確立が提言された。そして，真の意味で「学び続ける教員像」を具現化していくための教員政策を進めていく必要があると考えられている。

教師の仕事の核となるのは授業である。豊かな学習活動を展開しながら子どもたちを指導していくために，子どもがわからなかったりできなかったりするのは教師の指導に問題があると発想し，教材や教え方を工夫し根気よく指導し続けることが専門家としての教師に求められているのだ。

生涯学習社会における地域づくりについて

　日本では，「生涯教育」が教育政策の主要な柱となるまでは，社会教育がその役割を担ってきた。

　生涯学習の理念は，1965年にユネスコの本部で開催された第3回世界成人教育推進国際委員会における当時のユネスコ成人教育課長であったポール・ラングランの報告の中に初めて登場した。ラングランは，教育を学校卒業と同時に終了するものではなく生涯を通して続くべきものだとした。そして，これまでのフロントエンド型の教育システムにはない新しいタイプの教育を展開すべきだと主張した。

　この概念が世界中に広がり，日本では1971（昭和46）年の中央教育審議会答申が初めて「生涯教育」の理念を説いた。

　しかし，このように強い影響力をもった「生涯教育」の理念には批判も多かった。1970年代に経済協力開発機構（OECD）の教育政策ではリカレント教育が中心となっており，その立場からは「生涯教育」の考えに対する批判的な見解が出された。リカレント教育とは，一度社会に出ても必要に応じて学校教育に戻ることができる教育システムである。「生涯教育」の理念は，学習機会を一生涯保障することを目的としており，それに対してリカレント教育では学校と職業を行き来することができるシステム作りを目的とした。日本でも，社会人を対象とした大学や大学院での職業上の知識・技能に関するリカレント教育の推進が図られた。

　生涯学習は，情報化社会への対応と並行した体制づくりにより，コンピュータ導入によるシステム化，ネットワーク化が図られたケースもある。生涯学習を町づくり・村おこしにつなげた自治体もある。

　生涯学習と地域づくりの関連を考えるうえで，草の根住民運動から生まれた神奈川県茅ヶ崎市の小和田公民館の実践記録や，地球上のすべての人々が生涯にわたって取り組むべき学習として1970年代にスウェーデンで開発されたムッレの教室は学ぶべき点が多い。

　社会教育は，学校教育とともに生涯学習を支えるうえで重要な役割を果たす。これからの生涯学習を考えるうえでは，生涯にわたる個人の学習権を保障する視点と地域づくりの視点，そして地球を守るというグローバルな視点が欠かせないのである。

「子どもの権利」の意義と現代日本の教育政策について

　子どもの権利の意義について，「子どもの権利宣言」と「子どもの権利に関する条約」についてまず述べる。

　「子どもの権利宣言」は，1959年に第14回国連総会で採択された。その後，第1次世界大戦と第2次世界大戦で多くの子どもたちが戦争の犠牲になったこと，ナチス・ドイツのもとで子どもたちの不幸があったことなどから，ポーランドは「子どもの権利宣言」を条約化することを提案した。1978年のことである。

　宣言は，世界に向けて宣言し，呼びかけたものであり，法的拘束力をもたない。それに対して，条約は法的拘束力を有し，国際間の取り決め，約束であり，その条約の締約国になることは，そこに示された内容を守り，実現していく義務を負うのだ。「子どもの権利に関する条約」は，1989年11月に，第44回国連総会で採択された。日本では国会の批准が遅れ，1994（平成6）年3月の国会で可決・承認され，世界で158番目の締約国となった。

　条約の発効に先立ち，文部省（現・文部科学省）は，「『児童の権利に関する条約』について」と題する文部次官通知を発した。その中では，人権の行使者にいまだいたらない「未熟な存在」である子どもを「よりよく成長発達」させていくために，学校の「教育的配慮」によって子どもの権利を制限できるのは当然であるとする考えがみられる。1970年代後半頃から学校の管理強化が図られたことは，子どもの自由・権利を一定制限することでもあり，「子どもの権利条約」の趣旨・精神に反っているとも考えられる。条約の趣旨・精神にのっとれば，子どもの最善の利益が守られなければならない。

　日本では，社会の変化にともない，2006（平成18）年12月に教育基本法が改正された。その中では，第6条の学校教育規定で，「教育を受ける者が，学校生活を営む上で必要な規律を重んずるとともに，自ら進んで学習に取り組む意欲を高めることを重視して行われなければならない」とある。規律・秩序の維持が求められているのだ。

　これからの教育改革において「子どもの権利」は，一人ひとりの子どもがもつ多様な能力の可能性を最大限に発達させるための学習をする権利を保障するものであり，子どもの「最善の利益」を保障するものであるべきだと考える。

◎参考文献

汐見稔幸・伊東毅・髙田文子他編著『よくわかる教育原理』ミネルヴァ書房，2011.
田嶋一・中野新之祐・福田須美子他『やさしい教育原理 第3版』有斐閣，2016.
東京福祉大学編『レポート・試験はこう書く 教職科目要説 中等教育編 改訂版』ミネルヴァ書房，2015.

東京福祉大学編『レポート・試験はこう書く 保育児童福祉要説 第4版』中央法規出版，2013.
文部科学省「これからの学校教育を担う教員の資質能力の向上について」2015.

◎保育の本質・目的に関する科目

第13章
児童・家庭福祉論

少子化社会における児童・家庭福祉のあり方について述べよ。

今日の児童家庭を論じる際，その基本は，「子どもの権利に関する条約」である。「生きる権利」「育つ権利」「守られる権利」などの主体的参加の各観点から制度，施策が十分に機能しているかを論じる必要がある。

児童・家庭福祉における子育て支援の事業，施策は，1980年代後半に少子化の進行が社会問題として顕在化し，1990年代から「今後の子育て支援のための施策の基本的方向について」（エンゼルプラン）等国の施策に位置付けられるようになった。少子化対策や女性の就労対策を背景に展開されていたため，保育事業を中心に実施されており，対策は，保育システムの多様化・弾力化の促進，低年齢児保育，延長保育，一時的保育事業の拡充，保育所の多機能化のための整備，放課後児童対策の充実等であった。

その後，2000（平成12）年になると少子化の一因とされていた晩婚化に加えて，夫婦の出生率低下が顕在化し，他方，児童虐待相談件数は増加し，子育ての負担感が重篤になりつつある問題が顕在化してきた。このため，現行の少子化対策としての取り組みに加え，「少子化対策プラスワン」が2002（平成14）年に発表された。

この対策の基本的な考え方は，「子育てと仕事の両立支援」が中心であった従前の対策に加え，①男性を含めた働き方の見直し，②地域における子育て支援，③社会保障における次世代支援，④子どもの社会性の向上や自立の促進を対策の考え方に据えた。子育てと仕事の両立支援の観点，保育事業を中心とする子育て支援対策に加え，地域における子育て支援を含めた幅広いニーズに対応する取り組みが必要であることが明示された。具体的な施策としては，男性を含めた働き方の見直し，多様な働き方の実現のため，子育て期間における残業時間の縮減，短時間正社員制度の普及や，育児休業取得率（男性10%，女性80%），子どもの看護休暇制度の普及率（25%），小学校就学の始期までの勤務時間短縮等の措置の普及率（25%）として，具体的目標を設定した。また，目標達成に向け，保育サービス等には，待機児童ゼロ作戦の推進，パートタイムなどで働いている方々のための新しい「特定保育事業」が創設された。

さらに2003（平成15）年には，「少子化社会対策基本法」「次世代育成支援対策推進法」が制定され，従来の少子化対策という観点に加え，次世代育

成支援という観点からも子育て支援が展開されることとなった。

これにより，少子化に対処するために講ずるべき施策としての少子化対策と，子どもの育ちや子育てへの支援そのものを目的とする施策という2つの観点の重要性が認められるようになった。子育て支援事業の展開においても子どもの育ち，子育て家庭への支援のあり方が重要視された。

以上の経緯を経て，2003（平成15）年の児童福祉法の改正により，子育て支援事業が児童福祉法に位置付けられ，市町村に対して，子育て支援事業や地域の実情に応じた利用者主体の福祉サービス提供が求められるようになった。また，子どもや保護者が適切な支援を並行して受けられるよう，サービス提供者との連携や調整を行うことが努力義務とされた。この改正で新たに規定された事業は，放課後児童健全育成事業，子育て短期支援事業等であり，どちらも子どもの育ちや子育て支援への支援そのものを目的とする事業であった。

さらに，2008（平成20）年の児童福祉法の改正では，先に述べた2事業に加え，乳児家庭全戸訪問事業，養育者支援訪問事業，地域子育て支援拠点事業，一時預かり事業が法定化された。社会福祉法も改正され，乳児家庭全戸訪問事業，養育者支援訪問事業，地域子育て支援拠点事業，一時預かり事業が第2種社会福祉事業に位置付け

られた。それにより，子育て支援事業は法的根拠の下実施されるようになった。

2012（平成24）年制定の子ども・子育て支援法では，施設型給付の対象として，認定こども園，保育所，幼稚園（の一部）が規定された。また地域型保育給付の対象として，小規模保育，家庭的保育，居宅訪問型保育，事業所内保育が位置付けられた。さらに地域子ども・子育て支援事業においては，利用者支援事業，延長保育事業，多様な事業者の参入促進・能力活用事業，放課後児童健全育成事業，子育て短期支援事業，乳児家庭全戸訪問事業，養育支援訪問事業，地域子育て支援拠点事業，一時預かり事業，病児保育事業，子育て援助活動支援事業，妊婦健康診査等の13事業が挙げられた。少子化対策と，子どもの育ちや子育て支援の充実を目的とする施策が実施されている。

少子化社会における児童・家庭福祉のあり方は，少子化に対する対策から，少子化が起こる原因対策へとその幅を広げてきた。そのため，子どもを産むことにためらいや不安をもつ人たちにおいては，社会の中で多様な育てる手伝いがあること，独りではないと期待がもてるような働きかけや実感できる場所や人がいる環境を整えることが必要となる。そして，子どもとともに安定した生活が送れる保障を引き続き行う必要があるからである。

また，仕事をしながらでも子育てが可能になる環境の整備としては，例えば，家事ヘルパー，育児休暇や出産休暇等のサービスを誰もが気兼ねなく利用できるような環境を，それぞれが働く仕事場で承認されることが必要である。加えて，現在も日本の各地域で起きている待機児童問題の解決が急務となる。地域の身近な場所で子育て家庭の保護者が，専門家の助けを借りてその他の人たちと一緒に子育てができる環境を整え，子育てに対する負担感を軽減・解消できるネットワークの構築が虐待防止に不可欠であるからである。

　2019（令和元）年10月より，幼児教育，保育料の無償化が始まった。満3才になった4月1日から小学校入学前の3年間，送迎，食材，行事に必要な経費は除いて，幼稚園は無償化される。また，保育所，認定こども園でも3才から利用料が無償化される。住民税非課税世帯では，0才から無償化となる。これにより，子育てと就労の両立の実現を図った。

　わが国では日本国憲法の第25条によって，すべての国民に健康で文化的な最低限度の生活を営む権利を保障すると同時に，国が全ての生活部面について，社会福祉，社会保障及び公衆衛生の向上及び増進に努めることを明示している。今後もその責任を果たすため，国は多様化する価値観やライフスタイルを有する国民に対し，より個々の生活や価値観に合わせた子育て支援を行う必要がある。同時に，国民は，社会情勢の変化によって引き起こされた各々の生活状態を，既存の価値観で判断するのではなく，個々の人をお互いが理解し尊重できるような，ジェンダー・フリー等新たな価値観を国民が共有できる関わりや意識の変革が必要となる。

　加えて，ジェンダーの視点を入れた子育て社会のより一層の実現を促進していくことが大切である。育児休業はこれまで父と母ではその取得率に大きな差があった（「令和2年度雇用均等基本調査」（厚生労働省）によると，配偶者が出産した男性がいた事業所のうち，男性育児休業者のいる事業所は15.8％，出産した女性がいた事業所のうち，女性育児休業者のいる事業所は87.5％と，男女差は約6倍となっている）。

　これからは，男女が協働してそれぞれが社会の中で無理なく居場所が確保され，柔軟な勤務形態の中で自己実現を図っていくことができる社会の構築が重要である。

現代社会と子ども家庭について

子どもは，家庭や地域社会の中で生活を営み，社会経験を積むことで自立に向けた能力を身に付けていく。したがって，子どもの生活の基盤となる家庭を含む現代社会の状況を理解することは，児童家庭福祉のあり方を検討するうえで極めて重要な視点となる。

1．社会・経済の変容

戦後，農林漁業等の第一次産業の割合が著しく低下し，サービス・情報産業等の第三次産業の割合が著しく増加した。この産業構造の変化に伴い，雇用者世帯が増加し，人口の都市集中をもたらした。

2．地域社会の変容

社会・経済の変化によって，子どもが生活する地域社会も大きな変化を遂げた。都市化が進む地域では，戸外での遊び場が減少し，自然環境を活かした子どもたちの遊び場も減少している。また，子育てにおいても，都市化や就労形態の変化により職住分離が進行し，特に人口が流入してくるベッドタウンのような地域では，人間関係が希薄になりつつある。

3．家庭の変容

(1) 家庭形態の変容

社会・経済，地域社会の変容に伴い，三世代同居から，核家族や，未婚率の上昇による単身世帯が増加している。

(2) 離婚率・共働き夫婦の増加

また，単身世帯増加の一因と考えられる離婚率も増加している。これに伴い，雇用状態の変化も起きており，共働き夫婦の世帯が増加している。

(3) 少子化の進展

わが国では，1973（昭和48）年以降，出生率，合計特殊出生率が減少し続け，2005（平成17）年には双方ともに過去最低を記録した。この現象の一因に晩婚化・未婚化が進んでいることが挙げられるが，ライフスタイルや若年層の家庭に対する意識の変化のみならず，子どもを安心して育てられない環境になっている可能性とそれを引き起こした社会構造の変化も注視しなければならない。

以上のような子どもを取り巻く環境の変化によって，子どもの生活においては，子どもの貧困問題，いじめ問題等の生活場面に係る社会問題が起きている。これらの問題を解決し，子どもの育ち，自立を保障するために，児童家庭福祉分野においては，地域社会と子どもが生活する家庭の環境を整え，社会全体で子どもが自立に向けた生活を行えるような環境づくりを目指し，支援を行っていく必要がある。

子ども家庭福祉とは何か

子ども家庭福祉とは，「一人の人間として尊重されながらも，実際には自身の立場や権利を行使することが困難で，保護される存在でもある子ども（児童福祉法における児童：18歳未満）を，その保護者とともに，国，地方自治体及び地域社会全体が，子どもの生活と発達，自己実現，自立を保障する活動の総体」と意味づけられる。

子ども家庭福祉の対象は具体的に，子ども，妊産婦や子育て家庭，子どもと子育て家庭が生活する地域社会を含む。

このような捉え方が可能となった理由として，わが国においては，児童の権利に関する条約，児童福祉法第1条〜第3条，児童憲章等により，子どもは保護されるという捉え方から，能動的権利も有する一人の人間であるという捉え方に変化した。これにより，「子どもの最善の利益」を保障することが支援の基準となった。そのため，家庭における子どもの位置付けも変化し，保護者に従属する存在という立場から，一人の人間として多様な権利を有する主体として尊重される立場へと変化した。

わが国において「子どもの最善の利益」の保障とは，具体的には，持続可能な開発目標（SDGs）の中では，「すべての人に健康と福祉を」「質の高い教育をみんなに」「ジェンダー平等の実現」「人や国の不平等をなくそう」「住み続けられるまちづくり」「平和と公正をすべての人に」の6つと関連が特に深い。日本には，はっきりと見えない子どもの貧困が存在しており，「2019年国民生活基礎調査」（厚生労働省）によると，その貧困率は13.5％と，7人に1人が該当する。学習機会の遅れや上級学校への進学率の低下が，子どものその後に大きく影響することが明らかになっており，子どものもつ将来の希望実現の支援が課題であることが明らかである。

子どもの生活場面で問題がある際には，子ども本人だけでなく，その家庭に支援を行うことが，「子どもの最善の利益」を保障することになるのである。

以上から，子ども家庭福祉においては，子どもを一人の人格主体者として捉え，子どもが生活の場とする各家庭においても，親に左右されることなく，「子どもの最善の利益」を保障する関わり方が，支援者には求められている。

子ども家庭福祉に関わる法制度について

子ども家庭福祉に直接関わる法律としては，①児童福祉法，②児童扶養手当法，③特別児童扶養手当等の支給に関する法律，④母子及び父子並びに寡婦福祉法，⑤母子保健法，⑥児童手当法等が挙げられる。以下，これらの法律について概略を述べる。

1．児童福祉法

児童福祉法では，対象となる児童の定義を，原則として「満18歳に満たない者」と規定しており，児童をその保護者とともに健やかに育成する国の責任を明記している。具体的な施策内容は，保育や健全育成などの全ての子どもや家庭を対象とした施策，子ども虐待などの特別なニーズをもつ子どもや家庭への対応に関する施策等が規定されている。以上のことから，児童福祉法では，子ども本人と，その子どもを取り巻く家庭や地域を対象とした施策が規定されている。

2．児童扶養手当法

児童の福祉を図ることが目的として定められ，ひとり親世帯の18歳に達する日以降の最初の3月31日までの間にある児童（心身に障害のある場合は20歳未満まで）の父母等を対象として手当を支給することが定められている。

3．特別児童扶養手当等の支給に関する法律

精神又は身体に障害を有する児童の福祉の増進を図ることを目的として，障害の程度に応じて，特別児童扶養手当，障害児福祉手当，特別障害者手当を支給することを定めている。

4．母子及び父子並びに寡婦福祉法

母子家庭，父子家庭及び寡婦の福祉を図ることを目的として，母子家庭等及び寡婦に対し，その生活の安定と向上のために必要な措置を行うことが定められている。

5．母子保健法

国民保健の向上に寄与することを目的として，母性並びに乳児及び幼児の健康の保持及び増進を図るため，母性並びに乳児及び幼児に対する保健指導，健康診査，医療その他の措置を行うことが定められている。

6．児童手当法

家庭等における生活の安定とともに，次代の社会を担う児童の健やかな成長に資することを目的として，父母その他の保護者が子育てについての第一義的責任を有するという認識のもとに，児童を養育している者に児童手当を支給することが定められている。

子ども・子育て支援法について

　子ども・子育て支援法は，急速な少子化の進行と家庭及び地域を取り巻く環境の変化に対応するため，2012（平成24）年に公布，2015（平成27）年から施行された。

　新たな子ども・子育て支援の仕組みを構築したねらいは，子ども・子育て支援分野に充てる財源を増やし，これまで施設，事業ごとに分かれていた財政支援を再編成し，保育，子育て支援サービスを中心に給付を行う仕組みの創設にある。「子ども・子育て支援給付」を創設して，市町村を基礎自治体とした一元化システムとした。既存の介護保険制度を模倣した仕組みの導入であり，これに待機児童対策，幼保一体化，幼児期の教育の振興の3つの視点が加わり，新たな子ども・子育て支援体制が整うこととなった。

　この法律の中心施策となる子ども・子育て支援給付は，子どものための現金給付と，教育・保育給付がある。子どものための現金給付は，児童手当法に基づく児童手当が挙げられる。また，教育・保育給付は，小学校就学前の子どもが，子ども・子育て支援法に規定される教育・保育関連事業を利用する場合，市町村の認定を受け，保護者に支給される。具体的には，施設型給付と地域型保育給付に分けられ，施設型給付の対象となる教育・保育施設には，幼保連携型認定こども園，保育所，幼稚園，幼保連携型以外の認定こども園がある。また，地域型保育給付の対象となる事業には小規模保育事業，家庭的保育事業，居宅訪問型保育事業，事業所内保育事業がある。

　なお，2019（令和元）年10月1日より改正法が施行され，子育てのための施設等利用給付が創設された。対象となるのは，子どものための教育・保育給付の対象外である幼稚園，特別支援学校幼稚部，認可外保育施設，預かり保育事業，一時預かり事業，病児保育事業，子育て援助活動支援事業で，それぞれ市町村の確認を受けたものに支給される。

　この他の地域子ども・子育て支援事業として，利用者支援事業，延長保育事業，実費徴収に係る補足給付を行う事業，多様な主体の参入促進事業，放課後児童健全育成事業，子育て短期支援事業，乳児家庭全戸訪問事業，養育支援訪問事業，地域子育て支援拠点事業，一時預かり事業，病児保育事業，子育て援助活動支援事業，妊婦健康診査の13事業が規定されている。

児童虐待対策について

少子化と核家族化の進行に伴い，家庭の子育て力が低下し，母親一人が子育てに悩む家庭が多くなった。さらに，大都市部では近隣の人間関係が希薄になり，近隣で互いに子育てに協力することが少なく，地域の養育力が低下している。このような状況の中で，児童虐待の増加と深刻化が社会問題となった背景から，2000（平成12）年には「児童虐待の防止等に関する法律」が制定された。

この法律の第1条では，虐待は子どもの人権を著しく侵害することが明記されている。

実際に虐待を受けた子どもは，認知・発達に遅れや障がい，心的外傷ストレス障がいを負ったり，愛着関係を結びにくく，人間関係が上手く結べない等の様々な困難を抱えるリスクが高まる。そこで，早期発見，対応のための相談支援体制構築，傷ついた子どもに対する専門的なケアや支援を提供できる体制を整備することが課題となる。

「児童虐待の防止等に関する法律」は，これまで5回にわたる改正を経て，体罰禁止等，より親権を制限するとともに，社会全体で子育て支援を担うことができる体制の構築を図ることで，虐待の発生予防の実現を目指している。

並行して，「児童福祉法」も11回改正されており，次世代育成支援の要となっている。緊急性がなくそれほど重篤な状況にない虐待の場合は区市町村の子育て支援機関が対応し，緊急性が高く重篤な虐待の場合は児童相談所が支援，介入を行う等，役割分担の明確化が図られてきた。

児童相談所において警察や他機関と密接に連携して虐待相談対応を行う場合，被虐待児の一時保護，施設入所に関わる支援を行うほか，親権喪失等の審判請求等を行うことができる。また，より緊急性が高い場合には，親権者または未成年後見人の意に反した一時保護等の措置を講ずることができる。さらに親の意に反して親権の一時停止ができるようになった。これも，子どもの権利を守り，発達の保障，自立の支援を行うためである。

今後は，この法制度に規定された様々な施策とともに，子どもが生活する身近な地域において，多様な世代がお互いに子育てを見守り，虐待の発生予防と早期発見が可能な体制を整え，必要に応じて養育家庭を活用する等，子ども主体の関係機関と家庭のネットワークの構築が課題である。

子どもと家庭への援助活動について

　子どもと家庭への援助活動は，児童家庭福祉領域の機関や事業において展開される援助実践の総体である。具体的には，児童相談所や市町村における児童家庭相談援助や児童福祉施設における保育，ファミリーソーシャルワーク等がある。

　従来型である集団生活中心の児童養護施設は今日，小規模かつ地域分散化が進められている。グループホームでは，定数は最大6人とし，加えて従来の里親を名称変更して，一時保護里親，専従里親等を創設する方向にある。近年，保育士の業務に「児童の保護者に対する保育に関する指導」が規定され，保護者支援におけるソーシャルワークの必要性が保育士に求められつつある。

　グローバル化した今日，多国籍化する親に対してその役割が最も顕著に求められるサービスに保育相談支援があり，現在の悩み等を明確にする中で，現実的な課題を抽出して，その課題に他の専門機関等と連携して援助を行っている。

　このような動向の中で，子ども家庭への保育実践は，社会的養護と保育所における保育，居宅訪問型保育事業等の在宅保育に分けられる。

　このような保育を展開する機関や施設を具体的に見ると，児童相談所一時保護所，乳児院，保育所，子ども家庭支援センター等の児童福祉施設等が挙げられる。また，近年では，保育ニーズの多様化に対応した様々な保育事業，子育て支援サービスが展開されているが，このようなサービスも保育を主な機能とすることが多い。一時預かり事業，家庭的保育事業，放課後児童健全育成事業などがある。

　今日，保育を展開する対象は多岐にわたり，その機関，施設，事業の特徴に応じた固有の援助活動が展開されている。また，一時預かり事業（保育所型），家庭的保育事業においても，保育の専門性を基礎としつつ，事業の特徴である一時的な短期的，不定期，小規模集団を対象とするなどの保育形態に沿った保育実践を意識しながら実施することが求められている。加えて，保育事業や保育に関する活動に関しては，保育士の専門性に基づくサービスにおける質の担保が子ども家庭への援助活動に関わる保育士をはじめとする支援者には求められている。

◎参考文献

岡田良則・桑原彰子『育児介護休業の実務と手続き（改訂 2 版）』自由国民社，2020.
外務省国際協力局地球規模課題総括課「子どもに対する暴力撲滅計画の策定について（報道発表）」2021.
厚生労働省雇用環境・均等局雇用機会均等課「令和元年度雇用均等基本調査」2020.
厚生労働省政策統括官付参事官付世帯統計室「2019 年国民生活基礎調査の概況」2020.
厚生労働省都道府県労働局雇用環境・均等部（室）「育児・介護休業法のあらまし（令和 3 年 1 月 1 日施行対応版）」2020.

新保育士養成講座編纂委員会編『新保育士養成講座③ 児童家庭福祉 改訂 3 版』全国社会福祉協議会，2018.
波田埜英治・辰己隆編『新版 保育士をめざす人の子ども家庭福祉』みらい，2019.
松浦崇・松島京・武田英樹他『児童家庭福祉』近畿大学弘徳学園，2013.

◎保育の本質・目的に関する科目

第14章
児童・家庭福祉論Ⅱ

子ども家庭への相談援助活動について述べよ。

少子高齢社会の進行，都市化，核家族化，家庭・地域社会における養育機能の低下などから，子ども家庭福祉に関わる様々な問題が今日政策課題になっている。その1つに児童虐待が挙げられる。2020（令和2）年度の児童相談所における児童虐待の相談対応件数は，20万5044件で過去最多となり，前年比1万1264件の増加（＋5.8％）である。また，2021（令和3）年4月1日時点では，保育所等の利用定員は302万人で，前年比5万人の増加，利用児童の数は274万人で，前年比5000人増加している。他方，待機児童数は5634人で，前年比6805人の減少となっている。さらに今日，子どもの7人に1人が貧困状態にあるとされる子どもの貧困が問題になっている。食事が不十分な子どもを支援するこども食堂は全国に拡がっている。加えて，SNSを使ったパパ活と称される10代の女子の性の売買，ヤングケアラー等，子どもを取り巻く様々な社会問題が認知されている。いじめや不登校，引きこもり等に加えてその対応は急がれている。

子ども家庭福祉の問題を解決するために，制度的な改革や様々な政策が取り組まれているが，問題を当事者の立場に立って解決するためには相談援助活動が不可欠である。以下，子ども家庭福祉における相談援助活動としてのソーシャルワークの支援過程について述べることにする。

主にソーシャルワークでは支援過程を7つに分ける。第1は，ニーズの発見である。子ども，親，関係者からの情報によるものや，関係機関からの紹介，ワーカー自身による発見である。これにより，何らかの問題が隠されていることを発見し，支援が必要だとわかる。

次は，インテーク（受理）で，問題把握の段階である。当事者である子どもや保護者と援助者であるワーカーとの面接から始まる。これをインテーク面接という。まず利用者がどのような生活状況にあるのか，訴え（主訴），ニーズや願い，問題点を把握する。重要なことは，利用者に対する配慮と安全な場の提供である。特に，子どもや親の不安な気持ちを理解し，相手を受容する姿勢と打ち解けた雰囲気での対応が不可欠である。また，機関やワーカーの役割を説明して，不安や誤解を取り除くことも重要である。ここで，信頼関係を築けると次のステップにつながる。さらに，インテークの最後の

段階として，誰が何を支援するのか確認して利用者との契約が行われる。契約は利用者の意思が尊重される。決定を強制することはできない。利用者の意思を確認して成立することになる。ただ，利用者が援助を断る場合や援助機関が適切でない場合は，支援が必要なクライエントへの支援が途切れてしまう。これを防ぐため，他の機関や人とつながれるよう，ソーシャル・サポート・ネットワークを支援者は構築し，支援が必要な人が抜け落ちないようにする仕組みが重要である。

ケースが受理されると問題解決に向けて情報収集をして，アセスメント（事前評価）を行う。従来「社会調査」と呼ばれていた過程である。ここでは，子どもや家庭について情報を収集するとともに，利用者自身のこと，周囲の環境，利用者と環境との関連などの情報を集め，分析したうえで問題を「評価」する。情報の収集にあたっては，当事者が自分の言葉で語れるようワーカーは注意して話に耳を傾けることが求められる。また，利用者の話し方，表情，服装など非言語的情報にも注意が必要である。その他，利用者の家族や友人，職場の同僚や上司などからの情報提供も貴重である。ただし，事前に利用者の了解を得るなど，個人情報・プライバシーの保護の視点を忘れてはならない。さらに，心理テストや検査資料などの活用や社会福祉施設，病院など，関係機関からの情報も

問題の全体状況を理解するうえで役立つ。

次はプランニング（援助計画）である。問題解決を図るための目標の設定と，具体的計画立案の段階である。子どもや保護者が何を望んでいるか，どこをゴールとするのか，利用者とワーカーとの合意により目標が決められ，計画が作成される。この過程では，利用者の参加と自己決定が十分に保障される必要がある。本人の納得が得られない一方的な計画では，実際に効果を上げることは難しい。また，問題はしばしば複雑であり，優先される事項を決め，ターゲットを絞り込んでいく。利用者の問題解決能力や機関の提供できる援助の種類や方法なども異なるため，計画は柔軟に作成される必要がある。事態が複雑で深刻な場合は，長期的視野に立って問題を1つずつ区切って解決にあたる必要がある。その場合，目標を長期，中期，短期と分け，それぞれの段階での計画を立案する必要がある。当面の目標と具体的計画を利用者とワーカーで確認して，了解を得ることで，援助計画が成立することになる。

次は，実際の支援としてのインターベンション（介入）である。援助計画の内容に基づいて利用者へ働きかけ，問題解決に向けて取り組む段階である。ワーカーの介入の仕方としては，利用者に焦点を当て，面接などを通じて問題の解決を図る直接的方法と，利

用者を取り巻く社会環境に対して調整を図り，改善を図る間接的な方法とがある。実際の場面では，両者の組み合わせで展開することが多い。直接的な方法は，利用者との話し合いを通じて，利用者が自分の力で問題を解決することができるよう援助していく。この時，ワーカーは，傾聴し，励まして促すなど，利用者に寄り添う姿勢が重要である。間接的な方法は，利用者にとって好ましくない環境を改善することを目的とする。利用者の社会環境としては，家族関係の調整が大きい。同時に，制度や施設，機関など社会的な資源の活用で，問題解決につなげていく。ワーカーは，社会資源について機能や役割，限界，活用の方法などを熟知していることが求められる。

次は，援助計画が実際に順調に展開されているかどうか，必要に応じて援助計画を見直し，修正する段階としてのモニタリング（効果の確認）である。現状が肯定的であれば，それを評価し，終結に向かうが，問題が解決されていない場合には，本人と話し合って，目標，援助計画の変更作業を行う。当初の援助計画を状況や事態の変化の中で，見直す勇気も必要である。経過の中で利用者の気持ち，考え方が変わる場合もあるため，支援の中でモニタリングにより，そのズレを正すことは重要である。

最後にエバリュエーション（事後評価）である。実際に行われた援助活動に対する評価の段階である。援助の過程が，子どもや保護者において有効であったか，援助方法に問題はなかったか，社会資源は適切に活用されたか，目標は達成できたかなどを総括し，評価することである。評価はワーカーのみで行う場合もあるが，利用者と話し合いながらの成果確認が重要である。評価の尺度として「目標達成尺度」「課題達成尺度」などがある。援助活動の評価がなされ，問題の解決と目標の達成が図られたと判断された時点で，ケースは終結を迎える。終結に際してワーカー，子どもや保護者，関係者と友好的な感情をもって終えることが重要である。ケースが終了しても，新たな問題が発生した場合は，フォローアップが必要となる。

以上がソーシャルワークにおける支援過程であるが，子ども家庭福祉との関わりにおいては，ソーシャルワーク固有の視点の理解も必要である。特に，一人の子どもを考える場合，単独で問題を抱えていることはなく，家族や社会とのつながりなど，様々な要因が関係している。相互の関わりを理解するエコロジカルな見方が求められる。また，子どもの環境としての家族について，DVの場合等，家族支援の視点をもつことや，子ども独自の発達について教育学や心理学等からの知見を得て，適切な支援を行うことが重要である。

障害・難病のある子どもと家庭への支援について

障害児を対象とした施設，事業は，2012（平成24）年の児童福祉法の改正により一本化された。また，障害者自立支援法は障害者の日常生活及び社会生活を総合的に支援する法律に改正，児童福祉法の障害児の定義に難病をもつ児童が追加され，法律・制度の改革が進んでいる。

障害・難病のある子どもと家庭への支援については，まず，障害児を抱える保護者と家族のニーズである。親は，わが子の障害を，素直に受け入れられないことがあり，現状を受容するまでには長い時間を要することがある。保護者，家族の願いは，障害があっても，社会資源を活用して幸せに生きることである。また，地域社会で子どもが成長し，親亡き後も自分らしい生活をしていけることである。

次に，障害児を抱える家族への支援である。一般的な児童家庭福祉制度と個別に抱える障害等へ対応する制度との組み合わせが不足している。医療分野では，母子保健制度による健康診査や保健指導により妊娠から乳児期までの健康状態の把握，障害の早期発見・治療を行うことができる。福祉分野では，福祉事務所，児童相談所などの専門機関・施設等の相談支援が行われる。また，各種障害者手帳の制度により，障害の種類によるサービスの提供を受けることができる。さらに，教育分野では，ノーマライゼーションの理念のもと特殊教育から統合教育へと転換が図られて，特別支援教育が進められている。

最後に，難病や医療的ケア児を抱える家族への支援である。1960年代の薬害スモン病を契機に，難病対策要綱が定められた。2021（令和3）年6月には，医療的ケア児及びその家族に対する支援に関する法律が成立し，医療設備等の整備，医療費の自己負担の軽減，難病相談・支援センターの設置など，地域における保健医療福祉の充実・連携，QOLの向上を目指した福祉施策の推進などが図られた。周産期医療の発達により，日本は乳児死亡率が世界最低レベルになった反面，生存に医療ケアが不可欠な子どもが増えた。医療的対応が不十分なため特別支援学級に通えない場合も多い。

障害に対する理解を深めるとともに，本人，家族の抱える課題やニーズを把握し，法律，制度，サービスについての知識を十分に身に付けておく必要がある。

母子保健について

　母子保健は，児童家庭福祉における入口である。母親の妊娠から始まり，子どもの成長，発育，発達に深く関わる分野である。

　明治から大正にかけて高かった，乳児死亡率は昭和に入ると，衛生環境の改善や栄養状態の向上，医学の進歩で，肺炎・結核等の感染症での死亡が激減し，現在では，新生児集中治療管理室や総合周産期母子医療センターの整備等から，日本の母子保健は，世界の最高水準に位置する。

　母子保健施策では，疾病等，問題を抱える妊産婦の早期発見と治療が重要である。妊産婦健康診査，乳児健康診査，1歳6か月健康診査，3歳児健康診査等，また，妊産婦のいる家への訪問指導には，妊産婦訪問指導，新生児訪問指導，未熟児訪問指導などで直接家庭訪問を行っている。さらに，保健・医療関係では，母子健康手帳の交付，予防接種の実施，未熟児養育のケアを進める未熟児養育医療，小児の慢性的な疾患のケアとして小児慢性特定疾患治療研究事業などがある。近年，周囲の支えが得られず，精神的，経済的な不安を抱える妊婦が安心して出産，育児ができるよう妊娠期からの支援の充実が計られている。その1つが

産前・産後サポート事業である。2016（平成28）年に改正された母子保健法により，子育て世代包括支援センター（母子健康包括支援センター）設置が市町村の努力義務として法定化された。妊娠期から子育て期にわたる様々なニーズに対して，ワンストップで対応する総合的相談支援の提供拠点である。さらに，2019（令和元）年の母子保健法の改正では，心身の不調や育児不安を抱える出産後1年以内の母親とその子を対象に孤立を防ぐため切れ目のない産後の支援体制の整備が市町村の努力義務となった。

　さらに，母子保健の課題については，2000（平成12）年に厚生労働省の検討会で「健やか親子21」がまとめられ，自治体に対して，その地域の実情にあった母子保健計画の策定を求めている。その課題は，①思春期の保健対策の強化と健康教育の推進，②妊娠・出産に関する安全性と快適さの確保と不妊への支援，③小児保健医療水準を維持・向上させるための環境整備，④子どもの心の安らかな発達の促進と育児不安の軽減とされている。

児童の社会的養護サービスについて

　児童虐待の増加に伴い，児童養護施設で暮らす子どもたちの数が増えているほか，保護者の疾病，離婚なども増加している。子どもが健やかに育つうえでの社会的養護の役割と社会的養護サービスの概要について述べる。

　児童福祉法第6条の3第8項に社会的養護を必要とする児童は，「保護者のない児童又は保護者に監護させることが不適当であると認められる児童」と定義されている。具体的には，保護者が死亡あるいは行方不明，病気療養中，経済的理由による養育困難，児童虐待などである。子どもの養育は，広義の解釈では，家庭的養護と社会的養護とに分けることができる。狭義としては，入所施設や里親家庭での養育を意味している。

　第2は，社会的養護の原理・考え方の変化である。2016（平成28）年の児童福祉法改正で，社会的養護の課題と将来像が提示された。里親の定義規定，里親の監督権，教育権，懲戒権が明記されるとともに，里親への包括的支援体制の強化が図られることになった。また，児童虐待防止対策の観点から，施設入所中や一時保護の子どもに対して，保護者の面会・通信等の制限が強化されている。

　第3は，社会的養護サービスに関わる機関・施設である。児童を保護し，福祉施設への入所，里親等への委託を行う機能をもつのが児童相談所である。在宅の児童や家庭に対して地域に密着した相談支援を行う施設が児童家庭支援センターである。乳児を入院させて養育し退院後も相談その他の援助を行う乳児院，保護者のいない児童や虐待されている児童等を入所させて養護し退所後も相談や自立のための援助を行う児童養護施設がある。その他，児童自立支援施設，情緒障害児短期治療施設，里親制度等のサービスがある。

　いずれの施設も，児童福祉法では，利用者に18歳での自立を求めてきたが，2022（令和4）年1月31日に厚生労働省は児童養護施設，自立援助ホーム利用者の対象年齢制限を見直す方針を発表し，就労支援等，他の制度につないで自立のめどが立つまでの継続した支援を行う方向に変更される予定である。施設から一般社会の中で自立するリービングケアは大きな課題となっている。

児童虐待対策について

　2020（令和2）年度の児童相談所における児童虐待の相談対応件数は，20万5044件で，過去最多を更新した。児童虐待防止の基本対策について以下3点を述べる。

　第1に関係機関とのネットワークの形成である。2004（平成16）年児童福祉法の改正で，要保護児童対策地域協議会が設置された。自治体における児童家庭相談体制の強化とDV対策とも連携した組織である。虐待を受けた子どもや非行など要保護児童の早期発見，保護を図るために，地域の学校，保育所，病院，市町村，児童相談所など，関係機関や民間団体が集まり，適切な援助を行うネットワークである。このような，各機関，団体，地域の人たちが連携して対応を図ることが重要である。

　第2は，児童虐待の発生予防の推進である。児童虐待の背景には，親の孤立から起きる子育て不安や負担感の増大，誤った認識等がある。虐待の発生予防には，親の孤立を発見し，不安感をなくし，負担感を軽減させる施策の充実が必要である。また，早期の段階で，潜在的な子育てのニーズを発見して援助するシステムづくりも重要である。こうした取り組みとして，2009

（平成21）年の児童福祉法の改正により法定化された生後4か月未満の子どもがいる家庭を対象に，保健師等が訪問する乳児家庭全戸訪問事業や子育ての悩みや相談に対応する養育支援訪問事業がある。また，2019（令和元）年の児童福祉法改正で体罰が禁止された。

　第3は，児童虐待をする保護者への援助の強化である。2004（平成16）年の児童虐待防止法改正で保護者支援の一環として児童福祉法第28条による措置の更新が認められた。傷つき，疲弊した親子関係の再構築のためにも関係機関と連携した家庭裁判所による司法関与を活用し，継続した児童相談所等の援助が可能となった。また，法的関係がない他人が母子家庭に入り込み，生活する事例も見受けられるため，よりしっかりとした家庭の状況調査が欠かせない。多様な生活スタイルに対応できる体制の整備が求められている。

　以上のことから，児童虐待防止対策は，関係機関のネットワークづくり，発生予防の強化，虐待をする保護者支援等を結びつけた取り組みが重要である。

保育・子育て支援について

　近年，少子化社会の進展，女性の社会進出に対応すべく，新しい保育制度・子育て支援の仕組みが検討されてきた。この流れを受けて，2015（平成27）年4月から子ども・子育て支援新制度が始まった。今後の保育・子育て支援の課題について述べる。

　第1は，待機児童の解消である。保育政策はエンゼルプラン以降，様々な取り組みの中，多様なサービスが行われてきた。しかし，利用希望児童数の増加から待機児童問題が生まれ，大きな社会問題となった。都市部では，待機児童解消のために，保育所の増設とともに子どもの発達に即した保育サービスの提供が進んでいる。他方，働き方の見直しを含めた男性の育児休業制度取得支援など，新たな施策の推進が併せて不可欠である。

　第2は，支援の質の向上である。2003（平成15）年に保育士は国家資格となり，2008（平成20）年には保育所保育指針の告示化がなされ，保育の質を向上させる基盤の整備が行われてきた。また，福祉サービスに関する苦情解決の仕組みの指針，福祉サービス第三者評価事業に関する指針の通知などで，具体的な仕組みも示され，3歳の子どもと職員の割合を，20人に対して1人から15人に対して1人に引き上げるほか，給与の増額や研修を充実してキャリアアップの取り組みを充実させている。さらに，保育士は，保育士以外の保育サービス者への助言・指導の役割も期待されている。

　第3は，子育て支援の中でのソーシャルワーク，援助の役割の増大である。子どもを育てることが，個人的な営みから，より社会的な取り組みへと変化し，子育て支援がより専門性を求められるようになってきた。そこで，ソーシャルワーカーが必要とする能力は，子どもの年齢や家庭の環境の違いに対応する能力である。また，子育て支援は，子どもの利益が第一であり，子育てに疲弊している保護者の負担軽減で，子どもの利益を維持，向上させる大切さを理解しておく必要がある。さらに，専門的な機関との連携や地域での放課後児童クラブ等の役割分担と連携，自分が行うべき援助の範囲，責任分担を理解したうえで活動する能力が求められている。

　以上，今後の保育・子育て支援の課題は，保育ニーズへの対応や，いかにして保育の質の向上を図るか，子育て支援においてはソーシャルワーク的視点を欠かせない。

子ども家庭への相談援助活動について

　少子高齢社会のもと，核家族化の進行とひとり親家庭の増加，家庭や地域での子育て機能の低下など子どもを取り巻く環境変化は，新たな課題を生み出している。このため，より多様な課題に対応できる相談援助活動が求められている。そこで，子ども家庭への相談援助活動の基本的な視点について以下3点，述べることにする。

　はじめに，子どもの発達の視点を明確にして，1人の人間として見ることである。子どもの発達は，本人の資質，能力及び能動的な活動と本人を取り巻く環境との相互作用により促される。例えば，子どもが年齢にそぐわない行動や感情の表出を行った場合，その影には，何らかの満たされない状況があると認識される。子どもが環境の中で，どの段階にあるのかを理解したうえでの支援が必要である。そのためには，子どもの発達への知識が欠かせない。

　次に，家族を支える視点の重要性である。子どもにとって親とともに暮らし，親に養育されることは，安心感と帰属感をもたらすものであり，基本的人権の1つである。また，親においても子どもと一緒に生活することで，子どもへの愛情を育み，親としての立場

と役割を自覚し，責任能力の涵養（かんよう）につながる。親子分離は，保護者失格の最終手段という現実がある。子どものウェルビーイングを考えるとき，家族分離は安易にはできない。支援には家族のもつ長所を活かした視点と方法が求められる。子どもの所属する学校をはじめ，関連施設や近隣の人々を含めた支援網の構築が望ましい。

　今後重要となるのは，司法関与の強化の視点である。ソーシャルワーク実践では，虐待事案や更生保護，成年後見などで，司法の関与が増えてきている。立入調査や一時保護で，子どもや家庭内の様子を撮影する際は，裁判所による承認が必要となる。また，親権停止や喪失申立て，一時保護期間の長期化への対応としての児童相談所長の親権代行事案，さらに，性的虐待を受けた子どもに対する事実確認の聴き取りでは，司法関係者との協働の調査が必要となる。司法の関わる視点は今後さらに増加すると思われる。

　以上のことから，子ども家庭への相談援助活動では，子どもの発達や家族支援の視点，司法関与の視点のほか，家族背景だけでなく，近隣の文化的な視点，生活の継続性の視点などの考慮が必要となる。

◎参考文献

小田兼三・豊山大和編著『児童ソーシャルワーク—保育・教育・福祉の連携と展開』相川書房，1994.

小田兼三・宮川数君編著『社会福祉援助技術論—相談援助の基盤と方法 第2版』勁草書房，2010.

最新保育士養成講座総括編纂委員会編『最新 保育士養成講座③ 子ども家庭福祉』全国社会福祉協議会，2019.

柏女霊峰・伊藤嘉余子編著『保育・教育実践テキストシリーズ 児童福祉—子ども福祉と保育者』樹村房，2009.

厚生労働省「令和2年度 児童相談所での児童虐待相談対応件数」2021.

厚生労働省子ども家庭局保育課「保育所等関連状況取りまとめ（令和3年4月1日）」2021.

社会福祉士養成講座編集委員会編『新・社会福祉士養成講座⑮ 児童や家庭に対する支援と児童・家庭福祉制度 第7版』中央法規出版，2019.

福田公教・山縣文治編著『新・プリマーズ／保育／福祉 児童家庭福祉 第5版』ミネルヴァ書房，2017.

◎保育の本質・目的に関する科目

第15章
社会福祉

わが国の第2次世界大戦後の社会福祉の歩みについて述べよ。

1．戦後のわが国の状況

わが国は戦後，国中の至る所で，多くの浮浪児・者，失業者があふれ，多くの国民が物資不足となり，国民は闇市で生活物資を獲得していた。生活物資不足のため，庶民はどうしても必要なものは非合法でもそこで入手せざるをえなかった。このような戦後の日本は様々な国際援助を受ける被援助国であった。例えば，アメリカによる占領地の経済復興資金だけではなく，国連児童緊急基金（UNICEF）からの援助や，国際復興開発銀行からの資金融資を受けるなどしていた。

2．生活保護法の成立

戦後の福祉政策は連合国軍最高司令官総司令部（GHQ）による政策が中心であった。そのGHQにより出された「社会救済に関する覚書（SCAPIN775）」の中で，「無差別平等」「国家責任」「公私分離」「必要充足」の原則が確認された。その原則に基づき，1946（昭和21）年に（旧）生活保護法が成立した。しかし，その（旧）生活保護法には，欠格条項があり，怠惰者や素行不良者は保護の対象外であり，保護請求権や不服申立権を認めていなかった。そこで1949（昭和24）年「生活保護制度の改善強化

に関する件」（社会保障制度審議会からの勧告）により，1950（昭和25）年に旧法を廃止し，現行の生活保護法が制定された。この法律では，保護請求権が明記され，自助原理に基づく保護の補足性や教育扶助，住宅扶助の追加，あるいは補助機関としての民生委員から協力機関への変更が行われた。

3．児童福祉法の成立

戦後の日本におけるもう1つの課題として，戦争孤児や浮浪児対策が挙げられた。しかし，当時の政府による児童保護の方法は，児童保護施設への強制的な収容であった。しかし，児童は保護施設からの脱走を繰り返していたため，抜本的解決のためには，児童の健全育成のための政策が必要となった。そこで，児童の福祉を積極的に増進する立法として1947（昭和22）年に「児童福祉法」が成立した。この法律では，戦前の「少年救護法」や「児童虐待防止法」及び「母子保護法」を吸収し，すべての児童の権利を認めるとともに，児童養育に関する公的責任を明記した。

4．身体障害者福祉法の成立

戦前の身体障害者の対象は，一部の生活困窮者は救貧制度の対象となっていたが，傷痍軍人と比べて十分な公的

支援は受けることができなかった。戦後となり，戦争・災害・事故などの傷病者に対しても保護計画が立案された。その結果，1949（昭和24）年に身体障害者福祉法が成立した。この法律の目的は，身体障害者の更生を援助し，必要な保護を行うことであった。当初，この法律ができた際に，対象者は能力障害をもつすべての者を対象とすべきとしていた。しかし，予算や判定基準設定の困難性などから，精神障害，知的障害，結核などは含めず，本法律で規定された障害は，視覚障害，聴力障害，言語機能障害，肢体不自由，中枢神経機能障害であった。

また，これまで戦後の福祉関連法律として，生活保護法や児童福祉法，身体障害者福祉法が成立していたが，社会福祉事業全般に関する共通事項を定めた法律も求められるようになった。その結果，厚生省社会局により社会福祉事業の基本となる法案が作成され，1951（昭和26）年に社会福祉事業法（現・社会福祉法）が成立し，「措置制度」による行政機関によるサービス提供の仕組みが確立された。

5．国民皆保険・皆年金体制の成立

高度経済成長期（1955（昭和30）〜1973（昭和48）年頃）になると，わが国は2桁の経済成長率を達成し，国民総生産などの経済面で西洋諸国に追いつくことができた。しかしその一方で，都市化・核家族化が進行し，企業規模間の賃金格差，公害問題，ある

いは高齢化問題などの新たな社会問題が発生することとなった。また1950年代には，結核療養患者が増加し，医療的ニーズが増加していた。しかし，医療保険未加入者数は，貧困者を中心に約3000万人に達していた。そのため，医療保険制度の確立が急務となった。その結果，1958（昭和33）年に国民健康保険法が成立した。この法律により，自営業者などが国民健康保険に入れるようになった。また，もう1つの問題として労働者の老後を支える経済問題があった。1950年代には4700万人以上の者が年金保険制度（厚生年金や共済年金など）に加入していなかった。そこで，全ての国民を被保険者とする国民年金法が1959（昭和34）年に法制化され，1961（昭和36）年に完全実施されることとなった。

6．知的障害者福祉法の成立

身体障害者には身体障害者福祉法で対応可能であったが，知的障害者は規定されていなかった。「知的障害児」に対しては，児童福祉法による公的施設への入所など支援が可能となっていた。しかし，知的障害児が18歳以上になると，援助を打ち切られるため，成人の知的障害者への支援の問題が残っていた。特に1950年代後半，18歳以上の知的障害者，あるいは在宅の知的障害者への施策の不備が顕在化していた。そのため，知的障害者の親や福祉関係者が知的障害者への総合的法

律の作成を政府に求めた。その結果，1960（昭和35）年に精神薄弱者福祉法が成立することとなった。その後，「精神薄弱」という用語は差別につながるおそれがあるとのことから，1998（平成10）年に知的障害者福祉法に名称改正された。

7．老人福祉法の成立

1955（昭和30）年以降，高度経済成長とともに65歳以上の人口が増加し，高齢化問題が表面化してきた。また，戦後の民法改正による家族制度の崩壊や核家族化の進行，あるいは地域社会の変容により，高齢者を取り巻く環境が変化していた。そのため，高齢者への単独の法律を作る動きが出てきた。その結果，1963（昭和38）年に老人福祉法が制定した。

8．母子及び寡婦福祉法の成立

戦争中に配偶者を失った女性は，単独での子育てが困難な事態となっていた。そのため，母子福祉対策が求められていた。そこで1952（昭和27）年に母子福祉資金の貸付等に関する法律が成立した。この法律では，母子家庭への低利資金の貸付，母子相談員の創設，売店設置に関わる優先措置などが盛り込まれた。その後，高度経済成長期になると，母子一体の生活指導・相談を内容とする母子家庭への施策が求められることとなった。そこで1964（昭和39）年，「母子福祉資金の貸付等に関する法律」が廃止となり，母子福祉法が成立した。その後，寡婦への

総合的な福祉対策が求められたことから，1981（昭和56）年に母子及び寡婦福祉法が成立した。その後，2014（平成26）年に母子及び父子並びに寡婦福祉法に名称改正された。

9．現在までの福祉サービスに関連法

その後，急速な高齢社会にも関わらず，日本では家族介護に大きく依存するシステムを相変わらず維持していた。しかし，1980年代後半になると，既存システムの調整のみでは困難となってきた。そのため，1994（平成6）年の「21世紀福祉ビジョン」や1995（平成7）年の社会保障制度審議会の勧告などにより，社会保険方式による公的介護保障制度の導入が提言され，その後1997（平成9）年に介護保険法が成立した。この法律における大きな転換点として，福祉サービスの仕組みが，これまでの行政による措置から，利用者自ら契約し利用する制度への変更であった。同じく2003（平成15）年より，障害者の分野においても，措置制度から契約サービスへ変更した支援費制度が開始された。その後，障害者への福祉サービスに関する包括的な法律の成立が求められた結果，2005（平成17）年に「障害者自立支援法」が成立している。この障害者自立支援法は，2012（平成24）年にさらにその改正法である「障害者の日常生活及び社会生活を総合的に支援するための法律（障害者総合支援法）」と名称が変更された。

措置制度から契約制度への変遷について

　戦後わが国における福祉サービスは，行政主導による措置制度により行われてきた。しかし現在では，介護や障害福祉の分野において，契約制度に基づくサービスが展開されている。措置制度から契約制度開始のきっかけともなる介護保険法成立までと，さらに社会福祉法の成立までの流れについて説明する。

　1989（平成元）年に「今後の社会福祉のあり方について」（厚生省合同企画分科会）という意見具申が出された。これに基づき，高齢者保健福祉推進10か年戦略（ゴールドプラン）が作成され，サービスの中身についての数値目標が設定された。また，1990（平成2）年には福祉関係八法改正が実施され，老人福祉法等の一部を改正する法律が成立した。この福祉関係八法改正の目的は，在宅福祉サービスの充実や，福祉サービスを住民にとって身近な市町村に一元化すること，市町村や都道府県の老人保健福祉計画の策定，及び障害者関係施設の範囲の拡大などである。その後，1994（平成6）年に「今後の子育て支援のための施策の基本的方向について」（エンゼルプラン），翌1995（平成7）年には障害者プランが策定され，さらに1997（平成9）年には介護保険法が成立した。

　これらの法改正や計画が策定されるにつれて，社会福祉事業の基盤となる社会福祉事業法の改正の必要性が高まった。そこで1998（平成10）年に，中央社会福祉審議会社会福祉構造改革分科会において「社会福祉基礎構造改革について（中間まとめ）」が発表され，翌1999（平成11）年に「社会福祉基礎構造改革について」（社会福祉事業法等改正法案大綱骨子）が出された。それを受けて，翌2000（平成12）年5月に社会福祉法が成立した。この改正の趣旨は，多様化，複雑化する社会福祉ニーズに応えるため，社会福祉事業，社会福祉法人，措置制度などの共通基盤の見直しにあった。

　改正のポイントは，従来の措置制度から，利用者が主体的にサービスを選択し，利用する制度に変更された点であるが，他にも福祉サービス利用援助事業や苦情解決制度などの利用者を守る制度も導入されている。また，サービスの質の向上のために，多様な事業者の参入の促進や，新たな社会福祉事業の追加や社会福祉法人の設立要件緩和などが行われた。

わが国における少子高齢化の現状と課題について

わが国では少子高齢化が急激に進行している。子どもの出生率に関する指標としては合計特殊出生率が目安となる。これは、「15歳から49歳までの女性の年齢別出生率を合計したもの」であり、すなわち、「1人の女性が生涯の間に産む子どもの平均数」ということができる。この合計特殊出生率は、1967（昭和42）年から1973（昭和48）年までは、人口減少が生じるとされる水準である人口置換水準を上回っていた。しかし、その後少しずつ減少の傾向をたどり、2020（令和2）年では1.34となっている。

出生率低下の原因として、晩婚化や女性の社会進出、あるいは長期にわたる景気低迷や就職難、あるいは結婚や出産の適齢期である年齢層の人々が経済的に不安定であったことや子育てへの負担感が増大したことなどが要因として挙げられる。少子化の影響は、将来の労働力の減少という結果を及ぼし、この労働力の不足によって、経済の低迷を招くことが考えられる。また、子ども同士が関わり合う機会の減少や、将来子どものいない高齢世帯が増加することにより、家族の福祉的機能の低下を招き、結果的に福祉サービスへの需要が高まっていく可能性がある。

また、わが国では急激な高齢化の進展も深刻である。高齢者人口（65歳以上）の人口に対する割合の推移を見てみると、1960（昭和35）年では5.7％であったが、2000（平成12）年には17.4％となり、2021（令和3）年には29.1％まで増加している。今後はさらに高齢化が進展し、30％から40％まで上昇すると推測される。これらの高齢者を支える仕組みである年金や医療などの社会保障費は年々増大の一途をたどっている。これらの社会保障費は、基本的に働く世代が支える仕組みとなっている。そのため、少子化の影響で働く世代が減少し、高齢化の進展が続けば、少ない割合の働く世代が多くの高齢者を支える必要が生じ、働く世代の負担増が大きくなっていくことも指摘されている。そのため今後は、社会保障負担の新たな仕組みづくりも求められる。また、わが国における高齢者への介護に対する考え方として、家族が第一義的に行うべきであるという考えが依然として残っている。このことが家族の介護への負担増や「老老介護」「認認介護」などの現状を招いていると言える。そのため、家族に依存する介護のあり方を見直す必要があるのではないかと考えられる。

地域福祉について

地域福祉とは，地域における福祉サービスや政策などを包括的に展開するとともに，地域に生活する住民の中の共通の生活課題を対象とするものである。地域福祉の概念を理解するうえで重要なことは，アメリカにおけるコミュニティ・オーガニゼーションやイギリスのコミュニティ・ケアの考え方が日本の社会福祉協議会の活動に与えた影響についてである。

現在，福祉サービスに関しては，施設入所型の福祉から，地域福祉への取り組みに移行しつつある。具体的には，高齢者の分野では，特別養護老人ホームなどを個室化し，あるいはユニットケアなどを導入し，なるべく地域生活の質に近い状況に近づける取り組みが行われている。また児童養護施設では，小規模施設を地域の中に設立し，これまでよりも小さな単位での生活に対する取り組みが実施されている。さらに障害者の分野では，これまでの障害者を施設入所させて集団的に支援する方法から，施設を出て地域の中で生活できるようにグループホーム等を充実させる方向へ変換しつつある。

また，在宅福祉サービスにおいては，福祉ニーズのある人が，自宅などの自分たちが生活したい環境で生活するように暮らしを支えるという考え方を重要視するようになってきた。さらに，福祉ニーズのある人が，自宅生活が困難な状況になったとしても，地域生活が継続できるようなサービスを構築していくという動きができつつある。具体的には，小規模多機能施設やグループホーム，あるいはケア付き住宅などが地域に誕生している。

一方，地域住民にとっても地域社会の重要性について認識を広めることは重要である。そのため近年では，住民自治や地域再生，あるいはコミュニティづくりなどが社会的に注目を集めるようになってきている。すなわち，住民が安心して地域生活を送れるようなまちづくりを，地域社会が一体となって取り組むような福祉のまちづくりを行うことが求められている。

近年の地域課題として，単身世帯の増加や近隣関係の希薄化の進展による孤立生活の増加が挙げられる。そのため，ひとり暮らしや高齢者世帯においても安心して地域生活が送れるような取り組みが求められている。特に高齢者の分野では，医療，介護及び福祉サービス等の様々なサービスが受けられるような体制である「地域包括ケア」が目指されている。

現代の貧困の問題について

貧困問題は経済的に豊かになった現在においても，社会福祉において最重要課題の1つである。イギリスでは，1601年のエリザベス救貧法や，1834年の改正救貧法などの貧民救済の制度が実施されてきた。しかしながら，以前の貧民救済の見方として，貧民は周囲の人からスティグマを与えられ，貧困は個人の怠惰が原因であるといった考えが蔓延し，貧民個人への責任を追及してきた経緯がある。そのような，貧困を個人の問題と捉える向きから，資本主義社会の展開との関連の中で，貧困は社会の問題であり，国家の責任において貧困問題を扱うべきであるという見方に変わってきている。

わが国においても，例に漏れず貧困問題への対応は，最重要ニーズの1つである。特に，高齢者や障害者，ひとり親家庭，及び女性や子どもなどの社会的に不利な立場にある人たちが，経済的に厳しい状況に立たされている。また，これらの状況において，ナショナルミニマムである生活保護やセーフティネットの機能が十分に果たされているとは言い難い状況にある。

まず，ひとり親家庭における貧困の状況について見てみると，2019（令和元）年に厚生労働省が発表したひとり親家庭における相対的貧困率は48.1％であった。すなわち，約半数の家庭が貧困状態であるということである。ひとり親家庭は，収入が低いだけでなく，将来にわたっても得られる社会保障が少なく経済的な不安が大きくなる。加えて，ひとりで子育てをしなければならない家族状況やDV被害等のひとり親家庭が抱える課題がさらに問題を複雑にしている。ひとり親家庭への支援としては，子育て支援の充実に加えて，経済的支援も必要である。

また，子どもの貧困についても，2019（令和元）年に厚生労働省が発表した子どもの相対的貧困率は13.5％であった。具体的には，7人に1人の子どもたちが貧困状態であると言える。これに対する政府の取り組みとして，2013（平成25）年に成立した「子どもの貧困対策の推進に関する法律（子どもの貧困対策法）」が挙げられる。この法律では数値目標こそ挙げられていないが，子どもの貧困への対策が国家主体で実施されることとなったことは画期的なことである。また，2019（令和元）年11月には，「子供の貧困対策に関する大綱」が閣議決定され，教育の支援や生活の安定に資するための支援等，4つの重点施策を掲げている。

諸外国の社会福祉の歩みや歴史について

1．イギリスの社会福祉の歴史

　イギリスにおける社会福祉の歴史は，貧民救済のために出された1601年のエリザベス救貧法から始まる。その後も，1834年に新救貧法が出されたが，救済は最小限であり，労働者に自活を求め，院内救済を原則としていた。その後，慈善組織協会（COS）による友愛訪問やセツルメント運動などは，現在におけるソーシャルワーク方法論の源流となった。また1942年に出されたベヴァリッジ報告は，イギリスの福祉国家体制への礎となった。サッチャー政権時に，社会保障費は削減される流れとなり，「国民保健サービス及びコミュニティケア法」（1990）では，コミュニティケア改革により，保健医療と福祉サービスの民営化や地域福祉サービスの拡大などが行われた。

2．アメリカの社会福祉の歴史

　植民地時代は救済は必要最小限であったが，産業革命により，児童労働や家庭環境が悪化するようになると，慈善組織協会（COS）設立（1877年）とセツルメント運動により，貧民救済の福祉運動が発展するようになる。その後のリッチモンドによるソーシャルワークの体系化は，現在のソーシャルワーク理論を確立するものとなっている。さらに，世界大恐慌（1929年）により失業者と貧困者が増大すると，ニューディール政策の一環として，「社会保障法」（1935年）が成立したが，医療保険制度は創設されず，社会福祉サービスの体系化は不十分であった。依然として，医療保険がない人，ホームレス，青少年非行，児童虐待など問題は山積している。

3．スウェーデンの社会福祉の歴史

　1913年に全国民を対象とした国民年金法が制定された。また，「国民の家」構想により，協調により安心して暮らせる社会実現を目指した。その後，1930年代後半までに，社会保障制度が整備されている。スウェーデンは第2次世界大戦中，不参加であったため，産業が発展し，社会保障制度も発展した。さらに年金，住宅，児童福祉，失業対策，教育改革なども充実した。近年のスウェーデンの福祉行政としては，1992年にエーデル改革が実施され，高齢者の在宅介護と長期療養ケアをコミューンの責任で実施することとなった。1993年には，機能障害者援助・サービス法（LSS法）が成立し，機能障害という概念が導入された。

相談援助（ソーシャルワーク）について

　社会福祉において，その中心的役割を果たすのが相談援助（ソーシャルワーク）であり，最も基本的なものである。相談援助とは，一連の援助過程における協働作業を通して，問題の解決と利用者の対処能力を高めていくものである。相談援助の原則は，人間の尊厳や社会正義，あるいは人間の尊厳の尊重と社会正義の実現に貢献すること，倫理綱領を誠実に守ること，あるいは専門的力量を発揮し，専門性を高めることである。

　相談援助を行う上で重要な視点の1つに，ストレングスを挙げることができる。これは，本人と周りの環境がもっている強さに焦点をあて，それらを活かしながら問題解決を促すということである。また，エンパワメントとは，人種，疾病，障害，貧困，性などを理由として，社会から差別，抑圧された社会的弱者を対象に，本来もっている主体性や人権等をリカバリーできるよう，心理的，社会的支援と抑圧的な社会環境を変革していくことを言う。

　利用者の生活上のニーズは，利用者と環境との相互作用により生じる。そのため，問題のある利用者の社会生活を可能にしていくために，生活全体を視野に入れ，利用者と環境との接触面に焦点をあてるというエコシステムを考慮に入れることが重要である。また，アドボカシーとは，代弁する，擁護するという意味であり，代弁者が，本人に代わって意見を述べることである。これは，権利侵害を受けやすい判断能力の低い人や社会的弱者の代わりに，ソーシャルワーカーがその権利を守るために，知識と技術を駆使して，行政や制度，福祉施設などへの柔軟な対応や変革を求めていく活動である。

　相談援助の展開過程は，まず，ケースの発見から始まる。これは，近隣住民や児童委員などと連携しながらケースを発見する必要がある。次に，「利用者や家族の主訴を受容，共感しながら，問題の所在を明らかにし，インフォームド・コンセントを行う」インテークを実施する。その後，アセスメントにより，利用者が直面している問題や状況の本質，原因，経過，予測を理解するために，事前評価する。その結果に基づき，具体的な目標設定と援助計画を作成する。その後，援助計画に沿って支援を実行していく。最後にモニタリングにより，援助計画を定期的に見直し，サービスを総合的に評価する。

◎参考文献

社会福祉学習双書編集委員会編『社会福祉学双書2021 地域福祉と包括的支援体制』全国社会福祉協議会，2021.

日本ソーシャルワーク教育学校連盟編『最新 社会福祉士養成講座 精神保健福祉士養成講座④社会福祉の原理と政策』中央法規出版，2021.

橋本好市・宮田徹編『保育と社会福祉 第3版』みらい，2019.

山縣文治・岡田忠克『よくわかる社会福祉 第11版』ミネルヴァ書房，2016.

山野良一『子どもに貧困を押しつける国・日本』光文社，2014.

◎保育の本質・目的に関する科目

第16章
子ども家庭支援論

子ども家庭支援の背景と意義及び支援の内容について述べよ。

1. 家庭支援の背景と意義

　まず，家庭支援が必要となる背景と意義について，世帯構成の変化，子育て環境の変化，少子高齢化と女性の社会進出の視点から述べる。

(1) 世帯構成の変化

　戦前の日本は，祖父母と長男家族などが同居する三世代世帯が伝統的に多かった。しかし，1960年代の高度経済成長を機に都市化が進み，若い世代が親元を離れ都市で暮らすようになる。厚生労働省「令和元年国民生活基礎調査」によると世帯構成は「夫婦のみの世帯」「夫婦と未婚の子のみの世帯」「ひとり親と未婚の子のみの世帯」で構成する核家族化が進んだ。現在三世代世帯は5％ほどである。「ひとり親と未婚の子のみの世帯」は30年余りの間に世帯数がおよそ2倍近くに増加し，中でも「母子世帯」の増加傾向がうかがえる。このように世帯構成の縮小化は，世帯の扶養能力を低下させ，子育て世代にとって祖父母の支援が受けられず，親が全ての子育ての負担を背負うことにつながっていく。今や子育てはその家庭の中で完結できず，保育サービスなどの社会的な支援を必要としている。

(2) 子育て環境の変化

　産業構造の変化や都市化の進展に伴い，子育ての環境も変化してきた。まず第1に，住環境の変化がもたらした影響が挙げられる。マイホーム主義が浸透したことにより，近隣との結び付きが希薄になり，育児の先輩から育児知識や養育態度，生活の知恵なども伝授されることが少なく，子育ての不安や，家庭内の小さな問題の解決をも近隣に期待することができなくなったことがある。第2に遊び場が消失した影響である。都市部では，建築物が増加して子どもが自由に遊べる空間が減り，住宅周辺の道路は自動車の往来が激しくなり，子どもたちの遊び空間は狭小化してしまった。子どもたちは家の中に追いやられ，テレビゲームなどの一人遊びにならざるをえない。年齢や性別もばらばらの子どもたちが自然に集まってできた集団の中で遊ぶことは，子どもの社会性の発達にとって得るものが多く，人間関係を学ぶ良い機会であるが，兄弟姉妹の少なくなった現代の子どもたちにはそれを望むことができなくなった。第3に情報化の影響である。情報化は，子どもたちを室内遊びに追いやるとともに，子ども同士の「心」の交流の機会を希薄にし，

また子どもが生活者として訓練される機会を奪ってしまう結果を招いている。このように悪化した子育て環境の中で，子育てが楽しく感じられるために，社会的な子育て支援が一翼を担うわけである。例えば，地域の中に「地域子育て支援拠点」の設置が行われている。

(3) 少子高齢化と女性の社会進出

わが国における 2005（平成 17）年の合計特殊出生率（女性が一生の間に産む子どもの数）は，戦後最低の 1.26 となった。また，女性の高学歴化により，女性が生きがいや自己実現のために社会参加することが一般的になってきた。そして 1998（平成 10）年には，雇用の分野における男女の均等な機会及び待遇の確保等に関する法律が改正になり女性の就労形態が多様化してきた。このような女性の社会進出と少子社会になったことは，子育てがしづらい状況と密接な関係がある。少子化は，社会的にも経済的にも多大な悪影響が予想されている。少子化をくい止めるには，子どもは次世代を支える未来の働き手であるという視点をもつ必要がある。なぜなら，子どもというものは，少子・高齢社会の社会システムを望ましい形で維持していくために必要な資源であるからである。そういう視点をもって世代の再生産がスムーズに行われるためには，「男は仕事，女は子育てと家事」と，性別によって分担を決められなくなった現在，家庭支援は重要である。例えば，育児休業・介護休業等育児又は家族介護を行う労働者の福祉に関する法律を啓蒙したり活用したりすることも，家庭支援につながる。

2．子ども家庭支援の内容

子ども家庭支援の内容は，子育てをする家庭に焦点を当て，その構成員である親や他の家族の抱えている悩みや問題，子育てを取り巻く家庭環境，養育する場としての子ども家庭支援のあり方，関係機関との連携による支援方法，社会資源としての子育て支援サービスなどが考えられる。

(1) 家族の抱えている悩みや問題

家族の抱えている悩みや問題は，子育てに対しての不安，子どもの発達や成長，夫婦関係，経済的な問題など様々である。保育者はその一つひとつの問題を全て解決することを求められているのだろうか。保育者に求められている機能は，直接親に関わって話を聴き，不安や悩みを受け止めることで，親の心を軽くすることである。そのうえで，1つの問題・課題に対してどう解決できるかという道筋を示すことである。また，解決に向けてどのような関係機関と連携するかを体系的に示すことにある。そのためには，地域にある様々な組織，関係機関の目的や機能を熟知しておく必要がある。

(2) 子育てを取り巻く家庭環境

都市化・工業化とともに村落共同体が崩壊し，井戸端会議の場は消失した。まさしく自由な地域社会が出現し

た。煩わしい人間関係から解放され，プライバシーの確保ができるようになった。市民感覚をもった自由と権利を主張できる地域が生まれた。しかし，気づいてみると少子化が進行し，地域から子どもの声が聞こえなくなっていた。村落共同体の時代とは違い，人間関係も希薄になっており，すぐに悩みや愚痴を言いあえる仲間や先輩が存在しない地域になっていた。そこで，これまでの地域の共同体という枠組みから，新たに，地域の中で子育てする母親同士の交流やつながりをつくる動きがみられるようになっている。そこでは，子どもや親同士の交流にとどまらず，身近な地域の子育て情報などを情報紙として発行したり，講師を招いて勉強会や講習会を開いたりするなど，親と子の新たな地域の接点となり，子育ての孤立化を防ぐ役割として期待されている。

(3) 養育する場としての家庭支援のあり方

保育所には，様々な子育て支援サービスが用意されている。どの保育所にも全ての事業があるわけではないが，延長保育，低年齢児保育，一時預かりなどは多くの保育所が実施している。保育所に来ているのは子どもだが，利用しているのは親であり，また，どの保育所を選ぶかも親の選択による。子どもの生活をみていると，その子どもが家庭でどのような状態にあるかがみえてくる。例えば児童虐待も保育所という子どもの生活の場を通してみえてくる場合が多い。

(4) 関係機関との連携による支援方法

保育所という場では，子どもの全てが表出される。保育者は，一人ひとりの子どもの状況をつぶさに観察する中で，普段と違った感情や行動を発見する。しかし，こういった問題や課題は保育所だけで解決できるものではない。日常生活の中での相談支援の段階的な対応が必要になってくる。また，関係機関との連携によって初めて解決の方向がみえてくる。

(5) 社会資源としての子育て支援サービス

子育て支援の相談・助言には，社会資源を適切に活用して対応することが大切になる。保育者は，利用者の立場に立ち，利用者の人格や状況を尊重しながら，受容的態度で意向を十分に聴き，利用者自らが選択・活用できるように社会資源の情報を提供する。社会資源の知識もなく活用できないでいる人でも，子どもやその家族がより幸せな生活ができるように，様々な社会資源の中から，最も適した物的資源やサービスを提供する団体や個人を見出すよう助言を行う。利用者の問題解決につながりやすいように，地域の資源情報（内容・利用対象者・手続きの方法）の収集と整理をしておくことが必要である。その際に，社会資源の構造と分類をよく理解したうえで業務にあたることが求められる。

子ども・子育て関連3法について

1．子ども・子育て関連3法成立過程

1990（平成2）年の「1.57ショック」を契機に，「少子化対策」としての子育て支援が政策として進められた。1994（平成6）年に，「今後の子育て支援のための施策の基本的方向について（エンゼルプラン）」が策定された。

1999（平成11）年には，「重点的に推進すべき少子化対策の具体的実施計画について（新エンゼルプラン）」が策定されたが，少子化に歯止めはかからなかった。

2005（平成17）年には，合計特殊出生率が1.26と過去最低を記録した。そこで，2006（平成18）年に，少子化社会対策会議において「新しい少子化対策について」が決定され，少子化対策の抜本的な拡充，強化を図った。

2010（平成22）年には，「新たな少子化対策大綱」として「子ども・子育てビジョン」が閣議決定され，「少子化対策」から「子ども・子育て支援」へと転換した。

2012（平成24）年に，子ども子育て支援制度として「子ども・子育て関連3法」が成立した。

2．子ども・子育て関連3法

この3法とは，①子ども・子育て支援法，②就学前の子どもに関する教育，保育等の総合的な提供の推進に関する法律の一部を改正する法律，③子ども・子育て支援法及び就学前の子どもに関する教育，保育等の総合的な提供の推進に関する法律の一部を改正する法律の施行に伴う関係法律の整備等に関する法律である。

3．子ども・子育て関連3法成立からの進展

2015（平成27）年に子ども・子育て関連3法を根拠法として施策化されたものが「子ども・子育て支援新制度」である。この新制度は，現行の保育制度の根幹をなすものである。この制度の基本理念は，質と量の両方から子育てを社会全体で支えるというものであり，国や地方公共団体，地域で子どもや子育て家庭を支援することを目的としている。

新制度の主なポイントとしては，①「施設型給付」と「地域型保育給付」の創設，②幼保連携型認定こども園の改善，③地域の子ども・子育て支援の充実，の3点が挙げられる。

2016（平成28）年には，子ども・子育て支援法の改正により，企業主導型保育事業と企業主導型ベビーシッター利用者支援事業が創設された。

子育て家庭の福祉を図るための社会資源について

1．社会資源とは何か

　社会資源とは，一般に利用者（子どもや保護者）のニーズを充足したり，生活問題を解決したりするために活用される有形，無形の資源の総称である。社会資源は，フォーマルな社会資源（公的サービス）とインフォーマルな社会資源（私的なサービス）に分類することができる。

　フォーマルな社会資源とは，一定の利用要件に当てはまれば，どんな人でも利用可能な社会的に用意されたサービスのことである。それらは保健・医療・福祉・保育・教育・就労等まで多岐にわたる。その提供主体も自治体や社会福祉法人，さらに民間企業まで様々である。

　インフォーマルな社会資源とは，私的な人間関係の中で何らかの支援を提供するものである。具体的には，家族，親戚，友人，知人，近隣住民，ボランティアなどである。

2．子育て家庭を支える専門機関

　児童相談所は，各都道府県と政令指定都市などに設置されており，子どもの福祉に関するあらゆる相談を受け付けている。相談内容は，養護相談（虐待，親の疾病等），障害相談，非行相談，育成相談（しつけ，不登校等），保健相談がある。

　福祉事務所（家庭児童相談室）は，子ども及び妊産婦の福祉に関する相談，調査，指導，支援等を行う行政機関で，都道府県や市町村が支援を行う。

　市町村保健センターは，地域住民に身近な対人保健サービスを提供する拠点である。保健師が中心となり，乳幼児健康診査を行い，発達の遅れや障害のある子どもに関する相談指導，支援や社会資源の紹介などの情報提供を実施している。

　保育所は，児童福祉法に基づく児童福祉施設で，保護者の労働や疾病等の事由により，保育を必要とする乳児，幼児，その他の児童を保育することを目的とした施設である。

　地域子育て支援センターは，地域全体で子育てを支援する基盤形成を目的とした事業である。このセンターは，保育所が最も多く実施している。

　児童家庭支援センターは，児童に関する家庭その他からの相談のうち，専門的な知識及び技術を必要とするものに応じ，必要な助言を行う。また，一時保護，ショートステイ，児童相談所を経由した入所処置などを主体的に実施することができる。児童福祉施設等に設置されている。

保育の専門性を活かした子ども家庭支援とその意義について

1．保育の専門性と相談援助の関連性

⑴ 保育者の専門性

2008（平成20）年の保育所保育指針解説書では，保育士の専門性として次の6つを挙げている。①発達援助の技術，②生活援助の知識・技術，③環境構成の技術，④遊びを展開する知識・技術，⑤関係構築の知識・技術，⑥相談，助言の知識・技術，である。

①発達援助の技術は，子どもの発達に関する専門的知識をもとに子どもの育ちを見通し，その成長・発達を援助する技術である。②生活援助の知識・技術は，子どもの発達過程や意欲をふまえ，子ども自らが生活していく力を細やかに助ける生活援助の知識・技術である。③環境構成の技術は，保育所内外の空間や物的環境，様々な遊具や素材，自然環境や人的環境を活かし，保育の環境を構成していく技術である。④遊びを展開する知識・技術は，子どもの経験や興味・関心をふまえ，様々な遊びを豊かに展開していく知識・技術である。⑤関係構築の知識・技術は，子ども同士の関わりや子どもと保護者の関わりなどを見守り，その気持ちに寄り添いながら適宜必要な援助をしていく関係構築の知識・技術である。⑥相談・助言の知識・技術は，保護者への相談・助言に関する知識・技術などである。

⑵ 保育に関する専門性

保育者の専門性を大別すると「保育に関する専門性」と「保護者への支援に関する専門性」である。

保育に関する専門性は，①から⑤までの保育者の専門性にあたる。これらは，保育を行うための保育技術と言われるものになる。

⑶ 保護者への支援に関わる専門性

保護者への支援に関わる専門性は，保育者の専門性の⑥にあたる。具体的には，「支持」，「承認」，「助言」，「解説」，「情報提供」，「物理的環境の調整」，「行動見本の提示」，「体験の提供」である。

2．保育所保育指針から子育て支援の意義

子育て支援の意義としては，保育所に入所中の子どもの保護者支援と地域の子育て支援が保育所保育指針の中で定められている。具体的には，「保育所の特性を生かした子育て支援」，「保護者の状況に配慮した個別の支援」，「地域に開かれた子育て支援」などがある。保育所における子ども家庭支援は，子どもの最善の利益を第一に据え，保育と密接に関連して展開される。

子どもの育ちの喜びの共有について

1．保護者にとっての意味

2008（平成20）年に改定された保育所保育指針において「第6章　保護者に対する支援」の中に，「保護者とともに，子どもの成長の喜びを共有すること」が盛り込まれた。保育所保育指針に，「子どもの育ちの喜び」に関する内容が記載されたのは，これが初めてであった。

2017（平成29）年に改定された保育所保育指針では「保護者に対する支援」の章に代わり，新たな章に「子育て支援」が設けられた。この章の中の「(1)保育所の特性を生かした子育て支援」に「子どもの育ちの喜び」に関する内容が記載されている。しかし，前回の保育指針にあった，「保護者とともに，子どもの成長の喜びを共有すること」についての記載が，今回の保育指針には表記されていない。新たに「保護者が子どもの成長に気付き子育ての喜びを感じられるように努めること」という表現に代わっている。これは，保護者と子どもの育ちを共有することが保育者の目標ではなく，子どもの育ちに気づくためのプロセスの1つであると考えることができる。すなわち，保育者は保護者が子どもの育ちに気づき，子育ての喜びを感じられるようになることが，1つの目標となっている。

2．子どもの育ちの喜びを共有するための支援ツール

(1)　迎えの時における家庭支援

夕方からの迎えの時は，比較的時間に余裕があることが多い。その日の子どもの成長の様子を伝え，保護者とコミュニケーションを取ることは，喜びを共有できるよい機会となる。

(2)　個人面談における家庭支援

個人面談は，子どもの日頃の様子を伝え，育ちを保護者と共有することが目的である。普段とは異なり，時間をかけて話し合うことで信頼関係をより深める機会になる。

(3)　連絡帳を通した家庭支援

連絡帳は，間接的なコミュニケーションを取る媒体である。保護者からは，家庭での様子，体調や機嫌などを保育所に連絡する。また，家庭での子育てについて相談することもある。保育所からは，保育所での1日の様子，飲食の量，体調，子どもの成長している姿などを伝える。保護者は，普段気づいていないわが子の成長を感じ取り，それが子育てへの自信と意欲，さらに子育ての喜びへとつながっていく。

子ども家庭支援の対象と内容について

1．子ども家庭支援の対象について

　保育者が出会う子どもの家庭状況は1人ひとり異なる。父母が共に働いている，父又は母のみと生活している，父母・祖父母と一緒に生活している，父又は母の再婚相手やその家族と生活しているなど色々な家庭環境がみられる。また，実の親と一緒に生活できず，祖父母や親戚，里親，あるいは施設で生活している子どももいる。近年では，外国につながる子どもや障害をもつ子どもが増えている。多様な背景をもつ子どもを理解し，子どもの個々の違いに配慮した支援が必要となる。

2．子ども家庭支援のアプローチについて

　多様な子どもと家庭に応じて，支援形態が異なっている。保育所では，送迎時の対応，個人面談や懇談会，連絡帳やクラスだより，園だよりを通した家庭支援などがある。

3．子ども家庭支援の内容について

　朝，保護者が子どもを保育所へ送り届けた時と，夕方から夜にかけて子どもを迎えに来た時は，子どもと家庭への大切な支援の場である。朝の送りの時には，子どもと保護者のちょっとした変化を観察しながら挨拶をする。夕方からの迎えの時は，比較的時間に余裕があることが多い。その日の子どもの様子を伝え，保護者とコミュニケーションを取る。

　個人面談は，子どもの日頃の様子を伝え，育ちを保護者と共有することが目的である。普段とは異なり，時間をかけて話し合うことで信頼関係をより深める機会になる。

　懇談会では，ほかの保護者の話を聞くことで，子育ての喜びや大変さを共感し，子どもへの対応を見直すきっかけ作りの機会となることが多い。保護者同士の関係作りの場となる。

　連絡帳は，間接的なコミュニケーションを取る大切な媒体である。保護者からは，家庭での様子，体調や機嫌などを保育所に連絡をする。また，家庭での子育てについて相談することもある。保育所からは，保育所での1日の様子，飲食の量，体調などを伝える。保護者は，連絡帳に書かれた内容について子どもとコミュニケーションを取ることが多い。連絡帳は，保護者と子どものコミュニケーションのための媒体にもなっている。保育者は，連絡帳を通して家庭での子どもの様子や保護者の思いを知ることができる。

要保護児童及びその家庭に対する支援について

1．要保護児童の現状について

　児童福祉法によると，要保護児童とは「保護者のない児童又は保護者に監護させることが不適当であると認められる児童」（第6条の3第8項）と定義されている。要保護児童は，在宅での支援を要するケースが非常に多い。しかし，児童相談所において子どもと親への対応がなされ，必要な場合には児童養護施設等への入所措置が取られる。

　2016（平成28）年の児童福祉法改正により，「児童を家庭及び当該養育環境において養育することが適当でない場合にあっては児童ができる限り良好な家庭的環境において養育されるよう，必要な措置を講じなければならない」（第3条の2）と定義された。それにより，里親やファミリーホームへの委託児童が増加し，児童養護施設等への入所児童数は減少している。

2．要保護児童とその家庭への支援のあり方について

(1)　市町村における支援のあり方

　在宅での支援を要するケースにおいては，情報提供や相談など各種子育て支援サービスが提供される。しかし，提供できるサービスは限られているため，身近な機関や施設における見守り

が重要となる。

　2004（平成16）年の児童福祉法改正により，「要保護児童対策地域協議会」が法定化された。これにより，要保護児童対策について，保育所，認定こども園，幼稚園，小学校，特別支援学校，保健センター，医療機関等の地域の関係機関が連携する支援体制の設置が進められた。他職種連携により，各専門職の専門性を発揮することができ，一丸となり虐待対応，虐待防止予防に取り組むことができる。

(2)　施設等における支援のあり方

　施設を拠点として，施設職員や児童相談所の児童福祉司である専門職が子どもの育ちを支援する。また，家族がいる場合には家族への支援も担っている。施設で生活している多くの児童が虐待を受けた経験をもっている。そのため，対応の難しさがあるとともに，保護者は生活に多くの不安を抱えている。その支援には長期的視点での支援が必要となっている。

　児童福祉法改正（2016（平成28）年）の理念を具体化するために，翌年2017（平成29）年に「新しい社会的養育ビジョン」が，新たな社会的養育の在り方に関する検討会より提出された。

◎参考文献────────

大豆生田啓友・三谷大紀編『最新保育資料集』ミネルヴァ書房，2020.

柏女霊峰・橋本真紀『増補版 保育者の保護者支援─保育相談支援の原理と技術』フレーベル館，2010.

柏女霊峰・橋本真紀・西村真実編著『保護者支援スキルアップ講座：保育者の専門性を生かした保護者支援─保育相談支援（保育指導）の実際』ひかりのくに，2010.

厚生労働省『保育所保育指針解説』フレーベル館，2008.

厚生労働省『保育所保育指針解説 平成30年3月』フレーベル館，2018.

日本ソーシャルワーク教育学校連盟編『最新社会福祉士養成講座3 児童・家庭福祉』中央法規出版，2021.

松原康雄・村田典子・南野奈津子編『新・基本保育シリーズ⑤子ども家庭支援論』中央法規出版，2019.

◎保育の本質・目的に関する科目

第17章
社会的養護 I

現代社会の子どもや家庭の状況と社会的養護の必要性及び基本的な原理について述べよ。

1．現代社会の子どもや家庭の状況
(1) 現代社会の子どもの状況

現代社会に暮らす子どもは，住む地域や家庭の状況によってその差異はあるが，多くが以前に比べ，生活水準が向上し，物質的に恵まれた環境の中で生活をしている。そのため，生活場面において生活にかかる諸活動の利便性が向上したことで，生活場面における行動に対しての知識や経験が不足している状況にあると言えよう。

その結果として，体力・運動能力の低下が挙げられる。具体的には，瞬発力，筋力，持久力，柔軟性等の能力が，全般的に低下傾向にあることが明らかにされている。この結果は，生活場面において，体力・運動能力を以前よりも使わずに生活しているという結果に対する1つの根拠となるであろう。

また，遊びの様相も以前と比して自然環境の中で遊んだり，大人数で外遊びをしたりという遊びの機会が減少し，代わりに室内におけるテレビゲーム等を用いた少人数，ないしは1人で遊ぶ経験が増加している。この現象も生活場面における行動に対しての知識や経験が不足している原因の1つと

なっているだろう。

さらに，少子化の影響によって，兄弟が少ない中で日常生活を送る子どもが増加しているため，日常の中で多くの人とかかわる機会が減少している可能性も挙げられる。その結果，人とのコミュニケーションに問題を抱える子どもが増加しており，人間関係を構築する能力が弱くなっているとの指摘もできよう。換言すれば，相手の気持ちや内面の変化に気がつくこと，言われることをそのまま受け止め，言葉の裏側を読むこと，自分の本心を人に打ち明けること等の能力が苦手であるがゆえ，他人とコミュニケーションをとり，社会性を育んでいくことに問題を抱える子どもが多くなっている。

このような問題を抱える子どもが，インターネットやソーシャルネットワークサービスを利用し，他人の誹謗中傷を行ってしまうため，今までのいじめ問題とは過程の異なる新たな「いじめ問題」が，子どもの社会に発現し始めている。

(2) 現代社会の家庭の状況

以前の日本では，近代家族が有していた特徴（例えば，形態：大家族，機能：子どもの社会化，メンバーの情緒

安定機能，家族内における性別分業）の中での家族員の自由を尊ぶことが，家族の目指すべき理念とされてきた。この考えを基に，家庭においても家族の機能を保つ環境を整えることに重きが置かれ，子どもと大人の間に厳格な上下関係が存在する中で，家庭の教育力が子どもを育んできた。

しかし，1980年代後半から1990年代にかけて，社会的動向（例えば，ジェンダー論に代表される性別役割の不平等，女性にかかる育児や介護等の負担に対する認識等）の影響によって家族の中での家族員に対する価値（例えば，個人の尊厳，男女の平等性）が新たな家族の価値観として定着した。その結果，「個人尊重家族」という新たな家族モデルによって，家族はそれぞれの家族員が家族内で平等なメンバーとして個人が尊重され，相互に情緒的な機能を家族から享受する安らぎの場と認識されるようになってきた。この考えを基に，家庭においても，家族成員個々のライフスタイルを尊重しながら，環境を整えることに重きが置かれ，子どもと大人の間に存在した厳格な上下関係が希薄になった結果，家庭における教育力の低下もその変化に連関した形で起きている。その結果，倫理観の欠如，社会性の欠如等の特徴が見られる子どもが増加している。

また，以前は家族の形態が大家族中心だったため，生活場面における問題を家庭の成員同士で解決することがで

きていた。しかし，現在ではその形態が核家族中心となっており，その結果家族がもつ機能の縮小化が起き，家庭内で問題を抱えても，家庭の中で解決することが困難になっている。介護問題や育児問題が社会問題化して社会福祉領域の解決すべき問題となっているのは，まさに家族を含む家庭がもつ機能が縮小した結果にほかならない。

さらに，地域内でも人と人のつながりが希薄化した地域が増加し，地域で生活する家庭を構成する家族員同士の交流が希薄化している。以前は，子どもに対して，地域内における人と人のつながりが強かったため，社会性や倫理観，道徳観等の側面にかかる教育的な機能をその地域で生活する大人が，自分の子どもはもちろん，他人の子どもに対してもその機能を担い，地域の中で子どもを教育し，見守ることが可能であった。しかし，地域内における人と人のつながりが希薄になった地域が増加した現在，その機能も失われつつある。

以上のように，家族や地域の様々な変化によって，家庭の様相も変わりつつある。その結果，家庭内で生活場面における様々な問題を抱えた家族員，特に親が，その問題を解決することが困難になっており，子どもが生活する家庭が安らぎの場ではなくなってしまう。虐待や子どもの貧困等，子どもが現代社会で受けている社会問題は，このような変化の中で生まれていると

言っても過言ではない。

2．社会的養護の必要性及び基本的な原理について

わが国における社会的養護は，「子どもの最善の利益のために」と「社会全体で子どもを育む」ことをその理念としている。この理念を具体的に実施するため，①家庭的養護と個別化，②発達の保障と自立支援，③回復を目指した支援，④家族との連携・協働，⑤継続的支援と連携アプローチ，⑥ライフサイクルを見通した支援を軸とした子どもへの支援を実施している。

この理念の背景には，日本国憲法第25条に規定されている生存権，同第13条の幸福追求権があるため，国はその責任を果たすべく，社会的養護にかかる子どもとその家庭に対する支援を行ってきた。

先に述べた子どもの変化と子どもを取り巻く現状は，子どもが生活場面において問題を抱えると，その解決を模索した場合，その状況によっては，解決が困難に陥る環境であることが推察される。

したがって，わが国における社会的養護は，生活場面で問題を抱えている子どもにとって，その育ちや自立を支援することにおいて，より重要な役割を占めている。また，子ども個々の特性や置かれた環境を考慮し，その育ちや自立を支援することが求められているため，実際の支援場面においては，より複雑で個別性の高い支援が求めら

れている。

さらに，地域社会の中で人と人のつながりが希薄になった地域が増加している現状で，今まで子どもを見守る環境であった地域が，その機能を縮小してしまっている現在においては，生活に問題を抱える家庭とそこで生活を送る子どもにとって，社会的養護の必要性が高まっていると考えられる。特に，生活に問題を抱える家庭で生活する子どもが抱える問題は，被虐待の問題がその代表的な問題となっているため，子どもを含めた家庭に対する支援を，国がさらに責任をもって行っていかなければならないと考えられよう。

問題を抱えた子どもにとって，「子どもの最善の利益のために」「社会全体で子どもを育む」ことは，国の責務である。そして，これらの権利を妨げられている状況にある子どもやその権利を結果的に妨げてしまっている家庭が増加している現在，具体的な支援の在り方も含め，今後の社会的養護が行う支援は，彼らの生活環境を整え，家庭が子どもの育ちを保障できるような場にしていくことと同時に，そこで生活する家族員それぞれの幸福を可能な限り追求できるような支援が求められている。

児童養護の意義と基本原理について

児童養護の体系は、「家庭での養育」と「社会的養護」に分けられる。家庭での養育とは、子どもが生まれた家庭で保護者によって子どもの保護・養育を行うことである。社会的養護とは、何らかの問題があり家庭での養護が困難な場合に、保護者以外の手によって、または家庭以外の場において公的責任のもとに子どもの養護を行うことである。

児童養護の目的は、保護者に限らずすべての国民と公的責任、すなわち国や地方公共団体等によって、子どもが心身共に健やかに成長できることを保障することにある。

子どもが心身ともに健やかに成長できることを保障されることは、日本国憲法第25条の生存権、及び児童福祉法第1条〜第3条によって規定されている。また、保護者が子どもの成長を保障することについても、教育基本法第10条「家庭教育」の条文によってその規定がなされている。

しかし、保護者が子どもの成長を保障する責任を一義的に有することを意味するわけではない。なぜなら、保護者が何らかの理由で子どもの成長を保障できないことも考えられるからである。その場合、保護者に代わり、子ど

もの成長を保障するシステムが社会的養護であり、公的責任において子どもの成長を保障することになる。

子どもの成長を保障するための基本原理としては、子どもの最善の利益を守ることが第一義として挙げられる。家庭での養育であれ社会的養護であれ、まずは成長過程における子どもの様々な権利を保障することで最善の利益を守ることが求められる。

また、すべての子どもを社会全体で育むことも基本原理として挙げられる。これは社会的養護の原理であり、すべての子どもを社会全体で育むことは国、及び国民の義務であると同時に、子どもにとっては権利でもある。

以上2つの基本原理をもとに、子どもの成長を保障するために、子どもの生活の場である家庭環境を整えるための家庭支援、家庭で生活することが困難な子どもに対しては、より家庭環境に即した環境の中での支援が実際に行われており、より個別化した支援が行われている。

また、支援の目的は、近年では「自立支援」がその目的となっており、擁護するのではなく、子どもの成長過程や個々の有する特徴に応じた自立を促す支援が求められている。

社会的養護の制度と特質について

社会的養護は，児童福祉施設で行われる「施設養護」と本来の家庭に代わる別の家庭に児童を預ける「家庭養護」に分けられる。これらのサービスを受ける対象は，何らかの理由で保護者が子どもの養育をすることが困難になった家庭の子どもである。

1．施設養護

施設養護は親に代わり，子どもの最善の利益を保障する生活環境を提供し子どもの健全な成長を支援すること，また各種の問題を有する子どもに対して専門的な治療や指導を行うことを目的としている。さらに施設養護には，問題のある家庭に対する指導や助言，そして支援も求められている。

現在わが国では，施設養護を行う施設として，乳児院，児童養護施設，児童心理治療施設，児童自立支援施設，母子生活支援施設，自立援助ホーム，児童家庭支援センターがある。

これらの施設ではそれぞれのサービスを，「居住型」と「通所型」に分けることができる。居住型養護とは，子どもを一定の期間施設で預かり，保護や養育・支援を行うものである。通所型養護とは，児童を親のもとから通わせて，養護を行うことである。

2．家庭養護

家庭養護は，社会的養護を必要とする子どもを家庭に預けて，家族の一員として養育・支援を行うことである。現在わが国では，家庭養護を実施するために，里親制度，ファミリーホームがある。

これらのサービスは，子どもを家庭に預けて養育・支援を行う形式から養子縁組との区別が一般的に行いづらいため，いまだサービスを提供できる里親のなり手が少ない。また，里親としての経験をある程度積んだ者でなければ預かることが困難な子ども（虐待経験を有する，発達・知的障害等）が社会的養護を必要とする子どもとして増加している。その結果，わが国では，里親制度やファミリーホームを利用する子どもが施設養護を利用する子どもと比較すると少なくなっている。

これは，より家庭的な環境で子どもの養育・支援を行えることがその一因ではあるが，子どもの最善の利益を考慮すると，子どものニーズに応じた養育体制を整えることが，今後の社会的養護には必要と言える。その例として，現在では施設養護も大舎制から小舎制へと運営形式が変化していることが挙げられる。

社会的養護の日常生活及び自立支援について

施設や里親制度を利用している子どもは，何らかの理由によって家庭生活を営むことのできない状況におかれている。子どもは様々な理由によって施設に入所するが，子ども自らの意思のみによって施設や里親制度を利用するわけではない。施設や里親は，児童にとって家庭に代わる生活の場となるだけに，生活に密着した養護機能をもっていなければならない。また，社会的養護が必要な子どもを，可能な限り家庭的な環境において安定した人間関係の下で育てることが近年では求められており，施設のケア単位の小規模化，里親制度やファミリーホームなどを推進している。

このような現状の中で社会的養護における支援目標は，子どもの最善の利益を基礎にした自立支援である。

施設や里親制度において生活指導を行っていく際に，支援者は次のような目標を念頭におくことが重要である。

第1は，「情緒の安定」である。これは，職員と児童が日常生活を通して温かな交流をする中で児童に自信を回復させ，その子ども本来の姿を取り戻すことである。入所してくる児童は精神的に打撃を受けている場合が多いので，心安らぐ家庭的雰囲気で情緒を安定させていくことである。

第2は，「心身の成長と健康を守り育てていくこと」である。身体が健康であればこそ，精神も安定し，健康でいることができる。したがって支援者は，保健衛生と安全には，十分に気を配っていくことが求められる。また，社会的養護の施設や里親制度を利用する子どもの多くが，虐待の経験を有しているため，心のケアを専門的に行える体制が必要となってくる。

第3は，「好ましい行動や人間関係の形成」である。入所してくる児童は，人間不信に陥っている傾向が強い。職員は児童の自主性を尊重し，個別的，集団的な生活を通して好ましい行動と人間関係のあり方を形成していかなければならない。

これら目標の達成のためには，現在，利用する子どもがどのような欲求（ニーズ）をもっているのか，これまでどのような家庭環境で暮らしていたのか，今後どうしていきたいのかなど，子どもの側に立った理解と支援が求められる。また，子どもの性格，発達段階，能力，学力，家庭環境などの問題についても，日常生活の中で対応し，子どもの最善の利益を念頭において解決していかなければならない。

社会的養護における親子・地域との関係調整について

社会的養護で実施されている子どもに対する支援は，家庭に代わって子どもを養護するが，子どもが一時的または緊急に利用するサービスであり，成人になるまで利用するものではない。社会的養護における支援目標は，子どもの家族の人間関係を安定させ，家庭の養護能力の回復を図り，子どもが家庭に復帰できるように調整することにある。調整の具体的な方法としては，主に「面会」「通信連絡」「外出」「帰省」の4つの方法が考えられる。

1．面会

施設入所等によって親子関係が疎遠にならないよう，入所時に親に対して面会を奨励することが大切である。親によっては，面会にまったく来なかったり，あるいは初めのうちはしばしば面会に来ていてもしだいに足が遠のいてしまったりすることがあるので，職員から親に面会に来るように働きかけることが必要である。

家族と離れて施設等で生活する子どもにとって親の施設等への訪問は家族の存在を再認識するうえで重要であり，親子の関係を維持・変化させることに役立つ。

2．通信連絡

手紙や電話で親子が通信連絡をとる

ことは，親子の心理的なつながりを豊かにするうえで効果がある。また，手紙を書くことは，子どもにとって文字や作文の学習に役立ち，一般常識を身に付けたり社会性を育てたりすることにもつながる。

3．外出

子どもがその親や家族とともに外出し，施設等の日常生活とは違った環境に身を置くことによって，開放感を味わいのびのびとした気持ちになる。それだけでなく，一緒に行き先を決めたり，買い物をしたりという体験を通して，親子の関係を深めることができる。さらに，外出は地域社会との接触をはかるうえでも大切である。

4．帰省

施設等では，お盆や正月，週末など，一時的に子どもを家庭に帰省させるようにしている。自分の家庭で親子水入らずの生活体験をすることは，親子関係の調整をすることに役立つ。また，親の責任感を養い，親の養護能力を回復させることも期待できる。

子どもの家庭復帰という施設養護の目標を達成するためには，以上の方法を子どもとその家庭個々の状況に合わせながら用い，お互いに協力していくことが大切である。

社会的養護に関わる職員の資質について

社会的養護に関わる職員は子どもに対して養育を通じて自立支援を行う。

養育とは，子どもが自分の存在について「生まれてきてよかった」と意識的・無意識的に思い，自信をもてるようになることを基本の目的とする。そのためには安心して自分を委ねられる大人の存在が必要となる。

子どものもつ潜在的な可能性は，開かれた大人の存在によって引き出される。子どもの可能性に期待を抱きつつ寄り添う大人の存在は，これから大人に向かう子どもにとってのモデルとなる。

子どもに対する支援は，家庭崩壊や親からの虐待を受けた子どもたちが，自分の存在を否定的に捉えていることに対して，まずは想像し，共感できるかが重要となる。また，子どもの親や家族への理解は，支援の「引き継ぎ」や「連続性」にとって不可避的課題である。子どもたちを大切にしている保育士の姿や，そこで育まれ，健やかに育っている子どもの姿に触れることで，子どもに対する親の考え方や態度等の変化も期待される。親の心の中に，子どもの変化を通して「愛」の循環が生まれるように支えていくことも大切である。

養育者は，子どもたちに誠実に関わり，コミュニケーションをもてない心情や理屈では割り切れない情動に寄り添い，時間をかけ，心開くまで待つこと，関わっていくことを大切にする必要がある。わからないことは無理にわかろうと理論や社会規範等を基準として納得してしまうよりも，わからなさを大切にし，見つめ，関わり，考え，思いやり，調べ，研究していくことでわかる部分を増やしていくようにする。その姿勢を持ち続けることが，気づきへの感性を磨くことになる。

子どもの養育を担う養育者の資質は，養育の場で生きた過程を通して培われ続けなければならない。経験によって得られた知識と技能は，現実の養育の場面と過程の中で絶えず見直しを迫られることになるからである。養育には，子どもの生活を全般的に捉え，日常生活に根ざした平凡な養育の営みの質を追求する姿勢が求められる。また，常に子どもの最善の利益を基準として，子どもが何を望んでいるのかということに配慮しながら，子どもとその家庭に寄り添い，子どもの自立に向けた支援を行うことが求められている。

子どもの支援におけるチームワークについて

社会的養護における施設等の支援場面は，子どもの生活の場であるため，児童指導員や保育士をはじめ，看護師，事務員，調理員などが，日々の様々な場面で子どもと接することになる。したがって職員同士が意思統一を行い，共通の理解をもって子どもの支援にあたらなければならない。なぜなら，職員によって異なる方針で子どもに対応すると，子どもはどの職員に従ったらよいのかわからなくなり，混乱してしまうからである。

職員間のチームワークを確立するためには，それぞれの専門性や役割を明確にし，互いに理解し合うことが大切である。また，チームワークを強めるために，日常の記録をとり，ケースカンファレンスを定期的に行うことで子どもについての情報を共有したり，職員会議で協力体制を確認したりする必要がある。

また，このように施設職員が協調して子どもの支援にあたることができるよう，施設長は常に職員の間のチームワークが働くよう，施設内での指示系統を明確化し，セクションごとの問題を常に把握しながら，職員同士が個々に問題を抱えないような職場環境を整え，施設全体で問題を解決できる風土を整えなければならない。

また，社会的養護の施設等サービスにおける生活支援の方法は，個別支援と集団支援の2つに分けることができる。

個別支援とは，入所している子ども一人ひとりの独立した人格を尊び，それぞれの年齢や性格，発達段階，能力に応じた支援を行うことである。施設では家庭的背景や，生まれ育った社会的環境や生活環境・生活経験が異なった子どもが，集団で支援を受けることになる。したがって，職員はそれぞれの子どもが置かれてきた環境が，その子どもにどのような影響を与えているかを理解し，それぞれの子どもの違いを理解して，支援を行っていかなければならない。

一方，集団支援は，子どもが施設で集団生活をする中で，ほかの子どもとの関わり合い方を学ばせ，助け合いの精神や他人との信頼関係を育てていくことを目的としている。集団支援は画一的で自由を束縛するものと受け止められがちであるが，集団の良いところを積極的に生かして支援することが，子どもの成長発達，自立に役立つと考えられる。

◎参考文献

最新保育士養成講座総括編纂委員会『最新 保育士養成講座⑤ 社会的養護と障害児保育』全国社会福祉協議会，2019.
松浦崇『社会的養護』近畿大学弘徳学園，2013.

吉田眞理編著，坂本正路・髙橋一弘・村田紋子『児童の福祉を支える社会的養護Ⅰ』萌文書林，2019.

◎保育の本質・目的に関する科目

第18章
保育者論

保育者の専門性について，他の専門分野との違い及び専門性向上のための具体的な方法について述べよ。

1．新たに求められる保育者の専門性

2010（平成22）年3月に，保育士養成課程の改正で，4単位だった「保育原理」が「保育原理」と「保育者論」の2単位ずつに分けられた。従来の保育の基本的な原理は，子どもの最善の利益を尊重する，一人ひとりの発達を保障するなど，子どもを保育するための原理であった。その後，社会の変化に伴い，子どものために保育はどうあるべきかだけでなく，働く保護者，子育て不安を抱える保護者，子ども虐待の増加などに対応できるよう，保育者に求められる専門性が拡大した。つまり，子どもの保育に加えて，保護者支援や多様な専門職との協働と連携，地域社会との連携などのチームワークと，自己評価を繰り返し向上する専門性が加わってきた。

直接子どもに関わる保育が求められる場にしても，生活形態が変化し働く母親は増え，3歳未満児の保育と学童保育，児童養護施設などの18歳を超えるまでの発達の理解や傷ついた心の理解と対応などを必要とする保育，要助児（一般的に「気になる子ども」といわれる，「診断の有無に関わらず，補助・支援できる人を必要としている子ども」）の保育など，質の高い専門性を求められるようになった。

複雑な社会の変化を背景に新たな課題も続出している。高齢出産，人工的出産，多胎児の増加，低体重児の増加もあり，子どもも親の子育ても支えなければならない。

それらに共通する基盤となる専門性は，感受性，観察力，共感性，愛情，倫理観，道徳観など，相手の人格を尊重して人として関わるあり方である。

2．保育士の専門性習得の特殊性

(1) 生涯発達の基盤を培う時期

① 乳児期の発達の特性：存在の肯定

母胎に包み込まれて安心している胎児の状態から，誕生後の乳児は，見ること，聞くこと，全て初めての世界の中で警戒心いっぱいに様々なものと出会う経験をしている。そこで不安をなくす心地良い関わり方が子どもの気持ちを外に開くきっかけになる。初めての人との出会い，初めての物との出会いにおいて，自分の感じ方に寄り添って支えて安心させてくれる人の存在があれば，外界に関心を広げ発達が促されるのである。徹底して子どもの気持ちに寄り添える人，自分のしていることを受容し，自分のしようとしている

ことに共感し，共に歩んでくれる人を乳児は必要としている。それは，乳児のありのままを肯定すること，子どもの気持ちに寄り添い関わることである。心地良い人としてのやり取り，応答関係は，人間関係の基盤や心の育ちにも深く影響していく。

② 幼児期の特性：自我の成長

2歳頃には，自我の成長が著しく，人間関係において多様な関係の仕方を体験する時期である。大人が主導しようとすると「いやだ」とか「自分で」というように自己主張をするようになる。したいことが明確になり，自分が納得するまで主張するようになる。そのような時，大人が子どもの言い分を無視し，大人の主張に従わせようとすると自己主張の強い子どもほど，相対する大人に抵抗する。子どもには子どもの感じ方や意図があるのだから，それに気づいて，子どもの気持ちや意図に共感し寄り添うことができれば，自分のことを理解してもらえた，自分を尊重されたと感じるはずである。自分を尊重してくれていると感じる人との関係であれば，その人の言うことも素直に聞けるゆとりが生まれる。このような時期に関わる保育者は，子どもの気持ちを尊重する関わりと，あるべき方向を気づかせるよう導くことが必要である。その結果として子どもの気持ちに共感し，信頼関係をつくることができる。

3歳頃には，自己主張を言葉で表現できるようになり，物の取り合いや意見の食い違いなど，対立を経験するようになる。そのような時，保育者はどちらの気持ちも理解し受容し，関係を調整することになる。自分が大事にされ，また，誰もが大事にされる温かい人間関係が展開する状況での体験を通して，子どもの我慢や人に譲る思いやりが育っていく。

(2) 環境を通しての養護及び教育

子どもの状況や発達の過程をふまえ，環境を構成，再構成し，その環境を通して養護及び教育を一体的に行う。

(3) 子育て支援と保育に関する指導

保護者に対する支援や地域の子育て家庭に対する支援の役割，さらに保育に関する指導の役割もある。

3．専門性はどのように育まれるか

(1) 実践体験の振り返り

授業で組まれている幼稚園教育実習，保育実習，施設実習における実習体験，自主的なボランティア体験，それらの経験の日々の振り返りは貴重なものとなる。保育所保育指針にうたわれているように就職後も研修に参加することが求められている。

こうした専門性は経験を積み重ね高めていくものである。保育者養成校でなされることは，保育者としての基礎・基本と専門的知識，技術に過ぎないといってもいいだろう。養成校ですべきことは，主に「保育者としての学びを学ぶ」ことである。そのために学

生は基本的な学び続ける姿勢・態度を培ったうえで，専門的な知識・技術だけではなく，専門職としての自覚，人と関わることで習得していくために必要な学びが求められる。その意味でも実習などでの保育実践の振り返りは欠かすことができない。自己評価を繰り返し向上する専門性である。

(2) ふるまいながら考える

保育実践のトレーニングは，保育現場以外でも可能である。ここでは例として，心理劇の技法を取り入れ，ロールプレイングやグループ討論を通して学ぶことを挙げる。

運営方法としては，保育の場面など，様々な場面を設定し，「今，ここで，新しく」即興的に役割を演じる。演じた後，演者として役割を演じての気持ちや人間関係の動きについての発見や，観客として見ていての気づきを話し合う。

役割を演じることに恥ずかしいと感じるなど，演じることに馴れるためには準備段階が必要であるが，次第に行為でふるまうとともに，演者としての気持ちを感じつつ表現ができるようになる。他者には不可解な行為やことばの表現であってもその意味を深く読み取ることができるようになる。

相手の演じ方に即応して求められる自分の対応の仕方を意識する体験を経て，現場での実践中の関わりにおいても，意識の分化ができるようになる。子どもの情緒，認識，行為に敏感に気づくようになると同時に，保育者自身の情緒，認識，行為について，ふるまいながらの振り返りを可能にする。

(3) ふるまいながら考えられるために

① 状況のイメージを思い浮かべ演じる

方法：何か物を思い浮かべ演じる・人を思い浮かべ演じる・人と物を思い浮かべ自分の役割を思い浮かべ演じる・友達が何かを思い浮かべ役割を演じ始めた時即興的に相手役になる。

効果：即興的にふるまう経験を通してどんな状況にも臨機応変にふるまえる。

② 自己になる，人になる，物になる

方法：3人が状況における自己・人・物の役割をそれぞれ取り，自己役のイメージする状況に即応し，人役，物役を，自己・人・物の順に取ることを繰り返す。人や物は次々と新しい役割を取って何回か巡る。

効果：自己と人と物が関わりながら変化していく関係に気づき，変化を誘う物や人になることを意識する。

4．チームワークの取り方

チームワークは，それぞれの立場を尊重した連携が必要である。保護者支援であれば保護者の立場を受容しつつ保育者の考えと共通になれることを創り共に歩むことになろう。様々な課題を抱えた子どもや家族には地域資源や他の専門職との連携も必要となる。

現代社会において求められる保育者像について

現代では，子どもを育て，保護者の精神の安らぎを促すという機能が社会化される流れになっている。保育者には，子どものために家族がもっていた人間的な営みである保育を親に代わって担うばかりでなく，親の子育て支援や精神的な安らぎまでも配慮する役割が求められるようになってきた。その保育や支援に共通に流れるものは，乳幼児も親も誰をも人として尊重し，大事にするあり方であろう。

1．肯定的な視点をもつこと

日本の幼児教育の思想家として代表される倉橋惣三（1882-1955年）は『育ての心』という著書の中で「驚く心」と題して「おや，この子にこんな力が。…あっ，あの子に，そんな力が。…驚く人であることにおいて，教育者は詩人と同じだ」と述べ，一人ひとりの子どもの良さを見つけられること，そして，あなたはなんてすばらしい子なの，という驚きをもって応答できることが，人と人の信頼関係を築いていくうえで重要であるとした。子どもの存在そのものに，意味を見出し，驚き，感動し，共感できる人になることで，保育者と子どもの絆は結ばれていく。

2．共に育つあり方を

「子どもは心もちに生きている。その心もちを汲んでくれる人，その心もちに触れてくれる人だけが，子どもにとって，有り難い人，うれしい人である。…子どもの心もちは極めてかすかに，極めて短い。…かすかにして短き心もちを見落とさない人だけが，子どもと倶にいる人である」（倉橋）。どんな行動にも子どもの気持ちを感じとり，子どもの気持ちに寄り添い関わることのできること，それは子どもと共にいて子どもの姿から学ぶことのできる人になることである。自分を真に大切にしてくれる人から子どもは多くを学び，共に育ち合う関係が築かれていく。

子ども（自己）は周りの環境との関係の中で存在している。子どもの行動に問題を感じたら，子どもの「今，この」状況について考えてみることである。大人が「この子は片づけてくれない」と思う時などのその子の様子は，遊びに夢中になって，物との関係で発見や創造性を発揮して充実感を感じている素晴らしい姿かもしれない。そのような時どのように子どもに関わるとよいだろうか。自らの子どもへの関わりを振り返り，自分が変わることで子どもが変わるあり方，共に育つあり方を探ろう。

保育士資格，幼稚園教諭の制度上の定義，職務上の役割について

保育者は，それぞれの場において特徴づけられる仕事の違いはあるが，幼稚園教諭，保育所の保育士，認定こども園の保育教諭，施設の保育士，いずれも，「子どもの活き活きした生活の構築」と「生活を通して子どもの成長・発達を援助する」ことを目指している。

1．幼稚園教諭

子どもの発達・成長を促す人としての関係を築くモデル，愛着対象としての役割が大きく，子どもとの信頼関係を築くことが基本とされる。園での時間が充実したものとなるように，子ども一人ひとりの興味関心や発達に気を配り，園やクラス全体の流れを把握し，長期・短期の指導計画の立案や準備をする。日々，子どもと直接関わる保育ばかりでなく，記録と反省に立った環境構成，保育準備がある。その他の仕事として，行事や保護者との連携，会議，研修，他園・小学校・地域との連携などもある。

2．保育所の保育士

保育所の保育士の仕事は，子どもの安全・安心を確保する「養護」と心身の発達の支援をする「教育」が一体となった保育である。親と共に，乳児の愛着対象になる，すなわち，乳児期に

おける発達の基盤を築く重要な役割がある。保育所の1日は長く，子どもの負担も大きい。保育者は子どもの心身の状態をきめ細かく観察し，柔軟な対応が求められる。保育計画や行事，その他の仕事はほぼ幼稚園と同様である。

3．認定こども園の保育教諭

認定こども園は幼稚園と保育所の機能を総合的に提供するもので，「保育教諭等は，園児との信頼関係を十分に築き，園児が自ら安心して身近な環境に主体的に関わ」るような環境を構成するように努める。これは，幼稚園教諭と保育所保育士に共通することである。加えて，子どもによって集団経験や保育時間の異なることへの配慮が必要である。子どもが安定感をもち，自分の気持ちを安心して表すことができ，周囲から主体として受け止められ，主体として育ち，自分を肯定する気持ちが育まれていき，心身の疲れが癒されるようにする役割のもつ意味は大きい。

4．児童福祉施設における保育士

児童福祉施設は主に満18歳までを対象とするので，保育士は，幅広い発達の理解と，傷ついた心の理解と対応など，質の高い専門性を必要とする。

保育者の倫理について

１．全国保育士会の誕生

今日の保育者における倫理の柱となっている全国保育士会倫理綱領は，2003（平成15）年2月の全国保育士会委員総会にて採択された。

全国保育士会は，保育士（当時は保母と呼ばれていた）の待遇水準が今日よりも圧倒的に低かった1954（昭和29）年に，結成の動きが始まった。この動きが結実し，2年後の1956（昭和31）年に「保母会」が誕生し，これが名称の変更を経て今日の全国保育士会に発展してきた。

２．全国保育士会倫理綱領

この倫理綱領は，以下の宣言に始まる。「私たちは，子どもの育ちを支えます」，「私たちは，保護者の子育てを支えます」，「私たちは，子どもと子育てにやさしい社会をつくります」。つまり，倫理綱領は単に子ども相手のものではなく，子どもが育つ家庭・社会との関わりも含むのである。

各項目の概要は以下の通りである。

⑴　子どもの最善の利益の尊重

保育を通して1人ひとりの子どもの最善の利益を第一に考える。

⑵　子どもの発達保障

養護と教育が一体となった保育を通して，子どもの健康に配慮しながら適切な環境のもとで保育し，生きる力を育む。

⑶　保護者との協力

子どもと保護者の置かれた状況や意向を受け止め，保護者とより良い協力関係を築きながら，子どもの育みを支える。

⑷　プライバシーの保護

1人ひとりのプライバシーを保護するため，保育を通して知り得た個人の情報や秘密を守る。

⑸　チームワークと自己評価

職場におけるチームワークや，関係するほかの専門機関との連携を大切にし，保育者は子どもの立場から自己評価を行う。

⑹　利用者の代弁

保育や子育て支援を通して子ども・保護者のニーズを受け止め，子どもの立場からそれらを代弁する。

⑺　地域の子育て支援

地域や関係機関とともに子育てを支援し，そのネットワークにより，地域で子どもを育てる環境づくりに努める。

⑻　専門職としての責務

研修や自己研鑽を通して，常に自らの人間性と専門性の向上に努め，専門職としての責務を果たす。

保育の思想と制度のあゆみについて

今日の保育は，17世紀以降の西洋教育思想，及びそれらを土台にして形成されてきた保育制度の変遷の中で生み出された。その先駆はチェコ出身のコメニウス（17世紀）で，世界最初の絵入り教科書（子ども向けの百科事典）である『世界図絵』において，文字による説明に加え，事物による直観教授を提唱した。以下，フレーベル，倉橋惣三という保育思想の二大巨頭以外の人物についてまとめる。

1．ルソー（18世紀，フランス）

啓蒙思想の影響を受けつつもその枠を超えた思想家として知られるルソーは，主著『エミール』において，想像上の男子（孤児）を誕生から結婚するまで家庭教師がどう育てるかを描いた。その過程で，子どもの教育目的は，子どもの発達それ自体の中にあるとし，子ども固有の性格や自然性・内発性を探究したうえで，教育対象としての「子ども」を「発見」した。

2．ロバート・オーエン（19世紀，イギリス）

産業革命期の労働問題に直面し，年少者の労働時間を制限する工場法の制定に尽力したことで知られるオーエンは，人間の性格は環境に依存すると考え，自分の工場施設に幼児学校と初等学校が融合した「性格形成学院」を開設した。これはイギリスにおける幼児教育発展の端緒となり，フレーベルの幼稚園（Kindergarten）に先んじていた。

3．赤沢鍾美（19世紀末，日本）

明治中期（1890年頃）は，まだ農家が多く両親は日中働いていたので，下の子のお世話を上の子がするのが当たり前だった。この頃に赤沢が妻と設立した新潟静修学校付設託児所は，日本の託児所（保育所）のルーツといわれる。この託児所は，静修学校に幼い妹や弟を背負って通う生徒が勉強している間，その妹や弟を預かり，歌や手芸を教えたことに始まり，後に就労する保護者からも乳幼児を預かるようになり託児所として発展していった。

4．野口幽香（20世紀初頭，日本）

裕福な子が通う幼稚園に勤めていた野口は，明治後期（1900年頃）に産業革命で貧富の格差が急速に拡大する中で，貧民層の子どもにも幼稚園と同じ保育をしたいと願い，森島峰とともに私立二葉幼稚園を開園した。3歳未満児を預かり，早朝から夕方までの保育を行うなどして，家族の就労を支えるとともに，裕福ではない家庭の子どもにフレーベル主義の保育を行った。

子どもの豊かな生活のための保育者のあり方や子どもへの配慮について

保育にあたって特に子どもへの配慮が必要な3項目について示す。

1．環境を通しての保育

現行の法令では、保育所保育指針では「環境を通して、養護及び教育を一体的に行う」、幼稚園教育要領では「幼児期の教育は（中略）環境を通して行う」と明記されている。

ここに言う「環境を通して」とは、環境構成及び再構成により子どもが自発的に遊び、育まれるよう保育者が配慮するということである。この「環境」とは、物的環境・人的環境などといった子どもと関わりのある全ての外界であり、領域における「環境」が主に自然環境・社会環境から成る学びの対象であるのとは異なる。

保育者には、幼児の主体的な活動が確保されるよう環境を構成・再構成することが求められる。

2．幼児の主体的な活動

では、幼児の主体的な活動は法令でどのように位置づけられているのだろうか。

「主体的」は実に多用される言葉ではあるが、特に、保育所保育指針では第1章総則の2「養護に関する基本的事項」に「保育士等との信頼関係を基盤に、一人一人の子どもが主体的に活動し、自発性や探索意欲などを高める」とあること、幼稚園教育要領では第1章総則の第1「幼稚園教育の基本」に「教師は、幼児との信頼関係を十分に築き、幼児が身近な環境に主体的に関わり」とあるのが重要である。すなわち、幼児の主体的な活動は保育者との信頼関係を基盤として初めて実現するのであり、保育者は幼児の主体的な活動が確保されるよう、環境を構成し、子どもとの信頼関係を構築せねばならないのである。

3．保育の目標

保育所保育指針では、「保育の目標」を示すにあたり、「保育所の保育は、子どもが現在を最も良く生き、望ましい未来をつくり出す力の基礎を培うために」その目標があると述べられている。その目標とは、養護及び5領域であり、これらは保育の基本中の基本として、保育者が常に気を配らねばならないことである。

また、幼稚園での保育目標は学校教育法第23条に記されており、5領域の内容を達成することとされている。

保育における省察（せいさつ）の重要性について

１．実践の振り返り

「子どもが帰った後で，朝からのいろいろのことが思いかえされる。われながら，はっと顔の赤くなることもある。しまったと急に冷や汗の流れ出ることもある。ああ済まないことをしたと，その子の顔が見えてくることもある。――一体保育は……。一体私は……。とまで思い込まれることも屢々である。／大切なのは此の時である。此の反省を重ねている人だけが，真の保育者になれる。」倉橋惣三の有名な言葉であるが，絶えず日々の実践を振り返り反省し成長し続けて，つまり省察することで，真の専門家になれる。

２．意識の分化・行為法を通して

子どもと向き合っている「今・ここ」での自らのふるまいを客観的に見ることができるであろうか。今ここで子どもと関わり，ふるまっている自分を客観的反省的に見られれば，即座に修正ができ子どもとの関係を変えられる。「今・ここで・新しく」ふるまえる自分になる，ふるまいながら考えるために行為法は研修に有効である。

トラブルが起きた時など「どうしたの？」という口調に「また悪いことをして」という保育者の気持ちが反映しやすい。「何がしたかったの？」「何か困ったことがあったの？」と言えば，結果は問題と見えても，子どもは，何をしたくて，どうしてそんなことになったかの動機と経過が尊重され，保育者に受容されていると感じて，結果について自ら考える余裕が生まれる。

３．子どもの問題の成立と視点の転換

子どもの問題は，目立つものと目立たせるものとの関係で成立し始める。活発で興味関心が強く，いろいろなことに気づいて遊びを創り出す子どもが，おとなしく大人の指示を待ち言われた通りに動く子どもの多い集団にいると，指示を破って困った子どもと見えてくることがある。また，「目が合わない」「身体が硬い」「何か問題があるのではないか」と疑いや不安をもって見ていると，子どもはその視線を冷たく感じ，緊張し視線を避け，身体や表情も硬くなる。子どものしていること，しようとしていることを温かく認めていれば，子どもは安心でき，その人に興味をもち，じっと見つめつながり合おうとしてくるものである。つまり保育者自身が我が身を振り返り，子どもへの関わり方を変えることができれば問題をなくすことができるであろう。

◎参考文献

秋田喜代美編集代表『今に生きる保育者論』みらい，2016.
倉橋惣三『倉橋惣三選集③ 育ての心』フレーベル館，1965.
厚生労働省『保育所保育指針（平成29年告示）』フレーベル館，2017.

汐見稔幸・大豆生田啓友編『最新保育講座② 保育者論 第2版』ミネルヴァ書房，2016.
内閣府「令和3年版障害者白書」2021.
文部科学省『幼稚園教育要領（平成29年告示）』フレーベル館，2017.

◎保育の対象の理解に関する科目

第19章

保育の心理学

エリクソンの発達段階のうちどれかを選び，その特徴をまとめ，その段階に起こりがちな危機を1つ挙げて，その対応について述べよ。

　エリクソンは，出生から死までの発達段階を，「乳児期」「幼児期前期」「幼児期後期」「児童期」「青年期」「前成人期」「成人期」「老年期」の8つに分け，それぞれに心理社会的危機を挙げている。本稿では，乳児期の発達的な特徴と，起こりがちな危機，及びその対応について考察する。

1．乳児期の発達的特徴

　乳児期とは，誕生から1歳になるまでの時期を指す。特に，誕生から1か月時までを，「新生児期」と呼ぶ。新生児期の特徴としては，「生理的早産」と呼ばれる，一見すると「無力な状態」と見える特徴がある。この時期には，自分で移動するどころか，姿勢を維持することもできない。この時期の運動は原始反射と呼ばれる反射によって支配されており，自らの意思による運動は制限されている。

　原始反射の例には，手のひらや足の裏に触れるものを握りしめる把握反射や，足の裏を平面につけると，歩行するように脚が交互に動く歩行反射などがある。これらの原始反射は，最低限自らの身を守るためにもって生まれてきたものであると考えられている。

　感覚機能としては，出生よりも前に，音が聞こえていることが確認されている。それは，誕生後，母親の胎内で聞いていた言語を好むことから明らかにされている。新生児期から乳児期にかけて，高いトーンの若い女性の声を好むことも示されている。視覚機能は，抱っこされた時の養育者の顔の位置である，距離として約20cmのところに，焦点が固定されている。新生児期には情報の処理能力が未熟であるため，重要な情報（すなわち，養育者の顔を見ること）に制限されると考えられている。

　生後1か月を過ぎると，より明確にヒトに対する興味が増し，自らの働きかけ（笑い，発声など）に対して養育者が応じる，養育者からの働きかけに対して反応する，という「やり取り」（コミュニケーション）が発達していく。微笑み自体は，生得的に備わっており，それは，新生児期にも「生理的微笑」と呼ばれる微笑みが見られることからわかる。しかし，メッセージとしての微笑みが出現するのは，生後3か月頃になってからである。これは「社会的微笑」と呼ばれ，相手と自分

とで微笑みのやり取りをする，相互的なコミュニケーションとなる。

　乳児期半ばには，座位がとれるようになり，ハイハイをするなど，自ら移動することができるようになる。乳児期後期（生後9か月頃）になると，養育者とそうでない人々とに対する反応の仕方が異なるようになり，養育者に対する愛着行動が見られ始める。養育者の姿が見られないと，泣く，追うなどの接近行動が見られたり，養育者から離れるのを嫌がる「分離不安」などが見られたりする。

　また，「社会的参照」と呼ばれる，「養育者の顔色をうかがう」かのような反応も見られるようになる。これは，養育者の感情によって自分の行動や考えを調整しようとするものである。これは，それ以前の「自分とモノ」「自分と人」という「二項関係」から，「自分と人とモノ」という「三項関係」への移行を示しており，その後の言語発達につながっていく。

2．乳児期に起こりがちな危機

　エリクソンによると，乳児期（誕生から1歳）の心理社会的危機は，「基本的信頼感　対　不信」として表される。これは，養育者（＝世界）に対する信頼感と，自己に対する信頼感の2つに分けられる。

　養育者が，温かく愛情のこもった養育を行うことで，子どもの情緒は安定し，「世界は安心して生きていける場所である」「世界を信頼することがで

きる」という体験ができる。一方で，虐待のような不適切な養育が行われると，世界は安心して過ごすことのできない場所であり，生きていくことが困難であるという，世界に対する不信感を抱くことになる。これらが人生を通じて，他者に対する基本的信頼感の基礎となると考えられている。

　もう1つは，自己に対する信頼感である。自分の働きかけによって，養育者の応答を引き出すことができるかどうかが，自己に対する信頼感を培ううえで重要となる。例えば，空腹などの不快感情を抱いている時，それを養育者に泣きで訴えることで，養育者からの温かい声がけ（「まあ，どうしたの？　よしよし」など）や，身体接触（抱っこするなど），世話による問題解決（授乳する，オムツを交換する，など）が直ちに行われる。その結果，乳児の不快感情は解消し，また元の快適な状態に戻ることができる。

　このように，自分の働きかけが，養育者の温かい養育行動を引き出すということが繰り返されることにより，乳児は，自分の行動によって問題を解決できるという，「自己効力感」を体験することができる。自己効力感は，「自分はできる」という自分に対する信頼感につながるのである。

　しかし，何らかの理由でこうした働きかけができないと，自らの働きかけによって，養育者の行動を引き出す，という体験をすることが難しい。ある

いは，何らかの理由で，養育者が適切な応答ができないと，自分がどんなに働きかけても，問題が解決しない，という体験につながる。

例えば，本来であれば，空腹などの不快感情を，泣きによって養育者に訴えることで，適切な応答が得られるところを，適切に応答できない（泣きを無視して応じない，など），あるいは不適切な応答をする（泣いている乳児に怒鳴る，暴力をふるう，など）ことによって，自分の行動は問題を解決しないことを体験する。

このように，自分の働きかけは，養育者からの適切な応答を引き出さないという体験が繰り返されることにより，乳児は自分の働きかけは意味がない，「学習性無力感」を体験することになる。その結果，乳児は自ら働きかけをすることがなくなり，自分に対する基本的信頼感が育つ機会を逸することになる。

3．乳児期に起こる危機への対応

既述したように，乳児期における危機は，基本的信頼感が獲得されないことであり，その要因は上に挙げたとおり，(1)養育者が乳児からの働きかけに適切に応答できないこと，(2)乳児からの養育者に対する働きかけがないこと，である。

(1) 養育者による適切な応答について

養育者が乳児からの働きかけに対して，適切に応答できない理由は多様であり複雑であるが，養育者の精神疾患やストレス状態にも関連している。

特に，出産後は，マタニティ・ブルーズと呼ばれ，多くの母親が出産前後のホルモンバランスの変化や，新生児を迎えるという大きな環境変化によるストレスなどが重なることにより，一時的な抑うつ症状を示すことがある（これが長期化したものを産後うつ病と呼ぶ）。こうした抑うつ症状により，乳児の働きかけに対して温かい感情のこもった応答をすることが難しくなり，その結果，乳児の基本的信頼感の確立に否定的な影響を及ぼす。

したがって，危機への対応としては，養育者の抑うつ症状を早期に発見し，抑うつ症状の治療やストレスの軽減を通じたサポートを行うことが重要である。

(2) 乳児からの働きかけについて

乳児のもともともっている特徴により（脳機能の障害など），乳児による働きかけ・シグナルが少ない，弱い，読み取りにくい，といった場合がある。そのような場合，わずかなシグナルにも反応することや，働きかけがなくても積極的に関わることが必要となる。

このようなきめ細やかなやり取りには，より養育者の敏感性が求められる。こうした養育者を支援するためには，少しでもストレスの軽減につながるような関わりをし，親子関係を支援していくことが求められる。

「発達」の今日的意味について

「発達」は"development"の訳語である。『新英和中辞典（研究社）』によると"development"は，発達，発育，進展，発展，開発，展開，などの意味をもっており，生物学の分野では，発生という意味をもつ。したがって「発達」という言葉は，より良くなる，完成体に向かって進化・進歩していくという意味をもっている。そのため，かつて発達心理学における「発達」も，無力で未熟な子どもが有能な大人になっていくことと捉えられていた。

しかしながら，今日の発達心理学では，「進化」「進歩」という「右肩上がりの変化」を指すものではないという考え方に変化している。第1に，進化は進歩とは限らない。ヒトはサルから進化したと考えられているが，ヒトがサルより「進歩」しているとはいえない。確かに，知能の面では優れているといえるかもしれないが，その「優れた」知能は，環境破壊や大量破壊兵器を生み出すことにもつながっており，決して「進歩」とはいえない。第2に，大人は子どもよりも全てにおいて絶対的に優れているとはいえない。子どもは大人のようなたくさんの知識をもたないことによって，自由で豊かな発想ができることが挙げられる。また，自分の能力としてできることは限られている。生まれたばかりの乳児は，自分一人で生きるための術はほとんどもっていないが，外見の可愛さや泣き，微笑みによって，対価を払うこともなく，周囲の人から世話をしてもらう能力を有している。このようなことは大人にはできないことである。

このようなことから，「発達＝進歩」という考え方から，「発達＝経時変化」という考え方へと捉え直されている。その結果，子どもが大人になるプロセスのみならず，大人が環境と折り合いながら変化していくプロセスも研究の対象とすることが可能となった。

また，近年の少子高齢社会という背景も，「発達＝進歩」ではないという考え方に影響を与えている。これまで考えられていたような，「成人期以降の人間は，それまで獲得してきた能力を維持，あるいは喪失していく」，というだけではなく，成人期以降に新たな能力を獲得するなど，変化し続けることが明らかになってきたからである。

人間が生涯にわたって発達するという「生涯発達」の考え方は，成人期以降の人々がどのように変化していくのかを捉えるための，包括的な視点を与えているのである。

発達を規定する要因について

発達を規定する要因として「遺伝」対「環境」の論争が長く存在した。

遺伝説（成熟優位説）では，人間の発達は生まれつき（生得的に）決まっていると考えられた。つまり，環境によって人間の発達は規定されるのではなく，生物学的に決定づけられており，時間の経過によって必然的に変化，成熟していくという考え方である。遺伝説（成熟優位説）を主張した研究者の中でも有名なのはゲゼルである。ゲゼルは，一卵性双生児（遺伝的に同一と仮定される）を対象とし，双生児がまだ階段を自力で上がれない段階で，一方には「階段上り」の訓練を行い，もう一方には訓練を行わずにその後の技能を比較した。その結果，初期に訓練を行うかどうかに関わらず，時間の経過によって可能になることから，成熟が重要であると主張した。

一方，人間の発達を規定する要因として環境の重要性を主張するのが，「環境説」である。「野生児」と呼ばれる事例は，人は人間社会に育たないと人間らしく成長しないことの証拠として挙げられる。環境説は，生後の学習を重視する「行動主義」によって説明される。行動主義を提唱したワトソンは，刺激と反応の法則によって，どんな行動も予測とコントロールが可能であると主張し，子どもの遺伝的な特徴に関わらず，どのような人間にもできる，と発言した。

このような両極端な二者択一的な議論は，現在では不毛であり無意味とされ，「遺伝と環境の相互作用説」が広く受け入れられている。遺伝と環境の相互作用説には3つの法則がある。

1) 遺伝的な素質をもっていても，それが発現できる環境がなければ現れない。例えば，優れた音楽的才能があったとしても，音楽に触れる環境がなければ芽が出ないだろう。

2) 遺伝的な素質の種類によって，環境による影響の受け方が異なる（ジェンセンの環境閾値説）。例えば，音楽的才能を開花させるためには，音楽に触れるだけではなく特別な訓練も必要だろうが，特別な訓練や環境がなくても身長は伸びるだろう。

3) 遺伝的な素質をもつ個人が環境に働きかける。例えば，音楽的才能の遺伝子をもつ子は，同様の遺伝子をもつ親によって音楽に触れる環境を提供されるだろう。あるいは，大人になって自らの才能を開花させる環境を選ぶだろう。

各発達段階の特徴とエリクソンの心理社会的危機について

エリクソンは，フロイトの心理性的発達論を基に，対人関係を重視した心理社会的発達論を確立した。これによれば，人生には8つの発達段階があり，それぞれに心理社会的危機がある。

1．乳児期（誕生～1歳）

乳児期には，母親（母親的人物も含む）から，愛情のこもった世話を受け，安心していられる，世界を信頼する，という状態を得る。また，自分が働きかけることで母親から肯定的な反応を得られるという自分に対する信頼感を得ることが重要な課題である。不信感よりも信頼感を大きく体験できることが人生の基礎となる。

2．幼児期前期（1歳～3歳）

幼児期前期では，トイレトレーニングとそれにまつわる「しつけ」が重要となる。自分の意志で排泄を行うことは自律性につながり，それに失敗することは恥や，自分では十分にコントロールできないという「疑惑」につながる。親によるしつけの厳しさの程度が重要な要因として挙げられる。

3．幼児期後期（3歳～6歳）

積極性（自発性）と罪悪感がこの時期の課題である。フロイトの心理性的発達における「エディプス期」にあた
る部分で，異性の両親と結婚したいという気持ちや，同性の両親と同一視することが含まれる。

4．児童期（6歳～12歳）

フロイトでは「潜伏期」にあたる部分で，一生懸命勉強（努力）することが課題であり，失敗が劣等感につながる時期である。

5．青年期（12歳～20歳頃）

エリクソンによって最も重要とされた時期で，「私とは何者か」という「アイデンティティ」を確立する時期である。アイデンティティを確立できないと，自分が何者かがわからない「同一性の危機」に至る可能性がある。

6．前成人期（20代～30代）

親密性の確立がこの時期の課題である。人生のパートナーとの関係を築き上げることがこの時期の課題であり，これに失敗すると孤立に至る。

7．成人期（40代～60代）

次世代を育成する「世代性」の時期である。子どもや次世代を育てることができるか，停滞させるかがこの時期の発達的課題である。

8．老年期（60代～）

知恵や英知，自分らしさの統合がこの時期の課題である。これに失敗すると絶望に至るとされる。

身体・運動の発達について

1．受精から出生まで

ヒトの発生は，精子と卵子が結合した受精卵からスタートする。受精してから2週間を前胚子期といい，受精卵が次々と分裂していく時期である。この時期には，ヒトとしての身体的な特徴は認められない。受精後3～8週間は胎芽期と呼ばれ，少しずつヒトらしい形に変化する。この時期に中枢神経（脳と脊髄）などの重要な器官が形成される。母体が摂取する化学物質の影響を受けやすい時期でもある。その後出生までは胎児期と呼ばれ，急速に成長する。胎児は運動をしているが，母親が気づく（胎動を感じる）のは在胎17週以降のことである。在胎30週頃には，ヒトとしての基礎（質的発達）はほぼ完成し，その後は体重が増加（量的発達），ヒトとして誕生する。

2．新生児期（誕生～1か月）

出生時の体重はおよそ3000g程度，身長は50cm程度であり，身体全体に対して頭が大きい。「生理的早産」といわれるように，ほかの生物に比べ，自らの姿勢を維持したり移動したりなどの運動ができない状態で生まれてくる。この時期の運動の大部分は，原始反射と呼ばれる反射によって支配されており，自らの意思によって運動をコントロールすることがほとんどできない。原始反射には哺乳するための吸啜反射，手のひらや足の裏に触れるものを握りしめる把握反射などがある。

3．乳児期（2か月～1歳）

体重は3か月で2倍程度，1年で3倍程度まで増加し，身長は1年で1.5倍にまで成長する。原始反射は成熟に伴い消失し，自らの意思で姿勢の変更，移動といった運動が可能となる。手指の発達も著しく，手のひら全体で把握することから指でつまむことが可能となる。

4．幼児期（1歳～6歳）

1歳半までにほとんどの子どもが歩行でき，2歳頃には走るなど，筋肉やバランスを必要とする運動ができるようになる。微細運動もより精緻なものになっていき，絵を描く，ひもを結ぶなどの協応運動が可能となる。

5．児童期（6歳～12歳）

小学校に相当する時期であり，より複雑で高度な運動動作へと発達する時期である。現在は，発達の加速現象によって学童期に思春期（第2次性徴の時期）に入ることもある。身体的な発達における性差が目立つようになり，少しずつ大人の身体へと変化していく。

認知・言語・感情の発達について

1．認知の発達

誕生直後の聴覚機能としては，高い周波数の音，若い女性の声を好む。視覚機能については，20cmのところに焦点が固定されている。これは，母親に抱かれている時の母親の顔との距離に相当する。味覚では甘みを好む。

乳児期には，視覚機能がさらに発達する。パターン化された刺激，特に人の顔を好む。奥行き知覚や追視（対象を目で追うこと）も，2か月頃より可能になる。聴覚機能では，あらゆる音素（様々な言語の構成音）を聞き分ける能力をもっているが，8か月以降は母国語に特化していく。

乳児期の終わり（10〜12か月頃）には，イメージ（表象）を使った見立て遊びなどが開始される。幼児期にはイメージ能力がさらに発達し，幼児期特有の思考が見られる。例えば，生命のないものにも，生命があると考えるアニミズムなどが挙げられる。

2．言語の発達

出生直後より，言語的コミュニケーションの芽が見られる。共鳴動作と呼ばれる表情模倣やエントレインメントという，養育者と赤ちゃんの情緒的な相互作用も見られる。乳児期には，自らの働きかけ（泣き，笑い，発声など

のシグナル）で周囲に要求し，養育者がそれに応じるというコミュニケーションが見られる。これにより自分がシグナルを出したら養育者が応答してくれるという自己効力感と他者に対する基本的な信頼感が育つ。

また，9か月頃になると，指さしによって「自分とモノ」「自分と人」という「二項関係」から「自分と人とモノ」という「三項関係」へと変化する。指さしはコミュニケーションの基礎となり，発声器官の発達に伴い言葉に変化していく。

幼児期には言葉が飛躍的に発達し，2語文から3語文へと発達し，小学校入学までに，基本的な文法をほぼ習得する。

3．感情（情動）の発達

誕生時には，原初的情動と呼ばれるものが備わっており，生後3か月までに明らかになる。充足（快），苦痛（不快），興味が原初的情動とされ，生後6か月にかけて，喜び，驚き，悲しみ，嫌悪，怒り，恐れへと分化していく。

幼児期には，自己主張が強くなる「第一反抗期」と呼ばれる時期がある。失敗に対する恥の気持ちが芽生えるなど複雑な情緒が発達していく。

子どもの発達における今日的課題について

　一人ひとりの子どもの発達を考える時にも，今日の子どもの発達を考える時にも，遺伝と環境の相互作用を考慮していくことが重要である。ヒトとしての遺伝子が，この100年で大きく変わるとは考えられないので，今日の課題を考える時には，環境変化との相互作用を考えることが重要である。

　現代の環境は子どもを育てるのに不適切であるという主張がある。その背後には，20世紀半ばに子ども時代を過ごした人々の物理的環境や対人的環境との比較があるように思われる。

　物理的環境として，自然環境の変化が挙げられる。20世紀半ばには，映画「となりのトトロ」のような田園風景や，空き地のような遊び場があり，子どもたちは異年齢の緩やかな集団を作ってのびのびと遊んでいたとされる。一方現代では，空き地は宅地開発されたり，駐車場となったりするなど，遊び場として利用できなくなっている。遊び場として提供される公園も，遊具の制限やボール遊びなどの制約があり，子どもたちが自由に遊ぶことが難しくなっている。こうした外遊び環境の変化は，子どもたちの粗大運動能力の発達に影響を及ぼしていると考えられる。一方で，「スポーツエリート」と呼ばれる，スポーツなどの習い事に熱心な養育者をもち，かつ遺伝的に優れた素質をもつ子どもたちが，国内外で活躍しているのも事実である。

　対人的環境としては，情報技術（IT）の飛躍的な発展と少子高齢化の進展が挙げられる。先に述べた20世紀半ばの「となりのトトロ」の世界では，近所に電話を借りに行くような光景が見られたのに対し，現代では個人が電話を携帯し，その「電話」からインターネットにアクセスして世界中の情報を収集・共有できるようになった。現代の子どもたちは「デジタルネイティブ」と呼ばれ，誕生時からIT社会で生活をしている。しかしながら，IT社会が子どもたちの発達にどのような影響を与えるのかは未知であり，個人の遺伝的な素質との相互作用という視点で見ていくことが重要である。

　また少子高齢化の影響として，ひとりっ子の増加や子どもの仲間集団サイズの縮小化などがよく指摘される。しかし，子どもを見る大人の意識変化にもつながっているのではないか。子どもと接する経験の少なさが，子どもやその養育者に対する厳しい見方につながり，子育てや子育ちを難しくさせている側面もあるように思われる。

◎参考文献

内田伸子編『発達心理学キーワード』有斐閣, 2006.

平山諭・鈴木隆男編著『発達心理学の基礎と臨床① ライフサイクルからみた発達の基礎』ミネルヴァ書房, 2003.

本郷一夫・飯島典子編著『保育の心理学』建帛社, 2019.

◎保育の対象の理解に関する科目

第20章
幼児理解

なぜ環境による保育が幼児教育では求められるのか述べよ。

1. 幼児教育・保育の基本

幼児教育・保育の基本原則として，まず幼稚園教育要領では，第1章総則第1幼稚園教育の基本において，「幼児期の教育は，生涯にわたる人格形成の基礎を培う重要なものであり，幼稚園教育は，学校教育法に規定する目的及び目標を達成するため，幼児期の特性を踏まえ，環境を通して行うものであることを基本とする」と明記され，これらをふまえ，以下の3項目を重視して教育を行わなければならないとしている。

(1) 幼児は安定した情緒のもとで自己を十分に発揮することにより発達に必要な体験を得ていくものであることを考慮して，幼児の主体的な活動を促し，幼児期にふさわしい生活が展開されるようにすること。

(2) 幼児の自発的な活動としての遊びは，心身の調和のとれた発達の基礎を培う重要な学習であることを考慮して，遊びを通しての指導を中心として第2章に示すねらいが総合的に達成されるようにすること。

(3) 幼児の発達は，心身の諸側面が相互に関連し合い，多様な経過をたどって成し遂げられていくものであ

ること，また，幼児の生活経験がそれぞれ異なることなどを考慮して，幼児1人ひとりの特性に応じ，発達の課題に即した指導を行うようにすること。

また，保育所保育指針では，第1章総則1保育所保育に関する基本原則の(3)保育の方法として「子どもが自発的・意欲的に関われるような環境を構成し，子どもの主体的な活動や子ども相互の関わりを大切にすること。特に，乳幼児期にふさわしい体験が得られるように，生活や遊びを通して総合的に保育すること」と示されている。さらに，幼保連携型認定こども園教育・保育要領の第1章総則第1幼保連携型認定こども園における教育及び保育の基本及び目標等の1幼保連携型認定こども園における教育及び保育の基本においても，同様に記されている。このように，保育は，環境を通して行うものであり，遊びを通した指導を中心として保育のねらいが総合的に達成されるものであること，その際に，子どもの自発性や主体性，そして意欲を大切にすることが共通した原則であることがわかる。

2．環境による保育の意義

「環境による保育」では，子どもを大人と同じように自ら考え，感じ，学び育つ存在として捉えている。さらに，乳幼児期の発達の特徴から，子どもは周りの環境からの刺激を受け止めるだけでなく，自ら興味や関心をもって能動的にその環境に関わり，様々な活動，遊びを展開していくことを通して成長していくとし，子どもが自ら～するという主体性，自発性を大切にし，それらを発揮できるようにすることを重視している。現在の子どもの姿をふまえ，「育みたい資質・能力」や「幼児期の終わりまでに育ってほしい姿」などの子どもの学びや成長を意識しながら，保育者の願いを込めて環境を構成し，保育実践を行っていく保育の方法を，環境による保育という。

3．保育における環境

保育環境には，保育者や子どもたちなどの「人的環境」，園の施設・設備，園具，遊具，素材などの「物的環境」，さらには「自然環境」や「社会的環境」などがあり，子どもを取り巻く全てであるといえる。園の環境のありようが，子どもの遊びや生活に大きく影響を与えていくこととなる。

具体的に見ていくと，保育の場で子どもがまず出会う環境として，「人的環境」が挙げられる。保育の場で初めて出会う保育者との関わりは，基本的な信頼関係を基盤として広げていく様々な人間関係の土台となり，人への愛情や信頼関係を育んでいくため非常に重要な関係となる。保育者は，自分自身が環境の一部であることを念頭に置き，1人ひとりの子どもと丁寧に関わっていくことが求められる。また，友達（仲間）との関係も子どもにとっては大きい。様々な年齢の子どもと出会い，生活を共にし，関わる中で子どもは様々な力を育んでいく。地域の中で，空間，時間，仲間の"三間"が喪失し，異年齢の集団を見かけなくなったといわれる昨今，共に遊ぶ場としての役割が保育の場に求められている。

次に，「物的環境」が挙げられる。園舎や保育室，保育室にある様々な物や素材，園庭の固定遊具等が思い浮かぶ。そこには，各園の保育理念や保育者の子どもに対する思いや願いが込められている。それらをどのように構成するかによって，子どもの日々の遊びの内容や物への関わり方も変化していく。保育者は，目の前の子どもが今，何に興味・関心をもっているかや，それぞれの発達を見通しながら精選し，子どもが主体的に遊ぶことができるように配慮することが大切である。

3つ目として「自然環境」が挙げられる。始めから形や関わり方など用途が決まっている人工物と比べ，自然は多様性や変化，応答性があり，子どもが得られる体験には，日々の生活や活動とは違った意義がある。自然に触れて感動する体験を通して，生命の不思議さや尊さに気づき，身近な動植物を

命あるものとしていたわり，大切にする気持ちが芽生える。近年，都市化や情報化の中で，子どもが自然と触れ合う機会が減少傾向にある。動物や昆虫などの生き物や草花や樹木などの植物，土や砂，水そして雨，風，雷など，子どもが出会う多様な自然を具体的にイメージして1日をデザインすることが必要である。

最後に「社会的環境」が挙げられる。昨今，地域での人とのつながりは希薄となり，各家庭が孤立した中で子育てをしていることが問題となっている。子どもが通っている園も地域社会の1つであるといえ，それぞれの社会の中で育んできた文化に子どもが出会うことが大切である。園で伝統的な遊びを経験したり，地域の季節の行事に参加したりすることは，日本ならではの文化を知る機会となる。それは，伝統文化を次代につないでいく役割を担うことにつながり，文化を大切にする心が育まれる。保育者は，様々な関係機関や地域社会とつながっていくことの大切さを念頭に置き，計画を組み立てることが重要である。

4．環境構成の大切な視点

環境による保育を行う際に，子どもが出会う様々な環境を保育者がどのように構成するのか，その大切な視点として，まず，1つ目に子どもの年齢や抱いている興味・関心，運動機能等の発達，仲間関係など，目の前の子どもの興味・関心とともに発達の過程や段階に応じた環境を構成していくことが挙げられる。2つ目に，保育の原則である子どもの主体性を大切にできる環境とすることである。子どもが夢中になって遊び込める環境が必要であり，そのためには，応答性が高く多様性のある素材を用意し，子どもが自ら遊びを展開できるようなものを考えていくことが重要である。3つ目に，保育者の役割がある。子どもの興味・関心を把握し，発達を見通して，素材や玩具を選択し環境構成を行えば，子どもの遊びがどんどん深まっていくというわけではない。そこにいる保育者の存在や援助の仕方によって子どもの環境との関わりは大きく変化していく。保育者は，子どもの遊びの様子に応じて，見守ったり，言葉をかけたり，モデルとして遊び方を提示したり，共感したり，環境を再構成しながら様々な援助を行っていくことが求められる。すなわち，保育者は保育環境の最も重要な位置づけとなる，ということである。

5．環境による保育の重要性

環境による保育は，何か教えなければならない知識や技術があらかじめ決められていて，保育者がそれを子どもたちに一斉に教えるというものではない。子どもが心動かされるような環境を保育者が子どもとともに構成し，その環境の中で子ども1人ひとりがそれぞれの関わりを通して，発達に必要な経験を積み重ねながら，生きる力を身に付けていくのである。

幼児の姿をより深く捉えるための
保育者の姿勢について

1．共感的・個別的に理解する

　子どもの内面についての理解を深めていくとき，子どもの発達をどのように捉えるかが重要となる。子どもを自ら育つ存在として認め，子どもを外面的な姿から否定的に見るのではなく，その子どもの内面を肯定的に見ていくことが必要である。1人ひとりの子どもの発達には，個人差があり，興味の対象についても個性がある。目に見えやすい外面的な子どもの姿だけを注視してしまうと，子どもの育ちにとって重要な意味を見逃すことになるかもしれない。表面的には見えにくい子どもの内面をくみ取り，個々の子どもの視点や立場に立って共感的・個別的に理解することが大切である。

2．カウンセリングマインドについて

　カウンセリングマインドとは，保育者が目の前の子どもの内面を深く理解しようと努め，そのためにカウンセリングの基本的な考え方を学び，それを子ども理解に活かそうとする態度のことである。

　このカウンセリングマインドは，保育の専門技術として位置づけられ，心理臨床的な問題を抱えた子どもに対してだけでなく，どの子どもに対しても必要な姿勢である。

　カウンセリングマインドの特徴的な姿勢として，①受容的・共感的な姿勢，②心を傾けて聴く姿勢（傾聴），③自己決定・自己選択の尊重，④秘密保持が挙げられる。

3．保育者に求められる姿勢

　保育者に求められる資質とは，保育実践に直接関係する事柄にとどまるものではない。子どもに真摯に関わることができる人間性も求められるのである。言い換えれば，そうした保育者としての人間性があれば，保育に欠かせない知識や技術は自ずと向上するものである。保育者として自己を見つめ，自己を奮い立たせようとする自己研鑽の姿勢がなければ，目の前の子どもの姿をより深く捉えた保育を行うことはできない。

　保育者は，常に自分自身に対して振り返る眼差しをもつとともに，より深い子ども観とそれに基づいた保育観を絶えず模索しながら保育にあたることが求められる。子どもとともに学び合い，創造していく姿勢をもった保育者でありたい。

遊びを通しての総合的指導について

1．幼児教育・保育の方法

幼稚園教育要領では，「幼児の自発的な活動としての遊びは，心身の調和のとれた発達の基礎を培う重要な学習であることを考慮して，遊びを通しての指導を中心として第2章に示すねらいが総合的に達成されるようにすること」と記されている。また，保育所保育指針においても，「子どもが自発的・意欲的に関われるような環境を構成し，子どもの主体的な活動や子ども相互の関わりを大切にすること。特に，乳幼児期にふさわしい体験が得られるように，生活や遊びを通して総合的に保育すること」と記されている。

2．遊びとは

「遊び」のもつ特性として，次のような考え方がある。①遊びの自発性，②遊びの自己完結性，③遊びの自己報酬性，④遊びの自己活動性あるいは自主性である。自発性とは，遊び手が自ら進んで活動に参加することである。自己完結性とは，遊ぶことそれ自体が目的で行われることである。自己報酬性とは，活動中にうまくいかず，苦しいことや緊張があったとしても，最終的には，楽しさや喜びの感情を伴う活動であることである。自己活動性あるいは自主性とは，自ら進んで活動に参加することを指す。

また，子どもの自主性を育てるためには，十分な時間，様々な活動ができる場所，砂や水のように自在に変化する物，そして仲間が重要である。

3．総合的な指導とは

子どもの遊びは内容が変化していくことを理解し，時にはそのプロセスと子どもの興味関心を捉えるために，保育者も遊びに入り込むことが求められる。しかし，そもそも「遊び」とは，自発性があり，その連続性も完結性も子どもたちに任されるものであることを心しておきたい。子どもは，直接体験によって心を揺り動かされて，次の活動への動機づけとなり，発展していく。その連続性が重要なのであって，毎日時間割を決めて様々な体験をさせるということではない。また，遊びを見る時や遊びを援助する時には，保育者は子どもと心を通わせて，子どもの姿や声，つぶやきをしっかりと受け止めて，そして出来事のプロセスを捉えることが必要である。子どもの興味・関心に保育者が寄り添い，共感し，1つの遊びの中にも様々な領域の内容が含まれていることから，活動の実態を把握して，保育の「ねらい」と援助に導くことが「総合的」な指導である。

保育形態について

1．保育形態について

　日々の保育は，子どもと保育者が関わり合いながら行われるが，保育者の保育観・子ども観や保育技術の違いだけでなく，「100園100通り」と言われるほど様々な保育が実際には展開されている。宗教を基盤とする園，国公立の園，創設者や園長の教育理念が基盤の私立の園など，園が置かれている地域の状況やニーズ，環境に対応して様々な展開がなされている。どの園もその建学の精神，保育の理念や方針を大切にしつつ，地域の子どもの実情に合わせた工夫が求められる。

2．保育の形態

　代表的な保育の形態として，①保育者が計画した活動を，同一の時間，場所，方法で一斉に保育する「設定（一斉）保育」，②子どもの自由意思に基づいた「自由保育」，③コーナーごとに異なる環境を設定し活用する「コーナー保育」，④日常的なクラス編成を解体し，子どもの興味・関心に基づいた「解体保育」，⑤異年齢の子どもたちにより構成された「縦割り保育」，⑥障がいがある子どもと障がいがない子どもが相互的な活動を通して共に発達し合う「統合保育」などがある。

　このほかにも，園の特色や保育のあり方によって様々な保育形態がある。

3．保育形態における特性と留意点

　一般的に保育形態は大きく分けて，1日の中に中心となる主な活動が意図的に計画されクラス全員で同じ時間，同じ活動をすることが中心の「設定（一斉）保育」と，個々の子どもが好きな遊びを選択し友達と関わり合う場面の多い「自由保育」が挙げられる。この2つは対立したものと思われがちであるが，実際にはこれらの形態が組み合わされて保育が行われている。

　「設定（一斉）保育」では，保育者主導にならないよう1人ひとりの子どもの気持ちに配慮して活動できるようにすることが大切である。「自由保育」では，子どもの実態に即した適切な環境を整え，経験の偏りに留意して，決して放任にならないようにすることが重要である。

　このように，地域環境や保護者のニーズも反映しながら様々な保育が行われているが，どのような保育形態であるとしても，子ども自身が保育者との信頼感のもとで安心感をもって，自発的，意欲的に活動に取り組み自己を十分に発揮できるよう子どもの心の自由を保障することが基本である。

行事を活かした保育の展開について

1．行事とは

　行事とは，ねらいに沿って保育者があらかじめ日時などを設定し，子どもが日常の保育活動とは違った体験ができるように計画したものである。

　行事には，日々の園生活の流れの中で生活に変化や潤いを与え，子どもが主体的に活動できるように工夫し，その中で友達との交流が広がり，深まるように計画することが求められる。また，子ども自身が活動に意欲や期待感をもち，感動や達成感を味わえるようにすることが大切である。そのため，行事の教育的価値を十分検討し，適切なものを精選して，子どもの負担にならないように留意する必要がある。

　そして，行事には，生活の節目を知らせるもの，子どもの成長を祝うもの，日常の保育活動の集大成としての性質をもつもの，伝統文化・行事の1つとして伝承していくもの，安全管理や保健衛生として必要なもの，遠足等主に園外で活動するもの，家庭との連携の一環として保護者を対象にしたものなど，たくさんの種類がある。どのような行事を行うかは各園に任されているが，「毎年行っていること」として安易に実施するのではなく，年間の行事を振り返り反省を活かしながら行事の年間計画を立てる必要がある。

2．行事を保育に活かすとは

　園の行事は，子どもたちが主体となり自己発揮し，自己充実する場である。その一方で，行事を通して保護者や地域に園の保育内容を伝えるという側面もあり，保育のまとめとして，ある程度のまとまりが要求されることも事実である。それゆえ，計画の段階でその行事のもつ意味，その行事を通して子どもに経験させたいことは何かを明確にしておくことが大切である。

　1人ひとりの子どもが，当日までにどのような取り組みをしてきたか，また困難に対してどのような工夫をして乗り越えてきたかという，そこまでに至った過程を大切にしながら，当日を迎えられるような配慮が求められる。

　行事は，子どもたちの園生活が豊かになっていく通過点と捉え，行事をきっかけに達成感や充実感を味わい，1人ひとりの子どもの良さが活かされることが大切である。子どものやりたいことと，保育者の育てたいことの意図を擦り合わせて，子どもとともに創造していくことで行事のもつ教育的価値が生まれる。子どもに真摯に向き合い，ともに行事を楽しむ保育者の姿勢を大切にしたい。

地域や小学校との連携が活かされる保育について

1．小学校との連携について

　保育所保育指針では，子どもの生活や発達の連続性をふまえた保育の内容の工夫，小学校の子どもや職員間の交流など，積極的な連携に取り組むことを奨励するとともに，就学に際し，子どもの育ちを支えるための資料を「保育所児童保育要録」として小学校へ送付することが義務づけられている。また，幼稚園教育要領においても，幼小の交流や教師の合同の情報交換・研修・研究を進めることが挙げられ，小学校学習指導要領でも幼稚園や保育所と連携し，幼児と小学生の交流を行うことが記されている。中でも，小学校生活科においては，幼児期の教育との連携を図ることなどの充実が記載されている。つまり，子どもの発達の連続性を次の教育的施設（＝小学校）につなげていくことが求められている。

　また，小学校教諭が幼稚園や保育所において1日体験する，もしくは，幼稚園教諭や保育士が幼保小連携会議に出席するなどの取り組みによって，それぞれの職業の専門性への理解につながる成果が出ており，異業種間連携の効果が今後も期待されている。

　特に，特別な配慮を要する子どもについては，途切れのない支援となるよう，情報が共有される必要があるが，実際のところは課題も多い。学童保育への情報共有や，私立小学校への転入，さらには学区外の転校などにより，その難しさが顕著になっている。

2．地域の子育てセンターとしての機能

　子どものいる家庭が妊娠期から途切れのない支援を受けるために，顔の見える関係をつくる取り組みが進められている。保健センターや子育て支援センターにおけるプレママ教室，父親学級，相談会など，セーフティネットから漏れないよう親子を支援する仕組みができている。

　保育所や幼稚園においても，園の行事への参加，園庭開放など，地域の親子に開かれるよう工夫している。「場」を開放する子育て支援だけでなく，親子の声に耳を傾け，子どもの育ちを肯定的に受け止める専門家としての「人」，すなわち保育者がいることが重要であることを心しておく必要がある。そして，必要に応じて地域資源や専門的施設に「つなぐ」役割を忘れてはならない。つまり，保育所や幼稚園は情報を抱え込むのではなく，必要に応じて開示し，地域とともに生きる人間関係を構築していく姿勢が大切である。

保育者に求められる発達理解について

1．発達理解の重要性

　保育における発達の捉え方は，幼児理解の基盤の1つでもある。幼稚園教育要領解説には，「幼児が生活する姿の中には，幼児期特有の状態が見られる。そこで，幼稚園においては，幼児期の発達の特性を十分に理解して，幼児の発達の実情に即応した教育を行うことが大切である」とされている。また，保育所保育指針においても，乳児期，1歳以上3歳未満児，3歳以上児に区分して発達の特徴が示されている。

2．発達をプロセスとしてみること

　発達過程は，到達度や発達の基準としてではなく，発達の方向性を示すものである。すなわち，発達をプロセスとしてみるということであり，1人ひとりの子どもの発達の課題に即した指導を行っていくうえで重要である。

　幼稚園教育要領解説では，「その時期の多くの幼児が示す発達の姿に合わせて設定されている課題のことではない。発達の課題は幼児一人一人の発達の姿を見つめることにより見いだされるそれぞれの課題である。その幼児が今，興味や関心をもち，行おうとしている活動の中で実現しようとしていることが，その幼児の発達にとっては意

味がある」としている。つまり，子どもの興味・関心や，見ている世界そのものを捉えること（発達の姿）の中から見出されるものが，発達の課題なのである。

3．発達のプロセスの捉え方

　発達のプロセスは，その子どもが遅く進んでいくか，早く進んでいくかという単一の道筋でなく，そのコースは多様である。そして，「できるか」「できないか」という能力論的発達観ではなく，「やりたがるか」や「何をしたいのか」などの「自我」の観点を考慮した行為論的発達観が重視される。

　子どもの〈内なる世界〉をどのように捉えるかが幼児理解の根底にあることはいうまでもないが，その〈内なる世界〉を見るためには，保育者が子どもと生活を共にしている時間的・空間的な実態だけでなく，保育者のもつ「発達観」「子ども観」「保育観」が関連することを忘れてはならない。子どもの「行為の意味」を捉え，物語化していくプロセスも含めた発達理解の重要性が言われているのは，発達が断片的でパターン化されたものではなく，全人格的な姿であり，物語化されていくプロセスの中に「この子」が見えてくるからなのである。

◎参考文献

大豆生田啓友・渡邉英則編著『新しい保育講座6
保育方法・指導法』ミネルヴァ書房，2020.
小田豊・中坪史典編著『幼児理解からはじまる
保育・幼児教育方法 第2版』建帛社，2019.
神長美津子・岩立京子他編著『幼児理解の理論と
方法 乳幼児教育・保育シリーズ』光生館，2019.
厚生労働省『保育所保育指針解説 平成30年3
月』フレーベル館，2018.
高嶋景子・砂上史子編著『新しい保育講座3 子
ども理解と援助』ミネルヴァ書房，2019.
田中卓也・松村齋・小島千恵子編著『保育者論・
教育者論 子どもとともに未来をデザインする』
わかば社，2020.

内閣府・文部科学省・厚生労働省『幼保連携型認
定こども園教育・保育要領解説 平成30年3月』
フレーベル館，2018.
文部科学省『幼児理解に基づいた評価』チャイル
ド本社，2019.
文部科学省『幼稚園教育要領解説 平成30年3
月』フレーベル館，2018.
谷田貝公昭監，大沢裕編著『新版 幼児理解』一
藝社，2018.
谷田貝公昭監，大沢裕・野末晃秀編著『コンパク
ト版保育内容シリーズ3 環境』一藝社，2018.

◎保育の対象の理解に関する科目

第21章
子どもの保健

小児期に多い感染症と感染対策について述べよ。

感染症は，わが国における乳幼児死亡の原因としては減少したが，子どもが最も罹患しやすい病気であることに変わりはない。また，合併症を起こした場合には重症化したり死亡することもある。

感染症は，感染源，感染経路があり，その子どもの免疫力が低下した時，発病する。感染源としては，ウイルス，細菌などが多い。感染の経路としては，接触感染，飛沫感染，空気感染，経口感染，血液感染，胎盤感染，母乳感染などがある。新生児は，胎児期に母体から胎盤を通して抗体（IgG：感染を防ぐたんぱく質の一種）をもらっており免疫力が高いので，感染症にはかからないことが多い。しかしこの抗体は数か月後にはなくなってしまうので，その頃から子どもの感染症は非常に多くなる。

感染症には，特効薬があるものもあるが，子どもに多いウイルス感染症には効果のある薬は少ない。治療としては，保温，安静，栄養が基本であり，最終的には自分の治癒力で回復する。そのため日頃の健康管理が非常に重要となる。予防としては基本的には手洗いやうがい，日々の体調管理，そして予防接種が有効である。

また集団で生活する幼稚園や保育所などでの予防としては，施設や器具の消毒，登園の制限などが非常に重要となる。幼稚園では「学校保健安全法」により，保育所では「保育所における感染症対策ガイドライン」により，予防すべき感染症を定め，対象疾患に罹患した時の出席停止期間などの措置を細かく決めている。以下に子どもがかかりやすい感染症とその対策について具体的にまとめる。

1．ウイルス感染症

(1)　麻疹（はしか）

麻疹ウイルスによって起こり，鼻汁や咳の飛沫により感染する。感染力が強いため，感染した人に接触するとほとんど感染し発症する。潜伏期間（感染してから発症するまでの期間）は10日～2週間で，発熱，咳，目やになどの症状から始まり，いったん解熱する。その後，頬粘膜に白い斑点（コプリック斑）が出現し，再度発熱し，全身に発疹が広がる。発疹したところには褐色の色素が残る。通常は7～10日くらいで回復するが，肺炎，中耳炎，脳炎などの合併症を起こすこともある。保育所等への登園は解熱後3日を経過するまで禁止されている。定期予防接種として風疹との混合ワクチ

ン（MRワクチン）があるので，1歳を過ぎたらできるだけ早期に予防接種を受ける。その後，小学校入学前の1年間に2回目の予防接種を受ける。

(2)　**風疹（三日ばしか）**

風疹ウイルスにより起こる。潜伏期間は2〜3週間であり，発熱と発疹が同時に出現し，首の回りのリンパ節が腫れる。麻疹より症状が軽く2〜3日で軽快するが，妊娠中の母親が妊娠初期に罹患すると，胎児が先天性風疹症候群（心疾患，白内障，聴力障害等の合併）になる可能性がある。登園は発疹が消失するまで禁止されている。予防接種は麻疹との混合ワクチンがある。

(3)　**突発性発疹**

乳児が生まれて初めて発熱した時はこの疾患であることが多い。ヒトヘルペスウイルス6型，7型が原因である。突然38℃以上の高熱が続いた後，解熱とともに体の胴体部分を中心に発疹が出現する。熱は高いが機嫌は良く，食欲もある。しかしまれに熱性けいれん，髄膜炎などを起こすこともある。予防接種はない。

(4)　**水痘（水ほうそう）**

水痘・帯状疱疹ウイルスの感染による。潜伏期間は2〜3週間で，発熱とともに発疹が出現し，水疱となる。水疱は次第に乾燥してやがて痂皮（かさぶた）となる。同時期にいろいろな段階の発疹が見られ，全ての発疹が痂皮化するまで保育所等への登園はできない。発疹の痕は数か月残るがやがて消える。予防接種は定期接種であり，1歳を過ぎてから，2回受ける。

(5)　**流行性耳下腺炎（おたふく風邪，ムンプス）**

ムンプスウイルスの感染により起こる。潜伏期間は2〜3週間である。発熱とともに唾液腺（多くの場合耳たぶの下にある耳下腺）が腫れる。痛みを伴うことが多く，痛みが強い場合は噛めない，飲み込めないなどの症状が出る。頭痛が強く，嘔吐がある時は髄膜炎を起こしている可能性がある。また成人男性がかかると精巣炎（睾丸炎）から不妊症になることがある。唾液腺の腫脹が発現した後5日を経過し，かつ全身状態が良好になるまで登園はできない。予防接種は任意接種である。

(6)　**伝染性紅斑（りんご病）**

ヒトパルボウイルスが原因で，頬，手足にレース様の紅斑が出る。頬が赤くなるのでりんご病ともいう。潜伏期間は7〜14日で，学童期に多い。発熱は少ない。

(7)　**手足口病**

A群コクサッキーウイルスあるいはエンテロウイルスの感染により起こる。手のひら，足の裏，口の中に水疱性の発疹が出現する。発熱は軽度だが，口腔内の発疹が痛みを伴う時は刺激性のある食事は避け，食べやすいものを与える。脱水症に注意する。

(8)　**咽頭結膜熱（プール熱）**

アデノウイルスが原因で，夏に流行する。発熱，咽頭痛（のどの痛み），

眼瞼結膜の充血を起こす。目やに，唾液，便などに含まれるウイルスがプールの水を介して感染することが多いのでプール熱ともいわれる。主要症状が消失してから2日を経過するまで登園は禁止される。

(9) ヘルパンギーナ

A群コクサッキーウイルスによる感染症で，夏に流行する。高熱と咽頭痛があり口蓋垂（口を開けた時に奥に垂れ下がっている部分）の両脇に水疱ができ，破れて潰瘍となる。咽頭痛が強い場合は食事や水を摂取したがらなくなるので脱水症に注意する。熱は2〜4日で下がり少し遅れて粘膜の潰瘍が消える。

(10) インフルエンザ

インフルエンザウイルスによる感染症で，冬に流行し，突然の高熱，関節痛，頭痛，全身倦怠感などを発症する。多くの場合1週間程度で回復するが，肺炎や脳炎を起こすと重症化する。発症後，早い時期であれば抗ウイルス薬が有効である。発症後5日を経過し，かつ解熱してから3日を経過しないと登園できない。予防接種は任意接種であり，流行する型が違うので毎年接種する必要がある。

(11) 乳幼児嘔吐下痢症

主に冬に流行し，嘔吐や発熱を伴うことが多く，腹痛を訴えることもある。便の色が白色になる時はロタウイルス，白色にならない下痢便の時はノロウイルスが原因であることが多い。

乳児では発熱，嘔吐，下痢が激しく，脱水症になりやすいので食事や水分の摂取に十分注意する。食物から感染するほかに，感染した人の排泄物や排泄物に触れた手などを介して感染することもある。

2．細菌感染症

(1) 溶連菌感染症

A群溶血性連鎖球菌による感染症で，発熱，発疹，咽頭扁桃炎のほか，舌が赤くいちご状になるのが特徴的である。扁桃炎が強く食物を飲み込むことが困難となった場合には脱水症に注意する。感染後，腎炎やリウマチ熱になることがあるので抗生物質を医師の指示通り飲む。

(2) 伝染性膿痂疹（とびひ）

黄色ブドウ球菌による感染症で皮膚に感染して広がる。アトピー性皮膚炎や湿疹のある時に皮膚をかくと特に広がりやすい。皮膚の炎症を抑える抗菌薬を服用する。

(3) 百日咳

百日咳菌の飛沫感染による感染症で，風邪のような症状の後，咳が強くなり，特徴的な咳発作（レプリーゼ）を起こす。特有の咳が消失するまでまたは適正な抗菌薬の治療が終了するまで登園できない。ジフテリア，破傷風とともに定期予防接種である三種混合ワクチン（DPT）で予防できる。DPTには近年，ポリオウイルスの不活化ワクチンも加わり四種混合ワクチン（DPT-IPV）として接種されるようになった。

健康の概念と現代の小児保健における問題点について

　健康とは,「病気でないとか, 弱っていないということではなく, 肉体的にも, 精神的にも, そして社会的にも, すべてが満たされた状態にあること」をいう（世界保健機関憲章, 日本WHO協会訳）。

　厚生労働省の調査によると, 2020（令和2）年の死因の順位は, 0歳では第1位が先天奇形, 変形及び染色体異常, 第2位は周産期に特異的な呼吸障害等, 第3位は乳幼児突然死症候群, 第4位は胎児及び新生児の出血性障害等, 第5位は不慮の事故である。1～4歳では第1位は先天奇形, 変形及び染色体異常, 第2位は悪性新生物, 第3位は不慮の事故である。5歳～9歳では第1位は悪性新生物, 第2位は不慮の事故, 第3位は先天奇形, 変形及び染色体異常である。日本において子どもの不慮の事故は先進国の中でも高く, 子どもの事故を予防することは, 小児保健の中の課題である。

　児童虐待の防止等に関する法律が2000（平成12）年に制定された。この法律は児童に対する虐待の禁止, 児童虐待の予防及び早期発見その他の児童虐待の防止に関する国及び地方公共団体の責務, 児童虐待を受けた児童の保護及び自立の支援のための措置等を定めている。この法律において,「児童虐待」とは, 保護者がその監護する児童について行う次に掲げる行為をいう。虐待には, 身体的虐待, 性的虐待, ネグレクト, 心理的虐待の4つがある。虐待は身体的にも精神的にも子どもの健康に大きな影響があり, 増加の傾向がある。

　子どもの貧困対策の推進に関する法律が2013（平成25）年に制定され, 子どもの貧困対策を総合的に推進することが目的として定められた。子どもがいる現役世帯のうち大人が1人の世帯員の貧困率は48.2％となっている。貧困のため, 家庭で十分な食事がとれないなど様々な問題が生じている。

　現代社会の中で, 小児保健の問題はその他にも様々なものがあるが, 社会全体で子どもを守っていく必要がある。

健康状態の観察について

子どもの健康を守るためには，日々の子どもの健康状態を観察することが重要である。保育者は子どもの観察ポイントを理解し，子どもの全身を注意深く観察する必要がある。また子どもの普段の状態や，既往歴（今までに罹った病気）などを把握しておくことも重要である。一般状態の顔色，機嫌，食欲，活動性をはじめ病気等に伴う状態を観察する。子どもの症状を見るポイントを挙げると次の通りである。

顔色がいつもと違う，表情がぼんやりしている，視線や目つきがおかしい，表情がないまたはぼんやりしている。呼吸が苦しそう，ゼーゼーしている。鼻翼呼吸（小鼻がぴくぴくした呼吸）がある。食欲がいつもよりない。いつもより寝つきが悪い，目覚めが悪い，又は泣いて目が覚める。鼻水が出る，鼻づまりがある。耳を痛がる，又は耳を気にして触る。耳だれがある。口唇の色が悪い，口の中を痛がる，口の中に斑点がある。舌がイチゴの色のように赤い。喉を痛がる，喉が赤くなっている，腫れている，声がかすれている，又は出にくい。咳や痰が出る。目が赤い，目やにが出る。眼瞼が腫れている，まぶしがる，物が見にく

そうにしている。皮膚に発疹や水泡，湿疹がある。皮膚がカサカサしている。皮膚に紫斑やあざ，傷がある。皮膚が蒼白。尿の回数，量，色や臭いがいつもと違う。血尿が出る。便の回数，量，色がいつもと違う。下痢，便秘，血便，白色便がある。お腹を痛がる，鼠径部（足の付け根部分）が腫れている。

子ども1人ひとりの普段の状態を知っておくことは重要である。子どもの健康な状態の時の平熱を知っておく，また保護者からの情報も，子どもの健康状態を把握するために貴重な情報源となる。そして保護者にも病気の症状や，登園基準などの情報提供を行うことも大切である。子どもに病気のサインがあった場合，特に発熱や発疹，嘔吐などの感染症が疑われる症状が出た場合，その子どもをほかの子どもたちとは別室へ移し隔離することが重要である。

子どもの健康状態は，身体状態以外に精神面，発達面に関しても観察することが必要である。虐待や発達障害にも気を配り観察することが求められる。

子どもの身体的，精神的，発達及び運動発達について

子どもは身体的にも精神的にも日々発達をしている。子どもの発達には個人差があることは考慮すべき点であるが，正常な一般的な発達を知ることで，異常の早期発見をすることが可能となる。ここでは妊娠期間が正常な10か月の子どもについて述べることとする。

1. 身体的発達

出生時の子どもは，体重3kg，身長50cm，頭囲32〜33cm，胸囲31〜32cmである。体重は3か月で2倍の6kg，12か月で3倍の9kgになる。身長は，12か月で1.5倍の75cmとなり，4年で2倍の100cmくらいになる。頭囲は12か月で45〜46cmとなり，胸囲は12か月で45〜46cmとなり1歳過ぎから胸囲のほうが大きくなってくる。

2. 精神的発達

新生児は，生後直後は特定の人（主に母親など）とそれ以外の人を区別することはできないが，生後6〜7か月頃になると特定の人とそれ以外の人を区別できるようになり，愛着が形成される。そして，幼児期になると周囲の人や物，自然に関心を深めていく。保育所などの集団生活を始めると，相手の気持ちの理解や集団による協力，自分の意思を相手に伝えることができるようになってくる。そのような体験を通じ道徳性や社会性が育まれていく。

3. 運動発達

子どもの運動発達は基本的な方向があり，1つは頭部から下方の足への方向，もう1つは体の中心から末梢への方向である。頭部から下方への発達は，まず3〜4か月くらいに首が座り，背中が発達することにより5〜6か月で寝返りができるようになる。その後，腰が発達し7〜8か月でお座りができるようになり，最後に足が発達し，つかまり立ち，1人立ち，1歳を過ぎる頃には1人歩きができるようになる。その後は2歳くらいで走ることができ，3歳で片足立ち，三輪車がこげるようになり，4歳でスキップができるようになる。これらの運動発達は，粗大運動と言われる。

一方，手先の運動発達は微細運動と言われ，中枢から末梢へと発達していく。生後2〜3か月頃までは把握反射がみられるが，3か月を過ぎると玩具などに手を伸ばそうとし，5〜6か月頃には手掌全体で物がつかめるようになり，12か月頃には指先で物をつまめるようになる。

小児期に多い感染症について

子どもに多い病気として感染症がある。ウイルスや細菌などの病原体が人や動物などの体内に侵入し，発育又は増殖することを「感染」といい，その結果，何らかの臨床症状が現れた状態を「感染症」という。病原体が体内に侵入してから症状が現れるまでにはある一定の期間があり，これを「潜伏期間」という。感染が成立するにはウイルスや細菌などの「病原体」，その病原体の「感染経路」，感染を受ける「宿主の感受性」の3要素を理解しておく必要がある。

1．麻疹（はしか）

麻疹の病原体は麻疹ウイルスで，潜伏期間は10日〜2週間である。症状は，発症初期には，高熱，咳，鼻水，結膜充血等の症状がみられる。発熱は一時期下降傾向を示すが，再び上昇し，この頃には口の中にコプリック斑が見られる。主な感染経路は飛沫感染，接触感染及び空気感染（飛沫核感染）である。発症予防には，定期接種として麻疹風疹混合ワクチンの接種が行われている。

2．風疹（三日はしか）

病原体は，風疹ウイルスで，潜伏期間は2〜3週間である。症状は，発疹が顔や頸部に出現し，全身へと拡大する。感染しても無症状な不顕性感染が30％程度ある。妊娠初期に母体が風疹ウイルスに感染すると，胎児にも感染して先天性風疹症候群を発症し，低出生体重児，白内障，先天性心疾患，聴力障害，小頭症，精神発達遅滞等を引き起こすことがある。主な感染経路は飛沫感染である。定期接種として，麻疹風疹混合ワクチンの接種が行われている。

3．水痘（水ぼうそう）

病原体は水痘・帯状疱疹ウイルスで，潜伏期間は2〜3週間である。症状は発疹が顔や頭部に出現し，やがて全身へと拡大する。発疹は，斑点状の赤い丘疹から始まり，水疱となり，最後は痂皮となる。主な感染経路は，空気感染である。

4．流行性耳下腺炎（おたふくかぜ，ムンプス）

病原体はムンプスウイルスで，潜伏期間は2〜3週間である。症状は，発熱と唾液腺の腫脹・疼痛である。発熱は1〜6日間続く。予防は，1歳以上の子どもに対する任意予防接種として生ワクチンの接種が可能である。合併症として難聴がある。

小児期に多い消化器の疾患について

1．感染性胃腸炎

　ノロウイルス感染症の病原体はノロウイルスで，潜伏期間は 12 ～ 48 時間である。症状は嘔吐と下痢であり，感染経路は，経口感染，飛沫感染及び接触感染である。感染者の便や嘔吐物の中には多くのウイルスが含まれている。感染力が強く，乾燥してエアロゾル化した嘔吐物を介して，空気感染（飛沫核感染）することもある。ワクチンはないため，手洗いの励行等の一般的な予防法を実施することや嘔吐物等に迅速かつ適切に対応することが大切である。

　また，ロタウイルス感染症の病原体はロタウイルスで，潜伏期間は 1 ～ 3 日である。主な症状は嘔吐と下痢であり，便の色が白っぽくなることが特徴である。脱水がひどくなり，入院を必要とすることがある。感染経路は経口感染，接触感染及び飛沫感染である。乳児に対する任意予防接種として経口生ワクチンの接種が可能である。ウイルスは非常に感染力が強いため，手洗いの励行等の一般的な予防法を徹底するとともに，下痢・嘔吐がみられた時の処理手順を職員間で共有し，迅速かつ適切に予防のための対応をとることが大切である。

2．肥厚性幽門狭窄症

　肥厚性幽門狭窄症は胃の幽門（十二指腸側）の筋肉が肥厚することにより幽門が狭窄する疾患である。一般的には生後 3 ～ 5 週間の間に発症し，原因は明らかになっていない。症状は，哺乳後 1 時間以内に噴水様の嘔吐が出現し，嘔吐直後でも母乳やミルクを欲しがる。哺乳が十分できないため，体重が増えず脱水が起こる。治療方法は，哺乳の前にアトロピンを内服させ筋肉を緩める内科的方法と，手術による外科的方法がある。

3．腸重積症

　腸重積症は，腸が腸に入り込む疾患で，3 か月から 2 歳くらいの子どもに起こる。原因は不明で小腸が大腸の移行部に入り込むことが多い。症状は，腹痛による不機嫌，間欠的な啼泣があり，その後イチゴジャム状の血便や嘔吐が起こる。治療方法は，早期に診断がつけば，肛門から造影剤を注腸することで整復が可能である。しかし発症から時間が経過して腸の癒着が起こり注腸での整復ができない場合は，外科的な手術が必要となる。症状を自分で伝えることが難しい年齢の子どもに発症する疾患で，保育者は早期発見することが重要である。

保健活動と虐待防止について

　児童虐待の防止等に関する法律によれば、児童虐待とは、「児童の身体に外傷が生じ、又は生じるおそれのある暴行を加えること」、「児童にわいせつな行為をすること又は児童をしてわいせつな行為をさせること」、「児童の心身の正常な発達を妨げるような著しい減食又は長時間の放置、（中略）監護を著しく怠ること」、「児童に対する著しい暴言又は著しく拒絶的な対応、児童が同居する家庭における配偶者に対する暴力（中略）その他の児童に著しい心理的外傷を与える言動を行うこと」とされている。また、「何人も、児童に対し、虐待をしてはならない」と記されている。しかし虐待は増加の傾向をたどっている現状がある。

　虐待には様々なリスク要因があるが、保護者側のリスク要因には、望まない妊娠や出産、育児に関するストレス、保護者自身の精神疾患がある。子ども側のリスク要因としては、乳児期の子どもや障害のある子どもで育てにくさをもっている子どもなどがある。家庭環境としては、未婚や内縁関係、子ども連れの再婚など、親族や地域社会から孤立した家庭、経済的に不安定な家庭、配偶者からの暴力など不安定な状況にある家庭などがある。

　現代の社会は少子化、核家族化、都市化等に伴い、養育力が低下し、保護者は地域から孤立している状況がある。そのような状況をふまえ、2003（平成15）年の児童福祉法の改正により、①市町村は子育て支援事業が積極的に提供されるよう体制の整備に努めるとともに、②子育て支援事業に関する情報提供・相談・助言・紹介を行うこととされ、全ての子育て家庭への支援が行われることとされた（2005（平成17）年4月施行）。

　具体的なサービスとしては、子育て中の親子が交流できる「つどいの広場事業」や「地域子育て支援センター事業」、出産後間もない時期や様々な要因で養育が困難になっている家庭に対して、育児や家事の援助や、保健師、保育士等の専門職による具体的な育児に関する技術支援等を行う訪問型支援サービスの「育児支援家庭訪問事業」等がある。また虐待の予防や早期発見には、多くの関係機関の連携も重要である。情報を共有して各機関が果たすべき役割を認識してより早期に適切な支援を行い、虐待の防止に努めることが重要である。

◎参考文献

厚生労働統計協会『国民衛生の動向 2021/2022』厚生労働統計協会, 2021.
小林美由紀編著『授業で現場で役に立つ! 子どもの健康と安全 演習ノート 改訂第 2 版』診断と治療社, 2021.
澤口彰子・栗原久・桑原敦志他著『人体のしくみとはたらき』朝倉書店, 2015.

新保育士養成講座編纂委員会編『新保育士養成講座⑦ 子どもの保健 改訂 3 版』全国社会福祉協議会, 2018.
田中哲郎『保育園における事故防止と安全保育 第 2 版』日本小児医事出版社, 2019.
中根淳子・佐藤直子編著, 北川好郎・濱口典子著『子どもの保健』ななみ書房, 2019.

◎保育の対象の理解に関する科目

第22章
子どもの食と栄養

各栄養素の体内での働きと多く含む食品について述べよ。

　私たちが生命を維持し，活動し，また身体を成長させるために，食物から必要な成分を取り入れることを栄養といい，必要な成分を栄養素という。栄養素は，糖質，脂質，たんぱく質，無機質（ミネラル），ビタミンに大別され，これを五大栄養素という。糖質，脂質，たんぱく質（三大栄養素という）はエネルギー源や体の構成成分となるためたくさん摂取する必要がある。ミネラルとビタミンは微量であるが，体内の様々な機能の調節を行い，代謝（生命を維持するために栄養素を分解したり合成したりすること）を行うためになくてはならない成分である。これらの栄養素をバランスよく摂取することによって，心身の健康を保つことができる。特に，成長と発達のめざましい小児期においては，適切な栄養を取ることが非常に重要である。そのために厚生労働省では「日本人の栄養摂取基準」において，それぞれの年齢に応じたエネルギーやたんぱく質の必要量や目標量を決めている。以下に三大栄養素の体内での働きと，それを多く含む食品について述べる。

1．糖質

(1)　体内での働き

　糖質は，炭素（C），水素（H），酸素（O）が結合した化合物である。エネルギー源として最も重要であり，1日に摂取されるエネルギーの約60%を占める。

　糖質には単糖類，少糖類（オリゴ糖），多糖類がある。単糖類は糖質の性質を示す最小の単位で，ブドウ糖（グルコース），果糖（フルクトース），ガラクトースなどがある。少糖類は2個から10個の単糖類が結合したもので，2糖類の麦芽糖（マルトース），ショ糖（スクロース），乳糖（ラクトース）は，食品として重要である。単糖類と2糖類には甘みがある。デンプンやグリコーゲンは単糖が数百から数千個結合したもので，水に溶けにくく甘みもない。

　食物として摂取された糖質は種々の消化酵素によって全て単糖類に分解されてから小腸で吸収され，門脈を通って肝臓に運ばれ，さらに体内の細胞に送られる。消化・吸収された糖質は体内の細胞内で酸化され，二酸化炭素と水になり，エネルギーを発生させる（1g当たり約4kcal）。余分な糖質はグリコーゲンや脂肪として肝臓や筋肉等に蓄えられる。体内の糖質が不足した時には，グリコーゲンや脂肪が分解されて利用される。なお，脳や神経細

胞が利用できるエネルギー源は通常はブドウ糖のみであるため，血液中のブドウ糖の濃度が常に一定の範囲内に保たれるようにホルモンによる調節が行われている。

食物繊維は，糖質と同様に炭素，水素，酸素からできているが，人間の消化酵素では消化されず吸収もされないのでエネルギー源としての価値はない。しかし食後の血糖値の急上昇を抑制したり，腸内環境を適正化したり，便量を増して排便を促進したり，大腸がんを予防したりする働きがある。また，満腹感を維持することで食べる糖質の量を減らせるため，肥満を防ぐ効果もある。

糖質は，米，小麦，そば等に，食物繊維は野菜，海藻等に多く含まれる。

(2) **過不足の影響**

食生活が豊かになった日本では，糖質が不足するということはほとんどなく，むしろ糖質の取り過ぎによる肥満が問題となっている。

2．脂質

(1) **体内での働き**

脂質とは，水に溶けず，アルコール，エーテルなどに溶けやすい成分で，炭水化物と同様に炭素（C），水素（H），酸素（O）からできている。脂質には，単純脂質（中性脂肪など），複合脂質（リン脂質など），誘導脂質（コレステロールなど）がある。

食物中の脂質の多くを占める中性脂肪はグリセロールに3個の脂肪酸が結合したものであり，脂肪酸には炭素同士の二重結合がない飽和脂肪酸と，二重結合のある不飽和脂肪酸がある。

中性脂肪は，胆汁の助けを借り，さらに膵臓から分泌される酵素によって消化され，グリセロールと脂肪酸に分解される。小腸で吸収されたこれらの成分は小腸の細胞内で再び合成されて脂肪となり，ほとんどはリンパ管から血管に入る。一部は肝臓に運ばれる。

脂質は非常に効率の良いエネルギー源である（約9kcal／g）。また単にエネルギー源となるだけでなく，体脂肪となって皮下や筋肉などの組織に蓄えられ，体温を維持し衝撃から内臓を守る働きもする。また，絶食時や糖尿病などでブドウ糖の利用が低下している時は貯蔵エネルギーとして蓄えられた脂質が使われる。

コレステロールは細胞の膜やホルモンの材料，リン脂質は神経組織などの材料など，人体組織の構成要素としての役割がある。またリン脂質とたんぱく質が複合したリポたんぱく質は血液中の脂肪やコレステロールを囲み，その運搬を行っている。低比重リポたんぱく質（LDL）は肝臓などで合成されたコレステロールを末梢組織に運ぶがその際に血管壁に沈着し動脈硬化を招く。高比重リポたんぱく質（HDL）は末梢組織からコレステロールを肝臓などに運び，動脈硬化の発症を抑制する。

なお不飽和脂肪酸の中でも植物油に

含まれるリノール酸やリノレン酸，魚介類に多いエイコサペンタエン酸やドコサヘキサエン酸などは生体内では合成できないため，食物から摂取する必要がある（必須脂肪酸）。ビタミン A，ビタミン D，ビタミン E，ビタミン K は食品中の脂質部分に含まれているので，脂質の摂取はこれらの脂溶性ビタミンを摂取するうえでも重要である。

食事から摂取する脂質は食用油より食品中（肉，魚等）からのほうが多い。

(2) 過不足の影響

脂質も糖質と同じように，現代では不足するということはめったに見られず，取り過ぎが問題となっている。

3．たんぱく質

(1) 体内での働き

たんぱく質は，アミノ酸が多数結合した化合物であり，炭素（C），水素（H），酸素（O）のほか，窒素（N）を約16％含んでいる。たんぱく質によっては，硫黄やリン，鉄，ヨウ素を含んでいるものもある。

たんぱく質は胃でペプトンにまで分解されたのち，十二指腸で数個のアミノ酸の化合物にまで分解される。さらに小腸の上皮細胞の表面でアミノ酸に分解されて吸収される。吸収されたアミノ酸は門脈を経て肝臓に運ばれ，そのまま貯蔵されたり，筋肉やその他の組織へ運ばれてたんぱく質の合成に使われたりする。

筋肉や肝臓のたんぱく質は一定期間後，分解されてアミノ酸に戻る。その一部は再度たんぱく質に合成されるが，一部の窒素部分は尿素などの形で尿中に排泄される。残りの炭素，水素，酸素はエネルギー源として利用される（約4kcal／g）。

たんぱく質の体内での働きは，筋肉や結合組織，血管，臓器などの人体の組織の材料，酵素，ホルモン，免疫細胞などの主成分のほか，血漿たんぱく質として浸透圧の維持や酸塩基平衡の調節，栄養素の運搬なども行う。糖質や脂質の摂取量が少ない時にはエネルギー源としても働く。

たんぱく質を構成しているアミノ酸は20種類あるが，その中には体内で合成することができず食品として摂取しなければならない必須アミノ酸がある。成人の必須アミノ酸は，イソロイシン，ロイシン，リジン，メチオニン，フェニルアラニン，スレオニン，トリプトファン，バリン及びヒスチジンの9種類であり，乳幼児期はこれらにアルギニンが加わる。

たんぱく質を多く含む食品には，魚，肉，卵，牛乳，豆製品等がある。

(2) 過不足の影響

小児が長期にわたりたんぱく質が不足した食事を摂っていると，必須アミノ酸が不足して，体に必要なたんぱく質が十分に作られず，発育障害，貧血，免疫力の減退などを起こす。たんぱく質を過剰に摂取した場合は，余分なたんぱく質は糖質や脂質に変化し，脂肪として体内に蓄えられる。

ビタミンの生理作用と多く含まれている食品について

ビタミンは，糖質，脂質，たんぱく質と違って直接エネルギー源にはならないが，微量で体内の生理的機能を正常に保つ重要な働きをする。食物からの摂取が不足すると特定の症状が出たり，病気になったりする。ビタミンは油に溶けやすいもの（脂溶性）と水に溶けやすいもの（水溶性）に大きく分けられる。脂溶性ビタミンにはビタミンA・D・E・Kがあり，水溶性ビタミンにはビタミン B_1・B_2・B_6・B_{12}・C，ナイアシン，葉酸などがある。水溶性ビタミンは過剰に摂取しても尿に排泄されるが，脂溶性ビタミンは肝臓に蓄積されるので注意を要する。

1．ビタミンA

ビタミンAには，網膜の光感受性を正常に保つ作用，成長促進作用，皮膚の正常化作用，免疫機能の維持作用などがある。欠乏すると，夜盲症（夜間の視力が低下する病気，鳥目）や皮膚乾燥症，免疫力低下などになる。レバー，卵黄，牛乳などのほか，ニンジン，カボチャなどの緑黄色野菜に多く含まれている。

2．ビタミンD

ビタミンDは，カルシウムやリンが体内へ吸収されるのを促し，骨や歯に沈着するのを助ける。ビタミンDが有効に働くためには，日光浴などにより紫外線を受けることが必要である。幼児に欠乏するとくる病，成人では骨軟化症を起こす。レバーや卵黄，バター，魚類などに多く含まれている。

3．ビタミン B_1

ビタミン B_1 は，糖質が体内で燃焼してエネルギーとなる際に必要な補酵素（酵素と一緒になって酵素の働きを助ける物質）である。激しい運動をした時には特に必要となる。欠乏すると脚気症状（食欲不振，疲れやすい，手足のしびれ，心肥大など）を起こす。穀物の胚芽，レバー，豚肉，卵などに多く含まれている。

4．ビタミン B_2

ビタミン B_2 は，糖質，脂質，たんぱく質が体内で燃焼してエネルギーとなる際に必要な補酵素である。成長促進作用をもつ。欠乏すると口角炎，皮膚炎，発育障害などを起こす。小麦胚芽，レバー，肉，卵，緑黄色野菜などに多く含まれている。

5．ビタミンC

ビタミンCは，感染や発熱，ストレスに抵抗する機能を保つ。欠乏すると食欲不振，易感染性，易出血性となる。果物や野菜に多く含まれている。

母乳栄養の長所と留意点について

　母乳栄養は乳児にとって最も自然で理想的な栄養法である。その長所は以下の通りである。

　まず母乳は，乳児の未熟な消化吸収機能や代謝機能に負担をかけないように，たんぱく質，脂質，糖質，ビタミン類を乳児の成長に必要な量だけバランスよく含んでいる。母乳は他の動物の乳と比べて乳糖を多く含んでいるが，エネルギーを糖質から得て急速に発達する乳児の脳にとって，これは最適である。また母乳は牛乳と違って同種のたんぱく質なのでアレルギーを起こすことも少ない。

　母乳には免疫グロブリン（IgA），ラクトフェリン，リゾチームなど多くの免疫物質が含まれている。そのため母乳栄養児は人工栄養児に比べて感染症にかかりにくく，かかったとしても重症になりにくいといわれる。

　さらに，母乳はいつも新鮮で衛生的であり，母乳を吸うことで乳児の顎の発達も促される。乳幼児突然死症候群の発症リスクも低い。

　一方，母親にとっても母乳栄養の意義は大きい。まず，乳児が母親の乳首を吸うことで脳下垂体からオキシトシン（射乳ホルモン）が分泌されるが，このホルモンは子宮収縮作用もあるので産後の母胎の回復にも効果的である。また，粉ミルクのように調製する手間もかからないし，経済的でもある。

　そして何よりも，母乳を与えることによって，母親と乳児とのスキンシップがとれ，親近感や満足感，安定感などが母親と乳児の双方に生まれる。

　しかし，母乳にも留意点はある。母親が HIV（ヒト免疫不全ウイルス）や HTLV（ヒト T 細胞白血病ウイルス）に感染している時は，乳児にウイルスが感染する可能性がある。HTLV の場合は短期間や冷凍母乳なら与えられるが，HIV の場合，母乳栄養は禁忌である。また母乳はビタミン K の含有量が少ないので，生後 2 ～ 3 か月頃，ビタミン K 欠乏により頭蓋内出血を起こすことがある。生後 1 か月目に必ずビタミン K を投与して予防する。母親が病気のため薬を服用するとそれが乳児に移行する場合があるので，薬の服用は医師とよく相談する。アルコールやたばこの有害成分も乳児に移行するので，母乳栄養中は禁酒・禁煙とする。たばこについては受動喫煙にも注意する。なお，母乳栄養児には生後 1 ～ 2 か月間黄疸が見られることがある（母乳性黄疸）が，一般には母乳を中止する必要はない。

育児用ミルクの成分について

育児用ミルクとは，牛乳をできるだけ母乳に近い成分となるように加工し，乳児が必要とするエネルギーや栄養素を満たすようにしたものである。育児用ミルクには育児用調製粉乳（疾病やアレルギーなどの問題のない乳児を対象としている粉乳），フォローアップ・ミルク（9か月以降の乳児のために調整されたミルク），特殊ミルク（アレルギー疾患用粉乳，低ナトリウム粉乳，無乳糖粉乳，大豆たんぱく調整乳，先天代謝異常に対する特殊ミルクなど）がある。

ここでは，牛乳を母乳に近づけるための育児用ミルクの調製内容について述べる。

1．たんぱく質

牛乳には母乳の約2倍のたんぱく質が含まれ，そのままでは乳児の消化機能や腎機能に負担をかける。特に乳児に負担の大きいカゼインの含有量が多いので，カゼインの量を減らし，乳清たんぱく質（ラクトアルブミン）を増やして組成を母乳に近づけている。

2．脂質

牛乳と母乳では脂質の量はほぼ等しいが質的には異なる。そのため母乳に多く含まれる必須脂肪酸（食物から摂取する必要がある脂肪酸）であるリノール酸，リノレン酸を増やしている。ドコサヘキサエン酸（DHA）も強化している。

3．ミネラル

牛乳には母乳の3倍以上のミネラルが含まれるため，乳児の腎機能への負担が大きい。そこで，育児用ミルクではミネラルの含有量を減らし，さらに個々のミネラルのバランスを母乳に近づけるようにしている。

4．糖質

牛乳は母乳よりも糖質の含有量が少ないため，育児用ミルクでは母乳と同じ程度の濃度になるように乳糖を添加している。また，腸内のビフィズス菌を増やすのに必要なオリゴ糖も添加している。

5．ビタミン

母乳に比べて牛乳では，ビタミンCやビタミンA・D・Eが少ないため，育児用ミルクではこれらを添加している。またビタミンKは頭蓋内出血予防のため，強化している。

上記のように育児用ミルクは母乳に近づけるために様々な工夫がされている。事情があって育児用ミルクで育てる場合でもそれは子どもにとって最良の選択をした結果であり，愛着形成や健やかな子育ての実現は可能である。

離乳の進め方について

厚生労働省が2019（令和元）年に改定した「授乳・離乳の支援ガイド」では，「離乳とは，成長に伴い，母乳又は育児用ミルク等の乳汁だけでは不足してくるエネルギーや栄養素を補完するために，乳汁から幼児食に移行する過程をいい，その時に与えられる食事を離乳食という」と定義している。ここでは離乳を初期・中期・後期・完了期に分けてまとめる。

1．離乳初期（5，6か月頃）

離乳を開始する時期であり，その目安は首がしっかりすわり，スプーンを口に入れても舌で押し出すことが少なくなる頃である。1日1回，離乳食を与え，母乳または育児用ミルクは好きなだけ飲ませる。この時期は，乳児が離乳食を飲み込み，舌ざわりや味に慣れることが大切であり，滑らかにすりつぶした状態のものを与える。アレルギーの少ないつぶしがゆから始め，野菜，果物，豆腐，白身魚などと種類を増やす。新しい食品を始める時は必ず1さじずつ与える。

2．離乳中期（7，8か月頃）

この頃になると，乳児は食物の摂り方にも慣れてくる。離乳食を与える回数は1日2回（午前1回，午後1回）とし，1日3回程度母乳または育児用ミルクを飲ませる。舌でつぶせる固さの離乳食を与える。この頃は前歯が生え始めるが，まだ噛むことはできない。唇で食物を取り込み，舌と上あごでつぶしていく動きを覚えさせる。

3．離乳後期（9〜11か月頃）

大人の食事と同様，朝，昼，夕1日3回離乳食を与え，その後母乳や育児用ミルクを与える。この時期は体内の貯蔵鉄が減少し貧血になる可能性があるので，レバーなど鉄分が多い食品を与える。また歯が数本生えてくるので前歯でかじりとらせたり，柔らかいバナナなど歯ぐきで押しつぶせるものを与えたりしながら少しずつ噛みごたえのある食品を増やしていく。いろいろな食品を与え，種類や味に広く馴染ませる。また手で持って自分で食べることができるようになるので，まずは食物を手に持たせ，次第にスプーンやコップを持つことに興味をもたせる。

4．離乳完了期（12〜18か月頃）

栄養素の大部分を乳汁以外の食事から摂れる時期である。食事回数は1日3回とし，おやつを与える。食品はほとんどのものを与えてよいが，奥歯が生えそろうのは3歳くらいなので，それまでは歯ぐきで噛める固さのものを与える。

幼児における遊び食いと偏食について

厚生労働省「平成17年度乳幼児栄養調査」の母親に対するアンケート調査では，「子どもの食事で困っていること」の第1位は「遊び食い」であり，第2位は「偏食」であった。以下にその対処法について述べる。

1．遊び食い

伝い歩きや一人歩きができるようになると幼児の行動範囲が広がり，食事以外の様々なことに興味をもつようになる。また，だいたい満腹になると食器を重ねたり叩いて鳴らしたり，食物をわざと落としてみたり，あるいは椅子から降りて歩き回ったりするなど，いわゆる「遊び食い」が多くなる。

このような場合は，まず，食事時間には空腹であるようにすることが重要である。生活リズムを整え，おなかが空いているから食べるということを習慣づける。おやつの与え方にも注意する。周囲の環境も大切である。テレビやビデオは消し，おもちゃなどは片付け，食べることに集中させるようにする。それでも遊ぶようなら，おなかは満たされているはずなので，無理に食べさせることはせず，さりげなく片付け，次の食事時間に食べさせる。

2．偏食（好き嫌い）

偏食を生じる要因には，その食品の味が嫌いだから食べないという場合と，食べにくいから食べないという場合がある。

味が記憶されるのは3歳頃からであるといわれる。食べ物の味とともに温度や食感も感じ，またその時の環境などからも左右されて「好き嫌い」を総合的に捉えるようになる。一般に野菜は苦味を感じる食品なので嫌いと感じることが多い。

一方，咀嚼機能は離乳期から徐々に発達し，乳歯が生えそろう3歳頃には様々な食品が食べられるようになる。それまでは奥歯が生えそろわないために食べづらいということもある。

偏食がある場合，嫌いなものは強制せずに，まず栄養的に代替えとなる食品を用意する。さらに味付けの工夫などで苦みのあるものでも食べやすくし，硬くて食べづらいものは調理形態等で工夫して食べられるようにする。

偏食は様々な生活体験で直ることもある。調理の手伝いをさせる，外食などの楽しい雰囲気の中で食べさせる，家族の食べている様子を見せるなど食経験を豊かにする。無理をせず気長に対応し，嫌いだったものを食べた時にはほめて，食事の雰囲気を楽しいものにすることが重要である。

食育の重要性とその内容について

1. 食育の重要性

　食をとりまく環境が変化してきている中で，子どもの頃から望ましい食習慣を身に付けることは重要である。

　「食育基本法」(2005 (平成17) 年制定，2015 (平成27) 年改正) では「子どもたちが豊かな人間性をはぐくみ，生きる力を身に付けていくためには，何よりも「食」が重要である」としている。保育所保育指針 (2017 (平成29) 年改定) の中でも，乳幼児期の食育について，健康な生活の基本としての「食を営む力」の育成に向け，その基礎を培うことが目標であるとし，子どもが生活と遊びの中で，意欲をもって食に関わる経験を積み重ねることが重要であるとしている。

2. 食育の内容

　「保育所における食育に関する指針」(2004 (平成16) 年) では乳幼児期における期待される具体的な育ちの姿として，①お腹がすくリズムのもてる子ども，②食べたいもの，好きなものが増える子ども，③一緒に食べたい人がいる子ども，④食事づくり，準備にかかわる子ども，⑤食べものを話題にする子どもを目標にしている。

　具体的な内容としては「食と健康」「食と人間関係」「食と文化」「いのち

の育ちと食」「料理と食」の5項目が挙げられている。3歳以上児の5項目のねらいについて以下にまとめる。

(1) 食と健康

　できるだけ多くの種類の食べ物や料理を味わい，自分の体に必要な食品の種類や働きを知り，栄養バランスの取れた食事を摂ろうとする。

(2) 食と人間関係

　身近な人と一緒に食べる楽しさや，様々な人との会食を通じて，信頼関係を深める。食事に必要な基本的な習慣や態度を身に付ける。

(3) 食と文化

　いろいろな料理に出会い，発見を楽しんだり，考えたりしながら様々な文化に気づく。地域で培われた食文化を体験し，郷土への関心をもつ。

(4) いのちの育ちと食

　自然の恵みに感謝の気持ちをもって食事を味わう。栽培，飼育，食事などを通して全ての命を大切にする心をもつ。

(5) 料理と食

　食事の準備から後片付けまでの食事作りに関わり，味や盛り付け，食事にふさわしい環境などを考えて，ゆとりのある落ち着いた雰囲気で食事をする。

◎参考文献

上田玲子編著『新版 子どもの食生活―栄養・食育・保育―』ななみ書房，2021.
岡﨑光子編著『改訂 子どもの食と栄養』光生館，2015.

新保育士養成講座編纂委員会編『新保育士養成講座⑧ 子どもの食と栄養 改訂2版』全国社会福祉協議会，2015.
中根淳子・佐藤直子編著『子どもの保健』ななみ書房，2019.

◎保育の内容・方法に関する科目

第23章
保育カリキュラム論

全体的な計画，教育課程の意義と編成の方法について述べよ。

　保育所における全体的な計画，幼稚園における教育課程は園全体の保育目標や保育理念を具現化したものである。ここでは，全体的な計画，教育課程について述べたうえで，その意義と留意点も含めた編成の方法を述べる。

1．全体的な計画とは

　「全体的な計画」は，保育時間の長短，在所期間の長短，途中入所等に関わりなく，入所児童全てを対象とする。また，保育時間は，児童福祉施設の設備及び運営に関する基準第34条に基づき，1日につき8時間を原則とし，地域における乳幼児の保護者の労働時間や家庭の状況等を考慮して，各保育所において定めることとされている。さらに，延長保育，夜間保育，休日保育などを実施している場合には，それらも含めて子どもの生活全体を捉えて編成する。

2．教育課程とは

　「教育課程」は，幼稚園生活の全体を通して，ねらいが総合的に達成されるよう，教育課程に係る教育期間や幼児の生活経験や発達の過程などを考慮して具体的なねらいと内容を組織しなければならない。幼稚園教育要領（第1章第3）には，幼稚園の毎学年の教育課程に係る教育週数は，特別の事情のある場合を除き，39週を下ってはならないこと，また，幼稚園の1日の教育課程に係る教育時間は，4時間を標準とすること（ただし，幼児の心身の発達の程度や季節などに適切に配慮すること）が示されている。さらに，第3章には「地域の実態や保護者の要請により，教育課程に係る教育時間の終了後等に希望する者を対象に行う教育活動については，幼児の心身の負担に配慮する」こと，幼稚園が「地域における幼児期の教育のセンターとしての役割を果たすよう努める」ことが示され，これらをふまえ，創意工夫をいかし，幼児の心身の発達と幼稚園及び地域の実態に即応した適切な教育課程を編成することが明記されている。

3．全体的な計画，教育課程の意義

　子どもをめぐる社会の状況が日々変化する中で，保育所や幼稚園が担う社会的役割はますます大きくなっている。子どもの最善の利益を保障し，その責任を果たしていくためには，今まで以上に保育の質の向上が求められる。何よりも大切なことは，一人ひとりの職員の人間性や専門性を高めること，また園全体が組織として計画的な保育実践とその評価，改善という循環的な営みによって保育の質の向上を図

ることである。保育者が子どもの育ち
を記録し、その省察を通して、保育実
践を振り返るプロセスそのものが保育
の質の向上への第一歩である。しか
し、その保育実践へのプロセスは、一
個人のものだけでなく、園全体で進め
られる必要がある。つまり、その保育
実践の組織性及び計画性を一層高め、
園全体の構造を明確にすることが必要
となる。全体的な計画、教育課程は、
指導計画の上位に位置づけられ、全職
員の共通認識の下、計画性をもって保
育を展開し、保育の質の向上を目指す
ことが目的とされる。

4. 編成の方法と留意点

全体的な計画、教育課程の編成の方
法は園の特徴や地域の実状に応じて
様々考えられるが、例として、以下の
ような手順で進められる。

(1) 編成の方法

① 職員間の共通理解—保育の基本、
保育所保育指針、幼稚園教育要領、
児童の権利に関する条約等関係法
令、などを理解する。

② 子どもの実態や子どもを取り巻く
家庭・地域の実態及び保護者の意向
を把握する。

③ 園の保育理念、教育理念、目標、
方針等について、共通理解を図る。

④ 子どもの発達過程を見通し、それ
ぞれの時期にふさわしい具体的なね
らいと内容を組織する。

⑤ 子どもの発達過程に応じて保育目
標がどのように達成されていくか見

通しをもって編成する。

⑥ 全体的な計画、教育課程に基づ
き、保育の経過や結果を省察、評価
し、次の編成にいかす。

(2) 全体的な計画編成の留意点

全体的な計画は、施設長の責任の下
に編成するが、全職員が参画し、共通
理解と協力体制の下に創意工夫して編
成することが求められる。発達過程が
一人ひとりの子どもによって違うこと
を理解し、乳幼児期は人間形成の最も
基盤となる時期であることを十分に認
識して、必要な経験とは何か、またそ
のための環境とは何かなどを考慮して
編成する必要がある。

また、地域の特性や記録や資料など
をいかした特色のあるものにしていく
ことが大切となる。つまり、一時保育
であれ、子育てサークルであれ、入所
していない子どもに対しても保育が行
われる時は、全体的な計画と無関係で
あってはならないのである。

さらに、共に育ちを見守るパート
ナーとして、保護者の思いを受け止
め、どのように全体的な計画に反映す
るかを考慮することも求められる。し
かし、最優先されるのは、「子どもの
最善の利益」であることを忘れてはな
らない。

(3) 教育課程編成の留意点

2. 教育課程とは、で述べたように、
幼稚園においては、教育時間終了後等
に行う教育活動についても考慮して教
育課程の編成を行う必要がある。特

に，編成にあたっては，下記の点が重要である。

① 体験の多様性と体験の間の関連性を重視する。

② 家庭と連携して保護者に幼児教育の理解を求め，またその支援を受けて，保育を進める。

③ 幼稚園教育が小学校以降の生活や学習の基盤の育成となるようにする。

④ 障害のある幼児の指導に配慮する。

⑤ 預かり保育の責任ある体制を確立し，計画性を明確にする。

⑥ 子育て支援の充実を進め，地域における幼児期の教育のセンターとしての役割を果たす。

5. 全体的な計画，教育課程の見直し

全体的な計画，教育課程は，その園の保育の全体を示すものである。したがって，その園に1つしかない計画である。しかし，保育という営みは子どもの姿に合わせて創造していくものであるため，常に見直しを行う必要がある。その見直しの機会は，保育者の話し合いによる内部評価と保護者や学校運営委員（基本的に幼稚園に協力する委員，地域関係者や学識経験者などに園長が協力を依頼する）による外部評価によって，その手がかりが見出される。

全体的な計画や教育課程の見直しの実際には，①教育目標の見直し，②園の特色に関わる見直し，③対象の多様

化に向けた見直し（延長保育，子育て支援や一時保育など），④地域の実態に応じた見直しなどが考えられる。保護者アンケートや保幼小の連携会議なども見直しの観点が得られる貴重な情報源となる。これらの観点をもとに，職員間で十分に話し合い，優先順位をつけながら検討していくことになる。

その方法は，多様であり，保育カンファレンスとして互いの専門的な視点から検討する場合もあれば，園内研修にて，必要な観点から順に検討することもある。特に，話し合う土壌をどのように構築するかが現在の課題であり，多様な価値観が混在する組織の中で，子どもの最善の利益とその発達の課題から何を計画し改善する必要があるのかの優先と選択の重要性が問われている。このような組織的な質の向上と，個人の質の向上の両輪が重要であり，全体的な計画・教育課程はその射程を見通しながら，保育実践の質を向上させるために重要な役割を果たすものである。

したがって，自己評価の結果はその見直しのための貴重な情報となる。日頃から保育実践や運営に関する情報や資料を継続的に収集し，職員間で共有するだけでなく，情報技術（IT）の積極的な活用も有効である。また，結果の公表を通して，保護者や地域社会への説明責任を果たすことが重要である。

保育における計画について

　保育所や幼稚園における保育は，子どもたちの生活の実態に合わせながら，その成長を見通して，育ちの願いをもって計画的に生活を進めていく保育者の専門的な関わりによって行われる。

　また，保育の営みについて，子どもの育ちをホリスティック（全人的）なものと考えると，主体である「子ども」の理解から「全体的な計画」が立案されることの理由が理解できるであろう。また，その「計画的に」は，保育の目標や目的を実現するためのものである一方，それらの計画が，子どもの興味・関心の経験の軌跡と考えると，保育における計画は固定的なものでなく，非常に柔軟性のある特性をもっていることが理解できる。つまり，保育の目標や保育者の願いを実現するための「計画」に他ならず，その見通しは保育者の援助の方向性を示す道標ではあるが，その通りに進まなくてはならないということではない。保育における計画を保育者が作成した単なる「計画」としてではなく，保育内容を子どもとの対話によって創り出していく営みと同一と捉えると，保育者がもつべき「知」の構造も問い直す必要が出てくる。したがって，専門家と

して実践の中の「知」をもつ保育者は，その実践を省察（reflection）する力が求められるのである。

　「理論を実践に応用するという構造ではなく，理論的には把握しきれない多様で複雑な実践を捉える『知』，つまり実践の知への再認識は，教師の専門性を問い直す上で重要な要素」[*1]であるように，保育者の計画は，実践そのものを可視化することである。

　さらに，計画を立てることの理由は保育者自身のためだけではない。下記の4点の主な理由をもつ。①子どもたちの興味・関心と，生活リズムのつながりを見えやすくするため，②保育者自身が見通しをもって，明日の保育を実践するため，③園全体の保育者同士で相互理解するため，④保護者と相互理解し，信頼関係を築くため，である。保育者自身のためだけでなく，園全体，子どもたち同士，保護者，そして地域にも拓かれていくものとして，保育の計画は位置づけられている。

　したがって，保育者として，保育の計画の独自性とその意義，重要性をふまえたうえで，立案・作成する力を習得することが求められる。

幼児期の遊びと学びについて

　保育所保育指針では「子どもが自発的・意欲的に関われるような環境を構成し，子どもの主体的な活動や子ども相互の関わりを大切にすること。特に，乳幼児期にふさわしい体験が得られるように，生活や遊びを通して総合的に保育すること」（第1章1保育所保育に関する基本原則）と生活や遊びを通した保育について示されている。また，幼稚園教育要領においても，「幼児の自発的な活動としての遊びは，心身の調和のとれた発達の基礎を培う重要な学習であることを考慮して，遊びを通しての指導を中心として第2章に示すねらいが総合的に達成されるようにすること」（第1章第1）と示され，遊びを通した指導によって保育が展開されることを基本としている。

　子どもたちの生活や遊びは，小学校以上の教育のように，「時間割」や「教科」で区切ることはできない。なぜなら，生活の流れや遊びの興味・関心の心の動きは，途切れることなく，子どもたち主体で展開され続けるからである。これまでの学校教育では，歴史的にみると「科学」か「生活」か，「知識」か「経験」か，という二項対立的な議論から，「子どもたちにとっての学びとは何か」という学習観の問

い直しへと議論が進められ，「総合的な学習」の実施へと転換されてきた。しかし，乳幼児期においては，「生活や遊び」の中に，発見や気づき，科学的な心を見出しながら経験しており，まさに「経験を通した学び」そのものであるといえよう。

　一方で，「経験の質」が問われている。経験を単に積み上げるということではなく，より豊かで，より多面的な経験として，園生活の中でどのような経験が必要なのか，または，そのための環境をどう整えるのかが大きな課題でもある。

　さらに，幼児期の遊びと学びについての理解とともに，保育の基本を理解しておくことも大切である。
① 信頼関係を基盤にすること。
② 乳幼児期にふさわしい生活の展開があること。
③ 健康・安全で発達に適した保育環境を整えること。
④ 遊びを通しての総合的な指導であること。
⑤ 一人ひとりの発達の個人差に配慮すること。

　これらの保育の基本を十分に理解することが全体的な計画・教育課程編成の基本となることを心しておきたい。

全体的な計画・教育課程の実施と指導計画の作成について

保育所保育指針，幼稚園教育要領には下記のとおり，全体的な計画，教育課程，及び指導計画の作成について示されている。

「保育所は，1の(2)に示した保育の目標を達成するために，（中略）保育所の生活の全体を通して，総合的に展開されるよう，全体的な計画を作成しなければならない」（保育所保育指針第1章3)

「各幼稚園においては，教育基本法及び学校教育法その他の法令並びにこの幼稚園教育要領の示すところに従い，創意工夫を生かし，幼児の心身の発達と幼稚園及び地域の実態に即応した適切な教育課程を編成するものとする」（幼稚園教育要領第1章第3)

「（前略）幼児期にふさわしい生活が展開され，適切な指導が行われるよう，それぞれの幼稚園の教育課程に基づき，調和のとれた組織的，発展的な指導計画を作成し，幼児の活動に沿った柔軟な指導を行わなければならない」（幼稚園教育要領第1章第4)

保育の計画の基本は，全体的な計画，教育課程にある。これらは，保育の全体像を示しており，全体的な計画では，保育所の0歳～6歳までの6年間，教育課程では，幼稚園の3歳～5歳までの3年間の園の全体像と保育理念が編成されている。

また，保育目標や教育目標の実現を目指していく過程を総合的，具体的に示したものが，全体的な計画や教育課程でもある。目標が具現化されていくように「ねらい」や「内容」が保育実践の中で，総合的な視点から編成され，指導計画が作成されるのである。

保育所保育指針解説書では，保育の展開されていく過程「保育の過程」について，①子ども理解→②指導計画の作成→③保育実践の展開→④反省・評価と示されている。この①～④の循環が滞ることなく円滑に循環しているかどうかを，保育者は意識しなければならない。また，保育者集団として，この循環を円滑にすることも重要である。つまり，保育者自身の保育の過程と保育者集団としての保育の過程の二重構造の中で，より多面的に子ども理解と指導計画をモニタリング・評価し続けることにより，生きた指導計画となる。なぜなら，指導計画は，子ども理解に始まり，子どもと共に描いていく保育のデザインそのものだからである。

指導計画作成の実際について

1．指導計画の種類

　全体的な計画や教育課程に基づいて，長期的，短期的に計画を立てていくことになる。保育は計画から始まるのではなく，乳幼児の姿から始まる。そのために，日誌，発達の記録，個別記録を用いる。乳幼児の姿は，遊びへの興味・関心や友達との関わり，生活など様々な視点から省察・評価され，必要に応じて計画を緩やかに改善する。保育においては，実践しながら修正を繰り返すことが特徴であり，計画を正確に実施することが目的ではないことを理解しておく必要がある。子どもの姿に応じて，計画を修正する柔軟性をもち，また振り返る行為を通して，PDCAサイクルの循環をより良くすることが「保育の過程」であり，専門性をもつことの証でもある。

(1)　長期の指導計画

　長期の指導計画とは，1年間の保育の全体像を見通しておく年間指導計画や，2・3か月先を見通しておく期の指導計画（期案），1か月先を見通しておく月の指導計画（月案）などがある。

(2)　短期の指導計画

　短期の指導計画は，週を単位として保育を見通しておく週の指導計画（週案)，日を単位として保育を見通しておく日の指導計画（日案)，週案と日案とを合わせて作成した週日案がある。

　長期，短期ともに，その様式は様々で，各園で創意工夫を凝らしながら作成されている。その他，様々な保育形態（異年齢保育，一時保育，未就園児クラスの保育など）についても，園全体で対象児の育ちの実態と見通しをもつためにも計画しておくことが望ましい。また，一時保育や未就園児クラスの保育では，担当者が交替で保育を行うことも多く，計画を共有するためにも，作成の意義は大きい。

2．指導計画の特徴

　0, 1, 2歳児では，次の3点が大きな特徴になる。①保健及び安全面に十分に配慮した保育と計画であること，②生活の連続性が家庭との連携のもとで重視されること，③情緒の安定，生命の保持を十分に考慮されること。また，3, 4, 5歳児では，次の3点が特徴である。①友達との関わりの中で一人ひとりの思いが発揮される計画であること，②遊びの連続性が重視される計画であること，③協働性の育ちと小学校との連携を見通した計画であること。

　これらの特徴をふまえ，指導計画を作成し，実践の中で改善することが求められる。

保育における評価について

保育を実践し，振り返ることにより，関わりの修正や計画の改善，また明日の保育への新たな見通しが見出される。

1．保育を振り返り省察する方法

振り返りの方法には，(1)記録を通しての省察，(2)カンファレンスを通しての省察がある。

(1) 記録を通しての省察

① 子どもの育ちを振り返る

日々の記録は，保育士等の思いとともに，子どもの姿を具体的に記述した資料になる。今後の方向性を探る基礎資料を通して，子どもの内面の変化から育ちを振り返ることができる。

② 自らの保育を振り返る

記録することは，保育を具体的に振り返り，省察する過程そのものである。この行為が日々の保育実践を自己評価する過程である。

(2) カンファレンスを通しての省察

特定のケースに関連している専門家が，お互いの立場を尊重しながら，資料に基づいて解決の方向性を探っていく専門的な話し合いをカンファレンスという。保育カンファレンスにより，他者から新しい気づきを得ることができ，保育の行き詰まりや保護者との連携の改善策などがもたらされる。

2．自己評価の意義

自己評価は，個々の保育士等の職員が行う自己評価と園全体の自己評価と2つに大別される。自己評価の意義は，保育の質の向上であり，自己評価を通じて全ての職員が組織的・継続的によりよい保育を作り上げていくことが期待されている。

保育士等の自己評価の目的は，自らの保育実践と子どもの育ちを振り返り，次の保育に向けて改善を図り，保育の質を向上させることである。また，園の自己評価は，園として創意工夫していることや独自性などとともに園の課題を把握し，全体的な計画や指導計画その他の保育の計画を見直して，改善を図ることが目的である。

3．自己評価の視点

保育士等の自己評価では，(1)子ども一人ひとりの育ちを捉える視点，(2)自らの保育を捉える視点，(3)保育士等の学び合いとしての視点，が重要となる。一方，園の自己評価では，地域の実状，園の実態に即して，適切に評価の観点や項目を設定する必要がある。実現可能な改善となるよう，年度単位や数年度の間で計画を見直し，常に評価の観点に関する情報を収集することが大切である。

全体的な計画・教育課程の課題と展望について

　保育におけるカリキュラム作成は、まさに保育を創るプロセスそのものである。本来であれば、保育に向かう喜びに一番近いはずの全体的な計画・教育課程が、実践の場に入ると、作成することの難しさと、実践とのかい離を感じさせられることも少なくない。特に、実習生が、子どもとの関わりは充実していたが、指導計画を書くことは苦痛だったということもよく耳にする。

　人が人を育てるのであるから、人が計画通り育たないことと同様、計画通りいかないのが保育の計画である。しかし、保育のねらいには、子どもの生活の実態とともに、保育者の育ちへの願いが込められている。子どもの興味・関心の根を、寄り添いながら把握し、その子らの発達の課題を見通し、そこに育とうとする意欲・心情・態度を保育者は「ねらい」としておくのである。このプロセスこそが、専門性をもつ保育者の仕事であるといえよう。したがって、子どもの育ちの軌跡とその情報を十分に把握することが難しい実習生にとって、事前に指導計画を立案することがいかに難しいかということが理解できる。さらに、保育者は、全体的な計画、教育課程に即した指導計画を立案、作成できることが1つの

専門性であることを理解し、その向上に努めることが求められる。

　子ども理解から始まる計画をどのように立てるのかが課題になる中、時系列の様式そのものが見直され、ウェブ式保育記録や保育マップ型記録を活かした計画などが提案されている。また、プロジェクト保育においては、これまでの時系列の様式では展開できないこともあり、子ども理解、全体的な計画、教育課程、さらには、指導計画の実際そのものをどのように可視化するのかが問われている。これらの課題は、保育の質の向上と密接に関連しており、各園が保育理念、教育目標に沿った保育の質の向上を図るため、創意工夫している。

　また、個と園全体のPDCAサイクルの両輪による正の循環が求められている。園全体の保育の向上を図るため、職員一人ひとりが保育実践や研修などを通じて保育の専門性などを高めるとともに、保育実践や保育の内容に関する職員の共通理解を図り、協働性を高めていくことが重要である。そのため、園全体で共有する仕組みそのものが見直され、園内研修の充実に向けた質的向上のための課題が問われている。

◎引用文献━━━━━━━━━━━━━━━━━━━

＊1　磯部裕子『教育課程の理論―保育における
　　　カリキュラム・デザイン』萌文書林，168
　　　頁，2003.

◎参考文献━━━━━━━━━━━━━━━━━━━

阿部和子・前原寛編著『保育課程の研究―子ども
主体の保育の実践を求めて』萌文書林，2009.
磯部裕子『教育課程の理論―保育におけるカリ
キュラム・デザイン』萌文書林，2003.
河邉貴子『保育記録の機能と役割―保育構想につ
ながる「保育マップ型記録」の提言』聖公会出
版，2013.
厚生労働省『保育所保育指針解説　平成 30 年 3
月』フレーベル館，2018.

柴崎正行・戸田雅美・増田まゆみ編『最新保育講
座⑤ 保育課程・教育課程総論』ミネルヴァ書房，
2010.
田中亨胤・三宅茂夫編『シリーズ知のゆりかご
教育・保育カリキュラム論』みらい，2019.
文部科学省『幼稚園教育要領解説　平成 30 年 3
月』フレーベル館，2018.

◎保育の内容・方法に関する科目

第24章
保育内容総論

なぜ，子どもの活動を総合的活動として5領域から捉えるのか，その意義と問題について述べよ。

1．遊びによる総合的な保育

保育において重要なことは，幼稚園教育要領の「第1章 総則／第1 幼稚園教育の基本2」に「幼児の自発的な活動としての遊びは，〔中略〕遊びを通しての指導を中心として〔中略〕ねらいが総合的に達成されるようにすること」と示されているように，遊びを通した総合的な保育を展開させることである。さらに，「同／幼稚園教育の基本3」に，「幼児の発達は，心身の諸側面が相互に関連し合い，多様な経過をたどって成し遂げられていくものであること，〔以下略〕」と述べられているように，心と体の育ちは切り離すことはできない。一人ひとりの子どもの特性に応じた適切な援助や指導を行わなければならない。

また，保育所保育指針においては，「第1章 総則／1 保育所保育に関する基本原則／(3)保育の方法オ」に「子どもが自発的・意欲的に関われるような環境を構成し，子どもの主体的な活動や子ども相互の関わりを大切にすること。特に，乳幼児期にふさわしい体験が得られるように，生活や遊びを通して総合的に保育すること」と示されているように，子ども自ら環境に関わり，様々な体験を通して学んでいく。そのため，子どもが興味，関心を抱いて関わりたくなるような環境を構成することが重要である。保育者や子どもといった人的環境，施設や遊具などの物的環境，自然や社会といった子どもを取り巻く全てのことが関連し合う中で，子どもは遊びを通して学んでいく。

遊びによる総合的な保育とは具体的にどのようなことか，5歳児のレストランごっこを考えてみたい。子どもたちは遊びの中で友達とイメージを共有しながら，ダンボールや大型積み木を組み立ててレストランのキッチンやカウンターなどの必要なものを準備する。身近にある様々な素材を利用し，料理や食器，レジなども用意する。また，メニュー表や看板を書く子どももいる。お互いに協力し合いながら，レストランについて，それぞれの子どもが生活経験の中で得た知識を使って楽しんでいる。シェフ，ウェイター・ウェイトレス，レジ担当や客といった役割を演じ，「いらっしゃいませ」「ご注文は何にしますか？」「おすすめは何ですか？」「じゃあそれください」などとその役になりきって，やり取りを楽しんだりする。

こうした遊びから子どもたちが得られる経験を，領域ごとの内容と照らし合わせると次のようになる。

(1) 健康

・様々な活動に親しみ，楽しんで取り組む。

・様々な遊びの中で十分に体を動かす。

・先生や友達と食べることを楽しみ，食べ物への興味や関心をもつ。

(2) 人間関係

・自分の思ったことを相手に伝え，相手の思っていることに気付く。

・友達の良さに気付き，一緒に活動する楽しさを味わう。

・友達と楽しく活動する中で，共通の目的を見出し，工夫したり，協力したりなどする。

・共同の遊具や用具を大切にし，みんなで使う。

(3) 環境

・身近な物や遊具に興味をもって関わり，自分なりに比べたり，関連付けたりしながら考えたり，試したりして工夫して遊ぶ。

・日常生活の中で数量や図形などに関心をもつ。

・日常生活の中で簡単な標識や文字などに関心をもつ。

・生活に関係の深い情報や施設などに興味や関心をもつ。

(4) 言葉

・したり，見たり，聞いたり，感じたり，考えたりしたことを自分なりに言葉で表現する。

・したいこと，してほしいことを言葉で表現したり，わからないことを尋ねたりする。

・生活の中で必要な言葉が分かり，使う。

・いろいろな体験を通じてイメージや言葉を豊かにする。

・日常生活の中で，文字などで伝える楽しさを味わう。

(5) 表現

・様々な出来事の中で，感動したことを伝え合う楽しさを味わう。

・様々な素材に親しみ，工夫して遊ぶ。

・かいたり，つくったりすることを楽しみ，遊びに使ったり，飾ったりする。

・自分のイメージを動きや言葉などで表現したり，演じて遊んだりするなどの楽しさを味わう。

　このように，レストランごっこという1つの活動を通して，各領域の内容を総合的に学んでいる。子どもは様々な人や物と関わり，体験を通して成長していく。子どもの活動が主体的で対話的で深い学びとなるためには「なんだろう」「やってみたい」と心を動かされる環境が計画的に構成されていることが大切である。子どもが夢中になって集中し活動することで，興味や欲求が満たされ満足感を得て，さらなる活動の発展につながるからである。

2．保育を展開するうえで留意すべき

こと

　保育における遊びは心身の調和のとれた発達の基礎を培う重要な学びであり，子どもが自ら環境と関わって生み出す主体的な活動である。子どもは，興味，関心を抱くものに働きかけ，自分なりに考え，試行錯誤する中で，経験を通して学習する。

　保育場面では，子どもは今どう思っているのか，どうしたいと思っているのか，という子ども理解が何より重要となる。そしてこの活動がさらに展開するために何が必要かを考えなければならない。子どもが「いいこと考えた」と主体的に関わりたくなるような環境の構成と，活動の見通しをもった適切な保育計画の準備が求められる。

　また，幼稚園教育要領及び保育所保育指針にある，幼児教育において育みたい資質・能力にみられるように，生きる力の基礎を育むため「知識及び技能の基礎」「思考力，判断力，表現力等の基礎」「学びに向かう力，人間性等」が，一体的に育まれることが求められている。

　子どもが自ら働きかけたくなるようなワクワク・ドキドキする魅力的な環境づくりによって，子どもたちの主体的な活動（遊び）が生み出されるということに留意して保育を構想することが必要である。

　また，こうした教育的な側面での援助のみならず，養護的な側面からの援助も保育には欠かすことができない。

子どもたちが，保育所，幼稚園，認定こども園での生活の中で，保育者に温かく見守られ，安心感のある自分の居場所を見つけることが重要である。そのことにより，他児にも興味・関心がわき，自分らしさを発揮しながら様々なことに繰り返し挑戦していくようになる。子どもの主体的・自発的な学びは，保育者の養護的配慮（生命の保持と情緒の安定）の支えがあって初めて成立するということを忘れてはならない。保育者は，養護と教育を関連づけながら，これらを一体的に展開するように心がける必要がある。

3．子どもの育ちを捉える視点としての「領域」

　保育者は子どもの主体性・自発性を認め，励まし，子どもの発見や喜びに共感しながら見守る姿勢が大切である。子ども1人ひとりの特性に応じ，発達の課題に即した活動となるよう，様々な役割を果たす必要がある。その際，保育者主導で1つの領域のみを取り上げて，計画通りに活動させることは，子どもにとっては楽しさに欠け，意欲を失う活動となることがあるため，十分留意する必要がある。子どもの主体性と保育者の意図とをバランス良く絡ませながら，子どもの発達に必要な体験ができるように援助することが重要である。幼児教育において育みたい資質・能力が，5領域のねらい及び内容に基づく活動全体によって育まれるという視点を忘れてはならない。

保育内容を捉える視点「領域」について

1．幼稚園教育要領における保育内容

幼稚園教育要領において，保育内容には次の5つの「領域」が示されている。(1)心身の健康に関する領域「健康」，(2)人との関わりに関する領域「人間関係」，(3)身近な環境との関わりに関する領域「環境」，(4)言葉の獲得に関する領域「言葉」，(5)感性と表現に関する領域「表現」。これらの領域のねらいは，子どもが様々な体験を積み重ねる中で，相互に関連をもちながら達成されていく。「領域」は，小学校以上の学校教育における知識や技術を体系的に編成した「教科」の指導とは違い，生活の全体を通じた学びの姿である。幼稚園生活において育みたい資質・能力を幼児の生活する姿から捉えたものである。領域の内容は，ねらいを達成するために指導する事項であり，幼児が様々な体験を積み重ねる中で，自ら環境に関わり，展開する具体的な活動を通して，総合的に指導されなければならない。

子どもが生活や遊びの中で何を感じているのか，望ましい方向へ育つためにはどうすればよいか，ということを子どもの立場で考えることが大切である。また，「幼児期の終わりまでに育ってほしい姿」は，ねらい及び内容に基づく活動全体を通して資質・能力が育まれている幼児の幼稚園修了時の具体的な姿である。各領域のねらいの趣旨に基づいた適切な指導となるように，育ちの方向性を意識したい。

2．保育所保育指針における保育内容

保育所保育指針では，幼稚園教育要領と同様に保育の内容が「ねらい」及び「内容」で構成されているが，それらを具体的に示す視点として「養護に関わるねらい及び内容」は，福祉と教育それぞれの立場から示されている点が特徴である。しかし，養護と教育が別々に計画され構成されるものではなく，「養護と教育が一体となって」総合的に展開されるよう留意することが求められている。教育に関わる定義ならびに5領域の扱い，また考え方については幼稚園教育要領に準じており，原則は同じであると考えてよい。

最後に，「領域」は遊びや生活を通した全ての経験の中から，子どもの発達に関わる様々な側面を読み取るための視野・観点である。相互的・総合的生活を前提としていることに留意し，1つの側面からのみ，指導のあり方を論じ，実践するものではない。

生活と遊びの関係について

　乳幼児期における遊びは，子どもにとって生活そのものであり，その健やかな発育・発達には欠かせないものである。子どもは遊ぶから育つともいわれ，心ゆくまで遊びを楽しむことを通して探究心や冒険心を満たし，友達と競い合ったり，お互いに協力していく中で充足感や達成感を味わい，自信を深め，思いやりの心を育んでいく。そうやって子どもは遊びの中で心や体，社会性を育み，生きるために必要な様々な事柄を学習していく。つまり，子どもにとっては「遊び＝学び」である。

　ここで大切なことは，遊びは他者から強制されるものではなく，子ども自らの自由な発想や自主性・自発性に根差したものだということである。主体的に遊びに取り組み，いろいろなことができるようになる喜びは，さらに新しいことに挑戦しようとする意欲につながっていく。遊びながら伸びのびと全身を動かす経験は，体の発育や運動能力の発達といった身体面の健康だけでなく，精神面の健康や知的能力，社会性の発達など子どもの育ちに幅広い影響を与える。

1．身体及び運動能力の発達

　乳幼児期は，将来獲得する運動技能の基本となる，歩く，走る，跳ぶ，投げるといった様々な基礎的運動パターンを遊びの中で獲得していく時期である。また，神経系の発達は，小学校就学までに成人に近いかたちまで獲得される。

2．知的能力の発達

　遊びによって得られるイメージが言葉と結びつくことで，言語，記憶，概念などが形成されていく。そして，思考力，集中力，持続力，注意力といった知的能力や，忍耐心・自制心などが身に付いていく。これらの要素は，身体的要素に依存しながら発達していく。

3．社会性の発達

　他者との協調性や競争心は決して1人では育むことのできないものである。保育所や幼稚園といった集団生活の場で様々な子どもと触れ合って遊ぶ経験を経て，社会性が徐々に培われていく。たいていの場合，集団遊びにはルールが存在し，それを守ることで友達と仲良く遊ぶことが可能になる。そして，互いにコミュニケーションをとることで，友達同士の関わり方を学んでいく。このように遊びを通して人間関係の基礎を学び，その輪を広げていくのである。

保育ニーズへの対応について

近年では，多様な家族形態，働き方により，保護者の価値観や子育て観も多様化しており，子育て家庭の保育に対するニーズは多岐にわたっている。保育所や幼稚園，認定こども園等は「保育の必要性の認定」を受けて利用する。3つの認定区分が設けられており，1号認定は保育の必要性のない満3歳以上児。2号認定は保育の必要性のある満3歳以上児。3号認定は保育の必要性のある満3歳未満児である。

保育所や幼稚園，認定こども園等で実施される主なものを取り上げる。

1．保育標準時間と保育短時間

認可保育施設に子どもを預ける場合，保育の必要性に応じて，保育標準時間（最長11時間），保育短時間（最長8時間）のどちらかの保育時間区分の認定を受ける。保育施設ごとに開所時間は異なるが，保育標準時間の場合，朝7時から夕方6時までとしている園が多い。

2．延長保育

延長保育には，「月ぎめ」と1回ごとに申し込んで利用する「スポット利用」がある。認定時間を超えると延長料金が発生する。多くは「月ぎめ」で利用し，夜7時くらいまでの1時間延長を利用する保護者が多く見られる。

3．預かり保育

幼稚園の基本保育時間は4時間だが，夕方まで子どもを預かる「預かり保育」を実施する園が増えている。幼稚園は保育の必要性の有無に関わらず，3歳以上の子どもが通うことができる。

4．病児・病後児保育

病児，病後児保育には，次のような事業類型がある。①病児対応型は病院・診療所に併設され一時的に保育する。保育士も配置される。②病後児対応型は，集団保育が困難な期間に，専用スペースで一時的に保育する。在園児以外も利用できる。認可保育園等に併設され，看護師等も配置される。③体調不良児対応型は，保育中に体調不良となった場合に，緊急に対応する。そのため，在園児が対象である。④訪問型は依頼者宅で病児または病後児の保育を行う。

5．地域子育て支援拠点事業

子育て相談や親子の集いの場の提供等，地域における子育ての支援を実施し，子育ての孤立感，負担感の解消を図る。認定こども園は子育て支援の実施が義務となっている。情報交換や地域の人との交流の広がりの場でもあり，特に保育施設を利用していない3歳未満の子どもをもつ親子の利用が多い。

道徳性の芽生えの指導について

「道徳性」とは，「社会に一般的に受け入れられている規範や習慣，また善悪，正義や公正さ，さらに人の福祉や権利を尊重する意識や判断能力」と定義される。道徳は，法律や規則のように明文化されたものではなく，社会や集団・組織における慣例や慣習のように，暗黙の了解によって守られている「決まり」である。幼児の園生活においても，こうした決まりを理解し，守ろうとする気持ちをもつことで，お互いに快く集団生活を営むことが可能となる。こうした「道徳性の芽生え」を幼児期に培うことが大切であり，学童期以降の育ちの基盤となっていく。

この道徳性の芽生えについて，保育所保育指針においては，「第1章 総則／1保育所保育に関する基本原則／(2)保育の目標(ウ)」の中で，「人との関わりの中で，人に対する愛情と信頼感，そして人権を大切にする心を育てるとともに，自主，自立及び協調の態度を養い，道徳性の芽生えを培うこと」と記されており，保育において達成すべき目標の1つであると明示されている。また，幼稚園教育要領においては，「第2章 ねらい及び内容／人間関係／3内容の取扱い(4)」の中で，「道徳性の芽生えを培うに当たっては，基本的な生活習慣の形成を図るとともに，幼児が他の幼児との関わりの中で他人の存在に気付き，相手を尊重する気持ちをもって行動できるようにし，また，自然や身近な動植物に親しむことなどを通して豊かな心情が育つようにすること。特に，人に対する信頼感や思いやりの気持ちは，葛藤やつまずきをも体験し，それらを乗り越えることにより次第に芽生えてくることに配慮すること」と言及している。また(5)では，「集団の生活を通して，幼児が人との関わりを深め，規範意識の芽生えが培われることを考慮し，幼児が教師との信頼関係に支えられて自己を発揮する中で，互いに思いを主張し，折り合いを付ける体験をし，きまりの必要性などに気付き，自分の気持ちを調整する力が育つようにすること」と述べられている。どちらにせよ，他者との関わりの中で，互いの思いを主張しながら，協調する心を育てることが重視され，道徳性の芽生えは大人や他の子どもとの関係の中で育つものと捉えられている。他者との協調を支えるものが，子どもの自己の育ちであり，1人ひとりの個の育ちを支援することも，道徳性の芽生えを培ううえで欠かせない。

情報化社会と保育内容の展開と工夫について

1．子どもとメディア

　ベネッセ教育総合研究所では，2013（平成 25）年に続き 2017（平成 29）年に第 2 回目となる「乳幼児の親子のメディア活用調査」を実施している。0 歳 6 か月から 6 歳までの乳幼児をもつ母親を対象に実施されたこの調査結果によれば，乳幼児の母親の 92.4％がスマートフォンを使用しており，前回より 31.9 ポイント増となっている。2018（平成 30）年の NHK の調査では，2 歳児から 6 歳児の 50％がインターネット動画を見ており，1 日あたり 1 時間以上視聴する幼児が増加していることが報告されている。「乳幼児期における情報機器利用の実態調査」（2018，橋元・大野・久保隈）によれば，乳幼児が利用するサイトやアプリの中でも，「YouTube などの動画」利用は最も回答比率が高く 75.4％で，心身や脳への悪影響が保護者の心配事の上位に挙がると報告されている。このように，スマートフォンが子育て場面において親子をつなぐツールとなっている。日本小児科医会子どもとメディア委員会では（2015），ICT の過度の使用など，子どもの成長発達に悪影響を及ぼす可能性とその対策について提言している。1 人でも遊べる ICT の普及が，子どもを人との関わりをもつことから遠ざけ，社会性や人間関係を構築するスキルを獲得することに影響が生じると危惧される。保育所や幼稚園においては，こうした状況を考慮して，友達と身体を動かして遊べる機会を設けることが今後ますます期待される。

2．メディア・リテラシー

　メディア・リテラシーは，メディアが伝える情報を主体的に，また批判的に活用する能力のことである。メディアが伝える情報は真実と受け取られやすいが，何らかの意図で構成されたものであるというメディアの特性を理解する必要がある。判断力が未熟な子どもは，誤った情報を鵜呑みにする恐れがある。中央教育審議会では，2020 年代を通じて実現すべき教育の姿を示し（2021 年 1 月），文部科学省では，1 人 1 台端末の整備を進めている。また，2023（令和 5）年度以降全国へ普及させたいとしている「幼児教育スタートプラン」では，ICT の効果的な活用が挙げられている。情報を伝達・活用する活動のあり方についてもメディアのもつ教育的な効果を勘案しつつ，その正しい付き合い方を教えることが必要である。

保育の中で子どもの発達を捉える際の留意点について

子どもの育ちは，周りの様々な環境に子ども自らが関わり，その過程でたくさんのフィードバックを得る（＝学習する）経験が大切である。保育者に求められるのは性急な結果や結論を求めることではなく，子どもたち一人ひとりが日々の生活の中でどのような思いや気持ちを抱き，それらをどのように表現していくのかを見守り，受け止め，共感しつつ共に考えていく姿勢である。そこから「子どもの育ち」が見えてくるのである。幼児期は人格形成の基盤を築く重要な時期であることを認識し，子ども自らが「〜したい」と思えるような環境作りや保育者の関わりを日々追求することが求められているといえる。

子どもと人や物といった子どもを取り巻く周囲の環境との相互作用を通して，子どもの一つひとつのことばや行動にはどういった意味があるのか，またその周囲への働きかけの結果から子どもが何を経験し，学んでいるのかを分析することで子どもの育ちが見えてくる。人間の育ちは即座に結果が出るものではなく，様々な経験を積み重ねながら徐々に形作られていくものであり，一時の「できた・できない」といった短絡的な見方をしてしまいがち

である。大人からみた"望ましい"結果を安易に子どもに求めてはならない。その子どもが元来もっている性質や特性を周囲の大人が理解し，その子らしさが最大限発揮できる環境を準備することが大切である。そうした環境に子どもが意欲的に関わり，どれだけ心を動かしたのかという「子どもの気持ち」に思いを馳せることが子どもの育ちを捉える際には肝心である。

またそのような考えに基づくと，子どもの日々の生活そのものが発達の過程であると考えられる。保育者は共に過ごしながら子どもの育ちの過程を捉え，子どもたち一人ひとりがどのような方向に育っているのか，また育とうとしているのか，先の見通しをもった援助を行い，発達を促すことが可能となる。つまり，思いつきや行き当たりばったりの援助やことばがけではなく，子どものこれまでの生活経験や今現在の生活の流れを捉えたうえで，子どもの興味・関心が深まり，そして自信や達成感が高まるような援助を考えていくことが保育者には求められている。

◎参考文献

NHK 文化放送研究所「幼児視聴率調査」2018.

阿部和子・前原寛・久富陽子・梅田優子著『改訂保育内容総論―保育の構造と実践の探究』萌文書林，2019.

厚生労働省『保育所保育指針解説 平成 30 年 3 月』フレーベル館，2018.

小平さち子「"子どもとメディア"をめぐる研究に関する一考察―2000 年以降の研究動向を中心に」『放送研究と調査』69(2), 18-37, 2019.

関口はつ江・岸井慶子編著『実践理解のための保育内容総論』大学図書出版，2019.

内閣府・文部科学省・厚生労働省「子ども子育て支援新制度ハンドブック 平成 27 年 7 月改訂版」

内閣府・文部科学省・厚生労働省『幼保連携型認定こども園教育・保育要領解説 平成 30 年 3 月』フレーベル館，2018.

「日本小児連絡協議会からの提言 子どもと ICT（スマートフォン・タブレット端末など）の問題についての提言，日本小児連絡協議会「子どもとICT ～子どもたちの健やかな成長を願って～」委員会」『小児保健研究』74(1), 1-4, 2015.

橋元良明・大野志郎・久保隅綾「乳幼児期における情報機器利用の実態」東京大学大学院情報学環情報学研究．調査研究編 = Research survey reports in information studies. Interfaculty initiative in information studies, the University of Tokyo (34), 213-243, 2018.

ベネッセ教育総合研究所「第 2 回 乳幼児の親子のメディア活用調査」2018.

森田健宏・堀田博史・佐藤朝美他「乳幼児のメディア使用に関するアメリカでの最近の声明とわが国における今後の課題」『教育メディア研究』21(2), 61-77, 2015.

文部科学省『幼稚園教育要領解説 平成 30 年 3 月』フレーベル館，2018.

渡邉英則・大豆生田啓友編著『新しい保育講座 4 保育内容総論』ミネルヴァ書房，2020.

山本佳則「幼児のテレビ視聴，録画番組・DVD，インターネット動画の利用状況～ 2019 年 6 月「幼児視聴率調査」から～」『放送研究と調査』2019.

◎保育の内容・方法に関する科目

第25章
保育内容総論 Ⅱ

子どもの発達段階による保育内容の違いを述べよ。

子どもの発達は，子ども自身が主体的に環境に働きかけることによって環境を変え，また，再び環境からの影響を受けることで変化していくものと考えられている。子どもの発達は，まさに環境との相互作用から成立するもので，そこに子どもの興味や関心に基づく環境構成や直接的，間接的な保育者の関わりが加わることによって子どもの発達が促されていく。

では，子どもの発達段階とはどのようなものであるのか。子どものある時期の姿を他の時期の姿と区別したものが発達段階であるとしている。子どもの発達を段階として捉えると，新生児期に始まり，乳児期，幼児期に区分され，それぞれの時期において，子どもの発達的特徴を見ることができる。例えば，新生児期では，原始反射をもちながら泣き，笑み，睡眠などを繰り返し，他者の視線を自分に向けようとしたりする。乳児期には，直立二足歩行が可能になり，行動範囲が大きく広がる。また，自我が確立し，言葉の獲得が見られるようになる。幼児期に至っては，運動機能，言語の獲得，好奇心，探究心等の知的な部分や情緒的な著しい変化が見られるようになる。

このような子どもの発達段階をふま

え，保育所保育指針及び幼稚園教育要領に記された保育内容を見てみると，保育所保育指針では，養護と教育の一体化が強調され，子どもの生命の保持ならびに情緒の安定や「環境」「人間関係」「健康」「言葉」「表現」の5領域による保育内容が示されている。幼稚園教育要領では，「環境を通した教育」を基本に，生きる力の基礎となる3つの資質・能力の育成とそのための5領域での保育内容が構成されている。

では，子どもの発達に沿った指導内容とはどのようなものであるのか。保育所保育指針に記された子どもの発達の姿を基にしながら，保育内容の要点について考えてみる。

6か月未満の時期では，首がすわり，手足の動きや全身の動きが活発になる。視覚，聴覚などの感覚の発達もめざましく，泣く，笑う等の表情の変化や喃語等で自分の欲求を表現し，応答的に関わる特定の大人との間に情緒的な絆が形成される。また，1歳未満の時期では，座る，はう，立つ，つたい歩きといった運動機能が発達し，腕や手先を意図的に動かしたり，周囲の人や物に興味を示し，探索活動が活発になる。特定の大人との応答的な関わ

りや情緒的な絆が深まる一方で，人見知りをするようにもなる。自分の意思や欲求を身振り等で伝えようとし，自分に向けられた気持ちや簡単な言葉がわかるようになる。食事は，離乳食から幼児食へ徐々に移行する。

この時期の保育内容は，まず，身近な大人との応答的な関係から人への信頼，安心感をつくることが大切になる。そこに，大人との関わりや興味や関心に基づいた探索行動，排泄や授乳等，生活のリズム等を身に付けていく事が保育の基本となる。また，家庭との連携も必要で，これまでの生育歴や日々の子どもの様子等の情報交換を常に行うことが必要になる。

1歳から2歳未満の時期では，歩き始め，手を使い，言葉を話すようになり，身近な人や身の回りの物に自発的に働きかけていく。運動機能の発達や環境に働きかける意欲が高まり，物の取り合いをしたり，玩具等を実物に見立てる等の象徴機能が発達する。また，大人の言うことがわかるようになり，自分の意思を親しい大人に伝えたりする。指さし，身振り，片言等を使うようになり，二語文を話し始める。

この時期は，なるべく少人数の子どもを対象に生理的欲求や依存欲求を満たしながら，何でも自分でしようとする気持ちを満たすように働きかけていく。いろいろな物にも興味や関心をもつので，コーナーで遊びを区切ったり，手先を使って遊べる玩具，はめた

り，ちぎったりできる素材等を用意しておく。また，身体を使って遊べる場所や休憩が取れる場所等を用意することが必要となる。

2歳になると，歩く，走る，跳ぶ等の基本的な運動機能が発達する。また，食事，衣類の着脱等，身の回りのことを自分でしようとする。発声が明瞭になり，語彙も著しく増加し，自分の意思や欲求を言葉で表現するようになる。行動範囲も広がり，探索行動が盛んになり，強く自己主張する姿も見られ，盛んに模倣し，大人と一緒に簡単なごっこ遊びを楽しむようになる。

この時期では，身の周りや社会とのつながりやいろいろな環境に接し，言葉のやり取りや五感を働かせる遊びを増やしていく。ごっこ遊び等，いろいろな表現をして遊んだり，主体的，創造的な遊びや外で思いっきり身体を動かしたりする活動を行うことが大切になる。

3歳では，運動機能が伸び，食事，排泄，衣類の着脱等もほぼ自立できるようになる。話し言葉の基礎ができ，盛んに質問したり，知的興味や関心が高まる。自我がはっきりとし，友達との関わりが多くなり，平行遊びやごっこ遊びも見られ，象徴機能や観察力を発揮し，遊びの内容に発展性が見られるようになる。

この時期は，依存性の高い乳児期から自立の始まる幼児期への転換期でもあり，生活のリズムや習慣の獲得が大

切になる。保育者との信頼関係を築き，興味や関心をもって環境に関わり，自分以外の他者の存在に気づき，お互いに関わり合いながら，自分の気持ちを言葉や描画で表現できるようになる。

4歳では，全身の動きが巧みになり，自然等の身近な環境に積極的に関わり，物の性質や関わり方，遊び方を体得していく。想像力が豊かになり，作ったり，描いたり，試したりする。自分の行動を予測し，仲間とのつながりも強くなり，ケンカも増えてくる。感情が豊かになり，他者の気持ちを察したり，我慢もできるようになる。

この時期には，何事にも挑戦しようとする意欲や全身運動の巧みさが出てくるので，バランスや俊敏さといった調整力を養う運動や多様な人との関わり，仲間と遊ぶ楽しさ等が大切になる。動植物と接したり，生活の中で数，量，形等の感覚や身近な現象に触れていくこと，失敗を恐れず自由に表現すること等も期待できる。

5歳になると，運動機能が発達し，仲間とともに活発に遊ぶ。共通のイメージをもち，目的意識をもって集団で行動することが増える。自分たちで決まりをつくって遊んだり，自分なりに判断し，行動し，解決したりする等，社会生活に必要な基本的能力を身に付けていく。他人の役に立つことを嬉しく感じたり，仲間としての自覚が生まれる。

この時期は，危険な場所や自らの体調を知ることや，安全への意識や自己主張や他者を思いやることもできるようになる。動植物にも関わりをもち，命の大切さや自然への畏敬の念を育てること，生活の中で文字や記号に触れ，いろいろなイメージをもち，新たな物を創造する力を育てていくこと等が望まれる。

6歳では，全身運動が滑らかで巧みになり，自信をもち，予想や見通しを立てる力が育ち，心身ともに力が溢れ，意欲が旺盛になる。役割分担を伴う協同遊びやごっこ遊び等を満足するまで行う。様々な知識や経験を生かし，創意工夫を重ね，遊びを発展させる。思考力，認識力も高まり，自然事象や社会事象，文字等への興味や関心も深まる。

この時期には，健康や安全への意識をもち行動できるようになることや，様々な人に関わりながら人と共生する大切さを知り，身近な環境に関わり，自らの生活をつくり上げる力，時間，空間や知的好奇心等への認知力，様々に表現をする力等を育てていく。

保育は，決して，大人の都合によって行うものではなく，保育者に求められる責任と専門的な知識，技術の裏付けや子どもの発達の姿をよく理解し，その姿に沿った保育の活動を選択，実践し，子どもにとってより良い保育をつくり上げていくことが必要になる。

低年齢児の園生活と保育内容について

　低年齢児の園生活と保育内容を考えるにあたって，まず，保育所保育指針では，保育は「養護と教育が一体となって展開されること」と定められている。養護とは，子どもの生命の保持及び情緒の安定を図るために保育者が行う援助や関わりを意味し，教育とは，子どもが健やかに成長し，その活動がより豊かに展開されるための発達援助で，「健康」「言葉」「人間関係」「環境」「表現」の５領域からなる内容によって構成されている。

　また，３歳児未満の保育に関わる配慮事項では，感染症に注意し，身体の状態，機嫌，食欲等，日常の状態観察を行い，保健的な対応を行うこと，食事，排泄，睡眠，衣類の着脱，身の回りを清潔にすること，自分でしようとする意欲を尊重すること，探索活動ができるよう危険防止策を講じること，全身を使う遊びを奨励し，自我の育ちを見守り，その気持ちを受け止め，保育者が仲立ちとなって仲間との関わり方を丁寧に伝えていくこと，情緒の安定を図りながら子どもの自発的な活動を促すようにすることを挙げている。

　これらの内容から，実際の保育所における低年齢児の保育を見てみると，デイリープログラムとして，登園後の視診に始まり，自由な遊びの時間，昼食，午睡，おやつ，自由な遊びの時間，降園に至るまでの活動がある。

　保育所保育指針に示された養護と教育の一体化を前提した保育を考える時，まずもって必要なことは，子どもが安全かつ衛生的な環境のもとで安心して過ごすことができるようにすることで，応答的な人との関わりや採光，音，湿度，外気，配色，玩具等への配慮が求められる。生活のリズムに関しては，個々人の様子をよく見ながら，食事，排泄，睡眠，服の着脱，整理整頓等について，１日の生活をリズムよく，規則的に行えるよう習慣をつけていくことが大切である。

　遊びについては，日々の生活そのものが遊びであり，そこでの生活体験が子どもにとっての学びとなることを前提に，自分から様々な人や物に関わろうとする気持ちを育てていくことが必要になる。戸外へ出て遊んだりすること，いろいろな人と出会うこと，見たり，触れたり，五感を通した探索行動を促すこと，言葉を使う楽しさを知ること，土，紙，粘土等，身近な素材に触れたり，音楽に合わせて身体を動かす等の体験を創ることが大切である。

保育内容の各発達段階（3歳, 4歳, 5歳）の特質について

　保育所保育指針及び幼稚園教育要領をもとに，保育内容の各発達段階における特質を考えてみる。

　3歳は，自立が始まる時期であり，自己中心的である一方，仲間を意識し，言葉で自分の気持ちを表現するようになる。また，自らの興味や関心に従い，身近な周りの環境に積極的に関わるようになり，質問を繰り返し，探索活動も盛んになる。さらに，日常生活の中でも「ごっこ遊び」や模倣も見られるようになる。

　この時期は，毎日の生活リズムや基本的生活習慣を確立し，保育者との間に信頼関係を築くことが大切になる。また，一人ひとりの個人差を考慮し，「自分でやろうとする」気持ちを大切にして，人間関係を広げていけること，意欲的に遊びが展開できること，楽しい体験，驚きのある体験等を得られるようにすることが大切である。

　4歳では，全身をうまく動かす調整力が発達する。また，身の周りの世界にも探求心や好奇心をもって関わろうとする。人間関係も広がりを見せ，仲間とともに遊ぶ楽しさやトラブルも増えてくる。ルールや決まり事を守ろうとする態度も見られるようなる。

　この時期は，挨拶や整理整頓等，生活に必要な基本的習慣を身に付けることや物事に自ら挑戦しようとする気持ち，身体を動かすこと，仲間と遊ぶこと，言葉による会話，創造すること，イメージをもって表現することの楽しさ等を生活の中で経験させていくことが大切になる。

　5歳は，生活習慣も身に付き，運動機能が著しく発達する。コミュニケーション能力も広がり，リーダーを中心にした組織的，効率的な遊びを好み，他人の役に立つことを喜び，仲間意識の強まりやイメージの共有，共感，問題解決能力も身に付いてくる。文字や記号，数字，数量の理解も進み，論理的な解釈が可能になる。

　この時期は，意欲的，主体的に活動に参加し，仲間と力を合わせ，満足感，達成感等を得ることが大切になる。また，他者への思いを抱き，仲間と協力したり，役割をもって遊ぶこと等を経験できるようにする。また，動植物への関わりから命のあり方，不思議さ，大切さ等に思いを抱けるようにすることや自然現象，社会現象にも目を向け，好奇心，探求心を育むようにする。仲間とともに想像し，物を創る楽しさ，表現することの喜びを感じさせていくことも必要である。

遊びの生活と保育内容について

保育所保育指針及び幼稚園教育要領では，保育の基本として「環境を通して行う教育」であることを前提に次の3つの事項を挙げている。

(1) 幼児期にふさわしい教育の展開

(2) 遊びを通した総合的な指導

(3) 幼児一人ひとりの特性に応じ，発達の課題に即した指導

これらの項目は，幼児の教育を行うにあたって基本的，かつ，最も重視すべきものであるが，「遊び」に関する内容を言えば，遊びを通した総合的な指導ということになろう。ここでは，「幼児の自発的な活動としての遊びは，心身の調和のとれた発達の基礎を培う重要な学習である」として，幼児の自発的な"遊び"は"学習"すなわち，「学び」であると述べている。加えて，「ねらい」に示された内容が「総合的に達成されるようにすること」が重要であり，3つの資質・能力を育むための幼児の発達の側面をまとめた5つの領域，すなわち，「健康」「人間関係」「環境」「言葉」「表現」が総合的に育つことを期待している。

幼児の遊びは，本質的に「楽しいもの」であり，誰かに言われたり，嫌々行うものではなく，「やってみたい」という気持ちに押されて行う，自由で，自主的，主体的な活動である。

この点について，小川（2010）は，子どもの遊びを誘発する環境，特に「あこがれ」，すなわち，"やってみたいと思う気持ち"の対象として保育者の存在を挙げている。また，保育者のみならず，幼児同士の関係の中でもこの「あこがれ」をつくることが必要であることを述べている。この「あこがれ」は，まず，見て学ぶことが必要で，「あんな風にして遊んでみたい」という気持ちをもてるようにすること，次に，「やってみよう」とすることが大切になる。

実際の「ドロケイ」の場面で考えてみると，まず，保育者が「ドロケイ」という遊びがあることを幼児に伝える。その後，どのように行うのか手順を示し，「やってみたい」と思う幼児を募り，守るべきルールを伝え，実際に行う。その際，周りにいる幼児にも遊ぶ姿を見せると「自分もやりたい」と思うようになり，遊びに加わる。そして，より楽しくなる遊び方の工夫等が見られるようになる。結果，幼児は，遊びのルールや身体の動かし方，仲間との協力，捕まえ方の作戦等を遊びながら覚えていくのである。

生きる力と園生活について

　幼稚園及び保育所における「生きる力」とは，どのようなものであろうか。幼稚園教育要領では，「生きる力の基礎を育むため」に３つの資質・能力を「一体的に育むよう努める」ことを求めており，保育所保育指針でも同様のことを求めている。幼稚園教育要領・保育所保育指針に共通して書かれている３つの資質・能力とは，(1)「知識及び技能の基礎」，(2)「思考力，判断力，表現力等の基礎」，(3)「学びに向かう力，人間性等」であり，これらが育まれている子どもの小学校就学時の具体的な姿として，10の「幼児期の終わりまでに育ってほしい姿」が示されている。これらの「姿」に到達するための保育内容が，いわゆる５領域（「健康」「人間関係」「環境」「言葉」「表現」）であり，各領域は分断されることなく総合的に指導されなければならない。

　幼稚園，保育所における生きる力の育成は，園生活を通して育まれるとしているが，生きる力を育む園生活とは一体，どのようなものであろうか。

　園生活の基本は，幼児期にふさわしい生活の展開，遊びを通した総合的な指導，幼児一人ひとりの特性と発達の課題に即した指導が前提となっている。つまり，園の生活の中で幼児は，保育者との信頼関係のもと，興味や関心に即した活動や様々な遊びを経験することで物事の意味や人との関わり，発見や気づき，知恵や工夫などを学ぶのであり，一人ひとりの発達を考慮した保育が求められるのである。

　では，具体的な保育実践における生きる力の育成は，どのようなものであろうか。ここでは，「お店屋さんごっこ」を例に挙げて考えてみる。まず，活動に先立ち，園周辺の商店街に買い物に出る。幼児の前で物の売り買いの姿を見せ，それを機会に活動に入っていく。少人数のグループを作り，思い思いのお店をイメージし，必要な品物や店構えを作り，グループ単位のお店を回って疑似的な品物の売り買いを行う。こうした活動から幼児は，店の売り買いを体験し，その体験をもとに，作りたいお店，そこにある品物，やり取りなどを活動として行うことで，実生活の姿を理解し，体験から得た知識や表現のための技術，自らのイメージを広げ，人とうまく関わる力等を得ていく。こうした活動の積み重ねが「生きる力」の育成につながるのである。

保育内容の変遷と今日的課題について

わが国における幼児教育の歴史は，1876（明治9）年の東京女子師範学校附属幼稚園（現・お茶の水女子大学附属幼稚園）に始まる。当時の保育内容は，物品科，美麗科，知識科の3つの科目と25の子目を挙げていた。

1899（明治32）年には，幼稚園に関する規程が定められ，保育内容は，遊戯，唱歌，談話，手技の4項目が，定められた。さらに，1926（大正15）年には幼稚園令のもと，4項目に「観察」が加えられ，保育内容は5項目となった。保育活動にも自由裁量が認められ，保育項目の羅列ではなく，幼児の興味や関心に即した保育が展開されるようになり，学校教育との差別化が図られた。

1947（昭和22）年には，戦後の新しい日本がスタートし，1948（昭和23）年に「保育要領—幼児教育の手引き—」が刊行され，「楽しい幼児の経験」として，見学，リズム，休息，自由遊び，音楽，お話，絵画，制作，自然観察，ごっこ遊び，劇遊び，人形劇，健康保育，年中行事が挙げられ，幼児の活動が主体的，自発的に行われることが期待された。

1956（昭和31）年には，時代の変化に伴い，より系統的な保育を求める

形で，保育要領は「幼稚園教育要領」へと変更され，保育内容も健康，社会，言語，自然，音楽リズム，絵画製作の6つの領域として示されるようになった。1964（昭和39）年に改訂を受けるも，それ以降，四半世紀にわたって改訂されることはなく，保育現場の中には小学校教育と混同する向きも出始め，1989（平成元）年の改訂によって是正されることとなった。

この平成元年の改訂では，保育内容が6領域から健康，人間関係，環境，言葉，表現の5領域に改められ，現在のような「環境を通して行う教育」が求められるようになったのである。

戦後日本は，急速な発展を遂げる中で社会状況が大きく変化し，幼児教育にも大きな影響を及ぼしてきた。幼児が自ら環境に関わり，様々な経験を積み重ね，成長発達するという考えは急速に変化する社会には馴染まず，より効率的に知識，技術を習得することが優先され，その歪みが問題視されている。今日のような超少子・高齢，核家族，高度情報化社会にあっては，大人主導の保育ではなく，人間教育の基本に立ち返った子ども主体の保育を行っていくことがこれからの時代を生きる幼児には必要である。

学校教育の基礎としての保育について

　学校教育の基礎としての保育とはどのようなことであろうか。幼稚園教育要領では，小学校との接続にあたっての留意事項として「幼稚園教育が小学校以降の生活や学習の基盤の育成につながることに配慮し，幼児期にふさわしい生活を通して，創造的な思考や主体的な生活態度などの基礎を培うようにする」と記されている。

　また，保育所保育指針では，保育の実施上の配慮事項として「保育所保育が，小学校以降の生活や学習の基盤の育成につながることに配慮し，幼児期にふさわしい生活を通じて，創造的な思考や主体的な生活態度などの基礎を培うようにすること」を挙げている。

　両者に共通することは，幼児期の教育においては，小学校以降の学校教育の生活や学びの基礎を培うことである。では，学校教育における生活や学びの基礎とは，どのようなものであろうか。大切なことは，幼児教育が生涯にわたる人格形成の基礎を培うものであること，3つの資質・能力を育むことに重きが置かれていることである。人格形成は生涯にわたること，3つの資質・能力の育みは高等学校まで継続することを考えれば，幼児期の教育は生涯教育の基礎を意味するものである

ことが理解できる。また，幼児期の教育が小学校教育の「準備」，「前倒し」や「先取り」として行うものではなく，あくまでも「生活や学びの基礎」を創り上げていくことであり，子どもの自発的な活動としての"遊び"を幼児にとっての「学習」として捉えることが重要になるのである。

　「鬼ごっこ」を例に考えてみる。この遊びは複数の幼児がいなければ成立しない遊びであり，追いかける者と逃げる者との役割が必要で，皆が捕まったら終わりとし，役割を代えて繰り返していくという規則をもった遊びである。この遊びは，まずもって，幼児自ら「やってみたい」という気持ちや姿勢が必要で，自分以外の幼児と関わるための人間関係に必要な術を学び，遊びに必要なルールを学び，自分の身体を意識的にコントロールすることを学び取ることができる遊びである。

　幼児にとって，興味関心にあふれ，意欲的，積極的に遊びに"没頭"できるようにすることが保育者の仕事であり，それが，次への遊びを生み出し，また，幼児自身の創造的な思考や主体的な生活態度を創り上げ，それらが生涯教育の基礎となっていくのである。

◎参考文献

太田悦生編『新時代の保育双書 新・保育内容総論 第2版』みらい，2010.
小川博久『遊び保育論』萌文書林，2010.
河合優年・中野茂編著『新・プリマーズ保育／心理 保育の心理学』ミネルヴァ書房，2013.
関口はつ江・太田光洋編著『実践としての保育学―現代に生きる子どものための保育』同文書院，2009.

関口はつ江・岸井慶子編著『実践理解のための保育内容総論』大学図書出版，2011.
森上史朗・大場幸夫・秋山和夫・高野陽編『最新保育用語辞典 第3版』ミネルヴァ書房，1998.
森上史朗監，大豆生田啓友・三谷大紀編『最新保育資料集2019』ミネルヴァ書房，2019.

◎保育の内容・方法に関する科目

第26章
保育内容
（健康）

幼児が保育所で健康で楽しい生活を送るために，保育者に求められる配慮について，発達年齢の特徴を入れつつ述べよ。

　児童福祉法において，幼児は「満一歳から，小学校就学の始期に達するまでの者」と定義されている。以下に乳児に該当する部分を除き，それぞれの発達の特徴をふまえつつ求められる保育者の配慮について述べたい。

1．おおむね1歳3か月から2歳未満

　この時期の発達の特徴として，歩く，押す，つまむ，めくるなど様々な運動機能の発達や新しい行動の獲得により，身近な人や物といった環境に自発的に働きかける意欲を一層高める。保育者は子どもの生活の安定を図りながらそうした意欲を尊重するよう心がけたい。歩行の発達に伴い行動範囲が広がり探索活動が活発になるので，暖房器具に触れてやけどをしたり，手にした薬や電池などを誤飲・誤嚥するといった思わぬ事故が発生する恐れもある。子どもの手の届く範囲に危険なものを放置しないよう留意したい。子どもの行動を制限するのではなく，盛んになる探索活動が十分できるような環境を整えることが大切である。

　また，大人の言うことがわかるようになり，自分の意思を親しい大人に伝えたいという欲求が高まる。指さし，身ぶり，片言などを盛んに使うようになり，二語文を話し始める。時には自分の気持ちをうまく言葉で表現できないことや，思い通りにいかないことで駄々をこねたり，大人が困るようなことをすることも発育・発達の過程であると理解して，辛抱強く対応したい。

2．おおむね2歳

　この時期の発達の特徴として，歩く，走る，跳ぶなどの全身運動，手指などの微細運動の発達により行動範囲が広がり，探索活動が盛んになるので，安全に留意して十分活動できるようにしたい。また食事，衣類の着脱など生活に必要な行動が徐々にできるようになり，排泄の自立のための身体的機能も整ってくる。自分でやろうとする姿も見られるが，時に甘えたり，思い通りにいかないと癇癪を起こしたりするなど感情が揺れ動く時期でもある。そうしたことは自我が順調に育っていることの証であると理解して，一人ひとりの気持ちを温かく受け止め，さりげなく援助するようにしたい。

　象徴機能の発達によりこの時期盛んになる模倣やごっこ遊びの中では，保育者が仲立ちすることにより，友達と

一緒に遊ぶ楽しさを次第に体験できるように配慮したい。発声が明瞭になり、語彙も著しく増加し、自分の意思や欲求を言葉で表出できるようになるが、自我の育ちの表れとして強く自己主張する姿が見られ、子ども同士のけんかが多くなる時期でもある。衝動的に相手に手を出したりすることもあるので、子どもから目を離さないように注意したい。子ども同士のトラブルが生じた際には、保育者はお互いの気持ちを受容しつつわかりやすく仲立ちをして、根気よく他の子どもとの関わり方を知らせていくように心がけたい。

3．おおむね3歳

この時期は心身ともにめざましい発育・発達を示す時であり、それだけに保育者の丁寧な対応が求められる。発達の特徴として、基本的な運動機能が伸び、それに伴い食事、排泄、衣類の着脱など身の回りのこともほぼ自立できるようになるため、自分でやろうとする気持ちを大切にしながら援助するよう配慮したい。「自分でやりたい」と様々なことに挑戦する時期なので、その意欲を大切にし、励ましたりできたときはほめたりするなどして、時間がかかっても「できた」という達成感を大事にすることで自立につなげたい。食事は、摂取量に個人差が生じたり、偏食が出たりしやすいので、一人ひとりの心身の状態を把握し、楽しい雰囲気の中で摂れるように配慮したい。

また、大人の行動や日常生活において経験したことをごっこ遊びに取り入れたり、象徴機能や観察力を発揮して、遊びの内容に発展性が見られるようになる。自我がよりはっきりしてくるとともに、友達との関わりが多くなるが、実際には同じ場所で同じような遊びをそれぞれが楽しんでいる平行遊びであることが多い。自我がはっきりしてくるものの、まだそれをうまく表現や行動に表すことができないところもあり、一人ひとりの発達に注目しながら、優しく受け止める配慮を欠かしてはならない。まずは子どもの気持ちを温かく受容し、優しく応答し、保育者と一緒にいることで安心できるような関係をつくり、その関係を基にして友達同士の関わりにつなげるように心がけたい。

4．おおむね4歳

この時期の発達の特徴として、協応力や平衡性、敏捷性など自分の体をコントロールする調整能力が高まる時期であるので、子どもの生活や経験とかけ離れた特定の運動や無理な技能の習得に偏らず、様々な運動遊びを取り入れて自由にのびのびと経験できるように心がけたい。また自然など身近な環境に積極的に関わり、様々な物の特性を知り、それらとの関わり方や遊び方を体得していく。そうした身近な環境に積極的に関わろうとする子どもの冒険心を大切にし、新しい運動や遊びに対する不安や恐れを取り除くなど、い

きいきとした活動が展開できるように配慮したい。

　友達をはじめ，人の存在をしっかり意識できるようになる時期でもある。仲間とのつながりが強くなり，友達と一緒に行動することに喜びを見出し，また一方でけんかをはじめ，人間関係の葛藤にも悩む時である。感情が豊かになり，身近な人の気持ちを察し，少しずつ自分の気持ちを抑えて我慢ができるようになったり，決まりの大切さに気付いて守るようになったりするため，集団生活の展開に特に留意する必要がある。また集団の中でも個人差を考慮して，子どもが安定して生活できるように心がけたい。

5．おおむね5歳

　基本的な生活習慣が身に付き，運動機能はますます伸び，喜んで運動遊びをしたり，仲間とともに活発に遊ぶ。言葉により共通のイメージをもって遊んだり，目的に向かって集団で行動することが増える。さらに，遊びを発展させ，楽しむために，自分たちで決まりを作ったりする。子どもたちが運動遊びを通して自己を十分に発揮して充実感や達成感を味わい，自信を深め，意欲を高められるよう，自ら体を動かしたり，進んで様々な運動遊びに挑戦しようとするような魅力的な環境構成や援助のあり方を工夫することが求められる。

　またこの時期には，自分なりに考えて判断したり，批判する力が生まれ，

けんかを自分たちで解決しようとするなど，お互いに相手を許したり，異なる思いや考えを認めるといった社会生活に必要な基本的な力を身に付けていく。社会性がめざましく育つことに留意しながら，子どもの生活を援助していくことが大切である。健康や安全，基本的生活習慣の重要性を理解し，適切な行動の仕方を日常生活の中で身に付け，自分たちで意欲的に生活を展開できるように園生活の過ごし方を考慮したい。

6．おおむね6歳

　全身運動が滑らかで巧みになり，快活に跳び回るようになる。これまでの経験から，自信や，予想や見通しを立てる力が育ち，心身ともに力があふれ，意欲が旺盛になる。仲間の意思を大切にしようとし，役割の分担が生まれるような共同遊びやごっこ遊びを行い，満足するまで取り組もうとする。様々な知識や経験を生かし，創意工夫を重ね，遊びを発展させる。思考力や認識力も高まり，自然事象や社会事象，文字などへの興味や関心も深まっていく。身近な大人に甘え，気持ちを休めることもあるが，様々な経験を通して自立心が一層高まっていく。保育者の直接的な援助がなくても様々な遊びが発展するため，教材や遊具など様々な環境の設定に留意する必要がある。

保育内容「健康」の意義について

幼稚園教育要領や保育所保育指針，幼保連携型認定こども園教育・保育要領の領域「健康」は，乳幼児の発達を捉える視点である「5領域」の1つであり，「健康な心と体を育て，自ら健康で安全な生活をつくり出す力を養う」ことが目的として示されている。ここで大切なのは，単に身体の発育・発達や体力，運動能力の向上だけを目的とするのではなく，明るく伸び伸びとした充実感を味わうといった心の健康についても触れられている点であろう。さらに自ら進んで意欲的にものごとに取り組む姿勢や，いやなことに出合ってもいつまでもくよくよせずに自分で気持ちを切り替えていくなどの心性（心情・意欲・態度）を養うことも求められている。乳幼児期の子どもの心と体は非常に密接な関連性をもち，不安があったり気分が落ち込んでいると注意力散漫となりけがにつながる。体調面の不調が気持ちを暗くしたりいらいらさせたりするということはよくあることである。

また，健康で安全な生活を送りさえすればよいというわけでなく，「自ら健康で安全な生活をつくり出す力を養う」ことが必要である。どうしたら安全に楽しく遊ぶことができるのか，な

ぜそのことが危険なのか，を考え，自分自身の「健康」について関心をもつことや，自ら進んで健康な生活に必要な行動をとれるようにすることが大切である。こうした目的を実現するための「ねらい」や，その「ねらい」を達成するために保育者が援助・指導し子どもが身に付けることが期待されるものを「内容」として示している。

これらの保育内容を援助・指導する際には，子どもの意欲や興味・関心，必要感，納得などについて子どもの意思を尊重し，モチベーションを損ねないように配慮することは大切である。特に生活習慣の指導は，生活全体の流れの中で子ども自身がその必要性を感じることが重要である。

運動に関しても同様だが，なにか特定の運動技能を取り上げて指導するのではなく，子どもが「遊び」を通して楽しみながら無理なく身に付けるのが望ましい。運動はとかく「できる・できない」「上手・下手」に注目されがちだが，乳幼児期にはいろいろな体の動きを経験することや様々な運動や自分の体に対する好奇心を育て，その楽しさを味わうことがその後の人生の基盤となることに留意したい。

幼児期における遊びと健康の関係について

　乳幼児期における遊びは子どもにとっては生活そのものであり、その果たす役割はきわめて大きく子どもの成長・発達に必要不可欠なものである。子どもたちは遊びの中でその後の人生に必要な知恵や知識、技術などを体験的に学ぶ。また、遊びを通して心と身体を適度に刺激し、友達との遊びを介した関わりにより体力・運動能力の発達のみならず、情緒の発達や社会性の発達をも助長しているのである。

　なかでも「運動あそび」は子どもが運動習慣を身に付けていくために重要であり、体を動かすことの楽しさを知り、運動への興味を深めていくきっかけとなる。鬼ごっこやかけっこ、ボール遊びなど全身をダイナミックに使った運動あそびは、子どもが戸外のひらけた場所で体を思い切り動かすことで、気持ちを発散することができ、情緒的にも安定してくる。また、それらを日々繰り返すうちに結果的に走力がついたり、ボールの扱いが上手になったりすることを子ども自身が自覚でき、そのことが運動への興味・関心を一層高めていくことにもなる。また、集団での遊びはルールに沿ってたくさんの友達と一緒に遊ぶ機会となり、社会性を培うことにもつながる。

　鉄棒やのぼり棒、すべり台、ブランコ、ジャングルジムなどの固定遊具は多くの園に設置されており、子どもたちが遊びの様々な場面において関わる機会の多いものである。しかし、事故防止の観点から保育者が一方的にルールを決めて限定的な使い方しかできないようにしてしまうと、子どもたちがそれらを用いた遊びに興味・関心を失ってしまう場合もあり、遊具はあるのに子どもたちが遊ばないといった状況にもなりかねない。安全に配慮しつつも、子どもたちの中から生まれてくる様々なアイディアを積極的に取り入れていくことで、子どもたちの運動遊びへの興味・関心を深め、遊びを発展させていくことにつながるであろう。

　また、子どもが登ってみたくなるような築山や走ったり転げ回ったりしてみたくなるような芝生スペースなど、子どもたちの心は周囲の環境から刺激を受け、様々な遊びが生み出される。子どもたちの運動への意欲を高め、多様な運動あそびを可能にするような環境が整っていることで、結果的に心身の機能や体力・運動能力の発達が助長されるため、保育者には子どもの興味・関心を捉え適切な環境設定を心がけることが求められている。

幼児の安全管理と安全教育について

1．安全管理

安全管理とは園や学校，地域など子どもの生活の場の危険の有無を定期的・日常的に点検することにより，それらに潜んでいる危険を早期に発見し，それを排除することにより事故を未然に防ぐ活動である。

園や学校といった子どもが集団生活する場での安全点検のポイントとしては，屋内外すべての施設・設備・用具について，破損の有無や状態，破損する可能性の有無，使用の頻度と状況，配置の仕方と危険性の有無，危険物の有無や管理状況，危険な箇所の有無と防護状況等について点検し，問題がある場合には速やかに改善策をとる。

2．安全教育

安全教育とは，子ども自身の安全に行動する能力を高め，事故を未然に防いでいく活動，すなわち危険を予測し回避する能力，安全に行動するための知識や判断力，とっさの時に身を守る反射的運動能力などを育てていく活動である。

安全教育は安全に行動できる実践力を育成していくものであるので，生活の様々な具体的な場面を通して実践的・体験的に行うことが効果的である。また，日頃から目や耳で危険の有無を確認する習慣や，落ち着いて行動する習慣を身に付けることも重要である。

3．事故発生時の対応

万が一事故が発生したら直ちに応急処置を施し，応援を依頼する。次いでけがの状況を見て受診の必要性の有無を判断する。受診が不要と判断された場合には，ごく軽傷であれば経過観察を行い，保護者には事故発生時の状況とけがの程度を報告し，報告書等の形式で記録に残す。受診が必要と判断された場合には，軽傷であれば保護者に連絡したうえで受診し，その結果を保護者に報告するとともに記録に残す。重症の場合には速やかに救急車を要請するとともに，保護者に連絡したうえで受診し，その結果を保護者に報告するとともに記録に残す。

事故が起きた際には必ず記録を残すことが重要である。事故は，それにより生じたけがの程度の大小に関わらず，起こした施設の責任が問われる。保護者との関係がこじれた時には訴訟にも発展しかねない。事故発生時の状況から時系列の順を追ってどのような対応をしたのか，できるだけ詳細に記録に残すことが求められる。

幼児期の基本的生活習慣における保育者の役割について

基本的生活習慣とは，衣服の着脱，食事，排泄，身のまわりの清潔，睡眠といった，人が生理的なリズムを維持しながら社会的な生活を営むために必要不可欠な行動であるといえる。子どもがこれらを身に付けるということは，生涯にわたって主体的な生活を送ることを可能にするスキルを獲得するということであり，大人からの自立の第一歩目であるともいえよう。

生活習慣は長い期間をかけて形成されていくものである。大人に1対1の関係で手をかけてもらうことで快適になると同時に心の安定が得られたり，ひとりでできたという達成感や充足感を味わうことや，さらに自分でやってみたい・やってみようという意欲に結びつくことが多々ある。できないから援助する，できるようなやり方を教え込むという一方的・急進的な援助や指導は慎むべきである。また，この時期の子どもたちは大人への依存から自立という一方向の直線的な変化ではなく，時に依存に逆戻りするような姿も見られる。子どもの行動は情緒的な影響を受けることも多く，保育者や周囲の友達との関係や直近の活動での経験に左右されることもあるため，長い目で見守っていく姿勢も必要である。

1．食事

食事は生命活動の維持や身体の成長にとって欠かせないものであり，きちんと食べて欲しいという願いをもって援助することは当然である。しかし，好き嫌いなく食べることや残さず食べることを強要してしまうと，その子にとって食事が辛いものになってしまう。子どもの体調や気持ちに配慮し，個別に対応することが大切である。友達や保育者と楽しい雰囲気の中で食事することで，食べる意欲が湧いてくるということを忘れてはならない。

2．睡眠

日中の活動量の多寡が午睡や夜間の睡眠に影響を及ぼしたり，午睡のとり過ぎによって夜眠くなる時間が遅くなったりすることもあるので，保護者と連携しつつ生活全体のサイクルを考慮することが求められる。

3．排泄

排泄の習慣は一般的に4歳頃に自立するとされている。しかし，体調不良，不安や緊張が強いなど，その時々の心身の状態によって変動することがあり，失敗することも多々ある。失敗して恥ずかしい気持ちや落ち込む気持ちを汲み取って保育者が関わることが大切である。

幼児の生活と遊びについて

　我々が健康的な生活を送るためには日々の生活リズムが安定し，快適に流れていることが重要である。同様に，子どもにとっても健康な生活リズムは大切であり，日中の適度な運動（遊び），栄養バランスのとれた3度の食事，良質で十分な睡眠が1日の中で相互に関連し合って子どもの健やかな成長を支えている。乳幼児期に望ましい生活習慣とリズムを身に付けることは，生涯にわたる健康な生活を送るうえで必要不可欠な事柄であるといえよう。

　しかしながら，近年では成長期の子どもたちの外遊びの減少や食生活の乱れ，生活の夜型化などといった生活習慣や生活リズムの乱れが問題視されており，学習意欲や体力・運動能力の低下など心身の発育・発達に悪影響が及んでいる。こうした問題の背景には，長時間労働や労働形態の多様化，深夜営業の店舗や携帯端末の普及など夜型化した大人の生活スタイルが挙げられ，大人に依存せざるを得ない子どもたちの生活もその影響を受け，生活リズムが不規則になり，就寝時間も遅くなる傾向にある。就寝時間の遅れは睡眠不足や起床時間の遅れを招き，目覚めが悪く朝食を食べられない・食べる時間がない，睡眠不足・栄養不足から日中の活動に意欲的に参加できず活発に遊べないといった悪循環に陥ってしまう。文部科学省が「早寝早起き朝ごはん」運動を推進しているように，子どもたちが健康で規則正しい生活を送れるよう，幼児期の生活習慣の形成に多大な影響を及ぼす大人の生活リズムを見直すことが必要であろう。

　また，睡眠・食事・排泄といった生活リズムの調節に大きく影響するのが遊びを中心とした身体活動である。日中の過ごし方が活発で身体活動量も多ければ，消費したエネルギーを補給するための食事も進み，体を休めるための睡眠もぐっすりと質・量ともに十分なものとなる。日中を子どもたちが過ごす園内での運動あそび実践とあわせ，日々の生活の中で身体活動を十分に確保することが子どもの健康な生活リズムの形成にとって大変重要なものとなる。全身を使った多人数での運動あそびを日々の保育活動に取り入れ，子どもたちが楽しみつつ十分に体を動かすことができるよう保育者が援助していくことが求められる。

幼児の心身の発達と運動について

1．子どもの心の発達

(1) 情緒の発達

　幼児期の情緒は，乳児よりさらに分化し5歳頃には成人にみられる情緒が一通りそろう。したがって園生活においても子どもの調和のとれた情緒の発達を促すために，遊びや活動への興味・関心や意欲を喚起したり，自然や周囲の物事への探求心を培ったりするなど，子どもへの援助方法や環境構成に工夫や配慮が必要となる。

(2) 社会性の発達

　幼児期に入ると，子どもは自分の周囲の人に対する働きかけが活発になり，群れ遊びや集団遊びを通して社会的規範や道徳性などを身に付け，協調の精神を育み，ともに生活する喜びを経験していく。そのため，園生活においていろいろな友達と遊んだり一緒に活動する機会を積極的に作ることが社会性を培うために重要である。

2．子どもの運動機能の発達

　歩行動作が完成した後，2歳頃からは走運動ができるようになる。また，階段の昇り降りやつま先歩きもできるようになる。3歳頃には音楽に合わせて歩き，4歳頃にはスキップや片足立ちができるようになる。さらに，5歳頃になると片足跳びや平均台の上を足を交互に出して歩けるなど，多くの動作ができるようになる。就学前までには基礎的な運動パターンを組み合わせた運動や平衡運動ができるようになり，成人ができる運動動作の取得がほぼ完成するため，この時期には多様な動きの遊びを体験させることが必要となる。特に，筋力や持久力を高める運動よりも，自分の身体を思うようにコントロールできる調整力を高める運動動作を体験させると良い。

3．個人差への配慮

　同年齢の子どもであっても発達の時期やスピードにも個人差が見られる。また，性格特性も子どもによって大きく違いがある。生活環境や生活様式による差も大きく，運動あそびのできる場や一緒に遊ぶ仲間に恵まれている子やそうでない子というようにまちまちである。このように様々な事柄において個人差がみられ，それらが運動機能の発達や運動あそびへの取り組み方にも影響を及ぼす。したがって，運動あそびの指導においても画一的な指導ではなく，一人ひとりの発育・発達の状況，性格特性，運動経験，遊びへの興味・関心や意欲などをふまえ，それぞれに即した関わり方をしていくことがきわめて重要である。

◎参考文献

井上孝之・奥山優佳・山﨑敦子編『子どもと共に学びあう 演習・保育内容総論 第2版』みらい, 2018.

岸井慶子編『保育内容「健康」』大学図書出版, 2006.

厚生労働省『保育所保育指針解説書』フレーベル館, 2018.

宮下恭子編『新版 保育内容「健康」―遊びと園生活から育む豊かな心とからだ』大学図書出版, 2013.

森上史朗・柏女霊峰編『保育用語辞典―子どもと保育を見つめるキーワード 第8版』ミネルヴァ書房, 2015.

◎保育の内容・方法に関する科目

第27章
保育内容
（人間関係）

園生活において，子ども1人ひとりが大切にされながら豊かな人とのつながりが保障されるために，保育者としてどのような支援が必要か述べよ。

1．乳児の発達段階

子どもの豊かな人間関係を保障し，育むためには，まず子どもの発達段階について基本的なことを熟知しなければならない。

子どもは生まれてすぐ，自身が感じたことを泣き声で表現し，それに大人が受容的・応答的に関わることで人間関係が始まる。この受容的・応答的な関わりにより，乳児は泣き声を発するという行為の意味を理解し，ここに「人と関わる力」が感覚的に形成されていく。

次第に喃語を発するようになり，9か月頃には三項関係が成立し，信頼する保護者・保育者を通した社会的参照を行うようになる。

2．1歳の発達段階

1歳前後になると発語し，次第に一語文として発せられるようになる。発した言葉を使い大人とのやり取りをする過程で自分の存在が受け止められているという安心感が芽生え，大人への基本的信頼感が形成される。そうすることにより，人との関わりの基本となる愛着，すなわち特定の人との間にある心理的絆が形成されていく。

1歳頃につかまり立ち，1歳1～2か月頃に歩けるようになり，形成されつつある愛着をもとにして周りの環境に働きかけていくようになる。すなわち，両親や保育者などが子どもにとっての「安全基地」となり，見守られている，甘えられる場所が確保されているという安心感から能動的に活動するようになるのである。

3．2・3歳児の発達段階

2歳前後からは二語文を話すようになり，自分の内面でいろいろとイメージ（表象）をつくりながら行動するようになる。同時に，第一次反抗期（イヤイヤ期）と命名期を迎え，自立と依存の葛藤の中で次第に自我が形成されていく。身体的発達，心身の機能の育ちが主に大人との関わりを通して促されていく。

3歳頃になると，多語文で話をするようになり，次第に保護者から離れて他者と積極的に関わるようになる。喧嘩や葛藤の積み重ねを通して他者の存在に気づき，他者に興味をもち，集団の中で成長していく。子ども同士のやり取りでは，お互いの発話能力が未熟なため，お互いにかみ合わない遊びが

続いたり，思いがぶつかったりすることがしばしばある。同時に，この頃には質問期に入っており，大人に「なぜ？」と何度も問うてくる。

4．4・5歳児の発達段階

4歳になると，認知機能の発達が進み，自分の思いやイメージを表現できるようになる。同時にいわゆる「二次的ことば」，つまり今・ここではないことについて話す言語を使えるようになっていき，非日常的なファンタジーを楽しめるようになる。

3歳頃から形成されつつある子ども集団が，4歳頃からは「友達」という関係として広がり，5歳頃にはさらに深い関係をつくるようになる。すなわち，認知能力の発達により他者の得意・不得意や性格などといった特徴について理解できるようになり，子ども同士の力関係が表れ，それが遊びにも影響してくるのである。加えて，大人のように理論的に筋道を立てて行動するようになる。

5．保育者による支援

保育者として，子ども1人ひとりを大切にし，豊かな人との関わりを保障するためには，上記のことを理解したうえで適切な援助を行わなければならない。

乳幼児との関わりで大切なのは，受容的・応答的な関わりであり，これは文字通り「子どもを受け入れ，応じて答える」関わりである。子どもが発する1つひとつの動き，表情，言葉に対して，全てを受けとめていることを体全体で表し，また発語が十分でない子どもへは代弁することが重要である。

幼児期には子どもは次第に保護者・保育者から離れ，他者と積極的な関わりをもつようになるので，子ども同士の関わりに気を配らなければならない。4歳頃まではまだ，保育者と複数の子どもとの共同体での活動が主となるが，子ども同士での関係をうまく構築できるよう，支援しなければならない。すなわち，人間関係の基本となるイメージや言葉の発達が促されるよう子どもの伝えたいことを代弁したり，子どもが他者と関わり，表現する方法を学ぶ機会を多くしたりする必要がある。

4歳頃以降は子ども同士だけでの関わりが増えるので，他者の理解，気持ちへの共感，イメージをもとにやり取りするなどの機会を多く設けることが大切である。年長児クラスになると，子どもは子ども同士で十分に関われるようになるので保育者は子どもから目を離してしまいがちであるが，まだ人との関わりについて学ぶ段階であることを忘れず，関わりの機会を多くすることや代弁などを続けていかなければならない。

これらの保育者の支援にあたって重要なのは，発達段階はあくまで子どもの発達を知るための目安に過ぎず，実際の子どもは1人ひとりが個性的な発達をとげていることへの理解である。

全ての保育は「子どもの姿」から始まるのであり，「子どもの姿」は1人ひとりに個性がある。子ども1人ひとりを大切にし，豊かな人とのつながりを保障するためには，発達段階の概要を理解したうえで「その子の実際」を正確に読み取っておくことが必要である。

6．豊かな人間関係を育む環境構成

保育者による支援は，これまで述べた子どもへの働きかけや機会の創出に加え，子どもが豊かな人間関係を育むための環境を構成することも含まれる。このような環境を構成するにあたっては，以下のことに留意する必要がある。

(1)　安心して関わりを広げられる環境

安心は，保育者との信頼関係を基盤とし，安全かつ衛生が確保され，穏やかにくつろぐことのできる雰囲気，遊びに没頭できる空間が用意されることで保障される。子どもにとって拠り所となる環境を構成することで，子どもは安心して人との関わりを深めていくことができるのである。

(2)　主体的に関わりを広げられる環境

子どもは環境から様々な刺激を受けると同時に，自ら環境に働きかけていく。この主体性を確保するためには，保育者自身が人的環境としてどのようにあるべきか，子どもの様子，時間の流れやその場の状況などに応じて，環境を再構成しなければならない。柔軟性のある魅力に富んだ環境に絶えず再構成していくことで，子ども同士の豊かなつながりが生み出されるのである。

(3)　偶然性を考慮した環境

前述したように，3歳頃から子ども同士の関係が形成されていく一方で，物の取り合いやいざこざが起こるようになる。これらは子ども同士で遊びの空間を共有することで生まれる現象であり，意図的に生み出される一方で偶然生まれるものでもある。子ども同士のつながりを育む保育のためには，この偶然性も考慮した環境，すなわち子どもを見守りやすく，かつ子どもの動線などを意識した環境を構成する必要がある。

7．保護者との情報共有

以上のことを保育者として実践するにあたり，保育者は保護者との連絡を密にとり，子どもの家庭での姿や園外での遊びについて知っておく必要がある。というのも，子ども1人ひとりを大切にし，豊かな人とのつがなりを育むためには，子どもの生活全体の中に園生活を位置づける必要があるからである。つまり，子どもは園でのみ生活しているわけではないので，子どもの生活全体を考慮したうえで保育者として支援することが必要なのである。

子どもの社会化について

1．現代社会における子どもの環境

少子化，都市化，情報化，国際化など，社会の急激な変化に伴って，現代の子どもを取り巻く環境も変化している。すなわち，きょうだい数も近所の遊び相手の数も減り，近くに自然豊かな遊び場所も少なく，物心つく前からスマートフォンなどの電子機器と接することが多い。加えて，旧来の「立派な労働者・親になりなさい」という教育目標から，SDGsなどの新しい価値観に基づいた教育目標へと社会が変化しており，社会的存在としての人間・子どもの意味も変化してきている。

このように激変する社会環境を前提として，子どもはどのように社会化を遂げる（＝社会の文化や規範，価値を身に付けていく）べきであろうか。

2．子どもに求められる3つの資質・能力

上記した社会環境の変化に伴い，平成29（2017）年に改定された保育所保育指針においては，「幼児教育を行う施設として共有すべき事項」として，「生涯にわたる生きる力の基礎を培うため」，以下の3つの資質・能力を育むべきだと明記されている。

㈰豊かな体験を通じて，感じたり，気づいたり，わかったり，できるようになったりする「知識及び技能の基礎」

㈪気づいたことや，できるようになったことなどを使い，考えたり，試したり，工夫したり，表現したりする「思考力，判断力，表現力等の基礎」

㈫心情，意欲，態度が育つ中で，よりよい生活を営もうとする「学びに向かう力，人間性等」

加えて，保育所保育指針には，これらの3つの資質・能力が育まれている小学校就学時の具体的な姿として，10の「幼児期の終わりまでに育ってほしい姿」が明記されている。

3．領域「人間関係」と社会化

これらの3つの資質・能力と10の姿は，5つの領域に基づく保育活動全体を通して育まれるものである。領域「人間関係」との関わりにおいては，10の姿における「イ　自立心」，「ウ　協同性」，「エ　道徳性・規範意識の芽生え」，「オ　社会生活との関わり」が密に関係している。将来の社会的存在としての子どもを育むためには，乳児保育の「身近な人と気持ちが通じ合う」，1歳以上児保育の領域「人間関係」に示されるねらい及び内容を意識したうえで保育することが求められる。

「仲間」から「集団」について

1．保育施設での集団形成

　少子化や地域関係の希薄化が進む中で，入園前の子どもとの関わりが減少し，入園時に子ども同士での関わりが難しい子も増えてきている。それゆえに，子どもが「仲間」との関わりを超えて「集団」を構成することを促すためには，まずは保育場面において十分に人と関わる経験を準備し，その経験から子どもたちが人と関わる力を身に付けていけるよう支えることが重要である。

　保育施設は集団生活をしている場であるため，家庭や地域で経験する人間関係とは異なる人との関わりが生じる。具体的には，保育者と子どもだけではなく，同年齢の子ども，あるいは異年齢の子どもとの関わりがある。

　子どもが共に遊び，生活していく中では，子ども同士のコミュニケーションを促す関わりやきっかけづくりが重要である。子どもが共に過ごし遊ぶ中では，自分の思いを伝える，相手の思いにぶつかるなどの経験をし，そうした経験の中で互いに行動を調整し，協力していくことが必要である。こうした多くの協同経験と葛藤経験は，他人と過ごす楽しさの基礎となり，他者の思いに気づく経験からは自己主張・自己抑制のバランスが育まれる。そうすることで，年中・年長クラスにおいて集団としての活動が可能となる。

2．集団形成のための支援と環境構成

　子ども同士のいざこざの場面において，保育者は，子どものどのような集団形成の力がそのいざこざにつながっているのかを見極める必要がある。そして，場面や子どもの発達の状況をよく見極め，子どものモデルとなるよう言葉や態度を示したり，子どもの気持ちや考えを代弁したり，いざこざを子どもたちが主体的に解決できるよう見守るなどの支援を行う。また，年中・年長児クラスにおいては介入を最小限にし，保育者は人的環境として子どもたちを見守ることも必要になる。

　特に，みんなで絵本の読み聞かせを聞いたりスポーツをしたりするなどの課題活動や，豆まきや生活発表会などの行事活動の場面においては，クラス全員で1つのことに集中していることを気づかせねばならない。そのためには，集中しやすい物的環境をあらかじめ構成しておく必要がある。

　このように，子どもが集団の中で多様な関わりを経験し，それらの経験を通じて主体的な集団の構成員となる力が育まれる保育が求められる。

領域「人間関係」の「ねらい」と「内容」について

幼稚園教育要領や保育所保育指針，幼保連携型認定こども園教育・保育要領において保育内容（人間関係）は，「他の人々と親しみ，支え合って生活するために，自立心を育て，人と関わる力を養う」と記されているように，生きる力の基礎となる人間関係を育むという観点から捉えられている。この保育内容には小学校入学前までに育つことが期待される３つの資質・能力との関連から「ねらい」が設定されている。この領域「人間関係」では，「(1)保育所の生活を楽しみ，自分の力で行動することの充実感を味わう，(2)身近な人と親しみ，関わりを深め，（中略）愛情や信頼感をもつ，(3)社会生活における望ましい習慣や態度を身に付ける」（「保育所保育指針」第２章-3 ３歳以上児の保育に関するねらい及び内容）という３つが示されている。

まず「(1)保育所の生活を楽しみ，自分の力で行動することの充実感を味わう」では，自分の力で行動すると示されているように，誰かに何かをやらされるのではなく，自分で，自分が，自分から行動し，自分でやったこと，やり遂げたことに対する充実感や満足感などの内面的な心情が育つことをねらいにしている。

次に「(2)身近な人と親しみ，関わりを深め，（中略）愛情や信頼感をもつ」では，表面的に友達や先生と共に生活や活動をするという行動を対象にしているのではなく，友達や先生と共に過ごすことは楽しいことであり，喜びであると感じて，積極的に友達や先生と関わろうとする意欲が育つことをねらいにしている。

さらに「(3)社会生活における望ましい習慣や態度を身に付ける」では，習慣や態度が形としてできるようになることを目指すのではなく，その子ども自身に身に付き，社会的に望ましい態度への姿勢が育つことを目指している。

この「ねらい」の方向性に向かって子どもが育っていくには，それにふさわしい経験を積み重ねていくことが必要であり，ねらいを達成するための事項である「内容」を考慮しながら，保育者は子どもたちの発達に合った，子どもらしい経験ができるよう支援していくことが求められる。実際の保育場面では，子どもの生活する姿や状況に即して，子どもが自ら人と関わって展開する具体的な活動の設定及び活動を通した総合的な指導を行っていくことが必要である。

人との関わりの育ちと言葉について

1．領域「人間関係」と「言葉」

領域「人間関係」は領域「言葉」と密接に関連している。たとえば，乳児保育における3つの視点のうち「身近な人と気持ちが通じ合う」は，1歳児の領域では主に「人間関係」と「言葉」に関連するという理解が一般的である。つまり乳児保育においては「人間関係」と「言葉」は一体になっているのである。以下，子どもの人間関係を育む言葉の役割について，4つのキーワードに関連させて説明する。

2．自己表現

多くの子どもは生まれてすぐに泣き声を発することで他者とのコミュニケーションが始まり，大人がその声に応答することでそれが一種の表現であることを子どもは知っていく。1歳半頃から一語文，2歳頃から二語文を使うようになり語彙爆発が起こると，他者との関係において言葉と人間関係が同時に育まれていく傾向がより顕著になる。保育者は代弁などの支援を通して，この育みを保障しなければならない。

3．自己抑制

3歳頃には他者性（自分と他者は違う思いや考え，個性をもっているということ）を知り，自我（「〜したい」）をコントロールする第二の自我（「〜したいけど…する」）を獲得していく。このプロセスにおいて，子どもは保育者との信頼関係を基にして周りの子どもと「仲間」を形成していくのであり，それは主に言葉でのコミュニケーションによって促される。

3．他者受容

この第2の自我の獲得においては，他者性を認識し，他者の思いや考えを受容することが必要となる。すなわち，禁止されたからしないのではなく，他者の思いや考えを尊重するからしない，という判断力が育まれることが必要であり，保育者はその気づきの場を逃さず，支援していかなければならない。4歳頃からは「二次的ことば」の獲得が進み，今・ここではないことについて理解・表現できるようになるので，他者との会話がより進展することで他者受容の力もより育まれていく。

4．葛藤体験

自己抑制と他者受容は，子ども同士のいざこざなどにおける葛藤体験を通してより育まれる。保育者は，子ども同士のトラブルをすぐに解決しようとせず，それを子どもの発達機会と捉え，援助・見守りを行う必要がある。

保育者と子どもの関わりについて

子どもの人間関係を豊かにするためには，子どもの人間関係の認識及び関係性の広がりがどのように進むかを理解し，各発達時期に合った関わりを考える必要がある。

多くの子どもにとって最初に出会う人は親（養育者）である。乳児は親から一方的に世話を受ける立場にあるようにみえるが，生まれながらに微笑んだり泣いたりして親の関わりや世話を引き出したり，関係を維持する能力をもっていると考えられている。こうした子どもと親との間の相互の応答性に基づいて，子どもは家族を中心とした絆・愛着を築いていく。この時期の子どもには家庭的な温かい雰囲気，そして保育者との受容的な相互応答性に基づいて信頼関係を築くことが必要である。

2〜3歳頃には親とは異なる自分というものを明確に認識するようになり，親の言うことに「イヤ！」と反抗したり，「自分でやる！」と主張することが多くなる。これは第一次反抗期と呼ばれ，基本的信頼を基礎にした関係性の中でどの程度受け入れられるのか，受け入れられないかを交渉する時期であり，この過程が人と向き合い，人との関係の中で生きていく第一歩となる。

保育者は子どものやりたい気持ちを受け止めながら自立を支えるとともに，受け入れられる交渉の仕方を導いていくことも必要になる。

また親から分離して自分を認識する3歳頃からの子どもの人間関係は，同年齢の子どもとの関わりが大きなものになってくる。この時期には，保育者の関わりが子どもたちの遊びと人との関わりを支えており，子どもの気持ちを読み取って，他の子どもとの遊びに入るきっかけをつくることも重要な役割になってくる。

3歳から5歳の間には，仲の良い子どもたち数人のグループで遊ぶ場面もみられるようになる。子どもたち同士が協同して生活し，遊ぶ中では自分の意見を主張し，他の子どもの意見を聞くなど，お互いに行動を調整し，協力していくことが必要であり，そうした中で自分の役割を果たすという責任感などが養われる。しかし同時に子ども同士のいざこざも増えてくる。この葛藤体験は，子どもが他者の気持ちを知り，思いやりを知る貴重な機会となる。保育者はいざこざが子どもの育ちにつながるように，それを通して人との関わりを学べるようにという意図をもって行うことが必要である。

園の中での子ども同士の関わりについて

1．保育施設での活動

　保育施設での活動は，その基礎として砂遊びや積み木，ままごと，鬼ごっこなどの「遊び活動」がある。「遊び活動」とは，子どもの興味や自発的な関心から生まれる楽しい活動であり，次に説明する全ての活動もこの原則に基づいていなければならない。一見「遊び」ではないようにみえる活動として，「生活活動」，「課題活動」，「行事活動」，「プロジェクト活動」がある。「生活活動」とは子どもの生活の自立を促す活動や集団生活を主体的につくる活動であり，当番活動や係活動などがある。「課題活動」とはクラスが集団としてテーマをもって取り組む活動であり，リズムや制作などがある。行事活動とは子どもの成長を祝う，季節を味わう，伝統文化に触れるなどの活動であり，お誕生日会やひな祭り会，卒園式などがある。「プロジェクト活動」とは主に年長クラスで仲間と共に問題解決に向けて試行錯誤する協同的な活動であり，近年導入する園が増えている。

2．子ども同士の関わりを育むために

　大切なのは，これらの活動は全て子ども同士の活動であり，ゆえに子ども同士の関わりが中心になることである。これらの活動において子ども同士の関わりを育むためには，次のことに留意しなければならない。子ども1人ひとりは，保育者と共にある仲間との関係の中で初めて「自分」という存在に気づき，時間をかけながら自我を形成する。それゆえに，1人ひとりの確かな育ちのためには，保育施設での集団生活の質的な高まりが必要である。保育者は，子ども1人ひとりの個性が豊かに育まれていくとともに，子どもたちが課題を通して仲間との関係性を築きその中で新たな成長があるよう，子どもの姿を原点とした課題を設定する必要がある。

　保育施設では，これらのことをふまえたうえで，現代社会の変化に対応した活動が望まれる。例えば，近所の遊び相手の減少を補うための異年齢集団での遊びや，屋内遊びが増加していることを補うための戸外遊び，完成した市販の玩具を用いた遊びの広がりに対する廃材遊び，地域・伝統行事の減少を補うための行事活動などが挙げられる。社会の進歩は一方では子どもの育つ力を弱くしているのであり，保育者は望ましい活動として子どもを取り巻く園外での生活環境に気を配らなければならないのである。

◎参考文献

大場牧夫・大場幸夫・民秋言著『新訂 子どもと人間関係―人とのかかわりの育ち』萌文書林, 2008.

咲間まり子編『保育実践を学ぶ 保育内容「人間関係」〔第2版〕』みらい, 2018.

田宮縁『体験する・調べる・考える 領域「人間関係」＜第2版＞』萌文書林, 2018.

豊田和子編『実践を創造する 幼児教育の方法』みらい, 2013.

無藤隆監, 岩立京子編者代表『新訂 事例で学ぶ保育内容 領域 人間関係』萌文書林, 2018.

森上史朗・小林紀子・渡邉英則編『最新保育講座8 保育内容「人間関係」』ミネルヴァ書房, 2009.

◎保育の内容・方法に関する科目

第28章

保育内容
（環境）

保育内容「環境」のねらいの意義をふまえ，保育者の援助，環境構成のあり方について述べよ。

　幼稚園教育要領及び保育所保育指針における保育内容「環境」の「ねらい」には，以下のような記述が見られる。

　まず，幼稚園教育要領が示す「ねらい」は，「幼稚園教育において育みたい資質・能力を幼児の生活する姿から捉えたもの」であり，領域「環境」に示された「ねらい」は，幼稚園における園生活全体を通して，幼児が様々な体験を積み重ねる中で他の領域の「ねらい」と相互に関連をもちながら次第に達成に向かうものであることが示されている。

　また，保育所保育指針が示す「ねらい」は，「子どもが保育所において，安定した生活を送り，充実した活動ができるように，保育を通じて育みたい資質・能力を，子どもの生活する姿から捉えたもの」であり，養護と教育が一体となって展開されるものとしている。ここでいう「養護」とは，子どもの生命の保持及び情緒の安定を図るために保育士等が行う関わりであり，また，「教育」とは，子どもが健やかに成長し，その活動がより豊かに展開されるための発達の援助とされ，5つの領域が示されている。保育所保育における「養護」と「教育」の一体化は，

子どもの生命の保持と情緒の安定を行いつつ，子どもの活動がより豊かになるよう援助を行うものであると言える。幼稚園教育要領及び保育所保育指針に示された「ねらい」は，養護と教育が一体化したものであり，幼稚園，保育所の各々の保育期間が終了するまでの間に，身に付くことが期待される心情，意欲，態度であることがわかる。

　では，領域「環境」に示された「ねらい」とはどのようなものであろうか。保育所保育指針に示される内容のうち，3歳以上の内容が幼稚園教育要領に共通することを前提として領域「環境」の「ねらい」を見てみると，次のようになる。

(1)　身近な環境に親しみ，自然と触れ合う中で様々な事象に興味や関心をもつ。

(2)　身近な環境に自分から関わり，発見を楽しんだり，考えたりし，それを生活に取り入れようとする。

(3)　身近な事象を見たり，考えたり，扱ったりする中で，物の性質や数量，文字などに対する感覚を豊かにする。

　これらの「ねらい」からは，基本的

に領域「環境」が幼児の身近に存在する環境，すなわち，園生活全てに関わる環境を前提にしており，幼児の興味や関心が原動力となってそれら環境に関わり，その関わりから様々な体験が蓄積され，幼児の資質・能力が育まれていくことを意味していることが読み取れる。

ところで，幼児の身近な環境との関わりは，幼児の興味や関心，あるいは，好奇心や探求心といった気持ちがあれば常に，自然発生的に行われるものなのであろうか。実際，幼児は1～2歳の頃から探索行動と呼ばれる行動をとるが，いつも興味や関心，好奇心や探求心をもって行動をしているわけではない。幼児の興味や関心は，流動的，無意識的で，長い時間，遊び込むこともあれば，ほんの一瞬で終わってしまうこともある。また，一つひとつ丁寧に環境に関わるというものでなく，同時に多数の環境に関わろうとすることもある。

こうした幼児の流動的，不規則的な環境への関わりを固定的，意識的な関わりへと変化させていくことが保育者の関わり，援助ということになろう。幼児が自らの興味や関心をもって環境との関わりをもてるようにするためには，まず，保育者自身の「感性」が大切になるだろう。保育者自身が「感じ取る力」をもつことは，それが幼児にも影響を与えることになるからで，幼児と生活をともにする保育者が身近な

環境に対し，「感じる力」をもつことは幼児にもそれを伝えることになる。雑草と言われる花を見て「きれい」と思えること，蝶々や虫を触ってみたいと思うこと，絵に描いてみたい，作ってみたいと思うことなどが幼児にも刺激を与え，行動を変えていくのである。この意味で，保育者の存在は，幼児にとってのモデルであり，幼児と環境を橋渡しするコーディネーターであり，幼児同士の関係を広げるマネージャーでもあるのである。

幼児とともに生活をする保育者は，様々な場面を共有する。その際，幼児は，人や物や自然への関わり方を保育者というフィルターを通して理解しようとする。保育者が花を見て「きれいなお花ね」と言葉を発すると，それを聞いた幼児は「これが『きれい』ということか」という理解をする。このことが，保育者の言動が幼児の中に取り込まれていくことであり，モデルとしての意味になる。また，保育者には幼児の示す興味や関心に従い，活動を考える際の重要事項として，どのように周りの環境に関われるようにするかといった，いわば「環境との出会い」を上手に作ること，すなわち，コーディネート力が求められる。虫を探したいが，どこに行けば虫がいるのか，絵を描きたいが，どんな素材（画材）を使用したらよいのか，また，それらをどのようにして見せようか，飼育や展示の方法を考え，「面白い」「きれい」と

いう気持ちをもち，「もっとやってみたい」という気持ちにつなげていくようにすることが必要になる。そして，保育者は，人間関係のあり方を「保育者―幼児」の関係から「幼児―幼児」の関係へと広げていくことが求められる。保育所，幼稚園は集団で生活する場であり，集団に必要な関わりがある。幼児は集団の中で，共感，思いやり，協力，競争，葛藤，ルール等をその関係の中で経験する。その際，保育者は，個々の幼児の関わりはもちろん，幼児同士でトラブルを解決したり，協力，協働をしたりすることができるように，当番や班別，異年齢によるグループを意図的に編成し，幼児の人間関係を深め，広げていくことが求められる。幼児の環境への関わりは，このような保育者の援助があって成立するものであると言えるだろう。

　保育者の援助のあり方について，その必要性を見てきたが，幼児と環境の関わりにおいて，具体的な環境の構成はどのようにしたらよいであろうか。幼児にとって魅力ある環境さえあれば，後は幼児に任せ，保育者は何もしなくともよいのだろうか。少なくとも，保育者は幼児の環境へのアプローチが安全かつスムーズに，また，充実感や満足感が伴い次の活動の意欲につながるような環境を構成することが必要となろう。そのためには，保育者の幼児を観る目，すなわち，幼児理解や観察眼，その場での活動を創り上げる

ための発想，イメージ，コーディネート力等が必要となろう。

　環境構成には，まず，幼児がどのような活動をしてみたいと思っているのかを考え，どこで，どのように活動をするのか，どんなものが必要になるのかを考える必要がある。保育室内の環境を考えれば，採光，通風の確認やロッカー，机，椅子，ピアノ，タオルかけ，ハンガー等を幼児の生活動線に沿って配置すること，幼児の画や折り紙での壁面装飾，生花やドライフラワーでの室内装飾等，毎日の快適な生活の場を作る工夫が必要になる。また，コーナー遊び等の構成も幼児のニーズに沿ったものを考えれば，その構成も幼児のニーズに沿って多様に構成の仕方を変化させていくことが必要となる。園庭に目を向ければ，安全を考慮したうえでの様々な遊具の遊び，草木，ビオトープ，プランターでの野菜栽培や虫探し，動物飼育，小鳥の餌付け等の自然を活用した遊び，公園，里山，障がい者・介護施設，スーパーマーケット，デパート，消防署，警察署，駅等の公共施設の利用等，幼児の生活空間としてこれらを構成することは十分に可能となる。これら環境構成の多くは，保育実践からの経験知や保育者自身のそれまでの経験知によるところが大きい。その意味で，環境の構成には，保育者自身のたゆまぬ自己研鑽が求められるであろう。

保育内容を構成する環境について

　幼稚園，保育所の保育内容には，「ねらい及び内容」が示されており，その「ねらい」は，3つの資質・能力の育成が目標であり，幼稚園生活全体を通して幼児が様々な体験を積み重ねる中で，相互に関連をもちながら，次第に達成に向かうものとされている。

　また，「内容」は，幼児が環境に関わって展開する具体的な活動を通して総合的に指導されなければならないものとされている。この「ねらい」と「内容」を幼児の発達の側面から5つの「領域」としてまとめたものが5領域である。ただ「領域」は，小学校の教科のように独立して扱われたり，特定の活動を示すものではなく，保育を行う際に子どもの育ちを捉える視点となるもので，子どもが様々に体験を積み重ねていく姿を多面的に捉え，総合的に指導していくことが大切になる。

　領域のうち「環境」については，「周囲の様々な環境に好奇心や探求心をもって関わり，それらを生活に取り入れていこうとする力を養う」こととし，「身近な環境に親しみ，自然と触れ合う中で様々な事象に興味や関心をもつ」こと，「身近な環境に自ら関わり発見を楽しんだり，考えたりし，それを生活に取り入れようとする」こ

と，「身近な事象を見たり，考えたり，扱ったりする中で，物の性質や数量，文字などに対する感覚を豊かにする」ことを「ねらい」として挙げ，その内容を12項目で説明している。

　では，この領域「環境」を保育実践としてどのように考えたらよいのか，「砂場遊び」を例に挙げて考えてみる。

　砂場は，幼児にとって興味や関心の対象となる最も優れた空間である。それは，砂の性質が幼児にも扱いやすいものであり，様々に形を変えられること，自分の思い通りに変えられるものであることが魅力となっているからであろう。砂場で幼児は，自らの手で砂の感触や水を混ぜると硬くなったり，軟らかくなったりする性質を知る。また，どのくらいの量の砂を使ったら大きな「山」が作れるのか，それをいくつ作るのか等，数や量の感覚を学ぶことができる。さらに，多くの仲間と役割を分担し，山，川，トンネル等を作る協同的な活動を展開したりする。このように砂場は，幼児の五感を刺激し，数量的感覚を身に付けさせ，人間関係を生み出し，広げたりする空間なのである。保育者は，幼児の身近な生活の中での学びを数多く経験させていくことが求められるのである。

「積極的に関わる」「生活に取り入れる」などの活動への援助について

　幼稚園教育要領及び保育所保育指針では，「環境を通して行う教育」を保育の基本としている。その中に記された幼児期にふさわしい生活の展開には，身近な大人の存在が必要で，大人と幼児の間に信頼関係が築かれることによって幼児の積極的な活動が展開されるとしている。また，幼児の生活のほとんどが興味や関心に基づく自発的な活動であり，直接的，具体的な体験が幼児の学びを深め，広げたりしていくので，毎日の生活が充実していること，満足していることが大切としている。幼児期はまた，仲間との関わりを通して相互に刺激し合い，自己及び他者を知り，集団への参加意識を高め，自律性を身につけ，社会化していくので，幼児が仲間と十分に関わって展開する生活を大切にすることが必要としている。

　こうした幼児の生活を作ることが，「積極的に関わる」態度を作ることになるのである。幼児の興味や関心，それに基づく探索行動等は，幼児が元来もっている能動性から生まれる行動の特性である。

　身近な環境との主体的な関わりの中で，幼児は様々なことを発見したり，気づいたり，考えたり，工夫したりする。その一つひとつの経験が積み重なって，幼児の思考や知的な発達に結びついていく。「これはこうだった」「だから，次はこうしよう」等の発言は，生活経験の積み重ねによるものであり，それが幼児の行動を変えていくこと，このことが「生活の中に取り入れる」ことになるのである。

　保育場面で見かける4歳児の「お手紙交換」の場面を考えてみる。「お手紙交換」は，ある時期になると頻繁に見られる遊びの1つで，文字を「書いてみたい」という欲求に駆られ，紙に文字（らしきもの）を描き，誰かに渡そうとしたりする。その過程には，相手を思う気持ちがあり，身近な大人に手紙の書き方を教わったり，手紙の出し方を学んだりするといった過程がある。

　そして，何より，書いた手紙を相手に渡した時の喜びを知るとより一層，手紙を書いてみたくなる。このような一連の活動が保育者によって助長されていくことが必要である。

　保育者は，日常から幼児の興味や関心を捉え，その先にある行動を予測し，必要な環境を整えていくことで，遊びが充実するように援助を行うことが必要である。

子どもにとって自然と関わることの意義について

子どもが自然と関わることにどのような意義があるのか。子どもと自然との関わりを考える時，一番大切なことは，探索行動に見られる幼児の身の周りにある生活世界への自発的な関わりを大事にすることである。

子どもの発達を考える時，信頼できる大人の存在が必要で，それによって情緒が安定し，自身の行動範囲を広げていく。幼児が手に持った物を口に入れてその感触を確かめたり，目に飛び込んでくる様々な物に夢中になって突き進む姿は，まさに探索活動の表れであり，それが幼児の認知発達や知的好奇心，概念の形成，自然認識の形成につながっていくのである。子どもが自ら環境に関わることは，人や物への興味や関心を深め，環境への関係を強めていく。そこに環境に対する幼児の理解があり，自身の中にその理解を取り入れ，活用するようになる。幼児の環境への関わりには周囲の大人の存在が必要で，幼児と環境の「橋渡し役」になることが大切である。

また，幼児は五感を使って外の世界との接触を図ろうとする。視覚，聴覚，嗅覚，味覚，触覚の5つの感覚は，生得的に幼児に与えられたアンテナであり，これを使って外の世界を理解していくので，幼児には五感を使った遊びを考えることが必要で，特に自然を対象にした遊びほど，この五感が多用される。

五感を多用する自然の遊びには，花摘み，石集め，虫探し，落葉拾い，リース作り等，様々なものがあるが，中でも「虫探し」は幼児に好まれ，多くの刺激を与える。

春先，気候が暖かくなると虫の活動も活発化する。特に，モンシロチョウやダンゴムシは，幼児の興味や関心の対象になりやすく，「お話」に出てくるチョウチョや，探せば見つけられるダンゴムシは，幼児の観察の対象となる。虫探しの過程で幼児は，チョウチョを掴むと鱗粉が手につくことやダンゴムシに触れると丸くなること等，どんな姿をしていて，どのように動くのか，どこに住んでいるのか，何を食べているのか等を理解していく。幼児は五感を使って虫の姿を捉えているのである。このような園生活を通した経験の積重ねが自然認識を作り，自然の事象や法則の理解につながっていく。保育者には身近な環境の中で，五感を通した自然との関わりを創出していくことが求められる。

保育における環境構成について

保育における環境とは何か，また，それを構成するということは，どのようなことであるのか。幼稚園教育要領では，「環境を通して行う」教育を基本とし，保育者が幼児との信頼関係を築き，よりよい教育環境を創造すること，幼児の主体的な活動が確保されるよう幼児の行動理解と予想に基づき，計画的に環境を構成すること，幼児の人やものとの関わりを重要視し，物的，空間的環境を構成すること等を挙げている。

一方，保育所保育指針では，保育の環境は保育士や子ども等の人的環境，施設や遊具等の物的環境，自然や社会の事象などを挙げ，こうした人，物，場等の環境が相互に関連し合い，子どもの生活が豊かになるよう計画的に環境を構成し，工夫して保育をすることを述べている。

幼稚園教育要領，保育所保育指針ともに，環境の構成にあたっては，まず，幼児と保育者の間に築かれる信頼関係を基本にしており，信頼関係を作ることで幼児が安心して周囲の人や物と関われるようにすることを第一に考えている。それは，幼児が信頼や安心を支えにして周りの環境に関わろうとするからで，守られる安心，信頼があ

るからこそ，幼児は外の世界に関われるのである。その関わりの対象は人的，物的，自然的，さらには時間，空間，雰囲気といった環境に区別され，これら，いずれの環境も幼児にとって興味や関心を引く魅力的なものであり，自らの人格形成に大きな影響を与えるものなのである。

保育者や親はもちろん，同年齢や異年齢の幼児が互いに関わり合うことは，幼児の人間関係を深め，広げていく。また，身の周りのものに触れることは，ものの扱いを知り，工夫を生み出す機会になる。自然との関わりをもつことは，自らの感覚を磨き，様々な事象を理解し，生命のあり方等を学ぶ機会となる。時間，空間もまた，生活のリズムや流れ，場所の使い方を知ることになる。人や場所の雰囲気等も幼児の感情や行動に大きな影響を与える。

幼児は，日々，成長発達をしており，興味や関心も生活経験とともに移り変わっていく。今，何が幼児の興味や関心を引いているのか，楽しく充実した活動をどのように作り上げていったらよいのか等，幼児の成長発達を援助するために保育者が幼児の行動を予測し，環境を構成し，活動を計画していくことが必要である。

子どもを取り巻く身近な環境の理解について

　幼児にとって，一番身近な環境とはどのようなものであろうか。保育環境において，幼児に一番影響を与えると考えられるものは，人的，物的，自然的な環境で，中でも，人的環境は，幼児に多大な影響を与える。それは，生まれて間もない幼児に積極的に関わろうとするのが親であり，保育者であるからで，両者の間に安心感や信頼感を築いていくことで，幼児の興味や関心を引き起こし，身の周りの人に関わろうとする勇気を与え，幼児は自分の世界を広げていくのである。

　また，物的環境も幼児にとっては重要であり，身近に存在する物はすべて探索行動の対象となる。幼児は，この探索行動によって，硬い，軟らかい，甘い，苦い，ツルツル，ザラザラ等，五感を通じた物の形，扱い，性質を理解し，それを自身の生活の中に取り込んでいく。

　自然的環境では，身近な現象や動植物等に直接触れていく体験が必要である。風や光，雨や雪等の天候は，雨具の着用や戸締り，雪かきといった具合に生活の中に変化を与え，生きるための知恵や工夫を授ける。また，花摘みや虫探しといった動植物に触れる体験は，花や虫のライフサイクルを実感さ

せ，さらに「命あるものへの理解」を生み出すことになる。

　加えて，時間，空間，雰囲気もまた，幼児を取り巻く身近な環境となる。時間は我々の生活のあり方を規定し，空間は幼児の意図によって多様な「意味をもつ場所」に変化し，雰囲気は幼児に安心や意欲を与える。

　これら人的，物的，自然的，時間，空間，雰囲気の全ての環境は，幼児の人格形成に多大な影響を与えるものと考えることができる。幼児にとって，これらの環境が身近で手の届くところに常に存在することが，幼児の成長発達を促すことになり，身近なものに直接触れることができる環境を用意することが保育者の役割となるのである。

　幼児の成長発達の姿，興味や関心の矛先，感情のあり方，直近の予測可能な行動等に基づいて，その時に必要な環境を用意し，幼児の活動を楽しく，充実したものにしていくことが保育者の役割であり，「今，幼児が何を欲しているのか」を感じながら，常に環境を変えていくことこそ，子どもを取り巻く身近な環境を構成するうえで最も重要なのである。

乳幼児の安全な環境について

　乳幼児にとって安全な環境とは，どのようなものであろうか。このことを考える前に，乳幼児に安全であることが必要な理由は何かについて考えてみたい。乳幼児の成長発達は未成熟かつ未分化で，周りの大人の存在なしには生きていくことができない。しかし，乳幼児は日増しに成長発達し，何でも「自分でやってみたい」という気持ちが現れ，それに従い，やがて多くを自分で行えるようになっていく。

　このような乳幼児の成長発達の姿の中で，特に「探索行動」と言われる時期があり，この時期には周りの大人が乳幼児の身の周りにあるものに対して，最大の配慮をしなければならない。その配慮とは，やけど，誤飲，けが，事故等に対する配慮であり，命の危険にさらされることがないよう注意する必要がある。いくら乳幼児が大人の保護のもとで生活していようとも，完全に命の危険から守られた生活をしているわけではない。家庭の台所の中でさえ，熱湯に触れたり，上から物が落下してきたり，ナイフやフォークを手にする機会があるのである。一つ扱いを誤れば命の危険にさらされるのである。

　また，家庭のみならず，保育所，幼稚園などでも仲間とのケンカ，遊具からの落下，廊下での衝突，擦り傷，切り傷等は日常茶飯事で，時には命の危険にさらされる事故やけがが起こることもある。

　これらを未然に防ぐためには，まず，家庭の中での潜在的危険として，どこが危ないのかを調べ，保護者に注意を促すことが必要である。火や油，ナイフや包丁があるキッチン，トイレ，浴槽，シンクがある水回り，ふすまやドア，ベランダ等は熱傷や誤飲，溺死，手を挟む，落下等の危険があることを伝えていくことが，安全な環境をつくることになる。

　一方，保育所，幼稚園などでは，安全教育として，滑り台では滑る方から登らない，ブランコでは順番を守るといった遊具の扱い方を知ることや廊下は走らない，ハサミは柄の方から渡す，絵の具は口に入れない等，教具，教材の扱い方を指導しなければならない。加えて，日常の手洗い，うがい，災害時の避難等を幼児に伝え，安全に行動できるようにすることが必要になる。同様に，安全管理として，日常使用する遊具の定期点検，教具，備品の点検等を行うことも安全を維持するために必要な環境をつくることである。

◎参考文献

浅見均編著『子どもの育ちを支える 子どもと環境』大学図書出版，2012.

大豆生田啓友・三谷大紀編『最新保育資料集2019』ミネルヴァ書房，2019.

厚生労働省『保育所保育指針解説 平成30年3月』フレーベル館，2018.

田尻由美子・無藤隆編著『保育内容 子どもと環境—基本と実践事例 第2版』同文書院，2010.

文部科学省『幼稚園教育要領解説 平成30年3月』フレーベル館，2018.

谷田貝公昭監，嶋﨑博嗣・小櫃智子・照屋建太編著『新・保育内容シリーズ③ 環境』一藝社，2010.

若月芳浩編著『保育・幼児教育シリーズ 環境の指導法』玉川大学出版部，2014.

◎保育の内容・方法に関する科目

第29章
保育内容
(言葉)

乳幼児期における言語発達の過程と特徴を挙げ，その時期の保育者の援助や関わりについて述べよ。

1．おおむね6か月未満

新生児の生理的微笑から，あやすと笑うなどの社会的な微笑みへ，また，不快を表す泣きも感情を伴う抑揚のある泣きへと変わっていく。生後3か月を過ぎると，興味をもったものをじっと注視することができるようになる（視覚的選好）。乳児を見つめている大人の視線がほかに移ると，乳児も大人の見ている方を見ようとする。このような「視線の共有」ができるようになることは，「ことばの前のことば」としてコミュニケーションの基盤となる。この時期の関わりは，マザリーズと呼ばれる特徴的な抑揚のある言葉かけを伴い，その応答的なやりとりが乳児に心地良い安心感を与える。柔らかく「抱く」や泣きに応える関わりのリズムによって，特定の大人との情緒的な絆が形成され，それらは，人に対する基本的信頼感の芽生えとなる。

2．おおむね6か月～1歳3か月未満

声を出したり，自分の意志や欲求を喃語（なんご）や身振りなどで伝えようとする時期である。指さしによって，自分の欲求や気づいたことを大人に伝えようとするようになり，その大人も関心を共有し，その物を見ようとする（共同注意）。このように，物を介しての大人とのコミュニケーションができるようになる（三項関係の成立）。また，大人とのコミュニケーションを通して，物の名前や，欲求の意味を理解していくようになる。一語文として，「バ」（バナナ），「ダー」（抱っこ）など，状況を共にしている人に伝えるようになる。このように，初めて意味のあることば（初語）が出てくる時期でもあり，その一語に子どもの様々な欲求が込められている。子どもは，その思いを大切に受け止め言葉を添えて応答的に関わる大人の気持ちを敏感に感じ，聴いてもらいたいという表現の気持ちを高めていく。そのため，子どもの表情やその身振りなどの非言語なことばにも関心を寄せ，応答的な関わりを心がけることが大切である。「ブーブー」「ニャンニャン」など，発音しやすい単語（幼児語）を話すようにする。言い換えることや正しい発音に直すということでなく，子どもの「伝えたい思い」を受け止める関わりが大切である。

3．おおむね1歳3か月～2歳未満

指さし，身振り，片言などをさかんに話し，「いや」「抱っこ」などの一語文によって，親しい大人に自分の気持

ちを伝えようとする時期である。また，子どもの生活環境は物であふれている。大人との関わりにより，物への興味とその物の名前を重ね，「でんしゃ」「トラック」など，興味のある物の単語を覚えるようになる。次第に，「ママ，抱っこ」など，二語文で伝えるようになっていく。また，体を使って遊びながら，様々な場面や物へのイメージを膨らませ，見立てて遊ぶようになっていく。生活体験を豊かにし，五感を通した直接体験が言語獲得には大切である。

4．おおむね2歳

語彙数が飛躍的に増加し（語彙爆発），発声が明瞭になり，「いらない」や「○○ちゃんの！」など自分の意志や欲求を言葉で表出できるようになる。また，「ママの？」と相手に尋ねたり，「これは？」と名前を尋ねることも増えてくる。名前を知っていても，その大人との関わりが楽しく「これは？」と聞くことや，ままごとで見立てながら，「どうぞ」「おいしいねぇ」と言葉でやりとりを楽しむこともある。さらには，「発車！」と手でポーズをとって，運転手になりきって遊んだり，「えきー，えきー」と生活世界を真似て，そのイメージの中で遊ぶことも出てくる（象徴機能の発達）。イメージが自由に行き交うことの面白さや楽しさを味わえるよう，豊かな表現を受け止め，身近な大人や子どもとのやりとりが増えるよう保育室の環境

を整えることが必要である。

5．おおむね3歳

子どもが理解する語彙数がさらに増加し，日常生活での言葉のやりとりが不自由なくできるようになる。「おはよう」「ありがとう」などの挨拶を交わすことで人と関わる挨拶の言葉を自分から使うようになり，言葉を交わす心地良さを体験していく。また，「なんで？」「どうして？」と質問することも増え，言語獲得によって，知的興味や関心も高まっていき，その表現もますます豊かになっていく。言葉を通して人と関わることの心地良さが感じられること，またごっこ遊びを通して，言葉を交わしながら遊ぶ面白さを味わえるような援助が求められる。

6．おおむね4歳

子ども同士の遊びが豊かに展開していくと，仲間とのつながりが深まっていく。時には，競争心からのぶつかり合いや自己主張をぶつけ合いけんかをすることもある。また，相手に自分の思いをうまく伝えられず，保育者が媒介となり，代弁したり，お互いの思いを調整する援助をすることもある。一方的な終息ではなく，自己主張をぶつけ合い，やりとりをする中で調整することができる時間とその過程を経験することによって，次第に保育者の援助を伴わずに解決する力を養っていくようになる。

7．おおむね5歳

積み重ねてきた経験や生活を通し

て，自分なりに考え，物事の判断ができるようになっていく。自分なりに考えたことを言葉にしたり，絵で表したりと，思考力の芽生えが形として現れるようになる。一方で，納得のいかないことについては，相手に言葉で伝える姿もみられ，うまく伝わらずに悔しい思いをすることや，小さなズレやすれ違いによる誤解も経験するようになる。遊びの中のルールを言葉でやりとりを交わしながら確認したり，ごっこ遊びでも言葉で役割を決め，お互いの役を確認し合ってから遊んだりと遊びが持続するための言葉での調整が子ども同士でできるようになっていく。

この時期の援助は，言葉を使って遊びを発展させていく姿を見守りつつ，相手が傷つく言葉や批判的・暴力的な言葉については，みんなで考えていくことも大切である。

8．おおむね6歳

この時期になると，生活を共にし，共有の経験を積み重ねてきた特定の親しい人との間で，具体的かつ現実場面について交わされる世界を表す「一次的ことば」から，さらに発展した言葉の使い方ができるようになっていく。

意欲的に環境に関わるようになるとともに，自ら言葉を使い，文字を書いたり読んだりする姿も見られるようになる。その姿は，いま・ここを体験していなかった他者にも経験を伝えようとする「二次的ことば」を用いて，状況を説明し，共有しようとする姿である。

文字に関しては，思いを表現したいことや，相手に伝えたいことの表れであることを受け止め，「正しい文字」の指導ではなく，生活経験の中で「書いて伝えたい」気持ちが芽生えるような援助が大切である。

1. ～ 8. の発達過程にみられるように，言語獲得の発達には，大人の応答的な関わりと豊かな生活体験が不可欠である。そのため，保育の場においては，環境を整え，子どもの豊かな表現が促されるような五感を通した「心が動く」経験ができる保育内容，方法，援助を考えていくことが重要である。

一方で，①言語発達には，個人差があることをふまえること，②吃音などの構音障害，聴覚障害，言語障害などの気づきに努めること，③専門機関との連携や接続を常に意識し子どもとその家庭の支援に努めること，を忘れてはならない。そして，何よりもそのようなハンディキャップが，言葉を話すことのためらいにつながらないよう，支援することが求められる。

言葉を使い，他者と心を通わすことが喜びにつながることは，「私」という存在に気づき，他者に受け入れてもらうことでもある。保育者は，非言語である身体・身振り・視点・表情・うなずき・接触なども含め，子どもの内的世界に関心を寄せ，豊かな内的世界を理解し，その感情を表出することを援助する役割をもつのである。

領域「言葉」の観点・ねらいと内容について

　保育のねらいと内容について，保育所保育指針では，「実際の保育においては，養護と教育が一体となって展開される」とある。幼稚園教育要領においては，「各領域に示すねらいは，幼稚園における生活の全体を通じ，幼児が様々な体験を積み重ねる中で相互に関連をもちながら次第に達成に向かうものであること，内容は，幼児が環境に関わって展開する具体的な活動を通して総合的に指導されるものであることに留意しなければならない」とある。

　満3歳以上児の領域「言葉」では，「経験したことや考えたことなどを自分なりの言葉で表現し，相手の話す言葉を聞こうとする意欲や態度を育て，言葉に対する感覚や言葉で表現する力を養う」ことを目指している。

　ねらいでは，(1)自分の気持ちを言葉で表現する楽しさを味わう，(2)人の言葉や話などをよく聞き，自分の経験したことや考えたことを話し，伝え合う喜びを味わう，(3)日常生活に必要な言葉がわかるようになるとともに，絵本や物語などに親しみ，先生や友達と心を通わせることの3点が記されている。

　言葉は，身近な人に親しみをもって接し，自分の感情や意志などを伝え，それに相手が応答し，その言葉を聞くことを通して次第に獲得されていくものであることに考慮すること，また，友達や保育者との関わりを通して，直接体験から，言葉を交わす喜びを味わえるような環境を設定することが大切である。

　また，内容として，10項目が記され，保育者や友達との関わりを通して言葉で表現すること，また，親しみをもって挨拶すること，言葉の楽しさや美しさに気づくこと，日常生活の中で文字などで伝える楽しさを味わうことなどが挙げられている。

　つまり，いかに「正しい」言葉を使うか，語彙を増やすかという指導の観点ではなく，自己を表現した意欲の現れとして「言葉」を捉える。また非言語コミュニケーション（表情，身振りなど）も含めた子どもの姿とあり方として「言葉」を捉えることが重要である。そして，文字に関しても，「書けるようになる」ことでなく，「文字で伝えたい気持ち」を育むことが大切である。

乳幼児期の言語発達の特徴と関わりについて

1．ことばの前のことば

　子どもの「泣き」や「笑い」は，言語ではないが，表現の表れとしての「言葉」である。大人（養育者）は，乳児に育児語（マザリーズ）という特徴的な語りかけをし，乳児は，大人の声や表情，しぐさなどに安心感を抱き特別な存在として受け止めていくようになる。マザリーズの特徴は，①普通の話し方より少し高い声で話す，②ことばの抑揚を大きくする，③同じことを繰り返して話す，④ゆっくり，間をとって話す，⑤微笑みながら話す，が挙げられる。マザリーズは，乳児に模倣を促す働きをしていると考えられている。

　生後1，2か月になると，機嫌が良い時に「アー」「クー」という喉をならすような発声（クーイング）がみられるようになる。また，「視線」もことばを交わすためには重要なことであり，生後3か月になると，興味をもったものをじっと注視するようになる（視覚的選好）。そして，大人の目が乳児から移ると，乳児も同じ方向を見ようとするようになる。3か月以降になると，音の高さや長さなどを乳児が調整した発声である喃語（bubbling）が出てくる。そして，「ババババ」や「ブ

ブー」など，反復喃語もみられるようになる。大人の語りかけのリズムに応答して，返事をするかのように話していると感じられることもある。

　9か月頃になると，「指さし」（pointing）のサインによって，モノを指し，他者に「ほら，見て」というかのような姿がみられることがある。大人は子どもの指さした「モノ」を見て共有することができるようになる。「大人―事物―子ども」の関係（三項関係）は，コミュニケーションの始まりであり，ことばの前のことばとして重要なサインである。

2．話しことばの道筋

　1歳前後では，ジャーゴン（jargon）という、意味を捉えることができないが大人の話し方によく似た言葉を発することがある。その後，初語（初めて発する意味のあることば）が一語文で「ママ」「パパ」「マンマ」などとして出現する。2歳前後になると，「これは？」と質問するようになったり，独り言や歌や絵本の言葉も聞かれるようになる。3歳頃になると「そして」や「それで」などの接続詞も使い，文と文をつないで話すようになる。なお，このような道筋は個人差も大きいことを留意しておく必要がある。

考えや思いを伝えることばと感情体験について

子どもは直接体験から，心を動かし，その経験をごっこ遊びや描画で表現する。そのような遊びや描画の中に「話しことば」や「書きことば」が表れる。また，幼稚園や保育所に入園し，生活の場が家庭から園へと広がると，子どもが体験するコミュニケーションの場も広がることになる。コミュニケーションが広がると子どもは，「一次的ことば」と「二次的ことば」を使うようになる。「一次的ことば」とは，特定の親しい者との間で交わされる，その体験や背景を共有している言葉である。

一方，「二次的ことば」とは，幼稚園や保育所で体験したことを帰宅後に話すなど，その場にいない人にもその体験を伝えようとする言葉である。岡本は，目の前の文脈の手がかりには頼ることができず，過去や未来のことなどを言葉だけで表現しなければならない言葉を「二次的ことば」とした[*1]。もうすぐ行われるクッキー作りのお知らせをポスターに書くなどの「書きことば」も「二次的ことば」に分類される。

保育の場では，「一次的ことば」と「二次的ことば」が混ざって使用されるため，保育者は体験の共有をつなぐために，思い起こしたり，説明したりする援助をする。子どもにとって，「一次的ことば」から「二次的ことば」への質的な変化で大切なことは，「直接体験」の深まりである。体験していない人にもその体験を伝えたいという思いは，子どもがコミュニケーション手段として言葉を獲得することにつながるからである。そして，直接体験を，「考える道具」として言葉を活用し，相手に「伝えよう」とするのである。このように，特に幼児期には，直接体験から「考える過程」をしっかりと時間をかけて保障したい。なぜなら，このプロセスこそ子どもが体感（身体化）から，言語化（脱身体化）する大切な過程となるからである。

心が動くような体験が得られる環境を構成し，その感動や，美しさへの気づきなど，心が動いた瞬間を見逃さず，受け止め，子どもの興味関心が継続していくような援助が保育者には求められる。そして，それらを表現する媒体（道具）を多様に用意し，子どもが選択し，自己決定できることが大切である。そうすることで，感情体験が言葉の発達に結びつくのである。

児童文化財（絵本・紙芝居）について

1．児童文化財「絵本」

　絵本は子どもに想像の世界をもたらす。子どもと絵本との出会いは，物語の面白さだけでなく，その場を共有する人との「生きられた経験」として記憶に残る。乳幼児期の絵本との出会いは，養育者や保育者とのコミュニケーションを支えとして，生涯を通したかけがえのない時間となるのである。

　絵本の種類は，明確な区分はないが，特徴から①赤ちゃん絵本，②知識の絵本，③物語絵本，④昔話・民話の絵本，⑤写真絵本，⑥文字なし絵本，⑦しかけ絵本，⑧バリアフリー絵本と多岐にわたる。保育者は子どもと生活を共にしながら子どもの生活体験がより豊かになるよう絵本を選び，子どもが絵本を手にすることができるように環境を整える，いわば絵本と子どもをつなぐ媒介者である。環境を通して，①子どもが絵本を直接手に取り，読みたい絵本を選択できること，②生活体験の中で興味のあることについて絵本（や図鑑など）を通して，より探究できること，③１人でじっくりと読む場や友達と「読み合う」経験ができる空間であるなど，絵本と出会う場が１人ひとりに応じていることも大切である。

2．児童文化財「紙芝居」

　絵本が保育者や子ども同士での「読み合い」や「一人読み」の特性をもつのに対し，紙芝居は，舞台と演じ手が織り成すエンターテイメントである。絵，声・間・抜き（絵を引き抜く）によって，演じられる。抜きは，速度，停止，揺らしなどの変化をつけることで静止画にパフォーマンスをもたらす。また，紙芝居は，絵本のように絵と文字が１つの画面に存在せず，抜いた絵は裏に差し込まれ，差し込まれた絵の裏に次の絵のシナリオが書かれている。特に，紙を引き抜くことによる場面の転換があることや絵の変化（動き）による面白さは，紙芝居特有の楽しみ方でもある。最近では，紙芝居の抜き方が右だけでなく，上や下など様々に工夫されているものや聞き手が参加するものも出ている。

　紙の上で展開される物語の世界を子どもたちは目を輝かせて見入る。関係性の中で営まれる保育の場においては，同じ紙芝居でも，演じ手やその時の子どもたちの雰囲気で，空気感が変化する。身近な生活にある文化として，紙芝居を伝承していく役割をもつ者として，絵本や紙芝居，物語などに心を通わせる体験を大切にすることが求められている。

特別な配慮を要する子どもの言葉の支援について

保育者は子どもとの関わりから，言語に関する発達の遅れや聴覚機能の障害について早期発見することがある。乳幼児期における言語障害としては，言語障害，吃音（きつおん），場面緘黙症（かんもく）などがある。

1．言語障害

言語障害とは，発音が不明瞭であったり，話し言葉のリズムがスムーズでなかったりするため，話し言葉によるコミュニケーションが円滑に進まない状況であること，また，そのため本人が引け目を感じるなど，社会生活上不都合な状態であることを指す。

2．吃音

乳幼児期の言葉を獲得していく時期には，吃音の症状がよく見られる。吃音とは，一般的に「どもる」とも言われる話し方の障害である。特徴的な症状としては，①反復（例「き，き，きのう」）②引き伸ばし（例「きーのうね」）③ブロック（例「……きのう」）が挙げられる。以前は，世界保健機関（WHO）の国際疾病分類第10改訂版（ICD-10）において「小児期及び青年期に通常発症する行動及び情緒の障害」に分類されていた。

保育者は，できるだけゆったりとした雰囲気の中で子どもの言葉をじっくりと聞き，言葉を話すことに「引け目」を感じることのないように配慮する必要がある。また，集団の中で笑われることへの抵抗や恥ずかしいと思うようになることもあるため，周りの子どもたちも一緒に受け入れられるように適切な援助が求められる。

3．場面緘黙症

特定の場面や特定の人に対して選択的に話をしない状態を場面緘黙という。幼稚園や保育所の入園や小学校の入学時期に対人場面で強い緊張感を示すことがある。心理療法と環境調整を行う場合が多いが，保育者として子どもとの関わりを丁寧に行い，その子の要求や不安感の要因を把握することに努めることが大切である。また，「話したくなる」時期を待つ援助も重要である。その他，名前を呼んでも振り向かないことが続き，耳鼻科にて片耳の聴覚機能が弱いことを発見することや「口蓋裂」（口唇，口蓋，はぐきに割れ目（裂）が残っている）の手術をした子どもの発音の不明瞭さから「ことばの教室」との連携が必要なケースもある。保育者は，子どもの発達をよく観察し，保護者支援も含め，適切な機関と連携できるようにすることも重要である。

言葉を育てる保育者の役割と援助について

　乳幼児期には，言葉への感覚を豊かにし，保育者や友達と言葉を交わすことの楽しさが充分に味わえることが重要になる。そのためには，保育者は子どもの表情や身振りなどの非言語な「言葉」もしっかりと受け止め，応えることが大切である。その応答的な関わりで得られる心地良さや嬉しさといった心情が，言葉を獲得するうえでの基盤となる。時には，うまく伝わらなかったり，言葉よりも先に手が出てしまうこともあるが，保育者はそれらを代弁したり，調整したりしながら，「思いを相手に伝える」ことの楽しさと，相手のことをわかりたいという気持ちを育てていくことが，大切である。これらの経験が話すこと，聞くことへの意欲につながるからである。

　また，4歳，5歳になると「二次的ことば」を徐々に用い始め，イメージの世界を言葉でお互いに作り上げたり，確認しながら，新しい物語を作ることもできるようになる。このように，双方向に思いを伝え合う経験を通して，話すことと聞くことの態度が育っていくのである。

　また，絵本や紙芝居，ペープサートやパペット，パネルシアターなどの児童文化財との出会いは，子どもたち同士のイメージの共有をもたらすだけでなく，想像力を膨らませ，保育者との安定した関係性の中で豊かな言葉が育まれる環境であるといえよう。誕生日会や特別の日のイベントとしての児童文化財の活用ではなく，日常にある文化として，環境を整えることが大切である。また，常に保育者が製作したり，演じたり，読み聞かせたりするのではなく，子どもたちの想像力を広げ，話し合いながら創り上げていく過程も重要である。

　いざこざ場面やけんかの場面では，保育者は仲裁に入り言語的な解決（ごめんね，いいよ）で終わらせる援助も見られるが，表面的な解決でなく，言葉が思考の機能をもつことを留意し，子どもたちに考える時間を与えることも「思いを伝える言葉」を育む援助であるといえよう。

　また，保育者は常に言葉を話すモデルであることを心して，丁寧な言葉遣い，TPOに応じた言葉の使い分け，正しい書き言葉などを自覚しておくことが大切である。保育者には，日本語の美しさ，微妙な表現のニュアンス，音の響き，形容の豊かさなどを後世に伝承する役割があるからである。

◎参考文献

岩田純一『〈わたし〉の発達―乳幼児が語る〈わたし〉の世界』ミネルヴァ書房，2001.

岡本夏木『子どもとことば』岩波書店，1982.

岡本夏木『ことばと発達』岩波書店，1985.

厚生労働省『保育所保育指針解説 平成30年3月』フレーベル館，2018.

小嶋知幸『図解 やさしくわかる言語聴覚障害』ナツメ社，2015.

子どもの文化研究所編『紙芝居―子ども・文化・保育―心を育てる理論と実演・実作の指導』一声社，2011.

徳安敦・堀科編著『保育内容 言葉』青踏社，2016.

内閣府・文部科学省・厚生労働省『幼保連携型認定こども園教育・保育要領解説 平成30年3月』フレーベル館，2018.

中川素子・吉田新一・石井光恵他編『絵本の事典』朝倉書店，2011.

マイケル・トマセロ著，大堀壽夫他訳『心とことばの起源を探る―文化と認知』勁草書房，2006.

正高信男『0歳児がことばを獲得するとき―行動学からのアプローチ』中央公論新社，1999.

正高信男『子どもはことばをからだで覚える―メロディから意味の世界へ』中央公論新社，2001.

皆川美恵子・武田京子編著『新版 児童文化』ななみ書房，2016.

ミネルヴァ書房編集部編『保育所保育指針 幼稚園教育要領―解説とポイント』ミネルヴァ書房，2008.

文部科学省『幼稚園教育要領解説 平成30年3月』フレーベル館，2018.

文部科学省 http://www.mext.go.jp（2016.10.31）

やまだようこ『ことばの前のことば―ことばが生まれるすじみち1』新曜社，1989.

◎保育の内容・方法に関する科目

第30章
保育内容
（表現）

表現を育てる保育者の役割について，子どもの表現との関連において，具体例を挙げて述べよ。

　子どもの表現を支え育てていく保育者には，様々な役割がある。子どもの表現は，一日の園生活の一瞬の出来事である場合もあれば，継続的に行われそれが習慣化していくような場合もある。保育者はそれぞれの場合に即応しながら，子どもの発達と成長を見守っていく姿勢が求められる。

　では，保育者は時間的経過の中で，具体的にどのような過程を経て，子どもの表現を支え育てていくのであろうか。次の4つの柱に従って，事例を挙げながら検討していく。

1．温かいまなざしと観察

　第1に，保育者は素朴で未分化な子どもの表現をどのように発見できるかということにかかってくる。

　つまり，保育者には「観察」する目が必要である。毎日の生活の中で，子どもから発信される様々な表現を注意深く観察し，感じ取ることによって表現の萌芽を発見できるのである。またその際は，その場の空気を共有するようにし，温かいまなざしで子どもの表現を見守る姿勢が大切である。

　水をじっくり味わっている2歳2か月の子どもの例を挙げる。洗面所に栓をして水をいっぱいためて遊んでいる。水中で円を描くように両腕を動かしたり，蛇口から出てくる水を触ったりして水の感触を味わっている。手の動きはだんだんリズミカルになり，両腕を交互に水の中に打ち下ろす。ポチャンポチャンとリズミカルな音がする。〔中略〕蛇口から水を足し，コップについではそれも足し，洗面所が溢れんばかりの水になる。排水口から水の流れる音がチョロチョロと鳴るのを聞き，排水口に手を近づけるが，しばらくすると栓を抜き，ゴゴーと音を立てるのを聞き，それらを繰り返して遊ぶ。

　水の冷たい感触，貯水の柔らかい感触，蛇口から勢いよく出る水の感触，水を強く叩く時の感触，水を弱く叩く時の感触，曲線を描いて水を掻く感触，直線的に水を掻く感触，水の感触にも様々な違いがあったであろう。また，水中で手を動かす音，水を強く叩く時に出るポチャンという音，排水口に流れるチョロチョロという音，蛇口から流れ出る音，栓を抜いた時のゴゴーという音，水の音にも様々な違いがあったであろう。

　子どもはこのように素材と心ゆくまでじっくりと関わることによって，新

しい感覚を味わい，その素材を知り，その素材との関わり方を学んでいくのである。体験をしている子どもに対し，保育者は子どもが何を感じ，何に夢中になっているのかをしっかり観察する必要がある。

2．受容と共感

第2に，保育者は日々，発信される子どもからの表現をどのように受け止めるのかということが重要である。

つまり，日々の忙しさの中で，気づかなかったり，気づいていても知らないふりをしたり，自分の価値観の中で即座に評価を下したりするのではなく，子どもの表現として「受容」することが求められるのである。

火事を消す消防士になりきる3歳児の例を挙げる。広告紙を丸めた棒を持った3歳の男児がツリーハウスに向かう。「大変です。火事です」と叫びながら棒を消防車のホースに見立てて向けている。保育者は「それは大変。火を消してください」と調子を合わせ，火をイメージさせるような赤いビニール袋をツリーハウスに貼る。男児は「シューシュー」と言いながら，水をかける真似を繰り返す。保育者は赤いビニール袋を少しずつたたみ，火が小さくなるのを表現する。「火が消えて良かったね」というと，「うん」と誇らしそうに答える。

この男児が楽しんで活動ができたのには，男児のつぶやきを受容し共感する保育者の存在が大きい。男児が発し

た「火事だ」の言葉に対して，共感してくれる保育者に信頼を寄せ，受け止めてもらえる喜びから，自信をもって自分の思いを表現するようになるのである。

3．応答

第3に，保育者は受け止めた子どもの表現に対し，リアクションを示すことが大切である。そのためには，表現に対して表現で返す技量が求められる。

先に述べた消防士になりきる男児の例でいえば，保育者は男児の「火事だ」という言葉を受け止めて，「それは大変，火を消してください」と言葉での応答をしている。しかし，それだけではなく，保育者自身も赤いビニール袋を使って燃え盛る火を表現し，それが下火になっていく様子を演出しながら，火事の現場にいるという状況を作り出している。

これは，男児の表現を受け止めるだけでなく，その表現に対し保育者が応答していることを示している。お互いが火事のイメージを膨らませ，その時の状況を想像しながら，消火活動を演じているのである。

保育者には，このように子どもの思いや意図を心情的に受け止めるだけでなく，それを何らかの形で応答し，表現する必要がある。

4．方向づけ

第4に，保育者は応答的な関わりをしながら，表現に方向づけをすること

が求められる。

つまり，目の前の子どもの表現から，転換すべきか，それとも継続すべきか，発展する可能性はあるのか，あるいは収束に向かわせるべきか等を判断し，表現に方向づけをする役割である。

この役割は，子どもの自主性を尊重するあまり，活動の行く末を子どもに任せ，放任ともとれる活動になってしまうのを防ぐことになる。

「おみくじやさん」から「おまつり」へ発展した例を挙げる。5歳の男児が「おみくじを作りたい」と言い始める。それがどんなおみくじなのか保育者は様子を見守っている。そのうちに，「割りばしをちょうだい」と言ってくる。細長い箱を見つけ，「隅に穴をあけたい」と保育者に相談する。保育者は万能ばさみを渡す。割りばしを箱に入れて振ると穴から1本割りばしが出てきた。〔中略〕保育者が「神社のお祭りみたいね」と言いながら「お祭りっていろんな出店があるわよね」と言ってみる。男児は「たこ焼きも作ろう」と言い出し，卵のパッケージを持ってくる。保育者は「一番薄い紙を使うといいのでは」と言い添える。男児は紙でたこ焼きを作り，パッケージに詰めていく。

保育者と男児のやりとりから，「おみくじを作りたい」という男児の発想を大事にし，興味・関心のあるものから，状況に応じて活動を展開，発展させている様子がくみとれる。

男児が神社にあるおみくじをイメージしていることがわかった時点で，保育者はおみくじ作りに必要な道具を渡す等の援助をしている。

また次の段階で，「お祭りっていろんな出店があるわよね」とおみくじからお祭りへと発想を広げられるような声かけをしている。

その声かけに応じて男児がたこ焼きを作ろうとすると，どの素材が適しているかをアドバイスしている。

このように，保育者は，子どもが関わりたくなるような応答性のある存在であることが望ましい。さらに応答性が多様で，子どもの関わり方が変化しても，それに即応しながら方向づけができることが好ましい。

以上のように，子どもの表現の過程で，活動の状況に応じた様々な役割があることがわかる。

つまり，保育者は素朴で未分化な子どもの表現を「温かいまなざし」で見つめるだけでなく，鋭い「観察力」によって発見することが求められる。

またその表現を，受け止めること，そしてその表現に対して，言葉や身振りなど様々な表現方法を通して丁寧に「応答」することが大切である。さらに表現をどの方向へ導くべきなのか考え，収束するべきか，継続すべきか，転換すべきか，発展させるべきかの判断をし，その「方向性」を示してあげることが重要である。

領域「表現」のねらいと内容について

幼稚園教育要領における，領域「表現」は，「感じたことや考えたことを自分なりに表現することを通して，豊かな感性や表現する力を養い，創造性を豊かにする」ことをテーマとしており，ねらいは次の3点である。

①いろいろなものの美しさなどに対する豊かな感性をもつ。②感じたことや考えたことを自分なりに表現して楽しむ。③生活の中でイメージを豊かにし，様々な表現を楽しむ。

また内容として8項目挙げている。

①生活の中で様々な音，色，形，手触り，動きなどに気づいたり，感じたりするなどして楽しむ。子どもの周囲にある世界を感じることが表現の基盤になるため，五感だけでなく，直感や体全体を通して感じ取る感覚が求められている。

②生活の中で美しいものや心を動かす出来事に触れ，イメージを豊かにする。「美しいもの」とは大人の目からだけでなく，子どもの目からみた「美しさ」も大切にする必要がある。また，日々の保育の中で，保育者の感じる「美しさ」が，子どもに影響を与える点に考慮する必要がある。

③様々な出来事の中で，感動したことを伝え合う楽しさを味わう。感動を

「伝え合う」には，相手のメッセージを気持ちよく受け入れる関係が前提となる。

④〜⑧では，音楽的表現（音や動き等で表現，歌ったり，リズム楽器を使ったりする），造形的表現（自由に描いたり，作ったり，飾ったりする，素材に親しみ工夫して遊ぶ），身体的表現・劇的表現（イメージを動きや言葉等で表現，演じて遊んだりする）を具体的かつ総合的に取り入れることが示されている。

特に2008（平成20）年の改訂で加わった内容は，次の3点である。

①「感じること」の重要性。表現が「感じ」「考え」「行動する」一連の行為を経て生まれることを強調している。

②他の幼児の表現に触れられるように配慮する。互いに発信したり受信したりする環境が必要であり，特に育ちの面で，子ども同士の関わりが欠かせないことを示している。

③表現する過程を大切にする。「表現」に至るまでの心の動きは人によって違い，年齢，性別，興味・関心，経験の有無，体調や心もちによるもので，それを考慮することにより自己表現を楽しむことにつながることを示している。

領域「表現」の変遷について

幼稚園教育要領に領域「表現」が誕生したのは 1989（平成元）年である。ここでは，幼稚園教育要領と保育所保育指針から保育内容の変遷を辿り，領域「表現」誕生の経緯やその意味を明らかにする。

《保育内容の変遷》

西暦 （年号）	教育要領 保育指針	保育内容
1899 年 （明治32）	「幼稚園保育 及設備規定」	「遊嬉」「唱歌」「談話」 「手技」
1926 年 （大正15）	「幼稚園令」	「遊嬉」「唱歌」「談話」 「手技」「観察」など
1948 年 （昭和23）	「保育要領」	「見学」「リズム」「休息」 「自由遊び」「音楽」「お 話」「絵画」「製作」「自 然観察」「健康保育」 「ごっこ遊び・劇遊び・ 人形芝居」「年中行事」
1956 年 （昭和31）	「幼稚園教育 要領」	「健康」「社会」「自然」 「言語」「絵画製作」「音 楽リズム」
1964 年 （昭和39）	「幼稚園教育 要領」	上記と同様
1965 年 （昭和40）	「保育所保育 指針」	「健康」「社会」「自然」 「言語」「造形」「音楽」
1989 年 （平成元）	「幼稚園教育 要領」	「健康」「人間関係」「環 境」「言葉」「表現」
2017 年 （平成29）	「保育所保育 指針」	「健康」「人間関係」「環 境」「言葉」「表現」

1899（明治 32）年 ～ 1955（昭和 30）年頃は，平易な歌を歌う「唱歌」が含まれていたり，「音楽」「お話」「絵画」「製作」「ごっこ遊び・劇遊び・人形芝居」等，現在の「表現」と関連のあるものが具体的に示されていた。

1956（昭和 31）年 ～ 1988（昭和 63）年頃は，保育内容が 6 領域になり，「音楽リズム」「絵画製作」といった現在の領域「表現」と関わりの深い分野が存在した。しかしそれぞれの領域は，小学校の教科のように捉えられ，活動中心主義であった。その結果，音楽や描画のような活動は，作品の良し悪しにこだわる作品主義・結果主義の傾向がみられた。

1989（平成元）年に幼稚園教育要領の保育内容が 5 領域となり，この時期に「表現」が誕生した。この改訂で，保育内容は子どもの発達を保障するために望ましいと思われる経験内容とし，領域ごとの内容を特定の活動として取り出して行うのではなく，遊びを中心として環境を通して総合的に行うことが明記された。

2017（平成 29）年に保育所保育指針の保育内容が幼稚園教育要領と同様の 5 領域となった。従前の枠組みが再構成された感性と表現に関する領域「表現」では，身体の諸感覚を豊かにし，様々な感覚を味わう，感じたことや考えたことなどを自分なりに表現しようとする，生活や遊びの様々な体験を通してイメージや感性が豊かになる，というねらいが掲げられた。

乳幼児の発達と表現について

人は五感を通して，周囲の環境から多くのモノやことを認知し，脳にインプットしていく。乳幼児期に五感を働かせ，身体性を目覚めさせ，モノに反応したり，面白さや不思議さに気づいたりする経験を重ねることによって，感性を豊かにすることが望まれる。

1．視覚（見る・観る）

視覚は最も良く使われ，人は外からの情報の約80％を視覚に頼っている。その反面，「見ようとしなければ見えない」性質があるため，何事も注意深く見ようとする意識が大切である。

視覚をひらくには，①見て感じたり考えたりすること，その思いを伝え合い共感すること，②保育室の環境を変化させ，季節感を出して，刺激や新鮮さを感じさせること，③美しさ，不思議さ，面白さを感じる手品や科学，遊び等を体験させることが考えられる。

2．聴覚（聞く・聴く）

聴覚も視覚と同様，「聞こうとしなければ聞こえない」性質がある。それは，生活に必要な量だけ聞こえるように調整できる身を守るための機能なのである。

保育では，集団生活に必要なマナーを守りながら，声や音，音楽等に敏感に反応し，想像力を働かせて考える経験が大切である。また，じっくり聴く機会を設け，美しい音楽や自然の音等を鑑賞し味わう体験を積み重ねたい。

3．嗅覚（嗅ぐ・香る）

嗅覚は，記憶と結びつきやすく，火事の焦げ臭い匂いや腐った食品の独特な匂いを感じることにより，身の危険を回避できるようにできている。また，香りでリラックスしたり，幸福感を得られたりする。

乳幼児期には，様々な匂いを嗅ぐことによって，匂いを判断するデータを増やすことが大切である。

4．味覚（味わう）

味覚には甘味・塩味・酸味・苦味・旨味の五原味がある。食べ物の味は，その場の雰囲気や自分の受け止め方によっても変わるので，楽しい雰囲気の中で食べる経験を積み重ねたい。これは，食事の環境や食文化など，食育とも関連している。

5．触覚（触る・触れる）

心地良い感触は心身共に解放され，同じ感触を共有すると仲間意識も芽生える。また動物や生物に触れると，心地良さと共に親しみも湧き，自分との関係を調整する経験になる。手足を使い，触れて確かめて実感する経験が多い程，触覚はひらかれていく。

表現者としての保育者について

野村睦子は保育者の専門性として，次の3つの側面を挙げている。

第1に「良き理解者」としての役割である。子どもから発信される表現を認め（受容，共感），子どもとの信頼関係を築くことを示している。

第2に「良いモデル」としての役割である。子どもと共に表現を楽しみ，表現のモデルになることを指し（モデル），保育者の影響力が如何に大きいかを意味している。

第3に「良き指導者」としての役割である。子どもがより主体的に表現できるよう援助し導くこと（援助，指導），そのために適切な環境を整えること等を示しているといえよう。

保育者が子どもの表現を支える時，どの側面も必要だが，ここでは音楽的な表現活動を取り上げ，「良いモデル」として保育者が留意する点について述べる。

まず，音楽的な表現活動には，子どもに新しい歌を教えたり，新しい楽曲の奏法を教えたりすることがある。この場合，保育者に求められるのは，声の美しさや音程の正確さ，正しい楽器の奏法，演奏の質であろう。子どもたちは，初めてその歌やその曲に出合い，楽譜を介さずに保育者の演奏を通して習得する場合が多いからである。音色の良い楽器を選んで聴感覚を刺激し，子どもが楽器を扱う際には，美しい音に気づかせるような配慮が必要である。日常生活でも不用意に音を出さない習慣をつけることによって，子どもが自分の声や音に気づき，意識させることができる。保育者が音量や音質に配慮した保育環境を整えることで，子どもの音楽的感性が育つのである。

さらに，「良いモデル」としての保育者の役割として「応答者としての表現」がある。子どもから発信される表現に対して応答する時の保育者の表現である。保育者が「子どもの表現を受容した」という意思表示をしなければ，コミュニケーションが成立しない。保育者は一方的にモデルとして表現するだけでなく，子どもの表現に対して応答する時にも表現をしており，その表現の仕方に細心の注意を払う必要がある。この意思表示としての保育者の表現が，子どもの次の表現を深化させるか，収縮させるかを決定する要因となり得るからである。子どもがでたらめに叩いている太鼓の音も，保育者の音楽的感性によって，より音楽的な活動につなげることは可能である。

子どもの表現の特徴について

乳幼児期の発達は目覚ましく，それに伴って表現は広がりと深まりが増してくる。ここでは音楽的な表現と造形的な表現の特徴を取り上げ，概観する。

1．音楽的な表現の特徴

新生児では，音に対して反射的な動きが見られる。快・不快の音を聞き分け，手足を動かして音楽に反応する。旋律や音のリズムに手足を動かして反応し，歌や音楽に耳を傾ける。

1歳では，音の出る玩具を鳴らしたり，音遊びを模倣したりする。

2歳では，保育者と一緒に歌ったり，簡単な手遊びをしたり，音楽と共に身体を動かす。また，歌の一節を歌ったり，お気に入りの音楽を繰り返し聴いたり歌ったりする。

3歳では，自らの意志で歌ったり身体表現をしたりするようになり，一人でも歌えるようになる。歌の旋律や歌詞を覚えて歌い，時には即興的に旋律を口ずさむこともある。楽器に興味を示すようになる。

4歳では，リズミカルな動きやスキップやダンスができるようになる。皆で揃って歌うのを好み，リズムや音程を理解し，音の強弱の比較，テンポの変化にも対応できる。また，簡単な歌を作ったり，楽器をリズミカルに演奏したりするようになる。

5歳では，音楽的要素（音高・強弱・速度・拍子等）を身体で感じて音楽活動に取り入れるようになる。また，メディアの歌や音楽を覚え，楽しんで歌う。音楽に合わせて身体表現ができ，自己表現ができるようになる。

2．造形的な表現の特徴

1～2歳頃の描画は，なぐりがき期（錯画期・乱画期・掻画期）にあたり，まだ形にならないものを線描きする。これは子どもに解放感を与え，積極的にものに働きかけ変化させる喜びを与える行為で，造形活動の根源的活動といえる。

2～4歳頃の描画は，象徴期（命名期・意味づけ期）にあたり，描線とイメージが結びつき，小さな丸状のものを描いて「ママ」「パパ」と名前を付ける象徴能力がみられる。

4～5歳頃の描画は，前図式期（円の時期・カタログ期）にあたり，描いたものが形になってくる。描く内容も豊かになり，描きたいものを思いつくまま画面に羅列する。人物は丸い形から手や足が直接出ている「頭足人」を描くこともある。画面下部に基底線，上部に空や太陽というような宇宙観がみられる。

表現活動の展開と援助について

　乳幼児期の表現活動は，日常の園生活の中にある多様なテーマを連続させ，遊びの中で子どもが作り出す表現を保育に位置づけていくことが求められる。ここでは『スイミー』の事例を取り上げ，表現活動の展開と保育者の援助について考察する。

　4～7月，水田での米作や畑での藍の種まき体験から，5歳児は水田を「泥の海みたい」，藍で染めた布を「海の泡みたい」と表現する。同時期に海やサメの絵を描く活動等も行う。

　9月，水族館へ行ったことが「イルカショーごっこ」「サメのお面作り」「海賊船ごっこ」「ダイバーごっこ」等の遊びに派生する。

　10月の運動会でソーラン節の踊りと和太鼓を披露する。大漁旗として藍の染物（4月作成）を使い，魚のパステル画やペットボトルの魚，落ち葉のフロッタージュによる魚を半被の飾りに使う。運動会で使った縄が遊びに派生したり，フープを使った遊びが流行り出したりする。

　このような背景のもと，12月の子ども会に「スイミー」を上演することになる。「イルカショーごっこ」が「イルカグループ（以下 G）」を生み，フープを使った遊びは「海の泡の踊り G」に発展した。縄を使った遊びから「ペンギンダンス G」が生まれ，「海賊船ごっこ」や「ダイバーごっこ」から「ダイバー G」が生まれた。またこれらのグループから刺激を受けて，「イソギンチャク G」「海の音楽隊 G」「ワカメ G」等も誕生した[*1]。

　これらから，日常の園生活の中で子どもたちが五感を通して感じた様々な思いが多種多様な形で表現され，それを仲間と共有して楽しむ様子がわかる。そこには，子どもの楽しんでいる内容を読み取る目，それを生かしながら次の保育を構想していく力をもった保育者の存在が欠かせない。保育者は，子どもの「海の泡みたい」という感覚を大切にし，藍染めの布を「スイミー」の壁面装飾に使っている。水族館見学後，作った魚の立体作品は運動会の装飾にし，版画で作った魚は「スイミー」の群れをなす魚として使い，子どもの表現を保育に位置づけていることがわかる。このように，保育者は予め用意した活動を体験させるだけでなく，子どもたちの主体性を認め，自発的な遊びから生まれてくる様々な表現をくみとり，それを支えながら保育に生かしていく力が必要である。

◎引用文献

＊1　田代幸代「子どもの遊びにおける協同性とは何か―遊びの中で子どもが目標を作り出す姿」『立教女学院短期大学紀要』39号，75-88頁，2007.

◎参考文献

入江礼子・榎沢良彦編著『シードブック 保育内容 表現 第3版』建帛社，2018.

大畑祥子編著『保育内容 音楽表現 第2版』建帛社，1999.

岡健・金澤妙子編著『演習 保育内容 表現』建帛社，2019.

黒川建一・小林美実編著『保育内容 表現 第2版』建帛社，1999.

高杉自子・野村睦子監『新・幼稚園教育要領を読みとるために』ひかりのくに，1989.

田崎教子「保育内容「表現」で学ぶべきもの―‘Music Child’ の概念との互換性について」『音楽教育』第3号，音楽教育の会，2007.

田崎教子「音楽的活動における保育者の発信的・応答的能力の向上―クリニカル・ミュージシャンシップ援用の可能性」『東京藝術大学博士論文』東京芸術大学，2015.

森上史朗・柏女霊峰編『保育用語辞典［第8版］』ミネルヴァ書房，2015.

西洋子・本山益子・吉川京子『こども・からだ・表現―豊かな保育内容のための理論と演習 改訂2版』市村出版，2010.

平田智久・小林紀子・砂上史子編『最新保育講座⑪ 保育内容「表現」』ミネルヴァ書房，2010.

無藤隆監，浜口順子編集代表『新訂 事例で学ぶ保育内容 領域 表現』萌文書林，2018.

谷田貝公昭監，三森桂子・小畠エマ編著『新版・実践保育内容シリーズ5 音楽表現』一藝社，2018.

レオ・レオニ作・絵，谷川俊太郎訳『スイミー―ちいさなかしこいさかなのはなし』好学社，1969.

◎保育の内容・方法に関する科目

第31章
音　楽

わらべうた及び明治期，大正期，昭和初期，戦後のそれぞれの時期に作曲された子どもの歌の中から1〜2曲ずつを取り上げ，それらの歌の特徴について，歴史的背景に触れながら述べよ。

1．「子どもの歌」とは何か

子どもの歌は，わらべうた，唱歌，童謡などの呼称をもつ様々な歌を含んでいる。日本古来より伝承されてきたわらべうたを除いては，明治以降に西洋音楽理論に則って作られてきた。それぞれ作られた時期と理念により唱歌と童謡は区別され，ラジオやレコード，戦後はテレビといった音響メディアとの関係性を無視できない。

そもそも子どもにとって歌とは，大人が歌うのを聞いて歌えるようになるものである。明治以降子どもの歌の創作に関わった人々は，どの時代にあっても常に子どもにふさわしい歌を求めたが，ふさわしさの考え方には違いもあった。そのため様々な要素をもつ歌が「子どもの歌」として混在している。

2．わらべうた

子もらい，鬼決め，毬つきなど遊びとともに歌われ，口承で歌い伝えられてきたわらべうたは，地域の言葉のイントネーションや言い回しを含み，日本の音階で作られている。明治期に西洋音楽理論が導入され，楽譜（五線譜）による音楽教育が行われるように

なると，譜面をもたなかったわらべうたは教育の中で取り上げられることはなかったが，民俗音楽学者小泉文夫の功績により，今では各地方のわらべうたを五線譜で知ることができる。

わらべうたは歌の音域が狭く跳躍音程も少ないため，歌いやすい。毬をついたり歩きながら歌うなど拍感とリズム感を養う要素をもち，身体に触れたり集団で遊ぶため，応答力や社会性の育ちものぞむことができる。このような特徴から，保育の現場ではわらべうた遊びを大切にしているところも多い。

3．明治期の歌・唱歌

1872（明治5）年，学制が制定され，学校教育で歌われる子どもの歌が作られるようになった。最初は西洋の歌の旋律に，国学者による文語体の詞がつけられるところから始まった。今でも歌われている曲に「見わたせば」（後に「むすんでひらいて」）「蝶々」「蛍」（「蛍の光」）「霞か雲か」等がある。『小學唱歌集』に引き続き1887（明治20）年には『幼稚園唱歌集』が刊行され，キラキラ星による「うずま

く水」やぶんぶんぶんとして知られる「蜜蜂」などが収められた。しかし，1884（明治17）年頃から書き言葉である文語体を廃し，話し言葉である口語体の歌詞をつけようという運動が起こり，言文一致唱歌が作られた。滝廉太郎作曲「お正月」田村虎蔵作曲「金太郎」納所弁次郎作曲「うさぎとかめ」などである。

　言文一致唱歌が盛んになると，平易な口語体，ヨナ抜き音階，ピョンコ節と呼ばれる付点のリズムが常套化し，これに対し「気品ある唱歌」を作ろうと，いわゆる文部省唱歌が生まれた。1910（明治43）年に刊行された最初の『尋常小学読本唱歌』には「富士の山」「春がきた」「虫の声」「われは海の子」などがある。『尋常小学唱歌』や『幼年唱歌』は大正のはじめにかけて，現在も歌われている唱歌を世に送り出した。

4．大正の童謡運動

　1918（大正7）年に第1次世界大戦が終結すると，日本でも大正デモクラシーの気運が芽生え，明治期の文部省唱歌に対する疑問が生まれた。日本の児童文化運動の父とされる鈴木三重吉は，児童文学雑誌『赤い鳥』を刊行（1918（大正7）年）するにあたり「子どもたちの美しい空想や純な情緒を傷つけないで，これを優しく育むような歌と曲を与えたい」とし，こうした歌を「童話」に対し「童謡」と呼ぶことにした。『赤い鳥』に参加した主な詩人は北原白秋，西條八十，作曲家は成田為三，草川信，弘田龍太郎，山田耕筰，梁田貞，主な童謡に「カナリヤ」「赤い鳥小鳥」「この道」「靴がなる」「夕焼け小焼け」「待ちぼうけ」「春よこい」「揺籃の歌」「どんぐりころころ」「浜千鳥」などがある。

　この『赤い鳥』の童謡を，芸術至上主義で子どもの心情から離れているという批判のもと刊行されたのが『金の星』であった。こちらに参加した主な詩人は野口雨情，若山牧水，作曲家は本居長世，中山晋平，主な童謡は「七つの子」「青い目の人形」「シャボン玉」「証城寺の狸囃子」「赤い靴」などである。

　大正時代は児童雑誌がたくさん生まれた時代でもあり，また，リズムという概念がアメリカからもたらされた時代でもあった。月刊絵雑誌『コドモノクニ』では北原白秋，野口雨情の童話，武井武雄の童画，譜面付童謡には土川五郎らの振り付けがついていた。「アメフリ」「あの町この町」「雨降りお月さん」「兎のダンス」などの曲がこの雑誌から生まれた。

5．昭和初期のレコード，ラジオの歌

　『赤い鳥』が童謡「カナリア」の譜面を載せて刊行された時，譜面を見て歌がわかる人は少なかった。そこで活躍したのがレコードである。日本最古のレコード会社である日本蓄音機商会は「カナリヤ」をレコードで普及させた。1925（大正14）年には東京放送

局が創設され，キング，ビクターなどのレコード会社も設立され，レコードやラジオが盛んに子どもの歌を取り上げるようになった。この頃の代表作としては「毬と殿様」「グッバイ」「ふたあつ」「かもめの水兵さん」「おさるのかごや」「あのこはだあれ」「里の秋」「見てござる」などが挙げられる。一方で『エホンショウカ』や『尋常小学唱歌』の改訂版などから「チューリップ」「コイノボリ」「牧場の朝」「スキーの歌」などが生まれた。

6．戦後の歌

　戦後は民主主義の世の中となって，子どもの人権が重視されるようになり，新しい時代の子どもの歌が求められた。レコード童謡が増々盛んになり，子どもの童謡歌手が誕生してブロマイドも出るほどだった。1949（昭和24）年にはアメリカのラジオ番組を模して『うたのおばさん』が始まり7曲程の子どもの歌を歌って，お話で間をつないだ。1953（昭和28）年にテレビ放送が始まると子ども向けの番組が作られ，たくさんの子どもの歌が誕生した。また，保育絵本の世界も盛んになって，『キンダーブック』『チャイルドブック』『ひかりのくに』などの保育雑誌が出版され，教材を含め歌もたくさん作られ発表された。中田喜直，大中恩，磯部俶，中田一次，宇賀神光利の5人はテレビや雑誌などの依頼だけでなく自ら主体的に新しい子どもの歌を作ろうと〈ろばの会〉を結成し，

詩の言葉を重んじ，音楽上の妥協を排し，豊かな和音を選択する姿勢を貫いた。代表作には「かわいいかくれんぼ」「めだかの学校」「サッちゃん」「いぬのおまわりさん」「ドロップスのうた」「つりかわさん」「おすもうくまちゃん」「どんぐりどん」などが挙げられる。

　この頃活躍した作曲家としては「ぞうさん」「やぎさんゆうびん」の團伊玖磨，「あめふりくまのこ」「山のワルツ」の湯山昭，「とんぼのめがね」の平井康三郎，「きゅっきゅっきゅっ」の芥川也寸志，「おもちゃのチャチャチャ」の越部信義，「アイスクリームの歌」の服部公一，などがいる。

　1959（昭和34）年に始まり今も続く長寿番組『おかあさんといっしょ』や民放の番組が盛んになると同時に，1966（昭和41）年からはNHK教育テレビで幼稚園・保育園児向けの番組や学校放送も始まった。「バスごっこ」「ホ！ホ！ホ！」などが作られた。

　昭和後半や平成にかけ，峯陽や福尾野歩によるあそびうたや保育士からシンガーソングライターになった新沢としひこの歌などが人気を博している。

　総じていつの時代も子どもの世界に寄り添う歌が求められてきたが，子どもの歌には，自然や動植物，オノマトペや言葉の繰り返し，物語性とあそびや身体を動かすことを伴うといった特徴を見出すことができる。

基本的事項(五線, 音部記号と音名及び階名, 音符と休符)について

1. 五線

音楽を記すのに5本の線を使って音の高低を表すものを五線という。五線で表せる範囲よりも高い音や低い音は線を足して表す。足された線は「加線」と呼ばれる。線の上や，線と線の間に音を書いて線（せん）の音，間（かん）の音と呼ぶ。下図のとおり，五線と各線の間，加線にはそれぞれ名称がある

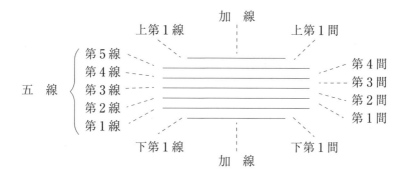

2. 音部記号と音名及び階名

五線は上に行くほど音が高く，下に行くほど音が低くなることを示すが，実際の音の高さを示すために音部記号を用いる。高さの違うそれぞれの音につけられた呼び名を「音名」といい，アルファベットやそれぞれの国の言語で表される。一般的な音部記号としては，第2線を音名ト（G）と定めるト音記号，第4線を音名ヘ（F）と定めるヘ音記号がある。ト音記号のつけられた譜表をト音譜表，ヘ音記号のつけられた譜表をヘ音譜表と呼び，この両者の間に加線1本はさんで大括弧でつないだ譜表を大譜表と呼ぶ。大譜表は一般的にピアノなど鍵盤楽器の楽譜として使用される。次頁の図は大譜表と鍵盤，英語と日本語による音名の一覧である。

ドレミファソラシは音名として代用されているが，本来「階名」といって長音階の開始音をドとする読み方である。日本では音名ハニホヘトイロをドレミファソラシと呼ぶ方法を「固定ド唱法」と呼び，本来階名であるドレミファソラシを階名として読むことを「移動ド唱法」と呼んで区別している。

図のように音名は繰り返される7つの音（オクターヴ域）を明確にするため，表記を変える。英語音名ではアルファベットの横に数字を振って表す。

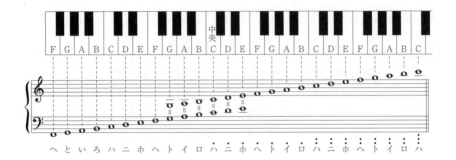

3．音符と休符

五線上の音符は音の高さと同時に長さも表す。また休符は音が休む長さを表す。以下，その種類を示す。

音 符		休 符		長 さ の 割 合	
全 音 符	o	全 休 符	▬	1	
2 分 音 符	♩	2 分 休 符	▬	$\frac{1}{2}$	
4 分 音 符	♩	4 分 休 符	𝄽	$\frac{1}{4}$	
8 分 音 符	♪	8 分 休 符	𝄾	$\frac{1}{8}$	
16 分 音 符	♬	16 分 休 符	𝄿	$\frac{1}{16}$	

以上取り上げた音符や休符の他に付点音符（付点休符），連符などがある。付点は点の付いている音符（休符）の半分の長さ分，音（休み）を延長することを示す。連符は基本的に2分割であるところを3分割に，4分割であるところを5分割にしたものである。

〔連符の例〕

♩ = ♫ = ³♫♫ = ♬♬ = ⁵♬♬
3連符　　　　5連符

基本的事項(拍と拍子,拍子の種類と指揮棒の振り方)について

1．拍と拍子

音楽に時間的なまとまりを与えるのが拍であり，等間隔で打たれる。この等間隔で打たれる拍感をもつことは音楽を演奏するうえで大変重要である。なぜならリズムはこの拍を時間的に分割あるいは結合することによって生まれるので，正しくリズムを取るために正しく拍を打てる必要があるからである。

拍子は拍をどうまとめるかによって決まる。拍を何音符で取るか，それをいくつで一単位とまとめるかで何分の何拍子かが決定される。例えば4分音符を1拍として2拍で1小節を区切れば4分の2拍子，3拍で1小節を区切れば4分の3拍子，4拍で区切れば4分の4拍子となる。8分音符を1拍ととる拍子は，3の倍数で区切れていく。つまり8分の3拍子，8分の6拍子，8分の9拍子，8分の12拍子である。これは8分の3拍子が一単位となっていることから生じている。拍の分割は基本的には2分割であるが，この場合は3分割が1単位となる。

例えば4分の3拍子と8分の6拍子を比べると，両方とも1小節に入る8分音符の数は6個だが，4分の3拍子は2分割が3拍の3拍子，8分の6拍子は3分割が2拍の2拍子となる。

子どもの歌は4分の2拍子，4分の4拍子の歌が圧倒的に多い。代表的な3拍子の歌としては「山のワルツ」(湯山昭作曲)「うみ」(文部省唱歌)が挙げられる。8分の6拍子の歌では「思い出のアルバム」(本多鉄麿作曲)がある。

一般的に言えば2拍子系のリズムをもつ曲としては，マーチ，ガボット，ポルカ，タンゴ，タランテラ等が挙げられ，3拍子系のリズムをもつ曲としてはワルツ，メヌエット，ポロネーズ，ボレロ，マズルカ等が挙げられる。

2．拍子の種類と指揮棒の振り方

演奏の際，指揮者が振る指揮棒の基本的な振り方を以下に示す。

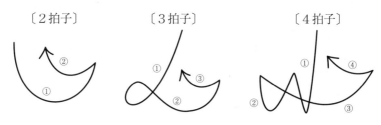

〔2拍子〕　〔3拍子〕　〔4拍子〕

音程について

音程とは2つの音がどのくらい離れているか，その隔たりを度数で表したものである。音程には，音と音を時間をずらしてつなぐ「旋律的音程」と，2つの音が同時に鳴る「和声的音程」がある。2つの音が同じ高さの音（同音）である場合の音程を1度と言い，音度が1つ離れるごとに「2度，3度，4度……8度」と数える。8度音程を1オクターヴと呼び，オクターヴを超える音程は，9度あるいは1オクターヴと2度と呼ぶ。

〔譜例〕

鍵盤上，隣り合った鍵盤の音の隔たりを「半音」と呼び，半音2個分の隔たりを「全音」と呼ぶ。譜例で示された1度から8度に至る全ての音程は，全音と半音の数によって「完全・長・短・増・減」などの名称を用いて区別される。下図に示されるように「1，4，5，8度」の音程は完全系と呼ばれ（完全4度，5度に1箇所のみ例外あり）※「完全1度，完全4度，完全5度，完全8度」を基本とし，半音増えるごとに図の上部を右に，半音減るごとに左に移動し，増あるいは減の名称を名乗る。「2，3，6，7度」は長短系と呼ばれ，完全1度は同じ音，完全4度は2音が半音5個離れているもの，完全5度は半音7個，完全8度は半音12個離れている音程をいう。長2度は半音2個，長3度は半音4個，長6度は半音9個，長7度は半音11個離れている。2つの音に変化記号（♯，♭等）がついている時は，変化記号をはずして元の2音の音程を調べ，変化記号による増減によって図に従って名称を確定する。例えばC-E♭は長3度であるC-Eの音程が半音狭くなることを示しているので短3度となる。

※ヘ―ロ→増4度，ロ―ヘ→減5度

音階（長音階，短音階）と調について

　音階とは，ある１つの音から１オクターヴ上の音までの間に並べられた音の階段である。時代や民族によって様々な種類の構成をもった音階があるが，ここでは一般的に使われる西洋音楽の７音音階について解説する。

　西洋音楽の７音音階には，12の長音階と12の短音階がある。以下に示すように，長音階は「全音，全音，半音，全音，全音，全音，半音」の音程で音が並んでおり，短音階は「全音，半音，全音，全音，半音，全音，全音」の音程で音が並ぶ「自然短音階」を原形としている。

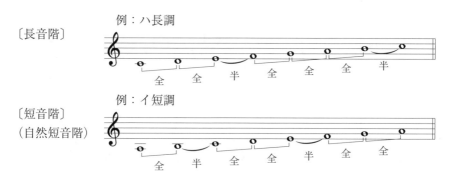

〔長音階〕　例：ハ長調

全　全　半　全　全　全　半

〔短音階〕（自然短音階）　例：イ短調

全　半　全　全　半　全　全

　短音階にはこの他に，自然短音階の第７音を，主音に導く導音機能をもたせて半音高くした「和声短音階」や第６音と第７音をそれぞれ半音上げて歌いやすい旋律を作り出す「旋律短音階」がある。この旋律短音階では下行形は自然短音階と同じになる。

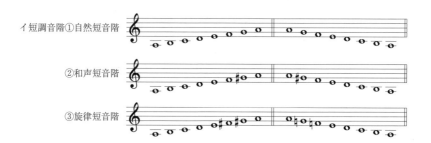

イ短調音階①自然短音階

②和声短音階

③旋律短音階

また，音階各音には名称があり，音階の第1音を「主音」，主音から完全5度上の音を「属音」，5度下，つまり完全4度上の音を「下属音」，主音から長7度上の音を「導音」と呼ぶ。

音階は鍵盤上の全ての音を主音として作ることができるが，ハ音を主音とするハ長調とイ音を主音とするイ短調以外は，変化記号のついた音が含まれる。なぜなら，長音階や短音階の音の配列を正しくするには♯や♭を用いて全音や半音の幅を整えなければならな

いからである。その変化記号は出てくるたびに音符につけるのではなく，あらかじめ音部記号の右隣りに記し，これを調号と呼ぶ。

調号としての♯や♭の数は，最も多くて7個になる。♯は「ヘ，ハ，ト，ニ，イ，ホ，ロ」の順で増えていき，♭は「ロ，ホ，イ，ニ，ト，ハ，ヘ」の順で増えていく。調号として書く時の♯と♭は書く位置と順番が決まっている。以下各調の調号と主音の一覧を示す。

同じ1つの調号に長調が1つ，短調が1つあることがわかる。同じ調号をもつ長調と短調を平行調と呼ぶ。また同じ主音をもつ長調と短調を同主調と呼ぶ。

主要三和音とその連結について

　ある音に３度ずつ２つの音を重ねた３つの音の組み合わせを三和音と呼ぶ。１つの音階を構成する各音上に三和音が作られるが，音階構成音の音度に従い，１度の音上に作られる三和音をⅠ度の和音，２度の音上に作られる三和音をⅡ度の和音というようにⅠ，Ⅱ，Ⅲ，Ⅳ，Ⅴ，Ⅵ，Ⅶと番号をつけて呼ぶ。この時，和音を示す番号は和音記号と呼ばれ，ローマ数字で表す。

　さらに音階の第１音を主音と呼ぶことから主音上に作られた三和音を主和音（Ⅰ），同様に４度即ち下属音上に作られる三和音を下属和音（Ⅳ），５度即ち属音上に作られる三和音を属和音（Ⅴ）と呼び，これら３つの和音を主要三和音と呼ぶ。この主要三和音は，曲の進行や終止（フレーズの終わり）に大切な働きを果たす。つまり主要三和音の連結方法によって，様々な終止形（カデンツ）が生まれるのである。終止形（カデンツ）とは，曲のある区切りや終止に用いられる和音の流れの一定の形のことを言う。これには，曲を完全に終わらせるものや，曲の途中で軽い区切りをつけるものなど

がある。例えば「Ⅰ―Ⅴ―Ⅰ」「Ⅰ―Ⅳ―Ⅰ」「Ⅰ―Ⅳ―Ⅰ―Ⅴ―Ⅰ」「Ⅰ―Ⅴ―Ⅰ―Ⅳ―Ⅰ」「Ⅰ―Ⅳ―Ⅴ―Ⅰ」といった和音の流れは終止形の基本様式である。

　主和音であるⅠは，曲を作る音階の主音上に作られた和音なので，曲の最後に置かれ，属和音Ⅴや下属和音Ⅳから入ることで曲が終わった感じを生み出す。子どもの歌の中には，この主要三和音の連結で伴奏が作られている歌もたくさんある。例えば「メリーさんのひつじ」「おかたづけ」「ロンドン橋」「かたつむり」等は「Ⅰ―Ⅴ―Ⅰ」で，「こぎつね」等は「Ⅰ―Ⅳ―Ⅰ」と「Ⅰ―Ⅴ―Ⅰ」で「おかえりのうた」等は「Ⅰ―Ⅳ―Ⅰ―Ⅴ―Ⅰ」の終止形（カデンツ）で伴奏される。

　和音を連結する時は，連結する２つの和音に共通する音は同じ場所に残し，異なる音は近くに動かすという約束がある。以下は「Ⅰ―Ⅳ―Ⅰ―Ⅴ―Ⅰ」の和音連結の基本的な形の１つである。

楽譜に用いられる記号と標語について

　楽譜には，その曲の演奏表現を指示する記号や標語が記されている。速さやその変化を示す速度標語と記号，音の強さや変化を示す強弱記号，演奏表現を深めるための発想を示す発想標語，様々な奏法を示す記号，演奏の順を示す反復記号や略記法である。

1. 速度標語・記号

標語・記号	読み方	意　味
Largo	ラルゴ	幅広くゆるやかに
Adagio	アダージョ	ゆるやかに
Andante	アンダンテ	ゆっくり歩くような速さで
Moderato	モデラート	中ぐらいの速さで
Allegretto	アレグレット	やや速く
Allegro	アレグロ	速く
Presto	プレスト	急速に
rit.（*ritardando* の略）	リタルダンド	だんだん遅く
a tempo	ア・テンポ	もとの速さで
tempo primo（Tempo Ⅰ）	テンポ・プリモ	最初の速さで
accel.（*accelerando* の略）	アッチェレランド	だんだん速く
♩ = 120		1分間に♩を120打つ速さ

2. 強弱記号

記　号	読み方		意　味
pp	pianissimo	ピアニッシモ	とても弱く
p	piano	ピアノ	弱く
mp	mezzo piano	メッツォ・ピアノ	少し弱く
mf	mezzo forte	メッツォ・フォルテ	少し強く
f	forte	フォルテ	強く
ff	fortissimo	フォルティッシモ	とても強く
cresc. —◁	（*crescendo* の略）	クレシェンド	だんだん強く
decresc. ▷—	（*decrescendo* の略）	デクレシェンド	だんだん弱く
dim.	（*diminuendo* の略）	ディミヌエンド	だんだん弱く

3．発想標語

標　語	読み方	意　味
agitato	アジタート	激しく
amabile	アマービレ	愛らしく
brillante	ブリッランテ	はなやかに
cantabile	カンタービレ	歌うように
con brio	コン・ブリオ	生き生きと
dolce	ドルチェ	甘くやわらかに
espressivo	エスプレッシーヴォ	表情豊かに
grazioso	グラツィオーソ	優雅に，優美に
maestoso	マエストーソ	荘厳に

4．奏法を示すもの

標語・記号	読み方	意　味
legato	レガート	音と音の間を滑らかにつなげて
♩ ♩	スタッカート	その音を短く
♩ ♩	テヌート	その音の長さを十分に保って
♩ ♩	アクセント	めだたせて，強調して
♩ ♩	フェルマータ	その音符または休符をほどよくのばして
🎵	タイ	同じ高さの2音の長さをつなげて演奏する
🎵	スラー	違う高さの2つ以上の音をなめらかに

5．反復記号・略記法

〔数字の順に演奏する〕

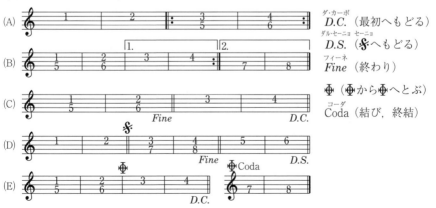

D.C.（最初へもどる） ダ・カーポ

D.S.（𝄋 へもどる） ダル・セーニョ　セーニョ

Fine（終わり） フィーネ

⨁ （⨁ から ⨁ へとぶ）

Coda（結び，終結） コーダ

◎参考文献

早川史郎「日本の子どもの歌」（小史）全国大学音楽教育学会編著『日本の子どもの歌—唱歌童謡140 年の歩み』音楽之友社，238-245 頁，2013.

松村直行『シリーズ扉をひらく 2 童謡・唱歌でたどる音楽教科書のあゆみ—明治・大正・昭和初中期（普及版）』和泉書院，2019.

◎保育の内容・方法に関する科目

第32章
音楽 II

子どもの歌の詩と音楽について述べよ。

　日本で現在「子どもの歌」と呼ばれるものには「わらべうた」「唱歌」「童謡」「アニメソング」等，実に多種多様な呼び名をもつ歌が混在している。昨今はメディアから発信される子ども向きの歌も保育の場に多く取り入れられているが，その中にはビート先行でノリの良さだけが求められていると感じられるものも多い。子どもにとって言葉の獲得と歌うことは密接な関係にあり，子どもが初めて出会う「歌」には自然な日本語の流れが求められる。ここでは，古来より子どもによって歌い継がれてきた「わらべうた」，明治期に西洋音楽を取り入れたことによって作られた「唱歌」，自然な日本語の語りを重視した昭和の作曲家の作品から2曲を取り上げ，それぞれの歌がもつ日本語との関わりや特徴を概説する。

1．わらべうた

　古来から遊びとともに子どもに歌われ，種類も豊富である。

　日本の音階が使われ，2，3個の音の上下で表現されるものも多い。

　これらが耳伝いに歌い継がれてきたのは，語りとしての自然さがある所以であろう。「茶摘み」のように西洋の音階由来の旋律を使った「お手合わせ遊び」と呼ばれる歌でも，冒頭は下記譜例のように歌われ，ここに日本語のもつ掛け声の旋律的動きを見ることができる。

　わらべうたは音域も狭く，音の跳躍も小さく歌いやすい。動きを伴って歌われるので拍感を養うこともできる。遊びの中から自然発生的に歌われたので，語りとして自然な歌となっているなどの特徴がある。

2．唱歌

　1879（明治12）年頃から学校教育用に編まれた，小学唱歌集を始めとする歌で，西洋音楽理論に則って作るために，まず外国曲に日本語の歌詞をつけることから始められた。これら外国曲を基とした歌は，続けて作られた子どもの歌の雛型となったと思われるので，「ちょうちょう」を例にその特徴を概説する。

　譜例中にあえてコードネームを記したのは，明治初期に日本語をつけられた外国曲の大半が主和音（Ⅰ）（譜例の場合C）と属和音（Ⅴ）（譜例ではG）など基本的な和音を使った和声構成で作られた曲が多いことを示すためである。

　曲はハ長調で書かれ，メロディの音域は一点ハから一点トまでと狭く，子どもが歌うのに適している。

　人の声域は年齢によって異なり，子どもの声域は1年ごとに広がっていく。個人差はあるが，2歳くらいまでは3度，5歳になる頃には6度，7歳で丁度1オクターヴ程度になるとされる。子どもが歌を歌い始める2，3歳の頃は音域の狭い歌が求められる。幼児期の声域に関しては様々なデータがあるが，声域の最も低い音が一点ニで最も高い音が一点イ，7歳になると最低音が一点ハ，最高音が二点ハになるというあたりが通説となっている。

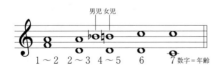

　この音域のデータに照らしてみても，この「ちょうちょう」の音域は，

2〜7歳位の子どもが歌うのに適していることがわかる。

　日本語と旋律との関係から見ると，〈ちょうちょう〉（4音），〈なのはにとまれ〉（7音），〈なのはに〉（4音），〈あいたら〉（4音），〈さくらにとまれ〉（7音）といったように，4小節単位のフレーズ構成で，最初の2小節に4音あるいは3音から成る言葉を配し，後半2小節に3音4音，あるいは4音3音で続く7音から成る言葉のつながりを配する形がとられている。日本語は五十音全てが母音か子音と母音の組み合わせでできているので，その一つひとつに1音を当てはめる形で作曲されている。詩としてのリズムは七五調，五七調，八五調などの音律が生み出しており，ここに日本語の特徴を見ることができる。

3．「いぬのおまわりさん」佐藤義美作詞，大中恩作曲

　1955（昭和30）年，戦後の新しい時代にふさわしい「子どもの歌」を作ろうと5人の作曲家が集まり《ろばの会》を結成した。彼らのいう「新しい子どもの歌」の新しさとは①詩の言葉を重んじる，②音楽上の妥協を排す，③自主的に作る，④豊かな和音選択をするというものだった。大中恩もその5人の1人である。代表作「いぬのおまわりさん」からその特徴を概説する。

まいごのまいごの こねこちゃん　あなたの おうちは どこですか おう

ち をきいても わからない なまえ をきいても わからない

ニャン ニャン ニャ ニャン　ニャ ニャン ニャ ニャン　ないて ばかりいる こねこちゃん

にくれている気持ちを暗喩しているようにも聞こえる。

　その後主役である迷子の子猫の鳴き声が表現され（譜例4段目），曲の最後にはおまわりさんである犬の鳴き声が表現される。この鳴き声が入ったことで歌の総小節数は17小節となり，それまで守られてきた4小節単位での音楽のまとまりを逸脱している。音楽の形式よりも歌いたいことを歌いたいように作曲した結果と言えよう。

4.「あくしゅでこんにちは」まど・みちお作詞，渡辺茂作曲

　この曲の詩は，子どもの歌として多くの作品が取り上げられた詩人まど・みちおによるものである。まどの詩は，子どもが関心をもつような身近な題材や対象が描かれ，言葉は常に平易で，文節は短く，オノマトペや繰り返し，数数えなどを多く含んでいた。

てくてく　てくてく　あるいて きて
もにゃもにゃ　もにゃもにゃ　おはなし して

　冒頭のピアノ前奏の音（譜例1段目）はニ長調の主和音が分散させられ，忙しく8分音符で刻まれ高音から低音に向かう。その様は物語に登場する"いぬのおまわりさん"の慌てた心模様を写すようである。

　歌い出しのメロディ（譜例2段目）は"迷子"という言葉のイントネーションに一致しており，且つ，そのフレーズが2回繰り返されることで，この歌のキーワードが"迷子"だということが印象付けられる。

　"おうちをきいてもわからない"の箇所（譜例3段目）はメロディ，ピアノの伴奏形がともに変化する。前出のきびきび，せかせかしたリズムパターンと対照的に流れるような雰囲気を醸し出し，おまわりさんがいかにも思案

　この曲は，子どもの耳に心地良く面白く響くオノマトペの抑揚を，自然に流れるように生かした旋律で始まる。作曲者である渡辺はこの詩を読んでいたら自然とこの旋律が浮かんだと回想しており，このような自然な言葉との結びつきが子どもの歌には大切であると思われる。

和音に関する基礎知識について

1．和音の概念

高さの異なる3つの音が同時に響くこと（2音または4音の場合もある）。

2．三和音とその種類

古典的な西洋音楽理論においては三和音を基本と考える。一番下に位置する音を根音，その上に位置する音を第3音（根音から3度上にあるため）一番上に位置する音を第5音（根音から5度上にあるため）と呼ぶ。

三和音には以下の4種類がある。

☆長三和音（メジャーコード）
根音と第3音が長3度，根音と第5音の音程が完全5度

☆短三和音（マイナーコード）
根音と第3音が短3度，根音と第5音の音程が完全5度

☆減三和音（ディミニッシュコード）
根音と第3音が短3度，根音と第5音の音程が減5度

☆増三和音（オーギュメントコード）
根音と第3音が長3度，根音と第5音の音程が増5度

和音の響きに対するイメージは人による差異はあるが，概して以下の様なイメージで表現できる。

長三和音…明るい，軽やかな

短三和音…やや暗い，さみしい

減三和音…驚くような，緊張感

増三和音…不思議な，浮遊感がある

3．七の和音とその種類

三和音に更に長3度あるいは短3度上の音を加えたものを四和音，または七の和音という。英語ではセブンスコードと呼ぶ。

長音階の音階上に現れる四和音を以下に示す。

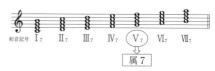

この中で特に属和音（5度即ち属音上に作られる三和音）に短3度上の音を加えた「属7の和音」は頻出の和音である。この属7の和音は，本来は和音の種類に対する名称ではなく，あく

まで音階第5音（属音）に由来する七の和音という意味である。

4．和音の基本形と転回形

前出のように根音を最低音とし，第3音，第5音，第7音と積み重なった和音の形を基本形という。転回とは音が積まれる順番を変えることをいう。第一転回形では第3音が，第二転回形では第5音が，第三転回形では第7音がそれぞれの最低音になる。

〔三和音の場合〕

〔七の和音の場合〕

同じ和音であっても，その転回の形によって響きが異なる。

5．和音の連結

旋律に伴奏をつけようとする時に，その旋律に合った和音を配して，三和音そのままの形でつなげて弾くだけでは，音の流れが不自然になってしまう。そこで，和音と和音がつながっていく際に，なるべく音同士の移動の幅が小さくなるようにするために，和音を転回させる。このように音の流れが自然になるように和音をつなげることを和音の連結という。

下記2つの譜例のAは伴奏を形成する和音を基本形で示したもの，Bはこれらの和音を連結したものである。

「かわいいかくれんぼ」

「とんぼのめがね」

もしも，これらの曲を和音が連結された形（譜例B）で伴奏する時は，楽譜より1オクターヴ低い音で弾く。

和音記号とコードネームについて

　和音を学習するうえで大きな2つの捉え方がある。1つは各々の調性に従ってその音階の音の上に発生する和音に番号をつけ，それぞれの番号が和音としての機能を示すことになる，和音記号としての捉え方である。

　もう1つは個々の和音に固有の名前であるコードネームとしての捉え方である。最終的にはどちらのアプローチも必要となるので，同時進行で双方の学習を進めるのが望ましい。

1．和音記号

　音階固有音を根音にした三和音を主音から順にⅠ，Ⅱ，Ⅲ～Ⅶと示したもの。このうち特に重要なⅠ，Ⅳ，Ⅴを主要三和音と呼び，その他のⅡ，Ⅲ，Ⅵ，Ⅶは副三和音と呼ぶ。

　機能としては，安定，弛緩を感じさせる Tonic トニックの機能（Ⅰ，Ⅲ，Ⅵがこの機能をもつ），緊張した雰囲気をもち Tonic に向かおうとする強い推進力をもつ Dominant ドミナントの機能（Ⅴがこの機能を最も強くもつ），Tonic よりは強い緊張感とエネルギーに満ちるが Dominant よりは弱い，発展しようとする雰囲気がある Subdominant サブドミナントの機能（Ⅱ，Ⅳがこの機能をもつ）がある。

2．コードネーム

　コードネームは根音を英語の音名で記しその横に和音の種類を表す文字や付加された音の数字を並記する。

　　M…メジャー＝長三和音（ただし M
　　　の表記は省略されることが多い）
　　m…マイナー＝短三和音
　　aug…オーギュメント＝増三和音
　　dim…ディミニッシュ＝減三和音

　なお，子どもの歌に頻出の調性であるハ長調，ヘ長調，ト長調，ニ長調各々の音階上に現れる，7個の和音のコードネームと和音記号は以下の通りである。

〔ハ長調〕

　　C　Dm　Em　F　G　Am　Bdim
　　Ⅰ　Ⅱ　Ⅲ　Ⅳ　Ⅴ　Ⅵ　Ⅶ

〔ヘ長調〕

　　F　Gm　Am　Bb　C　Dm　Edim
　　Ⅰ　Ⅱ　Ⅲ　Ⅳ　Ⅴ　Ⅵ　Ⅶ

〔ト長調〕

　　G　Am　Bm　C　D　Em　F♯dim
　　Ⅰ　Ⅱ　Ⅲ　Ⅳ　Ⅴ　Ⅵ　Ⅶ

〔ニ長調〕

　　D　Em　F♯m　G　A　Bm　C♯dim
　　Ⅰ　Ⅱ　Ⅲ　Ⅳ　Ⅴ　Ⅵ　Ⅶ

子どもの歌における旋律と和音について

主要三和音のような基本的なコード（和音）だけで作られている子どもの歌の場合，コードネーム譜といって，旋律の上にコードネームが振られているだけの譜面がある。このような場合まず，その歌が作られている調に照らし，そのコードが何度の和音か調べることで，和音の連結に従ってカデンツを利用して左手伴奏和音を弾くことができる。

コードネーム譜ではなくても，譜面にコードネームが記されていることは多い。記されているコードが何度の和音か，その和音記号を調べることで，その歌の和音のつながり，即ち和声を知ることができる。

子どもの歌は，主要三和音のみで作られているものも少なくないが，副三和音（Ⅱ，Ⅲ，Ⅵ，Ⅶ）やその調の和音ではない，他の調の和音を借りて使う借用和音なども多く使われている。以下，副三和音の使用例を示す。

「おかあさん」

「あめふりくまのこ」

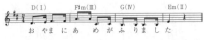

旋律と和音は一体となって音楽を作

るものなので，ピアノ伴奏譜をそのまま弾く必要がない場合，またはより簡易的に弾きたい場合に旋律に合うコードを自分で考えることができる。以下，旋律にコードを配置する簡便な方法と実践例を紹介する。

①旋律に使われている音と同じ音をもつコードを配置する。

②始まりと終わりは大抵の場合主和音（Ⅰ）である（但し稀に例外もある）。

③旋律にコードを構成する音とは違う音（和声外音，非和声音と呼ぶ）が含まれていても，その割合が少なかったり，音階のように連続する音で作られる旋律の途中にある場合は，取り立てて気にしなくてよい。

「やぎさんゆうびん」

このような和音付けを考える時，指マークの音は，和声外音として捉える。1小節目のメロディーは4つの音符の内3つがファであるので，ヘ長調の主和音でよい。3小節2拍目にメロディーとの調和を考えⅤ₇を配置した。Ⅴ₇はⅤよりも強くⅠに戻ろうとする推進力をもつ。

転調と移調について

　転調と移調は全く異なるものである。転調は作曲家が，作曲の過程において楽曲の途中で調を変えた場合を言う。移調は，ある楽曲の調を演奏者が，演奏上の都合により違う調に移すものである。例えば，ある楽曲を歌唱しようとした際，音域が高すぎて歌うことができないという理由で，低い音域をもつ調に移調するのである。特に保育の場では原曲を移調し歌われる歌が少なくない。

1．転調

　ある楽曲の冒頭の調が途中で違う調に転ずること。視覚的に，転調したことを即座に確認できる場合と（譜例①ニ長調からト長調へ），詳しく音を調べて確認ができる場合（譜例②ハ長調からホ短調へ）とがある。前者は，転調した小節に新たな調号が配されている場合である。後者は，冒頭の調性の調号を変更することなく，臨時記号などを用いて別の調性に転じている場合（譜例②ハ長調からホ短調へ）である。

　「ぼくのミックスジュース」

①

　「おにのパンツ」

②

2．移調

　ある楽曲の旋律の音程関係，リズムなどを変えずに，そのまま別の調に移動することを移調という。声楽の楽曲においては頻繁に移調が行われる。冒頭で述べたように，子どもための歌も例外ではなく，原曲の調を移調し，出版されている楽譜も多い。

　「きらきらぼし」

③

④

　上記譜例③はハ長調で書かれた「きらきらぼし」である。それを主音がハ長調より5度高い調性・ヘ長調に移調した譜面が譜例④である。

　楽曲の途中で臨時記号が多く使われているような場合や♭系の調性から♯系の調性に移調する時などは注意が必要である。楽譜上で書いて移調するほか，移調しながら演奏をするケースもある。これらは決して容易なことではないが，音楽に関わる基礎項目として捉え，楽曲を自在に移調して演奏できることが望ましい。

様々な音階（日本の音階など）について

音階とは音楽を構成している音を並べたものである。時代や民族によって様々な音階が使われてきた。西洋音楽に代表的な7音音階（長音階と短音階）については既に学んだ（音楽：40-5参照）。ここでは5音で作られる音階について学ぶ。5音音階はペンタトニックスケールとも呼ばれ，1オクターヴの中に5音をもち，日本をはじめアジアやアフリカなどで多く用いられている。律旋法，呂旋法は中国の音階で，日本では雅楽で使われてきた。日本伝統の音階には陰旋法，陽旋法がある。呂旋法はヨナ抜き長音階，陽旋法は民謡音階または田舎節，陰旋法は都節と呼ばれる。沖縄の「島唄」は琉球音階によるものである。

〔律旋法〕

〔呂旋法（ヨナ抜き長音階）〕

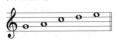

〔陽旋法（民謡音階）〕

〔陰旋法（都節音階）〕

〔琉球音階〕

5音音階が用いられた日本のわらべうたは，子どもが伝承された遊びをしながら歌うものである。素朴なものは2音で構成（2音旋律）される。2音の内，高い方の音は「核音」（★）と呼ばれそこに落ち着く性質をもつ。

3音の場合（3音旋律）は中心に核音がくる場合と両端に核音をもつ場合とがある。

子どもの遊びうたや民謡の中で，日本の音階が使われているものを以下に例示する。

〔陰旋法（都節）〕　「げんこつやまのたぬきさん」

〔呂旋法（ヨナ抜き長音階）〕　「うさぎとかめ」

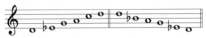

〔琉球音階〕　「てぃんさぐぬ花」

子どもの歌を弾き歌いする際の留意点について

　子どもの歌の中には難しいピアノ伴奏譜をもつものもあるが，簡易に編曲された楽譜を参照するなどし，音楽的に弾き歌いできるよう技術を磨かなくてはならない。子どもにとっては保育者が歌って聞かせてくれることから歌の体験が始まるので，無伴奏で歌えるだけでなく，美しい伴奏を伴った演奏ができるようになることは大切である。出版されている簡易譜には様々なものがあるので，自分の演奏技術に合ったものを選ぶことは大切だが，作曲家が意図したことを理解し，それが反映される演奏を目指したい。

　以下，弾き歌いの練習に際しての留意点を示す。

1．歌詞を朗読する

　歌詞は詩であり，その朗読から始めるべきである。朗読することによって歌詞に現れる言葉の意味，言葉の面白さや魅力，言葉の抑揚，文のまとまりがもたらすフレーズの区切れ，それによってかもしだされるリズム感などを十分に感じ取るべきである。また子どもの歌は描かれる登場人物やしぐさが具体的で，物語のようにストーリー性をもつもの，対話になっているものも多いので，具体的な場面やイメージを思い描いて歌うように心がけたい。

2．歌の旋律の譜読みをする

　次に歌詞がどのような旋律で歌われるのか，歌の旋律から譜読みをする。まず旋律を階名で歌う。音高の変化を正確に歌うことができるようになることは保育者にとってとても大切である。次に旋律のリズム部分に注目してリズムを手で打つ。この時拍子に合わせ，リズムがどのようにフレーズの中に収められているのかを感じながら打つ。リズムだけを取り出して唱え読みをするのもよい。リズムを十分に感じたら言葉に置き換え，言葉のリズムとして味わえるようにする。

3．旋律を歌詞で歌う

　できれば歌の開始音だけ音の高さを音叉やピアノなどで確認し，以下無伴奏で歌う練習をする。保育の現場では，手遊び歌など無伴奏の状態で歌を歌うことも多く，音高正しく歌詞で歌えることを目指す。

4．歌を支える和声を確認する

　子どもの歌の楽譜には，伴奏パートにコードネームが書かれているものも多い。これらを参照し，どのような和音のつながりに支えられ，歌が作られているのか確認する。全体の響きだけではなく，作曲家がこだわった和音の使い方にまで注意すると良い。

◎参考文献

石桁真礼生・丸田昭三・金光威和雄他『楽典―理論と実習』音楽之友社，2002.
音楽教育研究協会編『幼児教育・保育士養成のための 新編 幼児の音楽教育―音楽的表現の指導』音楽教育研究協会，2013.

川辺真『音符と鍵盤でおぼえるわかりやすい楽典』音楽之友社，2002.
全国大学音楽教育学会『明日へ歌い継ぐ日本の子どもの歌―唱歌童謡 140 年の歩み』音楽之友社，2013.

◎保育の内容・方法に関する科目

第33章
音楽Ⅲ

子どもに歌唱指導を行うにあたっての留意点を述べよ。

1．表現活動の一部としての『歌』

　子どもの音楽表現は，「歌う」行為を単独で行わず，他の活動に付随して表現することが多い。それはそれぞれの様式が，特定のスタイルになる以前の未分化な状態にあるためである。だからこそ，保育者はいわゆる「音楽」と呼べる以前の子どもの音楽表現にも目を向ける必要がある。

　ある幼稚園で，担任の先生が子どもたちに『こんこんクシャンのうた』を歌わせた時，先生は何も指示をしなかったのに，リスさんがくしゃみをして小さいマスクをしたと歌う時には，指の先で小さいマスクの形をしながら小さい声で歌い，鶴さんがくしゃみをしてマスクをしたと歌う時には，口先を細くして両手を長いくちばしのように伸ばしながら，「ほーそい，ほーそい」と歌もテンポ通りでなく少し伸ばして歌っているのを見たことがあるが，歌いながらも自然と動作が出てくるところに，リスや鶴になりきって身体から表現しようとする子どもの姿があった。伴奏をしていた保育者もそのパフォーマンスに合わせて，リスさんの時にはピアノの音量を下げたり，鶴さんの時にはテンポを緩めたりと，子どもたちの歌に溶け合っていた。

　一方，言葉には，音声としての響きと意味があり，日常会話では一般的に響きより意味を重要視する。それに比べ歌は，音声としての響きの方が重要で意味はその後になる場合が比較的多い。この傾向は，子どもの音楽表現にも見られる。例えば，冬の到来を比喩的に表現した『北風小僧の寒太郎』という歌は，歌詞の意味から言えば冬に歌われるのが相応しいが，子どもは季節に関係なく，気に入ると春でも夏でも口ずさむことがある。これは，歌詞の内容よりも旋律や言葉の響きを先に捉え，歌の音そのもの（旋律や言葉の響き）を楽しんでいるからであろう。

　さらに，歌がある状況を想起させる場合がある。例えば，ままごとをしている子ども2人と，その隣で絵本を見ている子どもが1人いる場面で，絵本の大きなケーキの絵を見ている子どもが，『ハッピーバースデー』の歌を口ずさみ出す。それを聞いた2人も，同じ歌を歌い始めテーブルにケーキを並べ，「お誕生会」と言い出す。これは，誕生パーティーでよく歌われる歌が誕生パーティーを想起させ，その想起によって，この歌が歌われる状況を再現したものと考えられる。

　また子どもは，歌詞を替えた「替え

歌」を遊びの中に取り入れる場合がある。例えば，2月下旬に『うれしいひなまつり』の歌を歌う季節になると，「あかりをつけましょ，ぼんぼりに〜」と歌う旋律に，「あかりをつけたら，消えちゃった〜」と歌詞を替えて歌っている子どもがいる。これは，歌詞の内容を理解したうえで，あえて違う歌詞をつけて楽しんでいると考えられる。かつてテレビの人気番組の中で「からす，なぜ鳴くの，からすの勝手でしょう」と歌われ，全国的に広まった替え歌もある。これらのパロディ・ソングは風刺性や嘲笑性・滑稽さがあり，子どもたちが好んで歌う傾向があるが，場合によっては，作曲者の意図する内容とは異なり，反道徳的あるいは非倫理的歌詞もあることから，子どもたちが面白おかしく歌っている時に，どう指導するかを見極めることが必要であろう。

2017（平成29）年に改訂された幼稚園教育要領における領域『表現』では「感じたことや考えたことを自分なりに表現することを通して，豊かな感性や表現する力を養い，創造性を豊かにする」という文言が付け加えられているが，これは，子どもの表現に保育者が気付き，生活の中で感じることをイメージさせ，表現できるよう導くことを求めていると考えられる。

さらに，大人が作った既成の曲を教えていくことも大切であろうが，それが本当に子どもにとって，自己の内面を『表現』できるのかを考えてみることも大切であろう。

2．『子どもの歌』が抱える現状の問題点について

古くは子どもの歌といえば，子どもたちが遊びや生活の中で自然発生的に歌っていた『わらべうた』で，音域も狭く，無理なく歌えるものであった。

しかし，明治期に西洋音楽が紹介されると，西洋の音楽理論に基づいた子どもの歌が主に歌われるようになったが，それらの歌は音域が広く，子どもにとって歌いにくい曲が多かった。

さらに最近では保育所・幼稚園で，8ビートのようなテンポの速い曲を多く歌わせているが，子どもたちは声のコントロールができず，また情緒や感情といった心の内面を表現することもできないで歌っているのを見かける。

しかも多くの保育所・幼稚園の先生方は「もっと口をあけて，大きな声で元気よく歌って」という指導をされているが，"歌というのは大きくて元気な声を出せばキレイに聞こえる"と思っているのであろうか。これでは，喉を痛めかねないし，子どもにとって歌うことが楽しくなくなってしまうであろう。

3．歌唱指導について

子どもたちが歌う歌は，単独で歌だけ取り出して歌うよりも，『表現』としてパフォーマンスを伴ったりすることが多い。それらは，学習として捉えるのではなく，楽しい表現遊びとして

捉えていくことが大切である。このような観点で歌唱指導をどう行うかということについては，2つのことに留意する必要がある。

まず第1に選曲である。

遊びの動作と一致したような曲，季節感のある曲，動植物などを通してイメージを広げていけるような曲，思わず身体が動いてしまうようなリズム感のある曲など，豊かな感性が磨かれ，その時の子どもたちの情緒や感情が表現できるような曲を選ぶことが重要である。

さらに，それらの曲は子どもたちが無理なく歌える音域の範囲にあるか，あるいは，子どもたちが少し努力をすれば歌えるようになるような音域の曲を選ぶことも大切である。

この選曲に際しては，決して保育者の好みだけで選ぶことのないようにしたい。本当に子どもの表現力を高めていける曲なのか，子どもにとって歌うことが楽しくなる曲なのかを，常に念頭に置いておかなければならない。

第2に，声の出し方である。

前述したように，子どもたちに大きく口を開けて，大声を出させるのではなく，逆に小さな声で歌わせる部分を作るのである。「大きな声で元気よくしっかりと口をあけて歌いましょう」と指導している保育者が多いが，そうすると子どもたちは喉に力を入れ，いわゆるがなるという歌い方をしてしまい，音程が定まらず，歌い続けると音

声障害を起こしかねない。そのために，小さな声で出さなければならないような曲を選ぶことが重要なポイントである。その際，子どもたちに「小さな声で歌いましょう」というのではなく保育者自身が小さな声でそっと大事に出すのである。例えば，『めだかの学校』の「そっとのぞいてみてごらん，そっとのぞいてみてごらん」の部分であるが，同じ言葉の繰り返しでも，最初がmp（メッツォ・ピアノ）であるのに対して2回目のほうはpp（ピアニッシモ）と，より小さくなっている。この時，保育者は子どもたちにめだかを取りに行く（あるいは水槽の中を覗き込む）場面を想像させると良いだろう。そうすることによって，子どもたちはしっかりと集中力をもって歌うことができると考えられる。前述した『こんこんクシャンのうた』も同様である。

このように子どもたちが自分の世界に入り込んで自由に表現しようとすると，そこに自然発生的な身体の動きが伴い，このことが，喉の周りの筋肉の緊張を解き，子どもの声をさらに柔らかく美しくするのである。

以上述べてきたように，保育者は，子どもが遊びの中で言葉や歌を使い，それらが自然に浸透し，蓄積されることによって，歌が自由に使える『表現』のツールとして機能していくことを念頭に置いて，指導していくことが大切である。

わらべうたについて

　わらべうたとは，子どもたちが日常生活の中で遊びながら唱えてきた言葉や歌が歌い継がれたり，あるいは作り替えられたりしながら歌い継がれてきたものである。

　これらは自然発生的に誕生し，作曲者や作曲年は問題にされていない。それは，わらべうたが遊び等と共に生まれ，それぞれの時代や生活環境，地域の特性等を反映した形で伝承されてきたからだともいえる。

　かつて日本では，わらべうたを「童謡（ワラハウタ）」と呼んでいたが，今日では，大正期に作曲された童謡と区別するために，「わらべうた」「わらべ歌」と表記している。

　わらべうたには，①唱え歌，②絵描き歌，③道具を使う遊び歌，④体を使う遊び歌，⑤鬼遊びの歌，⑥子守歌などが含まれる。唱え歌は，唱えたり歌ったりすること自体を楽しむもので，数を数える歌や囃子歌等がある。絵描き歌は，歌詞に合わせて線を引いていくうちに絵ができあがるものである。道具を使う遊び歌は，おはじき，石蹴り，お手玉，羽根つき等道具を使って遊ぶ時に歌われる。体を使う遊び歌は，ジャンケンや手合せ等がある。子守歌は，大人が子どもに聞かせ

たり，子守のために歌ったりする歌が含まれる。

　わらべうたは，日本の伝統音階（民謡・律・都節・琉球）のテトラコードを基本とし，さらにそれらを接合して作られている。いずれもシンプルな構造のため覚えやすく，状況に合わせて歌詞や旋律を変えることができるのが特徴である。

　また2拍子系の歌が多く，日本語のもつリズムがいかされており，歌いやすいのも特徴である。

　1人でも遊べるまりつき歌の「あんたがたどこさ」や，友達と一緒に体を使う「なべなべそこぬけ」等のような遊び歌がある。また，鬼遊びの歌である「かごめかごめ」や「はないちもんめ」等，集団で遊ぶ歌がある。さらに，「ゆうびんやさん」「いろはにこんぺいとう」等のように，比較的新しい歌もある。

　本来，わらべうたは子どもたちの生活や遊びの中で自然に生じ，人から人へ伝わっていくものである。保育の中でわらべうたを取り入れる場合は，子どもたちの生活や遊び，文化と深く関わりをもたせながら，子どもにとって身近なものとして歌い継がれるよう配慮することが必要である。

手遊びについて

手遊びとは，指や手の動作を伴って歌う遊びをいう。中には腕や身体全体をリズムに合わせて動かすものもある。

保育所保育指針における「保育の内容」の「表現」の内容に，「手遊びをしたり」とあるように，手遊びは保育所や幼稚園で日常的に行われているものである。

手遊びが子どもたちに与える影響は大きく，効果的に活用することによって様々な効果が期待できる。

第1に，脳の発達が促進され，手先が器用になる。また反射機能やリズム感，体の動かし方が身に付く等の身体機能の発達を促す。第2に，言葉やコミュニケーションの発達に役立つ。歌詞を反復することで，自然にその言葉を覚え，言葉への興味・関心をもつようになる。また，保育者や他の子どもと息を合わせて行ううちに，気持ちを共有する楽しさを体感し，手や体を動かすことによって自分の思いや意思を伝達するコミュニケーションのツールとして機能するようになる。第3に，心の安定を図り，想像力が養われる等の精神面の発達に効果がある。手と手を合わせたり，体に触れたりしてスキンシップをとることで，信頼関係が生まれ，行動範囲や人間関係が広がり，

自己表現につながるのである。

手遊び歌を使う際の保育者の援助としては，以下の点に配慮したい。

1～2歳児は，大人の真似を好むため，わかりやすい動作や表現を心がけ，リズミカルに歌うようにする。3～4歳児は，仲間づくりができるようになるため，子どもたちにルールや人数を決めさせることによって，自発的な活動となる。4～5歳児は，知能的な発達が著しいため，ゲーム等を取り入れて勝敗を決めたり，身体的な表現を加えたり，劇遊びに発展させたりして子どもの表現を広げるよう配慮する。

代表的な手遊び歌として，まず指先や手先を使うものには，「ひげじいさん」や「やきいもグーチーパー」等がある。特に「やきいもグーチーパー」はジャンケンをする場面があり，仲間同士で楽しめる。また，身体全体を使うものには，「チェッチェッコリ」や「アブラハムの子」等がある。両曲とも外国曲だが，身体を大きく動かす楽しさが味わえる。

いずれにしても，手遊び歌は，振り付け通りに行うことを目的とせず，また，前述したような効果を目的化せず，子どもが真に楽しみながらできる環境の中で行うことが，最も大切である。

聴くことと奏でることについて

　音を聴く場合,「聞こえてくる」と表わされる受動的な行為と,「聴き入る」と表わされる能動的な行為が含まれている。保育者は,意志とは関係なく「聞こえてくる」音と,「聴き入ろうとしなければ聴こえない」音の両方に繊細な感覚を研ぎ澄ませ,音環境を整えていく必要がある。日常にあふれている音も,聴き方によっては音楽になり得るからである。

　子どもが周囲の音を聞く時,日常音を聞くことと,音そのものに聴き入ることが混然としている場合が多い。しかし,音に関わる活動を繰り返すことによって,音楽表現の発芽がみられるようになるのである。

　例えば,ある男児が牛乳パックに輪ゴムをかけた時,偶然出た「パチン」という音がきっかけになり,何度も音を出すようになる。その様子を見ていた女児が発泡スチロールのトレイに輪ゴムをかけ,手で弾く。「ビン,ビン」と鳴る音に対し,耳を近づけて確かめる。輪ゴムの本数を変えたり,弾き方を変えたりして楽しんでいる。

　ここから,身の回りにある材料で作ったものから偶然出た音に気づき,その音色に聴き入っている様子がわかる。楽器を作ることが目的ではなかっ

たが,輪ゴムをつま弾く音の不思議さ,面白さに気づき,そこから楽器を作ること,音色の変化,奏法の多様性等に発展していった。この子どもの活動を音楽表現につなげていくには,保育者の適切な援助が必要である。

　例えば,幼児用楽器との合奏が考えられる。子どもの作った手作り楽器と共に,幼児用楽器で即興的に合奏する。また,幼児用楽器と手作り楽器の伴奏で,知っている歌を歌うことも考えられる。子どもの興味を音から音楽へと徐々に移行させていくのである。子どもたちのアイディアが「音楽らしさ」に近づくように,保育者は曲のレパートリーをもち,幼児用楽器の特性を知ったうえで,それらを用いて活動を発展させていくことが求められる。

　子どもと楽器との出合いは,まず音色の美しさや不思議さ,そして自発的に演奏する楽しさ,さらに友達や仲間と共有する楽しさを体験させることが大切である。そのためには,楽器の奏法や楽曲の完成度等にあまりとらわれず,音に聴き入る経験を積むこと,音色や奏法の善し悪しを試行錯誤させること,最後により良い音で音楽を奏でることに喜びを感じられるような経験が必要である。

幼児用打楽器の種類と奏法について

乳幼児は，身近にある音や音楽に興味をもち，音遊び等を通して豊かな感性と表現力を養い，人間関係の基礎を築いていく。ここでは子どもたちが使う打楽器類で音程のないものを無音程打楽器，音程があるものを有音程打楽器に大別し，その種類と奏法について述べる。

1．無音程打楽器

カスタネット：民族楽器の一種で，歯切れの良い音がする。左手の人さし指か中指にゴムを通し，右手の指先で弾むように打つ。

タンブリン：太鼓とシンバルから成る楽器で，華やかで明るい音がする。枠の穴には指を入れず，左手で枠を握る。右手で皮の中心を叩くと強い音が，枠の近くを叩くと弱い音がする。

鈴：プラスティック製の輪に鈴がついている。左手で輪を握り，右手の握りこぶしで左手の手首を打つ。

トライアングル：金属製の丸い棒を三角形にした楽器。透明な音色でよく響く。左の人指し指につり紐をかけ，中指と親指で挟み込む。右手でビーターを持ち，三角形の下辺を真上から打つ。

マラカス：プラスティック製が主流。2個1組で使うが，片手のみでもよい。手首の柔軟性をいかして振る。

ギロ：くりぬいたひょうたんに溝を入れた楽器で，カエルの鳴き声に似た音がする。右手にスティックを持ち，軽くこすって音を出す。

ウッドブロック：くりぬいた硬い木に音を響かせる割れ目がある楽器。丸型と角型があり，低音を左にして柄を左手，バチを右手に持って端を打つ。

大太鼓（バスドラム）：大きく柔らかな低音で，曲想やリズムを強調する時に使う。スタンドに乗せて高さを調節する。右手にバチを持って鼓面を叩く。左手で鼓面を撫でて響きを止める。

小太鼓（スネアドラム）：2枚皮の楽器で，裏側にスネア（細い鎖状の響き線）があり，これが皮と振動することで独特の音を出す。スタンドに乗せて高さを調節する。木製のバチを両手で持ち，柔軟な手首で跳ね返るように叩く。

2．有音程打楽器

木琴：調律した木の音板をピアノの鍵盤と同様に並べた楽器。マレットを弾ませて音板の中央を打つ。グリッサンドは効果音として活用できる。

鉄琴：調律した金属製の音板をピアノの鍵盤と同様に並べた楽器。演奏方法は木琴と同様だが，マレットは木製の硬いものが良い。毛糸や綿糸を巻いたマレットは柔らかい音色が出せる。

幼児用楽器を使った楽器遊びについて

乳児は，１人で座れる頃になると，音の出るおもちゃ等に興味を示すようになる。また保育者が簡単なリズムを打つと，喜んで手を叩いたり真似したりする。さらに伝い歩きができる頃になると，積み木同士を打ち合わせて音を出すと真似しようとする。この時期，「打ち合わせる」動作は難しいが，徐々にできるようになる。乳児期は，乳児にとって材質・形等が安全かどうかという点に配慮する必要がある。

幼児期になると，楽器に対する興味・関心が高まり，「楽器を鳴らしてみたい」という思いが芽生えてくる。最初は楽器の形状や音を出すことだけに興味をもつが，次第に音楽に合わせてリズムを刻むことに楽しさを感じるようになる。

保育者には，このような幼児の興味・関心を引き出すような援助が求められる。また楽器を使う際は，破損と取り合いに気をつけながら，自由に発想を膨らませて，楽しく演奏できる音楽的環境を整えることが必要である。幼児用楽器を使った例を３つ挙げる。

１．「ぶんぶんぶん」

この曲は４分の２拍子で，４分音符の拍に合わせカスタネットや鈴を使って演奏する。楽器は乳幼児の成長や興味・関心に合わせて選ぶと良い。

２．「ぞうさん」

この曲は４分の３拍子で，前半の４小節は，４分音符の拍に合わせてタンブリンで演奏し，後半の４小節は，トライアングルを３拍伸ばして演奏する。

３．「アイアイ」

この曲は４分の４拍子で，フレーズは４小節単位で作られている。前半２小節は，最初の２拍を大太鼓で打ち，残りの２拍をカスタネットで叩く。後半２小節は，鈴を使って４分音符に合わせて拍を叩く。

〔リズムパターンの譜例〕
「ぶんぶんぶん」

「ぞうさん」（上：前半，下：後半）

「アイアイ」

保育における音楽鑑賞について

一般的に音楽鑑賞というと，鑑賞する対象・音楽を静かに聴く活動と捉えられがちであるが，保育においては違った角度からのアプローチが必要である。それは幼児の表現活動が未分化で，主観的，総合的であり，生活や遊びといった具体的な行動と密接に関わっていることと無関係ではない。確かに幼児でも音楽を静かに聴くということはあるだろう。しかしそれは幼児が思わず聴き入ってしまったという結果であり，鑑賞態度として求めてはならない。「子どもの表現活動を豊かにする中での音楽」という視点が大切であり，能動的で，他活動とも関連する鑑賞のあり方，教材の選択が求められる。

以下，幼児の音楽鑑賞における前段階的な準備活動，動きを伴った鑑賞がイメージを広げ直感的に音楽を捉えた自発的動き，仲間とのイメージの共有につながっていく実践例を示す。

【実践例】

サンサーンス作曲『動物の謝肉祭』より「カンガルー」の能動的鑑賞

[ねらい]

身体の動きを通して曲を認識する

[実践対象者] 5歳児

[活動内容]

①「絵本『たまごのあかちゃん』」を読み聞かせる。②絵本の中の動物を言葉・動きで演じる。③音〈楽器〉で絵本の中の動物の様子を表す。④音「カンガルー」の曲に合わせて動く。以上の活動を2回にわたって実践する。

[活動の展開]

①から③までの活動では，幼児は声音や抑揚を変化させて「恐竜が怒っている」ところや，スライドホイッスルを吹いて「生まれたてのひよこが鳴いている」場面を表すなど，イメージを声や楽器で表した。

④の活動（「カンガルー」の鑑賞）では，教師が「野原で恐竜やひよこが遊んでいる。あれ，何か来たよ」と場面設定したうえで曲を流すと，幼児は無意識に横に揺れたり身体を伸ばしたりした。さらに自発的に「恐竜」（男児）と「ひよこ」（女児）に分かれ，「がおー」と叫んで暴れたり，手を羽のように広げ歩いた。女児たちは "カンガルー" が「跳ね（4拍子）」て「一休み（3拍子）」する，という曲の対比やリズムを捉えると，前者（立つ）と後者（3拍のまとまりに合わせて座る）で動作を変化させて動いた。さらに曲の特質を直感的に捉えると，「ひよこ」が卵から生まれてくる場面を想像させるような柔らかな動きを行うようになった。

◎参考文献───────────────

今川恭子・宇佐美明子・志民一成編著『子どもの表現を見る，育てる―音楽と造形の視点から』文化書房博文社，2005.

大畑祥子編著『保育内容 音楽表現の探究』相川書房，1997.

岡村弘『国際比較 幼児音楽論―"こどもの声"と"こどもの歌"』創言社，2001.

音楽教育研究協会編『幼児教育・保育士養成のための 新編 幼児の音楽教育―音楽的表現の指導』音楽教育研究協会，2013.

神原雅之・鈴木恵津子編著『改訂 幼児のための音楽教育―幼稚園教諭・保育士養成課程』教育芸術社，2018.

下出美智子・岡村弘他『幼児の表現遊びに見られる楽曲の認識過程―《動物の謝肉祭：カンガルー（サンサーンス作曲）》の曲に合わせて動こう』日本音楽教育学会第47回横浜大会要旨集より，2016.

全国大学音楽教育学会中・四国地区学会編著『歌う，弾く，表現する 保育者になろう―保育士・幼稚園教諭養成テキスト』音楽之友社，2006.

高野雅子編著『表現 幼児音楽 1―幼児の表現活動と保育者の援助』保育出版社，1994.

高御堂愛子・植田光子・木許隆監編著『保育者をめざす 楽しい音楽表現（2017年改訂版）』圭文社，2017.

服部公一『子どもの声が低くなる！―現代ニッポン音楽事情』筑摩書房，1999.

本間玖美子監『みんなで楽しい手あそび―歌って手足を動かして，楽しもう！』日本文芸社，2006.

村尾忠廣『音楽指導ハンドブック4［調子外れ］を治す』音楽之友社，1995.

◎保育の内容・方法に関する科目

第34章
図画工作Ⅰ

材料経験の重要性と，子どもの主体的な制作活動を促す題材化との関係について，具体的な題材例を示し，自身の制作経験もふまえて述べよ。

　子どもにとって表現活動とは，生活そのものの一部であり，自然発生的に起こるものである。自由に使える紙と鉛筆があれば，心のままの自由な線や思い思いの形が紙面に描かれる。作品としてつくられたものではなくとも，その中には楽しさや面白さ，喜び，驚き，発見など，心を動かす様々な体験が含まれている。

　豊かな造形表現活動とは，子ども自らが，主体的に発想や構想を繰り返し，体全体の感覚や技能を働かせながらつくり出す喜びを味わい，自己実現に至る創造的な活動を展開することである。「造形≠作品づくり」であり，作品化に固執するような積極的指導ではなく，子どもの自発的な造形表現活動を促す適切な場づくりと援助が保育者には求められる。材料経験と題材化は，そのための重要な要素となるものである。実制作の経験をふまえて，以下に材料経験と題材化について述べていく。

1. 材料経験について

　材料経験とは，実際に粘土や紙，絵の具，はさみや筆などの素材や用具を使って，材料の特性や表現効果を学び得る体験を重ねることである。

　材料は作品をつくるために不可欠なものであるが，それは物理的な構成要素としてだけではない。材料そのものが有する素材感は時として，作品の方向性や制作の展開に大きく影響するものとなる。材料経験を重ねることで表現の幅が広がり，自身の造形力はより確かなものとなっていく。

　子どもの造形表現活動には様々な材料が用いられる。画用紙や油粘土といった既製のものだけではなく，木の実や石などの自然のものや，段ボールや空き容器など，本来の役目を終えた人工物の中にも造形材料として使えるものがある。ものが有する潜在的な可能性をくみとり，材料化できるかは，保育者自身の材料経験に左右される。

　自然物を主として，材料には地域性や季節感を含むものもある。多種多様な材料は子どもの感性を刺激し，自発的な制作活動につながることが期待できる。しかし，やみくもに材料を並べることは制作に向かう子どもを混乱させることもあり，また，思わぬけがをすることにもつながってくる。安全面への配慮は活動の必要条件であり，材

料の性質をあらかじめ把握しておくことが大切である。

これは材料だけではなく制作用具についても同様である。はさみや段ボールカッターなどのけがと直結する用具は，子どもの視点に立って危険な状況を考え，指導のあり方や声かけを工夫していく必要がある。一例を挙げるならば，「ここ」「そこ」などの指示語に頼らない言葉選びを意識することで，具体的なイメージを伝える指導につなげていくことができるだろう。

絵の具を用いた制作では，筆やパレット，筆洗を準備することは容易に想像できるが，題材によって適した種類を選択する必要がある。例えば，にじみ絵のような透明感のある描画表現を意図するならば，透明水彩絵の具が最も適しているといえる。デカルコマニーのような高彩度の発色が映える作品づくりではポスターカラーが，プラスチック容器などに描いていくならばアクリル絵の具が適しており，フィンガーペインティングのように手で直接絵の具に触れる活動においては，小麦粉やでんぷん糊，食紅を用いて絵の具を自作することがより望ましい。

以上のように，材料・用具の準備や扱いは活動の展開に大きく影響するものである。材料経験を豊かなものとしていくことは題材化を試みていくうえで重要であり，指導者として貴重な学びの機会となる。子どもの主体的な制作活動を促す題材化について，以下に野菜を用いたスタンピングを例として，その展開について考察していく。

２．題材化について

「野菜スタンプ」による制作活動は5歳児を対象としたものとする。ここでは活動の時期を夏場と設定する。

制作の準備として，画用紙，ポスターカラー（絵の具），筆，バットのような平たく広めの容器，筆洗，野菜，包丁，まな板を用意しておく。野菜の種類はピーマン，レンコン，オクラ，ニンジン，タマネギ，ジャガイモ，セロリ，ブロッコリー，キャベツ，ゴーヤなど，できるだけ多くの種類を用意しておくことが望ましい。

制作の導入では，野菜の1つをスタンプした実例を紹介し，何をスタンプしたものかを子どもが想像するところから始める。発言から答えの野菜が出たところで，次は食べたことのある野菜や育てたことのある野菜を思いつく限り挙げてもらう。子どもが身近な野菜について思い浮かべた後，本時の活動内容の説明に移っていく。

作品を制作する過程は，イメージ・制作・鑑賞という段階に分けられる。造形表現活動において特に導入が重要視されるのは，イメージを明確に抱くことによって，その後の制作活動の展開が大きく広がるからに他ならない。イメージの段階はさらに，着想・発想・構想の3段階に分けられる。「着想」は表現のきっかけを得ることであり，自己の表現欲求が刺激されること

に起因する。造形において着想の刺激となるのは，目の前のものの形・色・質感といった造形要素や，言葉や過去の感動体験などが挙げられる。「発想」は，「着想」で得たきっかけをもとに新しい考えや思いつきに至ることで，発想の柔軟さは子どもの表現の特徴であるといえる。「構想」は，思いつきを組み立てて構想する段階であり，作品の具体像を想像することである。

子どもの制作活動では，「構想」は制作活動の最中に徐々にまとまっていくことも多い。偶然性を活かす制作活動では，現れる形や色からイメージが広がっていくものであり，開始前に構想を固めておく必要はない。

導入において子どもに活動のイメージを抱かせることができたならば，実際の制作に入っていく。野菜をある程度切っておくと制作活動がスムーズだが，5歳児であれば保育者の支援のもとで，子ども自身が切り方を考えて包丁を使用することも可能である。

子どもは思い思いの野菜を手に取り，画用紙にスタンプを押していく。絵の具をつけすぎると，断面の形や繊維による模様がうまく現れず，せっかくの野菜の魅力が十分に引き出せない。野菜は水分を含んでいるので絵の具には過度の水を加えず，野菜の断面に筆で絵の具をつけるか，バットに薄く広げた絵の具に野菜の断面を直接つけるようにするのがよい。必要に応じて，バットに敷いて絵の具を染み込ま

せる脱脂綿や布，スタンプ台を用意しておくと，より調整がしやすくなる。

色の選択はイメージに従い，自由に好きな色から始めていく。1つの野菜の断面に複数の色を塗ることも表現の広がりをもたらしてくれる工夫となる。こうした造形的な工夫については，保育者が一方的に指導するのではなく，制作活動の中で，それぞれ子どもがお互いの表現に目を向けながら気づいていくことが望ましい姿といえる。「鑑賞」が自然と相互に行われる環境づくりに努めることも重要である。

描くモチーフは，制作活動を行う全体で統一的に決めておく必要はなく，具体的な形にこだわる必要もないだろう。顔や動物，季節の花などは制作に取りかかりやすいものとなるが，純粋に興味ある形を並べ集めた抽象的な画面となることも受け入れられるべきである。大切なことは，子どもが主体的に制作活動に取り組み，その中で楽しさや喜びを感じ，「こんなことを試してみたい」という自主的な工夫を促し，その意欲を育てることである。

題材の追求と材料経験の蓄積は，子どもの主体的な活動の礎となるものである。保育者は自身の材料経験を重ね，制作に臨む子どもの姿を想像しながら題材化の可能性を模索していかなければならない。子どもの表現に寄り添うことのできる柔軟な感性と，弾力的な姿勢は，豊かな体験とこうした探求の中で培われるものである。

幼児期における造形表現活動について

　領域としての「表現」は，言語表現，音楽表現，造形表現，身体表現を含み，これらの活動は単独あるいは複合された形で行われる。「幼稚園教育要領」第2章「表現」では「感じたことや考えたことを自分なりに表現することを通して，豊かな感性や表現する力を養い，創造性を豊かにする。」とそのあり方が示されている。

　造形表現活動の中で子どもは色や形，手触りなどを楽しみ，気づきや感動を得る。また，美しいものや感動に触れ，イメージを豊かなものとし，感受性を育んでいく。様々な素材に親しみ，工夫して遊び，感じたこと，考えたことから，自由に描いたりつくったりして表現を楽しみ，つくったものを飾ったりする。

　活動が展開されていくにあたって，保育者は子どもの主体的な活動が促されるよう適切な場づくりに努めなければならない。場づくりとは，造形材料や用具を準備して題材を設定するだけではなく，造形活動が自然と行いたくなるような雰囲気づくりも含めて，人や場所，空間や時間にも配慮して組み立てていく必要があるものである。保育者は子どもの発達段階や集団の関係性に目を向け，季節や学期を考慮し，

それぞれの子どもの個性に寄り添う援助を考えていかなければならない。そのためにも信頼感の構築は重要であり，安心感が得られる制作の場で，共感を伴った声かけや動機付けを促す導入によって，子どもは生き生きとした活動を自発的に展開していく。

　造形表現活動は人間の根源的な欲求に基づいており，人類はその生活が安定に至る遥か以前から形と向き合ってきた。幼児画の発達段階ではその最初期にスクリブル（Scribble）が表れるが，これは具体的な意味をもたず，動きや痕跡を楽しむ純粋な表現欲求と捉えることができる。描き上がった紙を大人は何でも作品として扱うが，幼い子どもにとっては必ずしも作品化する意図はない。

　造形教育において，良い作品は成果としてわかりやすいものであるが，作品化に固執して制作に向かう子どもを萎縮させないよう留意する必要がある。目の前に自由に使える1枚の紙があれば，ある子どもは線を描き，ある子どもは色を塗り始める。紙を折る子どももいれば破り出す子どももいる。保育者は子どもの活動の支えとなり，表現の広がりを後押しできる存在となれるよう心がけていくべきである。

造形遊びの意義と望ましい環境づくりについて

「遊び」は子どもにとって最も重要な活動の1つであり，子どもは楽しむ姿勢の中で学びを得ながら心と体を育んでいく。豊かな遊びとは，子どもの自発的な活動によって展開されるものであり，その根源には興味や関心，感動が存在する。

造形表現では，でき上がった作品が第一の成果として捉えられがちであるが，子どもの造形表現活動において重要視されるべきは，表面的な結果のみではない。むしろ，創意や気づきの詰まったその過程にこそ価値があり，活動自体を目的として楽しむそのあり方は，遊びを内包しているといえる。材料や場所から着想を得て，工夫しながら，遊びのように自由にイメージを広げていく造形表現活動が「造形遊び」であり，活動を通して培われる主体的に探求する力は他領域への横断的な寄与も期待できるものである。

造形遊びの具体的な内容としては，材料を並べる・積む・つなぐ・版にして写すなどの構成を楽しむ活動や，材料や場所の特徴や関わりから発想し，造形的に展開する活動が挙げられる。これらの活動はきっかけや広がりを環境に依拠することが多く，そのためにも適切な環境づくりが重要となる。

1．多様な素材との関わり

子どもの造形表現活動への欲求は，保育者の指導よりも，目の前にある「もの」それ自体に興味をもつことから始まる。素材としては，紙や粘土だけではなく，自然物やリサイクル材など，様々なものが挙げられる。素材との自由な関わりが自然と生まれるように，多様なものを気軽に手に取り触れられる環境づくりが大切である。

2．イメージを膨らませる出来事

子どもは日々の生活の中で新しい気づきや思いもかけない出来事を経験する。この新鮮な感動が活動のきっかけとなるよう，子どもの心の動きを柔軟に受け止め，新たな創作意欲につなげていく。また，状況に合わせて題材化のタイミングも考える必要がある。

3．空間的な広がり

走ったり飛んだりと，思いきり体を動かすことのできる広い空間は子どもに開放感を与え，自由な活動につながっていく。室内だけではなく，公園や野原，河原などの空間的な広がりは子どもの全身的な空間感覚を呼び覚まし，場所自体が創作意欲を刺激する。

豊かな環境づくりは，豊かな造形遊びの礎となり，子どもの主体性や探究心を育むことにつながっていく。

造形の要素について

　造形表現は，子どもの活動において重要な位置を占めるものであり，様々な要素から構成される。表現の面からは，造形要素として「形」「色」「質感」「光」「動き」などが挙げられる。

1．形

　子どもの描画行為は，歩行を開始する頃に始まる。その頃に描かれるスクリブルは点や，引っ掻き跡のような線である。それが曲線となり，3歳頃に閉じた円形となる。線に囲まれた形は面となり，面は空間を区切り，組み合わせると形は立体となる。

　形には，閉じた形，開いた形，中空，粗密，幾何学的や有機的な形などがあり，表現によって重さや硬さを感じさせる。形に対する想像力は自由な「みたて」につながっていく。

2．色

　自然光をプリズムに通すと，赤・橙・黄・緑・青・藍・紫の光の帯に分かれる。人は赤から紫までの波長の光を色として認識することができ，それぞれの色に様々なイメージや情緒を見出してきた。

　色には明るさの度合いを表す「明度」，鮮やかさの度合いを表す「彩度」，色味を表す「色相」の三属性があり，これらに加えて，混色や配色の基本的作用を学ぶことも重要である。

3．質感（素材感）

　ものに触れた時，温度や快・不快といった感覚が想起されるように，質感は素材と深く関連している。質感はテクスチャーのように表層に現れるものだが，それ以上に作品のイメージの方向付けや，鑑賞者の感情に作用するものである。また，制作においては質感から次の表現が広がることも多く，素材経験を重ねることが重要である。

4．光

　フォトグラムやプロジェクションマッピングは光による作品である。光は色彩効果だけではなく，展示や演出における物語性の表現にもつながり，ものの見方を左右するものとなる。

5．動き

　子どもとのおもちゃ製作では動く仕かけのものも多く，モビールのように動く彫刻作品もある。動きに対する興味は，子どもの自発的な活動のきっかけとなるものである。

　これらの造形要素は幼児造形の実制作と結びつきが深く，それぞれが関連し合うものであるが，特に形・色・質感はつくることに，光は展示や演出することに，動きは遊ぶことに直結している要素である。

造形技法と活動の展開について①

1．デカルコマニー（合わせ絵）

　紙やガラスの上に絵の具を置き，乾かないうちに別の紙やガラスを押し付けて挟んだ絵の具を広げていくと，偶然性に富んだ模様ができあがる。これがデカルコマニーと呼ばれる絵画技法であり，フランス語の décalquer（複写する，転写する）に由来する。

　紙を2つ折りして使用すれば左右対称の形ができ，複数色の絵の具を隣接させて配すれば筆では描けないような複雑な模様と混色が得られる。同じ作品が得られることはなく，マーブル模様やグラデーションの変化に美しさが表現される。つくった作品に手を加えて，お面の製作や，花や蝶の形に切り出して平面装飾にいかすのもよい。筆を使用せずに描くことができるのもこの技法の特筆すべき点である。

　具体的なものを描くことを目的としなければ，描く上で「失敗」はない。偶然性をいかし，でき上がった作品からイメージを広げて「みたて」の活動につなげていくこともできる。描くことに苦手意識をもっている子どもでも気軽に取り組むことができるので，学期の始まりの題材など，造形表現に向かうきっかけづくりに適した技法であるともいえる。

2．スクラッチ（ひっかき絵）

　画用紙にクレヨンで明るく鮮やかな色を塗りこみ，でき上がった豊かな色彩を下地として，その上を黒のクレヨンで塗りつぶしていく。黒で覆われた紙面を爪楊枝や釘などの先の尖ったもので引っかくと，思いもよらない色鮮やかな線が現れてくる。

　自分で色を塗った下地ではあるが，現れる美しい線は予想外のものとなり，偶然性を有した表現となる。暗闇に光るネオンライトのような幻想的な色合いは，子どもの創作意欲を掻き立ててくれる。また，スクラッチで描いた線は黒のクレヨンを再度塗り重ねることで修正ができ，失敗を恐れる子どもにとっても取り組みやすい技法であるといえる。実制作では新聞を下敷きにするなど，準備にも配慮をしたい。

　スクラッチは美しい線描が特徴の技法である。制作にあたっては，その特徴がよりいかせるように，輪郭だけではなく線を描き込んでいくような題材設定が望ましい。例えば，羽を描き込んだ鳥や，鱗を一枚一枚描き込んだ魚は実に見応えのある作品となる。制作活動において保育者は，無理に強いることなく，このような表現の気づきを促すような声かけを心がけたい。

造形技法と活動の展開について②

1．フロッタージュ（こすり出し）

　フロッタージュは，凹凸のあるものの上にコピー用紙や書道用の半紙といった薄い紙をあて，その上を鉛筆やクレヨンでこすったり，絵の具をつけタンポで叩いたりすることで凸部の形を写し出す技法である。硬貨や板の木目，葉，壁面など，ある程度の硬質さと適度な凹凸のあるものは，驚くほどにその模様を写し取ることができる。

　フロッタージュでは作品づくりもさることながら，制作の材料となる形の凹凸を探し求める活動にこそ面白さがあるといえる。紙と鉛筆，クレヨンを持って探し歩くと，普段目にしている身の回りのものがもつ意外な形に気づくことができる。集めた材料を見せ合い，どこから写し取ってきたかを互いに考えさせることも制作に向かう意欲を高めるきっかけとなる。

　活動の展開としては，コンセントの受け口など，そのものがもつ特徴的な形からモチーフを連想してもよいし，得られたテクスチャーから題材を想像するのも面白い。適当に形を切り出して並べてみるだけでも制作のきっかけが見つかることもある。表現技法の特質を活かし，「みたて」活動からイメージが広がっていく制作としたい。

2．ステンシル（型抜き版画）

　版画は子どもの造形表現活動においても重要な技法の１つであり，その種類は凸版・凹版・平版・孔版の４種類に大別される。紙版画や木版画，スチレン版画などの凸部につけた色を写し取るのが凸版であり，幼児造形には最も関連が深い。

　ステンシルは，シルクスクリーンに代表される孔版技法の最も原始的な形であるといえる。画用紙などを型紙として形をくり抜き，くり抜かれた孔（あな）に絵の具を刷り込むことで明快な輪郭と均一な色面を得ることができる。形の転写にはスポンジやタンポ，ローラーなどが用いられる。

　版画技法の中で比較的簡単に行うことができるのもステンシルの特徴である。対象の形をそのまま切り抜く必要はなく，はさみを用いて簡単な形を切り抜き，その組み合わせで制作を行うことも可能である。あらかじめ型を用意すれば，低年齢の子どもでも制作活動を楽しむことができ，柔軟な展開ができる技法でもある。型の繰り返しの使用や，裏返しの使用も可能であり，様々な工夫を楽しみながら考えることで子どもの表現の幅は広がり，表す喜びを実感することにつながっていく。

素材と表現の関わりについて

技術の進歩によって現代の生活は格段に便利になり，様々な機能を有する高度な機器を個人が所有する時代となった。しかしながら，それに伴って実際に手でものに触れる機会は少なくなり，素材のもつ魅力に気がつく体験は貴重なものとなってきたといえる。

造形表現はアイデア（発想，思いつき）や，それをかたちに表すテクニック（技巧，技術），マテリアル（素材，材料）によって支えられている。作品が材料をもって形成される時点でその関係性は直結したものであるが，材料の素材感が作品の方向性や制作の展開に影響を及ぼすことも忘れてはならない。素材と表現の関係は切り離せるものではなく，表現の幅を広げ，深みをもたせるうえで，素材体験や材料経験を重ねることは不可欠である。

造形の活動には多くの種類の素材が用いられる。子どもの造形表現活動において使用される材料について，種類を整理しながら以下に記せば，「線的特性を有する材料」（紐や糸，針金，紙テープ，竹ひご，割り箸，ストロー，輪ゴムなど），「面的特性を有する材料」（紙，布，板，アルミホイル，ラップ，ポリ袋など），「量感のある材料」（粘土，綿，スポンジ，発泡スチ

ロール，紙コップ，ビー玉，ボタンなど），「自然物」（木の実，松かさ，枝，草花，石，土，砂，貝殻，羽など），「リサイクル材」（新聞紙，牛乳パック，プラスチック容器，空き瓶，空き箱など）等，様々なものが挙げられる。自然物を主として，材料には地域性や季節感などを感じさせる要素を含むものもある。

造形の場において，材料は多種多様に用意されることが望ましい。種々の素材を用意することで制作のイメージは広げられ，思いのままに楽しめるような自由な活動に展開していくことが期待できる。材料や用具の準備にあたっては，子どもの様子や予想される動きを考慮して，危険なものや有害なものが無いかを確認し，安全面について配慮しなければならない。また，題材によっては材料を紹介するタイミングも重要となる。

子どもが自然体で制作活動を楽しむことができるように，保育者自らが素材体験や材料経験を重ね，素材に内在する表現の可能性を実感することが望まれる。素材の特質を理解し，材料と向き合う子どもの姿を想像しながら造形の場づくりに努めることが，造形表現活動を指導する者には求められる。

◎参考文献━━━━━━━━━━━━━━━━━━━━━━━━━━━━━━━━━━

磯部錦司『子どもが絵を描くとき』一藝社,
2006.
花篤實監, 永守基樹・清原知二編『幼児造形教育
の基礎知識』建帛社, 1999.
福田隆眞・福本謹一・茂木一司編著『美術科教育
の基礎知識 四訂版』建帛社, 2010.

槇英子『保育をひらく造形表現 第2版』萌文書
林, 2018.
三井秀樹『形の美とは何か』日本放送出版協会,
2000.

◎保育の内容・方法に関する科目

第35章
図画工作 II

幼児の生き生きとした造形活動を促すための「環境設定」と「言葉かけ」のポイントを，具体例を交えながら述べよ。

　たくさんのおもちゃに囲まれて，楽しく遊んでいる子どもたちの姿がある。一見楽しそうに見えるその遊びも，時間が経つにつれて型にはまってしまい，飽きてしまった様子がうかがえる。一方，砂遊びなど自ら素材に働きかけることで夢中になって遊びを続けている姿を見かけることがある。このように，発展し続ける遊びには，子どもが自分なりに工夫をして，イメージを広げながら関わることができる仕組みがあると考えられる。その仕組みとは，すなわち「環境」である。

　幼児教育において，養育や保育は「環境」を通して行うことが基本とされる。「環境」とは，人やモノによって構成される。そのため，生き生きとした造形活動となるためには，①保育者自身も「環境」の一部分であること，②モノによる「環境」の設定が子どもの学びに大きく影響することを理解したうえで，日々の保育環境を設定していかなければならない。保育の場における「環境」づくりのほとんどは保育者に委ねられていると言っても過言ではないのである。

　幼児は，幼稚園教育要領や保育所保育指針で示されている5つの領域のね

らいや内容を横断しながら，統合的に遊んで（学んで）いるという特色がある。そのため，「造形」が中心となる活動においても，子どもたちは様々な感覚（みる・きく・さわる・かぐ・あじわうの五感）を働かせたり，多様な表現手段（ことば・身体・リズム）を駆使したりしながら取り組んでいるということを前提にしなければならない。したがって，保育者・養育者には「モノ」を媒介した多様な「学び」が起きる「環境」の設定が求められる。

　また，「つくる」活動が焦点化されがちだが「みる」活動が「つくる」活動＝表現活動のきっかけとなることも忘れてはならない。造形活動の中で「みる」活動を確保したり，促進したりする環境づくりを心がけることで，他の子どもとの協同的な学びが起きるきっかけをつくることにもつながるのである。とはいえ，保育者の，子どもの気づきを受け止めて共感するといった「傾聴」の姿勢が，子どもの創造的な造形活動（みる・つくる）を下支えするということはいうまでもない。

　先述したように，保育者は子どもの「環境」の一部である。子どもたちが生き生きとした遊びを通して満足感を

得たり，表現したりできるようにするために保育者は，幼児の欲求と育ちを理解し，その幼児にとって良い影響をもつ「言葉かけ」とは何かについて理解しなければならない。

　ここでいう「言葉かけ」とは，表現活動を行う子どもたちに保育者が適切な言葉をかけることである。造形活動における言葉かけは，大きく2つの目的に分類することができる。①励まし，気づきを促進する，想像を広げられたりするといった，子どもたちがよりよい表現活動に向かうことができるようにすること，②保育者が子どもの造形表現をどのように受け止めているのか，子ども自身がどのような方向へ向かおうとしているかを共感的に受け止め，言語化することが挙げられる。いずれも，日頃から子どもたちの活動や子ども一人ひとりの個性を把握することで，より効果的になる。

　言葉かけを効果的に行うには，次のような基本的な点に留意し，保育者として子どもたちの表現意欲を伸ばす努力をすることが大切である。

　まず，言葉かけは，必要な時に，必要なかたちで行うことが効果的である。つまり言葉かけには，タイミングが大切であるということである。タイミングをつかむためには，子どもたちの表現活動の様子をよく観察することである。表現活動に熱中しているのか，飽きてきているか。集中力がないのは，どのような表現方法があるのか

わからないためではないのかなど，子どもたちの活動をしっかり見ることである。そのような体験から，関心を呼び起こす言葉かけをすべきか，見守るべきかなどの判断力を養うことが大切である。

　2つめには，言葉かけには限界があることを知ることである。言葉かけは，子どもが子どもなりに工夫して頑張っていることを保育者にほめられた，あるいはわからなくて困っていることを保育者が解決してくれた，という印象を子どもに与えるものでなくてはいけない。しかし，子どもの表現活動がうまくいかない時に，保育者が焦って，一方的な言葉かけや，励ましを与えることで，かえって子どもたちの表現意欲を失わせてしまう場合もあることに留意しなければならない。

　3つめに，子どもの発想や工夫を引き出す言葉かけを心がけるということが挙げられる。不慣れな保育者は，子どもたちが自分たちで工夫して課題を達成できるかもしれない場面でも，一方的に，指示したりしがちである。そうではなく，子どもたちが自分で見つけた問題を解決する時の手助けをし，次の行動への手がかりを用意するのが保育者の仕事である。子どもたちがやるべきことの答えを最初から準備して，そのとおりにさせるのではなく，子どもたちに問いかけることで彼らの自発的な活動を引き出していくような言葉かけが重要である。具体的には，

「粘土が足りないけれど，どうしたらいいかな」「赤のクレヨンだけじゃなくて黄色や緑のクレヨンもあるよ」といったように，子どもたちが，解決すべき問題のヒントを与えてもよいであろう。

　この他にも言葉かけの内容についても注意したいことがある。それは，保育者自身が大人の感覚で子どもの「表現」を判断してしまうことがないようにすることである。子どもたちは，よく口の中で何かぶつぶつ言いながら，生活の中で体験したことを表現しようとしている。自分が体験した楽しかったことや，興味をもったことを何とか表現したいという欲求が生まれてくる。ここから生まれた表現は，大人の目から見ると不自然であったりしても，子どもにとっては，自分が感じたことを素直に表現しているのであり，大人の見方とは当然違ってくるのである。大人は，子どもたちが表現した絵を見てわかりにくいものがあると，描かれたものに対し「これはなんだろう」と尋ねがちである。しかしながら本当に大切にしたいのは「表現されたもの」ではなく，そこに付随する子どもの体験や思いであることに留意してエピソードを尋ねるようにしたい。

　また，子どもの発達段階を考慮した言葉かけができるようにすることも大切である。ローエンフェルドは，2歳の子どもが紙の上になぐり描きをしている時は，本当に幸福であるという。

しかし，大人はつい，「何を描いているの」と聞いてしまう。ただ思うままに，自由に身体を動かしている喜びを感じているだけの子どもにとって，なぐり描きは感覚的な運動であって，明確な意図がある中での表現活動とは質が異なる活動なのである。このことを知らないため，ついつい「何を描いているの」と聞いたり，「リンゴを描いて見せて」と言ってしまうのである。あるいは，リンゴを描いて手本として見せてしまうこともある。このようなやりとりは，やがて，保育者を喜ばせるためにまねをして，何が描いてあるのと聞かれれば，リンゴと答えるような子どもを育ててしまうことにつながる。即ち，発達段階を考慮しない言葉かけややりとりは，子どもが「表現したい」という欲求の妨げになるおそれがあるといえるのである。

　本レポートでは，幼児の生き生きとした造形活動を促すための「環境設定」と「言葉かけ」のポイントを，具体例を交えながらまとめてきた。大切なのは，目の前の子どもの状況に合わせて環境を変えたり，言葉をかけたりできる保育者の柔軟性である。そしてその柔軟性は，造形表現活動を通して養われる想像力や創造性によって支えられているのである。最も重要なのは，保育者自身が創造的であることといえる。

幼児の描画に特有の表現形式について

幼児の描画は心身の発達と密接な関係にある。描画表現は，視覚，（空間）認知，身体，精神の発達に伴い変化する。幼児の描画発達は大きく，①擦画期，②錯画期（なぐり描き期），③象徴期（意味づけ期），④前図式期（カタログ期），に分類することができる。

1．擦画期

ピアジェは，生後0歳〜2歳頃の時期を「感覚運動期」とし，感覚と運動によって外界を理解していく時期としている。触ったり，なめたりすることで自分の外の世界を理解するのである。この時期の描画活動は，絵の具の感覚や「描く」という腕や指の運動自体に面白さや興味を見出すことから，いわゆる「表現」とは区別される。

2．錯画期（なぐり描き期）

1歳〜2歳頃になると，スクリブルと呼ばれるなぐり描きができるようになる。この頃の幼児の手首は未発達のため，腕を振り動かすことで弓形の線が描画される。やがて手首がしなやかに動くようになってくると，いびつな円や長い一本線を描けるようになる。

3．象徴期（意味づけ期）

3歳半から4歳くらいになると，スクリブルに意味を与えるようになる。第三者からすると一見，何を描いたか

を理解することは難しいが，「ママ」「パパ」「おうち」などと描いたマルや線に命名し，自分なりに意味づけができるようになる。

4．前図式期（カタログ期）

この時期は，物の観察による客観的な描画（視覚的リアリズム）ではなく，子ども自身の体験を通して「知っていること」を描こうとする（知的リアリズム）。「知っていること・もの」を単純な図でたくさん並べていくが，物と物との関係性は描かれず，たくさんのものを並べることから「カタログ期」とも呼ばれる。この時期の表現の特徴には，「レントゲン描法」（家やバスの中の人物が外から透けて見えるように描く），「展開描法」（例えば，道路沿いの家や植物を倒れているように描くなど，1つの絵に複数の視点が混在する）などがある。また，「頭足人」（頭から直接手足が生えている）のように，象徴的（シンボル）に「人」が描かれるのも特徴として挙げられる。

やがて，「基底線」（例えば，地面を表す1本線）が画面上に描かれるようになると，1つの絵に上下が存在するようになり，バラバラに描かれてきた物と物の間に関係性が生じるようになる。

美術史からみる表現方法の多様性について

1．先史時代の絵画

アルタミラやラスコーの洞窟画は，旧石器時代後期（約1万数千年前）に描かれた。トナカイや大鹿，マンモス，野牛などの野生動物が対象とされた。表現技法には，絵の具で描く「彩画」と線を刻んで描く「線刻画」の2種類がある。線の強弱で力強さや生き生きとした動きが表現されたものや，アルタミラの天井画のように岩肌や壁面のシミを生かして立体感を表そうとしたものはあるが，遠近感の表現はない。

2．ルネサンス絵画と印象派絵画

15世紀のルネサンス絵画では，写実的に表現するために様々な方法が考案された。透視図法によってものの大きさや奥行を正確に表現したり，明暗法によって人体の丸みや重量感を表現したりすることが可能になった。また，絵の具の改良が進み，色の階調（濃い色から薄い色への変化）で立体感や質感の表現が可能となった。

19世紀の印象派は，光を科学的に分析して得た知識を応用した「色調分割」「視覚混合」という技法を考案した。これは，例えば緑を表現する際に，パレットの上で混色することなく，青色と黄色を画面に並べ，離れて
みると緑色に見えることを利用した方法である。ルネサンス絵画は，色に黒を混ぜて階調をつくるため画面全体は暗い感じの絵画になったが，印象派は，暗い影でも黒ではなく青などを使用したため有彩色の明るい画面になった。2つの時代における大きな違いは「テーマ（題材）」である。ルネサンス時代の画家は，宗教画や肖像画など，教会や王侯貴族の依頼に応じて絵画を制作し，自由に制作することはあまりなかった。それに対し印象派の画家は，身の回りの風景や人，花など，自分の意思で「テーマ（題材）」を選択するようになった。

3．江戸時代の絵画

日本に「ART＝美術」という概念がもたらされたのは，明治時代に西洋文明が輸入された頃である。鎖国をした江戸時代には，日本独自の文化が花開き，現代まで受け継がれている日本の伝統美が形づくられた。江戸後期に隆盛した「浮世絵」は多版多色刷による木版画で，絵師，彫師，摺師による完全分業制でつくられた。葛飾北斎，東洲斎写楽，歌川広重などの版画は，日本独自のモチーフや余白のバランスがとれた画面構成で，印象派の画家たちにも影響を与えた。

造形活動の指導① 領域〈表現〉における造形活動の指導について

1．幼児期の教育とねらい

『幼稚園教育要領』では幼児期の教育を「生涯にわたる人格形成の基礎を培う重要なもの」と捉え，「幼児期の特性を踏まえ，環境を通して行うものであることを基本とする」とされる。また，『保育所保育指針』においても，「健全な心身の発達を図る」ことを目的に，「環境を通して，養護及び教育を一体的に行う」としている。すなわち，幼児期の教育は「環境を通した養護・教育」であり，さらにその「環境」は，子どもたちの「育ち」という視点から保育者・養育者によってデザインされる必要がある。

2．領域〈表現〉のねらいと指導

幼稚園教育要領・保育所保育指針では，「ねらい」と「内容」を〈健康〉〈人間関係〉〈環境〉〈言葉〉〈表現〉の5つの側面から整理している。領域〈表現〉では，造形（色・形・質感），音楽（音，リズム，音声）や身体などが表現方法（手段）として挙げられている。特に造形による表現活動は，素材や画材などの道具といった「モノ」を用いる点に特色を見出すことができる。造形活動を指導する際は，①〈表現〉のねらいが「表現して楽しむこと」にあることや，②幼児の表現活動が複数の要素の組み合わせ（例えば歌いながら描く，体を揺らして「ガタンゴトン」と言いながら粘土で電車をつくるなど）を考慮して，「造形」のみを限定的に扱うのではなく，子どもの興味関心に合わせて他の表現方法と組み合わせた活動展開も効果的であるといえる。

3．5領域と表現活動の関連性

実際に子どもたちは，5つの領域のねらいや内容を横断しながら，統合的に遊んで（学んで）いる。造形活動の具体例からは，以下の通り説明することができる。①ある素材に興味をもった子どもは，どのように遊ぶかを探求する〈環境・表現〉。②やがて遊び方（活用の仕方）をひらめくと，それを周囲の大人（養育者・保育者）に伝える〈表現・人間関係・言葉〉。③五感を働かせて感じたり思考したりしながら，身体全体でその素材に働きかける〈表現・健康〉。④他の子どもが話しかけてきて，イメージを共有しながらその素材を使って一緒に遊ぶ〈表現・人間関係・言葉・健康〉。

4．造形活動の環境設定

子どもたちは造形・表現活動を通して，多くを感じ，考え，学んでいる。したがって，保育者・養育者には「モノ」を媒介した多様な「学び」が起きる「環境」の設定が求められる。

幼児教育における鑑賞(みる)活動について

1．幼児の「みる」活動とは

本来，表現（つくる）と鑑賞（みる）は表裏一体の関係にある。また，鑑賞とは視覚だけではなく，触覚，聴覚，嗅覚などの五感を駆使して身体全体で「かんじる・かんがえる・わかる」活動である。

2．造形活動の中の「みる」活動

前述した特徴をふまえると，幼児の「みる」活動は次のように考えることができる。はじめに，造形遊びの中での「みる」活動として，小麦粉粘土をつくる・あそぶ活動を例に考えてみよう。①水を加える前の小麦粉を触り「さらさら」をあじわったり，嗅ぐことで目の前の物体を知ろうとしたりする。②徐々に水を加えながら手でこね合わせていくことで変化する質感を，視覚，手触り等で確認する。③やがて粘り気が出てくると，その抵抗を身体で感じることができる。④完成した小麦粉粘土に色をつけたり，手で丸めたりして形づくることを楽しむ。⑤友達がしていることや作品を見たり，まねしたりする。つまり，造形活動の中での幼児の「みる」とは，五感を働かせながら見たり，感じたりする→対象物（素材，画材）に働きかける→見たり，感じたり…のように，対象物との相互作用の中で起きる活動であり，「つくる」きっかけを生み出しているといえる。

3．芸術（アート）を「みる」活動

近年，美術館では教育普及活動の一環として鑑賞活動が盛んである。また，幼児・親子向けのプログラムを準備している美術館もある。大人は作品の「解釈」を試みるが，幼児は色や形，雰囲気などを直接的に感じ取り，「見立て」たり，「気づいたこと」を大人に伝えようとしたりする。また，彫刻のポーズをまねすることで作品と関わろうとする。いずれも，初めて出会った対象を五感を駆使して知ろうとしたり，わかろうとしたりするプロセスであり，「みる」活動はその一端に位置づけることができる。さらに，「気づき」からイメージを広げて新たなイメージをつくり出す遊びに発展することもある。

4．「みる」活動における保育者の役割

「みる」活動は「つくる」活動＝表現活動のきっかけとなることから，造形活動の中で「みる」活動を確保したり，促進したりする環境づくりを心がけることが必要である。子どもの気づきを受け止め，共感できる傾聴の姿勢が，子どもの創造的な「みる」活動を支えるのである。

造形活動における「言葉かけ」のあり方について

　造形活動における「言葉かけ」は，大きく２つの目的に分類することができる。①励まし，気づきを促進する，想像を広げられたりするといった，子どもたちがよりよい表現活動に向かうことができるようにすること，②保育者が子どもの造形表現をどのように受け止めているのか，子ども自身がどのような方向へ向かおうとしているかを共感的に受け止め，言語化することである。

　いずれの場合も，子どもたちが置かれている状況によりどのような「言葉」を選択するかが変わってくるので，見極めが重要となる。以下，言葉かけのポイントをまとめていく。

1.「言葉かけ」のタイミング

　言葉かけは，タイミングをみて行うことが大切である。造形活動の途中，一見すると表現の手が止まっているように見えることがある。保育者は，何とか子どもに「表現させなければならない」と考え，「どうしたの？」「どうしたいの？」「このようにしたらよいのではないか？」などと言葉をかけがちである。しかしながら，その一言を発する前に，今，こどもは何を感じ，考えているのかに思いを巡らせて欲しい。子どもたちの手が止まる時，それ

は，困っていることもあれば，じっくりと吟味しながら，表現を紡ぎ出そうとしている最中なのかもしれないからである。表情，からだの向き，つぶやきなどに注目して，タイミングを見極める必要がある。

2.　共感的支援者であること

　言葉かけの目的は，間違いを正すためではなく，子どもの創造性をひらき，造形を通してこれまでの経験を再構築（J. デューイ）することを促すことにより，より深い造形経験を目指すことにある。そのため，保育者は子どもの視点に立ち，ことばで共感を示しながら，安心して心をひらくことができる環境の保持に努めることが大切である。つまり，保育者は子どもの表現に寄り添う「ファシリテータ（共感的支援者）」の役割が求められるといえる。

3.　子どもの自発的な活動のために

　子どもたちが自発的に造形活動に取り組みたくなる「環境」は，子どもの興味関心から出発するような活動展開や思わず手を伸ばしたくなるような魅力的な環境構成，探求心をくすぐるような「ことば＝問いかけ」によって構成される。より良い言葉かけを目指して，即興的な展開に対応できるような発想力を養うことも大切である。

造形活動の評価（アセスメント）について

1．「何」を評価するのか

　一般的に学習活動における「評価」は，アセスメント（Assessment）とエヴァリュエーション（Evaluation）に大別される。子どもの造形活動の場合，後者が最終成果物である「作品」のみを評価の対象とするのに対し，前者は，①子どもの学びの質と内容，②学びの過程，③保育者の環境設定や方法の適切性（活動前，活動中，活動後）を対象とする。つまり，子どもたちが「いかに学んだか」を分析した結果を，保育の方法や内容の改善にいかすという考え方である。アセスメントが表現活動の評価において有効である理由を以下に述べていく。

2．「表現」の捉え方

　「表現の氷山モデル」（大場）が示すように，「表現」という活動は，「結果としての表現」として作品として可視化される部分と，そこに至るまでの，心の動き，発想・構想などの「過程としての表現」によって成立する。つまり，最終的に作品に立ち現れるのは，その子自身が造形を通して表現しようとした経験や思い，アイデアのうち「氷山の一角」なのである。

3．表現活動の学びの特徴

　造形を含む表現（アート）活動に

は，①子ども一人ひとりの異なる経験や興味性などが活動の動機づけになっている，②「感じる」「楽しむ」「味わう」といった感性的側面をもつ，③（①②をふまえて）成果物に至るまでに過程は人それぞれである，という特色がある。すなわち，保育の目的・目標に合わせて設定された環境の中で，子どもたちはそれぞれに「学びの物語」を形成しているのである。したがって，造形活動中は，「ねらい＝コンセプト」という中心軸をもちながら，子ども一人ひとりの興味関心や思いが引き起こす「今，この時」に合わせて，即興的にプログラムや方法を変更できる柔軟性も重要となってくる。

4．評価のための材料

　それぞれの「学びの物語」＝作品に至るまでの過程を評価するためには判断材料となる「データ」が必要である。レッジョ・エミリアの「ドキュメンテーション」は，活動中の子どものつぶやきや，興味関心の推移，モノとの関わり方，制作の過程等を文字と写真で記録する方法である。保育者のふり返りや，次の保育展開の検討材料以外にも，展覧会形式で保護者や地域住民に公開することで，子ども自身のふり返りや賞賛の機会にもつながっている。

◎参考文献━━━━━━━━━━━━━━━━━━━━━━━━

磯部錦司『子どもが絵を描くとき』一藝社,
2006.
大場牧夫『表現原論─幼児の「あらわし」と領域
「表現」第3版』萌文書林, 2009.
花篤実監, 永守基樹・清原知二編『幼児造形教育
の基礎知識』建帛社, 1999.

福田隆眞・茂木一司・福本謹一編著『美術科教育
の基礎知識』建帛社, 2010.
槇英子『保育をひらく造形表現 第2版』萌文書
林, 2018.
三井秀樹『形の美とは何か』日本放送出版協会,
2000.

◎保育の内容・方法に関する科目

第36章
幼児体育

幼児期の運動遊びの必要性について述べよ。

1. 子どもの運動不足

わが国では，科学技術の飛躍的な発展に伴い，生活の様相も大きな変化を遂げてきた。現代の生活は都市化が進んだことによる交通機関の発達や，家電製品の発達による家事の自動化などがある。これら社会の変化は，一見すると我々の生活が豊かになったかのように見える。しかし，社会の変化は社会生活を夜型化し，日常生活における身体運動の機会を大きく減少させた。そして，こうした生活の変化は，日中における無気力化や生活習慣病などの諸問題を引き起こす原因となっている。こうした問題は，大人だけのものではなく，子どもに対しても大きな問題となっている。

発達段階にある子どもにとって生活リズムが乱れることは，健全な発育発達に様々な悪影響を及ぼす。子どもの生活が夜型化してしまうと，睡眠リズムや摂食リズムが乱れやすくなる。それは，自律神経の働きを鈍らせ，子どもの体温調節機能を乱し，日中の無気力化や運動量の減退，そして，ホルモンバランスが乱れることで体調不良や情緒不安定へとつながり，結果として学力低下や体力低下，精神不安定へ陥る可能性をもっている。

また，社会生活の変化は子どもの重要な運動機会である遊びに大きな影響を与えている。それは，遊ぶための空間，一緒に遊ぶ仲間，遊ぶための時間という3要素を減少させたことである。住環境の都市化に伴い，子どもの遊び場であった空き地や公園は縮小されることが多く，少子化の影響で一緒に遊ぶ子ども集団も縮小し，学習塾などの習い事に通う子どもが増えたことで遊ぶ時間も減少傾向にある。これは，子どもの遊びの中でも活発な運動を伴う「外遊び」を著しく減少させる要因となっており，その結果として運動不足の子どもが増加した。幼児期の運動が不足すると，骨格や神経系，内臓機能といった全身的な身体の発育発達不良や，社会性が獲得できずに他人と円滑にコミュニケーションがとれない情緒不安定に陥るなどの人間形成に関わる様々な問題に発展することが考えられる。

このように現代社会は，科学技術の発展と都市化が進んだことにより，子どもが健康問題に陥りやすい社会へと変化してしまったといえる。こうした社会の中で子どもが抱えうる問題を未然に防ぐ，また解決するためには，幼児期の「運動」が非常に重要な意味を

もってくる。

2．運動と子どもの発育発達

　乳幼児期の身体的な発育発達については，スキャモンの発育曲線からもわかるように，神経系及びリンパ系の発達が人間の一生の中でも特に著しい時期であり，この発育発達は運動による刺激を多く受けることで発達がより促進される。

　運動をするためには，皮膚感覚などの末梢受容器からの感覚刺激を脳に伝える感覚神経と，その刺激を大脳皮質にて受容し筋肉を動かすための運動神経を使う。この末梢受容器や大脳，筋肉などを機能的に連絡しているのが神経である。神経の発達は刺激を伝達する度に促され，そして，異なる様々な運動を行うことにより神経回路はより複雑な発達を遂げ，より繊細な動きを獲得することができる。したがって，様々な種類の運動を経験することが，神経系発達に大きな効果をもたらすのである。

　次に，リンパ系の発達とは，脾臓，扁桃腺などのリンパ腺，内分泌腺，ホルモンなどに関する器官の発達を指しており，これらリンパの組織は感染症に対する免疫力を司るものである。これらリンパ系の発達が乳幼児期に著しい要因としては，出生後の乳幼児は外界の様々な細菌やウイルスなどの病原体に対する抵抗力が低く，それらに対する抵抗力を獲得するために急激なリンパ系の発達を遂げるとされている。

このリンパ系の発達も，屋外での運動を行うことでより多くの細菌やウイルスに触れることになり，その結果多くの病原体に対する抗体を獲得することができ，抵抗力を高めることができる。

　最後に身体的な発育の面では，運動することでその発達は促進される。骨は運動による負荷を受けることで，その負荷に耐えるためにより丈夫な骨へと発達し，筋肉も運動による負荷を受けることで，より太く大きな筋線維へと発達する。また，運動をすることにより血液循環が促進されることで，心臓や肺といった内臓機能の発達が促されるなどの効果がもたらされる。

　このように幼児期の運動は，子どもの発達に大きな影響を与えており，子どもが健全でバランスの良い発育発達をするためには，運動が非常に重要であることがわかる。

　加えて，幼児期における運動の中で子どもが獲得する重要な能力の1つとして，反射的な防衛運動がある。これは，不意の転倒時などに身を守るための反射的な運動であり，幼児期の運動経験の中で獲得できるものである。しかし，近年では幼児期の運動経験が不足している子どもが増え，それに伴い軽く転倒しただけでけがをしたりけがが重傷化してしまうことが増えている。したがって，子どもの健やかな成長を守るためにも，運動を積極的に経験させ，自らの身体を守る身体の使い

方を習得させることが大切である。

3．運動遊びとその効果

　幼児期にとっての「運動」は，非常に重要なものである。運動をすることにより骨や筋肉，神経など全身の様々な器官，組織の発達が促され，そして，情緒が解放され，精神的な興奮と抑制がコントロールできるようになる。このように運動を行うことは，子どもが健全に育つために必要となる様々な効果をもたらすといえる。

　しかし，現代社会において幼児期の子どもが活発に運動する機会が十分確保されているとはいいがたい。そうした現状において，幼稚園及び保育所における運動遊びは，子どもの運動を確保できる非常に貴重な機会である。保育時間における運動遊びでは，子どもの総合的な身体の発達を促すためにも異なる種類の遊びを取り入れ，多様な動きを経験させることが望ましい。そして，十分な運動量を確保することにより，現代社会で乱れやすい睡眠リズムや摂食リズムといった生活リズムを調整する効果も期待できる。

　また，様々な種類の運動遊びの中には，鬼ごっこに代表されるような集団で共通のルールを守って遊ぶ社会性をもった運動遊びがある。このような他者と共通のルールを認識するという社会性をもった運動遊びを経験することは，集団社会の中でルールを守る，自己を抑制する，他人と協調するといった社会性の基礎を身に付けるという，

人間形成において非常に重要な意味をもっており，幼児期に経験するべき重要な遊びの1つである。

　このように，幼児期における運動経験の中でも，活発な運動が確保でき，かつ集団での遊びが経験できる運動遊びは，非常に重要であるといえ，幼児期の子どもには積極的に経験させることが望ましい。

4．子どもが身に付ける体力

　子どもは様々な運動を繰り返すことで発育発達を遂げていき，生涯において健全な生活を送るために必要な体力を身に付けていく。体力とは「行動体力」と「防衛体力」という2つの側面で考えられる。行動体力とは，身体運動や作業活動を行う基礎的活動能力を指しており，筋力・持久力・柔軟性などで構成される。防衛体力とは，自らの身体を守る生体としての抵抗力であり，ウイルスなどの病原菌に対する免疫，精神的ストレスに対する抵抗力，外環境に対する適応力などから構成される。こうした体力は，身体の発育発達とともに獲得していくため，運動をすることは体力増強につながる。このように体力とは，人間が健康で安全に生きて行くために必要不可欠なものであり，生涯にわたる基礎的な生存能力といえる。したがって，幼児期の体力を養うことは，生涯にわたる健全な身体を作ることであり，その重要度は非常に高いといえる。

幼児体育の必要性について

1．現代の子どもの健康問題

　わが国の子どもを取り巻く環境は，生活スタイルの大きな変化によって子どもが運動に親しむことを阻害する要因が増えた。例えば，食生活の欧米化による肥満児の増加や睡眠リズム・摂食リズムといった生活リズムの乱れ，生活環境が都市化したことによる子どもの遊び場の減少，遊び友達集団や規模の縮小，テレビゲームの普及などが挙げられる。これらの要因により，運動不足の子どもが増えたことが，情緒不安定な子どもやけがを負う子どもの増加，生活習慣病の若年化などの健康問題に結びついている。これらの問題を解決するためには，子どもが幼い頃から運動を楽しむことができ，そして日常的に親しむ姿勢を身に付けることが必要である。そのためには，保育時間における「幼児体育」を有効に活用することが重要である。

2．子どもの運動能力

　幼児期の子どもは全身を動かす運動による負荷を受けることで，骨はより丈夫になり，筋肉はより太く大きくなる。そして，筋肉を頻繁に動かすことで神経系の発達が促され，より繊細な動作ができるようになるなど，幼児期の発育発達は運動による刺激を受ける

ことで促進される。また，子どもの身体的な発育や神経系などの機能的発達については，スキャモンの発育曲線からもわかるように幼児期は神経系及びリンパ系が一生の中でも著しい発達を遂げる時期である。その発達特性から，幼児に対しては筋力や持久力を必要とする運動よりも身体のバランス感覚や柔軟性，巧緻性を必要とする運動を経験することで，神経系の発達を促すことが望ましい。加えて，子どもは十分な全身運動を行うことで行動体力及び防衛体力の発達が促される。これらの体力の発達は，日常的に運動に親しむための基礎となり，生涯にわたる生活の基盤にもなるのである。

3．子どもが運動する機会

　現代は昔に比べて，子どもが生活の中で運動を経験する機会が減少している。したがって，「幼児体育」は，子どもの十分な運動経験を確保することのできる貴重な機会だといえる。そのため，子どもが運動することを楽しく感じるような指導を行うことが重要である。これにより，子どもの運動に親しむ姿勢を育むことにつながり，ひいては現代社会の抱える子どもの体力低下に伴う様々な今日的問題解決への一歩となることが期待できる。

伝承遊びの種類とその効果について

1．伝承遊び

伝承遊びとは，昔から日本人の暮らしの中で伝承されてきた遊びである。代表的な遊びには，竹馬，鬼ごっこ，コマ回し，けん玉，凧揚げ，かごめかごめや折り紙など数多くあり，全国で親しまれてきた。これらの伝承遊びは，日本人であれば子どもの頃に一度は経験したことのある遊びであるが，近年では子どもの遊び環境が変化したことにより，この伝承遊びを経験したことのない子どもも少なくない。伝承遊びの中には，竹馬ではバランス感覚，けん玉では空間認知能力や巧緻性，折り紙では知力や巧緻性など特徴的な能力を必要とするものが多い。また，同年齢や異年齢の子ども同士で遊ぶことによって社会性も養われる。このような様々な能力を幅広く育むためにも，伝承遊びを積極的に普及することが望ましい。

2．缶ぽっくりと竹馬

伝承遊びの中でも体育的要素をもつ「竹馬」を取り上げる。竹馬を行うことで，左右の手足を交互に動かす手足の調整能力，不安定な状態でバランスを保つバランス感覚，高所で竹馬を扱うための集中力や勇気などを養うことができる。また，竹馬の導入段階にお

ける遊びとして「缶ぽっくり」がある。缶ぽっくりとは，2つの缶詰などの缶に乗り，缶に付けた縄を左右交互に引っ張りながら歩く遊びである。手足の動きは竹馬と同じであるが，竹馬に比べて安定して歩くことができるため，落下を心配せずに左右の手足を交互に動かすことに集中して練習できる。

3．缶ぽっくりから竹馬へ

缶ぽっくりの導入段階では，左右の足に安定して体重を交互にかけること，そして足と手を連動させ缶と足が離れないようにすることを意識して練習することが重要である。缶と足が離れないように進むことができる段階まで上達したならば，竹馬を導入していく。竹馬の導入段階では，指導者が子どもの前面から竹馬を支えながら歩く練習を行い，手で竹馬を持ち上げることを意識させることで上達につながる。また，竹馬の練習では子どもが竹馬に乗った状態で前方に転倒して怪我をすることがある。そのため，竹馬に乗った状態から前方への安全な降り方を指導することで，けがを未然に防ぐことができる。

鉄棒・跳び箱・マット遊びの指導とその効果及び注意点について

1．鉄棒指導

鉄棒は，基本的にぶら下がり運動を行う遊具であり，主に腕部や腹筋など上半身の筋力を用いる運動である。導入前には，関連する遊具であるジャングルジムや登り棒などで遊んでおくと円滑に導入することができる。

鉄棒運動は，足ではなく手・腕・腰を支点とした運動であるため，一般的な種目とは異なった腕や腹筋の筋力・瞬発力・バランス感覚などが養われる。また，身体が浮いた状態での運動であるため，勇気・決断力・集中力など精神的要素も養われる。

鉄棒の指導においては，子どもの発達段階及び学習段階に応じた活動を展開するように留意し，子どもが段階的に慣れるように配慮する。また，鉄棒からの落下に対する恐怖心を軽減するために適切な補助や声かけを行うことも指導を円滑に行うためには重要である。

2．跳び箱指導

跳び箱は，開脚跳びなどの競技的な技を行う用具として用いるだけではなく，障害物として登る・飛び乗る・降りる・くぐるといった遊びの中で使うことができる。

開脚跳びでは，助走，踏切り，着手，開脚，着地という一連の動作の中で，全身の運動を連動する調整能力や瞬発力，巧緻性，敏捷性などの能力を養うことができる。

開脚跳びの指導においては，子どもの発達段階及び学習段階に応じた活動を展開するように留意し，子どもが動作順序を理解できるように段階的な指導が必要である。また，跳び箱からの落下を想定して補助や声かけも重要である。

3．マット遊びの指導

前転や後転などの競技的な技を行うだけではなく，這う・転がるなどといった動きを，クッション性を活かして安全に遊ぶことができる。

マット遊びでは，多種多様な動きができるため，全身の柔軟性・瞬発力・巧緻性・筋力・バランス感覚などが養われる。

マット遊びの指導においては，運動の特性上，首や手首，足首をけがしないように留意することが必要である。けがを防止するためには，発達段階及び学習段階に応じた活動を展開することで，子どもがマット運動に必要な身体の使い方を習得できるように留意し，必要に応じて適切な補助や声かけも重要である。

縄遊びの指導とその効果及び注意点について

1．縄遊びのいろいろ

　縄は多種多様な遊び方が考えられる道具である。例えば，地面に縄を置いて遊ぶ場合には縄で形をつくる，縄の上を歩く，縄を飛び越えるなどの遊び方があり，手持ちで遊ぶ場合には振り回す，片手持ちでの回しとび，両手持ちでの縄とびなどがある。また，複数人で同時に遊ぶこともできるため，活動の幅が広がる道具であるといえる。

　他には，「結ぶ」という使い方もある。これは子どもの発達段階を考慮して，縄を結ぶということを理解できる段階になってから導入することが望ましい。

　縄遊びを行う際の注意点としては，縄によるけがや事故についてである。例えば，振り回した縄の先端が目に入る，張りつめた縄に引っかかり転倒する，縄が首に絡まり窒息するなどの事故が想定でき，最悪の場合には命が失われる可能性があるため，十分な安全対策を行うことが重要である。

2．1人での縄遊び

　縄遊びでは，発達段階に応じて段階的な活動を展開していくことで円滑に指導を行うことができる。まず，導入段階では，縄を手で持つ，そして，足で踏むなど様々な触れ方で縄を感じる

ことで，子どもが縄の特徴を理解できるように留意し，その後は子どもの発達段階及び学習段階に応じて，地面に置いた縄で形を作る，縄を手に持ち振り回す，両手で持ち振り回すというように活動を発展させていく。

　次に，前跳びを導入する際には，縄を後ろから前に回してから縄を跳ぶという順番を少しずつスピードアップすることで円滑に習得できる。効果としては，指先の巧緻性，肩や腕の回転運動による連結能力，リズムと関連する調整力などが養われる。

3．集団での縄遊び

　みんなで縄を持ち電車ごっこ，川とび，波とび，複数人での大縄跳びなどで遊ぶことができる。集団での縄遊びを行うことは，順番待ちや役割分担などの社会性や協調性を養うことができる。

4．指導について

　発達段階や学習段階に留意して，長期計画を立てておくことが重要である。できなくても焦らせない，指導中の健康管理に注意を払うこと。また，指導者がお手本を示すことで，より発展していくことが期待できる。

リズム運動の効果について

1．幼児のリズム運動

　保育時間におけるリズム運動とは，音楽に合わせて身体を動かす運動のことを意味し，音楽に合わせた準備運動を「リズム体操」，お遊戯会などにおいて特定のテーマを表現するための踊りを「ダンス」と呼ぶこともある。

　準備運動として位置づけられるリズム体操では，主に本運動に備えて身体を温めほぐすことを目的として実施されるが，音楽に合わせて身体を動かすことで子どもの本運動に対する意欲を高めるという意味を併せもっている。このリズム体操は，基本的に同一の振り付けを全員一斉に踊ることが多く，また，身体を温めるための踊りであることから，大きな動きが主体の振り付けであることが多い。

　一方，お遊戯会などにおけるダンスは，特定のテーマを表現することを目的として踊るものであり，子どもを数組に分け，組ごとに異なる振り付けをすることが多い。振り付けは大きい動きから指先を使った繊細な動き，隊型移動による集団振り付けなど多彩な振り付けを用いて，表現していくものである。

2．幼児の運動能力

　幼児の発育発達には一般的な発達方向が存在し，身体の胴体に近く比較的大きい筋肉から四肢の末端方向の小さな筋肉へと発達していく。したがって，子どもの発達段階が低い場合には大きな動きしかできず，発達段階が進むことで次第に指先などを使った繊細な動きができるようになるという特徴がある。指導者は，こうした幼児の発達特性や現在の子どもの発達段階を十分に把握することが求められる。そして，それに応じてリズム運動で使用する曲目の選定や振り付けを行うことで，円滑な指導を行うことができる。

3．子どもとリズム運動

　リズム運動を行うことにより，子どもの意欲は大きく高まる。なぜならば，子どもは音楽やリズムを刻む，そして，身体を動かすことが好きなことから，リズム運動を楽しむ傾向にあるためである。また，音楽に合わせた運動を行うことにより，全身の動きを音楽に同調させるという動きを繊細に調節する能力，そして，仲間と一緒に踊ることで協調性，仲間と共通の作品を作り上げることで社会性といった要素を養うことができる。したがって，子どもにとってリズム運動とは，音楽に合わせて楽しく，身体の動かし方を習得できる運動であるといえる。

安全管理や緊急時の対応について

1．指導計画時における注意点

　幼児体育の実施にあたり運動遊びを行う場合，遊びに使用する遊具や施設により4つに分類することができる。鬼ごっこやかけっこなどのように道具を使用しない場合，ボールや縄など小さな道具を使用する場合，鉄棒や滑り台など大きい器具や施設を使用する場合，水遊びや雪遊びなど自然を利用する場合である。そして，指導計画を立案する際には，上記4つのそれぞれの場合を考慮して予想されるけがや事故，応急処置を事前に検討することが重要である。

　子どもが運動する場合には大小様々なけがや事故を予想し，それらを予防するための対策を十分に行い，万が一けがや事故が発生した場合の対応方法を確認し準備することが必要である。

2．指導時における安全管理と注意点

　幼児期の子どもは，大人よりも短時間で急激に体調が変化する特徴があるため，こまめな健康チェックが重要である。幼児体育を実施する場面では，活動前・活動中・活動後と最低3回の顔色や現在の気分などの健康チェックを行うことが望ましい。また，夏期における運動では熱中症や脱水症に，冬期では体温低下による体調不良に注意して，活動中には適度な休憩を設けて健康チェックを行うことが望ましい。

3．緊急時の応急処置

　応急処置の基本は，的確な判断による応急処置を行うこと，そして，医療機関受診の判断を行うことである。迅速で適切な応急処置が行われることは，子どもの回復を早めたり，保護者との信頼関係構築にもつながり，非常に重要である。

　応急処置の手順としては，まず落ち着いて子どもを注意深く観察し，全身の状態を把握することが大切である。そして，けがや症状に応じた処置を行う。この際，複数人で対処することでより円滑な応急処置ができる。また，どのような状況でけがや事故が起きたのかを把握し記録をすることも忘れてはならない。この記録は，後日の反省会の資料とし，今後の事故防止に役立たせるためである。

　指導者は，幼児体育で使用する遊具や施設，遊びから予測されるけがや事故に対して，事故防止の対策を行い，緊急対応について十分な準備をしておくことが，幼児体育の安全管理として重要である。

◎参考文献

井上勝子・高原和子編著『改訂 運動遊び―すこやかな子どもの心と体を育む』建帛社，2020.

河田隆編著『幼児体育教本』同文書院，2007.

桐生良夫編著，桐生敬子・安広美智子・山口亮子他『幼児の動きづくり』杏林書院，1997.

小林佳代・森田真樹子編『ふるさとあそびの事典』東陽出版，1998.

澤田道夫『幼児体育 第2版』近畿大学豊岡短期大学通信教育部，2008.

柴岡三千夫『幼児体育指導教範 第9版』タイケン出版，2008.

日本幼児体育学会編，前橋明編集代表『幼児体育―理論と実践』大学教育出版，2009.

古市久子編著『保育表現技術―豊かに育つ・育てる身体表現』ミネルヴァ書房，2013.

ミネルヴァ書房編集部編『保育所保育指針幼稚園教育要領―解説とポイント』ミネルヴァ書房，2008.

文部科学省『幼稚園教育要領解説 平成30年3月』フレーベル館，2018.

文部科学省「幼児期運動指針」平成24年3月.

山口智之著『幼児体育―応用編 第3版』タイケン出版，2007.

◎保育の内容・方法に関する科目

第37章
乳児保育

乳児保育の担当保育者としての資質について述べよ。

1．環境を整える知識と知恵

保育所は乳児にとって，年間を通してほとんど終日生活をする場となる。したがって乳児または満2歳に満たない幼児を入所させる保育所は，施設設備，用具などについては，「児童福祉施設の設備及び運営に関する基準」に準拠して設置しなければならない。乳児室またはほふく室（乳児がはい回る部屋），医務室，調理室，便所を設けること，さらに面積，避難の方法，防災処理などについても法的条件を理解したうえで設定することが必要である。さらに物的環境も子どもの安全面や健康面からの配慮を要する。保育所保育指針の第3章「健康及び安全」について，3—(1)及び(2)に，採光，換気，保温，清潔，及び危険の防止と災害時の安全の確保が明示されている。保育者は，これらの知識をもったうえで環境を整備しなければならない。

しかし基準に添った設備がそろっているだけでは，十分な条件を満たした保育環境であるとはいえない。ホイジンガが，人間の特性を「遊戯人」という言葉で表現したように，子どもの生活のほとんどが遊びである。子どもは，遊びの中で自然に様々な心身の機能を使いながら，身体的，知的，社会

的な学習成果を得ていく。その過程において，保育の方針，ビジョンなどが現実化されるように，保育者は指導計画を立てる必要がある。人・物・場が相互に関連し合いながら最大の教育効果が期待できるように，子どもにとって最善の保育環境となるよう環境を整備しなければならない。

保育環境の整備をする際に基本となるのは，保育室が家庭的な親しみとくつろぎの場となるとともに，活動を生き生きと行えるような場であること，そして子どもが自然や社会の事象への関心をもつように配慮されることである。

環境の整備に利用できるものとして，①季節の自然環境や，その日の天候（太陽の光，雨，雪など），②園の内外で見ることのできる動植物，③空間の広さや高さ・場所，④遊具（すべり台や砂場などの固定遊具や保育室に用意されているままごとなどの玩具），⑤教材・教具（積み木，楽器，絵本，クレヨン，粘土など），⑥材料や素材（土・水・花・紙・布・木・合成樹脂・ビニール・リサイクル品など）がある。

また，環境をその利用者である子どもたちとともにつくっていく意識も大

切である。子どもたちの意欲（初めてのことに挑戦したい，もっと続けたい，再度別の形で展開したいなど）を尊重し，子どもならではの発想や提案をいかしつつ，子どもの必要性に応じながら臨機応変に環境づくりを軌道修正するという柔軟性も必要である。

さらに目的に応じて，保護者や地域の協力を得たり，地域行事に出会う機会をつくることも大切である。

保育者は知恵を働かせて，これらのことを総合的に組み立てて子どもの状況に応じた保育環境の再構築をしていくことが重要である。

2. コミュニケーション能力

人間同士がお互いの意思を通わせて生活していくためにはコミュニケーション能力が必要不可欠である。この点は保育者と乳児との関係も例外ではない。乳児は言語によるコミュニケーション能力が未熟なため，泣いたり笑ったりすることで自分の意志，欲求などを伝えている。乳児の外部世界とのコミュニケーションは，保護者や保育者とのふれあいから始まる。まずスキンシップで始まり，泣いて生理的欲求を訴え，保育者がそれに応える。こうして乳児は日々の保育を通じて合図や手振りの意味を獲得し，肌の触れ合い，保育者からの働きかけ，大人の言語，表情，身振りを次第に意味あるものとして学び，コミュニケーションのとり方を吸収していく。したがって保育者は，乳児のコミュニケーションの

発達を促すように努力することが大切である。また，言語の発達には大人の働きかけが有効である。乳児の喃語（アーウーなどの意味のない発声）への大人の応答や模倣，身振りが，人とのやりとりの原型を示していることから，乳児の言語発達を促すことになる。集団保育の場合は，どの子どもにも公平に働きかけ，乳児に様々な経験を与えるように配慮していかなくてはならない。

保育所では乳児と他者との言語によるコミュニケーションは，主に親や保育者との間で行われ，月齢の低い乳児同士の言語によるコミュニケーションは比較的少ない。しかしながら，例えばある乳児が泣き出すと他の乳児も泣き出すという，大人社会の「もらい泣き」のような現象がよくある。そこに社会的関係の芽生えがあると言われている。生後2～3か月になると，大人があやすと笑うようになる。これは相手とのやりとりを意識した社会的な微笑といえる。

また，6～7か月頃には「人見知り」と呼ばれる特定の大人に対して警戒反応を示す現象がみられる。このことは，相手が自分にとってどの程度重要な存在であるのかを意識できるようになったことの現れであり，乳児にとってコミュニケーションの1つの表現といえる。

保育者はこのような乳児の対人関係についての発達段階を丁寧に捉えて，

乳児が保育者からの働きかけを通じて人に対する基本的信頼感をもてるよう援助していくことが大切である。このことが、乳児に自ら人との関係を楽しみ、求めていく素養を育てていくことになる。

3. 乳児の他者への信頼感や主体性の育ちを支える深い愛情

乳児は大人との相互作用が十分に行われることによって、健やかな発達を続けることができる。なかでも社会的な存在として重要な発達は、他者への信頼感と自己の主体性を確立することである。乳児は大人との相互信頼関係によって情緒が安定し、大人の期待に自ら応えようという気持ちが育っていく。

自分の欲求が十分に満たされていると、乳児は機嫌がよく、それが自発性、活動性への発達へとつながっていく。反対に自分の欲求が拒否されていると感じると、乳児は受容されることばかりにエネルギーを使うようになり、この状態が続くと退行現象のようなマイナスの方向への適応を始める。退行現象とは、欲求が達成されない場合に以前の発達段階に本人が無意識のうちに逆戻りしてしまうことである。また大人からの愛情が足りないと反抗的、攻撃的な性格をもったり、発達の遅滞をもたらすこともある。また指しゃぶり、頭打ちなどの行為がみられることもある。これは心理学的には、自分の欲求が満たされないことを他の行為でごまかそうとする代償行為にあたる。このように乳児の欲求に対する大人の否定的対応は乳児の行動や発達に深刻な影響を与えてしまう。保育者はどの乳幼児に対しても十分に愛情を注いでいくことが大切である。

また、1歳半〜2歳にかけては自我が強まり、望ましくない欲求や行為についても自分の意志を通そうとして強く自己主張する時期がある。その時に保育者はその行動を頭から否定するだけでは十分な対応とはいえない。子どもの気持ちを受容しつつも良くない行為については毅然とした態度で忍耐強く関わり、子どもが自分から気持ちを立て直し、自らの意志によって適切な行動に向かえるよう支えることが求められる。そのような時期を乗り越えることによって、自分が大人から尊重され、期待されていることが確信できると、子どもには自尊心が育つ。その自尊心を支えに、望ましい行為に向かって次第に自律的、主体的に活動できるようになる。こうした一連の経験が子どもの自信を育て、家族をはじめ周囲のものに対して関心をもち、外部世界との関わりを深めていくことになる。このような情緒の安定や自信が、何よりも成長へのステップとなる乳幼児の特性を活用して発達を援助することが必要である。保育者は乳幼児の安心の基地であり、最大の味方であることを自覚することが第一に求められる。

乳児期における身体の発育と運動面の発達について

「保育所保育指針」に基づいて，子どもの発達過程とその特徴をまとめると以下のようになる。

1．おおむね6か月未満

母体内から外界への環境の大きな変化に適応し，その期間中に著しい発育や発達が見られる。出生後の月齢が低いほど体重や身長の増加が大きく，首がすわり，寝返りや腹ばいなどができるようになり，全身の動きが活発になる。特に視覚や聴覚などの感覚の発達がめざましい。

①3か月頃には，機嫌のよい時は，じっと見つめたり，周りを見回している。物音や話し声がするとその方を見る。足を盛んに蹴るようになる。寝ていて自由に首の向きを変えることができ，腹ばいで頭を持ち上げるようになり，動く物を目で追えるようになる。

②4か月までに首がすわり，5か月ぐらいからは目の前の物をつかもうとしたり，手を口にもっていったりするなど手足の動きが活発になる。腕，手首，足は自分の意志で動かせるようになり，さらに寝返りや腹ばいにより全身の動きを楽しむようになる。

2．おおむね6か月～1歳3か月未満

この時期も，引き続き急速な発育・発達が見られる。座る，はう，立つ，つたい歩きをするといった運動や姿勢の発達は，子どもの遊びや生活を変化させ，生活空間を大きく変え，直立歩行へと発展し，手の運動なども発達して，次第に手を用いるようになる。

①7か月頃から，1人で座れるようになり，座った姿勢でも両手が自由に使えるようになる。

②9か月頃までには，はうことや両手に物を持って打ちつけたり，たたき合わせられるようになる。

③1歳前後には，つかまり立ちやつたい歩きもできるようになり，手押し車を好んで押したりするようになる。

3．おおむね1歳3か月～2歳未満

この時期に子どもは歩き始め，手を使い，言葉を話すようになる。特に運動機能の発達がめざましく，体つきは次第にやせ気味になっていく。何にもつかまらずに歩けるようになり，押したり，投げたりなどの運動機能も増す。興味のある人の行動をまねながら，つまむ，めくる，はずす，なぐり書きをする，転がす，スプーンを使うなど運動の種類は確実に豊かになっていく。さらに，ボールのやりとりのような物を仲立ちとした触れ合いや物の取り合いも激しくなる。

乳児の情緒安定と「抱っこ」の関係について

　かつての日本の育児書には，「抱きぐせ」という言葉が出ており，乳児を抱きすぎるのは望ましくないこととされていた。保育に携わる人たちは，抱いてばかりいるとやがて癖になってやたらに子どもが抱っこを要求するようになったらかなわないと心配したのであろう。

　しかし，抱くことと泣くこととの関係については，次の結果から，抱かれることの多い乳児に抱きぐせがつくとは言えないことがわかる。

　泣いてもなかなか抱いてもらえないあかちゃんは，1歳の誕生日近くになっても抱っこを要求して泣いているのに対し，泣けばすぐに抱っこをしてもらえるあかちゃんは，1歳になる誕生日頃には情緒が安定し，機嫌がよく，抱っこをせがむことはない。このことからも，泣いて抱っこをせがんだら抱き上げる方がよいことがわかる。抱くから抱っこの癖がつくのではなく，要求しても抱いてもらえない（愛情の要求が満たされない）ので，いつまでも抱っこを要求するのである。

　ここで「抱っこ」にどのような意味があるのかについて説明する。

　第1に，あかちゃんは抱かれると肌のぬくもりや心臓の鼓動が聞こえるので安心感をもつ。このことに関連して「ハーロウの子ザルの実験」では興味深い結果を示している。授乳装置つきの針金製の母模型と，授乳装置のない布製の母模型が用意された場合，子ザルは授乳装置がなくても布の感触により温かみを感じられる母模型とともに一日の大半を過ごしたのである。この例からも，保育者は乳児にとっては生理的欲求を満たすだけの存在ではなく，身体接触しながら相互作用を求められる愛着（アタッチメント）の対象として重要な存在であることが容易に想像できる。

　第2に，高さや姿勢が変わることによって視界が広がり情報量が多くなり，あかちゃんの好奇心をより満足させることができる。

　抱かれるという愛着欲求が十分に満たされたならば，それによって気持ちが安定し，さらなる好奇心にまかせて保育者の膝をおりていったり，保育者が手をつなごうとすると振り払って一人で歩いて行こうとする自立へのエネルギーを生み出すのである。

　したがって欲求をスムーズに充足させ，情緒の安定を図ることが，今後の乳児の発達のためには最も大切なのである。

乳児の集団保育の意義について

核家族化が進んでいる今日，共働き家庭が子育てをするにあたり，保育所等における集団保育の需要が増している。また，共働きでない家庭においても一時的に子どもを預かる社会的援助として，また認定こども園等の普及も相まって，乳児の集団保育の需要が増えてきている。

1．生活空間の特長

集団保育の場である認可保育所等では，空間の広さや構造などが子どもの運動や食事，排泄などの生活習慣形成に役立つようにつくられている。したがって乳児が主体的に食べたり，遊んだり，排泄の練習をすることができる。また，運動面の発達のために，障害物のない広い場所で「はいはい」やつたい歩きができる。

さらに，子どもが季節感を味わえる行事（ひなまつり，端午の節句，七夕，お月見など）を施設の物的，人的環境をいかし，子どもの発達段階に応じた形で体験できる。時にはこのような行事に地域の人々への参加も呼びかけ，広い空間を利用して子どもたちと地域の人々とのつながりを推進することも可能である。このような子育て空間は，かつての地域や家庭にあった乳児の心身の発達を支える大切な要素で

あったといえる。

2．複数の保育者が子どもに関わる意義

現代家族の中で家庭内保育だけで養育される子どもの場合，母親とだけで過ごす時間があまりにも多く，その他の人々の影響を受けることが大変少ない。母親自身も育児情報をテレビ，インターネット，雑誌等のメディアから得ることの方が多く，経験から得られた対処法を育児の先輩から直接教わることが少ない。

しかし集団保育の利用により，人との多様なコミュニケーションにより適切な情報を得たり，バラエティに富んだ遊びなどを親子共々体験できる。

3．子ども同士の相互作用的関わりによる効果

少子化や地域の人間関係の希薄化により，家庭内保育で育つ子どもは，同年齢や異年齢の集団の子どもたちと交流する機会が少ない。したがって人と人とのコミュニケーションの方法を学ぶ機会が乏しい。しかし集団保育の場では，異年齢では兄弟姉妹のような関係を形成し，また同年齢では子ども同士が教え合ったり，競争し合ったりして自然に切磋琢磨し合うことによる学習効果が期待できる。

乳児保育のもつ現代的な課題について

　乳児保育の現代的課題として，乳児に関係の深い「虐待」の問題とアトピー性皮膚炎を含む「アレルギー性疾患」の問題をとり上げる。

1．虐待問題への対応

　家庭で虐待されている子どもは，保育現場においては保育者らによって収集された情報や専門的知識をふまえた子どもへの注意深い観察により，早期に発見することができる。虐待が疑われる場合には，子どもの保護とともに家族の養育態度の改善が図られるよう努める必要がある。もしそのような子どもと家族に適切な対応がなされたならば，子どもの生命の危険や傷害の発生を防止することができる。

　このような場合，一人の保育者や保育施設が単独で対応することが困難なときは，2000（平成12）年11月に施行された「児童虐待の防止等に関する法律」に基づき，嘱託医，児童相談所，福祉事務所，保健所，保健センターなどの関係機関と連携して対処しなければならない。発見後は，児童相談所または福祉事務所に通告しなければならない。また，保育所は毎日子どもが通園するので，発見後の日常的なフォローをする最適の場でもある。また，現代は家庭や地域の養育力が低下しているため，保育所が地域子育て支援拠点事業としての子育て支援活動（相談，助言，一時保育，園庭開放など）を行っている。これは万が一にも虐待予備軍となりうる親たちの発見と予防にもつながる。

2．アレルギー性疾患への対応

　アレルギー症状は，現代の生活環境や食材の状況を考慮すると，誰にでも発症する可能性がある。例えば，子どもに発症する代表的な疾患として，喘息，鼻炎，皮膚炎が挙げられるが，これらの疾患をもつ乳児に対しては，嘱託医などから薬，戸外遊び，室内の清掃方法，洗剤や衣類などの素材についての指示をあおぐ必要がある。その指示に従う一方，家庭とは頻繁に連絡をとり，その対策にずれが生じないように注意しなければならない。例えば，症状の原因となるアレルゲンを除去した食事についても，経験に基づく安易な判断による弊害や，逆に過剰反応により，必要な栄養を摂取できなくなることが発生しないように，適切な指示を受けなければならない。

　また，乳児が一日の大半を過ごす生活環境として，温度，湿度，換気，採光，清潔さ，建物の材質などが適切かどうかの見直しも求められる。

乳児院と保育所の制度について

1．保育所の制度

　児童福祉法で規定された保育所は，養護と教育が一体となって，乳幼児の最善の利益を考慮し，豊かな人間性をもった子どもを育成する施設である。

　また，保育所の保育は，家庭や地域社会と連携を図りながら，家庭養育の補完（足りない部分を補うこと）を行う。保育時間は，日々通所させるものとし，一日につき8時間を原則としており，地域や家族の状況により保育所の長が定めることとされている。

　児童福祉法第39条には，その利用対象は「保育を必要とする乳児・幼児」と規定されている。従来は市町村長の公的責任により物理的経済的な生活困窮者などに公的サービスを与えるという「措置」により行われていた。1997（平成9）年の児童福祉法の改正により，現在は，保育所と保護者との「利用契約」の制度に変わり，市町村の情報に基づいて，保護者の自発的な意思で利用できるしくみになった。

　保育所は，子どもに対しては健康，安全，情緒の安定した生活や健やかな成長を図るための保育としながら，保護者や地域住民に対して，保育に関する情報提供と相談，助言を行う地域の中での育児支援授業の役割を担う。さらに2012（平成24）年には「子ども・子育て関連3法」が策定されたことにより，「幼保連携型認定こども園」に施設・設備を移行させる保育所が増加した。

2．乳児院の制度

　乳児院は，児童福祉法第37条に「乳児（保健上，安定した生活環境の確保その他の理由により特に必要のある場合には，幼児を含む。）を入院させて，これを養育し，あわせて退院した者について相談その他の援助を行うことを目的とする施設」と規定されている。保育所とは異なり，特に保護を要する乳児を昼夜間にわたって養育する施設であり，家庭養育の代替を行う。特に乳児の心身の特性を考慮して，医学的配慮がなされており，医師，看護師も配置されている。

　乳児院への入所が必要となる理由は，保護者の病気をはじめその他家庭の事情によるが，その内容は父母の家出や離婚，母親が家族の病気に付き添う，虐待や保護の怠慢，父母の死亡，父母の犯罪など様々である。

　乳児院の入所にあたっては，保護措置を要する乳児の発見者は直ちに児童相談所に通告し，児童相談所は必要に応じて乳児院へ入所させる。

乳児保育における保育者の配慮または留意点について

1. 心身の健康と安全への配慮

　乳児の保育にあたって何よりも重視されることは，乳児の心身の健康と安全を守ることである。乳児は身体が未発達なため病気への抵抗力が弱く，急に危険な状態になりやすいので注意しなければならない。特に原因不明の乳幼児の急死である乳幼児突然死症候群（SIDS）は，生死に関わる問題である。3歳までが危険年齢であり，6か月未満の乳児に多い。この予防には，危険要因を少なくすることが最も重要である。特に寝返りのうてない乳児を寝かせる場合には，必ず仰向けに寝かせる。また，睡眠中の子どもの顔色，呼吸の状態を観察するよう心がけるなど，きめ細かな配慮が必要である。

　また，身体面だけでなく精神面の健康にも気を配る必要がある。乳児は周囲の大人から温かい扱いを受けていれば動きも活発で機嫌もよい。反対に冷たい扱いを受けていると欲求不満や不安が生じ，情緒が安定せず，そのことが発育にマイナスの影響を及ぼす可能性が高くなる。したがって何よりも十分な愛情をかけることが大切である。

2. 個人差への考え方と対応

　人間の発達には個人差があり，特に乳児期の発達の個人差は大きい。集団保育の場合，一人ひとりの乳児を特有の個性をもつ存在として認め，発達の度合いや性格，体質の違いなどを把握しなくてはならない。例えば離乳食や食事の量，排泄回数，睡眠時間などは，個々の発達の状態に応じた個別対応を要する。特に言葉の発達には個人差が大きいため，他の子どもと比較せずに，その子ども自体の成熟と環境から獲得する学習が相互にプラスへと影響していくような援助が必要である。

　また，疾病や体質によって，集団生活上他の子どもとは別の対応を必要とする子どももいる。食事面でのアレルギー疾患をもつ子どもへの食事制限や，アトピー性皮膚炎を患う子どもへは医師と連携しながらの個別対応が重要である。

3. 乳児と家族への理解と受容

　乳児を託した親や祖父母への相談・援助をすることも，今日の保育者の大切な役割である。身近に相談相手がおらず孤独に子育てを行っている保護者や，情報の氾濫による弊害から正確な知識を求めている保護者のために，保育者は専門的知識に裏づけられた助言や指導を行い，保護者が子育てを安心して行えるような環境づくりをしていくことが大切である。

◎参考文献

今井和子『0・1・2歳児の心の育ちと保育』小学館，1998.
岩堂美智子・吉田洋子・田中文子他編著『改訂版 新・乳児の発達と保育』ミネルヴァ書房，2001.
金子逸四『乳児保育Ⅰ』近畿大学豊岡短期大学通信教育部，1996.
厚生労働省「保育所保育指針（平成29年告示）」2017.
厚生労働省『保育所保育指針解説 平成30年3月』フレーベル館，2018.
柴崎正行編著『子どもがいきいきする保育環境の構成』小学館，1997.

全国保育協議会編『保育年報2015』全国社会福祉協議会，2015.
髙橋惠子『自立への旅だち―ゼロ歳～2歳児を育てる』岩波書店，1995.
待井和江・福岡貞子編『現代の保育学⑧ 乳児保育 第9版』ミネルヴァ書房，2015.
丸山美和子『育つ力と育てる力―乳幼児の年齢別ポイント』大月書店，2008.
文部科学省「幼稚園教育要領（平成29年告示）」2017.
山下富美代編著『図解雑学 発達心理学』ナツメ社，2002.

◎保育の内容・方法に関する科目

第38章
乳児保育Ⅱ

保育所における乳児保育の課題について述べよ。

1. 現代社会における乳児保育の意義

人口の都市部への集中と核家族化が進んだことにより, 現代社会における私たちの生活環境は大きく変化した。また, 働く女性や様々な労働形態も増加した。その結果, 住宅の高層・狭小化, 都心の職場と郊外の住宅の遠隔化, これに伴う通勤時間の延長, 子どもの遊び場の消失, コミュニティの崩壊や人間関係の喪失により, 家庭や地域社会の子育て機能の低下が問題となっている。

こうした状況の中で, 乳幼児の保育について次のようなニーズが生まれている。例えば, 共働き家庭では, 産休明けからの乳児保育の要望が多い。また, 片方の親がパート労働をしていたり, 専業で育児・家事をしていたりする家庭でも, 一時保育を要望している場合が少なくない。さらに障害児や外国籍の子どもなどへも保育の対象が拡大されており, 乳児保育へのニーズは多様化している。

しかし現状では, 乳児を受け入れている認可保育所の定員数は少なく, 幼児（3歳以上児）についても地域によっては入所待ち（待機児童）が多い。また育児休業明けによって職場復帰をする場合にも, 年度途中の入所は非常に困難な状況である。

このような現代社会における子育て事情の中で, 保育所は児童福祉法によって位置づけられている児童福祉施設であるとともに, 家庭養育を補完するための歴史的資源を有する施設として, 今後多様化したニーズに即した乳児保育を充実させる中心的な役割を担うだろう。そのためには, 保護者の意向を考慮しながらも, 子どもの「最善の利益」を最も重視する必要がある。保育所という場が第一に子どもの心身を健やかに育む場となるよう, 保育者一人ひとりが意識することが重要である。

2. 保育所における乳児への保育実践の特質

家庭保育との比較において, ①保育をする者の立場, ②子どもの立場, の2つの側面から, 保育所における乳児への保育実践の特質を述べる。

(1) 保育をする者の立場から

保育所では, 乳児の心身の健康や発達の状態について, 複数の専門家の目で客観的・定期的に把握することができるため, 子どもの心身の異常や虐待あるいは不適切な養育があった場合の早期発見が可能である。また, 安全面において保育所は, 乳児が生活する場

という目的で設営されているため，たばこなどの誤飲や風呂場での溺死のような事故が起こりにくい危険の少ない環境にある。このため，子どもを危険から守るために使うエネルギーを最小限にし，他のことに使うことができる。

(2) 子どもの立場から

保育所は，集団生活の特性として，生活習慣や規範意識などを毎日の積み重ねによる時間的空間的な流れと子ども同士の切磋琢磨の中で身に付けることが期待されている。そして，あらゆる学習場面で，同年齢・異年齢の仲間からの刺激を受け，多くの大人と接することから，子どもの発達にとって豊かな体験が可能である。言語の発達を促したり，他人とのコミュニケーションの方法を知らず知らずのうちに学んだりする環境にもなる。かつて，施設で養育された子どもは，言葉の発達が遅いと言われていたが，現在の都会の密室化した家庭の中で親子だけで大部分の時間を過ごす家庭内保育よりは，保育所の方がより言語的刺激に充ちている。

3. 今後の課題

地域社会が弱体化し，子育て中の親が孤立し，育児不安が増大する中で，国が少子化対策の一環として策定した「今後の子育て支援のための施策の基本的方向について（エンゼルプラン）」(1994（平成6）年）では，保育所を「地域子育て支援センター」として，地域住民の子育て支援を行っていくこ

とが計画された。以後子育て支援は5年毎に策定された「重点的に推進すべき少子化対策の具体的実施計画について（新エンゼルプラン）」「子ども・子育て応援プラン」「子ども・子育てビジョン」の政策の中でも引き継がれてきた。さらに2012（平成24）年に策定された「子ども・子育て関連3法」に基づく2015（平成27）年施行の「子ども・子育て支援新制度」においても，子育て支援は現代社会の重要な課題とされ，保育所における継続的な実施が期待されている。

(1) 保育所と家庭の連携

保護者との連携については，児童福祉施設の設備及び運営に関する基準第36条に「保育所の長は，常に入所している乳幼児の保護者と密接な連絡をとり，保育の内容等につき，その保護者の理解及び協力を得るよう努めなければならない」と定められている。このように保育所と保護者とが互いに連携を図りながら子どもの成長発達を見守っていくということは，子育てに自信がなく不安な親が多い現代においては，言うまでもなく大切なことである。

特に，障害のある子どもや，延長保育や夜間保育を必要とする家庭環境にあり，やむを得ず長時間預からなければならない子どもや，虐待などが疑われる状況にある子どもに対しては，保護者との連携を密にしながら家庭では満たすことのできない保育部分を補うように配慮しなければならない。

(2) 地域における子育て支援

第1に，子育て支援の一環として行う緊急一時保育がある。一時保育を通常の保育に取り込むため，一時保育の子どもとその他の子どもの双方の子どもにとって有意義な時間となるように配慮する必要がある。

第2に，保育所地域活動事業がある。この事業は，現代社会の中で家庭や地域における子育て機能が低下した結果，子どもたちが多彩な人間関係によって様々な体験をする機会が激減しているため，一層重視されるべき事業である。地域活動事業には，地域の特性に応じた特別保育を設定して行う事業があり，その中には，世代間交流事業や異年齢児交流事業，育児講座，郷土文化伝承活動，保育所退所児童の受け入れなどに関する事業がある。保育所では，日常の保育のために的確な物的・人的資源が整備されている。このため地域の就学前児童の集団形成にふさわしい場であるといえる。保育所は地域に開かれた社会資源として，子育てのための知恵と場を活用し，通常業務に支障のない範囲で積極的に地域活動に貢献することが求められている。

第3に，乳幼児の保育に関する指導・相談・助言である。このことは，2001（平成13）年の児童福祉法改正により新たに保育士の業務として位置づけられた。育児不安をもつ親の増加により，地域に密着し，ソーシャルワークを行えるような技術や知識と適切な子ども観を備えた援助者としての保育士が期待されている。具体的には，利用者の話を傾聴し，ありのままの姿を受容できることや，相談内容を他に口外することのないよう（守秘義務）努めることが求められている。また，援助の過程において自己決定できるのは保護者であるため，援助者は子どもの立場に立って子どもの気持ちを代弁し，子どもがより豊かに生きる権利（ウェルビーイング）を主張できるような援助をしなければならない。

(3) 保育者の資質の向上

保育者は，地域の子育て専門機関として養護と教育を一体化したスーパービジョン体制や普段の研修の場として機能するように保育所の再構築を図る必要がある。そのためには保育者が，保育の知識・技術を高め，自らの人間性を豊かにするように自己研鑽に努めること，そして，仕事に必要な共通認識を確保するためにも，体系的・計画的に実施される保育所内外での研修に積極的に参加し，自己評価を行うことが求められる。

今後の乳児保育は，受け入れた乳児の保育はもとより，その保護者や乳児を育てている地域の親たちへの保育に関する相談・助言などの社会的役割がますます求められる。保育所が，子育て支援センターとしての役割を十分に果たし，親同士の主体的な結びつきによる地域社会が誕生することが望まれる。

乳児期における「運動遊び」の大切さについて

　乳児期の運動は，全身的運動（移動運動）と微細運動（目と手の供応動作）の2つに大別できる。全身的運動が発達する段階では，自己統制できる範囲が，頭部から胸部，腕部，脚部へと身体の上部から下部へ拡大していき，手の運動では肩から指へと身体の中心から末梢へと発達が進む。乳児期には，全身運動機能に顕著な発達が見られ，微細運動機能はゆっくり進む。筋力や持久力は乏しいことから自由な運動遊びを多く体験することによって，総合的な発達が遂げられる。

　実生活場面では，乳幼児は運動能力や移動能力が発達（座位→はいはい→歩行）していくにつれて，自分の周りの世界が広がり好奇心をもってあちこち動き回るようになる。目の前にあるものへ興味を抱いて次から次へと動き回る行動は探索行動と呼ばれる。子どもは周囲の環境へ積極的に働きかけ，あらゆる物から五感を通して刺激を受け，物の感触や性質を実感していく。特に興味をもった物への働きかけは，子どもの好奇心と探求心を満たし，何でも触ってみたり，口に入れてみたりする。こうした活動の積み重ねから乳児は多くを学習し，より創造的な活動へと変化させていく。

　乳児の運動機能すなわち身体移動や体位の保持，運動をコントロールする能力の進歩は，乳児に運動による感覚の変化を楽しませ，運動への関心をますます増大させる。この時期には一人座りとはいはいを組み合わせた動き，つかまり立ちと移動，つかまって台へ登る動きなどの変化があり，また物をその用途に合わせて使いこなそうとする試みも見られる。

　この頃には，乳児は目が覚めている時間が長くなり，成長に伴う多様な能力と好奇心で様々な試行的遊びをしようとする。試行的遊びは運動を伴うため，そこで得られた運動の経験が，さらに新しい運動を覚えるための大きな力となる。例えば寝返りからはいはいへ，さらに歩行ができるようになると，他の時期には見ることのできないような変化に富んだ運動遊びが見られる。また，歩行できることにより，乳児は自分の意志で行きたいところに行き，行動の主体者である自分を発見する喜びを得る。さらに歩行ができると両手が自由になり，ボール遊びが可能となる。ボールを使って相手とやりとりする遊びは，子ども間のコミュニケーションの育ちを促すことにもつながる。

離乳の進め方について

離乳の進め方について，厚生労働省から2019（平成31）年に発表された「授乳・離乳の支援ガイド」に基づいてまとめると次のようになる。

離乳の開始とは，なめらかにすりつぶした状態の食物を初めて与えた時をいう。その時期は生後5，6か月頃が適当である。

次に示す段階をめやすにして無理なく徐々に進めていくとよい。

1．5〜6か月頃

一日1回，日中の授乳時期に離乳食を与える。母乳や育児用ミルクは子どもの欲するままに与え，離乳食は栄養源というより乳児がそれに親しみをもつことを目的とする。最初は，ドロドロ（ポタージュ状）のかゆなどを1さじから与え始める。そして3〜4さじ食べられるようになったら柔らかく煮た野菜や果物などを与える。この時期から，白身魚，しらす，火を通してつぶした豆腐などを与えてもよい。

2．7〜8か月頃

一日2回食を軌道に乗せ，食後には母乳または育児用ミルクを与える。食品の種類や調理法を広げていくが，「舌でつぶせる固さ」に調理する。多くの乳児に歯が生え始めるので，食パンの耳やビスケットを与えてもよい。

3．9〜11か月頃

食事のリズムを大切にし，一日3回食に進めていく。主に食事から栄養を摂ることができるようになる。この時期には栄養のバランスに気をつけ，「歯ぐきでつぶせる固さ」を目安に，かむことを徐々に覚えさせていく。

4．12〜18か月頃

生活リズムを整え，朝・昼・夕の3回の食事と子どもの状況により一日1〜2回を目安として間食を与える。牛乳またはミルクは一人ひとりの子どもの離乳の進行及び完了の状況に応じて与える。固さは「歯ぐきで噛める固さ」にし，家族の食事をさらに刻んだり煮たりして上手に利用し，広範囲の食品や調理法を用いる。また，失敗が多くても自分の手で食べることが大切である。「手づかみ食べ」は，自分で食べたいという気持ちの表れでもあり，その意欲を大切にしたいものである。この間に母乳は自然にやめるようにする。

離乳の完了とは，形ある食べ物を噛みつぶすことができるようになり，エネルギーや栄養素の大部分が母乳または育児用ミルク以外の食物から摂れるようになった状態をいう。その時期は生後12〜18か月頃である。

むずかる乳児への対応について

まもなく1歳になる乳児がむずかる原因としては，次のことが考えられる。

この頃の特徴として，目で見たものを手でつかむといった，感覚器官の連絡や統合ができはじめる。それに伴って，自らの手で道具を使いこなせるようになる。物と物との関係が理解できるようになり，スプーンを持って食事をしたり，コップからお茶を飲んだり，スコップを使って砂遊びをする。また言葉の獲得に伴って，今，目の前にない物や人のことを思い浮かべたり，ごっこ遊びや絵本を楽しめるようになる。しかし食欲や知的好奇心に促されて何千回となく試行錯誤しながら道具の使い方を修得するまでには多くの失敗もある。思い通りにいかないことが繰り返されると，もどかしさを感じてしまい乳児がむずかることも少なくない。また，乳児が言葉による表現をしようとする時に，保育者がその子どもの興味や環境をよく把握していない場合，何を意味しているのか何を表現しているのかをよく理解できないことがある。この場合も乳児にとっては同様の状態になると考えられる。

1歳児のもう1つの特徴として，活発な探索活動によるいたずらが始まる。歩くようになり，行動範囲が拡大すると，自分の力を試そうとする自我も芽生え始める。いたずらが激しくなると，「いけません」「それは駄目」というような否定や禁止の言葉が多くなりがちで，それが1歳児の自我の芽生えとぶつかって「いや」「だめ」という表現が必要以上に繰り返されてしまうことがある。

このような子どもに対して，保育者は次の点に気をつけて対応するとよい。子どもの自立心を認めて，自分でやりたいという意欲を示した時は，さりげなく援助して自分でできたという満足感を味わえるように配慮する。また，子どもの意志を尊重して，自分で選択し自己決定できる環境をつくり，子どもが納得して行動するようにする。そうすることで保育者は，子どもにとって自分を否定する存在ではなくなり，自分の意志を尊重してくれる存在となる。このような対応の積み重ねにより2歳後半頃には，自分の意志が尊重されていることを感じて自尊心が育ち始める。この自尊心の育ちは，今まで「いや」「だめ」と主張していただけの自分から，より望ましい自分へと自己制御して行動する原動力となっていく。

乳児の保育内容を考える視点について

　乳児を預かる保育施設においては，乳児が心身共に健康であり，よりよい成長発達を遂げていくことが保障されなければならない。保育の内容は保育の目標をより具体化した「ねらい」を達成するために，実際に乳児が経験し活動できるように組織的に構成されたものである。子どもの状況や発達に応じて相応しい内容であることや，具体的に実践できるものでなければならない。その内容は，保育士等が適切に行うべき生命の保持や情緒の安定に必要な事項（養護の内容），及び子どもが身に付けることが望まれる心情，意欲，態度などの事項（教育の内容）の2つが挙げられる。その際，乳児期においては生活全般にわたって大人に依存しなければ生きていけないことや，子どもの活動を引き出すのにも大人の援助がなくてはならないことを，保育士が自覚しておく必要がある。

　さらに乳児の保育内容を考える際に必要な視点として，次の2点が挙げられる。

　第1の視点は，特に乳児の場合，様々な発達領域を越えた総合的な展開を図る必要があるということである。

　子どもの年齢が低いほど発達が未分化であるため，ある活動は1つの発達領域に限られるものではなく，領域の間で相互に関連をもちながら総合的に展開する。したがって養護の内容，教育の内容共に各領域を統合して考える必要がある。つまり乳児保育の内容は「遊び」を含めた「生きていくための生活そのもの」であり，そこには身体的・精神的健康，並びに知的・社会的発達も含まれているのである。

　第2の視点は，保育内容を具体化する際に，乳児それぞれの発達的特質を捉え，発達の過程を考慮しなければならないということである。「保育所保育指針」では，就学前の子どもの発達過程を3つの区分で捉えているが，これは誰もが目指すべき均一的な発達の基準ではなく，一人ひとりの発達について育ちの過程を尊重し，一貫性・連続性をもった理解をするためのものである。保育士は発達の方向性を見通したうえで，その時のその子どもが抱えている問題を理解し，共に歩んでいくことが大切である。また，個々の子どもの自発的・主体的な興味・関心を大切にしながら，その子どもにとって必要とされる知識や能力を身に付けられるよう対応していくことが，心身の発達を援助する保育士としての大切な視点である。

乳児期の「探索活動」や「模倣」の意義について

　乳児は，ほぼ1歳を過ぎると歩けるようになり，生活世界が飛躍的に広がる。子どもは，目の前に広がる未知の世界に好奇心をもって自発的に動き回り，周囲の環境（身近な人や身の回りにある物）に積極的に働きかけていく。こうした探索活動の過程の中で，乳児の心身の諸機能が発達し，大人になってから必要とされる数多くの基本的行動が身に付いていく。例えば，つまむという探索活動は，スプーンを使う，コップを持つという文化的行動に発展する。このように新しい行動が次々とできるようになることによって，乳児は自分にもできるという自信をもち，自発性を高めていく。また，このような外界へ働きかける行動に対して「それちょうだい」「たくさん持てるかな」「よくできたね」などと大人が言葉を添えることにより，大人との「言葉を媒介とする行動」を引き出すことにもつながる。さらに乳児が好奇心をもって動き回り，経験している世界では，乳児・保育者双方の共感とコミュニケーションが成立することになる。保育者は，動き回り，環境に働きかける乳児の行動を受け入れ，理解し，適切に対応することが大切である。

　同じ頃から，周りの人の行動にも盛んに興味を示し，保育者と一緒に模倣を楽しめるようになる。乳児は親しいと感じた大人の言葉や動き，雰囲気などを吸収しながら，自分の感じたイメージを身体や言葉などで表現しようとする。このように模倣することを通して，自分のイメージに沿って積極的に行動する喜びを体験する。人からの押しつけによるものでなく自分なりに感じたイメージを表現できる時，乳児は主体的・創造的な遊びを展開させることができる。また，絵本を見ながらその内容を動作や言葉で表現したり，手遊びを伴った言葉遊びや歌を歌ったりもする。このような模倣を通し，言葉とリズムが一体となった表現を身に付けていく。

　2歳児になると，探索活動や模倣は高められ，新たな体験で得られた感動や発見を周囲の大人へ積極的に伝えようとする。その時，大人がその思いを受け止め仲立ちをすることによって，友達と一緒に遊ぶ楽しさを体験できるようになる。

　探索，模倣という遊びの原型ともいえる行動は，環境への興味を促し，人間関係を広げ，言葉の発達を促進し，表現力を豊かにする可能性をもつ大切な行動なのである。

乳児へのおもちゃの与え方について

　仰向け，うつ伏せ，支え座り，お座り，ハイハイ，つかまり立ち，よちよち歩き，と姿勢の変化に富む乳児期は，五感を働かせて周囲との関わりがつくられていく。そのため，おもちゃについては，乳児の感覚を重視した丁寧な環境づくりと保育者との関わりを通した与え方が大切になる。

　仰向け寝の頃は，目の前に広がるオルゴールメリーのようなものにより，その音色や優しい色使いを感じることができる。また，おむつ替えや着替えの際にも，口に入れることのできるタオル地のぬいぐるみや，ガラガラなどを手に持つことで，触れる感触を味わうことができる。さらにうつ伏せの姿勢ができるようになると，手を伸ばして起き上がりこぼしに触れてカランコロンと鳴る音に笑ったり，転がるボールを目で追いながらアーアーと声を上げて喜んだりする姿も見られる。そして，支え座りができるようになると，興味のあるものに手を伸ばし，つかむことも安定し，音の出るガラガラを自らつかみ，振るようになる。また，保育者の膝の上で，タオル地やシフォン布を使って顔を隠した，いないいないばぁでも声を上げて喜ぶ。このように口に入れても安全でかつ視覚を刺激し，手や指で動かして遊べるものや握りやすい素材，形のおもちゃを用意する。

　お座りが安定してくると，大小の箱を出したり，積み重ねたりすることを楽しむようになる。そして，つかまり立ちやよちよち歩きの頃には，身体的な発達とともに探索欲求を満たす手押し車を好み，さらに笑顔で見守っている保育者がいることで，安心してどこまでも押していく姿が見られる。

　このように，乳児は近くにあるものは何でもおもちゃにするため，既製品に頼らなくても，保育者の関わり方次第で，素材そのもので十分に楽しむことができる。また，既製品には，電子音の刺激が強いものや柔らかい感触を得られるものが少ないため，手作りのおもちゃも有効である。例えば，チェーンリングをミルク缶の中に入れ，出し入れできるものや，ペットボトルの蓋の中に音の出るものを入れて留め，フェルトで包み，両方にマジックテープを縫い付けた音の鳴るつながるおもちゃなどは，指先を使い，音を楽しむなど多様に遊ぶことができ，夢中になって遊ぶ。子どもの好みや身体的発達など，遊ぶ様子を観察し，おもちゃを選定することが大切である。

◎参考文献

阿部和子『子どもの心の育ち─0歳から3歳 自己がかたちづくられるまで』萌文書林，2002.

石井哲夫・待井和江編『改訂 保育所保育指針全文の読み方』全国社会福祉協議会，1999.

厚生労働省『保育所保育指針解説 平成30年3月』フレーベル館，2018.

井上正夫『発達心理学』近畿大学豊岡短期大学通信教育部，1997.

今井和子『0・1・2歳児の心の育ちと保育』小学館，1998.

岩堂美智子・吉田洋子・田中文子他編著『改訂版 新・乳児の発達と保育』ミネルヴァ書房，2001.

改訂・保育士養成講座編纂委員会編『保育士養成講座②児童福祉 改訂4版』全国社会福祉協議会，2009.

改訂・保育士養成講座編纂委員会編『保育士養成講座③ 発達心理学 改訂4版』全国社会福祉協議会，2009.

改訂・保育士養成講座編纂委員会編『保育士養成講座⑥ 小児栄養 改訂5版』全国社会福祉協議会，2010.

金子逸四『乳児保育』近畿大学豊岡短期大学通信教育部，2002.

神田英雄『0歳から3歳─保育・子育てと発達研究をむすぶ〈乳児編〉』全国保育団体連絡会，2013.

クリエイティブプレイ研究会編『遊びの指導─エンサイクロペディア 乳幼児編』同文書院，1997.

厚生労働省「授乳・離乳の支援ガイド（2019年改定版）」2019.

厚生労働省『保育所保育指針解説書 平成30年3月』フレーベル館，2018.

千羽喜代子編著『新版改訂 乳児の保育─0・1・2歳児の生活と保育内容』萌文書林，1999.

二木武・加藤翠編『乳児保育 第7版』南山堂，1999.

松本園子編著『乳児の生活と保育 第2版』樹村房，2005.

丸山美和子『育つ力と育てる力─乳幼児の年齢別ポイント』大月書店，2008.

和久洋三他著，げ・ん・き編集部編『おもちゃの選び方与え方』エイデル研究所，1993.

◎保育の内容・方法に関する科目

第39章
子どもの健康と安全

子どもの命，健康を守るために保育者として必要なことについて述べよ。

「保育所保育指針」の養護に関する基本的事項(1)養護の理念において，「保育における養護とは，子どもの生命の保持及び情緒の安定を図るために保育士等が行う援助や関わりであり，保育所における保育は，養護及び教育を一体的に行うことをその特性とするものである。保育所における保育全体を通じて，養護に関するねらい及び内容を踏まえた保育が展開されなければならない」と述べられている。また，その内容には4つの事項が記されている。①1人ひとりの子どもの平常の健康状態や発育及び発達状態を的確に把握し，異常を感じる場合は，速やかに適切に対応する。②家庭との連携を密にし，嘱託医等との連携を図りながら，子どもの疾病や事故防止に関する認識を深め，保健的で安全な保育環境の維持及び向上に努める。③清潔で安全な環境を整え，適切な援助や応答的な関わりを通して子どもの生理的欲求を満たしていく。また，家庭と協力しながら，子どもの発達過程等に応じた適切な生活のリズムがつくられていくようにする。④子どもの発達過程等に応じて，適度な運動と休息を取ることができるようにする。また，食事，排泄，衣類の着脱，身の回りを清潔にすることなどについて，子どもが意欲的に生活できるよう適切に援助する。

保育者はこれらのことをふまえ，子どもの命を守り保育を行う必要性がある。

1. 子どもの観察

子どもの健康を守るためには，日々の子どもの様子を注意深く観察し，異常の早期発見をすることが重要である。そのために保育者は，正常な状態の子どもの様子を把握しておくことが必要である。また，病気に関する知識や，病気への対応等も知っておく必要性がある。

また，子どもの観察は，体だけでなく心の様子も観察する必要がある。いじめや虐待などでは，心の健康が損なわれている可能性があるため，心の健康を観察することは重要である。

2. 病気の理解

子どもに多い病気として感染症がある。集団生活の中では，感染症を予防することは大変重要である。感染症に関しては，厚生労働省の「保育所における感染症ガイドライン」を参考に，感染対策を行う必要がある。感染症の中でも，麻疹，水痘，流行性耳下腺

炎，風疹，伝染性紅斑等は感染力が強く注意が必要で，予防方法，感染経路や症状，登園基準などを理解しておくべきである。

感染症を防ぐには，感染症成立の三大要因である感染源，感染経路及び感受性への対策が重要である。病原体の付着や増殖を防ぐこと，感染経路を断つこと，予防接種を受けて感受性のある状態をできる限り早く解消すること等が大切である。保育所の各職員は，これらのことについて十分に理解するとともに，保育所における日々の衛生管理等に活かし，また，保護者に対して，口頭での説明，保健だより等の文書での説明，掲示等を通じて，わかりやすく伝えることが求められる。また，保育所内で感染症が発生した場合は，早期診断・早期治療・感染拡大防止につなげるため，全職員が情報を共有し，速やかに保護者に感染症名を伝えるなど，感染拡大防止策を講じることが重要である。

子どもに発症する感染症以外の病気には，幽門狭窄症，腸重積症などがあるが自分で症状を伝えることが難しいので，保育者は疾患の症状を理解し，早期発見に努める必要性がある。特に腸重積症は，早期発見できれば注腸などの処置で改善するが，時間が経過している場合には手術が必要となる場合もあるので，保育者は子どもをよく観察し異常があった場合は早期に対応することが求められる。

3．緊急時の対応

食物アレルギーや，心肺停止など万が一の時のことを考え，保育者は対応方法を身に付けておくことが必要である。食物アレルギーではエピペン，誤嚥では背部叩打法，呼吸停止では一次救命処置を行うが，いざというとき慌てないように，研修等を定期的に行い，スタッフ全員が実施できるようトレーニングを行うことが重要である。

4．事故の予防

子どもの事故死は，先進国の中でも日本は低いとは言えない状況である。子どもの事故の原因は0歳児では窒息が多く，1〜4歳では交通事故，溺水となっている。子どもの事故の要因として，身長に占める頭が大きいこと，運動発達が未熟なこと，周囲の事物に対する関心の未熟性，危険認知の発達の未熟性などが挙げられる。これらの特徴を理解し，事前に子どもの事故を予防することが重要である。事故を予防するためには，環境を整えることも大切だが，子どもへの教育も必要である。交通事故だけでなく，子どもが災害や犯罪の被害にあわないように子どもが興味をもつ方法で教育を行うことも重要である。

事故予防には危機管理も必要である。日常の保育の中でも大きな事故にはならなかったが，ヒヤリとした小さな出来事が起こる。ハインリッヒの法則では1つの重大事故の下には300ものヒヤリハットが存在していると言わ

れている。保育現場では小さなヒヤリハットが日々起こっていると考えられるが，それらを報告書に挙げ，スタッフ全員で共有することが重要である。ヒヤリハットは始末書ではなく，次の事故を防ぐための重要な宝物であることを認識し，施設内で報告しやすい環境をつくり，そのヒヤリハットについての対策を講じる必要がある。対策については，できるだけ簡単な方法を考えることが重要である。対策が複雑であったり，手間がかかる方法では時間が経過するとやらなくなったり，できなくなったりし，再び事故が発生する可能性がある。事故の対策は全員が理解し，その対策を実践することにより初めて，事故の予防が可能となるのである。

5．災害の対策

　地震や水害，火災など，様々な災害があるが，災害の対策は避難訓練などを行い，いつ災害が起きても行動がとれるようにしておく必要がある。保育者は避難経路やその点検，また子どもへの教育も重要である。また，保護者との連絡方法も確認しておく。備蓄品の準備についても，最低3日分の食品と水を準備し，期限切れなどの点検を定期的に行い，保管場所を周知しておく。

　また，交通事故や防犯に関しても対策が必要である。交通安全教室や防犯教室などを開催し，子どもにも理解しやすい方法で教え，子どもが自らの命を守れる行動をとれるようにしておくことが重要である。防犯については，出入り口の施錠や防犯カメラの設置，また地域との協力体制も必要である。

6．安全衛生教育

　子どもの命を守るためには，防災教育や交通安全教育以外にも，基本的な生活習慣を身に付けるための教育も大切である。感染症から身を守るためには，正しい手洗い方法やうがい，また虫歯を予防するための歯磨き，また食育も必要である。

7．保育者自身の健康管理と他機関との連携

　子どもを保育する時，保育者も健康でいる必要がある。保育者自身が感染源になることなどが決してないように，自己の健康管理を行う必要がある。保育者が健康管理を行うことは子どもを守ることにつながる。

　また，嘱託医や保護者，他機関との連携も重要である。特に嘱託医とは連携をとり子どもの健康状態だけでなく，発育で気になることなどがあるときはその都度相談する。また嘱託医の健診結果を保護者にも伝える必要がある。

　児童相談所との連携も重要である。保育者は子どもの観察を行い養育問題がある家庭や，虐待が疑われる家庭がある場合は，児童相談所に相談すべきである。保育者は日々の子どもや保護者の様子を観察し，子どもの命を守る支援を行う必要がある。

感染症の予防と対策について

子どもに多い病気として感染症がある。ウイルスや細菌などの病原体が人や動物などの体内に侵入し，発育又は増殖することを「感染」といい，その結果，何らかの臨床症状が現れた状態を「感染症」という。病原体が体内に侵入してから症状が現れるまでにはある一定の期間があり，これを「潜伏期間」という。感染が成立するにはウイルスや細菌などの「病原体」，その病原体の「感染経路」，感染を受ける「宿主の感受性」の3要素を理解しておく必要がある。集団生活の場である保育所内で感染が起こった場合，多くの子どもに感染するリスクがあるため，保育者は感染の3要素を正しく理解し，普段の生活の中で感染を予防する対策を講じる必要性がある。保育の場では，感染経路を遮断することが最も重要である。

1．麻疹（はしか）

麻疹の病原体は麻疹ウイルスで，潜伏期間は10日〜2週間である。症状は，発症初期には，高熱，咳，鼻水，結膜充血，目やに等の症状がみられる。発熱は一時期下降傾向を示すが，再び上昇し，この頃には口の中にコプリック斑が見られる。主な感染経路は飛沫感染，接触感染及び空気感染（飛沫核感染）である。発症予防には，ワクチンの接種が行われている。

2．風疹（三日はしか）

病原体は，風疹ウイルスで，潜伏期間は2〜3週間である。症状は，発疹が顔や頸部に出現し，全身へと拡大する。感染しても無症状な不顕性感染が30％程度ある。妊娠初期に母体が風疹ウイルスに感染すると，胎児にも感染して先天性風疹症候群を発症することがある。主な感染経路は飛沫感染である。発症予防にはワクチンの接種が行われている。

3．水痘（水ぼうそう）

病原体は水痘・帯状疱疹ウイルスで，潜伏期間は2〜3週間である。症状は発疹が顔や頭部に出現し，やがて全身へと拡大する。発疹は，斑点状の赤い丘疹から始まり，水疱となり，最後は痂皮となる。主な感染経路は，空気感染である。

4．流行性耳下腺炎（おたふくかぜ，ムンプス）

病原体はムンプスウイルスで，潜伏期間は2〜3週間である。症状は，発熱と唾液腺の腫脹・疼痛である。合併症として難聴がある。予防は生ワクチンの接種が可能である。

排泄行動の自立と援助について

腎臓は体内で生じた有害物質や不要となった物質から尿を生成する働きがある。腎臓で生成された尿は，尿管を通って膀胱に蓄えられ，尿道を経て体外へ排泄される。乳児の腎機能は未熟なため尿の濃縮力は弱い。そのため体重の割に1日の尿量は多く，そのうえ膀胱が小さいので1日の排尿回数は多い。生後3か月までは1日15～20回，1歳までは10～15回である。4～5歳になると1日5～8回程度の排尿となる。

成人では膀胱に一定量以上の尿が溜まると，その刺激が大脳に伝えられ，尿意として感じられる。大脳が尿を排泄するかどうかを判断して，排泄する場合は随意筋（自分の意思で動く筋肉）である外尿道括約筋を弛緩させて意識的に排尿する。排泄しない場合は逆に外尿道括約筋を収縮させて尿をある程度膀胱に溜めておくことができる。

これに対して新生児や乳児は神経系の発達が未熟なため，膀胱に尿が溜まったという刺激が大脳まで届かず，仙髄（脊髄の下のほうにある神経）の反射によって排尿される。意識的に尿を溜めておくこともできない。

大脳での調節が可能となるのは1歳半から2歳頃なので，この頃からトイレトレーニングを始めるとよい。目安としては，尿意が伝えられる，1人歩きができる，1回の尿量が多くなることである。定期的におまるに座らせ，排泄がうまくできた時にほめることから始める。2～3歳頃になると昼間の排尿は自立する。近年，排尿の自立の時期が少し遅くなっている傾向があり，布おむつに代わって紙おむつが一般的に使用されるようになったことが原因とも言われている。夜間は抗利尿ホルモンが多くなるため排尿は抑制されるが，乳幼児の場合はその分泌が十分ではないため，4歳頃まで夜尿があることが多い。

便は食物の未消化部分や腸粘膜からの分泌物，腸内細菌等が直腸に溜まったものである。ある程度の量になると成人では便意を感じ，肛門の周りを囲んでいる外肛門括約筋（随意筋）を収縮させて便を意識的に直腸に溜めておくことができる。乳幼児では直腸に便が溜まってもその刺激がまだ大脳まで届かないので，反射的に排泄してしまう。排便の自立は排尿の自立より早いことが多いが，逆の場合もある。心理的要素も関係しているため個人差が大きい。なお排便後の後始末ができるようになるのは4歳過ぎである。

小児期の事故の特徴とその対策について

　厚生労働省の統計（2019（令和元）年）によると，わが国の小児の死亡原因の中で不慮の事故によるものは，0歳では第3位，1～4歳では第2位，5～9歳でも第2位となっており，小児期において不慮の事故による死亡は非常に大きな問題であることがわかる。

　不慮の事故死の原因（2019（令和元）年）を子どもの年齢別に詳しく見ると，0歳児では窒息が最も多く約8割を占める。乳児期前半では母乳やミルクなどを吐いた時の誤嚥（誤って飲食物が気道に入ること）や寝具などが鼻や口をふさぐことによる不慮の窒息が多い。寝返りやお座りができるようになると転落が多くなる。1～4歳では交通事故が最も多く（約38%），次いで窒息（約32%），溺死（約19%）と続く。この頃は好奇心が旺盛なため家庭用プールや風呂の残り湯による溺死の危険性があり，また屋外へと行動範囲が広がるため交通事故が多くなる。5～14歳では溺死（約32%）や，交通事故（約30%）が多く，転倒・転落（約14%）も多い。この時期はさらに子どもの行動範囲が広がり，また友達との関わりの中での事故が増える。

　不慮の事故が起こる原因として，子どものもつ心身の特性，すなわち子どもは①身長に対する頭の割合が大きい，②運動発達が未熟である，③危険認知の判断が未熟である，④好奇心が強いということを忘れてはならない。

　保育施設では多くの子どもたちが集団で活動しているため，他児との関係で起こる事故が多く見られる。そのため，保育施設での事故防止対策では子どものもつリスク，保育者のもつリスク，施設・設備・遊具のもつリスクに分けて考えることが重要である。

　子どものもつリスク対策としては，子どもの日々の情緒・体調の把握と配慮，安全教育の充実等である。安全教育は，子ども自身が自分を守ることができるような判断力や認識力，身のこなし方等を身に付けるために行う。そのためにはなぜ危険なのか，どうすれば安全かということを，一緒に考えながら教えていく必要がある。保育者のもつリスク対策としては，保育者の危険予知能力の向上，職員間の情報交換やチームワークづくりなどが挙げられる。施設等のもつリスク対策としては日々の安全点検と整備などである。また，事故につながるかもしれない事例をヒヤリ・ハット報告として出してもらうことも重要である。

母乳の分泌メカニズムと母乳栄養について

哺乳動物の母親は，母乳を与え子どもを育てる。母乳のメカニズムには，ホルモンが大きく関与している。ホルモンは体内の様々な内分泌器と言われる臓器より分泌されるが，ホルモン単独では体内で作用が起こらない。ホルモンはその受容体が発現し結合することにより初めて効果を現す。

妊娠中は，エストロゲンとプロゲステロンの働きにより，乳房の乳管や腺房などが発達する。妊娠中プロラクチンが増加するがプロラクチンの受容体の出現が抑制されていることにより乳汁は合成されず分泌されない。分娩すると，胎盤が娩出されることによりプロラクチンの受容体が出現し，乳房でプロラクチンとプロラクチン受容体の結合が起こる。そのため乳房内では乳汁が合成され分泌される。そして新生児が乳房を吸啜するとその刺激が母親の脳に伝達され，脳下垂体からオキシトシンとプロラクチンが分泌される。オキシトシンは，乳房の筋肉を収縮させ乳汁を射乳させる働きをもつ。またオキシトシンは，母体の子宮収縮を促進させる働きもあり，産後の母体回復の役割も担っている。

母乳中には子どもにとって必要な栄養素や免疫物質が含まれている。母乳は最も理想的な栄養法である。母乳は分娩直後より生後5日くらいまでに分泌される初乳とそれ以降に分泌される成乳がある。母乳は子どもに必要な栄養素と消化酵素が含まれているため，消化吸収に優れている。母乳中の免疫グロブリンAは特に初乳に多く含まれており，生まれて間もない新生児の命を守っている。

また，母乳は経済的で作る手間がなく，どこでも哺乳が可能であるため，災害時なども有効である。そして母乳哺育は母親とのスキンシップが取れるため，母と子のきずなを深める効果もある。最近ではオキシトシンやプロラクチンが脳内で愛着形成に役立っているとの報告もある。

しかし母乳中だけではビタミンKが不足し，新生児が頭蓋内出血を起こす可能性があるため，生後ビタミンKシロップの内服が行われている。また，母乳中に母体が感染しているウイルスが移行し感染が起こる可能性があることも考慮すべき点である。

母乳には利点が多く，保育所などで直接母乳を与えられない場合は，冷凍母乳を持参する場合もあり，保育者は冷凍母乳の取り扱いについても周知しておくことが必要である。

小児の一次救急について

心肺停止や異物による窒息などの傷病者が発生した場合，すぐに行う救急処置を一次救命処置という。特に乳幼児では，急激な発病や不慮の事故などにより早急に適切な処置を必要とする場合が多い。

救命の可能性は時間の経過とともに著しく低下するため，救命処置はその場に居合わせた人が直ちに開始することが重要である。また心停止によって3～4分以上血流が停止すると，脳に不可逆性の障害を残すので，脳障害を最小限にするためにも一刻も早い処置が重要である。

保育士，幼稚園教諭などには小児の一次救命処置（BLS；Basic Life Support）の習得が奨励されている。手順の概略を以下に記す。

(1) 倒れている子どもを発見したら肩を優しく叩きながら（乳児では足の裏を叩きながら）呼びかける。反応がない場合は，周囲の人に救急車の要請とAEDの準備を依頼する。

(2) 胸と腹部の動きを10秒以内で見て，普段通りの呼吸が行われていない場合は心停止の兆候と判断する。

(3) 心停止と判断した場合は直ちに胸骨圧迫を行う。小児では胸の真ん中を片手又は両手の手掌基部（手の平の付け根）で真下に圧迫する。乳児の場合は乳頭と乳頭を結ぶ線の少し足側を2本の指で圧迫する。強く（胸の厚さの3分の1の深さまで），速く（1分間に100～120回），絶え間なく行う。

(4) できれば人工呼吸を行う。片方の手で額を支え，他方の手の指で下顎を引き上げ，気道の確保をする。小児の場合は指で鼻をつまみ，口を口で覆い，乳児の場合は鼻と口の両方を口で覆い，2回息を吹き込む。過度の吹込みは肺の損傷等を起こすので胸と腹部の膨らみ具合を確認しながら行う。

(5) 胸骨圧迫30回と人工呼吸2回の組み合わせをAEDが到着するまで，繰り返す。普段通りの呼吸が始まったら心肺蘇生を中止して観察する。

(6) AEDが届いたら電源を入れ，音声指示に従って操作する。その間も心肺蘇生はできるだけ続ける。心電図解析の音声指示が出たら心肺蘇生は一時中断し，傷病者の身体に触れないようにする。電気ショックの必要があった場合はショックボタンを押し，その後直ちに心肺蘇生を再開する。

(7) 救急隊が到着するまで心肺蘇生とAEDの操作を繰り返す。救急隊が到着したら電気ショックの実施回数などを報告し引き継ぐ。

障害のある子どもへの対応について

障害者基本法において，障害者とは身体障害，知的障害，精神障害（発達障害を含む）その他の心身の機能の障害がある者であって，障害及び社会的障壁により継続的に日常生活又は社会生活に相当な制限を受ける状態にあるものをいう。最近では周産期医療の進歩により，未熟な状態で生まれてきた子どもの救命率は上がったが，その反面様々な障害をもつ子どもや，気管内吸引や経管栄養などの医療的介入が必要な子どもも増加した。また，以前は障害のある子どもや医療的介入が必要な子どもは家族が家で介護することが多かったが，保護者（特に母親）の社会参加が増えたため，保育所などにおいて障害のある子どもの保育の必要が高まっている。

障害のある子どもの保育も，障害のない子どもの保育も子どもが安全に楽しく日常生活を送れるよう行う必要がある。しかし，障害のある子どもには特別な配慮が必要であることが多い。障害のある子どもは様々な特性をもっているが，それらの子どもに対応するためには，まず保育者がそれぞれの障害について正しく理解することが必要である。障害と言っても，障害者基本法に述べられているように，身体障害，知的障害，精神障害とその種類は非常に多く，またその子どもによっても個別性がある。一般的な知識と，個別性の両方を理解することが重要である。特に個別性については，保護者よりその子どもの普段の様子や，対応の方法などを聞き，情報共有することが必要となる。また情報共有は，担当の保育者だけでなく，保育者同士でも必要である。協力体制をとり保育していくことが重要である。情報共有の内容としては，その子どもの状態や日常の対応の方法，そして緊急時の対応についても必要である。

障害のある子どもは様々な個別的な配慮が必要となるが，保護者支援も重要である。障害のある子どもの保護者は，育児や日常生活で様々な悩みや，困難感を抱えていることが多い。特に発達障害の子どもは育てにくさを感じながら，保護者が自己嫌悪に陥ったり，虐待へつながる可能性もある。保育者は保護者の気持ちに寄り添い，保護者に声をかけたり話を傾聴する態度が必要である。

障害のある子どもとその保護者が明るい気持ちで生活できるよう，保育者は，日々子どもと保護者のよき理解者でいることが必要である。

◎参考文献

厚生労働統計協会編『国民衛生の動向 2020/2021』
厚生労働統計協会，2021.
小林美由紀編著『授業で現場で役に立つ！子ども
の健康と安全 演習ノート』診断と治療社，2019.
澤口彰子・栗原久・桑原敦志他著『人体のしくみ
とはたらき』朝倉書店，2015.
新保育士養成講座編纂委員会編『新保育士養成講
座⑦ 子どもの保健 改訂 3 版』全国社会福祉協議
会，2018.

田中哲郎『保育園における事故防止と安全保育
第 2 版』日本小児医事出版社，2019.
中根淳子・佐藤直子編著，北川好郎・濱口典子著
『子どもの保健』ななみ書房，2019.

◎保育の内容・方法に関する科目

第40章
障害児療育

保育の場で出会う可能性のある障害について，いくつかの例を挙げ，それぞれの特徴を示すとともに起こりうる生活上の困難さと支援のあり方について述べよ。

1．脳性麻痺の児童に起こりうる生活上の困難さと支援のあり方

脳性麻痺は，受胎から生後4週間までの新生時期に脳に生じた病変や損傷によって身体を動かすことや，姿勢を保つことに障害を抱える状態となることである。運動制限や知的水準には幅があり，寝たきりの状態から歩行が可能である場合，重度の知的障害を伴う場合から年齢相応の場合など様々である。そのため生活場面で起こる困難さにおいても個別性が高いため，保育にあたっては，子どもの発達と障害の状態を正しく理解することが重要となる。しかし，脳性麻痺の子の状態像は知的な面と運動機能の面などが複雑に絡み合っており理解するためには，専門的な知識や経験が必要となる。そのため，保育所における支援にあたっては，園内だけで対応を完結させるのではなく，外部の専門職と緊密な連携を図り，適切な支援方法の理解につなげていくことが重要となる。

また，運動に制限があることにより思うように動けない苛立ちや，気持ちではみんなと一緒にやりたいのに，うまくできない状態に気持ちが落ち込んだり，自信を失くすなどのストレスを抱えることも多いと考えられる。

そして，このようなことを背景に，自分でやることを諦めてしまったり，なんでも保育士にやってもらいたがる等，大人への依存度が高くなる場合もある。保育を行ううえでは，このような子どもの気持ちを理解したうえで，なんでも援助してあげる，あるいは何でも頑張らせるのではなく，本人のできることと援助が必要なことを見極め，本人の意欲や達成感につながるよう援助の仕方を工夫していくことが大切となる。

2．知的障害児に起こりうる生活上の困難さと支援のあり方

知的障害は，全般的な知的水準の有意な遅れ，適応行動の水準が年齢の基準より有意に低い状態が18歳までに生じるということによって定義される障害である。個々の状態は，それぞれの発達状況や経験の差により個人差が大きいが，幼児期の特徴としては，初語を含めた言葉の発達の遅れ，排泄習慣の自立や着脱操作など生活習慣の獲得の遅れ，歩行の開始や運動発達の遅れ，遊びの発達の遅れ，友達との関わ

りの難しさなど生活全般についての遅れが見られ，どの側面においても個々に応じた援助が必要となる。

支援においてまず重要となることは子どもの理解の仕方を把握し，その理解力にそった援助の仕方を工夫していくことである。子どもによっては，言葉で伝えただけではわからない場合もある。その場合には，実物を示しながら伝えることも必要となるであろう。

子ども自身が，「わかった」と感じられるよう，個々に応じた働きかけを場面，場面で行っていくことが，その都度，子どもにとって理解力を広げる貴重な体験の場となるといえる。

知的障害児は，物をじっと見ることや，持続して見ることにおいても困難さを抱えている場合がある。そのような場合は，生活習慣の自立に向けた取り組み，一つひとつに時間と働きかけの工夫が必要となる。ここで重要となるのが，子どもの現在のできる段階を適切に見極め無理のない小さなステップを設定し，積み上げていくスモールステップでの取り組みである。スモールステップでの取り組みによるわかりやすい課題設定は，子ども自身の意欲を高めることにつながる。そして小さな目標を達成していくことで得られる自信は，生活の他の場面における意欲にもつながっていくと考えられる。

また，知的障害児は，自分からの遊びが少なかったり，同じ遊びに終始してしまう場合も少なくない。友達との

関わりにおいても同年齢の友達との遊びでは，ルールが難しいなどにより参加したがらない場合もある。このような遊びや友達との関わりへの支援として，保育園の多様な年齢の子どもが生活する場の利点を生かし，年齢の下のクラスの子どもとの交流を工夫するなど園全体での連携を図り，多様な体験ができる環境の構成を行っていくことも重要である。

3．注意欠如多動性障害の児童に起こりうる生活上の困難さと支援のあり方

注意欠如多動性障害（ADHD）は，多動性，衝動性，不注意の3つの主症状によって定義される発達障害である。この障害を抱える子どもに起こりやすい困難さとしては，集団活動時に落ち着いていられない，友達へのちょっかいが多い，先生の話を聞いていないなどが挙げられ，その結果，度々注意を受けてしまったり，よくわからずに行動し失敗を繰り返してしまい，「何で自分ばかり怒られるの」と被害感をもったり「また失敗をした」と自信を失くしやすくなることが多いと考えられる。

この場合に重要な支援としては，まず注意をそれにくくするための刺激の遮断などの環境調整が挙げられる。

また言葉かけに対する聞きもらしを減らすために，全体への言葉かけとともに個別での言葉かけを行うことも重要である。たくさんの内容を一度に覚えられない場合があるので，短く，わ

かりやすく伝えたり，ホワイトボード
に書いて伝えるなどの提示の工夫をす
ることも有効である。

　集まりの場面や制作活動の場面など
集団活動場面で，長い時間じっとして
いることも苦手であるので，物を立っ
て取りに行く機会をつくる，動きのあ
る活動を入れるなど，姿勢のリセット
ができる場面展開の工夫も重要な支援
となる。また，日常全体においては，
子どものマイナス面に着目するのでは
なく，小さなことでも本人なりに頑
張っている点をみつけ，肯定的な言葉
かけをしていくように心がけ，本人の
自信につながるようサポートしていく
ことがとても重要となる。

4．自閉症スペクトラム障害の児童に起こりうる生活上の困難さと支援のあり方

　自閉症スペクトラムは，社会性コ
ミュニケーションの困難さ，こだわり
や常同行動，想像力の障害を中核の障
害特性とする発達障害である。その他
の特性として，感覚の過敏さを伴う場
合もある。起こりやすい困難さとして
は，友達と関わりたいけれど相手の気
持ちが想像できず，しつこくしてし
まったり，自分のやり方にこだわり，
友達にもそのやり方を押し付けようと
してケンカになってしまうなど友達と
のトラブルも多い。または感覚の過敏
さからにぎやかな集団場面にいること
が苦痛となり，集団場面に対して拒否
的になってしまうといったことも起き

やすい。

　支援としては，本人の行動を頭ごな
しに注意するのではなく，気づきにく
い他者の気持ちについての代弁をした
り絵に描いて解説するなど，友達の気
持ちの理解へのサポートを場面に応じ
て具体的に行うことも必要である。ま
た，場面への拒否の背景に，感覚の過
敏さがあるかもしれないことを理解し
音量の調節を工夫したり，少しの間別
の部屋へ連れて行くなどの対応を取り
入れることも重要となる。

まとめ

　2001年に国連において出された
ICF（生活機能・障害・健康の国際分
類）において障害の捉え方として，個
人因子と環境因子という観点が示され
た。これは環境が変わることで障害に
伴う困難さは変わりうるということを
示している。障害を抱える子どもに
とって生活しやすい保育環境は，どの
子にとっても安心できる場となるであ
ろう。多様な生き方を認め合える関係
構築の実践を保育の場から発信してい
くことが今求められている。

早期発見・早期療育について

全ての子どもは，家庭や地域において豊かな発達が保障されなければならない。とりわけ障害のある子どもには，心身の発達にとって支障となる原因をできるだけ早く発見するとともに適切な発達支援をする必要がある。母子保健法では，妊産婦および乳幼児に対して保健指導や健康診査を，児童福祉法では，障害のある児童についての相談に応じたり，必要な療育の指導，育成医療の給付を行うことを定めている。さらに2004（平成16）年に制定された発達障害者支援法においては，発達障害の症状の発現後できるだけ早期に発達支援を行うことが重要であるとし，早期発見のための措置を講じることを国及び地方公共団体の責務としている。

早期発見の意義として，乳幼児期の発達は変化に富んでいるため，早期に発見し，必要な療育を実施することによって，障害の軽減を図るとともに生活への適応能力を向上させることが期待できることが挙げられる。また，2次障害の予防という視点からも早期発見は重要である。乳幼児期は周囲の環境の影響を受けやすい。子どもへの理解がない状態で叱責や不適切な対応が繰り返されることによって，不安感が高まったり，自信を失くすなどの2次障害を生じかねない。その予防としてできるだけ早期に周囲の大人が子どもの状態を理解し適切な環境を整えていくことが重要となる。

早期発見は，もちろん障害のある子どもを排除するためにあるのではなくあくまでも適切な療育を早期に実施することによって，本人の発達を支援するためにある。したがって，早期発見がなされた後に保健・医療・教育・福祉などの関係機関によって適切に援助できるような体制が整えられなければならない。また，子どもに対する発達支援と同時に，保護者の抱える不安やあせりなどの葛藤する気持ちを受け止め，受容的な態度で接し家族全体が安定していけるように援助することが重要である。

近年，健診では指摘されず，保育所や幼稚園などにおいて配慮が必要な子どもとして気づかれるケースも多くなっている。このような場合，保育者が，日々の保育の中で子どもの状態に合わせた関わりを通して発達の援助を行うとともに，保護者の気持ちに寄り添いつつ，子どもの状態への気づきを促していくことも乳幼児期の療育的支援として重要な役割であるといえる。

保育所における「気になる子」への支援について

　「気になる子」とは，明確な知的な遅れはないが，対人面や行動面において何らかの課題が見られ，個別的対応が必要となる子どもたちを指す言葉として使われている。起こりやすい行動として「落ち着きがない」「指示が通らない」「友達とのトラブルが絶えない」などが挙げられる。このような子どもたちは，知的な遅れが見られないこともあり，1歳6か月児健診や3歳児健診では指摘されず，保育所などにおける集団場面での適応の困難さから気づかれる場合も多く，そのため保育所においては，「気になる子」へのより良い支援の模索が続いている。

　「気になる子」に関する保育所での主な課題として以下の2点が挙げられる。1つは，「気になる子」本人への対応についてである。先に挙げたように「気になる子」の示す行動は，集団の運営に関わる行動が多いため，注意の言葉かけが多くなりやすい。また今までに培った経験をふまえた工夫を駆使して対応しても，なかなか行動の改善を図れないなど，子どもへの対応における困難さから保育者が今の対応でよいのか悩み，葛藤を抱える場合も少なくない。さらにもう1つの課題として，保護者支援の困難さである。「気になる子」の行動の特徴として，刺激の多い集団場面においては，気になる行動が出やすい一方で，周囲からの刺激の少ない家庭においては，そのような行動が出にくい場合があり，保育所での状況を伝えても保護者には理解されにくい場合もある。また，保護者自身も子どもの行動が気になっていながらも，保育者からの指摘には抵抗感をもつ場合もある。このような状況を背景として，保育者と保護者が子どもの状態に対する共通認識をもつことや信頼関係を構築することへの困難さが生じやすく，保護者支援における難しさにつながっていると考えられる。

　以上のように，保育所は，乳幼児期の「気になる子」への支援において，本人のみならず保護者への支援においても重要な役割を担いつつも，多様な行動を示す「気になる子」の対応に，様々な困難さを抱えているといえる。このような状況をふまえ，「気になる子」への支援の充実のためには，保育所内部における努力だけではなく，外部の専門職との連携を密にし，専門的な視点からの子どもへの理解を深めていくとともに，保護者の状況や心情にそった子育て支援の強化が求められる。

療育における専門性と地域支援に求められる役割について

療育における専門性とは，その子どものもつ障害を客観的に評価でき，障害そのものあるいは障害によって生じる不利を改善するための知識や技術をもっていることである。

療育には，医師，看護師，保健師，心理士，理学療法士，作業療法士，言語聴覚士，保育士，ソーシャルワーカーなど，多くの専門職がその専門性をいかして携わっている。これらの専門職が療育に関わることは，それだけ専門的な視点から子どもの発達を援助できるということである。一方，専門性は深くなればなるほど，特定の狭い領域にとらわれ，他の領域に視点を広げることが難しくなる場合もある。したがって，療育を進めるにあたっては，それぞれの専門性をいかしつつ，常に他職種との情報交換を行い，これらの専門職がチームを組み，支援にあたることが求められる。

また，子どもは1日の多くの部分を家庭や保育所・幼稚園で過ごす。したがって専門職は，単に訓練・指導の場面のみに重点をおくのではなく，家庭の状況や保育所・幼稚園での生活等も含めた幅広い視点に立ったうえで専門性を発揮していくことが求められる。そのため，子どもが普段の生活の中で抱えている困難さや，保護者が困っていることは何か，どのようなニーズがあるのかなどに常に留意して指導を行うことが必要である。

さらに，専門職には，地域における障害への理解や支援力を高めていくことも重要な役割として求められる。2012（平成24）年の児童福祉法の改正によって，「保育所等訪問支援」が創設された。この事業は，療育センターの各専門職の専門性を保育所等の地域機関に提供し，職員の対応力を高め，障害のある子どもや家族の地域での生活の質の向上を図っていくことを目的とする訪問型障害児支援である。障害者基本法の改正，障害を理由とする差別の解消の推進に関する法律の施行などを受け，障害児を取り巻く状況も大きく変化してきており，地域における障害児の受け入れもより広がっていくことが期待されている。このような変化を受け，今後さらに，専門職による多様な機会を通しての地域支援の充実が求められている。

療育におけるチームアプローチについて

　療育の目的は，様々な障害のある子どもや親・家族に対して，その子どものもつ能力を最大限に引き出し，地域で当たり前の生活を送ることができるように援助することである。しかし，障害の種類，程度は多様であり，重度の障害あるいは重複障害のある子どもたちの発達は，単に発達上の限られた側面にとどまらず，同時に多くの側面に課題を抱えている場合が多い。そのため，専門機関の職員がそれぞれの専門性をいかした指導や訓練を行うことはもとより，専門性の枠を超えて複数の専門職が協力して子どもの全体的な発達を促すためのチームアプローチの充実を図ることが大切である。

　チームアプローチでは，1人の子どもに，専門性をもつ複数のスタッフが関わることになる。専門職は自分の専門分野だけではなく他のスタッフの専門性についても互いによく理解し，尊重し合い，情報を密に交換することが求められる。このような多職種によるチームアプローチを円滑に進めるために重要となるのがケース会議である。ケース会議においては，それぞれの専門職がその専門性の視点からの情報を出し合い，現在の課題に対しより良い療育方針を検討し，今後の方針の共有化を図る重要な場となる。例えば，自閉症スペクトラムの子どもへのアプローチにおいて，心理士は，その子どもの理解力・思考力という側面から評価し支援方針を立て，作業療法士は，身体感覚や身体活動の面からの評価をふまえ支援方針を考えていく。さらに，聞くことやコミュニケーションの側面からのアプローチを専門の中心におく言語聴覚士においては聞き取る力に関する評価をふまえ，コミュニケーションの面に関する支援方針を考えていく。また，家族全体を視野に入れた支援や地域の関係機関とのつながりを構築していくために，ソーシャルワーカーなどの福祉職との連携も重要となる。ケース会議においては，このようなそれぞれの専門職から出される報告をもとに子どもや環境についての状態を総合的に考え，より子どもの実態にそった支援計画へとつながるよう多面的な検討が行われるのである。

　このように，チームアプローチは，各分野の専門職や関係機関がその専門性を発揮し，より効果的な療育を行うために取り組むものである。

発達障害における2次障害について

発達障害について，発達障害者支援法第2条では「この法律において「発達障害」とは，自閉症，アスペルガー症候群その他の広汎性発達障害，学習障害，注意欠如多動性障害その他これに類する脳機能の障害であってその症状が通常低年齢において発現するものとして政令で定めるもの」としている。ここにおいて示されている脳機能障害を背景として示されるそれぞれの症状が1次障害である。一方2次障害とは，本来の障害からくる症状とは別に，周囲との関係性の中で生じるストレスや傷つき体験によって引き起こされ，1次障害と重なって生じる2次的な困難さのことである。

例えば，アスペルガー症候群（現在は，自閉症スペクトラム障害に含まれる）では，知的には高い一方で，他者の気持ちが理解しにくいという障害の特性により友達にしつこく関わり，嫌がられることを繰り返してしまう結果，度々叱責されてしまうこととなり「自分だけ怒られる」と被害的になる場合が見られる。また，注意欠如多動性障害においては，行動の調整の難しさという特性から，じっとしていられない，不注意から指示の聞きもらしが多い，または見通しのないままに動き失敗するなどの行動が生じるため，周囲から，勝手な行動をする，話を聞いていない，落ち着きがないなどと繰り返し叱責されることにより，自信を失くしたり，または，人に対する反抗的な反応をもちやすくなるなどの状態が生じる。

このような2次障害の生じる背景として発達障害の抱える1次障害に伴う症状について，外からはその困難さがわかりにくいため，表面に見られる行動に焦点が当てられてしまい，周囲の大人からは，わがままな行動，努力不足と思われ，叱責を受けたり，できない点を繰り返し指摘される結果となりやすいことが挙げられる。また，自信喪失に陥るのは子どもだけではなく，発達障害児を抱える親にとっても，一生懸命子育てをしているのにうまくいかない体験を積み重ね自信をなくしたり，孤立化する場合もある。発達障害への支援においてはこのような本人のみならず家族も巻き込む2次障害に陥らないよう，周囲が本人の抱える困難さを理解し生活しやすい環境の調整を行っていくことが不可欠となる。

障害児保育の変遷と課題について

わが国では，日本国憲法によって，すべての国民に教育を受ける権利が保障されている。しかし，かつての教育制度は，その子の障害や能力によっていくつもの道筋に分かれており，障害のある子どもに対して必ずしも適切な教育が提供されてきたとは言いがたく，また障害のある子どもと，障害のない子どもは，別々の場で教育を受けることが大部分であった。しかし北欧から始まった「ノーマライゼーション」の思想が広まるにつれて批判の声があがるようになり，障害のある子どもの保育を通常の保育形態の中で行う「統合保育」（インテグレーション）が浸透していった。さらに，その後「障害のある子ども」も「障害のない子ども」も同じ子どもであり，障害の有無に関わらず一緒にいるのが当たり前とする「包括教育」（インクルージョン）の考え方が広がりを見せていった。

具体的な障害児保育における施策の変遷においては，1960年代，国の政策としての障害児保育はまだ行われておらず，保護者の希望を受けて一部の保育所，幼稚園での実施が見られるだけであり，その数はわずかであった。その後，1974（昭和49）年に厚生省が出した「障害児保育事業実施要綱」

に基づき全国の地方自治体が受け入れを開始したのが日本において障害児保育の制度的受け入れの始まりとなる。その始まりから約45年経ち，2019（令和元）年度の厚生労働省の調査において，障害児保育を実施している保育所は公立・私立を合わせて1万8947か所となっている。これは全保育所数の約80％にあたる。

2008（平成20）年に告示された保育所保育指針第4章においては，障害のある子どもの保育を行ううえでの指針が具体的に示されており個別支援計画の作成についても明記されており，その内容は，2017（平成29）年に改定された保育所保育指針においても，第1章総則において踏襲されている。

このように，45年の間に障害児保育の位置づけは大きく変化してきた。しかし，一方で今なお医療的ケアの高い障害児に対する保育は，安全性の確保の面から難しい状況にある。2016（平成28）年に「障害を理由とする差別の解消の推進に関する法律」が施行されてから5年，あらためてインクルージョン理念をふまえ，どのような障害を抱えていようと，保育の場が保障される環境の実現が求められている。

◎参考文献

太田昌孝「DSM-5 と主要な改訂項目」日本発達障害連盟編『発達障害白書 2014 年版』明石書店，2014.

岸井勇雄・無藤隆・柴崎正行監，柴崎正行・長崎勤・本郷一夫編著『障害児保育』同文書院，2004.

厚生労働省子ども家庭局保育課「保育を取り巻く状況について」2021.

小林保子・立松英子『保育者のための障害児療育―理論と実践をつなぐ 改訂版』学術出版会，2013.

齋藤厚子「家族支援とその実践例」太田昌孝・永井洋子・武藤直子編『自閉症治療の到達点 第 2 版』日本文化科学社，2015.

齊藤万比呂『発達障害が引き起こす二次障害へのケアとサポート』学研，2009.

内閣府「平成 28 年度版障害者白書」2016.

野呂文行『園での「気になる子」対応ガイド』ひかりのくに，2006.

福永博文・藤井和枝編著『障害をもつこどもの理解と援助』コレール社，2011.

船越知行編著『障害児早期療育ハンドブック―東京発・発達支援サービスの実践』学苑社，1996.

宮田広善「DSM-5 と主要な改訂項目」日本発達障害連盟編『発達障害白書 2014 年版』明石書店，2014.

宮本信也「診断名の改定と増加への懸念」日本発達障害連盟編『発達障害白書 2014 年版』明石書店，2014.

◎保育の内容・方法に関する科目

第41章

社会的養護Ⅱ

児童福祉施設を１つ選び，その目的及び利用者の状況，支援の実際と課題について述べよ。

児童福祉法では，12種類の児童福祉施設が規定されている。

具体的には，助産施設，乳児院，母子生活支援施設，保育所，幼保連携型認定こども園，児童厚生施設，児童養護施設，障害児入所施設，児童発達支援センター，児童心理治療施設，児童自立支援施設及び児童家庭支援センターである。

この中で，自身が関心をもったのは児童養護施設である。児童養護施設に関心をもった理由は，保護者のない子どもや保護者に監護させることが適当でない子どもの多くが，児童養護施設で生活を送っている現状があるからである。以下，児童養護施設の目的，利用者の状況，支援の実際と課題について，述べていく。

１．児童養護施設の目的

児童養護施設は，児童福祉法第41条において，「保護者のない児童（乳児を除く。ただし，安定した生活環境の確保その他の理由により特に必要のある場合には，乳児を含む。以下この条において同じ。），虐待されている児童その他環境上養護を要する児童を入所させて，これを養護し，あわせて退所した者に対する相談その他の自立の

ための援助を行うことを目的とする施設」と規定されている。

この内容から児童養護施設における目的は，保護者が養育に問題を抱えた子どもに対して，育ちの権利を保障し，自立に向けた支援と，その退所後についても相談支援を行うことであることが理解できる。

２．児童養護施設における利用者の状況

児童養護施設における利用者の状況は，2020（令和2）年に公表された厚生労働省「児童養護施設入所児童等調査」（2018（平成30）年時点）によると，男が1万4185人，女が1万2679人となっており，計2万7026人（性別不詳を含む。）が利用しており，利用者の平均年齢は，11.5歳となっていた。年齢別では，15歳児が2236人で一番多い年齢となっており，1歳児が9人と，最も少ない年齢であった。入所時における年齢別児童数は，2歳児が5260人で最も多く，18歳児が18人で最も少ない年齢であった（19歳児の入所が1人であったが原則1歳児から18歳児までを入所させる施設であることを鑑み，例外と判断したため，除外した）。在所期間は，3784人が1年未満であり，平均在所期間は

5.2年であった。

　入所経路別に見た子どもの特徴は，家庭から施設に入所する子どもが1万6779人となっていた。児童養護施設に入所する子どもの心身の状況では，障害があると診断された子どもが9914人となっており，特に知的障害の特徴を有する子どもが3682人，広汎性発達障害（自閉症スペクトラム）の特徴を有する子どもが2381人となっていた。養護問題発生の理由，つまり，なぜ児童養護施設に入所したのかという理由については，虐待にあたる理由（放任・怠惰，虐待・酷使，棄児，養育拒否）で入所してくる子どもが1万2210人となっており，次いで母親の精神疾患等の理由が4001人となっていた。児童養護施設に入所している子どもの被虐待経験の有無では，虐待経験がある子どもが1万7716人となっており，受けた虐待の種類で一番多かったのは，ネグレクトが1万1169人，次いで身体的虐待が7274人となっていた。入所時における保護者の有無では，実母のみの家庭から入所に至った子どもが1万2227人となっており，次いで両親有りが6636人となっていた。家族との交流については，一時帰宅をして交流をしている子どもが9126人，面会で交流をしている子どもが7772人，電話・手紙で交流をしている子どもが2438人となっていた。子どもの今後の見通し，つまり個々の支援目標は，自立まで現在の

ままで養育を行う子どもが1万5748人，次いで保護者のもとへ復帰させる子どもが7490人となっていた。

3．児童養護施設における支援の実際

　児童養護施設における支援の実際については，2020（令和2）年に公表された厚生労働省「児童養護施設入所児童等調査」（2018（平成30）年時点）によると，子どもとの関わりで施設職員が指導上留意している点として，家族との関係について留意している子どもが1万6945人，精神的・情緒的な安定について留意している子どもが1万6262人となっていた。また，特に指導上留意している項目としては，自己表現力に留意して関わりをもっている子どもが9872人，思いやりに留意して関わりをもっている子どもが7397人，基本的な生活習慣に留意して関わりをもっている子どもが1万2933人となっており，就職及び職業の安定に留意して関わりをもっている子どもが1850人となっていた（これらの調査項目に関しては回答が重複回答による数値）。

　以上の結果から，児童養護施設における支援の実際と課題について，以下私見を述べていく。

　まず，利用する子どもの多くが虐待の経験をもっていることから，実際の支援においても，心の安定を重視した支援が主に行われていた。特に被虐待の種類においては，ネグレクトと身体的虐待の経験が多い子どもが多かった

ことに関しては，自己表現力を育む関わりを職員が特に行っていることから，虐待を受けた子どもの自己表明権を保障し，社会性を身に付けていけるような支援が行われていることが推察された。このような関わりは児童養護施設において今後も重要な子どもとの関わりとなり，子どもの最善の利益を守る支援であると考える。

また，児童養護施設を利用する子どもの特徴として，障害があると診断された子どもが全体の36.7％を占めていることから，今後はこのような子どもと関わるために，特に専門的な知識に基づいた子どもの支援が課題となるであろう。また，これらの特徴を有する子どもを，児童養護施設ではなく，障害児を支援する施設に生活の場を移せるような支援や，障害児に関連する機関等から，障害児支援の専門家等とも連携をとり，子どもの支援を行っていくことも課題となるであろう。

児童養護施設における子どもと家庭との交流は，交流（帰省，面会，電話・手紙）がある割合が入所児童数の71.6％となっている。これに対して個々の支援目標は，自立まで現在のままで養育を行う子どもが58.3％，次いで保護者のもとへ復帰させる子どもが27.7％となっており，交流の機会に比べ，保護者のもとへ復帰させる目標で支援を受けている子どもの人数が少ない。この結果から，交流の頻度に比べ，保護者のもとに何らかの理由で帰ることができない子どもがいることが理解できる。今後は，この点についてもより多くの子どもが保護者のもとに帰れるような支援を考える必要がある。具体的には，子どもと保護者との関係調整を含めた関連機関を巻き込んだ支援が必要となると考える。さらに，入所時における保護者の有無では，実母のみの家庭から入所に至る子どもが48.5％と最も多かったが，養護問題発生の理由の一つに母親の精神疾患等の理由が含まれていることから，保護者に対する支援も専門的な知識をもつ専門家やその機関との連携が課題となると考える。

最後に，自立まで児童養護施設で養育を行う子どもが58.3％に対して，就職及び職業の安定に留意して関わりをもっている子どもが6.8％であるという現状がある。これは，児童養護施設に来る子どもが自立や職業に就くところまで回復していない等，様々な理由が推察されるが，自立を支援することが児童養護施設の目的であることに鑑み，今後はこの点についても支援を行ううえでの課題となると考える。

養護実践の基本的な考え方について

社会的養護の実践における基本的な考え方は現在6つの視点がある。以下, その6つの視点について述べていく。

1. 家庭的養護と個別化

可能な限り, 家庭, あるいは家庭的な環境で養育する「家庭的養護」と子ども一人ひとりを丁寧に育てていく「個別化」の視点で子どもの支援を行うことが大事である。その理由は子ども一人ひとりの特徴を捉えられ, 個々に合わせた支援が実施できるからである。

2. 発達の保障と自立支援

子どもの健やかな発達を保障し, 自立した社会生活につなげていくことが重要である。また, 子ども自身が自らを肯定的に捉えていけるように支援することが必要になる。そこで可能な限り自らの力でできることを生活場面の中で増やすために, 支援体制の環境を整える必要がある。

3. 回復を目指した支援

心の傷を負った子どもたちを, 豊かな人間関係の中で癒やし, 人への信頼感, 安心感を回復することを目指すことが重要である。特に昨今では, 虐待等の経験をもつ子どもが社会的養護の対象となっていることに鑑み, 子どもの心理的回復に関する支援が特に求められている。

4. 家族との連携・協働

施設に来る子どもの家庭では, その保護者が生活上の困難を抱えているケースもある。そこで, 保護者の困難に寄り添いながら, 家庭環境の調整を進め, 家族と共に子どもを支援することが重要となる。そして, 支援者側が自身のもつ子育てに関する価値観を支援対象の親やその子どもに押し付けずに支援を行うことである。

5. 継続的支援と連携アプローチ

可能な限り特定の養育者による継続的支援を行いながら, 様々な支援者, 専門機関が連携して支援を行うことが重要である。継続的支援の具体的な過程としては, 事情により親元を離れる子どもに対して, 施設等への入所をスムーズに行うためのアドミッションケア, 入所後の日常生活支援を行うためのインケア, 施設から退所に向けて家族, あるいは地域への移行支援としてのリービングケア, そして施設退所後の支援となるアフターケアという過程に沿った支援が実施されている。

6. ライフサイクルを見通した支援

施設等を退所しても対象の子どもと継続して関係をもち続け, 生活場面での問題を抱えたら, すぐに支援を行うことが重要である。

児童福祉施設の種類とその目的について

児童福祉法では，12種類の児童福祉施設が規定されている。

この中で，社会的養護に特に関わる以下の5施設について説明する。

1．乳児院

乳児院は，乳児（保健上，安定した生活環境の確保その他の理由により特に必要のある場合には，幼児を含む）を入院させて，これを養育し，あわせて退院した者について相談その他の援助を行うことを目的とする施設である。

2．児童養護施設

児童養護施設とは，保護者のない児童（乳児を除く。ただし，安定した生活環境の確保その他の理由により特に必要のある場合には，乳児を含む），虐待されている児童その他環境上養護を要する児童を入所させて，これを養護し，あわせて退所した者に対する相談その他の自立のための援助を行うことを目的とする施設である。

3．障害児入所施設

障害児入所施設は，(1)福祉型障害児入所施設，(2)医療型障害児入所施設の2種類に分かれている。それぞれの目的は次の通りである。

(1)　福祉型障害児入所施設

保護，日常生活の指導及び独立自活に必要な知識技能の付与がその目的である。

(2)　医療型障害児入所施設

保護，日常生活の指導，独立自活に必要な知識技能の付与及び治療がその目的である。

4．児童心理治療施設

児童心理治療施設は，家庭環境，学校における交友関係その他の環境上の理由により社会生活への適応が困難となった児童を，短期間，入所させ，又は保護者のもとから通わせて，社会生活に適応するために必要な心理に関する治療及び生活指導を主として行い，あわせて退所した者について相談その他の援助を行うことを目的とする施設である。

5．児童自立支援施設

児童自立支援施設とは，不良行為をなし，又はなすおそれのある児童及び家庭環境その他の環境上の理由により生活指導等を要する児童を入所させ，又は保護者のもとから通わせて，個々の児童の状況に応じて必要な指導を行い，その自立を支援し，あわせて退所した者について相談その他の援助を行うことを目的とする施設である。

児童福祉施設における利用者の入所理由について

児童福祉施設における利用者の入所理由について概括する。これは2020（令和2）年に公表された「児童養護施設入所児童等調査結果」に基づく。

里親委託児は2018（平成30）年には5382人が里親委託されていた。入所の理由は，「養育拒否」15.3％，「父又は母の放任・怠惰」13.2％であった。

養護施設児は2018（平成30）年には2万7026人が施設に入所していた。入所の理由は，「父又は母の虐待・酷使」22.5％，「父又は母の放任・怠惰」17％，乳児院の場合には「父又は母の精神疾患等」23.4％，「父又は母の放任・怠惰」16.7％となっていた。

心理面に治療が必要な児は2018（平成30）年には1367人が施設に入所していた。入所の理由は，「父又は母の虐待・酷使」27.5％，「父又は母の精神疾患等」7.2％であった。

自立施設児は2018（平成30）年には1448人が施設に入所していた。入所の理由は，「児童の問題による監護困難」68.2％，「父又は母の虐待・酷使」9.8％であった。

ファミリーホーム児は2018（平成30）年には1513人が施設に入所していた。入所の理由は，「父又は母の虐待・酷使」14.9％，「父又は母の放任・怠惰」13.8％であった。

援助ホーム児は2018（平成30）年には616人が施設に入所していた。入所の理由は，「父又は母の虐待・酷使」26％，「児童の問題による監護困難」22.1％となっていた。

「虐待」とされる「放任・怠惰」「虐待・酷使」「棄児」「養育拒否」を合計すると，里親委託児は全体の39.3％，養護施設児45.2％，心理面に治療が必要な児39.6％，自立施設児19.4％，乳児院児32.6％，ファミリーホーム児43.4％，援助ホーム児45.5％となっており，児童心理治療施設，児童自立支援施設以外の5施設では，前回調査に比し虐待を理由とした委託及び入所が増えていた。

また，児童の平均年齢は，里親委託児が10.2歳，養護施設児が11.5歳，心理面に治療が必要な児が12.9歳，自立施設児が14.0歳，乳児院児が1.4歳，ファミリーホーム児が11.6歳，援助ホーム児が17.7歳であった。

以上の結果に鑑み，今後の社会的養護にかかる施設における児童への支援は，虐待経験のある子どもに対する心理的ケアが，子どもの自立支援を行ううえでより重要になってくる。

児童福祉施設における職員の支援内容について

1. 児童福祉施設職員のチームワークについて

児童福祉施設は児童の生活の場であるので、児童指導員や保育士をはじめ、看護師、事務員、調理員などが、日々の様々な場面で児童やその家庭と接することになる。したがって職員同士が意思統一を行って、共通の理解をもって児童の指導にあたらなければならない。

なぜなら、職員によって異なる方針で児童に対応すると、児童やその家庭はどの職員に従ったらよいのかわからなくなり、混乱してしまうからである。

職員間のチームワークを確立するためには、それぞれの専門性や役割を明確にし、互いに理解し合うことが大切である。また、チームワークを強めるために、日常の記録をとり児童及びその家庭についての情報を共有したり、職員会議で協力体制を確認したりする必要がある。

このように施設職員が協調して、児童の養護にあたることができるよう、施設長は常に職員の間のチームワークが働くよう、リーダーシップをとらなければならない。

2. 児童福祉施設における生活指導の方法

施設における生活指導の方法は、個別指導と集団指導の2つに分けることができる。

個別指導とは、入所児童一人ひとりの独立した人格を尊び、それぞれの児童の年齢や性格、発達段階、能力に応じた指導を行うことである。施設では、家庭的背景や、生まれ育った社会的環境や生活環境・生活経験が異なった児童が、集団で養護を受けることになる。したがって、職員はそれぞれの児童がおかれてきた環境が、その児童にどのような影響を与えているかをくみとり、それぞれの児童の違いを理解して、指導を行っていかなければならない。

一方、集団指導は、児童が施設で集団生活をする中で、他の児童との関わり合い方を学ばせ、助け合いの精神や他人との信頼関係を育てていくことを目的としている。集団指導は画一的で自由を束縛するものと受け止められがちであるが、集団の良いところを積極的にいかして指導することが、児童の成長発達に役立つと考えられる。施設における生活指導においては、以上に挙げた個別指導と、集団指導を協調させることが求められる。

児童福祉施設と地域社会について

　入所施設は，かつては地域社会から切り離され，孤立した存在であった。それは保護が必要な児童を家族や地域社会から隔離して施設に「収容」することが児童問題の解決方法として考えられてきたからであった。さらに，施設には日常生活に必要な設備や物品が備えられているので，外の世界とは関わらずに，施設内だけで生活することができる。こうした事情も施設が閉ざされた存在となる一因となった。しかし近年になって，誰もが住み慣れた地域の中で，自立した生活を営む権利を有するという地域福祉の考え方が広まり，入所施設のあり方も見直され始めた。施設は，入所者が地域社会の一員として自立した生活ができるように支援していくだけでなく，その地域に住む保護を必要とする人たちの福祉を向上させることも求められるようになった。そこで施設は，地域社会の人々と協力関係を結び，「開かれた施設」を目指すようになった。

　開かれた施設づくりは，次の3つの方向から進められている。

1．入所者支援の社会化

　入所者支援の社会化とは，入所者の生活をできるだけその施設が存在する地域社会の人々の生活に近づけることである。その具体例としては，入所者は地域のお祭りや清掃作業などの行事に参加することにより，地域社会の一員であることを実感することができる。

2．施設の地域社会参加

　施設の地域社会への参加は，施設の人的・物的資源を地域社会のために提供することである。その具体例としては，施設の園庭を開放して地域と盆踊り大会を共催することによって，入所者及び職員と地域の人々の交流を図ることができる。これらの事業を通して施設職員は，地域の子どもやその保護者だけでなく，関連する他の施設と交流する機会を得ることができる。

3．新しい需要への対応

　地域社会の状況が変化するにしたがって，児童を取り巻く問題も変化する。施設はこれによって生まれる新しい需要に対応し，地域福祉の向上に貢献することができる。例えば，昨今虐待を受けて入所する児童が増加している。施設にはこうした児童を保護する機能だけでなく，虐待によって受けた心の傷を治療するとともに，虐待を行った保護者に対して支援を行い，児童と家族を含む家庭環境の調整機能も求められるのである。

児童福祉施設と社会資源との連携について

　児童福祉施設で生活する子どもの支援を行う際，学校等の公共施設や地域との連携は必要なことである。その理由としては，児童福祉施設で生活する子どもの多くが日々の生活の多くの時間を学校や地域内で送るため，施設の生活場面では気づけない自立に向けた生活課題について，学校で働く教員や地域で生活する人々や社会的養護にかかる関係機関で働く職員が気づいていることも想定されるからである。

　具体的には，社会的養護にかかる施設入所の手続きから施設退所後の子どもの支援を実施するために，民生委員・児童委員，保護司，地域の自治会，子ども会，地域の家庭，入所する子どもの家庭，近隣の学校・保育所・幼稚園，児童相談所・福祉事務所，保健所・保健センター，精神保健福祉センター，心身障害者福祉センター，婦人相談所，婦人保護施設，ボランティア等の社会資源と支援を必要とする子どもの情報を共有することが望まれる。

　上記の社会資源には，子どもが抱える問題を解決するための専門家が所属しており，支援が必要な子ども個々の問題を解決するための適切な関わりが可能となる。特に，社会的養護の支援を必要とする最近の子どもたちの多くは，虐待の経験をもつ子どもや，発達障害等の特徴を有する子どもが増加傾向にあるため，施設保育士が対象となる子どもの全ての問題を一人で抱え，適切な形で問題解決に導くことはその専門性からもほぼ不可能である。また，そのような問題を一人で抱えて問題解決に導く支援を行えば，対象となる子どもとその家庭にとっても，関わる保育士にとっても望ましくない結果となるであろう。

　したがって，社会的養護における子どもの支援を行う際は，情報収集・問題の抽出から，問題を解決して自立に向けての支援を行い，子どもが問題を解決し，自立をしていくステージに至るまでに，上述した社会資源と，そこに所属する様々な専門性を有する専門家と共にチームで支援を行うことが子どもの支援にとって重要となる。

　現在では，それら社会資源との連絡調整を実施する機関として，児童家庭支援センターが入所型の児童福祉施設に併設されるようになった。このセンターを活用しつつ，このセンターが併設されていない施設においても，同様の機能を意識的にもち，様々な社会資源と連携することが望まれている。

◎参考文献 ─────────────────

櫻井奈津子編『子どもと社会の未来を拓く 社会
的養護の実践』青鞜社, 2015.
辰己隆・岡本眞幸編『保育士をめざす人の社会的
養護Ⅱ』みらい, 2020.

吉田眞理編『児童の福祉を支える〈演習〉社会的
養護Ⅱ』萌文書林, 2019.

◎保育実習

第42章

保育実習指導Ⅰ

保育実習Ⅰに対する事前準備の具体的な内容を述べ，保育実習，施設実習における実習目標とその目標を達成するための具体的方策について述べよ。

　保育実習Ⅰでは，保育所，施設で実習を行う。その際，事前準備は実習を有意義な経験にするために必要な要素となる。そのために，まず実習前の事前準備に関する内容について具体的に述べる。

1．事前準備に関する具体的な内容

　はじめに，実習先の施設に関する知識についてまとめる。実習を行う施設は，その地域の中で，そこに生活する利用者のニーズを充足するために存在している。そこで，まずは実習先がどのようなサービスを展開しているのか調べることが重要である。それにより，地域の子育てに関するニーズや，施設利用者のニーズをある程度予測することが可能になる。また，職員・利用者の人数に関する情報も同じ理由で調べておくことが必要である。

　次に実習先にどのような専門性を有する職員が配置されているのかについても調べる。なぜなら，その職員の専門性から，保育所を利用する子ども及びその家庭や施設利用者の特徴，生活課題及び支援内容がある程度予測することができる。また，子どもや施設利用者を理解し，支援する際の基準が専門性によって異なるため，職員の専門性をあらかじめ理解しておくことも必要である。それぞれの職員が何を基準にして利用者の理解，支援を行っているのかを予測することができるため，職員とのコミュニケーションがとりやすくなる。

　次に，実習先の地域に関する人口，産業構造や地理的特徴等を調べておくとよい。施設と地域の関係を理解することで，施設の社会的意義や利用者のニーズを理解することができる。

　最後に，実習先の施設・建物について事前に調べておくとよい。施設の平面図が事前に理解できていれば，子どもや利用者の生活環境を把握することが可能になり，そこで展開される生活をイメージすることができる。これらの事前準備を行い，ある程度実習先に関する理解ができたところで，次に，それぞれの実習に関する目標を立てる。

2．各実習における実習目標とその目標を達成するための具体的方策

　保育実習Ⅰでは，保育所の生活に参加し，乳幼児の理解を深めるとともに，保育所の機能とそこでの保育士の

役割について理解し，保育所全体の役割を把握することが目標となる。この目標を達成するために必要な乳幼児の理解について考えてみる。1人ひとりの子どもを丁寧に観察することにより，その子どもの発達の課題や個人差等を理解することができる。また，保育所の役割や機能を理解し，1日の流れを理解することで，実際に現場の生活に参加した時に様々な職種の職員がどのように連携し，問題解決に当たるのかを具体的に捉えることができる。こうした職員の働きを観察することで，はじめて保育士の職務の内容を深く知ることができる。

　このような学びを実習で行うためには，具体的な方策が必要となる。

　例えば，乳幼児の発達を理解するためには，実習において具体的に何を意識しながら行えば可能になるのかという方策をあらかじめ立てておくことが必要である。乳幼児の発達を理解するためには，関わる子どもの個々の特徴を把握しなければならない。まずは子どもとコミュニケーションを図り，個々の特徴について理解を深めることが重要である。関わりの中で気づいた子どもの生活課題について，具体的に実習先の職員に話し，なぜ自分はそのように感じたのか，保育場面での子どもの様子を確認することが子どもの発達の理解につながる。

　また，保育所の役割や機能を理解することや，保育所の1日の流れを理解

するためには，1日の業務内容と子どもたちの生活の流れを理解することが重要である。そして，それぞれの職員がどのような役割をもって互いに連携し合いながら，職務に当たっているのかをしっかり観察することである。

　施設実習における目標は，児童福祉施設や障害者支援施設等の生活に参加して，子どもや利用者への理解を深め，実習施設の機能とそこでの保育士の職務について理解することである。この目標を達成するために必要とされる実習内容は，次に示す通りである。①実習施設の概要を理解する。②生活の1日の流れを理解する。日常生活に参加し，子どもや利用者と行動を共にし，生活状況を把握する。③子ども（利用者）の「最善の利益」を理解する。④子どもや利用者との関わりを通して，利用者のニーズを理解する。⑤日常生活での援助（支援）の一部分を担当し，援助技術を習得する。⑥施設における援助（支援）計画を理解する。⑦保育士としての職業倫理を学ぶ。

　これらのことを実習で行うためには，それぞれの項目を達成するための具体的な方策が必要となる。

　例えば，①実習施設の概要を理解する，では先に述べたように事前学習であらかじめ調べた実習先の情報を基に，利用者や職員の1日の動きを把握し，業務の内容や支援の流れを理解しておくことである。

②生活の1日の流れを理解するには，日常生活に参加し，子どもや利用者と行動を共にし，生活状況を把握する。そのためには，施設の生活場面を捉え，支援内容を予測して行動することである。1人ひとりの子どもや利用者の生活リズムを把握し，その特徴を捉えることで生活状況を把握することができる。

③子ども（利用者）の「最善の利益」を理解するためには，職員が子どもや利用者へどのように対応をしているかをよく観察することである。プライバシーの保護などの支援についての基本姿勢が明示され，その共通理解が職員間で図られるなど，子どもや利用者の最善の利益を目指して行われている支援の実践を具体的に学ぶことである。

④子どもや利用者との関わりを通して，利用者のニーズを理解するためには，子どもや利用者とコミュニケーションを図りながら，それぞれの生活歴や抱えている課題，要望を把握することが重要となる。

⑤日常生活での援助（支援）の一部分を担当し，援助技術を習得するためには，生活の中で行われる援助場面で，子どもや利用者の特徴に応じた支援方法を学ぶことである。職員の支援方法をよく観察し，個々の必要に応じた支援を行いながら，1人ひとりに対する支援の違いを理解し実践することである。

⑥施設における援助（支援）計画を理解するためには，子どもや利用者の心身の状況や，生活状況を把握するために，どのような手順でアセスメントが行われ，そのアセスメントに基づいて，1人ひとりの援助（支援）計画がどのように策定されているかを知ることである。また，その計画の実施状況や振り返り，評価や計画の見直しの流れを理解する必要がある。

⑦保育士としての職業倫理を学ぶために着目したいことは，国家資格者である専門職としての保育士という仕事に，誇りと責任をもって従事しているということである。支援を行う中で，個人情報の把握やプライベートな部分に立ち入ることもでてくる。保育者は，自身が子どもや利用者に与える影響が大きいことを自覚し，自らの人間性と専門性の向上を目指して職務に当たらなければならない。

実習で目標を達成するために必要な視点とその具体的方策について述べてきた。実習は，講義及び演習から学んだ職業倫理，専門的知識，援助技術といった専門性を総合的に，体験を通して学ぶ機会である。1日の実習目標・課題を設定することで，自身が取り組む目標が明確になり，それを達成するために必要な視点や留意点も見えてくる。実習目標の達成のためには，十分な事前学習が必要である。

保育実習Ⅰの実習目標・内容について

保育実習Ⅰでは，実習を保育所と施設の２か所で実施する。実習に向けて最も重要なことは，実習で何を学ぶのかを理解し，自覚することである。そこで保育実習Ⅰにおける保育実習と施設実習の実習目標・内容について具体的に述べる。

1. 保育実習の目標・内容

本学における「保育実習Ⅰ（保育所）」の目標は，保育所の生活に参加して，乳幼児への理解を深めるとともに，保育所の機能とそこでの保育士の役割を理解し，保育所全体の役割を把握することである。さらに，目標を具体化するために本学では実習の内容を明示している。例えば，乳幼児の発達の理解に関しては，子どもを観察し，関わることを通して１人ひとりの子どもの発達課題や，個人差等を理解することができる。また，保育所の役割や機能の理解，保育所の１日の流れの理解等の内容は，実際に現場の生活に参加することにより，様々な職種の職員が様々な保育場面で，どのように連携し，必要な対応を行っているのかを知ることである。そして，そのことを通して，保育士に課せられた職務を学ぶことにもなる。

2. 施設実習の目標・内容

本学における「保育実習Ⅰ（施設)」の目標は，児童福祉施設や障害者支援施設等の生活に参加して，子どもや利用者への理解を深め，実習施設の機能とそこでの保育士の職務について理解することである。

この目標を具体化するため，本学では，7項目の実習の内容を明示している。①実習施設の概要を理解する。②生活の１日の流れを理解する。さらに，施設の日常生活に参加し，子どもや利用者と行動を共にすることにより，生活状況を把握する。③保育士として，子ども（利用者）の「最善の利益」を理解する。④子どもや利用者との関わりを通して，利用者のニーズを理解する。⑤日常生活での援助（支援)の一部分を担当し，援助技術を習得する。⑥施設における合理的配慮に基づいた援助（支援）計画を理解する。⑦保育士としての職業倫理を学ぶ。

これらの7項目の内容を意識して実習に取り組むことができれば，自ずと実習目標を達成することが可能になる。実習現場の施設情報や，施設で生活する子ども（利用者）の特性などについてよく理解したうえで実習に臨むことができるよう，事前学習が重要である。

保育実習における実習態度の留意点について

保育実習は，子どもや保護者，現場の職員等，様々な人と関わり，そこから様々な学びを得る学習機会である。このような学習場面に適応するために必要な実習態度について，次の３点を心がけて欲しい。

１．謙虚な態度

まずは実習先で関わる全ての人から学ばせていただく，という姿勢が大事である。相手が自分よりも年齢の低い子どもであっても，保護者や職員が自分よりも年下であっても，現場での経験という視点からは，自分が一番経験不足であることを自覚する必要がある。この考え方がもてる実習生は，自ずと態度が謙虚になり，周囲との人間関係を構築することが比較的容易になる。また，養成校で学んだ知識だけを基準に善悪を判断せず，多様な価値観を受け入れることで，今まで気付けなかった新たな知識を吸収することができ，結果的に周囲の人とも適切な距離感で接し，現場に適応しやすくなる。

２．積極的な態度

実習の現場は，様々な人が関わり，お互いを助けながら機能している組織である。その組織に入り，実習を行うため，組織を構成する人（子どもや保護者，職員等）には積極的に自ら働きかけて，その組織の一員として認めてもらうことが，実習場面での学びを深めることにつながる。そのため，周囲でどのようなことが行われているか，子どもや職員，保護者の様子に注意を払い，場面に応じた行動を取れるようになりたい。自ら進んで周囲の人とコミュニケーションを図ることで，その人の特性や立場を理解することができ，現場に適応することが容易になる。

３．受容する態度

実習現場では，様々な場面で多様な子どもや保護者，職員との関わりがある。そこで関わる人には，それぞれの価値観に基づいた，場面に応じた対応が行われている。これまで養成校で学んだ知識を基に，その対応を見るとき，場合によっては批判的な感情をもつことがあるかもしれない。しかし，そうした感情に流されず，なぜ，このような対応をするのか，ということに意識を留めて観察することで，その意味や必要性を理解し，受容することが可能となる。それが学びをより深めて，現場の一員として適応することにつながる。

保育実習における言葉遣いの留意点について

保育実習では，子ども，職員，保護者それぞれに対する言葉遣いについて，次のような留意点が考えられる。

1．子どもへの言葉遣い

子どもにとって，保育士よりも概ね自分たちに年齢の近い実習生の1つひとつの言動は興味深いものとして映る。そのため，実習生の言葉遣いにも子どもは敏感に反応し，なんでも吸収してしまう。保育現場では，自身の言動が子どもに与える影響が大きいことを自覚し，丁寧で正しい言葉遣いを心掛けなければならない。言葉遣いは，その人の心の状態が映し出される。実習生としてふさわしい態度や表情を伴った言葉遣いであるよう，留意したい。言葉から表現される自分の人間性を意識することが大切である。さらに，言語発達に課題があるなど，日常生活において，特別配慮を要する子どもへの関わりについて，事前に指導担当保育士から情報を得るなどして，適切に接することが求められる。

2．職員への言葉遣い

保育所は，園長，保育士，その他様々な職種の職員が勤務する組織であり，それぞれの役割を担いながら支え合っている。したがって，どの職員に対しても，様々な領域から保育についての知識や技術を学ばせていただくという，感謝の気持ちを込めた言葉遣いが大切である。日常生活において，自然に敬語を使える習慣を身に付けたい。

3．保護者への言葉遣い

実習施設で接する保護者との言葉遣いにも十分留意しなければならない。実習生として好感をもたれる態度を心がけ，明るい笑顔で挨拶をすることが大切である。子育ての先輩である保護者に対する言葉遣いも，敬意を表すものでなければならない。また，自身が実習生であることを自覚し，個人的な会話を控えるなど，会話の内容にも注意を払う必要がある。その日の子どもの様子や，次の日の予定や持ち物などの質問を保護者から受けた場合も，不用意な発言は避け，自分は実習生であることを丁寧に伝え，保育者へ取り次がなければならない。実習生にとっては，子育て中の保護者の心情を理解するのは難しいことではあるが，保育者がどのように保護者の気持ちに寄り添い，対応しているのか，言葉遣いにも着目して学びたい。

保育所の役割・機能について

　保育所の役割・機能については，子どもと保護者の2つの視点から考えることができる。それぞれについて，具体的な内容を挙げる。

1．子どもを対象とした役割・機能

　保育所保育指針によると，保育所は，児童福祉法第39条に，保育を必要とする子どもの保育を行い，その健全な心身の発達を図ることを目的とする児童福祉施設であり，入所する子どもの最善の利益を考慮しなければならないとある。さらに，乳幼児にとって最もふさわしい生活の場であるためには，生命の保持及び情緒の安定という養護の側面も重要になる。保育者は，常に子どもの状況や発達過程を把握し，子どもが自発的・意欲的に関われるような環境を構成している。保育所では，子どもが生活や遊びを通して，乳幼児期にふさわしい体験ができるように，養護と教育が一体的に展開される。また，子どもが生活時間の大半を過ごす場であることから，保育所保育指針では，子どもが生涯にわたる生きる力の基礎を培うために，目指すべき保育の目標を挙げている。基本的な生活習慣や態度を養うこと，人との関わりの中で，自主，自立及び協調の態度を養い道徳性の芽生えを培うこと，豊かな心情や思考力の芽生えを培うこと，言葉の豊かさを養うこと，創造性の芽生えを培うことなどである。

2．保護者を対象とした役割・機能

　保育所における保育士は，児童福祉法第18条の4に謳われているように，倫理観に裏付けられた専門的知識，技術及び判断をもって，子どもの保護者に対する保育に関する指導を行うことが求められている。家庭の養育力の低下や人間関係の希薄化により，相談相手がいない子育て家庭の孤立も問題になっている。保育者は保護者の意向を受け止め，保護者との安定した関係をつくらなければならない。保育者が一方的に保護者に情報を伝えるのではなく，保護者と連携を図りながら，共に子どもを育てていく姿勢が求められる。また保育所では，在園児の保護者だけではなく，地域の子育て家庭に対する支援等も担っている。地域の子育て家庭に関する情報を把握すると共に，地域社会における様々なニーズをつかみ，育児や親子関係に関する相談・助言・情報提供等に努め，必要があれば専門機関につなぐなど，地域支援においても重要な役割・機能を担っている。

児童福祉施設の役割・機能について

施設実習に関連する児童福祉施設の役割・機能を概括する。

1．児童福祉施設の役割

実習先となる児童福祉施設は，主に社会的養護を必要とする子どもに対してその育ちの保障と家庭環境の調整，自立支援を行う役割がある。その根拠として，社会的養護の定義・目的を以下に記述する。

社会的養護とは，何らかの理由があり家庭での養護が困難な場合に，保護者以外の手によって，または家庭以外の場において公的責任のもとに子どもの養護を行うことである。また，社会的養護の目的は，保護者に限らず全ての国民と公的責任によって，子どもが心身共に健やかに成長できることを保障することにある。

具体的な施設としては，乳児院，児童養護施設，母子生活支援施設，障害児入所施設，児童発達支援センター，児童心理治療施設（旧・情緒障害児短期治療施設），児童自立支援施設等がある。

2．児童福祉施設の機能

児童福祉施設に入所してくる児童は，何らかの理由によって家庭生活を営むことのできない状況におかれている。児童は様々な理由によって施設に入所するが，児童自らの意思のみによって入所するわけではない。施設は，児童にとって家庭に代わる生活の場となるだけに，生活に密着した養護機能をもっていなければならない。

児童福祉施設の養護機能は，生活指導を中心とした教育機能と，子どもと家族の人間関係を安定させ，家庭の養護能力の回復を図り，子どもが家庭に復帰できるように調整する環境調整機能の2つに大別できる。

教育機能は，情緒の安定，心身の成長と健康を守り育てていくこと，好ましい行動や人間関係の形成を念頭に，子どもの育ちと自立を支援する機能である。入所に至るまでに，多くの子どもたちは虐待や親との離別を経験しているため，人間関係の構築や自己肯定感を養う関わりが必要となる。

環境調整機能は，子どもたちが再び家庭に生活の場を移せるよう，家族と子どもの関係を整え，生活の場としての家庭の環境を整える機能である。そのため，支援対象となる子どもの家庭が抱える生活問題についても，社会資源を駆使し，関係機関と協働して子どもが生活をしていた環境の調整を行う必要がある。

保育実習における実習日誌の留意点について

保育実習では，実習日誌の作成，提出が課題となる。実習日誌の作成の意義は，①実習を通して体験した出来事を記録として残す。②子どもや保護者，職員との関わりから学んだことを明確にする。③経験を振り返ることで新たな課題を発見する。という３点に集約できる。実習日誌は，これらの意義をふまえ，次の点について記述することが望ましい。

1．その日の実習目標・課題

実習に臨んで，その日に立てる目標・課題は実習日誌を作成するうえで重要なポイントである。なぜなら，その日に保育・施設現場で何を学びたいのかを明確にしていなければ，視点が定まらず，せっかくの機会を無駄に過ごすことになる。また，目標・課題が明確になっていないと，どのように行動したらよいのかがわからなくなり，不適切な行動をとってしまう可能性もある。したがって，その日の実習目標・課題は実習日誌を作成するうえで重要な要素となる。

2．実際に体験した事実

実習を行った日に，自分がどのような流れで，いつ，誰と，どこで何を行ったのか，特に印象に残った場面にどんなことがあったのか，という実習場面での事実を記述することも重要なポイントである。この事実がなければ，その日に自分が実習で何をしたのかという確認ができず，その後の振り返り，つまり考察ができなくなってしまうからである。

3．考察（振り返り）

実習日誌では考察（振り返り）を記述する。この考察（振り返り）がなければ，その日の出来事から学んだことや課題が不明瞭になってしまい，次の実習目標や課題がみえてこなくなってしまう。目標や課題が思いつかないという人の中には，実習でうまくいった点や反省点などを具体的に振り返らず，単なる感想で終わっている人が多い。次の日の実習に明確な目標や課題をもって臨むためにも，考察（振り返り）は，客観的に事実に基づいた記録となることが重要である。

4．個人が特定できる表現は避ける

実習日誌に記載する際，子どもや保護者，職員等の個人名は避け，イニシャル等で表記する必要がある。実習日誌を通して個人情報が流出する可能性は避けなければならない。

◎**参考文献**

岸井慶子監，保育実習研究部会編著『3 つのカベ
をのりこえる！ 保育実習リアルガイド―不安 日
誌 指導案』学研プラス，2017.
厚生労働省『保育所保育指針解説 平成 30 年 3
月』フレーベル館，2018.
小林育子・長島和代・権藤眞織他著『幼稚園・保
育所・施設 実習ワーク―認定こども園対応 改訂
版』萌文書林，2020.
関口はつ江編『学びをいかす 保育実習ハンド
ブック』大学図書出版，2018.

東京福祉大学『保育実習の手引き』2020.
内閣府・文部科学省・厚生労働省『幼保連携型認
定こども園教育・保育要領解説 平成 30 年 3 月』
フレーベル館，2018.
名須川知子監，田中卓也・松村齋・小島千恵子他
編著『保育者になる人のための実習ガイドブック
AtoZ』萌文書林，2020.
増田まゆみ・小櫃智子編著『保育園・認定こども
園のための保育実習指導ガイドブック』中央法規
出版，2018.

◎保育実習

第43章

保育実習指導 II

保護者支援における留意点について述べよ。

　近年，保育所の役割の中でますます重要性を増しているのが「保護者支援」である。保護者の生き方や家庭環境が多様な昨今，子育てについて保育者が保護者に必要な支援を行うためには次のような点について留意することが求められる。

1．保護者を理解する

　保護者支援を効果的に進めるには，保育者は保護者と望ましい関係を築く必要がある。そのためには，第一に保護者を理解して保護者の気持ちに寄り添うことが求められる。保護者との日常の会話を通して，保護者の置かれた環境を知り，保護者や子どもが日々どのような生活を送り，どのような思いを抱いているのか保護者の話をよく聞き理解しておく必要がある。

　しかし，保育者が必ずしもどの保護者の気持ちをも容易に受け入れ，寄り添うことができるとは限らない。例えば保護者の言動や行動によっては，保育者が保護者に対して否定的な気持ちを抱いてしまう場合がある。また，保護者から相談された事柄が，保護者の責任能力不足や育児への怠慢によるものが原因だと想定された時には，助言をするどころか保護者を責めたくなる場合もある。このような場合でも，日頃保護者の置かれた環境をよく理解していると，保護者の側に立って気持ちを察することが容易になる。保護者によっては，保育者の想像を超えた事情を抱えていることがある。話をよく聞くことによって保育者が保護者の置かれた状況や思いを理解し，保護者の気持ちに共感できるなら，保護者に寄り添った相談・助言が可能となる。

2．保護者についての情報を職員同士が共有する

　保護者に関する情報や相談内容については，職員同士がそれを共有することが大切である。保育者が保護者の未解決の事柄を単独で抱えてしまうと，思いがけない状況に陥ることがある。例えば一人の保育者が気づかないことでも，ほかの保育者であれば保護者の言動から児童虐待に発展しかねない状況を察知する場合もある。また，保護者同士の人間関係がうまくいかずに，当事者同士の子どもの関係にも影響が出ている場合は，ほかの職員からの情報や知恵を借りて解決に至る場合もある。どのような場合も職員間で情報を共有し，経験豊富な園長をはじめ先輩や同僚に意見を求めて問題に対して共通理解をしておくとよい。そのことがいざという時に職員間の連携のもと，

適切な対応をとれることにつながる。

　ただし，このような関わりによって得られた情報については，保育者としての守秘義務を守ることは言うまでもない。

3．子どもの成長を願う者同士として保護者と協同関係を築く

　保護者支援の目標の1つは，相談・助言を行うことによって，保護者自身の子育て力を向上させることにある。身近に話を聞いてくれる人や相談相手がおらず，子育てに関して様々な不安を抱えている保護者も少なくない。また，現代は子育てについての情報が氾濫し，どの情報が正しくて有効なのかを保護者が判断することが難しくなっている。そのような時に，保育専門家として適切な助言をしていくことは，保護者にとって大きな安心感を得られることになる。同時に保護者は助言を受けながら成長し，親としての知識・技術，あるいは責任能力や判断力を培い，自立していくことになる。

　保育者は保護者に単なる知識を伝えるだけでなく，一人ひとりの保護者が「親としての課題」を見出すことを支援することになる。保育者は保護者と共に子どもの幸せを願い，保護者と共に子どもの成長を喜び合いながらも，保護者が自ら親としての課題を解決していけるよう導き，見守る姿勢が求められる。例えば子どもに十分愛情を注いでいるか，愛情は注いでいても子どもに手を出し過ぎて子どもの自立を阻

んでいないか，子どもの短所だけでなく長所を認め伸ばそうとしているか，子どもの成長は一朝一夕に成し遂げられるものでなく，日々の積み重ねの中で成長していくことを認識しているか等，保護者の子育て力についての課題を明確にする必要がある。子育ての中で望ましい点は認め，励まし，保護者に自信をもってもらい，間違った考えについては，その理由を保護者が納得できるように説明する必要がある。保育者は保護者への日々の言葉かけや雑談，連絡帳を通して，保護者を支援する働きかけを意識することが大切である。

4．保護者からのクレームへ適切に対応する

　時によっては，保護者から園に対して批判やクレームがもち込まれる場合がある。仕事をもつ保護者は保育所での保育を日々観察できる状況にはいない。保育者との連絡ノートの記述内容から，あるいは子どもと接する中で子どもの保育所に対する態度や言動から，保育の様子を想像することが少なくない。したがって普段から保護者が保育者を含めて保育所全体を信頼しているか否かという点が重要になってくる。例えば保護者が何か不安や疑問をもった時に，保育者にそのことを率直に話せるかどうかということである。不安や疑問は，わずかなきっかけで起こることも少なくない。時には保育者の何気ない言葉から，時には子どもの

ふとした態度や言動から，またある時には保護者同士の会話などから生ずることがある。その場合，すぐに保育者へそうした不安や疑問を話せれば，誤解が解け納得してもらえることも珍しくない。

また，時には保育所とは直接関係のない，保護者が抱える仕事や家庭の不安や悩みがきっかけとなってクレームが生じる場合もある。保育者からみれば保育所と関係ないと思えることであっても，保護者によってはそのことが理解されずクレームに発展することがある。そのような場合の対応は，クレームだけに目を向けるのでなく，まずは保護者の置かれた環境をよく理解し，状況を把握することが重要である。さらに職員間でも情報を共有し，適切な対応を話し合う必要がある。クレームによっては，保育所としての対応や，ほかの社会福祉施設・機関の支援が必要となる場合もある。

5．情報発信の工夫をする

昨今はデジタルの情報手段が発達し，どの保護者もスマートフォンなどの情報機器を所持していると言ってよい。一方，保育する側も保護者とのコミュニケーションの方法をそのような方法に頼ってしまうことも少なくない。

ICT 化が進む一方で，メディアが及ぼす子どもへの影響が懸念されている。乳幼児には，一方的に伝達される情報を受けるだけではなく，相互のやりとりが重要である。また，子どもは日常生活の中で自らの五感を通して経験し学習することにより育つことを忘れてはならない。その事実を保護者が実感するのは，保育現場で生き生きと遊ぶ子どもの姿を見た時である。自分の子どもだけでなく，ほかの子どもの様子や子ども同士の関わりの様子を保護者が観察できる機会を設けることは「保護者の子育て力」の向上に大いに役立つと言える。

さらに上記の取り組みを前提として，様々な種類の情報発信を活用することも念頭におく必要がある。

例えば，子育てするうえで必要な予防接種情報や感染症状況など，保育者の言葉を通して伝えるだけでなく，園だよりなどのお便りのほか，園のホームページを利用することも有効である。また，保護者懇談会などでは，子どもの園生活の様子を写真で展示したり，ビデオで紹介することも効果的である。子どもの様子を知ってもらうだけでなく，写真やビデオには保育者の子どもを見つめる視線が含まれており，そのことが保護者に伝わる機会となるからである。保育者の子どもへの愛情が保護者に伝わり，共に子どもを育てるという，連携と協働が求められる。

保育所職員に対する態度の留意点について

保育所には園長や保育士はもちろん，そのほかにも様々な職種の職員が勤務しており，保育活動全体を支えている。実習では直接指導していただく園長や保育士ばかりでなく他職種の方々への態度にも留意する必要がある。

1．園長や保育士への態度

園長や保育士へは，多忙な日常であるにも関わらず実習生を受け入れていただいたことへの感謝の気持ちをもって指導を受ける態度が大切である。明るく元気な挨拶や言葉遣いが必要である。挨拶は，相手に対する敬意と，こちらから心を開いていることの表現でもあり，指導をいただくことへの感謝の気持ちをもって心を込めて行わなければならない。

また，実習生と年齢の近い保育士が勤務している場合もあり，友達感覚にならないように注意して，実習生として先輩保育士に教えを請う態度を貫くことが大切である。

通常，園長や指導担当保育士は途切れることのない日常の仕事に従事しており，実習生が質問をしにくいこともあるかもしれない。このような場合は，いつ質問の時間をいただけるのかを聞いておくとよい。時間がとれそう

な時を待っているだけという消極的な態度では，結局質問できずに一日が終わってしまいかねない。

2．他職種の職員への態度

保育という言葉からは，園長や保育士のように子どもや保護者と直接関わり，指導・援助する役割を担う職員が想定される。しかし，保育は他職種の職員の協力なしでは成し遂げられない。例えば子どもの健康・安全についての専門知識をもつ看護師，子どもの発達過程に即した食事を提供する栄養士や調理員，子どもや保護者への情報発信や情報管理を行う事務職員，園舎や園庭の衛生的な環境整備に従事する清掃員の方々等，多くの人々が保育所に関わっており，連携と協力によって保育は営まれている。

保育実習ではこのような職員の仕事内容にも注意して観察する必要がある。他職種の方々は，実習生には目が届かない場所で仕事をされていることも少なくない。このような方々の仕事の意義や内容を理解し，常に保育を支えて頂いていることを心に留め，感謝を忘れないようにしたい。

乳幼児の発達の個人差について

　乳幼児の発達では，年齢や月齢が低い程個人差が生ずる。実習では実際の子どもの姿を通して個人差を理解し，その対応を学ぶ機会になる。

1．個人差の捉え方

　特に乳児においては，発達の個人差が大きいため，個々の発達のペースに応じた対応が求められる。したがって指導計画においてもそれぞれの発達を見通して個々の乳幼児に応じた計画を立てることが必要である。また，乳児の発達の個人差を気にかけ，不安を訴える保護者も少なくない。そのような場合，保育者は適切な助言をして保護者が安心して子育てに関われるように配慮することが大切である。

　3歳児頃になると自分でできるという自信とともに，友達にも関心が広がっていく。子どもは，ほかの子どもと自らを比較して，同じことを達成できないことがあると自信をなくしてしまう場合がある。その時には保育者が一人ひとりの子どもの特長や個性を認め，子ども自身が成長しようという意欲を失わないように援助することが求められる。そして保育者自身が子どもの活動の達成度や出来映えばかりに気をとられて子どもを比較していないかどうか自分を振り返る必要がある。乳幼児期に最も必要な育ちは，心情・意欲・態度であり，子どもが目標を達成する過程の中で一人ひとりの育ちを重視しなければならない。その育ちがやがては子どもの可能性を伸ばし，その子らしさを輝かせていく原動力となる。

2．特別な配慮を必要とする乳幼児への対応

　様々な個性をもつ乳幼児の中には，特別な配慮を必要とする子どももいる。そのような子どもへの対応も実習では注意して学ぶ必要がある。どの子どもにも個性があり，個に相応しい多様で柔軟な対応が求められるからである。中にはあらゆる知識や経験を使っても対応に苦慮する子どももいる。そのような場合，保育者一人で抱え込まず，職員間で情報を共有し，関係機関と連携を図りながら対応することが大切である。さらにどの子どもに対しても一人の人格として尊重する関わりについても学びたい。保育者の当該児への態度を周囲の子どもたちが見習い，学習していく姿にも注目し，子どもが自己肯定感を育みながら他者を受容する感情が育つ過程を見守ることも大切である。

現場における指導内容の受け止め方について

　保育所実習の現場は多様であり，それぞれの保育方針に即して保育が営まれている。また指導を担当する保育者の子ども観・保育観も一様ではない。そのような中で実習生は自分にプラスとなる指導の受け止め方が必要である。

1. 指導内容の受け止め方

　保育はある一定の時間の中だけで成就するものでなく，一人ひとりの子どもの過去・現在・未来の時間を含めて連続的に営まれるものである。したがって保育中の出来事については，その子どもの今までの経験と今後の発達の見通しをも含めて理解していく必要がある。実習は一定の期間が定められているため，実習生は子ども理解に近視眼的になりがちである。そのため，時に保育者の援助について疑問をもつことがあるかもしれないが，その時には率直に質問すると良い。保育者が今までの子どもの経験や学習をふまえて，子どもの育ちをどのように捉え伸ばそうとしているのか，また，そのための指導・援助をどのように考えているのかを学ぶチャンスにもなる。納得がいかないままにしておくと，保育における重要な学習を逃してしまいかねない。

2. 保育者による指導内容の違い

　似たような場面でも，保育者によって指導内容が違うこともあり得る。時には正反対と思えることもあるが，このような点について学習ができるのも実習ならではの経験である。

　保育にはマニュアルがないとよく言われる。その理由の1つに，同じ子どもはいないという事実がある。似たような出来事に対しても子どもの経験，性格，発達の状態によっては，子どもへの適切な指導・援助が同一でないことは十分にあり得るからである。

　また，子ども理解についても，望ましい援助の仕方についても，保育者の知識・技術とともに保育者の考え方，価値観，生き方という人間性を通して発現される。したがって，どの場合も，保育者が子どもをどのように理解しているのか，なぜこの援助がなされているのか等，質問し理解することが大切である。保育の知識や技術のほかに，保育者の人間性がどのように関わって保育が実践されているのかを学べる良い機会となるからである。その学びはやがて実習生自身が「保育は全人格を問われる職業である」との言葉をより深く理解していくことにつながる。

実習後の自己評価について

実習終了後には，実習先から実習評価を受けるとともに，実習を自己評価することを忘れてはならない。自己評価の意義と方法を知っておく必要がある。

1．自己評価の意義

実習先からの評価をふまえて実習を自己評価することは，自身の実習の意義を再確認し，反省し，今後の学習に活かすことに他ならない。実習先からは，実習生の実習中における知識，技術，及び態度についての客観的な評価がなされる。それは，実習生が気づかないプラス面や足りない面等を理解するという点で貴重な評価となる。特に実習先による評価と自己による評価とを比較して差違がある場合は，保育実践に対する見方を広げ深められることになる。保育をみる視点，捉え方，価値観がそこに表れるからである。他者評価に加えて自己評価することは，実習先で評価されなかった面をも含めてより客観的に実習を振り返るためである。さらには実習先と自己の評価項目を比較総合し，その評価の根拠（原因）を自身で見出すことが求められる。特に実習先からの低い評価に対しては，自分のどこに問題があるのか（身体的な要因，精神的な要因，あるいは事前学習の内容について等）を分析する必要がある。例えば実習先から消極的だと評価された場合，事前の学習不足によるものか，質問する勇気がなかったからなのか，それとも実習先に適応できなかったためなのか等を，自身で自覚し確認することである。評価の根拠を深く探ることで今後の改善に結びつけることが大切である。

2．自己評価の方法

自己評価といっても，自分自身だけで評価すると評価に偏りが生ずる場合がある。実習終了後は養成校の授業の中で，自己評価について議論し合う機会をもつことが大切である。保育実習Ⅱの目標・内容の達成度，自己課題の達成度，事前学習の内容，子ども理解や指導・援助の内容，実習日誌の内容，実習園への適応，健康への自己管理，今後の自己課題等について項目を立て，書き出してみる。大切なことは，なぜそのような評価をしたか，考えることである。その理由の中に自身の保育に対する見方，考え方，価値観が潜んでいる。評価の妥当性を実習の経験者で議論し検討することにより自己評価が深化し，自身の保育に対する考えが相対化され，明確化されてくると考えられる。

幼児期前期の子どもの発達にみられる遊びの変化と, 保育者の援助について

幼児期前期の子どもの発達にみられる遊びの変化について, 遊びを仲間との関わりから6つの段階に分類して論じたパーテン (Parten, M. B.) を取り上げ, 子どもの発達段階に応じた保育者の援助について述べる。

パーテンは子どもの対人関係の発達の観点から, 遊びを6つに分類している。(1)何もしていない行動 (とりとめのない遊び), (2)ひとり遊び, (3)傍観者遊び, (4)平行遊び, (5)連合遊び, (6)協同遊びの6つである。ここでは, その中の(2)(3)(4)の項目について説明し, それぞれの遊びに対する保育者の留意点を述べる。

1. ひとり遊び

ひとり遊びは, 遊びの発達の初期である1～2歳頃からみられる遊びである。幼児が自然物や玩具などを対象に, ひとりで遊ぶ活動のことを指す。大人に見守られている環境の中で安心感があると, 幼児は対象物と自由自在に関わり, 自分の思いを遂げようとする。「～したい」という思いを存分に表現し, 遊びの中に自己投入できる環境は, 子どもの興味・関心を促し, 想像力や創造性を助長し, 自発性や自己肯定感を育てることにもなる。したがって, 幼児がひとり遊びに夢中に

なっている時は, 子どもの思いが達成され, 満足感の得られる時間がもてるよう温かく見守ることが大切である。

2. 傍観者遊び

主に2～3歳頃に多くみられる遊びで, 子どもが周囲の子どもの遊びを傍観しながら, 自分もその遊びの中に入って一緒に遊んでいるかのように楽しむ行動をいう。その子どもに遊びに加わる力がまだ備わっていないからである。しかし, 時には子どもが傍観して興味をもった遊びを, 保育者が類似の遊びに変えてその子どもが遊べるように援助すると, 遊びへの意欲を高めるきっかけになることもある。

3. 平行遊び

2～3歳頃によくみられる遊びである。子ども同士が同じ場所 (例えば砂場など) におり, 同じような活動をする遊びを指す。この場合, 子どもは保育者を媒介に間接的につながっている。子ども同士は直接的な関わりをもってはいないが, 場が共有されているだけで満足していることも多い。このような遊びの時期は, 子ども同士が互いに遊びを真似しやすいように保育者が複数の同じ玩具や材料を用意するとよい。

幼児期後期の子どもの発達にみられる遊びの変化と，保育者の援助について

　幼児期後期の子どもの発達にみられる遊びの変化について，遊びを仲間との関わりから6つの段階に分類して論じたパーテン（Parten, M. B.）を取り上げ，子どもの発達段階に応じた保育者の援助について述べる。

　パーテンは子どもの対人関係の発達の観点から，遊びを6つに分類している。(1)何もしていない行動（とりとめのない遊び），(2)ひとり遊び，(3)傍観者遊び，(4)平行遊び，(5)連合遊び，(6)協同遊び，の6つである。ここでは，(5)(6)の項目について説明し，それぞれの遊びに対する保育者の留意点について述べる。

1．連合遊び

　3〜4歳頃に多くみられる遊びである。複数の仲間と関わる遊びであるが，目的の共有や，役割分担も明確でない遊びを指す。初期の段階の3歳頃は，2〜3名の少人数で子ども同士は共感して遊ぶ。しかし仲間の人数が増えると共感関係の維持が難しくなり，他の子どもを仲間に入れないという行動もみられる。この場合，保育者は閉鎖的な行動を責めるよりも，今後の集団遊びの土台となる共感関係を認めながら育てることが大切である。4歳頃になると，多人数でも共感して遊ぶ姿

がみられる。開放的な集団へと変化し「入れて」「いいよ」等の言葉を交わしながら，遊びに自由に出入りして遊ぶ姿がみられる。しかしこの時期は，仲間同士の気持ちを調整し妥協する力が未熟なこともあり，少しの気持ちのずれから遊びが長続きしないことが多くある。その場合，遊びを継続できるように，保育者がヒントを出したり，保育者が遊びの仲間に入って子ども同士の気持ちをつなげるなど，集団遊びの楽しさを十分味わえる機会を作ることが望ましい。

2．協同遊び

　4歳後半〜5歳頃には，集団遊びの目的を共有し役割分担を明確にして，組織化した遊びがみられる。ルールの意味も理解し，自分達で次々と新しいルールを考えて遊びを作り出す姿もみられる。またトラブルが発生しても，自分達で解決しようとする行動もみられる。保育者は，子どもの目的に向かって協同する気持ちを大切にしたい。また，望ましい集団が形成されるために，必要な態度を培うことも必要である。集団の一員として，子どもがどうあるべきかを考え，トラブルなどが起こった時に民主的に問題を解決する態度を育てていくことが求められる。

◎参考文献

岸井慶子監, 保育実習研究部会編著『3つのカベをのりこえる! 保育実習リアルガイド―不安 日誌 指導案』学研プラス, 2017.

厚生労働省『保育所保育指針解説 平成30年3月』フレーベル館, 2018.

小林育子・長島和代・権藤眞織他著「幼稚園・保育所・施設 実習ワーク―認定こども園対応 改訂版」萌文書林, 2020.

関口はつ江編『学びをいかす 保育実習ハンドブック』大学図書出版, 2018.

東京福祉大学「保育実習の手引き」2020.

内閣府・文部科学省・厚生労働省『幼保連携型認定こども園教育・保育要領解説 平成30年3月』フレーベル館, 2018.

名須川知子監, 田中卓也・松村齋・小島千恵子他編著『保育者になる人のための実習ガイドブックAtoZ』萌文書林, 2020.

増田まゆみ・小櫃智子編著『保育園・認定こども園のための保育実習指導ガイドブック』中央法規出版, 2018.

第44章
保育実習指導Ⅲ

保育実習Ⅲにおける実習目標とその目標を達成するための具体的方策について述べ，自身の考える子どもや利用者に対する支援についての考えを述べよ。

　保育実習Ⅲでは，乳児院，母子生活支援施設，障害児入所施設，児童発達支援センター，障害者支援施設，指定障害福祉サービス事業所（就労支援事業を行うもの），児童養護施設，児童心理治療施設，児童自立支援施設，児童相談所一時保護施設等で実習を行う。したがって，まずはこれらの施設が行っている子どもや利用者に対する支援目標を意識することが大事である。以下，保育実習Ⅲにおける実習目標とその方策について述べる。

1. 保育実習Ⅲにおける実習目標とその目標を達成するための具体的方策

　保育実習Ⅲでの大目標は，「①施設における援助（支援）を実践しながら，保育士として必要な態度・能力・技術を習得する」「②家庭や地域の生活実態に触れて，生活ニーズに対する理解力・判断力を養うとともに子どもや利用者のニーズに対応した援助方法を習得する」「③将来あるべき保育士の姿をたえず自らに問いかけながら，自らの福祉観を養う」である。

　そこで，この目標を達成するために，「実習の内容」を参考にすると，本学における「実習の内容」について

は，「①子どもや利用者の個人差を理解し，特に障害や生活環境に伴う利用者のニーズを理解しながら，その対応について学ぶ」「②自ら援助（支援）計画を立案し，それを基に実践する」「③地域社会に対する理解を深め，地域社会との連携の方法について学ぶ」「④保育士としての職業倫理を具体的に学び，身に付ける」「⑤保育士に求められる態度・能力・技術に照らし合わせて，自分自身の課題を明確にする」となっている。

　これらの項目を実習で行うためには，さらにそれぞれの項目を達成するための具体的な方策が必要となる。

　例えば，「①子どもや利用者の個人差を理解し，特に障害や生活環境に伴う利用者のニーズを理解しながら，その対応について学ぶ」ためには，事前学習であらかじめ調べた実習先の情報を基に，利用者や職員の一日の動きを把握する，一日の業務内容と支援の流れを理解する，常に時間帯によって変化する支援内容を予測して行動する，子どもや利用者個々の生活リズムを把握する，子どもや利用者個々の特徴を把握する，子どもや利用者とコミュニ

ケーションを図り，個々の生活課題や要望を把握する，どのような価値観や将来への要望があるのかを把握する，今までの生活歴・生活環境を把握する，生活場面における援助場面において，子どもや利用者個々の特徴に合わせた支援方法を学ぶ，子どもや利用者に対する職員の支援方法を観察する，子どもや利用者個々の生活場面での支援を行い，個々に合わせた支援における違いを理解する，等の方策がその具体的内容となる。

次に，「②自ら援助（支援）計画を立案し，それを基に実践する」ためには，子どもや利用者とコミュニケーションを図り，個々の生活課題や要望を把握する，どのような価値観や将来への要望があるのかを把握する，今までの生活歴・生活環境等を把握する，子どもや利用者がもつ個々の生活課題や生活目標を理解し，生活場面で行う活動や生活様式から，子どもや利用者個々の生活課題と支援目標を考える，子どもや利用者個々の支援目標を支援するため，個々に合わせた活動を考え実施する，実施した活動を振り返り，再度修正した活動を実施する，等の方策がその具体的内容となる。

次に，「③地域社会に対する理解を深め，地域社会との連携の方法について学ぶ」ためには，事前学習であらかじめ調べた実習先の地域に関する情報を基に子どもや利用者の支援に必要な社会資源をイメージしながら関わる，

実習先の施設に勤務する保育士以外の専門士と，子どもや利用者に関する情報を共有し，指導を仰ぎながら支援を行う，カンファレンスに参加することがあれば，子どもや利用者が具体的にどのような社会資源によって支援を受けているのかを理解する，等の方策がその具体的内容となる。

次に，「④保育士としての職業倫理を具体的に学び，身に付ける」ためには，子どもや利用者の支援についての留意点を理解する，支援における個々の留意点が支援の際になぜ遵守しなければいけないのかということを考えながら支援を行う，等の方策がその具体的内容となる。

最後に，「⑤保育士に求められる態度・能力・技術に照らし合わせて，自分自身の課題を明確にする」ためには，自分自身の言動について，支援者としての利用者に対する態度・距離感を意識しながら支援する，日々の実習で起きる子どもや利用者との関わりを日々省察し，課題を意識しながら子どもや利用者と関わる，等の方策がその具体的内容となる。

以上のような方策を立て，それを日々の実習の留意点として一日の実習目標・課題に設定することで，実習における一日の目標が明確になり，その積み重ねが結果的に実習の目標を達成することにつながる。

2．子どもや利用者に対する支援についての考え方

保育実習Ⅲで実習を行う施設には，いわゆる「障害」を有する子どもや利用者がその支援対象となることも可能性として考えられる。そして，このような対象者に対して，子どもや利用者のもつ個々の特徴，要望に即した自立支援が行われている。したがって彼らの自立支援を行うためには「障害」に配慮した支援が必要となる。

ここで確認をしておきたいことは，「障害」をどのように捉えるかという点であり，この捉え方を誤ると，子どもや利用者個々の特徴に合わせた自立支援が不可能になることも想定される。

「障害」とは，国際生活機能分類（ICF）の考えを基に概括すると，「人が持つ生活課題や目標を妨げる諸要素」，である。この諸要素を，具体的な項目で挙げると，心身の特徴，生活場面における行動，社会で行う諸活動，生活環境，人間環境，生活歴，価値観等が挙げられる。すなわち，「障害」とは，医学的基準のみを基に判別がなされていた「障害」（身体障害，知的障害，精神障害）を指すのではないことを理解しておきたい。そして，この「障害」に対する考えを基に，子どもや利用者個々の自立支援を考えることが大事である。

したがって，生活場面においても，子どもや利用者に対して支援を行う際には，できないことに対して全てに支援をするのではなく，可能な限り自分自身の能力で生活が可能になるような環境を整えることに留意して支援を実施することが一例として挙げられる。また，支援の際の声かけ等も，子どもや利用者が主体的に日々の生活や個々のもつ課題と向き合えるような関わり方を行うことが望ましい。

また，支援に際しては，常に子どもや利用者の最善の利益を守るという観点から，支援を行うことも重要な要素となる。

子どもや利用者は一人の人格をもつ人間であるという前提に立ち，彼らが有する権利（例えば，生きる権利や参加する権利等）を常に守れるような配慮を忘れずに，日々の支援を行っていくことも重要である。

以上のことから，子どもや利用者に対する支援は，可能な限り子どもや利用者が自分自身の能力で生活が可能になるような環境を整えることに留意し，彼らが有する権利を常に守れるような配慮を忘れずに，個々の特徴に即した目的を達成するための自立支援を行うことが大事である。

保育実習Ⅲの実習目標・内容について

保育実習Ⅲの実習において最も重要なことは「実習で何を学ぶのか」を理解し，自覚することである。そこで保育実習Ⅲの実習目標・内容について以下に述べる。

1．実習の目標

本学における保育実習Ⅲの目標は，①施設における援助（支援）を実践しながら，保育士として必要な態度・能力・技術を習得する，②家庭や地域の生活実態に触れて，生活ニーズに対する理解力・判断力を養うとともに子どもや利用者のニーズに対応した援助方法を習得する，③将来あるべき保育士の姿をたえず自らに問いかけながら，自らの福祉観を養う，である。

これらの目標を達成するためには，様々な段階があるため，まずはこれらの目標を達成するために，どのようなことに留意をすると達成できるのか，という視点で目標を理解することが大事になってくる。例えば，①施設における援助（支援）を実践しながら，保育士として必要な態度・能力・技術を習得する，という目標を達成するためには，施設における保育士として必要な態度・能力・技術はどのようなことに留意すると達成できるのかという問いを立て，やるべきことや留意するこ

とを細分化して具体化すると解りやすくなる。そこで，本学ではこれらの目標を細分化するためのヒントとして，実習内容を明示している。

2．実習の内容

本学における実習の内容は，①子どもや利用者の個人差を理解し，特に障害や生活環境に伴う利用者のニーズを理解しながら，その対応について学ぶ，②自ら援助（支援）計画を立案し，それを基に実践する，③地域社会に対する理解を深め，地域社会との連携の方法について学ぶ，④保育士としての職業倫理を具体的に学び，身に付ける，⑤保育士に求められる態度・能力・技術に照らし合わせて，自分自身の課題を明確にする，である。

これらの内容を上述の実習目標に照らし合わせ，それぞれの目標を達成するためには，どの内容がその一助となるのかという関係性を理解し，さらに先に述べたような，やるべきことや留意することを細分化してまとめていくことが望ましい。

以上，実習の目標と内容については，現場における経験として学ぶべき事柄を細分化して理解し，臨むことが肝要である。

保育実習Ⅲの実習施設について

保育実習Ⅲでは，多数の施設が実習先として指定されている。この中で，特に実習先として関わる5施設について，簡易な説明を行う。

1．乳児院

乳児院は，乳児（保健上，安定した生活環境の確保その他の理由により特に必要のある場合には，幼児を含む。）を入院させて，これを養育し，あわせて退院した者について相談その他の援助を行うことを目的とする施設である。

2．児童養護施設

児童養護施設とは，保護者のない児童（乳児を除く。ただし，安定した生活環境の確保その他の理由により特に必要のある場合には，乳児を含む。），虐待されている児童その他環境上養護を要する児童を入所させて，これを養護し，あわせて退所した者に対する相談その他の自立のための援助を行うことを目的とする施設である。

3．障害児入所施設

障害児入所施設は，①福祉型障害児入所施設，②医療型障害児入所施設の2種類に分かれている。それぞれの目的は次の通りである。

①福祉型障害児入所施設は，保護，日常生活の指導及び独立自活に必要な知識技能の付与が目的である。

②医療型障害児入所施設は，保護，日常生活の指導，独立自活に必要な知識技能の付与及び治療が目的である。

4．児童心理治療施設

児童心理治療施設は，家庭環境，学校における交友関係その他の環境上の理由により社会生活への適応が困難となった児童を，短期間，入所させ，又は保護者のもとから通わせて，社会生活に適応するために必要な心理に関する治療及び生活指導を主として行い，あわせて退所した者について相談その他の援助を行うことを目的とする施設である。

5．児童厚生施設

児童厚生施設とは，児童遊園，児童館等児童に健全な遊びを与えて，その健康を増進し，又は情操をゆたかにすることを目的とする施設である。特に児童館については，小型児童館，児童センター，大型児童館（A型），大型児童館（B型），大型児童館（C型）等に分かれており，それぞれ目的も異なる部分があるため自分が実習に行く際には注意をする必要がある。

望ましい支援者像について

親に代わって子どもの養育に直接関わる保育者は，子どもの人格形成を行う役割をもっている。子どもは保育者のものの考え方や行動，言葉づかいなどに大いに影響を受けるのである。さらに子どもの健全な育成には，保育者と子どもとの間に信頼関係を築くことが必要不可欠である。

これらのことを考えると，望ましい保育者像として次の項目が挙げられる。

1．施設養護について理解のある人

施設は児童福祉の各分野にわたっており，それぞれ目的も異なる。したがって保育者は各施設の役割を十分に理解したうえで専門性を発揮することが求められる。

2．子どもの心を理解し，子どもを受け入れ，忍耐強く児童と接することができる人

施設に入所する子どもの多くは，家庭での困難な状況から心身ともに傷を負っていることが少なくない。このような子どもを援助していくためには，保育者と子どもとの信頼関係が不可欠である。忍耐強く子どもと関わり，子どもを理解することは，信頼関係を築く第一歩である。

3．愛情をもって支援を行うことができる人

子どもの信頼を得るためには，愛情をもって子どもを受け止め，共感することが大切である。

4．保育者としての仕事に誇りをもつ人

子どもは保育者のものの考え方や立ち居振舞いに，大いに影響されて育っていく。保育者が誇りをもって働く姿は，子どもに良い影響を与えることになる。

5．健康で明るく，活動的である人

保育者が元気で生き生きと児童に接することが児童の健全な発達につながっていくのである。

6．自己反省をしながら努力する人

多種多様な子どもの問題に対処し，より良い子どもの支援を行っていくためには，保育者は自己の専門性を高めていく必要がある。したがって保育者はたえず自分自身を振り返り，自己を向上させていかなければならない。

7．他の職員と協調できる人

施設では，担当の保育者だけではなく，様々な職員が子どもと関わることになる。これらの職員が意思の統一を行って共通の理解のもとに子どもの支援にあたることが大切である。

実習を実施するための事前学習に関する内容について

実習を行う際，事前の準備をすることは，実習を有意義なものにするために必要不可欠である。事前に実習を行う施設に関する様々な情報を調べておくことで，現場で利用者の理解や施設の支援内容についてより深い理解が得られるからである。そこで，実習を実施するための事前学習に関する内容について以下，概略を述べる。

1．実習先の施設に関する情報

実習を行う施設は，所在する地域の中で，そこに生活する利用者のニーズを充足するために存在している。そこで，まずは実習先がどのようなサービスを展開しているのかという情報を調べておくことが望ましい。なぜなら，利用者のニーズをある程度予測することが可能になるからである。また，職員・利用者の人数に関する情報も同じ理由で調べておくことが望ましい。

2．実習先の施設に配置された専門士に関する情報

実習先にどの様な専門性を有する職員が配置されているのかという情報についても調べておくことが望ましい。なぜなら，その職員の専門性から，利用者の特徴や生活課題，及び支援内容がある程度予測できるからである。また，利用者を理解し，支援をする際の基準が専門性によって異なるため，職員の専門性をあらかじめ理解しておくことで，各々の職員が何を基準にして利用者の理解，支援を行っているのかが予測でき，それらの職員とのコミュニケーションがとりやすくなるからである。

3．実習先の施設がある地域に関する情報

実習先の地域に関する人口，産業構造，地域の地理的特徴等に関する情報を調べておくことが望ましい。なぜなら，施設と地域の関係を理解することが，施設の社会的意義・利用者の理解の一助となるためである。

4．実習先の利用者の活動範囲

実習先の利用者が地域の中でどのような活動を行っているのかという情報を事前に調べておくことが望ましい。なぜなら，利用者の生活圏を知ることで，利用者の生活を理解する一助になるからである。

5．実習先の施設に関する平面図

実習先の建物についての情報を事前に調べておくことが望ましい。なぜなら，施設の平面図が事前に理解できれば，利用者の生活環境を事前に把握することが可能になり，利用者の生活を理解する一助となるからである。

利用者に対する自立支援について

「自立」の考え方は，1970年代のアメリカで発達した「自立生活思想（Independent Living）」に由来している。これは「身辺自立や経済的自立ができているかどうかに関わらず，自立生活は成り立つ」という考え方である。つまり，身辺自立や経済的自立が困難でも，自らの意思に基づいて必要な支援を受けつつ，環境の調整を行うことで，生活することを可能にすることが「自立」と理解できる。

利用者に対する自立支援は，機能・能力障害の原因となる疾病や障害を治療すること，リハビリテーション・訓練などによって，機能・能力障害によるハンディキャップを取り戻すこと，既存の能力を開発すること，それぞれの障害の種類や程度に応じて必要とされることを満たすことであった。さらに利用者の環境や考え方に関する支援をすることで，既存の能力のままで自立を促す支援も行われている。

利用者の自立には，次の4つの側面がある。

①身辺自立—身の周りのことは自分でできること。

②経済的自立—自らの力で生活費を稼ぎ，経済的に自立できること。また個々の特徴や環境要因に起因する理由で仕事に就くことができなくても，年金や生活保護費の管理を1人でできること。

③精神的自立—自分自身で決定・選択ができ，その結果について責任がとれること。

④社会的自立—社会の秩序や道徳を身に付け，自分を取り巻く人々や社会から，社会に貢献できる者として受け入れられ，自らもそれを確認できること。

一般にこれら4つの側面は①から④の順に発達させていくべきだという捉え方を背景に，それに従って支援計画が立てられていた。しかし，これを利用者にそのまま適用することは必ずしも適当ではない。利用者の自立を考える場合，まずは利用者本人やその家族の望みや要望を把握し，支援目標のゴールを設定する。そして①から④にあたる自立に関する支援を重層的に支援内容に取り込むことが必要となる。その結果，利用者が生活の不自由さを周囲に伝え，改善を要求できるように自己主張できること，他人や環境に働きかけ，現実を変化させることができる等の能力を身に付ける，または代替の方法で行えるようになることが自立につながるのである。

保育実習における実習日誌の留意点について

保育実習では実習日誌の作成，提出が課題となっている。実習日誌の作成の意義は，①実習を通して体験した出来事を記録として残すことができる，②子どもや保護者，職員との関わりから学んだことを明確にする，③経験を振り返ることで新たな課題を発見する，という３点に集約できよう。

実習日誌は以上の意義をふまえ，以下の点についての記述をすることが望ましい。

１．その日の実習目標・課題

自分が実習を行ううえで，その日に立てる目標・課題は実習日誌を作成するうえで重要なポイントである。なぜなら，その日に自分が保育・施設現場で何を学びたいのかということを明確にしていなければ，現場においてどのように行動したらよいのかがわからなくなった時，さらに混乱して，不適切な行動をとってしまうことにつながるからである。したがって，その日の実習目標・課題は実習日誌を作成するうえで重要な要素となる。

２．実際に体験した事実

実習を行った日に，自分がどのような流れで，いつ，誰と，どこで，何を行ったのかという実習場面での事実を記述することも重要なポイントであ

る。なぜなら，この事実がなければ，その日に自分が何を実習でしてきたのかという確認ができず，その後の振り返りができなくなってしまうからである。

３．考察（振り返り）

実習日誌では考察（振り返り）を記述するが，この考察（振り返り）がなければ，その日の出来事から学んだことや課題が不明瞭になってしまい，結果，次の実習目標や課題に気がつけなくなってしまう。実習日誌を作成する際，その日の目標・課題を考える時に，その目標や課題が思いつかない人は，大抵の場合，この考察（振り返り）が感想になってしまっていることがほとんどである。したがって，次の日の実習を明確な目標や課題をもって臨むためにも，考察（振り返り）を記述することは大事なポイントになる。

４．個人が特定できる表現は避ける

実習日誌に記載する際，関わった子どもや保護者，職員等の個人名はイニシャル等で表現することが望ましい。なぜなら，実習日誌等を紛失してしまった場合，その内容を第三者が見て個人を特定されてしまうと子どもや保護者，職員等に迷惑がかかるからである。

◎参考文献

 ・児玉俊郎監，吉村美由紀・吉村譲編
『保育士養成課程 五訂 福祉施設実習ハンドブック』みらい，2019.
関口はつ江編『学びをいかす 保育実習ハンドブック』大学図書出版，2018.

戸江茂博・岩田健一郎・國光みどり『保育実習指導』近畿大学弘徳学園，2013.

44. 保育実習指導Ⅲ　531

◎総合演習

第45章
保育実践演習

次のような観点から，自分で具体的な課題を設定し，レポートを作成する。①最近の子どもの育ちに対する家庭環境や社会環境の影響，②現行の保育制度の問題点。

　最近の子どもの育ちに対する家庭環境や社会環境の影響について述べることにする。

　かつてのわが国は子どもに対して優しい国とされていたが，ここ百年余の間に「子どもをめぐる心性」が大きく変化した，と本田は指摘している。また，秋田は，遊びは子どもの健全な発達の源であるが，家庭や社会のあり方の変動により多大な影響を受けていると述べている。子どもが育つ環境には様々な側面があるが，その中で時間的側面は直接目に見えるものではないが，重要な一側面である。そこで，最近の家庭環境や社会環境の変化として時間的側面を取り上げて子どもの育ちに対する影響について考察してみたい。

　現代に生きている私たちは，直進的でたえず切り刻まれた時間によって日々の生活を送っている。私たちの行動は，自分の内なるものとは別の，自己の外に存在する時間によって律せられているかのようである。電車は決められた発車時刻に1分でも遅れたならばもう乗ることはできない。テレビはそれを視てどんなに感動しようとも，

こちら側の感慨には一切おかまいなしに一方的に流れ去って，こちら側と同じ所に一緒に留まってはくれない。このような時間的側面は，少なからず子どもたちにも影響を及ぼしていると思われる。

　子ども自身が生きている世界の中の時間とは，本来どのようなものであるのだろうか。忙しく生活している現代の大人たちの時間と同じものなのだろうか，それともそれとは異質のものなのだろうか。

　しかし，私たちの生活の中の全ての時間が自己の外に存在する時間によって追い立てられているわけではない。それとは明らかに異なっていて，社会や組織を律している時間とは別の時間の流れの中で"自分が生きている世界"を感じる時もある。例えば，ふだん健康で丈夫な人が入院生活を余儀なくされた場合を考えてみると，しばらくして自宅に戻った時に，ベッドから庭の木が目に入ったとしよう。それはずっと以前から厳然としてそこに存在していた木であり，高さ5m，常緑樹，重さ5トンなどの説明が可能だろう。しかし，そのような事象としての

その木と，いまここで，その人がその木を見て「ああ，この木はすがすがしい姿で，いまここに生きている」と感動したその時のその木とは別のものではないだろうか。

　子どもにとって夢中で遊んでいる時の客観的な1時間と，朝起きて幼稚園や保育所へ着くまでの毎日の生活の繰り返しの中で遂行される一連の行為の1時間とは全然別のものであって，前者は後者の10分の1の時間量として認知されているかもしれない。

　しかしながら，一方では社会や組織は，そのような一人ひとりの人間の主体的な関わりや感動による時間を拠り所として律していくことはできない。また，子どもが自己の外に存在する共同体的時間を正しく認識することは，発達に伴う社会化の重要な事項の1つともいえる。さらに，現実の幼稚園・保育所や小学校の日々の生活は現実社会の秩序の中にあり，その統制から全く放たれることは不可能である。それは，幼稚園の送迎バスの運行時刻などの子どもの安全性の確保や，登園時刻に遅れないことなどの人間社会への適応性にとって重要な事柄でもある。

　子どもが主体的に環境と関わって「いきいきと遊んでいる状態」は，「自分が主体者である時間」と深く関わっていると考えることができるのではないだろうか。

　日々の保育は些細なことの連続であるが，その状況をどのように読み取り対応するかは，保育者に課せられた課題であり，そこに保育の専門性がある。保育の実践とは，一人ひとりのその子どものその時の内面の気持ちに寄り添って応答することであることから，「子ども自身が生きている世界」を正確に読み解くことが重要である。

　「子どもが生きている世界」についての理解は，その瞬間その瞬間に生きている子どもの「小宇宙」をしっかりと感じ取ることなくしては難しい。そのため，共同体的な了解事項のもとに日々の生活を忙しく過ごしている大人にとっては，「子どもが生きている世界」の有り様はわかりにくい。しかし，「子どもが生きている世界」について理解しようとすることは，大人も共に育つことに導くといえるだろう。

　子どもはやがて大人になり，社会を担う者となり，共同体に共通の時間の下で社会を支える一員として日常の活動を行っていく。それと同時に，大人は次世代である子どもを育てる役割を担い，子どもに対して豊かな人生を送ることができる資質を育てる責任を果たさなければならない。子ども時代に遊びに没頭して「自分が主体者である時間」をもち，豊かな子ども時代の体験をもつことは，大人になった時に次世代である子どもが生きている世界に寄り添い，子どもを理解しようとする姿勢をもつことを容易にすると考えることができる。

　このように，「育つ・育てる」の関

係は，時系列的に見た時に循環の中にある。自分の「いま」を豊かに生きるだけでなく，世代間のつながりの観点から，この循環を断ち切ることなく良い循環を形成して，より良い次の世代（つまり子ども）を育てる役割を果たす上でも「自分が主体者である時間」をもつことの重要性が理解される。津守は，大人が子どもの広い時間を共有することの意味について次のように述べている。「第一にそれは，現実に束縛されて窒息しそうな大人の精神を癒やす力をもっている。大人の世界の悩み事でいっぱいになっているとき，子どもとゆったりと過ごすと，気が晴れてくるのを体験した人は多いと思う。それは現実の時間しかもたないように思っている大人自身の中にも，現実とは次元を異にする広がりのある時間が隠されているからであろう。ただ，ふだんは，そのことに気付かないだけである。この現実に束縛された生活の底に流れる，自由な広がりのある時間にふれて，病む精神は治療される。第二に，広がりのある時間を自らの内にもつことに気付き，他人の内にも，現実に束縛されない広い時間が横たわっていることに気付くとき，お互いに黙っていても，そこに身をゆだねることができる。特定の人に対する信頼感が人間関係を支えるだけでなく，両者の存在の底に流れる，この広がりのある時間を共有することにより，安定した人間関係を保つことができる。」[*1]

子どもが「夢中で遊んでいる」姿を「生き生きと遊ぶ」として捉えると，そこに流れている時間は，外的共同体的な時間の統制下にあるのではなく，それから解き放たれて，時間を忘れて，子ども自身が主体的に活動していることがわかる。

保育は環境を通して行うものであるが，現代の家庭環境や社会環境は子どもにとって決して望ましい面ばかりではない。しつけ方略としてほとんどの母親が「早く早く」と急き立てているという現状がある。

このような中で育つ子どもに対して主体性を育てることは，今日の重要な教育課題である。子ども自身の「内なる時間」が充実するように保育環境を整えることに向けて，保育者の役割は一層大きいものがある。

子どもが“わくわく”として自己の世界が躍動するのは，想像力による遊びの展望がある時にしばしば体験されることである。つまり，子どもが自ら期待をもって展望をもつ時に“いま”“この瞬間”が広大な自己の内なる時間の中に位置づけられて体験される。それは保育場面において「思い切り遊ぶ」「遊び込む」として言い表される。「いま」を主体的時間内の展望の中で捉えることが，子どもが生きている世界の中の時間の充実に深く関わっていることを保育者はしっかりと自覚することが重要である。

日本における少子化現象と保育上の課題について

わが国の子ども人口は減少を続けている。第2次世界大戦終了後の1947（昭和22）年から1949（昭和24）年には年間約270万人の子どもが生まれ、第1次ベビーブームと呼ばれた。約25年後にその世代が親になる頃の1971（昭和46）年から1974（昭和49）年には年間約210万人の子どもが生まれて、第2次ベビーブームと呼ばれた。さらにその世代が親になる頃の2000（平成12）年前後に第3次ベビーブームが到来することが予想されたが、実際にはそうはならなかった。

1966（昭和41）年は丙午（ひのえうま）の年にあたり、丙午年生まれの女児は薄幸になるという迷信があるため出産を控えたようで、その年の出生数は急に減少した。その後、第2次ベビーブームのあと1980（昭和55）年頃から出生数は次第に減少するようになり、1990（平成2）年にはついに1966（昭和41）年の出生数を下回ってしまった。2020（令和2）年の出生数は約84万人であり、第2次ベビーブームの頃の4割である。

このような子ども人口の減少は、子どもが育つ環境に対して様々な変化をもたらしている。1960年代までのわが国では、子どもが群れて遊ぶ姿は日常的に見ることができた。子どもたちは幼稚園・保育所や小学校から帰ると近所の友達と夕方まで遊んだ。近所の空き地や道路も子どもにとっては遊び場であり、大人の介入の少ない場で仲間遊びに夢中になっていた。

その頃はきょうだい数も多く、近所には年上や年下のきょうだいの友達もいて、近所遊びには異年齢の関係ができていた。遊ぶ際には、年下の子どもに対してはルールを簡単にして、鬼遊びの鬼がいつも年下の特定の子どもになってしまい遊びが面白くなくなることを避けるための工夫をしたりした。それは、年長の子どもが年少の子どもを思いやる機会にもなった。年下の子どもは年上の子どもに憧れと信頼感を抱きながら、遊びの楽しさを持続させるためにはルールを守ることが大切であることなどを学んだ。

昨今では少子化のため近所に同年代の子どもがおらず、家庭でもきょうだい数が少なく、多様な子ども間の関係を経験する機会が乏しくなった。

このような現状の中で、幼稚園・保育所・認定こども園は、仲間遊びを経験するなど、子どもの人間関係力の育成に対して従来にも増して重要な役割をもつようになっている。

現代の保護者の子育て意識と保育施設，保育者の役割について

　子どもを育てることは，人類の起源とともに始まる。子どもとは何か，子どもを育てるとはどういうことか，親は子どもにとってどのような意味をもつか，などの保育の理念や保育に関わる様々な問題は，古代でも現在でも変わらない部分と，時代とともに変化して新しいあり方になっていく部分とをもっている。

　わが国の従来からの子ども観は，「子宝」や「子どもは授かりもの」に表されている。しかし，現代では生活意識の変化や生殖を研究対象とする様々な領域からの科学的アプローチの成果で受胎調節は一般的なことになり，子どもに対する認識や子育て意識は大きく変化してきた。「子どもは宝」ではなくお金のかかるもの，「授かりもの」ではなくつくるものへと移る傾向にある。したがって，自分の経済状況を考えたうえで，つくるかつくらないか，いつつくるか，何人つくるかが問題となる。この自分の「お金」と「時間」と「心」を注ぐ対象として子どもを捉える姿勢は，他のことへ向けることができたお金と時間と心をあえてこの子に向けたのだから，この子は私のもの，私の思うとおりに育って当然，という意識に結びつきやすい。つまり，子どもは「私的な存在」であるという感覚である。

　確かに，子どもをもつかもたないか，何人もつかは，個人的な事項である。しかし，ひとたび生まれた子どもは，次の時代の大人であり，次の時代がどのような社会となるかは現在の子どもをどのような人間に育てるかにかかっている。その意味で子どもとは極めて「社会的な存在」なのである。

　児童相談所における児童虐待の相談処理件数は年々増加している。保護者は子どもが育つための適切な環境についての知識や技術をもたず，不適切な子育てを行っている場合が増えていることを示している。次の時代がどのような社会となるかを想う時，重大な問題であると言わざるを得ない。

　このような状況を背景として『保育所保育指針』（平成29年3月厚生労働省告示）第1章総則では，保育所の役割として「入所する子どもを保育するとともに〔中略〕入所する子どもの保護者に対する支援及び地域の子育て家庭に対する支援等を行う役割を担うものである」と明記している。つまり，保育者は子どもの保育を行うとともに，保護者に対する支援を行うことが責務として位置づけられた。

都市化現象が子どもの生活と発達に及ぼす影響について

都市化とは農村が都市になることではなく，農村にも都市にも都市的な様々な特徴が浸透するようになることである。例えば，人間関係の緊密さが失われて隣に住んでいる人について何も知らず言葉を交わすこともない，などが挙げられる。それは個人の生活に干渉することもなくされることもないので，煩わしくないという見方もできるだろう。

人間関係の都市化は，地域におけるコミュニティが崩壊していくプロセスであると捉えることができる。つまり，かつては同じ地域に住んでいるということのまとまりが日常生活の支えになっていて，時にはお節介な干渉を受けることもあるが，困った時には「お互い様」と助け合う関係があった。

今日ではこのような隣人の関係は疎遠になった。都市では人々が集まるのはある目的のためだけであるという場合がほとんどであり，お付き合いはそのためだけのものである。それは都市部に限らず農村部でも同様で地域住民のネットワークに組み込まれない人々が増えてきている。

このことは，子育て家庭にとって幼稚園や保育所への期待をますます強くすることになる。従来であれば，緊急の時やちょっとの間の外出の際には，幼い子どもを隣人に預けることができた。子育てに迷ったり，悩んだりした時には，気軽に相談もした。また，隣近所の人々が生活の中で子育てをどのようにしているかについても見て参考にすることができた。そのような地域社会が果たしていた機能は，いま，幼稚園や保育所などの保育施設に対するニーズとなっている。一時保育事業や子育て相談など地域の子育て支援の必要性が生じているのである。

また，子どもは幼稚園・保育所，小学校から帰宅すると一緒に遊ぶ友達が近くにいない場合が多い。もしいたとしても，子どもたちだけで道路で遊ぶことは危険である。道路は車が行き交い子どもの遊び場としては危険な場所になった。そのため，児童館・児童センターなど遊ぶための場所に出かけて行き，囲われた空間の中で大人の監視下で遊ぶことが一般的になった。遊ぶ玩具も電子媒体機器が広く普及するようになり，仮想現実（バーチャル・リアリティ）の中での遊びも多くなった。このような生活環境の変化は，子どもの経験を狭めさせることが考えられる。保育者はこのことをふまえて保育のあり方を考えていかなければならない。

保護者支援の方法について

　保育の場での保護者支援の基本は，家庭に対して強く介入するのではなく，日常的な親子との関わりを通して自然な支援の場面を積み重ねることによって，親子自身が本来もっている力を高めていくようにすることである。

　そのための方法としては，保護者とのコミュニケーションを図り，信頼関係や協力関係をつくることが重要になる。その具体的なスキルとして以下の事柄が挙げられる。

　①非言語的なコミュニケーション：保育者の穏やかな視線や笑顔，ほっと安心する声の調子，急かさない話し方，身振りや立ち位置，接する態度など，保育者が言語で伝える以外の様々な雰囲気が情報として保護者に伝わることに注意する。②保護者と波長を合わせる：相手の言葉の強弱や態度などに保育者も調子を合わせて相手の気持ちに寄り添っていく。そのためには保護者をよく観察して発している言葉以外のサインもしっかりと受け止める。③待つ：保護者は相談したいことを他者に言葉で伝えることができる程に十分に整理されていない場合が多い。保護者がこの先生には何でも話して大丈夫と思えるように，安心してリラックスできる雰囲気をつくり，相手が話す

ことを急かすことなく相手が自分から話し出すことを待つことが大切である。④傾聴する：保護者が話し始めたら，しっかりと話に耳を傾ける。話している言葉だけでなく，声の調子や言いよどみ，顔の表情などから言葉の行間を受け止めるようにする。保護者の話は取り留めがなく堂々巡りのように感じる場合もあり，つい保育者が話したくなるが，相づち程度に留めて8割は保護者の話を聞くようにする。⑤共感的理解：「あなたの話をしっかりと聞いていますよ」という姿勢を示す。うなずく，相づちをうつ，「それで」と視線を合わせて上体を乗り出すなどして保護者が話し続けやすいような表情，姿勢，態度を示す。⑥フィードバック：保護者の気持ちや話の内容を返して，的確に把握していることを確認する。保護者の言葉の要点を繰り返したり別の言葉で言い換える，話の内容を要約する，などの方法がある。⑦支持する：保護者の思い悩んでいる状況に対して否定したり拒否したりせずに，支持する。そうすることで，保護者を認め，保護者自身が自分の悩みについて振り返って気持ちを整理して乗り越える力を発揮できるように援助する。

子どもの遊びを豊かにする環境構成，材料，保育者の関わりについて

遊びは「幼児の自発的な活動」である（『幼稚園教育要領』第1章）。したがって，子どもの遊びが豊かに展開されるためには，子どもが自発的に活動することが促されるように環境を構成し，材料を選んで，保育者も関わる必要がある。

環境は，物的環境（園舎，設備，園庭，遊具，教具，教材など），人的環境（保育者，子ども，園の職員など），自然環境（草花・樹木などの植物，虫・とり・家畜などの動物，雨・風・雪・雲などの季節・天候，野原，川，山など），社会環境（公園，公共施設，病院，商店街，道路，乗り物など），その他（時間，空間など）に分けることができる。

環境を構成したり，材料を選ぶ際に留意しなければならないことは，以下の事柄である。①子どもにとって安全で心地良く，自由で，受容されている実感をもって伸びやかに活動できること。そのためには，安全性が確保されていて，安定した人間関係があり，行動についての制限がゆるやかである必要がある。②親近感があること。子どもは生活の中で見慣れたものと関わり，そこから自分を発揮していく。③秩序が保たれていること。何がどこに

あるのか，その場所は何をするところかなど，子どもにわかるようにして予測して行動できるようにする。④応答性があること。子どもは対象（材料）や他者（保育者や子ども）と関わる中で何らかの応答を得ることにより，自分の行動の効果を受け止めて次の行動へと展開していく。保育者は子どもの呼びかけにすぐに応え，子どもの話を丁寧に聞き向き合うことが大切である。そうすることで子どもは自己の有能感を得てさらに遊びを展開していく。⑤多様性と新奇性があること。子どもは新しいものに出会ったり驚いたり発見したりして，好奇心をもって挑戦する。材料は多様な性質や機能をもつものが望ましく，同じものでも一人ひとりの子どもにとって同じ意味をもつわけではない。

また，環境は子どもの年齢によっても，保育者の力量によっても，その意味が変化する。例えば，落ち葉を拾った時に，3歳児は色よりも握った時のカサカサとした感触が気に入って楽しむかもしれないが，5歳児の場合はそれとは別の遊びを展開するだろう。保育者が環境をどのように考えて活動に取り入れたり配慮したりできるかが，保育の重要な課題となる。

保育における地域との連携について

『幼稚園教育要領』（平成29年3月文部科学省告示）では，幼稚園は「地域における幼児期の教育のセンターとしての役割を果たすよう努めるものとする」と明記され，『保育所保育指針』（平成29年3月厚生労働省告示）でも，保育所は「入所する子どもを保育するとともに，家庭や地域の様々な社会資源との連携を図りながら，入所する子どもの保護者に対する支援及び地域の子育て家庭に対する支援等を行う役割を担うものである」と記されている。このように，幼稚園も保育所も，今日では地域社会と連携して保育にあたることが求められている。

子どもは地域の中で育つ。確かに子どもの教育についての第一義的責任は父親母親などの保護者にある（教育基本法第10条）が，家庭生活という閉じた場所だけで保育・教育は全うされるものではない。近年は核家族化，両親の共働き，少子化などの生活環境の変化から，子どもは少数の限られた人間関係の中で育つことを余儀なくされる傾向にある。かつては家庭生活の中にも様々な人々がいて，近隣の人々との関係も密であったが，いまは人間関係の希薄化が進んでいる。

幼稚園・保育所が地域の子育て支援の役割を担っているとはいえ，全てのニーズに応えられるわけではない。地域には他にも様々な社会資源がある。供給別に見ると，(1)インフォーマルなサービス，(2)公的サービス，(3)営利サービスに分けられる。

(1)は，親戚や近所の知り合いなどの血縁・地縁による相互扶助がその例である。急に助けが必要になった場合に対応してもらえる利点があるが，相手に気を遣うという面もある。(2)は，自治体や社会福祉法人など公的団体によるサービスである。申請手続きが必要であったり，急な場合に対応が難しい面がある。(3)は，料金を払うことにより利用できるサービスである。営利を目的とし事前審査や申請などは不要であるが，サービスの質は様々であるのでよく検討する必要がある。

子育てについての関係機関や人材として，その他にも以下を挙げることができる。①児童委員，②主任児童委員，③児童家庭支援センター，④児童相談所，⑤福祉事務所，⑥発達障害者支援センターなどである。幼稚園や保育所は，保護者にとって最も身近であり保護者のニーズに最初に触れる可能性が高いため，他の社会資源の調整役を務めることが求められる。

◎引用文献

＊1　津守真『保育の体験と思索：子どもの世界
　　の探究』大日本図書，22-23頁，1980.

◎参考文献

秋田喜代美「遊びと発達」『保育学研究』第45
巻第1号，2007.
大嶋恭二・金子恵美編著『保育相談支援』建帛
社，2011.
岡野雅子『現代の時間的環境における保育に関す
る研究』風間書房，2011.
岡野雅子・松橋有子・熊澤幸子他『新保育学 改
訂5版』南山堂，2011.
厚生労働省『保育所保育指針（平成29年告示）』
フレーベル館，2017.
関口はつ江・手島信雄編著『保育原理―実践的幼
児教育論 第4版』建帛社，2009.

関口はつ江編著『保育の基礎を培う保育原理』萌
文書林，2012.
民秋言編『改訂保育者論 第3版』建帛社，2015.
内閣府・文部科学省・厚生労働省『幼保連携型認
定こども園教育・保育要領（平成29年告示）』
フレーベル館，2017.
本田和子『子どもが忌避される時代―なぜ子ども
は生まれにくくなったのか』新曜社，2007.
文部科学省『幼稚園教育要領（平成29年告示）』
フレーベル館，2017.

第46章

国語
（書写を含む）

身近に見られる日本語の表現や理解に関する
疑問点・問題点を見つけ，その類例を集めるとともに，
その原因と解決法について見解を述べよ。

1．発音と仮名表記のズレによる問題

　日本語の表記は，漢字仮名交じりを原則としているが，それぞれの単語を漢字で書くか，片仮名，平仮名で書くかについての厳密なルールはなく，個人の判断で表記されているのが現実である。したがって，以下の①②のいずれの表記も可能である。

①今日は〔わ〕，僕は〔わ〕これからじゅくへ〔え〕行きます。

②こんにちは〔わ〕，ぼくは〔わ〕これからじゅくへ〔え〕行きます。

　しかし，上記の文中の「は」「へ」を〔　〕内のように書くと間違いとされる。小学生に見られる事例である。

　「今日わ」「こんにちわ」などの表記は大人でも間違う人が見られる。

　では，なぜこのような表記の間違いが起こるのであろうか。現在の日本語表記に関する，「仮名遣い」については，1986（昭和61）年の内閣告示に「語を現代語の音韻に従って書き表すことを原則とし，一方，表記の慣習を尊重して一定の特例を設けるものである」としている。したがって，現代語の音韻に従うという原則からいえば，〔　〕内の表記は正しいはずである。

　しかし，慣習を尊重した特例である助詞の「を，は，へ」の表記に従っていないので間違いなのである。

　小学校の1，2年生に助詞を教える場合，例えば「塾」と「行く」という2つの言葉をくっつける働きがあるという意味をこめて「くっつきの『へ』」と教えるため，助詞の「を，は，へ」などは正書法のように定着している。しかし，定着しにくい表記の1つに先に示した「こんにちは」「こんばんは」がある。これらが定着しにくい原因は2つ考えられる。

　1つは，「こんにちは」「こんばんは」が，1つの単語としての意識が強くなり，「今日（こんにち）＋は」という，「名詞＋助詞」の2語である意識が薄れているためという理由である。もう1つは，「こんにちわ」と表記する人は，「行きたくないわ」などの，感動を表す終助詞の「わ」と混同していると考えられる。

　今後，「こんばんわ」という表記が増えるとすれば，その表記を慣例として認めるか，「『今日（こんにち）＋は』など，もとが副助詞，係助詞である『は』は，そのまま『は』と書く」と指導した方がよいのではないだろうか。

助詞の「を，へ」という表記はかなり定着し，文中における「格」の機能を果たしている。ただ，次のような場合は取り立てて指導しないと大人になっても迷ったり，間違ったりする。

　「やむを得ない」「せざるを得ない」「止せばよいものを」「いわんや，をや」等が正しい。

　「へ」と書き間違いやすい「行方（ゆくえ）」は，もともとは，助詞の「へ」だったとも考えられるが，その意味が薄れて1語となり，現在では「行方（ゆくえ）」と表記する。これは，歴史的仮名遣いが「ゆくへ」であったこともあって間違いやすい。

　次に，「塾」の平仮名表記であるが，子どもはもちろん，大人でも「じく」と発音する人が見られるが，本来の発音は「じゅく」である。このように間違いやすい類例には次のような語がある。〔（　　）内は間違った平仮名表記〕・手術（×しじつ）・宿題（×しくだい）・述語（×じつご）

　子どもたちは，耳で聞く発音から語句を習得するため，大人がきちんとした発音をするように心がけるとともに，学校教育において教員がきちんと発音して児童生徒に正しい発音に気をつけさせ，時には取り立てて発音を練習することも必要である。

　発音に引かれた平仮名で書くと間違いやすい語に次のような例がある。〔（　　）内は間違った平仮名表記〕・音楽会（×おんがっかい）・作曲家（×さっきょっか）・水族館（×すいぞっかん）・旅客機（×りょかっき）

　これらは，「音楽＋会」などの語の構成を通して，発音と仮名表記との関係を指導するとともに正しい漢字表記を習得させたい。

2．若者に見られる気になる日本語の文法と用語

　若い人たちの会話や文章で気になった日本語に次のような表現がある。
①チョー気持ちいい。
②私ってそそっかしい人なんです。
③すごい驚きました。
④それって，違くないですか。
⑤子どもを狙う殺傷事件があとを絶たない。なので，親は，子どもだけで外で遊ばせるのは危険と考えている。

　①は，アテネオリンピック水泳の金メダリストである北島康介選手の発言で有名になった。「チョー気持ちいい」の「超」は，もとは「超満員」「超特急」のように名詞に付く強調接頭語だと思われる。

　すでに，①の用法を俗用であると断って載せている辞書もあるが，「チョーむかつく」などと若者の間で使用されているのをみると，やはり学生に対しては正式には使用しない言葉として指導したい。

　②は，以前は「私はそそっかしい者ですから」と自分自身を「者」で表現していた。そして，「鈴木さんは気難しい人ですよ」と，他人を「人」で表現していた。

ところが，最近の10代から20代では「私はそそっかしい<u>人</u>ですから」と言う。なぜそうなったかはわからないが，学生が「私は○○大学の人です」と言うのは不適切であり，そのような場合は「者」と言うように指導する必要がある。

③の「すごい驚きました」は誤りで，「すごく驚きました」でなければならない。ところが最近は「<u>すごい可愛い</u>」「<u>すごい美味しい</u>」「<u>すごいきれい</u>」という若者が多くなり，「あの人は走るのが<u>すごい速い</u>」という表現について，2003（平成15）年の文化庁の調査によれば，20代では73％の人が使用しているという。

「すごい」が，形容詞ではなく「感嘆詞」か「チョウ（超）」のような強調接頭語として使われているようである。先日もテレビで若い女優が「<u>チョウ</u>美味しい！」といった後で，「<u>すごい</u>美味しい！」と言い直したことからも，その間の意識が推察される。

この用法はこれからも定着していくと思われるが，「<u>すごく驚きました</u>」という正しい表現を使えるように指導することが求められる。

④の「<u>違くないですか</u>」の表現は，「<u>好きくない</u>」などと，幼児相手の母親や保育士に見られた。それが最近若者の中で，やや誤りだと意識しながらも使われている。

これは幼児語の名残だという説や，「違う」という動詞を形容詞のように使っているという説，また，あからさまに「違わない」と断言することを避け，否定的な内容を婉曲に表現しようとする意識があるとも考えられている。理由はどうあれ，正しい日本語として，「違わない」「違いません」等の表現を使えるように指導したい。

⑤の接続語「なので」は，筆者が指導する大学生のレポートの1割くらいに見られた表現である。初めて接した時には驚き，早速辞書で探したが，見つけることができなかった。

この言葉は，北原保雄の『問題な日本語』に採り上げられている。その本には，2004（平成16）年の時点では「話し言葉では，徐々に使われてきているが，文章語としては，まだ定着していないことがわかります」とある。

学生の文章でこの語の使用にたびたび接していると，いかに急速に普及しているかがわかる。初めにこの言葉を見た印象は「ですから，だから，従って」などの接続語があるのにと腹立たしくなったが，これらの接続語は押し付けがましい感じがして使いにくかったことに私自身気づかされた。<u>従って</u>，気軽に使える「なので」を使用したいという学生の気持ちも理解することができたのである。

このような特別な用法が，後に慣例として使用が認められる場合もあるが，会話でも文章でも，その時に正式と考えられている表現を使用するよう学生に指導する必要があると思われる。

子どもの母国語・国語の習得の諸相について

日本語は単語の数が非常に多いといわれる。フランス語や英語は5000語の単語を覚えると96％理解でき，あとの4％は辞書を引けばよいが，日本語の場合は2万2000語の単語を覚えなければならないといわれる。日本語の単語が多いのは，日本の生活に和洋漢と新旧の生活様式が混在し，言語的にも外国語を取り入れやすく複合語が作りやすいためだといわれている。

国立国語研究所の「現代雑誌九十種の用字，用語」の「研究報告によれば，人名地名を除いて，日本語の語彙は和語が36.7％，漢語が47.5％，外来語が9.8％，混種語が6.0％となっている。

和語というのは，日本語固有の言葉及びそれらが転化，派生した語である。抽象的，科学的概念を表す語が少なく，雨を表す語が複数あるなど自然現象を表す語が多いという特徴がある。

漢語とは，本来は中国から伝来した単語のことで外来語であるが，日本独特の造語法や読み方による単語が多いので他の外来語とは区別している。「ウマ，ウメ」や「イチ，ニ，サン，…」の数え方などは，漢語であるという意識もないほどである。

漢字には音読み（漢音，呉音，唐音），日本語の意味を表す訓読みがある。漢字の画数の多さや筆順の複雑さは日本語を習得する際に問題となる。

外来語は，漢語以外で他の言語が流入し，日本語に摂取された単語である。ヨーロッパ系の単語が多いので「洋語」ともいう。外来語の中には，野球の「ナイター」や「ガソリンスタンド」など英語にない言葉である和製英語や，「テーマ・ソング」（独語と英語）のような異種の言語が混ざった「混種語」もある。

子どもの母国語の獲得に関しては，「壁」と呼ばれるものがあるといわれている。「1歳の壁」は，1歳前後の喃語から片言（かたこと）の言葉を言い始める時期に出現し，身近な大人の言葉を模倣しながら実物と言語を結びつけ，言語として定着させていく。

「3歳の壁」は3歳から5歳の間に出現する。「どうして」「なんで」という問いかけが増えるのは，事物と事物，事象と事象，事物と事象などの関連を把握し，因果関係などを確認したいという知的欲求の表れである。

日本語の語彙の特徴として，敬語，婦人（女性）語，幼児語・育児語など場面に特有の言葉もある。それらをどのように整理し使い分けるかは今後の課題である。

日本語の音声に関する基礎的知識と特徴について

　人間がものを言う時に，口，鼻等の音声器官を使って出す「言語音」を，単なる音ではなく，「音声」（又は「拍」）という。音声は連続して発生されるが，それぞれの言語に特別なリズムが認められ，その言語を使う人が一番小さな音声の単位として意識している言語音を「音節」という。音節をさらに観察的な立場から分析して捉えられた音を「音素」といい，「母音」と「子音」の2つに区別される。母音は声道のどこかを狭めたり閉じたりすることによる滞りがない言語音をいい，滞りのある言語音を子音という。

　日本語の母音は，「a, i, u, e, o」の5個で，子音は「k, s, t, n, h, m, r, g, z, d, b, p」などがある。音節は，清音が，今はない音節（ゐ，ゑ，を）を省いて44個，濁音が（「ぢ，づ」を省いて）18個，ガ行鼻濁音5個を含めると23個，半濁音（ぱ，ぴ，ぷ，ぺ，ぽ）が5個，拗音が「ぢゃ，ぢゅ，ぢょ」の鼻濁音を入れると36個ある。

　他に特殊音節として，撥音「ん」，促音「っ」，そして片仮名では「ー」で示される長音の3個があって全体で103〜109個になる。

　現在は外国語表記のために，「シェ，ティ，デュ，ファ，フィ，フォ」等の音節の表記も見られる。

　日本語の音節は，「子音」＋「母音」の「開音節」の構造で，子音で終わる「閉音節」と区別される。英語は「pen」「strike」が1音節であることからもわかるように閉音節が多い。これらは，日本語では「ペン」「ストライク」と2音節，5音節となり，音声が長くなるのも日本語の特徴の1つである。

　音節の種類が中国語では400を超え，英語では3万以上ということと比べると，日本語の音節がいかに少ないかがわかる。このため同音異義語が多く，次のような場合も見られる。

　「『ちくしょう』とは『地区賞』のことであって『畜生』のことではありません」。

　日本語のアクセントの特徴をみると，英語が強弱アクセントであるのに対して高低アクセントであり，「アメ（雨, ◦⌒◦）」と「アメ（飴, ◦⌒◦）」の「アメ」は高低アクセントで区別される。

　日本語のアクセントは方言によって東京式と京阪式，一型式の3つに分けられる。それぞれの違いに差別意識や劣等感が起きないように，学校や社会は留意しなければならない。

日本語の文法に関する基礎的知識と特徴について

　文法とは，語が文を構成する際に見られる法則や体系のことである。日本で生まれた子どもは，生まれつきの言語獲得能力と周囲の言語環境刺激によって日本語の単語や文法を獲得していき，日本語を話すことができるようになる。どこの国の子どもたちも同じようにして母国語を獲得していく。

　日本語の文は，最小の単位に区切って発音すると，「子どもが／庭で／お母さんと／楽しそうに／遊んでいる」のように発音される。この一区切りを「文節」と呼び，それぞれの文節を構成する言葉を分析して，言葉の最小単位である単語を見出す。単語をそれぞれの文中で果たす役割ごとに分類したものを品詞分類という。

　品詞分類では，まず文節の最初に位置づけられる単語の仲間を「自立語」と名づけ，位置づけられない単語を「付属語」として大別する。さらに，①活用がある単語かどうか，②主語になれるかまたならない単語か等の基準で10品詞に区別する。

　自立語は，動詞，形容詞，形容動詞，名詞，副詞，連体詞，接続詞，感動詞の8品詞に分類され，付属語は，助動詞と助詞の2品詞に分類される。

　日本語の特徴として，英語にはない形容動詞や連体詞，助詞があることや，英語にある代名詞や冠詞，前置詞がないことが見られる。助詞は，英語の前置詞と同じような役目もあって，後置詞とも言われるが，それ以上に機能も数も多く日本語の大切な特徴である。

　次に文の成分や語の順序に日本語の大切な法則，原理がある。単文，複文，重文の構造及び，平叙文，疑問文，命令文，感嘆文などの文の分類は英語とそう違いはない。しかし，「おじさんに／昨日／本を／いただいた」という文で，「いただいた」という述語を文末に置くという原則はあるが，他の成分はその位置を自由に変えることができる。また，「泣かれて困った」「注射をしたけど，痛くなかったよ」のように主語が明記されなくても不完全な文とはみなされない。

　主語がなくともよい場合というのは文脈から主語が明らかな場合であり，論理的な記述を行う際は主語が明確になるよう指導する必要がある。

　日本語は，助詞「は」1つをとっても多様な用法があり，例外も多いため，日本語の正しい文法をふまえたうえで，言葉を使用する者が言語感覚を磨く必要があると思われる。

文字・表記法に関する基礎的知識と問題点について

「1日数十通ものダイレクトメール（DM）が届くようになった。間もなくダイエット以外にも様々なDMが来はじめた」これは，縦書きの新聞記事の一部を横書きにしたものである。日本語には文章を縦書きにするか横書きにするかの決まりはなく，慣例や状況に応じて選択されている。

先の例文の用字・文字を見ると，平仮名，片仮名，漢字（漢数字を含む），ローマ字，アラビア数字（算用数字）の5種類が使われており，使用できる文字の種類と数の多さはあらゆる点で問題となる。まず，仮名の清音だけでも，平仮名と片仮名で 45×2 の90文字になる。

その他，漢字使用の目安として示されている常用漢字は2136文字あり，その他に人名用漢字として863文字が認められている。パソコンの普及が進んだ現在は，さらに多くの漢字が使用されている。

漢字は，数の多さだけでなく，1字に音訓の読みが多数あり，同音訓の漢字もあるなど習得が難しい。漢字の画数が多いことも問題である。漢字の習得のために，小学校国語科の学習指導要領で学年別漢字配当表に1026漢字が示されており中学校1年生までに習得することが求められる。中学校で学ぶのは1110字であり，これで常用漢字全体が読め，ほぼ書けることが期待されている。生徒たちが習得するために，多くの時間と努力が必要である。

漢字は，本来中国語を書き表すために中国で3千数百年前に作られた文字である。日本には4世紀の後半，朝鮮半島を経由して伝来したと推定されている。当時は日本語を書き表す文字がなく，漢字を転用して日本語を書き表そうとした。それが「万葉仮名」である。例えば「春過ぎて　夏来たる　らし…」を「春過而　夏来　良之…」などと漢字の訓読みや音読みを使って表記するが，中国語にない動詞の活用部分，送り仮名は書かれていない。

その後，平安時代になって漢字の草書体から音節文字の平仮名が生まれ，音節が表記しやすくなった。片仮名は平安初期に漢字漢文を読む際の記号として生まれ，今日では外来語や擬声語などの特別な表記に用いられる。

日本人が音素文字のローマ字に接したのは室町時代末期で，日本語表記に刺激を与えたが，一般に使われることは少なかった。今後ローマ字が多用されることがあれば，日本語の表記の新たな課題となるだろう。

敬語と方言に関する基礎的知識と課題について

①弁当を食べました。②お弁当を美味しくいただきました。③お弁当を召し上がりました。④お弁当をお食べになりました。⑤お部屋でお弁当を食べた。⑥弁当を食った。

「弁当を食べた」ことを伝えるのに様々な言語表現がある。これは，話し手や書き手の相手及び表現される行動や事物に対する「尊，卑，親，疎，謹」など意識の違いが言語に表れるのである。待遇の違いによる表現ということで「待遇表現」ともいわれる。

「敬語表現」もその１つで，上記の①から④まではその例である。

「敬語」表現には一般に次の３種類がある。

①尊敬語：敬意の向けられる対象を高める特別な言葉で，例えば，「先生，高著，ご覧になる，おっしゃる」等の表現である。

②謙譲語：話し手や話題の人を低めて，相手の人や聞き手を高める意の言葉で，次のような表現がある。

・母がそう申していました。

・会社の者をすぐ伺わせます。

③丁寧語：もっぱら聞き手に敬意を表す言葉で，「です，ます，ございます」が代表的である。

いつの時代でも，敬語の使い分けの難しさや誤用が問題になる。家庭や学校での教育や躾を見直すと同時に，社会全体における敬語のあり方を検討する必要があるだろう。

「方言」とは，「ある地域社会の人々が日常生活で用いる言語体系」であって，「珍しい単語」「共通語にはない単語」だけのことをいうのではない。これらは別に，「俚言」といわれる。

全国の方言は，東部方言，西部方言，九州方言，沖縄方言と大きく４つに分けられる。その中には，さらに特徴ある方言地域があり，「方言区画」として研究されている。

方言と対比する用語として「標準語」と「共通語」がある。明治初期に「方言は悪い言葉，標準語はよい言葉」という思想があったが，今日では「標準語」は「東京語を母体として作られ現実に全国に使われている『共通語』を音韻，語彙，語法などあらゆる点についてさらに理想的に磨き上げた言葉」と考えられている。したがって現実に存在しているのではなく，あるべきものとして追求している言語」と定義されている。方言に対する差別意識をなくし，尊重すると同時に共通語の習得も進め，正しい日本語としての標準語を別に研究する努力が求められる。

日本語における国語国字問題について

　日本語には，他の言語にはあまり見られない簡略表現がある。例えば選挙の立候補者は，「○山○夫です」と自分の名を連呼する。「どうぞよろしく」が言外に含まれているつもりなのである。

　主語や修飾語の省略や節約，移動という問題もある。芭蕉の句「田一枚植ゑて立去る柳かな」は，田植えをした人が立ち去ったのではなく，田一枚植え終わるのを見た芭蕉が柳の所を去ったのである。「暖かになりましたね」という言葉を聞いて，日本人の多くは「季節が」という主語が省かれたとは感じないのである。

　主語以外の補語では「ある」という動詞の補語が昔から言外に置かれる。源氏物語の巻頭「いづれの御時にか」は，「いづれの」の次の「帝の」が略され，だからこそ「御時」という敬語が使われている。一般に昔の文では，今の人ならはっきり言葉に出す場面で言外に置くことが多い。

　論理的におかしい表現がみられることもある。「あそこの角の寿司屋はおいしい」は，ごく日常に聞かれる言葉である。日本人がどんどん言葉を切り詰めるのは，簡単に言っても相手に通じるはずだと思うからである。

　日本語には他人へ考慮した表現もある。日本人は茶碗を割った時，「茶碗が割れました」とは言わず，「茶碗を割りました」という。自分の手柄は極力隠し，自分の落ち度をはっきり認めようとする，日本人の心遣いが現れている表現であるといえる。

　「はい」「いいえ」の使い方も同様である。英語やドイツ語・フランス語のイエスとノーの使い分けは単純である。日本では相手の気持ちを察して「いいえ，行きます」「はい，行きません」のように答える。日本語の会話には，相手と同じ考えだということを表明する場合が多いためである。

　以上の例のように，日本語は日本人の心情や生活態度を表したかけがえのない言語である。対してこれからの日本語は，平明で論理的なことばであることも大切である。例えば法律文でも，文章を短く切り，箇条書きの形式を奨励することも1つの方法である。

　そして国民の言語能力の向上を図るには，子どもの国語教育の充実が大切である。指導者や大人が学習指導要領にある「国語に対する関心を深め，国語を尊重する態度を育てる」という意識をもち，日々指導にあたることが重要になってくる。

◎**参考文献**

岡本夏木『ことばと発達』岩波書店，1985.
北原保雄編『問題な日本語―どこがおかしい？何がおかしい？』大修館書店，2004.
金田一春彦『日本語（上）（下）』岩波書店，1988.
鈴木真喜男・長尾勇『新編日本語要説（修正版）』学芸図書，2010.
武部良明『なるほど現代表記法』日本評論社，1991.

文化庁編『国語審議会報告書 15』大蔵省印刷局，1985.
文部科学省『小学校学習指導要領解説 国語編 平成 29 年 7 月』東洋館出版，2018.
NHK アナウンス室ことば班編『ことばおじさんの気になることば』日本放送出版協会，2005.
NHK 放送文化研究所編『NHK 新用字用語辞典 第3 版』日本放送出版協会，2004.

第47章

算　数

『学習指導要領』における数学的活動について，導入の経緯とその充実や内容に関して述べよ。

数学的活動とは，事象を数理的に捉えて，算数の問題を見出し，問題を自立的，協働的に解決する過程を遂行することである。

算数科の目標は，「数学的な見方・考え方を働かせ，数学的活動を通して，数学的に考える資質・能力を次のとおり育成することを目指す（以下略)」ことである。

目標の柱書に「数学的活動を通して」とあることから，目標を達成するためには，授業の中に数学的活動を積極的に取り入れていくことが肝要であるということを意味している。

1．数学的活動（算数的活動）の導入

数学的活動の前身は算数的活動である。算数的活動は1998（平成10）年告示の学習指導要領の教科の目標の中に「算数的活動を通して」「活動の楽しさ」という文言で初めて登場した。

教師から子どもへの一方的な知識注入型の授業ではなく，子ども自身による作業や体験などの主体的な活動を通して，数量や図形の意味を理解し，考える力を高め，それらを活用できる力を身に付けさせるとともに，算数を学ぶことの楽しさと充実感を味わわせることを目的として導入された。

この算数的活動は，子どもが目的意識をもって取り組む算数に関わりのある様々な活動を意味しており，作業的・体験的な活動など手や身体を使った外的な活動のみならず，思考活動などの内的な活動も含まれていた。

2．2008（平成20）年告示の学習指導要領

改訂の基本方針の一つに，算数的活動の一層の重視が挙げられた。算数的活動は基礎的・基本的な知識・技能を確実に身に付けるとともに，数学的な思考力・表現力を高めたり，算数を学ぶことの楽しさや意義を実感したりするために，重要な役割を果たすことが期待されたからであった。

学習指導要領において，「算数的活動とは，児童が目的意識をもって主体的に取り組む算数にかかわりのある様々な活動を意味している」と規定されるとともに，学習指導要領解説の「各学年の内容」において，算数的活動の具体的な活動が示された。これらは例示であるため，その通り行うこともあれば，実態に応じて各学校や教師が工夫しながら取り組むこともある。いずれにせよ，この例示は現場の教師にとって大いに参考になった。

加えて，算数科の目標に「表現する能力」という文言が新たに登場したことが特筆される。これも算数的活動の充実に関連したものである。

3．2017（平成29）年告示の学習指導要領

この学習指導要領は，これまでとは大きく異なった形で誕生した。それは，教科等の目標や内容の見直しの前に，予測困難な未来社会を子どもたちが切り拓いていくために必要な資質・能力について，教科や領域等の枠を越えて十分に議論された点である。

その結果，教育課程全体を通して育成を目指す資質・能力が，次のア〜ウの3つの柱としてまとめられた。

ア「何を理解しているか，何ができるか（知識・技能）」

イ「理解していること・できることをどう使うか（思考力・判断力・表現力等）」

ウ「どのように社会・世界と関わり，よりよい人生を送るか（学びに向かう力・人間性等）」

その後，全ての教科等の目標や内容が，この3つの柱に基づいて再整理された。しかし，これらの力は全く新しい力ではなく，学校教育が長年にわたり育成を目指してきた力であり，特に1998（平成10）年からは「生きる力」と称してきたものである。

このように学校教育の長年の蓄積を生かしながら，子どもたちが能動的に学び続けるには，わが国の優れた教育実践にみられる普遍的な視点である「主体的・対話的で深い学び」の実現に向けた授業改善の取り組みを一層推進させることが重要になった。

4．算数的活動から数学的活動へ

子どもが目的意識をもって主体的に取り組む算数に関わりのある様々な活動を意味している算数的活動に対して，数学的活動は，事象を数理的に捉えて，算数の問題を見出し，問題を自立的，協働的に解決する過程を遂行することと規定された。

この意味するところは，数学的活動においては，単に問題を解決することのみならず，問題解決の過程や結果を振り返って，得られた結果を捉え直したり，新たな問題を見出したりして，統合的・発展的に考察を進めていくことまで視野に入れていることにある。つまり，従来の算数的活動の意味を，問題発見や問題解決の過程に位置づけ，より明確にしたといえる。

数学的な問題発見や問題解決における様々な局面とそこで働かせる数学的な見方・考え方に焦点を当てて，算数科における児童の活動を充実させるために，これまで使用してきた用語「算数的活動」を「数学的活動」に改め，その趣旨を一層徹底した。

5．数学的活動の充実

数学的に考える資質・能力は，数学的な見方・考え方が働く過程を通して，その育成が図られるため，学習過程の果たす役割は極めて重要である。

算数科・数学科においては，2016（平成28）年12月の中央教育審議会答申別添4-3で図示されたように「日常生活や社会の事象を数理的に捉え，数学的に表現・処理し，問題を解決し，解決過程を振り返り得られた結果の意味を考察する，という問題解決の過程」と「数学の事象について統合的・発展的に捉えて新たな問題を設定し，数学的に処理し，問題を解決し，解決過程を振り返って概念を形成したり体系化したりする，という問題解決の過程」の2つの過程が相互に関わり合って展開している。

　これらのうち小学校段階では，目標の(1)(2)にもあるように，日常生活に深く関わり，日常生活の場面を数理化して捉える場合が多い。したがって，数学的活動を充実させるためには，子どもの意欲を喚起し学習の動機づけとなるよう，日常の事象や具体物を工夫して優れた教材にすることが求められる。さらには，目標の(3)にある数学的活動の楽しさも重要である。数学的活動の楽しさとは，単に楽しく活動をするというだけでなく，数学的な見方・考え方が豊かになることによる楽しさ，自ら問いをもち自立的に考えること自体の楽しさ，友達と協働的に学び合う楽しさなどである。

6．数学的活動の内容

　問題発見や問題解決の過程に位置づけた数学的活動に取り組む際には，活動としての一連の流れを大切にするとともに，どの活動に焦点を当てて指導するのかを明らかにしておくことが必要である。問題発見・解決の過程に位置づく下の(2)〜(4)を中核とした活動について，児童の発達段階をふまえ，小学校6学年を4段階に設定し，数学的活動の類型一覧が解説書に示された。

　4段階とは，小学校入学間もない1年生や中学校との接続の視点から，「第1学年」，「第2・3学年」，「第4・5学年」，「第6学年」の4つである。

　なお，「第1学年」，「第2・3学年」では，身の回りの事象を観察したり，具体的な操作をしたりすること等を通して，数量や図形を見出し，進んで関わる活動に大きな意義がある。そこで，その活動を明確に位置づけることによって，小学校における学習に特徴的な数学的活動を重視する意味で(1)が類型の1つに挙げられている。

(1)数量や図形を見出し，進んで関わる活動

(2)日常の事象から見出した問題を解決する活動

(3)算数の学習場面から見出した問題を解決する活動

(4)数学的に表現し伝え合う活動

　これらをふまえて，解説書の各学年の内容には，詳細に多くの活動例が示されている。それらを参考にしながらも，眼前の子どもを観ながら数学的に考える資質・能力を育成するための数学的活動を創り上げていくことが大切であるということは言うまでもない。

幼児期の学習と算数の学習との関連について

　幼児教育は 2017（平成 29）年に告示された「幼稚園教育要領」に基づき幼稚園で行われている。それは「健康」，「人間関係」，「環境」，「言葉」，「表現」の 5 領域で構成されている。

　その中で直接算数科の内容と関連するのは「環境」のねらい(3)，内容(9)，内容の取扱い(5)である。まずは，この部分が算数科と関連していることを指導者が意識し，幼児の生活の周りにあるものを積極的に活用していくことが重要である。

　内容(9)「日常生活の中で数量や図形などに関心をもつ」では，数量や図形についての知識だけを単に教えるのではなく，内容の取扱い(5)にあるように生活の中で幼児が必要感を感じて数えたり，量を比べたり，様々な形を組み合わせて遊んだり，積み木やボールなどの多様な立体に触れたりするなど，様々な経験を積み重ねながら数量や図形などに自然と興味関心が湧き上がるように指導することが重要である。

　例えば，教師と一緒におやつを配る活動でおやつの数と配る友だちの人数を数えたり，過不足に気づいたり，屋外では作った砂山の高さを比較したり，自然の中にある花や葉の形を確認したりする活動などが考えられる。

　幼稚園教育において育みたい資質・能力は，「知識及び技能の基礎」「思考力・判断力・表現力等の基礎」「学びに向かう力，人間性等」である。小学校教育と同様，予測困難な未来社会を子どもたちが切り拓いていくために必要な資質・能力としてまとめられた 3 つの柱の基礎の段階である。

　「知識及び技能の基礎」とは，豊かな体験を通して，幼児が自ら感じたり気づいたりわかったりできるようになることである。「思考力・判断力・表現力等の基礎」とは，気づいたことやできるようになったことなどを使い，考えたり試したり工夫したり表現したりすることである。「学びに向かう力，人間性等」とは，心情，意欲，態度が育つ中で，よりよい生活を営もうとすることである。これらも小学校と同様，何か新しい力ではなく，これまでの幼児教育が長年にわたり育成を目指してきたものである。

　さらに，「幼児期の終わりまでに育ってほしい姿」としてまとめられた 10 の内容は，小学校へ送り出す側として，また受け入れる小学校側として，具体的な姿としてイメージすることができ，幼児期の学習と小学校の学習の円滑な接続に大変参考になる。

下学年での指導の重点について

数学的活動において，その類型を子どもの発達段階を踏まえ，小学校6学年を，第1学年，第2・3学年，第4・5学年，第6学年の4段階としたように，目標や内容についても，この区分で捉えると，その特徴をつかむことができる。

第1～3学年を下学年とし，その目標の中にある言葉を以下のように抜粋する。

1．第1学年
(1)「経験を重ね，数量や図形についての感覚を豊かにするとともに」
(2)「具体的な操作を通して」「身の回りにあるものの特徴を」「身の回りの事象の特徴を」
(3)「学んだことの良さや楽しさ」

2．第2学年
(1)「数量や図形についての感覚を豊かにするとともに」
(2)「身の回りにあるものの特徴を」「身の回りの事象を」
(3)「数理的な処理の良さ」

3．第3学年
(1)「数量や図形についての感覚を豊かにするとともに」
(2)「身の回りにあるものの特徴を」「身の回りの事象を」
(3)「数理的な処理の良さ」

下学年において共通することの1つ目は，数量や図形についての感覚を豊かにすることが挙げられる。測定を例にして考えれば，2本の鉛筆の長さを直接比較するということを第1学年で経験し，第2学年では基準となる量との比較で大小を比較する経験をすることになる。広さ，かさ，重さも同様に学年の進行に合わせて量の概念形成に向けた指導が行われる。この直接比較や間接比較，任意単位を用いた測定，普遍単位を用いた測定へと進む際に，次の段階へ進む必要性等について，子どもたちの自然な疑問や感覚を取り込んでいくことが大切になる。

共通することの2つ目は，身の回りにあるものや身の回りの事象に着目する点である。算数・数学の学習過程は「日常生活や社会の事象を数理的に捉える過程」と「数学の事象について統合的・発展的に捉える過程」の2つがある。そのうち小学校段階では，日常生活に深く関わり，日常生活の場面を数理化して捉える場合が多い。したがって，算数で学んだことの良さや楽しさ，数理的な処理の良さを感じさせるために，子どもの身の回りにあるものを教材化することは，特に下学年において大きな意義がある。

「数と計算」領域の指導の内容について

算数科の4つの領域の1つである「数と計算」の内容やそのポイントについて考える。

まず，学年ごとに内容の概略をまとめる。

1．第1学年

2位数，簡単な3位数の比べ方や数え方，加法及び減法の意味，簡単な2位数の加法減法までを学習する。

2．第2学年

4位数，1万の比べ方や数え方，簡単な3位数の加法減法，乗法の意味，乗法九九と簡単な2位数の乗法，簡単な分数を学習する。

3．第3学年

万の単位，1億などの比べ方や表し方，4位数の加法減法，3位数の乗法，1位数などの除法，小数（1/10の位）の加法減法，簡単な同分母分数の加法減法，そろばんによる計算を学習する。

4．第4学年

億，兆の単位などの比べ方や表し方，分数（真分数，仮分数，帯分数）とその大きさの相等，小数（1/100の位）の加法減法，小数の乗法及び除法（小数×整数，小数÷整数），同分母分数の加法減法，そろばんによる計算，目的に合った数の処理の仕方（概数，四捨五入）を学習する。

5．第5学年

偶数，奇数，約数，倍数など観点を決めることによる整数の種別や数の構成，分数の相等及び大小関係，分数と整数，分数と小数の関係，除法の結果の分数による表現，乗法及び除法の意味の拡張，小数の乗法及び除法（小数×小数，小数÷小数），異分母分数の加法減法を学習する。

6．第6学年

乗法及び除法の適用範囲の拡張（分数），分数の乗法及び除法，分数・小数の混合計算，文字a，xなど用いた式表現や式読みを学習する。

次に，指導のポイントをまとめる。

数の学習では，基礎的な計算の習得を大切にしながら，数の概念と表記に着目し，算数の学習対象や日常の事象を数学的に表現して，数学的な見方・考え方を働かせることが大切である。

計算の学習では，算数の学習として閉じるのではなく，日常場面で生きて働くことが必要である。そのためには，日常の場面を式に表したり，式を読んだりする内容が欠かせない。式の表現と読みに関する内容は，「数と計算」の考察に必要な式として捉え直され，本領域に位置づいている。

「測定」「変化と関係」領域の指導の内容について

算数科の4つの領域の1つである「測定（1〜3年生）」「変化と関係（4〜6年生）」の内容やそのポイントについて考える。

まず，学年ごとに内容の概略をまとめる。

1．第1学年「測定」

最初に，長さの直接比較を行い，次に，直接比較ができないものの間接比較，さらに，身の回りの具体物の長さを共通単位（任意単位）で測定するなど，身の回りの具体物の長さの比較を学習する。広さ，かさも同様である。

時刻の読みを学習する。

2．第2学年「測定」

長さの単位（mm・cm・m），かさの単位（mL・dL・L），時間の単位（日・時・分）とともに，測定の意味や単位の適切な選択を学習する。

3．第3学年「測定」

長さの単位（km），重さの単位（g・kg・t），時間の単位（秒）とともに，測定の意味や適切な単位や計器の選択を学習する。

4．第4学年「変化と関係」

変化の様子を表や式，折れ線グラフを用いて表したり，変化の特徴を読み取ったりという基本的な技能を学習する。2つの数量について，一方を基準量としたときに，他方の比較量がどれだけに相当するかという数量の関係を学習する。

5．第5学年「変化と関係」

簡単な場合についての比例の関係において，数値間の倍関係に着目して変化の規則性を学習する。異種の2つの量の割合として捉えられる数量の関係に着目し，速さなど目的に応じて大きさを比べたり表現したりすることや百分率等を用いた割合の表し方を学習する。

6．第6学年「変化と関係」

比例の関係の意味や性質，比例の関係を用いた問題解決の方法や反比例を学習する。比の意味や表し方，比の値，図や式などを用いた数量の関係の比べ方を学習する。

次に，指導のポイントをまとめる。

測定（低学年）の学習では，ものの属性に着目し，単位を設定して量を数値化して捉える過程に焦点を当てることが大切である。

変化と関係（上学年）の学習では，算数科で育成を目指す資質・能力の重要事項と深く関わっている。また，中学校数学の関数の領域につながることから，小学校と中学校の学習の円滑な接続を意図している。

「図形」領域の指導の内容について

算数科の４つの領域の１つである「図形」の内容やそのポイントについて考える。

まず，学年ごとに内容の概略をまとめる。

１．第１学年

仲間分けしたり，形遊びをしたりすることを通して，ものの形を認め，形の特徴について捉え，図形の理解の基礎となる経験を豊かにするとともに，ものを弁別する際の多様な観点の１つに形があるということを学習する。

２．第２学年

図形を構成する要素である辺の数や直角に着目して三角形や四角形（正方形や長方形を含む），直角三角形を学習する。正方形や長方形で構成された箱の形について学習する。

３．第３学年

定規等やコンパスによる作図や紙を２つに折るなどの活動を通して二等辺三角形や正三角形を，中心，半径，直径に着目して円を，その円と比べながら球を学習する。

４．第４学年

正方形，長方形の数に着目して立方体や直方体を，平行，垂直といった２直線の位置関係に着目して平行四辺形や台形，ひし形を学習する。見取図や

展開図について学習する。正方形や長方形の面積（c㎡・㎡・k㎡・a・ha）を学習する。

５．第５学年

辺の数や長さに着目して多角形や正多角形を，底面や側面に着目して角柱や円柱を学習する。三角形，平行四辺形，ひし形，台形の面積，立方体や直方体の体積（c㎥・㎥）を学習する。２つの図形間の関係に着目し合同な図形を学習する。

６．第６学年

２つの図形間の関係に着目し縮小や拡大の関係を，図形を構成する要素同士の関係に着目し対称を学習する。円の面積，角柱や円柱の体積，縮図や拡大図による測量，概形とおよその面積を学習する。

次に，指導のポイントをまとめる。

図形の学習では，図形を構成する要素などに着目して，図形の性質を考察したり，それを活用したりする資質・能力を育むことに重点を置いた具体的な活動が大切である。

基本的な平面図形の面積や立体図形の体積などの学習は，図形の特徴を計量的に捉えて考察するという視点から，上学年における図形領域の内容とした。

「データの活用」領域の指導の内容について

算数科の４つの領域の１つである「データの活用」の内容やそのポイントについて考える。

まず，学年ごとに内容の概略をまとめる。

1．第1学年

データを抽象的な絵で表し，それらを整理し揃えて並べることで，数の大小を比較する簡単なグラフに表したり読み取ったりすることを学習する。

2．第2学年

身の回りにある事柄に関する質的データを集計して表に表したり読み取ったり，〇や□などに抽象化して並べる簡単なグラフに表したり読み取ったりすることを学習する。

3．第3学年

観点を定めてデータを分類整理し，簡単な二次元の表にまとめたり表を読み取ったり，質的データの個数あるいは量的データの大きさを，長さの違いで大きさを示す棒グラフに表したり読み取ったりすることを学習する。

4．第4学年

データの種類や目的に応じた適切な分類整理やグラフの表し方を学習する。時系列データの変化の様子を示す折れ線グラフに表したり読み取ったりすることを学習する。

5．第5学年

質的データや量的データに対して割合の観点から分析を行い，円グラフや帯グラフに表したり読み取ったりすることを学習する。ならす操作としての平均の求め方を学習する。

6．第6学年

量的データの分布の様子を示す柱状グラフに表したり読み取ったりすることを学習する。量的データの全ての値を足し合わせデータの数で割ることで得られる値が分布の中心を示す指標（平均値）としての意味をもつことを学習する。データを順番に並べた際の真ん中の中央値，データの中で最も多い最頻値の意味や求め方を学習する。起こり得る場合について落ちや重なりがないよう調べる方法を学習する。

次に，指導のポイントをまとめる。

身の回りの事象をデータから捉え，問題解決に活かす力，データを多面的に把握し，事象を批判的に考察する力等の育成は，情報化社会の中で今後益々重要視される。指導者はこのような現代的課題を捉え，領域の新設の趣旨を理解する必要がある。その趣旨を活かすために小学校と中学校，高等学校間の統計教育の円滑な接続を視野に入れた指導を行うことが重要である。

◎参考文献—————————————————————

中央教育審議会「幼稚園，小学校，中学校，高等学校及び特別支援学校の学習指導要領等の改善及び必要な方策等について（答申）」2016.

土屋修・佐々木隆宏編著『算数教育の基礎がわかる本』学術図書出版社，2019.

文部科学省『小学校学習指導要領 平成 20 年 3 月告示』東京書籍，2008.

文部科学省『小学校学習指導要領 平成 29 年 3 月』東洋館出版社，2018.

文部科学省『小学校学習指導要領解説 算数編 平成 20 年 8 月』東洋館出版社，2008.

文部科学省『小学校学習指導要領（平成 29 年告示）解説 算数編』日本文教出版，2018.

文部科学省『幼稚園教育要領（平成 29 年告示）』フレーベル館，2017.

文部科学省『幼稚園教育要領解説 平成 30 年 3 月』フレーベル館，2018.

文部省『小学校学習指導要領』1998.

文部省『小学校学習指導要領解説 算数編』1999.

幼児期の教育と小学校教育の円滑な接続の在り方に関する調査研究協力者会議「幼児期の教育と小学校教育の円滑な接続の在り方について（報告）」2010.

第48章

体　育

体育の目標，特性，領域を整理し，体育学習において子どもに身に付けさせたい内容について述べよ。

1．体育の目標，特性，領域

　小学校体育科は学校教育の一領域を担う教科である。体育においては小学校から高等学校までの12年間，一貫して生涯にわたる豊かなスポーツライフの基礎づくりを目指している。

　スポーツライフとは，スポーツ振興基本計画で強調されたもので，「スポーツは体を動かすという人間の本源的な欲求にこたえるとともに，爽快感，達成感，他者との連帯感等の精神的充足や楽しさ，喜びをもたらし，さらには，体力の向上や，精神的なストレスの発散，生活習慣病の予防など，心身の両面にわたる健康の保持増進に資するものである。特に高齢化の急激な伸展や，生活が便利になること等による体を動かす機会の減少が予想される21世紀の社会において，生涯にわたりスポーツに親しむことができる豊かな「スポーツライフ」を送ることは大きな意義がある」と述べられている。

　また，小学校体育科の目標は，体育や保健の見方・考え方を働かせ，課題を見つけ，その解決に向けた学習過程を通して，心と体を一体として捉え，生涯にわたって心身の健康を保持増進し豊かなスポーツライフを実現するための資質・能力を育成することである。

　体育の内容は，運動と知識で示され，運動は①体つくり運動，②スポーツ，③ダンスの3つに基本的に分類される。これを運動領域で分けた場合，①は体つくり運動，②は器械運動，陸上運動・競技，水泳，ボール運動・球技，③は表現運動・ダンス，となる。

2．体育における子どもに身に付けさせたい内容

　現代の子どもたちの問題点として，体力の低下が取り上げられる。文部科学省の全国体力・運動能力，運動習慣等調査を見てみると，1985（昭和60）年頃と比較し，近年の子どもは身長・体重などの体格は向上しているにも関わらず，体力が低下している。また，中教審の答申では，「体力は人間の活動の源であり，健康の維持のほか，意欲や気力といった精神面の充実に大きく関わっており，生きる力の重要な要素である。子どもたちの体力の低下は将来的に国民全体の体力低下につながり，社会全体の活力や文化を支える力が失われることにもなりかねない」と述べられている。このように，体力低

下が様々な影響を及ぼすことが懸念されている。

これらのことから，体育において子どもに身に付けさせたい内容としては，体力を身体的に身に付けさせるとともに，体力を維持・向上させるための知識である。体力は，生活習慣病の予防・改善や高齢者になってからのQOL（生活の質）の維持・向上にもつながる。体力を高める手段としては，体育科の領域で取り上げられる様々な運動がある。生涯を通じて運動に親しむためには，あらゆる機会や場を通じて，運動・スポーツに関わることが必要となり，学校の校庭や体育館などの施設の環境整備をはじめ，家庭への情報提供や地域の関係機関・団体との協力，連携した行事の取り組みなども必要である。

家庭・地域社会	学校で学んだことを生かす
学校の教育活動全体	運動機会の提供や環境の整備
体育科・保健体育科の授業	運動の楽しさ・技能の習得

［図1］児童生徒の運動習慣の確立

体力は，身体の力，身体の作業・運動能力，または疾病に対する抵抗力とされている。これは，生活の基礎となる身体能力であり，健康で活動的な生活を過ごすための源となる。体力は身体的要素と精神的要素に分けられ，それぞれに行動体力と防衛体力がある。

行動体力とは活動の基礎であり，行動を起こす・行動を持続する・行動を調節するものである。一方，防衛体力とは生存の基礎であり，物理化学的・生理的・生物的ストレスに対抗するものである。

体力は身体活動，健康・寿命とそれぞれ相互に関連し合っている。体力は，人間の身体活動や生命活動の基礎となる身体的能力である。身体活動とは，骨格筋の働きによってなされる身体の動き全般を指し，日常生活（仕事，スポーツなど）の中でエネルギー消費を生じさせる要因となる。運動は身体活動の一部であり，体力向上や維持を目的とした計画的で反復性のある身体活動である。健康とは，WHOの定義に基づくと，単に病気ではないというだけではなく，肉体的，精神的，社会的にも良好な状態を指す。

3．身に付けさせたい内容の具体例

ヒトの身体機能は生まれてから徐々に発達し，20歳前後をピークとして，その後は徐々に衰退していく。しかしながら，若いころに体力水準が高かったものは，その後も比較的高いレベルに保つことができ，また運動を継続している人ほど体力の低下が緩やかであることが知られている。つまり，発達がピークの10代後半から20代後半の時期に，どれだけ体力水準を高めておくかが重要となる。また，その後の加齢に伴う身体機能の低下に対して余力がもてるか，そして体力レベルのピー

クを迎えた後，定期的に運動を継続していくことも体力や健康の維持に重要となる。

文部科学省の幼児期運動指針によると，幼児期の適切な運動により，その後の運動習慣が身に付くことや，成人後の生活習慣病のリスクを軽減できる可能性が言われている。つまり，体育の授業は幼児期からの運動習慣を身に付けさせる大変よい機会となる。そこで，具体的にどのようにして体力を身に付けさせるかを検討する。

授業の中で体力を高めるには，まず運動の楽しさを伝えることだと考える。先に述べたように，児童生徒の運動習慣の確立には，授業における楽しさがあり，また幼児期の適切な運動により，その後の運動習慣などが身に付くことから，いかにして運動の楽しさを児童生徒に理解させ，それを実践させるかが鍵となる。具体例として，鬼ごっこが挙げられる。小学校低学年などで，子どもたちが楽しむことができる。種類によってはしっかりと走る事ができ，瞬間的なダッシュを行いつつも，歩くことやジョギングなどで様子を見たりすることから，有酸素運動と無酸素運動を合わせた間欠的運動（インターバルトレーニング）として成り立つ。また，方向転換や止まる，走り出すといった動きも取り入れられ，そこから発展してボールゲームのバスケットやサッカーなどにもつなげることができる。これは巧緻性や瞬発性な

どを高めるのに有効であるとともに，楽しめる点で1つの体力向上のための教材となる。鬼ごっこの種類として，実際に鬼ごっこ，氷鬼，色鬼の3種類の鬼ごっこの鬼役と逃げる役の活動量を歩数から検討した。その結果として，鬼役と逃げる役で歩数は，氷鬼＞鬼ごっこ＞色鬼という結果となった。このことからも，ただ子どもたちに楽しく活動させるというだけでなく，その活動の種類や内容によって，体力向上につながるかどうかが変わるということがわかる。

ほかにも，ボールゲームなどの場合，技術的に未熟な児童は，授業参加やゲーム参加への積極性がなくなる場合もある。その際は，まず楽しめる方法として，技術的な部分を少なくするなど，全員が楽しめるようなルールや授業内容の工夫が必要となる。ポートボールを例として挙げてみる。ポートボールはバスケットボールのシュートが入らない児童でも，ゴーラー役の児童にパスを渡してゴールとなるため，ゲーム内でのシュート技術の要因を低くすることができる。このように，授業内の工夫次第で，体育の授業で運動を行う，体力を高めるといったことを楽しみながらできるのではないかと考える。ただし，技術の習得や，きちんとした動作を習得させることも必要であるため，習熟段階で遊びと技術練習のバランスを考えて教科づくりをすることが重要である。

現代日本における体育科教育の重要性について

小学校学習指導要領において，体育の目標は「体育や保健の見方・考え方を働かせ，課題を見付け，その解決に向けた学習過程を通して，心と体を一体として捉え，生涯にわたって心身の健康を保持増進し豊かなスポーツライフを実現するための資質・能力を次のとおり育成する」こととなっている。また，幼稚園教育要領においては，健康の領域において運動や食事，基本的生活習慣の形成など，体育関連分野の内容が記載されている。ここから，現代日本における体育科教育は他の教科とともに，確かな学力，豊かな心，健やかな身体の調和を重視する「生きる力」を育むことが重要となってくる。

体育の目標は，歴史的に「身体の教育」から「運動による教育（運動を媒介とした人間形成）」，そして「運動の教育」へと変遷してきている。戦後の教育は民主的な人間形成を目指すことが大きな課題となり，体育もその一翼を担っていた。しかし「運動の教育」は，運動やスポーツに内在する価値，それ自体の価値（目的的価値）を重視している。運動そのものの楽しさ・心地良さ，果敢に挑戦して技を習得したり自己の目標を達成する楽しさ・喜び，ルールを工夫するなどして勝敗を競う楽しさ・喜びを味わうことが学習の目標であり，結果として体力の向上や人間形成に資することができる。

現代において，体育科としてかかえる課題としては，子どもの体力の低下や運動をする子としない子といった運動習慣の分散化，生涯にわたって運動に親しむ資質や能力の育成，指導への躊躇が挙げられる。特に，子どもの体力低下に関しては，1985（昭和60）年より低下する方向にあり，深刻な問題となっている。文部科学省の幼児期運動指針では，幼児期に適切な運動をすると，丈夫でバランスのとれた体を育みやすくなる，生涯にわたる健康的で活動的な生活習慣が形成される，成人後も生活習慣病になる危険性は低くなるといったことが示されている。つまり幼少期の運動習慣が，その後の青・壮年期の運動習慣や生活習慣病の予防・改善につながり，それは高齢者の健康寿命の延伸や生活の質（QOL）の向上にもつながる。これは，現代日本が抱える医療費の高騰問題，介護・福祉の問題の解決の一端となる可能性もあり，幼児期や児童期の体育授業が，その個人の健康獲得のための重要な要因となるばかりではなく，日本の諸問題の解決の1つの手段となる。

新体力テストの目的と，子どもの体力との関連性について

　新体力テストは，子どもの体力の状況を把握するとともに，日常生活における運動習慣及び基本的な生活習慣などの状況を把握し，その改善を通して，体力・運動能力を向上させることを目的としている。子どもの体力・運動能力の向上の目標は，子どもの体力が過去において最も高かった「1985（昭和60）年頃の体力・運動能力水準」に回復させ，さらに上回る水準に到達させることである。そのためには，運動習慣と生活習慣の改善をさらに促進させることが必要となる。

　新体力テストの項目は，以下のとおりである。

・50 m走：スピード
・持久走・20 mシャトルラン：全身持久力
・立幅跳：瞬発力
・ボール投げ：巧緻性，瞬発力
・握力：筋力
・上体起こし：筋力，筋持久力
・長座体前屈：柔軟性
・反復横跳び：敏捷性

　新体力テスト8項目の運動特性（動きの特性）は，「すばやさ」「動きを持続する能力（ねばり強さ）」「タイミングの良さ」「力強さ」「体の柔らかさ」の5つに整理することができる。

　文部科学省の全国体力・運動能力，運動習慣等調査を見てみると，1985（昭和60）年頃と比較し，近年の子どもは身長・体重などの体格は向上しているにも関わらず，体力が低下していることがわかる。また，ボール投げがかなり低下していることがデータから読み取れる。さらに，1週間の総運動時間が420分以上（1日60分）の子どもは，420分未満の子どもと比較して体力テストの点数が高い傾向にある。そして，男子では総運動時間420分以上の子が割合的に多いが，女子では割合的に少ない。このことから，子どもの体力は男女での体力分布の違いや，普段の活動量の違いにより，日頃の生活習慣の中に身体活動を取り入れている子どものほうが体力レベルは高くなっていることがうかがえる。また，総運動時間420分未満の子どもの中にはほとんど運動していない子が多く含まれており，そのことが子どもの体力低下の一要因となっていると考えられる。

　近年では，子どもの総運動時間の確保だけでなく，運動をする場所（公園や広場など）が減少してきていることも，体力低下の要因と考えられる。

体つくり運動の内容と指導方法について

　子どもの体力低下傾向は深刻で，その背景には，幼児期の身体活動を伴う遊びで培われる多様な運動感覚が育まれていないことなどがある。

　体育科には「体育や保健の見方・考え方を働かせる」，「課題を見付け，解決に向ける」，「生涯にわたって運動に親しむ」という３つの目標がある。各スポーツ領域では，運動特性に応じた楽しさとともに運動技能を身に付け，その結果として体力の向上を期待する。しかし，体つくり運動は，多様な身体活動そのものが体力の向上を直接目指して行われる。

　体つくり運動系は，小学校から高等学校まで一貫して，(1)体ほぐしの運動，(2)体の動きを高める運動の２つを学習内容としている。体ほぐしの運動は，心と体の関係に気づく，体の調子を整える，仲間と交流する，といった３つのねらいがあり，既存の遊びや運動の扱い方を工夫したり，子どもと一緒に動きをつくり出したりしていく。また，体の動きを高める運動は，高学年（5，6年生）からの導入となるが，低・中学年では体の動きを高める運動の前段として，多様な動きをつくる運動遊びを学習に組み入れることが重要である。そのねらいから，体のバラン

スをとる運動，体を移動する運動，用具を操作する運動，力試しの運動に分類されている。また，身体機能の発達特性から，小学生期は脳・神経系の発達が著しく，高学年では体の柔らかさや巧みな動きを高めるといった「巧みさの習得」を指導する。

　体ほぐしの運動は，運動する楽しさや自己肯定感を育む領域のため，子どもの意欲につながる楽しさや心地良さを工夫する必要がある。指導のポイントとして，①競争や達成型でない学習，②学習の場づくりの工夫，③「気付き」をうながす言葉かけ，④人との関わりに注目した学習指導の形態，が挙げられる。また，体の動きを高める運動（多様な動きをつくる運動遊び）は，子どもの発達段階をふまえた系統的な指導が重要であり，①挑戦したくなるような運動（遊び）で楽しさや心地良さを味わわせる，②運動への意欲が継続する指導の工夫，③中学校との連携，がポイントとなる。

　以上のことから，体つくり運動系では「運動したい」「おもいっきり汗をかきたい」などの感覚を掘り起こし，子どもの生活習慣に組み入れることが目標となり，目指すものは「運動（遊び）の習慣形成」となる。

器械運動領域における段階的な指導について

　器械運動系は，マット，鉄棒，跳び箱を使って多様な技に取り組み，その達成や向上を楽しむ運動領域となる。ここでは，日常生活では味わうことがまれな動きや感覚が要求され，技の達成・向上や安全に取り組むことをねらい，どの子どもも無理なく取り組むことのできる運動から始めていく。ここで，取り上げる技の関連性や順序性を理解しておくことが，器械運動の指導では重要になり，また，段階的に指導していくポイントとなる。

　学習内容として，低学年から中学年，高学年になるにつれて，段階的に内容が高度になっていく。

(例) マット運動

低学年：ゆりかご，前転がり，後ろ転がり，丸太転がりなどの転がる運動あそび，背支持倒立（首倒立），かえるの足打ち，壁登り逆立ちなど

中学年：前転（発展：大きな前転，開脚前転），後転（発展：開脚後転），壁倒立（発展：補助倒立，頭倒立，ブリッジ），腕立て横跳び越し（発展：側方倒立回転）など

高学年：安定した前転，大きな前転（発展：倒立前転，跳び前転），開脚前転，安定した後転（発展：後転連続），開脚後転（発展：伸膝後転），安定し

た壁倒立，補助倒立（発展：倒立），頭倒立，ブリッジ（発展：倒立ブリッジ），安定した腕立て横跳び越し，側方倒立回転（発展：ロンダート），技の組み合わせ

　前転運動の場合，前転がり→前転→大きな前転→開脚前転→倒立前転→跳び前転というように，前段階の学習内容をふまえ，より高度でかつ体力要素の高いものに段階的に発展していく。

　指導のポイントとしては，基礎となる動きの指導，運動の関連性の理解，成果の上がる場づくりが重要となる。それぞれの運動学習には，最終的な習得させたい技能や能力，知識等の段階がある。そのためにスモールステップを設定し，全員が取り組めるレベルから入り，次第に各自の技能に合った課題を複数設定するようにする。

　また，マット運動や鉄棒，跳び箱は個別に指導するのではなく，相互の関連性に着目して指導していく。例えば，逆上がりは後方に回転しながら鉄棒に上がる運動であり，後方に回転する運動の経験がその前提にあるため，密接に関連した運動としてマット運動の後転がある。腰が顔の上にくる背支持倒立が重要運動となるため，両方の運動学習の基礎動作となる。

小学校体育におけるボールゲームの指導方法について

1．ボールゲームの特性

　ボール運動系領域は「ゴール型」「ネット型」「ベースボール型」に分類され，低学年から系統的に学習を行う。特定種目名でなく，「〇〇型」となった背景として，生涯を通じてスポーツを享受する力を育成する観点に立っても，様々なスポーツに共通性の高い技術・戦術を学習する必要があるためである。これにより，生涯スポーツとして選択できる幅が広がり，様々なボールゲームを楽しむことができる資質や能力を育成することが可能となる。

2．バスケットボールを例として

　バスケットボールはゴール型ゲームであり，パス，ドリブル，シュートといった基本的技能や敵や味方をふまえたポジショニング，走る・止まる・跳ぶといった体力的要素も要求されるスポーツである。

　指導としては，基本的な技能の獲得と，ゲームにおける動きに分けられる。例えば，基本技能のドリブルは，ボールを持つ→ボールをつく（ドリブル）→ドリブルしながら移動する，という段階に分かれる。ドリブルはその場でつくという基本的な内容から，左右両方の手でつく，移動しながらつく，方向転換しながらつくといった段階的な技能の提示をする必要がある。

　作戦や戦術を立てて実行するためには，ある程度の技能を習得しなければならない。しかし，ドリブルで例を示したように，それを習得するためには数多くの試技と長期的な練習が必要となる。トレーニング的な単調な技能習得のための授業ではなく，記録達成や挑戦的な内容を行うほうがよい。これをドリルゲームといい，直接対戦する相手がいないことや，自分や他者の記録に挑戦するという特徴がある。一方，個人及び集団の技術的・戦術的能力を育成するタスクゲームがある。これは，ミニ化されたゲーム，学習課題が誇張されたゲームである。

　ミニゲームとしては円の中心にコーンを置き，オフェンスはパスを回しながらボールをコーンに当て，ディフェンスはそれを防ぐといったものがある。また，誇張したゲームとしては，ポートボールが良い例となる。バスケットボールでは，シュートをゴールに入れることはなかなか難しい。ゴーラーがボールをキャッチする内容は，シュート技能をあまり意識せず，ドリブルやポジションなどを学習するうえでより良い教材となる。

小学校体育における保健学習の指導について

　小学校体育における保健領域の学習のねらいは，「健康な生活」，「体の発育・発達」，「心の健康」，「けがの防止」及び「病気の予防」の５つとした。これは，身近な生活における健康・安全に関する基礎的な内容を重視し，健康な生活を送る資質や能力の基礎を培う観点から，これまでの内容をふまえて，系統性のある指導ができるよう健康に関する内容が明確にされている。これらのねらいにより，３年生では，「健康な生活」，４年生では，「体の発育・発達」，５年生では，「心の健康」及び「けがの防止」，６年生では，「病気の予防」という内容のまとまりとなっている。

　３，４年生の内容では，生活習慣が自身の発育発達やその後の健康に大きく関与することを学習する内容となっている。学習のねらいとして，健康の大切さを認識するとともに毎日の生活に関心をもたせ，健康に良い生活の仕方を理解できるようにする。また，体の発育・発達について，一般的な現象や思春期の体の変化などについて理解させるとともに，発育・発達のための生活の仕方についても理解させる。

　５・６年生では，学習のねらいとして，体の成長だけでなく，心も年齢とともに発達することについて理解させる。心と体が相互に影響し合うこと，不安や悩みに対して適切な対処の方法があることを理解させる。心身の調子が良いなどの健康状態は，主体の要因や周囲の環境の要因が関わることを学習する。また，犯罪被害の防止も含めた身の回りの生活の危険が原因となって起こるけがの防止に関する指導や，けがの発生要因や手当を学習する。交通事故や身の回りの生活が原因となって起こるけがの防止には，周囲の危険に気付くこと，的確な判断のもとに安全に行動すること，環境を安全に整えることが必要である。そして，病気の発生要因や予防の方法，喫煙・飲酒・薬物が健康に与える影響を理解させ，ヘルスプロモーションの考え方につなげる。また，地域では，保健に関わる様々な活動が行われていることも学習する。

　保健は，児童が健康・安全に関する基本的な内容と各運動領域の内容を関連して体系的に学習することにより，生涯を通じて健康で安全な生活を送るための基礎を養う健康教育の中心となるものである。

◎参考文献—————————

大貫耕一編『小学校全学年 体育科技術指導授業プラン集』民衆社，2012.

杉山重利・高橋健夫・園山和夫編『保健体育科教育法』大修館書店，2009.

出村慎一監，佐藤進・山次俊介・春日晃章編『健康・スポーツ科学講義』杏林書院，2005.

東京福祉大学編『レポート・試験はこう書く 保育児童福祉要説 第5版』中央法規出版，2017.

福永哲夫・湯浅景元『コーチングの科学』朝倉書店，1986.

文部科学省『小学校学習指導要領（平成29年告示）』東洋館出版社，2018.

文部科学省「平成24年度 全国体力・運動能力，運動習慣等調査結果」2012.

文部科学省「幼児運動指針」2012.

渡邉彰・今関豊一編著『小学校教育課程講座 体育』ぎょうせい，2009.

第49章
教育法規

教育公務員と一般の地方公務員の服務事項や研修に関する内容を述べよ。その際，同じところと異なるところについて整理して論述せよ。

1．教育公務員は地方公務員である

　教育公務員特例法の第2条に教育公務員についての定義がある。その概要は，「この法律において『教育公務員』とは，学校教育法第1条に規定する学校及び就学前の子どもに関する教育，保育等の総合的な提供の推進に関する法律第2条第7項に規定する幼保連携型認定こども園であって地方公共団体が設置するものの学長，校長（園長を含む），教員及び部局長並びに教育委員会の専門的教育職員をいう」である。上記の公立学校の学長，校長，教員などは教育公務員であるが地方公務員でもある。

　地方公務員には，教育公務員以外に県庁や市役所等に勤務している者などがいる。これらの者の服務や研修については地方公務員法に規定されている。しかし，教育公務員は地方公務員ではあるが，教育に携わる仕事に従事していることから，その職務と責任の特殊性に基づいて，服務や研修などについては，地方公務員法以外に教育公務員特例法にも規定がある。

2．一般法と特別法

　ある事柄について一般的に規定した

法令がある場合に，同じ事柄について，そのうちの特定の場合を限って又は特定の人もしくは地域を限って適用される法令がある。この一般的に規定した法令と異なる内容を定めた法令がある時は，この2つの法令は，一般法と特別法との関係にあるという。地方公務員法と教育公務員特例法では前者が一般法であり，後者が特別法の関係にある。すなわち，地方公務員法は地方公務員一般に適用される法律であるが，教育公務員特例法は地方公務員の中でも教育公務員という特定の人に適用される法律だからである。

　また，法を適用する場合の約束事として，特別法は一般法に優先するという原理（約束事）がある。これは，法の形式的効力が同じ2つ以上の法令間の矛盾抵触を解決する基準の1つである。地方公務員法も教育公務員特例法も法の形式としては，同じ法律であるので，法の強さ（優位さ）を表す形式的効力は同位である。そのような場合に，互いの法の内容が矛盾抵触する場合は後法（公布時期が後の法のことである）優位の原理（約束事）が働く。ただし，一般法と特別法との関係で

は，後法優位の原理は働かず，特別法優位の原理が優先することになる。したがって，一般法である地方公務員法に対して特別法の関係にある教育公務員特例法は，互いの内容に矛盾抵触がある時は教育公務員に対しては教育公務員特例法が優先して適用されることになる。そこで，地方公務員法と教育公務員特例法の中で服務事項や研修に関して異なる規定がある場合は，教育公務員に対しては教育公務員特例法が優先して適用されることになる。

3．地方公務員法の服務事項と研修

服務とは，「公務員が職務及び職務外において課せられる義務」のことである。地方公務員法（以下，地公法と記す）第30条から第38条には地方公務員の服務に関する事項が規定してある。この服務事項は職務上の義務と身分上の義務の2つに分けられる。

職務上の義務とは，勤務時間内を主体に職員が職務を遂行するにあたって守らなければならない義務である。職務上の義務には，服務の宣誓（地公法第31条），法令等及び上司の職務上の命令に従う義務（同法第32条），職務に専念する義務（同法第35条）がある。

一方，身分上の義務は，勤務時間の内外を問わず，職員がその身分を有する限り，職務の遂行とは関わりなく当然に守らなければならない義務である。身分上の義務には，信用失墜行為の禁止（地公法第33条），秘密を守る

義務（同法第34条），政治的行為の制限（同法第36条），争議行為等の禁止（同法第37条），営利企業への従事等の制限（同法第38条）などがある。

もっとも，職務上の義務と身分上の義務の区別は必ずしも厳密なものではなく，例えば，職務命令には，「職務上の命令」のほかに「身分上の命令」を含めて考えることが多い。

服務に関する規定の地公法第30条，第31条，第32条，第33条，第34条，第35条，第37条については，教育公務員も一般の地方公務員と同様に適用される。例えば，県庁の職員や公立学校の教員が職務上の地位を利用して金品を横領したとする。両者とも刑法の業務上横領罪に抵触する。これは，地公法の第29条第1項の懲戒処分の対象となる。また，法令を遵守しなかったとして地公法第32条に抵触するとともに職の信用を傷つけ，又は職員の職全体の不名誉となるような行為をしたとして，地公法第33条にも抵触することになる。以上のことは，県庁の職員も教育公務員についても同じ条文が適用されるのである。

以上の服務に関する規定以外にも教育公務員については特別法があるので4．の教育公務員特例法で述べる。

地方公務員の研修に関しては，地公法第39条に規定がある。その第1項に勤務能率の発揮及び増進のために，研修を受ける機会が与えられなければならないと示されている。一方，教育

公務員の場合は，教育基本法第9条に教員には崇高な使命を自覚し，その職責を遂行するために研修の充実が求められている。そのために一般の公務員とは異なった研修に関する内容が教育公務員特例法に規定されている。

4．教育公務員特例法

地公法第36条には，公務員の政治的中立性の確保から政党の結成等に関与することの禁止や特定の政治的目的を有する一定の政治的行為の禁止などの政治的行為の制限の規定がある。

教育公務員には地公法第36条の適用がなく，教育を通じて国民全体に奉仕するというその職務の責任の特殊性に基づき政治的行為の制限は一般の地方公務員より厳重になっている。教育公務員特例法（以下，教特法と記す）第18条には，政治的行為の制限は，当分の間，国家公務員の例によるとされている。その結果，一般の地方公務員の場合は，原則として地域を限定して特定の政治目的の下に行われる一定の政治的行為の制限がなされるが，教育公務員のそれは全国的に禁止されている。

公務員は，職務専念義務や職務の公正の確保，職員の品位の維持などの観点から，地公法第38条によって営利企業に従事すること等が制限されている。教育公務員は，教特法第17条に，教育に関する他の職を兼ね，又は教育に関する他の事業若しくは事務に従事することが本務の遂行に支障がないと任命権者が認めるときは，給与を受け又は受けないで，その職を兼ね，又はその事業若しくは事務に従事することができるとの規定がある。この点に関しては，教育公務員への制限が緩やかである。

教育基本法第9条の趣旨を担保するために教特法には研修に関する多くの規定が置かれている。一般の公務員にとっての研修は作業能率の発揮及び増進のための機会であるが，教育公務員にとっての研修は，職責を遂行するための研修である（教特法第21条第1項）。そのために教育公務員の任命権者は，その研修について，それに要する施設，研修を奨励するための方途その他研修に関する計画を樹立し，その実施に努めなければならない（同法第21条第2項）。また同法第22条第1項は教育公務員には，研修を受ける機会が与えられなければならない。第2項には，教員は，授業に支障のない限り，本属長の承認を受けて，勤務場所を離れて研修を行うことができる。第3項には，教育公務員は，任命権者の定めるところにより，現職のままで，長期にわたる研修を受けることができると，研修に関しての規定が置かれている。

また，教育公務員には悉皆研修として初任者研修や10年経験者研修などについても規定があり，研修については一般の公務員と大きく異なる。

日本国憲法の「義務教育はこれを無償とする」について

日本国憲法第26条第1項の教育を受ける権利を実質化させるものとして、憲法第26条第2項の前段は、「すべて国民は、法律の定めるところにより、その保護する子女に普通教育を受けさせる義務を負ふ。」と定め、子の保護者の普通教育を受けさせる義務により子どもの教育を受ける権利を保障している。

この義務教育を実質的に確保するために、同条第2項後段では、「義務教育は、これを無償とする。」としている。しかし、無償の範囲は憲法には明記されていないので、義務教育の無償とは、義務教育に係る授業料のほか教科書代、教材費等の教育に必要な一切の費用なのか、それとも授業料だけのことなのかについて学説の対立がある。

かつて義務教育諸学校の教科書代が有償だった頃、公立小学校2年生の児童の保護者が、2年間の教科書代を支払ったが憲法第26条第2項が義務教育の無償を定めていることから、教科書代は国が負担すべきだとして訴えを起こした。これに対して最高裁判所は1964（昭和39）年2月26日大法廷判決において、「憲法第26条第2項後段の意味は、国の義務教育の提供につき

有償としないことを定めたものであり、教育提供に対する対価とは授業料を意味するものと認められるから、同条項の無償とは授業料不徴収の意味と解するのが相当である。また、教育基本法第4条第2項（現在の第5条第4項）及び学校教育法第6条但書において、義務教育について授業料はこれを徴収しない旨を規定している所以も、憲法の趣旨を確認したものであると解することができる。それ故、憲法の義務教育は無償とする規定は、授業料のほかに、教科書、学用品その他教育に必要な一切の費用を無償としなければならないものと解することはできない。」と判じた。また、その判決文において「国が保護者の教科書等の費用の負担についても、これをできるだけ軽減するよう配慮、努力することは望ましいところであるが、それは、国の財政等の事情を考慮して立法政策の問題として解決すべき事柄である。」と述べている。

現在、教科書が無償配布されているのは、立法政策として「義務教育諸学校の教科用図書の無償に関する法律」及び「義務教育諸学校の教科用図書の無償措置に関する法律」が制定されているからである。

幼稚園の宗教教育や宗教的活動に関する規定について

日本国憲法第20条第3項は,「国及びその機関は,宗教教育その他いかなる宗教的活動もしてはならない。」と規定している。国及びその機関には国・公立学校(学校教育法第1条の規定により幼稚園も学校である)が含まれており,これらの学校では,宗教教育その他いかなる宗教的活動もしてはならない。ただし,全ての宗教教育を禁止しているわけではない。宗教教育について教育基本法第15条は以下のように規定している。その第1項には,「宗教に関する寛容の態度,宗教に関する一般的な教養及び宗教の社会生活における地位は,教育上尊重されなければならない。」とあり,第2項は,「国及び地方公共団体が設置する学校は,特定の宗教のための宗教教育その他宗教的活動をしてはならない。」と規定する。

つまり,国・公立学校で行ってはならない宗教とは特定の宗教のための宗教教育,すなわち宗派宗教教育である。宗教的活動とは,宗教教育のような宗教の布教,教化,宣伝等の活動であるが,そのほか宗教上の祝典,儀式,行事等であっても,当該行為の目的が宗教的意義をもち,その効果が宗教に対する援助,助長,促進又は圧迫,干渉等と

なるような行為であるかぎり,宗教的活動に含まれると解されている(最高裁大法廷判決昭和52年7月13日)。

一方,私立学校には,特定の宗教のための宗教教育その他宗教的活動についての禁止事項が規定されていない。これは,憲法第20条第1項前段の「信教の自由は,何人に対してもこれを保障する。」という信教の自由の保障によるものである。私立幼稚園で宗教的活動を行うことは憲法や教育基本法の関知しないところである。

国・公立学校に宗教教育や宗教的活動に関して一定の制限があるのは,かつて国家が特定の宗教と結びついていたことの反省をふまえて,政教分離を原則としているからである。

公立幼稚園のクリスマス会でサンタ役の職員がプレゼントを配ったりクリスマスに関する歌を歌ったりする程度は,習俗的な行事として許容範囲であるが,その会でキリストに祈りを捧げることは特定の宗教のための宗教的活動となる。今日の公立幼稚園には,様々な民族の子どもが入園しており,その保護者の中には多様な宗教観をもっている者がいることからも公立幼稚園で宗教的な行事をする際には,今まで以上の配慮や自重が必要となっている。

性行不良による出席停止と出席停止の課題について

学校教育法第11条は，「校長及び教員は，教育上必要があると認めるときは，文部科学大臣の定めるところにより，児童，生徒及び学生に懲戒を加えることができる。」と規定する。文部科学大臣が定める懲戒は，学校教育法施行規則第26条にある。その第2項には，「懲戒のうち，退学，停学及び訓告の処分は，校長（大学にあつては，学長の委任を受けた学部長を含む。）が行う。」とあり，第4項には「第2項の停学は，学齢児童又は学齢生徒に対しては，行うことができない。」と規定する。停学については，義務教育を受ける機会を奪わないために，国公私立の小・中学校等を問わず，学齢児童生徒に対して行うことはできない。退学については，第3項によって義務教育を保障するという観点から，公立の小・中学校（併設型中学校を除く），特別支援学校に在学する学齢児童生徒には行うことができない。つまり，国立又は私立の小・中学校等並びに公立の中等教育学校の前期課程及び併設型中学校の学齢児童生徒が性行不良で改善の見込みがなかったり，学校の秩序を乱し，その他生徒としての本分に反したりした場合等は，停学させることはできなくても退学さ

せることは可能である。

一方，公立の小・中学校等の学齢児童生徒が性行不良を繰り返しても退学にも停学にもすることができない。そのことによって，他の児童生徒等の学習を受ける権利が侵されることがある。そこで，学校教育法第35条は，公立の小学校の児童が性行不良を繰り返し行い他の児童の教育に妨げがあると認める児童があるときは，市町村の教育委員会は，その保護者に対して，児童の出席停止を命ずることができるとしている。これは公立の中学校にも準用される（学校教育法第49条）。

停学は懲戒としての処分であるが，性行不良等による出席停止は，他の児童生徒等の教育に妨げがある場合に行われるものである。すなわち，懲戒処分ではなく，他の児童生徒等の学習を保障するために行われるものである。これは，公立の小・中学校の学齢児童生徒に対して退学や停学いずれの処分もできないためのやむを得ない措置とも考えることができる。課題としては，学習や生活指導の支援体制がある。すなわち，保護者による監護や児童生徒等をサポートするための体制が弱いために出席停止中に生活指導上の問題を起こしやすいということである。

公立幼稚園で幼児を水死させた担任の過失責任について

学校（幼稚園を含む）事故の場合，担任の法的責任は，通常3つのことが考えられる。すなわち，刑事法上，民事法上，行政法上の責任である。

過失によって幼児を水死させたのであるから刑事法上の責任は，刑法第211条に規定する業務上過失致死罪である。「業務上必要な注意を怠り，よって人を死傷させた者は，五年以下の懲役若しくは禁錮又は百万円以下の罰金に処する。重大な事故により人を死傷させた者も，同様とする。」（第211条）

民事法上の責任は，損害賠償金の支払いである。公務員による不法行為の場合には国家賠償法の適用がある。その第1条第1項は，「国又は公共団体の公権力の行使に当る公務員が，その職務を行うについて，故意又は過失によつて違法に他人に損害を加えたときは，国又は公共団体が，これを賠償する責に任ずる。」と規定する。公立幼稚園の教員の保育は，公権力の行使に該当し，本事例では設置者たる地方公共団体が賠償金を支払うことになる。

国家賠償法は，日本国憲法第17条の「何人も，公務員の不法行為により，損害を受けたときは，法律の定めるところにより，国又は公共団体に，その賠償を求めることができる。」を受けて，具体的に示した法律である。

本事例では，民法の規定により被害者の父母や相続人が賠償請求権を行使する。国家賠償法の第1条第2項に「公務員に故意又は重大な過失があつたときは，国又は公共団体は，その公務員に対して求償権を有する。」とあり，本件のような過失の場合には，担任には支払い義務が生じない場合がある。軽過失の場合にまで公務員に責任を負わせたのでは，職務遂行について抑制的になるとの考えであるが，民間と比較して公務員の仕事の特殊性を強調することには批判もある。

行政法上の責任は，懲戒処分である。本事例は，地方公務員法第29条第1項第2号の「職務上の義務に違反し，又は職務を怠つた」場合に抵触する。また，地方公務員法第32条の法令等及び上司の職務上の命令に従う義務違反をしたり，同法第33条の信用失墜行為の禁止などに抵触したりする可能性が高い。これらは同法第29条第1項第1号に抵触する。本件では，幼児が死亡しているのであるから，懲戒処分としては免職を覚悟しなければならない。

教科書使用義務と補助教材に関する規定について

　学校教育法第34条第1項は「小学校においては，文部科学大臣の検定を経た教科用図書又は文部科学省が著作の名義を有する教科用図書を使用しなければならない。」と規定し，教科用図書の使用義務を課している。この規定は，中学校，義務教育学校，高等学校，中等教育学校及び特別支援学校にも準用される。ちなみに，教科用図書とはいわゆる教科書のことである。

　教科書の使用義務が1つの争点となった裁判として，学習指導要領を逸脱し，かつ，教科書を使用しないで偏向教育をしたことで，懲戒免職処分を受けた事件がある。この事件の判決は，「教科書を使用したといいうるためには，教科書を教材として使用しようとする主観的な意図と同時に客観的にも教科書の内容に相当する教育活動が行われなければならない。」とする原審の判断を是認している（最高裁第一小法廷判決平成2年1月18日）。

　補助教材については，同法第34条第4項に「教科用図書及び第2項に規定する教材以外の教材で，有益適切なものは，これを使用することができる」とある。学校で児童生徒の実態に即し充実した学習活動を進めるためには補助教材は必要と考えられるからで

ある。「図書その他の教材」を総称して，いわゆる補助教材ともいう。補助教材には，小学校の体育のように教科の教材としての準教科書，教科用図書が発行されてない本，他に学習帳，映画，地図，CDなどがある。「有益適切なもの」の内容については，自治体の教育委員会の管理運営規則に定めがある。概ねその内容は，教育基本法，学校教育法，学習指導要領の趣旨に沿っている，内容が正確中正である，学習の進度に即応している，表現が正確適切であることなどである。

　また，補助教材の選定に当たっては，保護者の経済的負担を特に考慮しなければならないと管理運営規則に定めがある場合が多い。特に，義務教育諸学校においては，教科書代が無償であるのに補助教材費に多くの費用をかけることには問題があるからである。

　保護者の経済的負担の軽減では公立幼稚園での教材の購入には，十分配慮しなければならない。ただし，市販の塗り絵をコピーしてクラス全員に配布することは，著作権法に違反するので，注意を要する。

　なお，公立幼稚園で教材を使用するには教育委員会への届出又は承認が必要と規定されている場合が多い。

体罰をした公立幼稚園の教員の法的責任と懲戒について

懲戒と体罰について学校教育法第11条は，「校長及び教員は，教育上必要があると認めるときは，文部科学大臣の定めるところにより，児童，生徒及び学生に懲戒を加えることができる。ただし，体罰を加えることはできない。」と規定している。この規定によれば，幼児に対しては，体罰はもとより懲戒も認められていない。懲戒は，校長，教員の行う教育という作用に伴うものであり，心身未発達の幼児の保育という作用には，馴染まないからである。

懲戒は2つの種類に分けることができる。1つは，法的な効果を伴う懲戒である。これは退学，停学などで，校長（大学では学長若しくは学長の委任を受けた学部長）のみが行うことができると学校教育法施行規則にある。

懲戒のもう1つは，事実行為としての懲戒である。叱責，訓戒や短時間正座させたり，立たせたりすることなどのことで，これは校長及び教員が行うことができる。ただし，前述したように幼稚園では，懲戒は認められない。

体罰を行った公立幼稚園の教員の法的責任は，公務員の不法行為であることから次の3つが考えられる。

公立X幼稚園の幼児AはY教諭の指示に従わず好き勝手なことを繰り返していた。そのことに苛立ったY教諭はAの腕を強くひっぱり，Aの肩を脱臼させてしまった。このような場合のY教諭の法的責任は次のようになる。

第1は刑事上の責任である。肩を脱臼させる行為は傷害罪に該当する。刑事訴訟法第248条の起訴便宜主義により常に起訴されるとは限らないが，状況によっては傷害罪で起訴される。

第2は行政上の責任である。体罰禁止の規定があるにもかかわらず，法に従わなかったり，刑法に抵触したりしたとして地方公務員法第32条に該当する。また，体罰は信用失墜行為にも当たるとして同法第33条に該当する。これらのことは，地方公務員法の第29条に抵触し，行政上の責任である懲戒処分の対象となる。

第3は民事上の損害賠償責任である。この事例では，被告側はY教諭ではなく幼稚園の設置者である地方公共団体である（国家賠償法第1条第1項・同法第3条第1項）。裁判の結果，設置者が損害を賠償する責任が生じた場合，原告側に賠償した後，Y教諭の行為は，故意であるから国家賠償法第1条第2項によって設置者は支払った賠償金をY教諭に求償できる。

◎参考文献

潮見佳男『不法行為法Ⅱ 第2版』信山社出版, 2011.

下村哲夫『定本 教育法規の解釈と運用』ぎょうせい, 1995.

長谷部恭男・石川健治・宍戸常寿編『別冊ジュリスト 憲法判例百選Ⅱ 第7版』有斐閣, 2019.

野中俊彦・中村睦男・高橋和之他『憲法Ⅰ 第5版』有斐閣, 2006.

橋本勇『新版 逐条地方公務員法 第3次改訂版』学陽書房, 2014.

林修三『法令解釈の常識』日本評論社, 1975.

山本豊『教育法規相談ハンドブック30』東京教育研究所, 2014.

山本豊『改訂新版 教育法規相談ハンドブック35』東京教育研究所, 2017.

山本豊『有権解釈に重きを置いた教育法規 第5版』学校図書, 2021.

第50章
教育心理学

子ども一人ひとりの特性に応じた教育を行ううえで考慮すべきことは何かについて，個人の特性と教授法の相互作用という視点を含めて述べよ。

1．遺伝と環境の相互作用

誕生後の子どもがどのような発達的変化を見せるのかを決める要因として，生まれながらに決まっている遺伝的（生得的）要因と，生まれて以降に環境から受ける刺激や，教えられたりする経験による環境的要因の2つが考えられる。以前はどちらの要因が（より強く）影響しているかという議論がなされていたが，近年は，遺伝的要因と環境要因が両方とも関わっているということを前提に，ある発達的変化を生み出す遺伝，環境要因の間の影響関係や相互作用が注目されている。

例えばジェンセンは，人がもって生まれた遺伝的可能性が顕在化する（能力が発揮されたり，外側から観察可能となったりする）には，一定水準以上の環境条件が整わなければ遺伝的形質が現れてこないとする環境閾値説を提唱した。環境閾値説では，特性により顕在化するために必要となる環境条件には差があると考えられており，例えば身長や知能などの特性は，環境条件が極めて豊富な状況になくとも顕在化しやすいが，学業成績や外国語音韻などの特性は環境が十分に整わなければ顕在化しにくいと考えられている。

近年では，子どもは，ただ一方的にその場の環境から刺激を与えられるだけではなく，自ら環境に働きかける能動的存在であるという相互作用説も広く認められている。つまり，子どもの働きかけに環境が応じること，環境からの働きかけに子どもが応えることという双方の働きが，子どもの発達を促すのである。さらに子どもに関わる大人が，子どもの発達に合わせて環境を調整するという現象も明らかとなってきている。例えば大人は乳幼児に対して，養育語と呼ばれる語彙選択や音韻等が特徴的な言葉を使用するが，子どもの言語獲得が進むにつれて，養育語としての特徴を徐々に失わせ，大人との会話に近い言語使用へ変化させる過程を見ることができる。

しかし，子どもと環境（子どもに働きかける人を含む）とは，互いに積極的，能動的に関わっており，一人ひとりの子どもの個性や，子どもの発達の現状に合わせた環境の提供が，子どもの成長，発達を促すうえで重要であると考えられる。

2．子どもの気質に関する理論

子どもは生まれながらにして一人ひとり異なる特性をもつ。子どもの特性

に関して，トマスは，活動水準，周期性，接近・回避，順応性，感受性の閾値，反応の強さ，気分の質，散漫性，注意の範囲と持続性という9つの気質的特徴があるとし，こうした気質的特徴は生後2・3か月頃には，子どもの泣き方や体の動かし方などから，はっきりと現れることを示した。さらに，約65％の子どもで，これらの気質が10年後にも持続していることを見出した。さらにトマスは，子どもをこれらの気質に基づいて「育てやすい子ども」「育てにくい子ども」「時間のかかる子ども」の3つのタイプに分類し，10年の成長過程を調べたところ，「育てにくい子ども」のうち70％が専門家による支援や治療を必要とする問題行動を起こしていた。「育てやすい子ども」のうち同様の問題行動を起こしていた割合が18％程度であることと比較して，「育てにくい」気質をもつ子どもを育てることは難しいと考えることができるが，同時に，「育てにくい子ども」であっても30％は大きな問題を起こすことなく適応的に成長しているということもできる。このことから，トマスは子どもの発達が健全に進むか否かは生まれながらの気質だけできまるのではなく，気質と環境の適合が重要であると考えた。

つまり，全ての子どもに同様の関わりや課題を課すのではなく，子どもの気質を考慮し，その子どもに合った形で社会化を促すような関わりや課題を与えることが，子どもの養育に求められるのである。

3．知能の多様性

一般に，知能とは，学業成績と強く関連する能力として認識されている。その理由として，従来の知能検査で測られる知能が，一般的に学校での学習活動の成果と強く関連している点が考えられる。これに対してガードナーは，人には，従来の知能検査では測定されていない多様な知能があると考え，多重知能説を唱えた。多重知能説では，少なくとも8つの知能の側面を仮定している。このうち①言語的知能や②論理数学的知能は，従来の知能検査で測定されていた知能の要素と同様と考えられる。多重知能説ではこれらに加えて，③音楽的知能，④身体運動的知能，⑤空間的知能，⑥対人的知能，⑦内省的知能，⑧博物学的知能など，芸術表現や対人関係構築に関わるとされる知能の要素なども提案している。さらに，ガードナーは，これらの知能の要素ごとに，その知能をつかさどる脳の領域があるとも述べている。

この8つの知能については，まだ測定や実証性の課題を抱えながらも，これまで読み書きを中心に子どもの知能を判断していた傾向が強かった教育場面において，子どもの能力には多様な側面があり，それぞれの側面に対して多様な教育的アプローチが存在しうるという，重要な視点をもたらしたといえる。

多重知能説では，全ての子どもは2つ以上の分野で潜在能力をもっていると仮定し，ある知能に恵まれていなくても，組み合わせや結びつきによって，それぞれ独自の存在となれると考えた。つまり，子どもがどのような知能をもち，何をどのように使うことがその学習において可能であるのかを模索することで，その子どもの独自の世界と能力を発揮できるような教育的アプローチが可能であるということだろう。

4．子どもの特性と教授法の関連

クロンバックは，学習者の適性と教師の教授処遇が交互作用の関係にあるという適性処遇交互作用（aptitude treatment interaction：ATI）を提唱した。学習者の適性とは，学習を進めることに関わる人格特性や知能の種類，レベル，学習に対する態度やスタイル，興味や関心など学習者の個人的な特性を指す。一方，教師の教授処遇とは，学習指導の手法や教材，評価方法，カリキュラム，課題などの外的に操作可能なもののことである。この2つの要因が相互に働きかけるため，ある学習者に対して効果的である指導法であったとしても，異なる適性をもつ別の学習者に対しては効果を示さないことがある。例えば，対人積極性が高い人に対しては教師との対面による授業が効果的であるが，対人積極性が低い人に対しては，対面による時間が少ない，映像等を利用した教授方法が効果的であることなどが指摘されている。このように子どもの個人差に応じて適切な教授活動を準備することで，一人ひとりの子どもが効果的に学習目標に到達できると考えられる。

このATIの考え方を発展させ，ソロモンは3つの教育モデルを提唱した。1つは学習者の弱点や欠点を埋めることに焦点をあてた指導法を適用する「治療モデル」である。この方法をクラスで実施すると，遅れている子どもは必要な下位目標を習得できるという点で有効であるが，進んでいる子どもにとっては，教育内容のレベルが低く，退屈してしまうという欠点がある。2つめは，子どもの不得意な点や不足した部分を補う「補償モデル」である。補償モデルでは，学習をする概念や様式を与えたり，学習を妨害する特性や状態を和らげる教授を行う。その結果，能力の低い子どもにとっては，自分に欠けている概念や様式を外から与えられるので学習を進めることができるが，能力のある子どもにとっては，自力で獲得できる概念や様式を外から与えられるため学習が干渉され，妨げとなる可能性がある。3つめは，子どものもつ優れた適性を活用する特恵モデルである。この特恵モデルにおいて，子どもは自分の特性が取り上げられる時最もよく学習することが知られている。

認知の発達について

　子どもの思考の発達においてピアジェは，子どもは環境から刺激を与えられるだけの受動的な存在ではなく，自ら環境に働きかける能動的な存在であると考え，子どもの認識がどのように発達するかについての包括的な発達理論を展開した。ピアジェは発達を推し進める不変的な機能として，外界の事象を自らの認識・行動様式（シェマ）に取り込む同化と，既存のシェマと異質なものを取り入れて再構成する調節という機能を仮定し，発達とは常に同化と調節の機能によって均衡状態を生み出していく過程であると捉えられる。

　さらにピアジェは，このようにしてもたらされた均衡状態の質の変化を認知機能の発達段階として提唱した。この認知発達段階によれば，0〜2歳は感覚運動期と呼ばれ，子どもは自らの動作（運動）を用いて働きかけ，感覚を通して受容することで外界を認識していく。2〜6・7歳は前操作期であり，直接働きかけなくとも心の中でイメージや概念として理解する表象機能が高まっていく。また，この時期にはあるものを別のもので捉えることができるようになる象徴機能も高まる。この表象機能や象徴機能の高まりによっ

て，2〜4歳頃の子どもには見立て遊びやごっこ遊びなどの象徴遊びがみられるようになり，事物や事象を言葉という象徴を用いて表すことができるようになる。しかし，まだ心の中で十分に物事を操作することが難しいため，量や数，長さ，重さなどの見かけが変化しても，対象に何かを加えたり取り去ったりしないかぎり，対象の本質は同じであるという保存の概念が未獲得であり，自分と他者の視点や思考を十分に区別する操作が難しい自己中心性という特徴がみられる。

　その後，論理的な思考が可能となり，具体的な体験や例があれば論理的思考が可能な具体的操作期（7・8〜11・12歳頃），抽象的な思考や推論が可能な形式的操作期（11・12歳〜）へと進んでいく。

　しかし近年では，幼い子どもであっても物理，心理，生物，経済などについて，豊かな知識とそれを補強するような論理的推論を行うことができることが示されている。子どもなりの認識は，大人から見れば間違っていると判断されることであっても，日常生活の経験から物事を理解している。素朴理論（概念）を獲得していくという考え方が注目されている。

学習に関する理論と教育場面での活用について

学習とは「経験による比較的永続的な行動の変容」と定義される。学習の理論は，学習は外部から観察可能な刺激と反応の結び付きであると考える連合説と，頭の中で起こる記号と意味についての認知構造の変化を重視する認知説とに大別される。

連合説の代表的な理論にスキナーのオペラント（道具的）条件付けが挙げられる。スキナーは，環境に対して自発的に行う行動（オペラント行動）は，その行動を増やす効果のある刺激（強化子・強化刺激）が与えられることで，その行動の生起頻度が高まる（強化）ことを定式化した。教育場面においては，子どもに望ましい行動を身に付けさせようとした時に，このオペラント条件付けの強化の考え方が活用できる。子どもが望ましい行動をとった時に強化子を与えることで，子どもの望ましい行動が発生する頻度を高めることができると考えられる。この強化子は，食べ物や玩具，お金などだけではなく，人に褒められることや認められることも含まれる。さらに，子どもが自分の行動に対して自ら強化子を与える自己強化をできるようになれば，自分で自分の行動をコントロールし，達成感を味わうことができるようになる。一方で，子どもの望ましくない行動を減らすために叱ったり子どもの楽しみを奪うなどの罰を与えることもあるが，罰を過度に使うことは教師や活動に対して恐怖や嫌悪感を抱く可能性が高く，罰を与える人がいる時にだけその行動をしないにとどまる可能性があり，使い方には注意が必要になる。

次に，認知説の代表的な理論に，バンデューラの社会的学習理論が挙げられる。バンデューラは大人が人形に対して暴力的な行為をしている映像を見た子どもとそうでない子どもの行動を比較し，暴力的な映像を見た子どもは映像の大人と同じように人形に暴力的な行為をすることを実験で示した。このことから，子どもは大人の行動を観察し，学習することが明らかとなった。教育場面においても，子どもは教師や大人の行動を観察し，学習していく。バンデューラのその後の研究では暴力的な行動だけでなく向社会的な行動も観察によって学習できることが示されている。教育者は自らの行動が子どものモデルとなることを意識し，社会的に望ましい行動を見せることが必要である。

パーソナリティの発達と社会化・個性化について

パーソナリティの発達過程は，生きていく環境や社会に適応していく過程である社会化と，その人らしさが形作られていく個性化という２つの側面があると考えられる。社会化と個性化は相反するもののように捉えられがちであるが，車の両輪のように双方が影響し合いながら発達していく。

こうしたパーソナリティの発達においてトマスは，子どもが生まれながらにもつ気質に個人差があることを示した。トマスの調査によると，活動水準，反応の強さ，周期性，順応性，機嫌などにおいて個人差が見られ，これらの特徴は乳幼児期を通じてかなりの一貫性をもつことを明らかにした。

こうした気質がパーソナリティの基盤となっている一方で，環境や経験のもつ影響力もある。遺伝的素質が全く同じ一卵性双生児の２人であっても，パーソナリティに違いが見られる。行動遺伝学という視点から研究をしている安藤の行った双生児研究によると，パーソナリティの５因子モデルであるビッグ・ファイブにおける遺伝的影響は外向性46％，神経症傾向46％，誠実性52％，調和性36％，開放性52％が遺伝によるものであることを示した。

パーソナリティを育む環境は，子どもにどのように経験されるのであろうか。生後すぐから，赤ちゃんは生理的に生じる自発的微笑をする。これにより，周囲の人は関わらずにはいられない心情が誘発され，微笑みかけるという相互のやりとりが始まる。こうした相互交渉を経て，子どもは次第に特定の養育者との間に深い情緒的な絆（愛着）を形成していく。この愛着が内的作業モデルとなり，その後のパーソナリティの一側面である対人関係のあり方に影響を与えると考えられている。

また，パーソナリティの発達に重要な自己と他者の区別について，マーラーは乳児が母親との一体感から徐々に分離してゆく過程を分離―個体化理論として提唱している。この過程で子どもは母親と自分を区別し，個体としての自分を確立していく。この個体化確立の過程である２・３歳頃には親の言うことを拒否したり反対のことをして激しく自己主張する第一反抗期と呼ばれる時期を迎える。この自己確立とともに自分を客体化してみる自己意識が発達していき，他者への視線の意識も生まれ，身近な社会のルールや基準を理解し，獲得していく社会化が進む。

教師・学級と子どもの関係について

　乳幼児期の子どもにとって，教師との関係，集団の認識はどのように変化していくのだろうか。

　1歳前後の子どもも自分と同年齢の子どもに対して興味を示すが，これはまだ仲間関係と呼べるような持続性がない。また2歳頃までは自分の要求を押し通す面が強く，大人が介在しながらの関係が中心となる。3歳くらいになると特定の仲の良い友達ができ始め，4歳頃からは気の合う子や上下関係的な力関係もでき，子ども同士の人間関係が発展する。一緒に遊ぶメンバーが決まってきて，仲間集団を形成することもある。しかし，幼児期の子どもたちは近くに座っている，よく一緒にいるなどの物理的な距離に左右されやすい。

　一方，園で形成される集団は，同じ発達段階の子どもたちが制度に基づいて集められた集合体であり，意図的に形成されたフォーマルな集団であるという特徴がある。入園してから新たな友達との出会いや関わりを通して，自分の所属するクラスを自覚し，子ども同士の人間関係についての認識も発達させて，集団に所属する一員としての意識が養われていく。しかし幼児期の子どもたちは能力差が大きく，個々の子どもの個性と組み合わせがその集団を特徴づけていくという傾向もある。

　さらに，クラス集団においては教師の影響も大きい。教師が子どもに対して期待をもつ効果についてローゼンタールはピグマリオン効果と呼ばれる影響を明らかにした。ピグマリオン効果とは教師が子どもに期待を込めて指導をすることで，実際に子どもの成績が伸びることを実証したものであり，教師の期待の重要性を示している。

　また，教師のいうことを聞く理由としての教師の影響力のあり方を，「教師の勢力資源」と考える研究がある。これによると親近・受容，外見性，正当性，明朗性，罰，熟練性，準拠性が挙げられ，これらを教師がうまく使えるかどうかが子どもの好き嫌いを分けるカギになると考えられている。しかし，誰からも好かれようと必死になると過度に理想の教師像にとらわれてしまう危険性も指摘されている。子どもとの良好な関係を築くためには，公の前で激しく非難するのを避け，望ましくない行動を適切に無視すること，非言語的コミュニケーションを活用し，教師に非がある時に謝ることをためらわないことなどが重要である。

教育における評価について

何かを教え教わるという教授・学習活動のプロセスでは，諸技能・知識の獲得に至るまでに，わかったか，できたか，興味をもったかなどの判断が行われる。こうした判断を評価という。

教育において評価を行う目的は，大きく4つに大別される。1つめは，子ども自身が学習目的を形成するためであり，子どもが何をわかっており，どこで間違え，次にどのような学習をすればよいかをフィードバックすることを通じた評価である。2つめは，教師が自らの指導の効果を知るために行う評価であり，子どもの発達・学習の状態を把握し，どこからどのように指導をするかという方針を立て，計画された指導によってどのような効果があり，指導内容や方法が効果的であったかを判断するために行う評価である。3つめは，クラス編成やグループ編成，入園試験・面接などのように子どもの適性を把握したり配置を管理することを目的とした評価である。4つめには新しい教材や教授方法，カリキュラムの開発のための研究を目的とした評価である。

評価を行うにあたっては，相対評価と絶対評価という2つの視点から資料を解釈することとなる。相対評価とは

その子どもが所属する集団（クラス，学年，年齢など）の代表値を基準にし，その集団内での子どもの位置を理解するのに役立つ。例えば知能指数や発達指数，偏差値などが挙げられる。相対評価は教師の主観によって評価がゆがめられる可能性が少なく，異なる側面を比較したい時などにも役立つが，個人の結果が集団の水準に左右されるため，個人の到達度がわかりづらいという短所がある。

絶対評価は到達度評価ともいい，学習結果がどの程度教育目標を達成したかを基準にして評価を行う。個人ごとにそれぞれの教育目標がどの程度達成されたかという観点で評価するため，個人の学習状態を把握することができ，どこがわからないのか，何を重点にして学習をすればよいのかが明確になり，今後の指導に役立てやすい。しかし到達段階・基準の設定の難しさや，思考力や創造性，芸術性など到達目標の設定自体が難しいという短所がある。

評価のもととなる資料には，検査やテストから得られた量的なデータだけではなく，面接や質問などから得られた発話資料の他に，観察をした行動や状態の記録といった質的データも役立てることができる。

心身の障害の理解と支援のあり方について

　現代において障害という考え方は，2001年にWHO（世界保健機関）が作成した国際生活機能分類（ICF）に基づき，全ての人の生活のしやすさ，しにくさという視点から捉えられるようになった。ICFでは，生活機能を心身機能・身体構造（機能障害），活動（活動制限），参加（参加制約）という3つのレベルで示し，背景要因に個人因子だけでなく環境因子が追加された。このICFによって，人の生活のしにくさは心身機能の障害によって引き起こされるだけでなく，環境の要因も強く影響していることが明示された。

　この世界的な変化に伴い，2007（平成19）年に日本の障害児教育制度も特殊教育から特別支援教育へと転換した。これまで障害種別（視覚障害，聴覚障害，知的障害・肢体不自由・病弱）に分かれていた学校が特別支援学校として一本化され，通常学校においては特別支援学級，通級指導教室，通常学級でのインクルージョン教育が始まっている。こうした流れの中で，発達障害への注目が高まっている。発達障害の子どもには認知的・行動的特徴があるが，適切な支援・教育が行われることで，個々の子どもに合った発達を促進し，二次障害などの環境の働きかけによって起こる問題を予防することが可能である。

　まず，適切な支援を提供するためには，その子どもに関する情報を集めるアセスメントを行うことが必要である。アセスメントでは家庭や園での行動観察や聞き取り，発達検査や知能検査などによって発達の状態を調べていく。この情報を統合して，現在の発達の状態やその子どもの得意もしくは苦手な学習方略などを判断し，支援の計画をたてる。支援においては，ICFに示されているように，環境を整えていくアプローチも重要である。

　例えば自閉症スペクトラム障害（ASD）は他者の考えや暗黙のルールなど，明示されていない情報を推論することが難しいという特徴をもつ一方で，絵や図などの視覚的な理解が得意であることが多い。そのため，子どもたちが参加しやすいように手順や場所，状況を構造化し，視覚化していく工夫が有効だと言われている。こうした工夫は，ASDの子どもだけでなく，他の子どもたちにとっても理解しやすく，教師の関わりや環境の構成をユニバーサルデザインにしていくことで，多様性に対する子どもたちの世界を豊かに育んでいくことができるだろう。

◎参考文献───────────────────

大久保智生・牧郁子編『実践をふりかえるための
教育心理学─教育心理にまつわる言説を疑う』ナ
カニシヤ出版，2011.
岡本依子・菅野幸恵・塚田-城みちる『エピソー
ドで学ぶ乳幼児の発達心理学─関係のなかでそだ
つ子どもたち』新曜社，2004.

柏崎秀子編著『教職ベーシック 新版 発達・学習
の心理学』北樹出版，2019.
山崎史郎『教育心理学ルック・アラウンド─わか
りあいたいあなたのための教育心理学』ブレーン
社，2010.

第51章
幼児教育方法論

幼児と共に生活をつくる保育者の役割について，具体的な事例（個と集団）を取り上げ述べよ。

　幼児と共に生活をつくる保育者の役割とは，幼児自らが自発的に周りの環境に働きかけ，多様な体験をし，試行錯誤しながら自分の力で行い，充実感を味わえるように，幼児の行動を見守り，適切な援助をすることである。

1．安定して遊びが始まるように

　幼稚園での生活が安定するまでは，幼児自ら自発的に遊び始めることすら難しい。保護者から離れることが精いっぱいの子もいる。保育者はたたずんでいる子どもの足元にボールを転がし，ボールとの出会いの瞬間をつくることもできよう。転がってきたボールに気づき，転がしてきた保育者に気づき，微笑みを交わし合う。保育者は一緒に室内を見て回り，遊びを探す手助けをし，信頼関係を築いていく。

2．個と集団をいかした集団指導

　個々の遊びに次第に友達が加わり，共通の遊びになり，小集団（以下コーナーという）がつくられる。ここまでは子どもたちの中からつくられやすいコーナーの遊びである。さらに，コーナーとコーナーで関連のある遊びがつくられると集団全体はどのコーナーをもいかしたダイナミックな遊びへと発展する。そのような個と集団の関係をいかして全体集団の活動へと誘導する保育者の役割の取り方，リーダーチーム，保育者が3人でチームを組む場合を参考に考えてみよう。

(1)　遊びを探す段階

　幼稚園の生活に慣れて，安定した子どもたちの集団であれば，幼児の主体性，自主性，能動性を尊重し，自分のしたいことを見つけられるように，保育者は環境を用意して，最小限の手助けとする。一人ひとりの子どもに合った遊びへの誘導の仕方があろう。「何をしようかな，何がしたいのかな」と声をかけながら，対話の中から，したいことが浮かび上がり，必要な物の用意を一緒にすることもあろう。

　この段階では，個々の子どもの気持ちに即すことで保育者は子どもの関係性をつなげていき，子どものしたいことを探すことができるよう内容促進を図る役割が求められる。

(2)　コーナー成立の段階

　この段階では，主担当保育者1は個々に即した内容促進を図りながらも，全体を把握して必要な時には方向性を提示する。保育者2は，個々の子どもの思いが深まるように身近な子どもたちの関係をつなげ，コーナーの遊

びの内容促進に関わることが多い。保育者3は周辺で孤立しているような子どもの気持ちに寄り添い遊びをつくり出し，内容促進を図り，必要なところで全体との関係をつなげていく関係性をとるなどの役割が考えられる。

① はさみを使って：はさみで紙を切ることに関心をもち，切り刻んだ遊びをしている。「何ができるのかな？」と問いかけ，子どものイメージを共有しながら，近くでおうちごっこを始めたコーナーをも意識しながら，「ラーメン，作れるかな？」と言うと，子どもにとっては細く切るという挑戦的なはさみ使いに興味をそそられる。

② 人形の赤ちゃん：ままごとコーナーで人形を抱いて赤ちゃんへの思いを巡らしている子に，保育士が「赤ちゃん，気持ちよさそうね」と声をかけるだけでも，「『気持ちいい』って」と応え，自分のしていることを認められたことを喜び，生き生きと遊びの役を演じ始める。

③ 料理：ままごとコーナーでご馳走づくりを始めている子どもには，「いっぱいごちそうが並んでいますね，ごちそうはなんですか？」「わー，おいしそう，いい匂い」など対話が弾み，遊びが盛り上がる。

④ 布をまとって：お姫様のように変身を楽しむ子どもたちもいよう。様々な柄の布，光る布，透き通る布，ひもやエプロンなどの物の用意が変身のイメージを広げていくだろう。

⑤ 園庭で三輪車：三輪車に乗って遊び出す子どもたち。保育者が，地面に道路を描いたり，信号や踏切の役を演じたりすれば，運転の楽しさは増すであろう。徐々に仲間が増えて三輪車の長い列がつながって遊ぶ面白さなどが生まれる。

⑥ 砂場：数人の子どもたちが穴掘りをしている。砂を掘り出し，掘り出した砂を盛り上げて小山ができ始める。「もっと深く，もっと深く」みんなで力を合わせて掘っている。「先生，見て」「すごく大きいでしょ」この砂場での活動に，保育者が「うん，大きいね，何ができるのかな」の声かけに子どもたちのイメージが膨らんでいく。

「大変です，1か所崩れ始めました。工事をする人が頑張っています」「どんどん穴が大きく」と声をかけると，穴掘りをしている子どもは，それぞれの活動を意味あることとして位置付けられ，一層活性化される。

⑦ 庭にたたずんでいる子：保育者は「お花がきれいね，お水をあげる？」など，子どもの気持ちに寄り添いながら援助していく。保育者に支えられて安心して遊び始める。

(3) **コーナー間交流の段階**

保育者がコーナー間交流を図り，両方の活動を盛り上げることもできる。

① 砂場のダムと見ている子の交流：砂場の穴掘りを見ている子どもがいる。自らは砂場には入れないのか，一人で見ている。その子の傍らで「いい

場所を見つけたね，ダム造りの様子がよく見えるね」と受容し，「カメラマンになって，ダム造りの様子を写しましょうか？　こんなカメラでいいかな？」「カメラマンです。テレビでダムが造られる様子を放送します」。保育者はカメラマン役の子どもに寄り添いながら，アナウンサーのように，ダムのできる様子，工事の人の様子を説明し，実況中継すると，カメラマンも工事中の穴掘りもますます活性化する。遊びのつくられるタイミングに遅れて入るのは難しいが，異なった役割を演じて参加することで両者のそれぞれの活動が高められる遊びになる。

② 　ラーメン屋とままごとの交流：はさみでのラーメンづくりから，ご馳走づくりへと色紙や毛糸や多種の制作材料を使いながらご馳走づくりをしていた子どもたち。家コーナーで食器を並べていた子どもたちに，「あちらはラーメンいっぱい作っていますよ」と伝えれば，「ラーメン食べたい」と食べ物でつながって交流が始まり，盛り上がっている。

③ 　三輪車の探検隊の交流：保育者がコーナー間の関係を考えつなげようと思えば，移動可能な三輪車遊びを「未知の国があるみたい，探検に行ってみたら」と探検隊に役割付与する。探検隊は，保育者の，方向性，関係性に誘われ，ままごと，花，未知の国，砂場と交流できる。

保育者は「探検隊，ここは山道，

しっかり（三輪車）こいで……丸太でできた一本橋です。一人ずつ渡りましょう」など場面設定をして，探検隊のイメージの広がりを誘う。一人で庭の花を見ている子どもを位置づけ，「アマゾンの山奥に入ると……この高いところは草原です。見たこともない花がいっぱい咲いて。あそこに見えるのはここの花園の少女です」と交流を促す。

(4)　統合の段階

探検隊が遊びのコーナーを巡り，様々な出会いを重ねて，多くの子どもたちが，全体でしていることに気づき始める。主担当保育者は各コーナーと全体を把握し統合する方向性を提示し，他の保育者は各コーナーの内容をいかし関係をつなげていく。「ダムが間もなく完成です。カメラマンもいて放送されています」「ダム工事完成パーティが始まります」「パーティ会場は，ままごとのあたりのレストランですか」「お料理いっぱい作ったし……」「未知の国の人もダム工事を見た後でパーティ会場にいらしてください」「山奥の草原からのお花を探検隊が届けてくれて，飾ってくれるのかな」など全体をつなげていくことができる。「では，ダム工事の人，どんなに一生懸命造ったか，みんなに話してください」。それぞれのコーナーが一生懸命遊んだ様子が伝播し，あれもこれもしてみたいとそれぞれの子どもの遊びの可能性が広がっていく。

幼児期にふさわしい教育の方法について

1．幼児期にふさわしい教育

幼稚園教育要領には，幼児期の教育が「生涯にわたる人格形成の基礎を培う重要なもの」であり，幼児期は特に発達の特性からいえば，「自我が芽生え，他者の存在を意識し，自己を抑制しようとする気持ちが生まれる」時期であり，幼児期における保育・教育は，その特性を踏まえ，「環境を通して行うこと」と述べられている。

幼児は，安定した情緒の下でこそ自己を十分に発揮でき，発達に必要な豊かな体験を重ねていくことができる。幼児が自発的・主体的に遊ぶことができること，それこそが幼児期にふさわしい生活であり，教育である。

「幼児の自発的な活動としての遊びは，心身の調和のとれた発達の基礎を培う重要な学習」であり，幼児教育の方法は，「遊びを通しての指導を中心として」，「健康」「人間関係」「環境」「言葉」「表現」の5領域に示されるねらいが総合的に達成されるものでなければならない。

2．状況における育ち

子どもは人と関わり，物と関わり生きている。子どもは，保育者や友達など人的環境と，遊具や施設，自然や社会的事象などの物的環境とに包まれている。子ども（自己）は人と物と相互に関わりながら生活し，経験を積んでいく。保育者の，一人ひとりの良さを認め，温かく受け入れようとする態度，温かい雰囲気が，子どもに安心感，安定感を与える。安心，安定感の下で，子どもは一生懸命遊び，自己のもてる力，学ぶ力を最大限に発揮し，発達し続けることになる。子どもは安心した状況で，周りの世界に心を開き，興味関心をもち，周りの世界と関わる体験を通して，学んでいくことができる。子どもが何かに興味をもち，ひきつけられるように遊び出した時，子どもがしていること，感じ考えているであろうことに感動し，一緒に喜び合える人がいると，子どもはより一生懸命遊ぶことができる。

幼児教育においては，子ども自らが環境に関わり，自発的に活動し，豊かな経験が積まれるような場が必要である。遊びのイメージがわき，いろいろ考えて遊べる環境が必要であり，好奇心や，探求心をもって活動を深め，発展させられること，また，安全やくつろげる場が確保され，子ども自らが周囲の子どもや大人と関わっていくことができる環境も重要である。

幼児の主体性を育む保育について

1．子どもの存在を認める

　乳児期から親に存在を認められ育てられてくることが，子ども自身が自分を肯定的に捉え歩み出す第一の出発点である。続く幼児期には保育者が，子どもの感じ方や思いや考えに，共感し，存在そのものを受容し，安心していられるようにすることで，自発性，主体性を育んでいく。安心してしたいことを見つけ，遊び出せるようになること，自分から気づいたこと，面白いと思ったことを，人に伝え，共感し合える世界を，保育者や友達と共有できるようになると，遊びは発展し，経験の世界も広がっていく。

　保育者に園での生活や遊びの中で自分の思いが認められ，自分が侵されず，理解されていることは大事なことである。大人に尊重され育っている子どもは友達を認め，尊重するようになる。友達にも互いに思いがあることを知り，相手の気持ちを思いやるようになるものである。

2．大人主導を避け，子どもの主体性を尊重する言葉がけ

　「～しなさい」など，命令や指示が多い場合，素直な子は大人の指図に従っていればいいと思い自ら考えることをしなくなる。また，自分で主体的に考える子は反抗的になったりする。子どもの気持ちを察して，子どもの気持ちを立てて，言葉が使えるようにならなければならない。

　例えば，「廊下を走らない！」「廊下を走っていいと思う？」「急いでいるのかな？　どのくらいのスピードならいいと思う？」などいろいろな言葉かけがある。初めの言葉は禁止。2番目は禁止を引き出すための言い方でこれは注意されたと感じるだろう。どちらも子どもに考える余地は残していない。3番目は子どもの「走りたい気持ちはわかるよ」と受け入れ，答えに幅をもたせて考えることを誘っている。人に言われたからでなく自分で考えて行動する経験が望ましい。

3．集団で自分が尊重される

　一人ひとりが「自分が主人公」と感じる経験を増やしたい。それは集団の中で，自分のしたこと，話したことがみんなに受け入れられる経験である。子ども同士のトラブルが起こったとしても，自分の考えを大切に聞こうとする人がいて自分が尊重されていると感じられれば，対立する人の考えを聞く余裕も生まれる。自分が尊重されていると感じることが，自ら納得して自制し，他者を尊重する子を育てる。

遊びの中の学びを育むための援助について

1．遊びを通しての指導

　幼稚園教育要領には，「幼児の自発的な活動としての遊びは，心身の調和のとれた発達の基礎を培う重要な学習であることを考慮して，遊びを通しての指導を中心として」，5領域の「ねらいが総合的に達成されるようにすること」，さらに，「教師は，幼児の主体的な活動が確保されるよう幼児一人一人の行動の理解と予想に基づき，計画的に環境を構成しなければならない」とされている。ねらいは幼稚園修了までに育つことが期待される生きる力の基礎となる3つの資質・能力とされ，指導する事項として，健康，人間関係，環境，言葉，表現の5領域としている。あくまでも自発的，主体的遊びを通しての指導であり，「教師は，理解者，共同作業者など様々な役割を果たし，幼児の発達に必要な豊かな体験が得られるよう」にするとしている。

　遊びの中の学びを育む援助のためには保育者は多様な役割をとることが必要で，子どもがしていること，したいと思っていることそのままを認め，子どもの思いに共感するのは理解者の役割で，一緒に楽しく遊び，遊びの先を見通してなおかつ子どもの主体的な発想や工夫を支え，遊びの充実発展を予測

して働く，共同作業者の役割ともいえよう。一生懸命遊ぶ先生の姿が子どもをひきつけることもあろうし，物の準備や場面を作る役割をすることも，生活の中では多様な役割が必要である。

2．遊びのプロジェクトアプローチ

　プロジェクト学習の発端は伝統的に英国で行われ，日本の単元学習と似た形態だが，教師の主導性から脱却し，保育の主体は子どもの側へ移行した。新プロジェクトアプローチでは，子どもが全ての面で挑戦的に取り組むことができ，物や人と関わり合い，心が豊かになるような状況を，子どもの理解を基に生み出そうとする。物事を注意深く観察したり，価値あるトピックスを調べる経験をしている子ども一人ひとりに応答的に，子どもの考えや疑問や予測や関心が引き出されていくような働きかけをする。一人ひとりの興味関心に意味が深まるように，人・物・環境との関わりを励まし，子どもの経験を意味づけられるよう質問をなげかける。なにかしら？どうしたらいい？どうして？どうなってる？など重要な現象に意識が高まるように働きかける。子どもたちの自発性を高め，自分で選択し，リーダーシップを取り，集団の向上に個々が貢献するようにする。

保育方法としての保育形態について

保育の方法としての保育形態は自由保育・一斉保育などの外から捉えられる活動の形で区分されることが多い。しかし重要なのは，保育の理念によって，クラス編成や保育者の役割，活動の進行方法が作られることの理解である。また，子どもは自分なりに行動するので，保育の形態によって規定される経験と子どもの実体験とがあることも視野に入れる。いずれの保育形態による保育でも実際には多様な活動形態が取り入れられ，子どもの経験のバランスは考えられている。以下に一般的な保育形態の区分を述べる。

1．一斉保育 主活動として保育者が計画した活動を同一時間に，同年齢の子どもで同じ活動を行う保育方法。指導の効率や均等な経験が期待できる。また，子どもたちが同じことを一緒にする楽しさを体験し，共同体の一員としての集団意識の形成が行われる。

2．自由保育 子どもの自由な発想の活動に基づいて保育を展開する保育方法。子どもが興味関心をもった遊びを進める中で子どもの育ちを促す方法で，保育者は環境を整えるなど遊びの援助者となる。子どもの行動は多様であり，個人差が出やすい，子ども自身に任されやすい等の問題が懸念され

る。一日の保育時間の一部で子どもが好きな遊びを自由に行う「自由遊び」と混同しないよう気をつける。

3．設定保育 保育者が一定の指導目標をもって子どもの活動を計画し，活動内容を設定して行う保育方法。子どもの自発的な活動のみによる経験の偏りの補充や，共通の基本的経験のために保育者が活動を設定する。一斉的に活動する場合も，時間差でグループや個人で活動する場合もあるが，最終的には保育者のねらいに沿った経験をすることが期待されている。

4．縦割り保育 意図的に異なる年齢の子どもたちによるクラス編成やグループ編成をする保育方法。同年齢集団では経験しにくい異なる年齢の子どもとの関係で生じる対人行動や，相互の学びが期待されており，現代のきょうだい数減，近所遊びの消失の状況で必要性が高まっている。

5．コーナー保育，解体保育など クラスの枠に捉われずに，園内の空間や保育者，子ども同士が自由に場や相手を選択して活動する保育方法。場所ごとの遊具や活動空間の設定の仕方によって特定の活動をしやすくする場合と特に決めない場合がある。いずれも子ども主体の生活を目指している。

保育の評価について

1．多様な視点からの保育評価

　幼稚園教育要領には「幼児の実態及び幼児を取り巻く状況の変化などに即して指導の過程についての評価を適切に行い，常に指導計画の改善を図る」とあり，評価には子どもの発達状態や内面の理解，すなわち子どもを評価することと，保育者の指導の仕方など保育者を評価すること，また，園全体の保育環境，保育体制などの園の取り組み方の評価が含まれる。

　評価者の違いからは，自己評価（保育者一人ひとりが自分の保育を評価する），組織評価（園長を中心として，園全体で園の目標に対する達成状況や取り組みを評価する），学校関係者評価（保護者や地域の関係者による評価），第三者評価（外部の専門家等による評価）とに分かれる。前二者は保育の当事者による評価で，後の二者は他者による評価である。評価者の立場によって異なる視点があるが，目的は保育の主体である子どもと保育者の生活をよりよくするための評価であることは共通している。

2．自己評価

　保育の評価の中でも最も重要なのは，保育者による自己評価である。子どもがどのように変化発達しているかの「子どもの評価」，子どもの状況を生み出した保育環境（安全，遊びの環境など）や指導，援助（子どもの気持ちの理解，子ども同士の関係調整など）は適切であったかの「保育者の評価」，保育の計画（ねらいや活動，材料の選択など）が適切であったかの「計画の評価」の主要な3点に加えて，保育者間の連携や保護者への対応その他，全面的に評価する。毎日の評価と長期的な評価があるが，いずれにおいても保育の記録（保育日誌，個人記録，場面による記録など）を手がかりに客観性を保つことが大切である。

3．施設による評価

　組織としては，園の保育目標の達成に関する評価のほかに，次の点についての評価も行われる。①組織としての安全・衛生管理体制（安全点検，非常時の対応等），②職員の資質向上の取り組み（研究計画や実施等），③組織としての運営管理，社会的責任（個人情報の扱い等），④地域との連携（地域子育て支援，関連機関との連携等）。

4．自己評価の公表

　保育所保育指針には保育の内容の自己評価の公表が望まれており，保育の密室性,主観性を排除して,その質を高めるために必要とされている。

家庭，地域社会，専門機関，小学校などとの連携がいかされる保育について

1．家庭，地域社会との連携

幼児の生活は，家庭を基盤として地域社会を通じて次第に広がりをもつものである。幼稚園の生活が家庭や地域社会と連携しながら展開されるようにする。地域の自然，人材，行事，公共施設，文化など，地域の資源を積極的に活用し，幼児が豊かな生活体験を得られるように工夫していく。幼稚園と家庭との連携としては，幼児の様子を相互に伝え合うなど保護者との情報交換の機会を設ける。お便りや送り迎え時の対話に加えて，幼稚園において保護者と幼児が共に活動する機会を設けるなどして，保護者の幼児期の教育に関する理解が深まるようにすることも必要である。

2．幼稚園と専門機関との連携

障害のある幼児の指導にあたっては，集団の中で生活することを通して全体的な発達が促せるよう配慮し，療育機関や特別支援学校などの助言や支援を活用しつつ，個別の支援計画，指導計画を作り，個々の課題に即した指導内容，指導方法を工夫して行う。障害のある子だけで活動させるのではなく，様々な他者と活動を共にする機会を積極的に設け，幼児の社会性，人間性が育まれるようにする。

3．幼稚園と小学校との連携

幼稚園教育要領では，「幼稚園教育において育まれた資質・能力を踏まえ，小学校教育が円滑に行われるよう，小学校の教師との意見交換や合同の研究の機会などを設け，「幼児期の終わりまでに育ってほしい姿」を共有するなど連携を図り，幼稚園教育と小学校教育との円滑な接続を図るよう努めるものとする」としている。幼小の教師間の交流により相互の理解を図り，子どもたちの園と学校の活動への参加によって，幼児の学校生活への理解を図り，年長者から学ぶ機会をもつことにより，園生活を豊かにし，学校生活への円滑な適応を目指している。

また，学習の内容や方法を学校との段差を低くする考え方から接続期における「共同的な学び」が提起されている。この共同的な学びの考え方は，新しいプロジェクトアプローチの実践と同じ方向性をもち，どちらも子ども一人ひとりの考え方を大切にし，教師の指導性も計画的な環境の構成も大切にし，あらゆる遊びの方向を教材研究することを提唱している。「体験，思考，自主，創造，個性，共同」を重視する学びが小学校の生活科へとつながるとする。

◎参考文献

関係学会・関係学ハンドブック編集委員会編『関係学ハンドブック』関係学研究所，1994.

倉橋惣三『幼稚園真諦』フレーベル館，2008.

厚生労働省『保育所保育指針（平成29年告示）』フレーベル館，2017.

国立教育政策研究所教育課程研究センター『幼児期から児童期への教育』ひかりのくに，2005.

児童臨床研究会『共に育つ発達評価法』関係学研究所，1998.

シルビア・チャード著，小田豊監，芦田宏監訳，奥野正義・門田理世訳『幼児教育と小学校教育の連携と接続―協同的な学びを生かしたプロジェクト・アプローチ 実践ガイド 改訂版』光生館，2006.

関口はつ江「保育における計画と環境，日本の保育の課題」関口はつ江編著『保育の基礎を培う保育原理』萌文書林，2015.

内閣府・文科省・厚労省『幼保連携型認定こども園教育・保育要領（平成29年告示）』フレーベル館，2017.

マーガレット・カー著，大宮勇雄・鈴木佐喜子訳『保育の場で子どもの学びをアセスメントする―「学びの物語」アプローチの理論と実践』ひとなる書房，2013.

松村康平「保育関係論」日本保育学会編著『保育学の進歩』フレーベル館，1977.

文部科学省『幼稚園教育要領（平成29年告示）』フレーベル館，2017.

矢吹芙美子「集団保育の進め方」秋山和夫他著『改稿保育原理』医歯薬出版，1994.

矢吹芙美子「関係を育む発達支援」武藤安子編著『発達支援―豊かな保育実践に向けて』ななみ書房，2007.

矢吹芙美子「生涯にわたる人間関係」酒井幸子編著『保育内容人間関係―あなたならどうしますか？』萌文書林，2012.

リリアン・カッツ，シルビア・チャード著，小田豊監，奥野正義訳『子どもの心といきいきとかかわりあう―プロジェクト・アプローチ』光生館，2004.

第52章
保育・教職実践演習

教職免許状取得に関連する科目の履修を振り返って，今後の進路と関連づけて自分にとって何が課題であるかについて述べよ。

最終学年（4年）時に学ぶ教職科目として「教職実践演習」がある。この科目は，教職免許状取得に関連する科目の履修を振り返るとともに，今後の進路と関連づけて自分にとって何が課題であるかについて考えるための科目である。いくつかの事例について紹介する。

1．様々な資格取得を目指して良かった

私は，幼稚園教諭と保育所保育士の免許取得以外にも資格取得を目指して多くの科目を履修していた。そのため，友人たちと比べて履修科目が多く「大変だ」としばしば感じていた。しかし，同じような資格取得を目指している仲間は数人いて，その友人たちとお互いに励まし合いながら取り組んでいた。そして，最終的には，福祉の国家試験にストレートで合格することができた。共に頑張り励まし合って，高め合う仲間がいたからこそ自分も全力で取り組むことができたのだ，と今思っている。

4年生では，幼稚園実習4週間，保育所実習2週間，そのうえに国家試験対策の勉強と，とても大変であった。しかし，その経験から学んだことは多くあり，また，精神的にも身体的にも強くなれたと感じている。

2．実践事例から学んだことを大切にしたい

この4年間を振り返って，基礎的な科目については納得できる成績を残すことができて良かったと思う。しかし，演習のような実践的な科目の成績については，反省すべき点がある。来年度からは保育現場で専門家として働くことを考えると，これからも仕事で忙しく少ない時間の中でも，もう一度実践的な部分や専門的な知識などについて教科書やノートを読み返して，学び直したいと思っている。

また，この科目で，保育現場の事例検討や視聴覚資料により，この保育のどこが良いか，どこは改善が必要か，自分がその立場だったとしたらどのような保育をすると考えるかなど，様々な視点から学ぶことができた。さらに，グループディスカッションを通じて友人の様々な意見を聞くことができて視野が広がった。今後は現場に出て，これらの学んだことを生かして自分の保育に取り入れていきたい。

いろいろな授業を通じて，自分は保

育者になるのだという自覚と責任をいま実感している。現場では多分いろいろな難しい問題や場面に直面することもあると思うが，一つひとつきちんと向き合って乗り越えていきたい。

3．保育を学んだことを小学校教諭として生かしたい

私は小学校教諭を目指していて，その希望が叶うことになった。保育学関係の授業を受けている時に「この学びは小学校教諭になった時にどのように生かせるだろうか」という問題意識をもって私はいつも授業に取り組んでいた。その姿勢が良い評価につながった科目もあるが，そうならなかった科目もあった。後者の科目については，自分でもう一度学び直す必要があると感じている。なぜなら，それらの科目は小学校教諭としても必ず必要になる知識であると考えるからである。

今，小学校教諭に就くことが決まって思うことは，保育を学んで良かったということである。自分の目の前には小学生がいるわけだが，その子どもたちの発達の前段階には幼児期がある。人間発達の連続性を考える時，幼児期から児童期へという発達の流れの視点をもって子どもを見ることは，子どもを正しく理解する観点から大いに役立つと考える。最近よく幼・保・小の連携の必要性について言われるが，保育児童学を専攻した私は，就学前教育と小学校教育の連続性を理解することができる教師という自負をもちたいと思

う。

4．4年間の学びに無駄なことはない

4年間の授業を振り返って，こんなにも多くのことを学んできたのだと驚いている。様々な授業を通して，子どもの気持ちや保育者の援助について学び，実践的な行動の仕方などについても学んだ。とても中身の濃い4年間を過ごした。楽しいことばかりではなく，実習などでは辛くて泣きたいこともあったが，しかし，今振り返って無駄なことはなかったように思う。

私は4月からは幼稚園教諭になるが，不安がいっぱいである。しかし，大学でいろいろと学んだのだということを自分に言い聞かせるとともに，大学で学んだことを振り返って頑張りたいと思う。

5．子どものことだけでなく保護者のことや保育者同士の連携も大切

私は大学入学前から保育者になることを目指していたので，今，保育者になることが決まって，大変嬉しく思っている。

大学入学当初は，保育者は子どものことだけを考えればよいと思っていた。しかし，様々な科目を学んでいくうちに，子どものことはもちろんであるが，保護者について，そして保育者同士の連携についても考えることが必要であることを学んだ。実際に実習に行ってそれを実感した。

幼稚園教諭として現場に立った時，担任クラスの子どもたちや保護者だけ

でなく，幼稚園全体の様子を見て，関わりをもちたいと思う。また，子どもの気持ちを柔軟に受け止めて，子どもの喜怒哀楽を共に感じることのできる幼稚園教諭になりたいと思う。

6．発表力が身に付いた

大学の4年間の学びを終えて，今後の私の保育者として将来が決まったことに今安堵している。大学での学びは，ディスカッションや発表が多くあり，それらは私の苦手な分野であった。私は人前で話したり発表したりすることが嫌いであった。

しかし，大学での経験のお陰で人前で話すことに対して少し抵抗がなくなった。思えば，保育・教育の分野は人前で行う仕事である。子どもを前にして，保護者を前にして，話をする力が付いたことを今内心誇らしく感じている。

この4年間の自分の成長を基にして，今後の保育者としての仕事に精進したいと思っている。

7．保育者になることに向けての意思の確認期間

大学に入学当初は全くわからなかった専門的用語であるが，今は略称を見ただけですぐにどのような意味かがわかるようになった。これが私の4年間の勉強の証拠といえる。

私は4年間，自分の保育観に向き合い考えてきた。実習以外にボランティア活動も行った。苦しかった実習であったが，実習の記録や指導案も今後

の参考にしていきたいと思っている。

この4年間は，自分は保育者になるのだという自分自身の意思の確認の期間であったように思う。4月からは実際に保育者として働くことになるのだ。

子どもはどのようにしたら良い環境で過ごすことができるのかを子どもの立場から常に考えながら，保育者として頑張っていきたいと考えている。

8．大学での学びを実習により一層深めた

4年間を振り返ってみると，保育者になるための様々な専門知識と実践的な技術を身に付けることができたと思う。

子どもの発達過程に応じた保育や心理，保健など，幅広く学び，事例から援助の仕方を学んだ。そして実際に実習で子どもと関わることによって，大学で学んだことを一層深く理解でき，深めることができた。

現在，社会全体で問われているいじめ問題や子育て支援などへの対応についても授業で様々な事例を通して学ぶことができたので，今後の現場での参考にしたいと思う。

大学でも様々な視点から学んだが，現場に出ればさらに臨機応変に対応しなければならないと思う。今後は保育者として，子どもや保護者をよく見て，そして他の職員とも協力しながら，大学で学んだことを活かして頑張りたいと思っている。

幼児理解に関する基礎的な能力について

幼稚園の幼児の指導において大切なことは，一人ひとりの思いを受け止めて尊重しながら，その幼児が自分の力で歩み出せるように援助することである。それは，幼児の内面を理解しようとする教師の努力と愛情が根底にあってこそ生み出される保育の営みである。

幼児は誰かに見守られていると感じる時に，初めて自分らしいのびのびとした行動や心の動きを表す。反対に，自分が無視されたり拒否されたり，あるいは過剰な要求や期待をかけられたりすると，不安感や戸惑いから心を閉ざしてしまったり，本意ではない行動をとることもある。幼児の心の世界に近づいてその動きに沿った援助を行うためには，まず教師が幼児の行動を温かい関心をもって見守る姿勢が重要である。温かい関心を寄せるとは，やたらに褒めたり励ましたり，つきまとったりすることではなく，また，幼児のありのままの姿を教師がもっている自己流の価値基準で判断するのでもなく，幼児のそのままを受け止め，期待をもって見守ることである。そのような教師の肯定的なまなざしを受けて，幼児は自分が教師に見守られ受け入れられていることを感じとる。

私たちはともすると，日常生活の中で結果を重視する傾向がある。幼児に対しても何ができるようになったかに注目しがちである。幼児が遊んでいる場面や何かに取り組んでいる場面でも，早く結果にたどり着くことを期待して「がんばれ，がんばれ」と応援して言葉をかけたくなる。しかし，その応援が，幼児の心に添っていない場合も多いことを考える必要がある。

その幼児本人にとっては，単に取り組んでいることを楽しんでいる場合もあるし，この遊びはもうそろそろ終わりにしてほかのことに移ろうと思っている時かもしれない。そのような時に教師から「もう少しだからがんばりなさい」と言われたら，幼児はどう感じるだろうか。教師は「せっかくここまでできたのだから，ここで諦めさせるのはもったいない」「最後までやり抜く習慣をつけることが大切だ」と思うかもしれないが，幼児は教師の「がんばれ」の言葉を「うるさい」と受け止めるかもしれない。あるいはそのような場合に幼児は仕方なく教師の言葉通りにがんばってみるかもしれないが，しかし，自分のことを本当にわかってくれてはいない教師に対して悲しくなったり，気持ちのズレは大きくなると考えられる。

学級経営に関する基礎的な能力について

　幼児は，感動したり驚いたり，発見したりすると誰かに伝えたくなる。優れた教師は日頃から，幼児が自分の気持ちを思わず伝えたくなるような様々な体験や感動をもたらすような環境を設定するように努めている。そして，幼児がその体験や感動を自分なりに表現して，教師や友達と共有し合い，さらに大きい喜びや感動を幼児が得られるような機会となるように心を配っている。

　一人ひとりの幼児の発達は，同年代の友達と関わり，教師と関わって，生活を共にする中で促される部分が大きい。つまり，集団生活の中でお互いが良い刺激となりモデルとなって育ち合う。そのような育ち合いがなされるためには，その集団が一人ひとりの幼児にとって安心して自己を発揮できる場になっていることが重要である。

　幼稚園における学級経営とは，幼児にとってのそのような環境を作ることにある。つまり，幼稚園教師の重要な役割の１つとして，教師と幼児の間に，そして幼児同士の，心のつながりのある温かい集団を育てることにあるといえる。言葉を換えれば，お互いの信頼感で結ばれた温かい集団である。そのような集団はいわゆる集団行動の訓練のような画一的な指導からは決して生まれない。集団の人数が何人であろうとも，その一人ひとりをかけがえのない存在として接している教師の姿勢から生まれてくる。

　様々な活動を思い思いに展開しながら，幼児は絶えず教師に対していろいろなサインを送り，メッセージを発信している。その幼児の思いを受け止めることで，幼児は教師に自分の気持ちが受け止められた喜びを味わい，受け止めてくれた教師の姿勢をも幼児は無意識のうちに自分の中へ取り入れていく。

　どの幼児も集団の一員として大切に接する教師と生活を共にする中で，幼児は教師のみならず友達との間においてもお互いを大切にする姿勢を身に付けていく。そのことがやがて，学級全体が心のつながりをもった温かい集団となることにつながっていく。

　集団のつながりを育てると言っても，そのための特別な方法があるわけではない。教師が幼児の一人ひとりの内面を理解し，その幼児の立場に立って考えようとすることや，心のつながりを大切にする教師の姿勢が重要なのである。

保護者との良好な関係について

　幼児の一日の生活は，朝家庭で起床し朝食を済ませるなどをして幼稚園に登園し，幼稚園の保育時間が終了すると降園して家庭に帰る。幼児にとっては家庭の生活と幼稚園の生活は連続している。そのため，幼稚園と家庭が十分に連携することは重要である。

　近年は，かつてのような地域共同体は崩れて近隣の人間関係が希薄になっている。それぞれの家庭が閉鎖的になるにつれて，幼児も保護者も他者との多様な関係を結ぶ経験が乏しくなってきている。その影響は，幼稚園における幼児集団の中で起こるいざこざをわが子が経験した時に，保護者は「いじめられた」と認識するような面に現れてくる。そのような際に保護者は教師の指導に不安を抱いて幼稚園に苦情を言ったり，直接保護者が介入してわが子を守ろうとしたりする。そこには，子どもの発達途上で発生するいわば必然的ないざこざに対する理解不足や，物事に対して多様な視点をもつ態度の欠如がある。また，近年では子どもの発達を学ぶ機会をほとんどもたないまま，気がつけば親になっていて，試行錯誤の中で子育てをしている保護者は多い。幼児にとってのみならず，保護者にとっても幼稚園が新たな人との出会いと学びの場となることが望まれる。そのためには，幼稚園教師はどうしたらよいのであろうか。

　まずは保護者との信頼関係を形成することである。教師は幼稚園で幼児と過ごし共に遊ぶことを通して，幼児の良い変化が少しでもあった時には見逃さずに具体的なエピソードとして保護者に伝えて，子育ての喜びを保護者と共有することである。それを積み重ねていくことによって，保護者は園や教師に対して信頼感をもつようになる。保護者が信頼感をもつようになると，教師の話に耳を傾けるようになり，子どもの発達について，幼児の心に寄り添うことの大切さについてなど，保護者自身が気づくようになる。

　社会情勢の変化を受けて，保護者の中には経済状況や生活背景に様々な事情を抱えている場合が増えてきた。そのような保護者のストレスは，はけ口として弱い立場にある幼児に向けられている場合もある。つまり，保護者の不安定な心情が幼児を受け止める余裕を失わせ，そのために幼児も不安定になる。保護者との良好な関係の形成には担任教師だけでなく，園全体で情報を共有し取り組むことが必要である。

幼稚園教師・保育士等の専門性について

　幼稚園教師や保育士は専門職である。専門職であるからには，専門家としての専門性があるはずである。では，その専門性とは何であるか。

　「幼稚園教員の資質向上について─自ら学ぶ幼稚園教員のために」（文部科学省，2002年）では，「幼稚園教員に求められる専門性」として，次の項目を挙げている。(1)幼稚園教員としての資質，(2)幼児理解・総合的に指導する力，(3)具体的に保育を構想する力，実践力，(4)得意分野の育成，教員集団の一員としての協働性，(5)特別な教育的配慮を要する幼児に対応する力，(6)小学校や保育所との連携を推進する力，(7)保護者及び地域社会との関係を構築する力，(8)園長など管理職が発揮するリーダーシップ，(9)人権に対する理解，である。

　近年は，社会環境の変化を背景として，様々な幼児が幼稚園・保育所・認定こども園に通園（所）している。話が聞けない，集中して取り組めない，規範意識が育っていないなどの幼児の姿がある。幼児教育・保育はその後の教育の基礎であることから，その充実は喫緊の課題である。保育は環境を通して行うものであり，保育環境の整備が重要である。なかでも，保育者は園児にとって重要な保育環境であるため，保育者の専門性を高めることが重要な課題となる。

　「保育所保育指針解説」では，保育士に求められる主要な知識及び技術として，次のように述べている。①これからの社会に求められる資質をふまえながら，乳幼児期の子どもの発達に関する専門的知識を基に子どもの育ちを見通し，1人ひとりの子どもの発達を援助する知識及び技術，②子どもの発達過程や意欲をふまえ，子ども自らが生活している力を細やかに助ける生活援助の知識及び技術，③保育所内外の空間や様々な設備，遊具，素材等の物的環境，自然環境や人的環境を活かし，保育の環境を構成していく知識及び技術，④子どもの経験や興味や関心に応じて，様々な遊びを豊かに展開していくための知識及び技術，⑤子ども同士の関わりや子どもと保護者の関わり等を見守り，その気持ちに寄り添いながら適宜必要な援助をしていく関係構築の知識及び技術，⑥保護者等への相談，助言に関する知識及び技術，の6つである。

　つまり，保育の専門家には，行為しながら状況を捉え，判断し，決断できる力が求められる。

一人ひとりの子どもに応じる教師の姿勢について

幼児の一人ひとりがその子らしさを発揮していくためには，幼児を信頼し，ありのままを受け止める教師の存在がきわめて重要になる。つまり，教師の姿勢として，一人ひとりの良さや可能性を見出して，その子らしさをありのまま受け入れることである。

幼児を受け止めるということは，単に幼児の行動を表面的に捉えることではない。幼児の行動を通して，幼児が何に心を動かしているのかを考え，その幼児にとっての意味を感じとり，今一番大切にすべきことは何かについて幼児の立場になって捉えるという姿勢である。

幼児の行動が，教師の価値観から見た時には適切ではないと思うようなものであっても，その幼児にとっては必要な経験であるという場合もある。つまり，幼児に思いを寄せ，幼児の生活の仕方，生活の流れやリズムに寄り添うことで，幼児の気持ちや思いや欲求など，幼児の心の声が聞こえるようになる。幼児自身が伸びようとする力を信頼し，その力を支える教師の姿勢が求められる。

一人ひとりに応じると言っても，幼稚園教育の目指している心情，意欲，態度を育てるためには，一人ひとりの何に応じればよいのだろうか。

例えば，幼児は教師に対して「〜やって」「〜が欲しい」「〜を見て」などいろいろなことを求めてくる。このような幼児の要求に応えることは，保育を進めるうえで大切である。なぜならば，幼児は自分の要求を満たしてくれる教師に親しみや信頼を寄せるようになるからである。しかし，このような要求や主張を表面的に受け止めて応えていると，教師はそれに振り回されて応じきれなくなってしまい，結局「ちょっと待っててね」の連続となって，幼児に不信感や不安感を抱かせてしまうことになる。また，このような応じ方ばかりしていると幼児の依頼心やわがままを助長して自立を妨げることにもなりかねない。

一人ひとりに応じるということは，その幼児が抱いている思いを出発点として大切に受け止め，それに応えることである。それはわがままを許したり，行動をなすがままに放任することではない。一人ひとりの内面を理解しようと努めながらその幼児の力でより良い方向に向かって歩き出せるように援助していくことである。そのためには，一人ひとりを信頼することが大切である。

保育の営みとカウンセリングマインドについて

保育の営みの中で大切なことは，教師と幼児の間に信頼関係を作り出すことである。また，幼児の言葉や行動や表情から，教師はその子どもがいま何を感じているのか，何を実現したいと思っているのかを感じ取り受け止めて，適切な援助をすることが重要である。したがって，保育とカウンセリングは共通していることが多い。

しかし，保育の営みで考えるカウンセリングマインドとは，カウンセリング活動そのものではない。カウンセリングの基本的な姿勢を保育・教育の場に生かしていこうとするものである。

カウンセリングとは心理療法の中で生み出されてきたもので，一般的には相談に訪れた人がカウンセラーの援助を受けながら心の問題を解決していこうとする過程をいう。カウンセリングでは，カウンセラーは相談に来た人との心の交流を図りながら，その人の自己回復や自己決定を支えていくことを基本的な姿勢としている。そのため，カウンセラーは相談者の心に寄り添って共に考えようと努める。つまり，相手の心をあるがままに受け止め，相手の立場に立って考えていこうとする。カウンセリングの過程で相談者が自分で課題を乗り越えていくためには，ま

ず両者の間に温かい信頼関係を作り出すことが重要とされている。相手のありのままの姿を温かく受け止める肯定的関心や受容的態度をカウンセラーはもつ必要があり，相手の心の動きを受け止める感受性も必要とされる。

カウンセリングマインドを保育に生かすうえで具体的には，まず「聴く」ことである。積極的に子どもに向かい合って心を傾けて聴く，傾聴する。

2つめには，子どものあるがままを「受け入れる」ことである。その子どもが一般的な価値とは異なった価値をもっている場合でも否定することなく，まずは受け入れるのである。

3つめは，子どもとの「つながりをつくる」ことである。形だけの優しい言葉かけでは子どもとの共感は生まれず，「つながり」はできない。共感とは，子どもを理解しようとするとき肯定的に見てみようということである。

最後に，子どもの「心の流れに沿う」ことである。子どもたちは，思いもよらないことを発想したり常識とは異なることを言って大人を驚かせたりする。子どもの「心の流れに沿う」には，子どもの心の動きに最大の注意を払いながら，温かく見守っていくことが大切である。

◎参考文献

倉橋惣三『幼稚園真諦』フレーベル館，2008.
厚生労働省『保育所保育指針解説書 平成 30 年 3
月』フレーベル館，2018.
民秋言編著『改訂 保育者論 第 3 版』建帛社，
2015.
津守真『保育の体験と思索—子どもの世界の探
究』大日本図書，1980.
津守真『保育の一日とその周辺』フレーベル館，
1989.
津守真『保育者の地平—私的体験から普遍に向け
て』ミネルヴァ書房，1997.

ドナルド・ショーン著，佐藤学・秋田喜代美訳
『専門家の知恵—反省的実践家は行為しながら考
える』ゆるみ出版，2001.
内閣府・文部科学省・厚生労働省『幼保連携型認
定こども園教育・保育要領解説 平成 30 年 3 月』
フレーベル館，2018.
文部科学省『幼稚園教育要領解説 平成 30 年 3
月』フレーベル館，2018.
文部省『幼稚園教育指導資料 第 4 集 一人一人に
応じる指導』フレーベル館，1995.

第53章
幼稚園教育実習指導

全日実習の目的をふまえ，日案作成とその展開について，教材研究，環境構成の視点も含め，作成の手順と留意点，評価の観点を述べよ。

全日実習とは，幼稚園教育実習の実習プロセスの最終段階において，子どもの登園時から降園までを保育者として担う責任実習のことを指す。幼稚園教諭の仕事としてのPDCAサイクルの一連の流れを経験することで，子どもの生活の姿から，ねらい（意欲・心情・態度）をもち，どのような援助をすることがそれらの育ちにつながるかを探り，実践し，反省・評価することを通して，幼稚園教諭の専門性を深く学ぶことになる。

全日実習の実践は，実習初日からできることではなく，これまで培ってきた実習プロセスが大切になってくる。つまり，これまでの実習のプロセスの中で子どもたちとどの程度信頼関係を築き，担当保育者と共にその子どもたちの育ちの実態を把握し，実習生として子どもたちへの育ちの願いをもてるようになったかということが全日実習の準備として不可欠なのである。

全日実習の目的は，保育者の仕事を理解するだけでなく，保育の楽しさ，難しさ，奥深さに気づくことで，保育者を目指す気持ちを新たにし，保育者を目指す目標を明確にすることでもあ

る。

ここでは，全日実習に向けた日案の作成手順とその留意点について述べる。

1．日案作成の手順と視点・留意点

(1)　幼児の姿から「ねらい」「内容」を考える

幼稚園の一日の生活は流れており，園生活のリズムはこれまでの観察・参加実習の中で理解してきている。この実習期間内に，子どもの生活の姿をしっかりと捉え，子どもの興味関心，人間関係などの生活の姿の実態を書きとめておくことが大切である。この実態を「先週までの幼児の姿」の欄に記入し，そこから「育ちへの願い＝ねらい」を導き出す。実習生がしたいことやすでに計画している制作物などから逆算的に決めることがないように留意する。

主の活動は，「ねらいを達成するための具体的な活動内容」として設定する。また，部分実習の「ねらい」では，計画した活動のみの「ねらい」となるが，全日実習は，登園から降園までの園生活全体を見据えた「ねらい」とすることに留意する。そのため，部

分実習の指導案よりもねらいの項目や視点が多くなる。

(2) 一日の保育の流れの中で「環境構成」「予想される幼児の活動」を考える

保育は生きた営みである。そのため，「環境構成」や「予想される幼児の活動」は，「ねらい」の観点をもちつつ，前日との保育のつながりや興味・関心の変化，さらには，季節やその日の天候による様々な変化を考慮して展開を考えることになる。

また，具体的な活動場面をイメージし，実際の予想される子どもの姿と援助をシミュレーションしながら立案していくことになる。したがって，観察・参加実習の際にどれだけ子どもの姿を捉えた経験をしたかがここで役に立つのである。

子どもの個別性にも配慮し，「意欲的になれない子ども」や「特別な配慮が必要な子ども」などについても予想し，具体的な援助を考えておくことが，当日の保育実践における臨機応変な対応につながるのである。計画はあくまでも計画であるが，見通しをもって立案しておくことで，必要以上に焦る気持ちを抑え，予期しない出来事にも的確な判断と対応ができる。また，保育は偶発的な出来事から子どもたちの興味・関心が思いもよらない展開に進むことがある。しかし，このような偶発的な出来事は，子どもの興味・関心から始まる出来事であり，子どもた

ちの探究心が深まり，遊びが続きやすい。保育者は，こうした瞬間的，偶発的な出来事も保育環境に活かし，保育を実践しているのである。実習生には，この判断が難しく，計画通りにしなくてはと迷うことも多いが，保育後に予想できなかった子どもの姿を記入し，修正をしながら振り返りをすることが重要である。このような保育の計画の特徴を理解したうえで，できる限り子どもの姿を予想し，活動の展開を考えることが求められる。

環境構成については，「具体的な数々の遊びの内容」「遊びの仲間関係」「子どもの動線」「材料や道具の数量と配置」「保育者の援助の位置」などに留意し，「環境図」を作成し，保育の展開を誰が見てもわかるように記入する。記号や略図を使用する場合には，何を表しているのかを別途記す。活動が発展し，保育環境が変化する場合，環境の再構成を予想して，「細案」を添付することもある。

また，環境構成には，具体的な材料や道具も記入する。例えば，「紙皿を使用した手作り玩具」を活動にする場合，具体的な子どもの姿を予想しながら，発達過程やクラスの育ちの実態，個別性を基に，制作の手順を考えることになる。また，保育者の事前準備についても何をどこまでしておく必要があるのかを把握し，事前（前日）準備として記入しておくことが望ましい。

さらに，日案の作成をしながら，並

行的に「教材研究」が必要になる。素材の特徴から，道具の選定，子どもの活動の段階と展開（特に，始まりと終わり）など，教材研究を通して考えることになる。この教材研究を怠ると，当日の実践で予期せぬ事態が起こり，事故やけがにつながることもある。また，準備不足により，臨機応変な対応ができず，子どもたちの意欲・心情・態度を失うことになることもある。保育者の計画の大半は，事前の準備である。実習日誌の記録に追われ，体力的にも疲れもみられる実習後半ではあるが，教材研究はしっかりと行うよう留意することが大切である。

(3)「保育者の援助・留意点」を考える

全日実習は基本的に実習生一人が担当クラスを任されることになるため，「予想される幼児の活動」に記入した箇所について，具体的にどのような援助をするのかを考えることになる。

特に，子どもの自主性を尊重し，子どもたちが「できた」という思いや「やってみたい」という思いなどの意欲や心情を育ちの観点におき，援助を考えることに留意する。また，安全面への配慮や個別の配慮なども留意点として記入しておく。実習生は，安全面の危険予測が乏しいため，担当保育者に日案を早めに提出し，相談しながら予想できないことを最小限にするよう努め，作成することが望ましい。

(4) 保育後の評価の観点を明確にする

全日実習の日案の様式は，各園や養成校で様々であるが，保育後に担当保育者も含めて振り返りを行うことで，実習生が見えていなかった場面における子どもの姿や援助と子どもの姿とのズレなどが話し合われ，多面的に日案を評価することにつながる。その際に，実習生の保育のねらいが評価の観点になるよう，日案の「ねらい」とは異なる箇所に，実習のねらいを立案しておくことが望ましい。

2．全日実習終了後の日案の評価

保育後には，日案の各項目（「ねらい」「環境構成」「予想される幼児の活動」「援助と留意点」など）をそれぞれ振り返り，気づいたことを記入していく。さらに，上記に示した通り，自身の保育のねらいの評価の観点から，自己評価を行い，全日実習の1日を振り返る。このように全日実習では，重層的に評価を行うことになる。子どもたちの育ちと援助に対する計画への評価，そして，自身の評価である。これまでの実習プロセスをふまえ，全日実習を通して見出した自己課題や今後保育者を目指す者としての自己課題を見出しておくよう心がける。全日実習において，保育者として一人で保育を行った後の気づきは，これまでの実習プロセスの中で最も印象的なことが多い。それらの感情や気づきを忘れないうちに実習日誌に言語化し，実習最終日にはそれらもふまえて，全体の反省会に臨むことが求められる。

幼稚園教育実習の目的について

幼稚園教諭になるためには，教育職員免許法に定められているように，教育実習を行う必要がある。しかし，法に定められているから実習に臨むのではなく，実習から学ぶことの意義について，その目的を理解しておくことが重要である。なぜなら，幼稚園教諭は目の前の子どもの成長発達を促し支える仕事であり，保育の日常には，教科書や講義通りではない人間的な営みがあるからである。つまり，自明の理を再度問い，偶然性から始まる保育の尊さも感じ，教科書通りにはいかない葛藤を経験する。それを実習での体験・実践の中で得る学びと知識や技術の知を結びつけていくことが，「生身の人間」を育てる職業としての本質を学ぶ機会であり，実習の意義でもある。実習の学びのプロセスは，実習生により異なるが，保育者や子どもたちと保育の日常を共にする中で，考えたことや感じたことを言語化し，さらには，計画しながら修正を行う行為を繰り返しながら，幼稚園教諭の仕事の内容とその専門性の理解を深めていく過程が重要になる。

幼稚園教育実習の目的

実習の目的は下記の6点が挙げられる。

(1)　保育者の仕事を体験する。
(2)　子どもを理解する。
(3)　指導法を学ぶ。
(4)　保育とは何かを考える。
(5)　保育者像をもつ。
(6)　自己課題を整理する。

(1)～(6)の目的は，各自の自己課題や養成校の特色と目的，現場の指導の期待によっても濃淡はあるものの，幼稚園教育実習ⅠとⅡを通して，包括的に目的達成に向けて進めていくことが重要である。また，全ての目的において，保育者や子どもたちとの関わりの中で考え，省察することが重要である。実践の中の小さな出来事やその難しさを，自身の感情を含めて省察することが求められる。さらに，子どもとの関わりを通して，子ども理解が幼稚園教諭の援助の根底となることの意味も理解することになる。

したがって，観察においても，参与観察を心がけ，関わりの中での事例をノートに記録し，さらに考察することが必要である。身体的な関わりの事象を脱身体化（言語化）する過程は，簡単なことではないが，その難しさも含めて，幼稚園教諭の仕事を体験することができるのも実習の目的の1つである。

幼稚園教育実習の事前準備について

実習に向けての不安や心配は絶えないが，長期的視野をもって心身共に準備をすることで，それらを軽減することができる。実習を迎えるためのステップは，時期によっておおよそ1〜5段階に分けられる。見通しをもって，心構えと具体的な準備を行うことが重要である。

1．実習半年前
2．実習半年前〜3か月前
3．実習3か月前〜1か月前
4．実習1か月前〜オリエンテーション
5．実習2週間前〜前日

1．実習半年前

(1)　なりたい保育者のイメージの確認，また，どのような保育をしたいかを考えておく。
(2)　子どもにわかりやすい話し方，挨拶の練習をしておく。
(3)　ピアノの練習をしておく（実習に行く時期の季節や保育内容に配慮する）。
(4)　自分の得意なこと苦手なことを整理し，自己課題を見出しておく。

2．実習半年前〜3か月前

(1)　保育の理論や専門用語を復習する。
(2)　事故や病気への対応を復習する。

(3)　子どもと職員の先生にわかりやすい名札を作り，自己紹介を考えておく。

3．実習3か月前〜1か月前

(1)　実習の目標を具体的に立てる。
(2)　記録の必要性を再確認し，書き方を理解しておく。
(3)　実習園の場所の確認，自宅からの通勤時間，経路を確認する。

4．実習1か月前〜オリエンテーション

(1)　実習園の保育理念や保育方法を理解する。
(2)　園の環境を理解する。
(3)　園の設立の経緯，教職員の構成を理解する。
(4)　1日の流れをイメージし，理解する。
(5)　部分実習，全日実習の指導案と保育教材を具体的に準備しておく。
(6)　実習に関する提出書類，日誌等を確認し揃えておく。
(7)　実習中の持ち物を揃え，使い慣れておく。

5．実習2週間前〜前日

(1)　体調管理，生活リズムを整える。
(2)　「幼稚園教育要領」を読み直す。
(3)　実習を迎える心構えを整理し，落ち着いて臨めるよう最終チェックを行う。

幼稚園教育実習における観察実習について

幼稚園教育実習では，実習プロセスとして，基本的に「観察実習」⇒「部分実習」⇒「全日実習」を通して，実習での学びが深化していく。観察実習では，①その園の雰囲気を感じること，②子どもの名前を早く覚え，クラスの保育の流れを理解すること，③子どもと保育者の関わりを意識的にしっかりと観察することが求められる。

1. 観察実習の基本

園の中に入ればその時から人的環境として保育環境の一部になるため，保育の営みに不自然にならないよう，立ち位置やその振る舞いに注意を払わなければならない。多くの場合，観察実習は子どもと関わりながら，参与観察として進められる。また，メモを取る際にも，子どもとの関わりの中で，不自然にならないよう最小限に努める。園の方針でメモを取らないよう指導された場合には，保育後に印象に残った子どもとの事例や保育者の援助を思い出し省察を行うことになる。

観察実習を行うクラスがわかったら，その学年の発達過程や保育のねらいを把握し，保育者がどのようなねらいをもって保育を行っているのかをふまえて観察する必要がある。また，実習生としての立場を忘れず，自身の

「実習課題」を明確にし，実習指導教諭にもわかる形で言語化しておくことが大切である。実習課題については，①行動目標（自分がその日に達成したい行動目標）と，②観察の視点（その日の観察の重点課題）に分けて見出しておくと，保育後の振り返りにいかしやすい。

2. 観察実習で行う主な内容

(1) 園生活の1日の流れを観察し，保育の流れを理解する。

(2) 保育の具体的な事柄（遊び，一斉活動，食事，片付け，登園・降園など）の実際を理解する。

(3) 個別の子どもとクラス全体の子どもたちの観察を通して，子ども理解を図る。

(4) 保育者の援助の実際を理解する。

(5) 保育は，園の保育方針やその日のねらいに基づいて展開していることを理解する。

(6) 保育者の手伝いや，保育室や園庭などの環境整備を通して，間接的援助の必要性について理解する。

(7) 実習日誌を書き，1日を振り返り，記録の意義と子ども理解の関連について理解する。

(8) 保育後の振り返りを通し，保育行為の意味や子ども理解を深める。

幼稚園教育実習における参加実習について

　実習では，保育現場で子どもや保育者の動きを観察することを通して，保育を理解する観察実習から，参加実習へとプロセスを進めていく。参加実習では，観察実習の学びをふまえ，子どもの世界に積極的に関わり，子どもと共に遊びながら，自分自身が動き，保育者の視点をもって実習を行うことになる。

1．参加実習の目的と課題

　参加実習での目的は2点ある。①子どもの生活に関わりながら，保育者を模倣し，援助の仕方を身に付け，保育行為の意図とねらいを理解すること，②子どもと関わりながら，子ども理解を深めていくことである。

　観察実習をふまえ，実習の中盤には，今まで見えなかったものも見えるようになり，多くの気づきや発見が得られるようになっていく。また，生き生きとした子どもたちの能動的な世界に入り，今まで学んできた知識や技術を実践し，その難しさと保育の奥深さを体験しながら理解していくことになる。さらに，実習を通して感得された知を言語化することの難しさも体験する。幼稚園教諭の仕事を理解するうえでも，保育者のように自分自身が動き，体験することで，幼稚園教諭の専門性とは何かという本質について，より深く考えることになる。

2．参加実習に臨む姿勢と学ぶこと

(1) 園の生活リズムをつかみ，子どもと積極的に関わる。

(2) 子ども一人ひとりへの保育者の関わり方，言葉かけを知る。

(3) 保育者の動きに注意しながら，自分のすべきことを考えて動く。

(4) 様々な活動の際の保育者の援助や配慮を知り，真似をしながら援助していく。

(5) 子どもたちの遊びの面白さに気づき，援助する。

(6) 子どもと積極的に関わり，子ども一人ひとりが感じている心の動きに気づき，援助する。

(7) いろいろな場面に応じた適切な言葉かけを行っていく。

(8) 子どもの思いに共感することを意識して関わっていく。

(9) 子どもと一緒にこんなことをして遊びたいというアイデアをもつ。

　(1)～(9)の姿勢をふまえ，自己課題を明確にし，担任保育者の意図を汲み取りながら実習生として子どもと関わることが望ましい。初めは難しいが，少しずつ達成できるように心に留めておくことが大切である。

幼稚園教育実習における部分実習について

部分実習とは，観察・参加実習で理解してきた保育活動の一部を任されて保育者の立場で実習生自身が計画し保育実践する実習のことを指す。実践の当日までの過程とその評価を通して，基本的な保育技術の習得となる経験を積んでいくことになる。

1．部分実習に向けてのプロセス

部分実習はおおよそ(1)～(8)のプロセスで循環的に繰り返される。保育におけるPDCAサイクルでもあり，部分実習を繰り返すことにより，子どもの前での安定した保育者の態度や援助，環境構成力など，基本的な保育技術が身に付いていく。

(1) 子どもの育ちの姿，クラスの育ちの姿，担任保育者の保育のねらいを把握する。

(2) ねらいを明確にし，活動を選ぶ。

(3) 教材研究を通して，活動を深く理解する。

(4) 部分実習の指導計画を立案する。

(5) シミュレーションを行う。

(6) 担任保育者と共有し，必要に応じて指導計画を修正する。

(7) 実践する。

(8) 保育後に振り返り，指導計画に評価（予想できなかった子どもの姿や援助，また，その課題など）を記入する。

2．指導計画立案のポイント

部分実習の指導案のフォーマット（様式）は，各園また養成校により様々である。しかし，指導計画は実習生のためだけでなく，職員間の共有のツールでもあることを意識して他者にわかる文章表現で記入することが求められる。

特に，①誰がどうするのか，②何のためにどのような援助をするのか，③ねらいは何か（活動を通してどのような心情・意欲・態度を育むのか），④なぜこのような環境構成にするのか，⑤援助における留意点は何かの5点については，担任保育者や指導教諭に尋ねられた時に説明できるようにしておく必要がある。また，立案作成の重点は実習生として「何がしたいか」ではなく，幼児の姿を捉え，そこから見えてきた活動を設定することである。したがって，与えられた時間で，実際の保育の流れを想定しながら，教材研究（素材の研究も含め，実際に制作しながら考える）を通して，しっかりと準備することが重要である。そして，部分実習終了後には評価し，次の部分実習や全日実習に生かせるよう自己課題を言語化することが求められる。

幼稚園教育実習における反省と評価について

実習では，保育後に日々，1日の保育の流れと自己課題を振り返りながら，次の日の保育の目標を探し，再度，評価を行うという循環が繰り返される。「行為の中の知」は目に見えにくいが，そこを振り返り，言語化することが保育行為の実践の知でもあり，幼稚園教諭の専門性でもある。また，子どもと関わりながら次の援助を考えたり，予定していた援助を修正したりすることもある。このように，関わりながら考える保育者の保育行為は，まさに能動的な世界に生きる子どもの世界を共有する専門職だからこその独自性ともいえる。したがって，そのような独自性をもつ専門職だからこそ，省察が重要なのである。

保育後に実習日誌を書いていると，湧き上がってくる子どもの姿や自身の感情に気づく。しかし，保育行為の振り返りは自身の気づきだけでなく，保育の共有という「協働性」の意味も含む。したがって，担当保育者との振り返りの時間では，わからなかったことや難しかったこと，さらには，担当保育者の保育の意図などを話し合いながら，自身の気づきを深く振り返ることが重要である。

実習最終日は実習の始まりに自己紹介をしたように，実習の終わりに実習生の時間をいただけることも多い。実習という短い期間の出会いではあるが，子どもたちや先生から学んだことは多く，何よりも子どもたちと生活を共にし，成長に気づきその喜びを分かち合えた充実感は何事にも替え難いものである。その感謝の思いを子どもたちや先生方に伝えられるよう，最終日の実習全体の反省会では，これまでの実習での学びやこの実習を通して得たこと，また，これからこの実習をどのように生かしていくのかなどの抱負を感謝の言葉として準備しておくことが大切である。

最終日を終え，安心感も得られるが，実習は始めと終わりの印象が特に大事である。実習日誌を仕上げることを忘れてはならない。次に挙げる①〜④を重点的に，実習日誌を振り返る。

①実習日誌を全て読み返し，添削指導の修正を確認する。

②園の資料やパンフレット，行事などのおたよりの整理をする。

③子どもたちからもらった手紙や折り紙などを添付する。

④実習全体を通して何を学んだのかのまとめを言語化し，記入する。

◎参考文献

小林育子・長島和代・権藤眞織・小櫃智子著『幼稚園・保育所・施設 実習ワーク〈認定こども園対応 改訂版〉』萌文書林，2020.

関口はつ江編『学びをいかす 保育実習ハンドブック』大学図書出版，2018.

相馬和子・中田カヨ子編『幼稚園・保育所実習実習日誌の書き方〈第2版〉』萌文書林，2018.

内閣府・文部科学省・厚生労働省『幼保連携型認定こども園教育・保育要領解説 平成30年3月』フレーベル館，2018.

名須川知子監，田中卓也・松村齋・小島千恵子他編著『保育者になる人のための実習ガイドブックAtoZ—実践できる！ 保育所・施設・幼稚園・認定こども園実践テキスト—』萌文書林，2020.

増田まゆみ・小櫃智子編著『保育園・認定こども園のための保育実習指導ガイドブック』中央法規出版，2018.

無藤隆・大豆生田啓友監，高嶋景子・三谷大紀・北野幸子他著『子どもの姿ベースの新しい指導計画の考え方』フレーベル館，2019.

文部科学省『幼稚園教育要領解説 平成30年3月』フレーベル館，2018.

谷田貝公昭・石橋哲成監，谷田貝公昭・髙橋弥生編著『新版 幼稚園教育実習—コンパクト版 保育者養成シリーズ』一藝社，2018.

レポート・試験はこう書く
保育児童福祉要説

2004 年 2 月 25 日	初 版 発 行	
2008 年 3 月 31 日	第 2 版発行	
2010 年 12 月 10 日	第 3 版発行	
2013 年 6 月 25 日	第 4 版発行	
2017 年 3 月 20 日	第 5 版発行	
2022 年 4 月 30 日	第 6 版発行	

編　　者——東京福祉大学

発 行 者——荘村明彦

発 行 所——中央法規出版株式会社

　　　　　　〒110-0016　東京都台東区台東 3-29-1　中央法規ビル
　　　　　　TEL03-6387-3196
　　　　　　https://www.chuohoki.co.jp/

印刷・製本——長野印刷商工株式会社

装　　幀——タクトデザイン事務所